terra magica
cleverreisen

Roadtrip USA

Jamie Jensen

ROADTRIP USA

Auf Amerikas Nebenstraßen von Ost nach West

Aus dem Amerikanischen
von Kay Dohnke

1

Mit Texten von:

Deke Castleman
Andrew Coe
Joe Cummings
Joyce Gregory
Tom Huthi
Marjorie Jensen
Dave Johnson
Doug Pappas
Jeffrey Perk
Kevin Roe
Kap Stann
Stuart Warren

www.terramagica.de

terra magica
clever reisen

Reich Verlag

Titel der englischsprachigen Originalausgabe:
Road Trip USA. Cross-Country Adventures on America's Two-Lane Highways

Aus dem Amerikanischen von Kay Dohnke
Umschlaggestaltung: Andreas Kotowski unter Verwendung
eines Fotos von Andreas Feininger, Life Magazine, © Time Inc.
Miniaturen von Holger Hoetzel und Klaus Beer
Herstellung und Satz: VerlagsService Dr. Helmut Neuberger
& Karl Schaumann GmbH, Heimstetten
Druck: Jos. C. Huber, Dießen
Binden: R. Oldenbourg, Kirchheim

Printed in Germany
ISBN 3-7243-0341-6

Wenn du an eine Weggabelung kommst – nimm sie!

Yogi Berra

Inhalt

U-80: Southern Pacific 369

City Survival Guides 428

Anhang 468

On the Road

Straßen durchziehen alle Länder der Welt, doch nirgendwo prägen sie die Orte, die sie berühren, so stark wie in Amerika. Es ist ein Land, in dem man wahrscheinlich mehr Autos als Menschen sehen wird, und wo die Straßen die Ideale von Freiheit und Entdeckerdrang zu verkörpern scheinen, die von den Amerikanern so sehr gepriesen werden. Schriftsteller und Künstler von Walt Whitman bis Muddy Waters haben lange schon die Fahrt entlang des Highways gepriesen, und so sehr sich die Zeiten auch geändert haben mögen, gibt es doch im Grunde nichts Amerikanerisches, als sich auf die Straße zu begeben und das Land anzuschauen.

Bedenkt man, wie groß es ist – 3000 Meilen oder 5000 Kilometer von Küste zu Küste –, kann es nicht überraschen, daß Amerika immer eine Nation in Bewegung gewesen ist. Von den Kolonialzeiten an hat es jede Generation ruhelos weiter nach Westen getrieben, bis sich die Frontier, jene sagenhafte Scheidelinie zwischen »Zivilisation« und »Wildnis«, zu Beginn des 20. Jahrhunderts in Nichts auflöste. Die Amerikaner machten sich den Verbrennungsmotor zunutze, ließen sich von dem Slogan »See America First« inspirieren und brachen auf, eine andere »Frontier« zu erkunden – das System der Highways, das sich zwischen den Küsten des Atlantik und des Pazifik entwickelte.

Viele dieser Straßen folgten genau jenen Routen, die der Pony Express, der Oregon Trail oder der Santa Fe Trail eingeschlagen und zu Verkehrswegen gemacht hatten. Die erste Transkontinentalroute, der Lincoln Highway von New York nach San Francisco, wurde 1915 komplettiert, und bald schossen Motor Courts, Diner und andere neue Geschäftsformen entlang der Strecke aus dem Boden, um von den vorüberfahrenden Kunden zu profitieren.

Das halbe Jahrhundert von den zwanziger Jahren bis zur Fertigstellung des Interstate-Autobahnnetzes war die Ära, in der man sich »seine Kicks auf der Route 66« holte, ein goldenes Zeitalter der Autoreisen in Amerika, auf das viele Menschen heute mit einer nostalgischen Träne im Auge zurückblicken. Glücklicherweise sind fast alle Orte und Plätze entlang dieser »alten Straßen« auch in der modernen Welt lebendig, und besser noch, sie liegen gleich um die Ecke. Ob man die weiten Räume des Wilden Westen sehen oder an kitschigen Souvenirständen anhalten will, vor deren Türen riesige Dinosaurier stehen, oder ob man einfach die bodenständige Gastfreundschaft erfahren möchte, für die Amerika zu Recht berühmt ist – eine Reise auf diesen alten Straßen ist der beste Weg dazu. Wohin man auch immer fahren mag, der einfache Schritt, die seelenlosen Interstate-Freeways mit ihren nervigen Fastfood-Lokalen und

identischen Motelketten zu meiden, öffnet eine weite und viel freundlichere zweispurige Welt.
Eine Fahrt durch Amerika auf einer – oder allen – der in diesem Buch beschriebenen »old roads« wird unvergeßliche Einblicke in das Amerika der Vergangenheit und der Gegenwart bieten. Ich habe auf der Suche nach dem perfekten Landstraßenabschnitt weit über 100 000 Meilen zurückgelegt, und der beste Rat, den ich geben kann, ist ganz einfach dieser: Setzt euch ins Auto oder aufs Motorrad, stellt das Radio an – und fahrt los.

Happy Trails! Jamie Jensen

US-2: The Great Northern

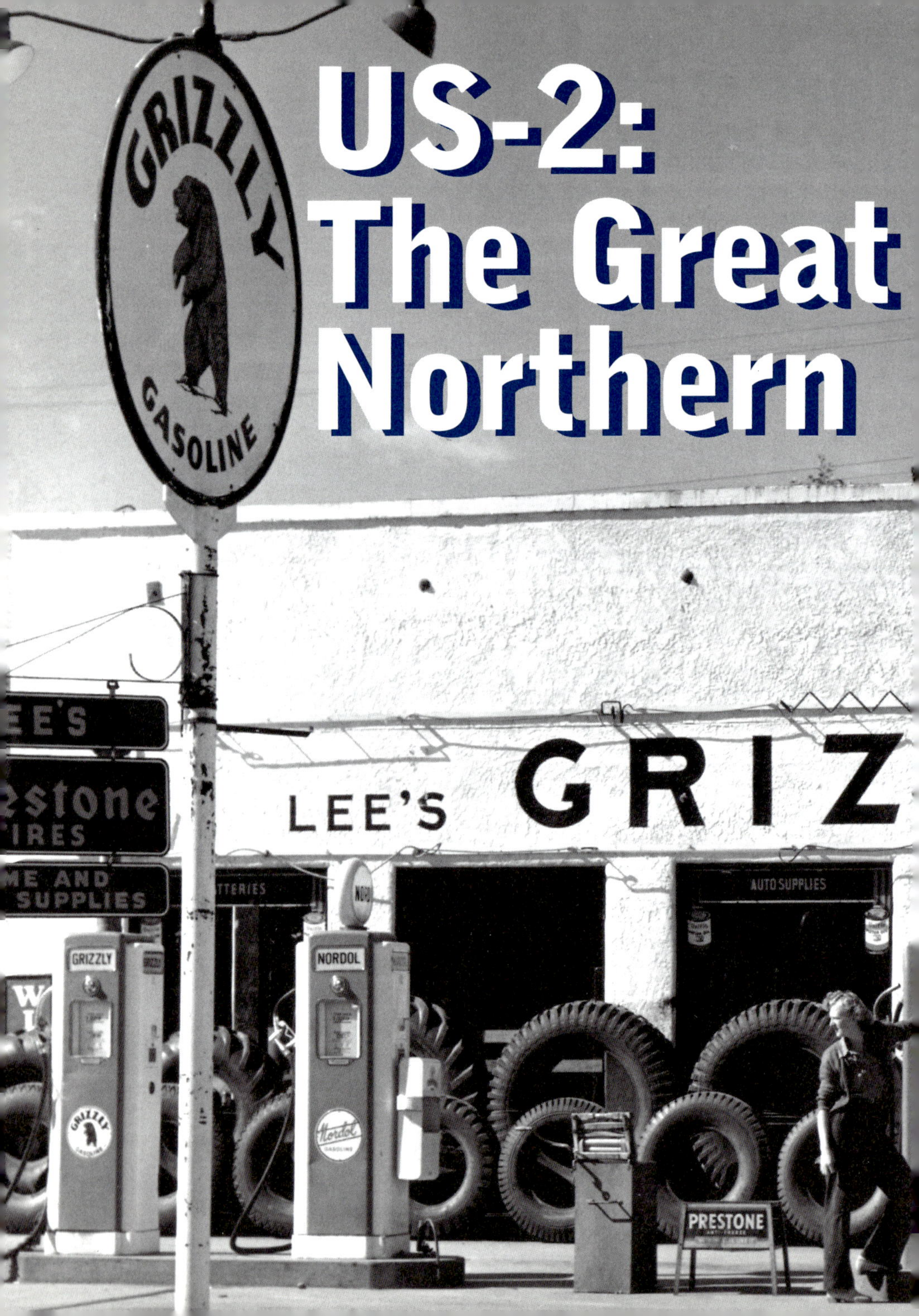

ZLY SERVICE
MONTANA
US
2
BATTERIES
CLEARANCE SALE
SMASHING
CLEARANCE
SALE
GRIZZLY
EAST MAIN ST.
Hurry!
STOCKS are
LIMITED
GRIZZLY
GASOLINE

US-2: The Great Northern

Keine andere Ost-West-Route berührt eine so große Vielfalt an Landschaften wie der US-Highway 2 – auch wenn andere ihm darin nicht sehr viel nachstehen. In Erinnerung an die frühe Eisenbahnlinie »The Great Northern« genannt, die parallel zum westlichen Teil der Route verläuft, ist der US-2 sicherlich die aufregendste, eindrucksvollste und noch dazu die längste aller großen Transkontinentalrouten.

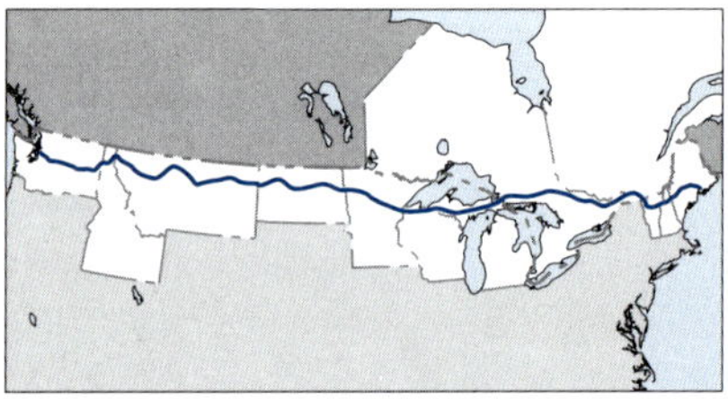

Der US-2 beginnt im Westen in der schönen Pazifik-Stadt Seattle und verläuft quer über die steile vulkanische Cascade Range, wobei er binnen einer Stunde vom Meeresspiegelniveau zu alpiner Pracht hinaufführt. Vom Scheitelpunkt des Gebirges fällt die Strecke auf das ziemlich unwirklich scheinende Columbia-Plateau ab, eine ursprünglich trockene Region, deren Verwandlung von einer gestrüppbedeckten Ebene in fruchtbares Farmland während der dreißiger Jahre durch Maßnahmen des »New Deal« wie etwa den Bau des Grand-Coulee-Dammes bewirkt wurde, einer der größten Ingenieursleistungen der Welt.

Von Washington führt der Highway im Bogen hinauf zur kanadischen Grenze und kreuzt den oberen Zipfel Idahos, ehe er in Montana die majestätischen Höhen der Rocky Mountains erreicht und damit ein Land der Wälder, Flüsse und ursprünglichen Tierwelt, das in dem schroffen Granitspektakel des Glacier National Park seinen Höhepunkt findet.

An der östlichen Flanke der Rockies führt der Highway 2 unvermittelt zu den windigen Prärien der nördlichen Great Plains hinab. Auch wenn die Gegend ziemlich leer zu sein scheint – vor allem auf halber Strecke der 1000 Meilen zwischen Montana und North Dakota, wenn man sich fragt, wann wohl der nächste Baum oder Berg in Sicht kommt –, ist es doch ein Land mit reicher Geschichte, wo einst die Büffel frei umherzogen, wo die Indianerstämme der Plains wie Shoshone, Blackfoot, Sioux und Cheyenne uneingeschränkt herrschten und die Expedition von Lewis und Clark dem Missouri flußaufwärts folgte auf der Suche nach einem Weg Richtung Westen zum Pazifik.

Auf halbem Weg quer durch den Kontinent gehen die Great Plains in die großen Wälder des Nordens von Minnesota – der Geburtsregion sowohl von Paul Bunyan als auch von Judy Garland – über, die sich dann zur Holz- und Bergbaugegend des nördlichen Wisconsin und der Oberen Halbinsel (Upper Peninsula) Michigans wandeln. Auf geradem Weg nach Osten quert die Route die kanadische Grenze nach Ontario, führt durch die Hauptstadt Ottawa und die frankophone Umgebung Montreals, ehe sie nahe des schönen

US-2-Highlights

Lake Champlain wieder in Upstate New York die USA erreicht.

Von hier aus durchschneidet der US-2 eine andere Berglandschaft, nämlich die Wälder der Green Mountains und die schroffen Granit-Höhenzüge der White Mountains in New Hampshire, zwei sehr unterschiedliche Bergketten, die nur 50 Meilen voneinander entfernt liegen. Dann windet sich die Straße hinab zur Küste von Maine, erreicht bei Bar Harbor den Atlantik und endet im Acadia National Park.

Anstelle von Städten und Orten spielen Landschaften an dieser Strecke die Hauptrolle. Zwischen Seattle und Montreal sind Spokane und Duluth die größten Städte am US-2. Nachdem man ein paar Tage lang dem Highway US-2 durch kleine Städtchen und weite, offene Gegenden gefolgt ist, wird Duluth vermutlich hektisch und schnellebig wirken. Schon eine kurze Tour auf dem Great Northern Highway wird den Worten »alles hinter sich zurücklassen« mit Sicherheit eine neue Bedeutung geben.

Durch Washington

Die 350 Meilen des US-2 durch Washington State umfassen genügend kontrastreiche Landschaft, um damit mehrere Staaten zu füllen. In ihrem Verlauf von Westen Richtung Osten nimmt die Route ihren Ausgang im Industriegürtel von Seattle und dem Puget Sound und durchquert eine Reihe von Städtchen aus der viktorianischen Ära, bevor sie steil zu den hohen Gipfeln, dichten Wäldern und unberührten Seen der Cascade Mountains hinaufführt. Östlich des Höhenzuges wird die schroffe vulkanische Landschaft plötzlich trockener und die Vegetation weit spärlicher; die Wälder weichen erst sanftem Farmland und üppigen Obstbaumplantagen, die durch Bewässerung der ehemaligen Wüste abgerungen wurden, und gehen dann bis hinein nach Idaho in zunehmend trockenes Steppengebiet über.

Auch wenn der Verkehr an den Sommerwochenenden und im Bereich der Cascades im Winter ziemlich heftig werden kann, ist auf dem US-2 doch überwiegend nicht viel los, da die meisten Trucks und andere schwere Fahrzeuge den 25 Meilen südlich verlaufenden Interstate 90 benutzen.

Seattle wird im City Survival Guide auf Seite 460 beschrieben.

Everett Das geschäftige Everett (69961 Einw.) am westlichen Ende des transkontinentalen US-2, 20 Meilen nördlich der Innenstadt Seattles gelegen, ist ein industrielles Zentrum, das von zwei der größten Firmen im pazifischen Nordwesten abhängig ist – dem Holzkonzern Weyerhauser und dem Flugzeugbauer Boeing. Abgesehen von ein paar um die Jahrhundertwende erbauten großen Häusern, die oberhalb der Uferpromenade liegen, ist Everett zur Hauptsache eine Arbeiterstadt mit wenig Anziehungskraft für Touristen. Die einzige Ausnahme bildet das große Boeing-Montagewerk am Südwestende der Stadt, das ab dem Exit 189 des Interstate 5 gut ausgeschildert ist und am westlichen Ende des Highway 526 liegt. Die Fabrik, in der die Modelle 747 und 757 zusammengebaut werden, ist schon allein wegen der elf Stockwerke hohen und 400 m langen Halle einen Blick wert; sie gilt als das größte Gebäude der Welt. 90minütige Touren (Mo–Fr 9–15; gratis) werden zu jeder vollen Stunde durchgeführt, doch sind sie schon früh überfüllt.

Snohomish Auch wenn Seattles Vororte schnell wachsen, haben sie noch nicht das saubere viktorianische Städtchen Snohomish (6499 Einw.) erreicht. Das 100 Jahre alte ehemalige Holzwirtschaftszentrum liegt am Nordufer des Snohomish River, 25 Meilen flußaufwärts vom Puget Sound. Gut erhaltene Lagerhäuser und Gewerbegebäude säumen die First Street einen Block oberhalb des Flusses, während die Hügel mit Dutzenden reizender Wohnhäuser und einer Handvoll Kirchen mit eindrucksvollen Türmen übersät sind. Eines der alten Häuser wurde restauriert und beherbergt nun das *Blackman Museum* (118 Avenue B, tgl. 12-16 Uhr im Sommer, im Winter nur am Wochenende; 1 $). Das Museum zeigt Möbel im Stil der Jahrhundertwende und doku-

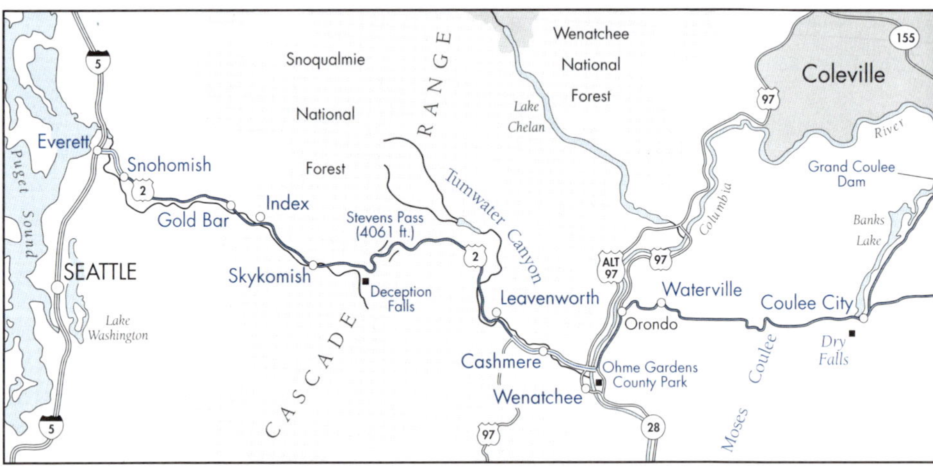

mentiert die frühe Geschichte der Stadt. Die breite Palette von Antiquitätenläden, Kneipen und Cafés wie das *Cabbage Patch* (111 Avenue A) hat Snohomish zu einem beliebten Ziel für Tagestrips von Seattle aus gemacht, und es ist auf der Durchreise allemal einen kurzen Stopp wert.

Gold Bar und Index Ein Großteil des Streckenverlaufs des US-2 zwischen dem Flachland und Stevens Pass hoch oben in der Cascade Range wird von Skigeschäften, Fahrradläden und Espresso-Ständen beherrscht, die allesamt ihre Dienste den Einwohnern von Seattle anbieten, die zwischen der Stadt und den Berghängen hin- und herrasen. Auf halbem Weg zwischen dem Puget Sound und Stevens Pass erstreckt sich das ehemalige Bergarbeiter-, Holzfäller- und Eisenbahnercamp Gold Bar entlang des US-2. Außer allen Tankstellen und Cafés, die man sich nur wünschen kann, bietet Gold Bar auch den gut ausgeschilderten Anfang des Trails, der über dreieinhalb Meilen zum 75 m hohen *Wallace-Wasserfall* führt, einem der höchsten in der nördlichen Cascade Range.

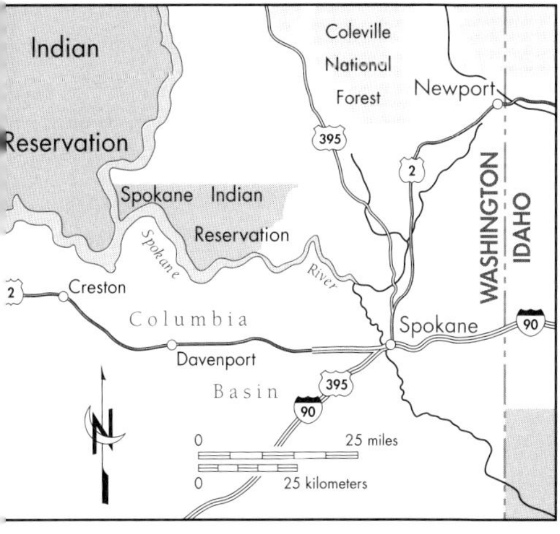

Weiter westlich, an einer Nebenstrecke eine Meile nördlich des US-2, liegt *Index* an den westlichen Ausläufern der Cascade Mountains und markiert jenen Punkt, wo sich die Landschaft von lieblich zu schroff wandelt. Außer einer Kneipe, einem General Store und ständigem Eisenbahngerumpel auf der Brücke über den tiefen nördlichen Arm des Skykomish River bietet Index gutes Essen und komfortable Unterkunft im historischen *Bush House Inn* (206/793-2312).

Skykomish Skykomish liegt an den Gleisen der Burlington Northern Railroad, einen Block südlich des US-2, und ist ein quicklebendiges, anziehendes Örtchen, das irgendwie nicht hierher zu gehören und aus einer anderen Zeit zu stammen scheint. Zentrum der nur zwei Blocks langen Innenstadt ist das rustikale *Hotel Skykomish*, das zwar über große, sonnige Balkons verfügt, aber abgesehen von *Flynn's Cafe* im Erdgeschoß kaum Zeichen von Leben aufweist. Hier bekommt man ein gutes Frühstück.

Deception Falls Etwa acht Meilen östlich von Skykomish führt ein gut gekennzeichneter Abzweig vom US-2 zu einer der hübschesten und historisch bedeutsamsten Stätten der Region. Auf der Nordseite des Highway-Parkplatzes erläutern Hinweistafeln die Geschichte der Northern Pacific Railroad, deren Strecke von St. Paul nach Seattle 1883 an dieser Stelle vollendet wurde. Eine Tafel zeigt auf einem Foto das traditionelle Einschlagen des goldenen Nagels, während andere Tafeln den Bau und die Bedeutung der Eisenbahn für das Wirtschaftswachstum am Puget Sound erläutern. Wer sich nicht für Eisenbahnlegenden interessiert, sollte den 100 m langen befestigten Pfad unter dem Highway hindurch zu den kraftvollen Deception Falls gehen. Hier finden sich ein paar tiefe und saubere Ausbuchtungen, in denen – wenn man mag – ungeachtet der stets bis auf die Knochen schneidenden Kälte des Wassers geschwommen werden kann.

Stevens Pass Auf dem Scheitelpunkt der Cascade Range überquert der US-2 den 1238 m hohen Stevens Pass, den höchsten und am weitesten nördlich gelegenen Paß in den Cascades, der ganzjährig offengehalten wird. Stevens Pass war auch für die Eisenbahn eine lebenswichtige Querung der Berge, auch wenn Amtrak und andere Gesellschaften ihn heute meiden und einen Umweg durch einen 1929 angelegten, acht Meilen langen Tunnel nehmen, den längsten aus jener Zeit in der westlichen Hemisphäre, der noch benutzt wird.

Bevor der Tunnel vollendet wurde, war der Paß 1910 Schauplatz des schlimmsten Lawinenunglücks in der US-Geschichte, bei dem 96 Passagiere und Bahnarbeiter von einem mehr als eine Meile langen Schneerutsch getötet wurden. Stevens Pass bietet nicht nur großartige Ausblicke auf nahe gelegene Gipfel und entfernter liegende Täler, sondern ist auch ein beliebtes *Skigebiet* mit zehn Sesselliften und über 600 Höhenmeter hinabführenden Abfahrten. Weitere Informationen sind unter 206/973-2441 erhältlich.

Tumwater Canyon Auf dem Weg nach Osten durch die Cascades Richtung Leavenworth führt der US-2 durch die Wälder des Tumwater Canyon, die im Herbst atemberaubend farbenprächtig, aber auch das übrige Jahr hindurch sehenswert sind. Ein großer Teil der umliegenden Wildnis wurde im Sommer 1994 von einem Feuer schwer in Mitleidenschaft gezogen, doch hat die Gegend am Highway nur wenig gelitten. Die Route führt hier entlang des Wenatchee River durch Espen- und Nadelwald.

Leavenworth Das in den östlichen Ausläufern der Cascades liegende Leavenworth hat sich erfolgreich von einem wirtschaftlich desolaten Eisenbahnstädtchen zu einem der beliebtesten Ziele für Tagesausflüge in dieser Gegend gewandelt. Nachdem die örtlichen Sägewerke Mitte der sechziger Jahre geschlossen wurden, besann sich Leavenworth auf seine spektakuläre Lage, gestaltete sich als Imitation eines bayrischen Dorfes neu und hat seither große Scharen von Touristen angezogen. Man kann die ganze Geschichte auf Fotos nachvollziehen, die an den Wänden des *Der Markt Platz* genannten Einkaufszentrums hängen (Ecke 8th und Commercial Street).

Mehr als ein Dutzend Blocks im Fachwerkstil erbauter Pseudo-Chalets und Tiroler Shopping Malls beherbergen eine Palette günstiger Kunsthandwerkgalerien und T-Shirt-Läden, denen man durch

> Die Neugestaltung Leavenworths wurde durch den ganz auf pdeudo-dänischen Stil getrimmten kalifornischen Ort Solvang und den wirtschaftlichen Erfolg des Squirrel House inspiriert, einer heruntergekommenen Touristenfalle am US-2, rund 15 Meilen westlich des Ortes im Herzen des Turnwater Canyon.

einen Abstecher zu einem zwei Blocks südlich am Wenatchee River gelegenen, attraktiv gestalteten Park entgehen kann. Zum Essen und Trinken bietet sich der auf bayrisch getrimmte McDonald's oder jeder der gut ein Dutzend Wurst-und-Bier-Gärten an, von denen *Gustav's Onion Dome Tavern* am US-2, am Westende der Stadt, der erträglichste ist. Das nette und preisgünstige *Everett Inn* (einen Block südlich des US-2, 1117 Front Street, 509/548-5515) verfügt über ruhige Zimmer und einen Fahrradverleih.

Cashmere Das von Apfelplantagen und den braunen Ausläufern der Cascade Mountains umgebene Cashmere (2500 Einw.) im Herzen des Wenatchee Valley hat eine attraktive Innenstadt, in der ungewöhnliche rotweißgestreifte Metallmarkisen die Gehwege überschatten und dem Ort eine optische Identität geben. Die wesentliche Sehenswürdigkeit hier ist das große *Chelan County Historical Museum* (Mo–Sa 10–16.30, So 13 16.30; $ 3) abseits des US-2, am Ostende der Stadt, das über eine exzellente Sammlung indianischer Artefakte und ein Pioneer Village aus 18 historischen Gebäuden verfügt, die aus der ganzen Umgebung herbeigeholt wurden (Eintritt frei).

Zwei Meilen nordwärts von Cashmere bilden die direkt am US-2 gelegenen Sandsteinformationen des Peshastin State Park eine beliebte Klettermöglichkeit.

Cashmere ist auch die Heimat der Frucht-Nuß-Bonbons von Aplets and Cotlets, deren Herstellung in den zwanziger Jahren von zwei türkischen Brüdern begonnen wurde. Die Fabrik liegt gegenüber dem Bahnhof (117 Mission Street) und ist täglich für Touren und Gratisproben geöffnet. In der kleinen Innenstadt gibt es eine Handvoll Cafés und Kneipen, darunter das beliebte *Coachman Inn* (128 Cottage Avenue), das täglich von sechs bis morgens um zwei Uhr für Frühstück, Lunch und Abendessen sowie gelegentliche Live-Musik geöffnet ist. Das einen Block entfernte, ruhige *Village Inn* (229 Cottage Avenue, 509/782-3522) verfügt über saubere Zimmer ab 40 $ pro Nacht.

Ohme Gardens County Park Der Ohme Gardens County Park (15. April–15. Oktober tgl. 9–17; 5 $) liegt hoch über dem US-2 am Zusammenfluß von Wenatchee und Columbia River und bietet dreieinhalb Hektar tadellos gepflegter Grünflächen, die in deutlichem Kontrast zum trockenen Terrain des östlichen Washington stehen. 1929 von der Familie Ohme angelegt, haben die üppigen Farn- und Nadelholzpflanzungen die ansonsten schroffen Züge der Cascades deutlich verwandelt. Steingepflasterte Wege ziehen sich zwischen Wasserfällen und felsigen Tümpeln hin und enden an einem rustikalen Aussichtspunkt, von dem der Blick über das Wenatchee beziehungsweise Columbia Valley schweift.

Wenatchee Wenatchee ist mit 21756 Einwohnern die größte Stadt zwischen Seattle und Spokane und bildet das wirtschaftliche Zentrum des Wenatchee Valley, einem der weltweit ertragreichsten Apfelanbaugebiete – mehr als die halbe

Von Wenatchee aus verläuft der Highway US-97 am Westufer des Columbia River entlang nach Norden zum schönen Lake Chelan am südlichen Ende des North Cascade National Park. Informationen über den Besuch des Parks sind unter 800/424-3526 erhältlich. Der US-2, der über eine kurze Strecke zusammen mit dem US-97 am Flußufer entlangführt, zweigt 15 Meilen nördlich von Wenatchee bei Orondo wieder nach Osten ab.

nationale Jahresernte wird hier eingebracht. Das Washington *Apple Commission Visitor Center* (Mo-Fr 8-15, im Sommer auch Sa/So 10–16; gratis) liegt einen Block nördlich des US-2 unterhalb der Ohme Gardens. Hier findet man alle Informationen über die Apfelwirtschaft des Staates und kann kostenlos Äpfel und Apfelsaft genießen (von der leistungsfähigen Klimaanlage ganz zu schweigen).

Wenatchee erstreckt sich vom US-2 aus zwei Meilen nach Süden, und man fährt auf dem Weg zur Innenstadt an Einkaufsmalls, Autohändlern und den typischen Geschäften links und rechts des Highways vorbei. Viele große Obstlagerhäuser säumen die Eisenbahngleise am Flußufer. Einen Stopp lohnt das exzellente *North Central Washington Museum* (127 South Mission Street, Mo–Fr 10–16, Sa/So 13–16; 2 $), wo ausführliche Displays – von Felszeichnungen der Indianer bis zu einem funktionstüchtigen Modell der Eisenbahnstrecke über die Cascades – die prähistorische und Pioniergeschichte darstellen. Ein Nachbargebäude beherbergt eine umfangreiche Ausstellung zur Apfelwirtschaft Washingtons, darunter eine antike, aber voll funktionierende Apfelsortier- und -verpackungsanlage.

Abgesehen von aller möglichen Kettenrestaurants, die die Menschheit nur kennt, gibt es ein paar tolle Lokale wie das *Dusty's Diner* und die *Windmill,* ein klassisches altes Steakhouse.

Wenatchees Magic 900 AM, die Station KKRT, spielt Hits aus fünf Jahrzehnten – alles von Woody Herman bis Stevie Wonder.

Die Palette der empfehlenswerten Motels reicht von einem netten *Travelodge* (1004 North Wenatchee Street, 509/662-8165) bis zum auf Geschäftsreisende ausgerichteten *West Coast Wenatchee Center Hotel* (201 North Wenatchee Street, 509/662-1234), die alle ordentlichen Service bieten.

Waterville Das kompakte Farmerstädtchen Waterville (1000 Einw.) liegt inmitten fruchtbarer Weizenfelder zehn Meilen östlich des Columbia River. Es wurde 1886 rings um das stattliche, aus weißgetünchten Ziegeln erbaute *Douglas County Courthouse* angelegt, das noch immer zwei Blocks südlich des US-2 an der Kreuzung von Birch Street und Rainer Street steht.

Der größte Teil von Watervilles Innenstadt wurde zum National Historic District erklärt, und die vier Blocks attraktiver Backsteingebäude, in denen sich noch immer unabhängige Banken, Cafés und Lebensmittelgeschäfte befinden, bilden einen netten Ort, um auf der Reise quer durch den Staat eine Pause einzulegen. Gegenüber dem historischen, aber kürzlich geschlossenen *Hotel Waterville* verfügt das *Douglas County Historical Museum* (124 West Walnut Street, im Sommer Mi-So 11–15; Eintritt gegen Spende) über eine faszinierende Ausstellung von Objekten zur regionalen Geschichte, darunter indianische Artefakte und ein perfekt erhaltenes Postamt aus der Pionierzeit.

Moses Coulee Einer der letzten Überreste der nicht künstlich bewässerten Landschaft des östlichen Washington ist Moses Coulee, eine 240 m tiefe Schlucht mit fast senkrechten Wänden aus schwarzem vulkanischen Basalt, die nur von grünen und orangefarbenen Flechten aufgehellt werden. Von den sanften Ebenen oberhalb des Coulee führt der US-2 hinab in die Schlucht und auf der anderen Seite wieder hinauf, durchquert einen Teil der letzten noch erhaltenen Strauchsteppe des Columbia River-Basin und vermittelt einen deutlichen Eindruck davon, wie grundlegend die künstliche Bewässerung die gesamte Gegend verändert hat.

Coulee City und Dry Falls Das lebhafte Umschlagszentrum für die Weizenfarmen Ost-Washingtons, Coulee City (600 Einw.), nennt sich das »freundlichste Städtchen im Westen«. Abgesehen von dieser Behauptung gibt es heute ebensowenig einen Grund zum Anhalten, wie es ihn in den Tagen der Pioniere gab; damals, so heißt es, waren die Umsteigezeiten der Überlandkutschen und Züge jedoch so bemessen, daß die Reisenden zu einer Übernachtung in Coulee City gezwungen waren – ob sie wollten oder nicht.

Nordwestlich des Ortes staut der große Dry-Falls-Damm den Columbia River zum Banks Lake auf. Der Highway 155 verläuft zwischen Coulee City und dem Grand-Coulee-Damm entlang des träge dahinfließenden Wassers.

Auch wenn man die steil aufragenden schwarzen Basaltwände der Schlucht bereits von dieser Straße aus sehen kann, sollte man dem Highway 17 folgen, um einen Eindruck davon zu bekommen, wie das Grand Coulee vor dem Bau des Dammes aussah.

Vier Meilen südlich von Coulee City erinnert die 120 m hohe Wand der Dry Falls eindrucksvoll an die turbulente Geologie der Region. Mehrere erläuternde Tafeln entlang des Highways beschreiben, wie zur letzten Eiszeit der Columbia River hier herabfloß und den größten Wasserfall der Erde bildete – doppelt so hoch wie die Niagarafälle und mehr als drei Meilen breit.

Grand-Coulee-Damm Der Grand-Coulee-Damm – das Herzstück eines umfangreichen Systems von Dämmen und Kanälen, die das Columbia-Bassin von der Natur »zurückerobert« haben – ist eines der bautechnischen Wunderwerke dieser Erde. Während Franklin D. Roosevelts »New Deal« in den Jahren 1933 bis 1942 errichtet, hat der Damm viele Millionen $ und 77 Menschenleben gekostet. Er stellt das größte aus Beton gefertigte Bauwerk der Welt dar: 185 m hoch, an seiner Basis 135 m dick und fast eine Meile lang. Das große, moderne *Visitor Arrival Center* (im Sommer tgl. 8.30–22, sonst 9–17; gratis) illustriert den Bau und die Bedeutung des Dammes, und man kann Woody Guthrie und Bonnie Raitt pausenlos »Roll On, Columbia« singen hören. An Sommerabenden wird eine etwas dürftige 30minütige Lasershow auf die Staumauer projiziert (3. Montag im Mai bis 30. September um 20 Uhr; gratis). Ein Fahrstuhl führt hinab zum Powerhouse, wo man die riesigen Turbinen bestaunen kann. Sie haben zusammen eine Kapazität von über sechs Millionen Watt; die Hälfte davon stammt aus dem dritten, 1975 hinzugefügten Kraftwerk.

Es gibt in der Nähe des Dammes drei kleine Orte, von denen keiner besonders anziehend ist. Im Städtchen Coulee Dam kann man die Lightshow von den Zimmern des *Ponderosa Motel* (509/633-2100) oder des Coulee House (509/633-1101) aus sehen; zum Essen und Trinken bietet sich der populäre Banks Lake Pub am Highway 155 in Electric City an.

Das Columbia-Bassin Die 150 Meilen hügeligen Farmlandes östlich der Cascade Mountains sind eine natürlich Wüste, in der jährlich durchschnittlich nur 25 Zentimeter Regen fallen. Über ein Jahrhundert lang taten sich die kleinen Farmer sehr schwer, bis die Gegend nach dem Zweiten Weltkrieg grundlegend umgestaltet wurde. Aus dem Dammsystem des Columbia River und seiner zahlreichen Nebenflüsse gespeiste Bewässerungskanäle verwandelten die endlose und öde Strauchsteppe in die hier sprichwörtlichen »Wogen goldenen Getreides«.

Der US-2 verläuft mitten durch diese dünnbesiedelte und fast baumlose Gegend und passiert ein paar sehr kleine Orte. Die winzige Gemeinde Creston, durch die man schon fast hindurchgefahren ist, noch ehe man sie überhaupt bemerkt, ist aufgrund des im Cowboystil eingerichteten Deb's Cafe mitten im Ort am US-2 einen Stopp wert. Es gibt gutes Frühstück, Mittag- und Abendessen, und in der benachbarten Bar spielen hin und wieder Country-Western-Bands.

In den landwirtschaftlich genutzten Ebenen um Spokane hatte der Führer der Demokratischen Partei und ehemalige Sprecher des House of Representatives, Tom Foley, bis zum erdrutschartigen Wahlverlust von 1994 den stärksten Rückhalt bei der Bevölkerung.

Zwanzig Meilen östlich von Creston liegt Davenport, eine der ältesten Siedlungen im östlichen Washington. Sie verfügt noch über eine Handvoll malerischer alter Häuser, darunter das Lincoln County Historical Museum (eine Querstraße südlich des US-2 an der Ecke Park und 7th Street) mit einer gut erhaltenen Blockhaus-Schule aus dem Jahre 1879.

Spokane Die einzige wirkliche Stadt im östlichen Washington, Spokane (187 700 Einw.), wirkt aufgrund ihrer Lage im landwirtschaftlich geprägten Hinterland des Columbia-Bassins noch größer, als sie eigentlich ist. Um 1810 als Außenposten für den Pelzhandel gegründet, wuchs Spokane ab 1870 mit der Inbetriebnahme der Eisenbahn und boomte seit dem Ausbau der künstlichen Bewässerung in den vierziger Jahren.

Als zweitgrößte Stadt in Washington und größte Ansiedlung zwischen Seattle und Minneapolis basiert Spokane wirtschaftlich auf Lagerung und Transport, was durch die Lage an den Eisenbahnlinien sowie der Kreuzung von US-2, US-395 und dem Interstate 90 begünstigt wird.

Obwohl Spokanes Innenstadt eine Reihe ansehnlicher Gebäude aufweist (ein Reiseführer nannte die Riverside Street zwischen

Jefferson und Lincoln Street kürzlich »die lieblichsten drei Blocks im pazifischen Nordwesten«), gewann die Stadt besonders, als sie 1974 Veranstaltungsort der World Fair wurde. Ein großer Teil des Flußufers wurde zum 20 Hektar großen *Riverfront Park* umgewandelt. Die bereits ein gutes Jahrhundert früher von Frederick Law Olmstead gestaltete Anlage bietet gute Ausblicke auf die wirbelnden Spokane Falls. Außer einem Opernhaus und einem Kongreßzentrum gehören eine Seilbahn über den Fluß (tgl. 11 Uhr bis Sonnenuntergang; 3 $) und ein Karussell aus dem Jahr 1909 mit handgeschnitzten hölzernen Pferden (Fahrt 1 $) zu den Hinterlassenschaften der World Fair.

Im Sommer kann man im Seafirst-Stadion den Baseballspielen der Spokane Indians zuschauen. Nähere Informationen gibt es unter 509/535-2922.

Das nordöstlich der Innenstadt jenseits des Flusses gelegene fünfstöckige *Museum of Native Cultures* (200 East Cataldo Street, Do-So 9-17; 2 $) verfügt über eine der größten Sammlungen prähistorischer Artefakte im Nordwesten, darunter Beispiele indigener Kulturen aus der gesamten Neuen Welt. Man sollte es nicht auslassen.. Die ein kurzes Stück östlich liegende *Gonzaga University* ist als Alma Mater von Bing Crosby bekannt, an den ein kleines Museum in der Crosby Library im Herzen des kleinen Campus liebevoll erinnert. Spokanes zweites Ziel für interessierte Besucher ist die Browne's Addition, eine Wohngegend mit stattlichen Häusern aus der Zeit um die Jahrhundertwende, eine gute Meile westlich der Innenstadt. Das *Cheney Cowles Memorial Museum* (2316 West First Avenue, Di–Sa 10–17, So 13–17; 3 $) bietet eine überdurchschnittliche Sammlung mit zahlreichen interessanten Exponaten zur regionalen Geschichte.

An Eßgelegenheiten herrscht in Spokane kein Mangel, obwohl nur eine Reihe davon wirklich einen Besuch wert ist. *Frank's Diner* nahe der Innenstadt (1500 West Second Avenue) serviert gute und preiswerte Mahlzeiten in einem alten Eisenbahnwaggon von 1906, der 1991 aus Seattle hergebracht wurde.

Gehobeneren Ansprüchen wird *Patsy Clark's* gerecht, eines der besten Restaurants in Spokane, das in einem luxuriösen alten Haus in Brown's Addition untergebracht ist (2208 West Second Avenue). Gleich gegenüber liegt die ungewöhnlichste Unterkunft der Stadt, das *Fotheringham House Bed&Breakfast* (2128 West Second Avenue, 509/838-4363). Zahlreiche Motels säumen die Ausfallstraßen Spokanes, vor allem den irreführend benannten Sunset Boulevard (westlich der Innenstadt ab der Second Avenue), wo man ein *Motel 6*, ein *Holiday Inn*, ein *Friendship Inn* und dergleichen mehr findet.

Weitere Informationen über Spokane sind im *Visitor Center* erhältlich (926 Sprague Avenue, 509/624-1341).

Nordöstlich von Spokane passiert der US-2 mehrere Meilen ausgedehnter Vororte, ehe er sich 35 Meilen weit durch aufgeforstetes Hügelland bis Newport an der Grenze nach Idaho schlängelt.

Newport Newport (1700 Einw.), an der Grenze zwischen Washington und Idaho, begann 1889 als Handelsposten auf der zu Idaho gehörenden Seite der Stateline, wurde aber 1892 mit dem Bau der Great Northern Railroad nach Washington verlegt. An der Stelle des ursprünglichen Ortes oberhalb des Pend Oreille River (»PON-doo-ray« gesprochen) liegen heute die meisten der modernen Einkaufszentren, während der ältere Ortsteil überwiegend von der Eisenbahn geprägt ist. Zwei Bahnhöfe liegen einander am Südende der drei Blocks langen Main Street gegenüber; in dem einen befinden sich die Büros einer Holzfirma, im anderen ist das kleine, aber interessante Pend Oreille County Historical Museum untergebracht (tgl. 10–16; 1 $).

Außer dem Museum und den mit Flaggen geschmückten Geschäften an der Main Street gibt es nicht viele Gründe für einen Stopp, auch wenn das am Nordostende der Stadt, oberhalb des Flusses gelegene Fay's Lounge Steak House gutes Essen serviert.

Durch Idaho

Obwohl die Route über 75 Meilen im Zickzack dem River Kootenai und dem Pend Oreille River folgt, dauert es nicht allzu lange, auf dem US-2 den »Panhandle« genannten nördlichen Zipfel Idahos zu durchqueren. Östlich von Washington State verläuft der Highway entlang des Pend Oreille River und passiert den Ferienort Sandpoint, ehe er sich durch die tiefe Schlucht des Kootenai River schlängelt und flußaufwärts nach Montana führt.

Priest River Der Ort Priest River (1560 Einw.), der seinen Namen von einem bekannten Forellenflüßchen übernommen hat, das nicht weit von hier in den Pend Oreille River mündet, versorgt Jäger, Angler sowie Wassersportler und ist darüber hinaus ein Zentrum der Holzwirtschaft. Zwei große Sägewerke der Louisiana Pacific dominieren das örtliche Gewerbe.

Vom Highway aus sieht Priest River nach nicht viel aus, doch umfaßt die drei Blocks lange Main Street südlich des US-2 eine interessante Mischung aus Hardware Stores, Antiquitätengeschäften und Kneipen sowie das beliebte River Pigs Restaurant (114 Main Street).

Sandpoint Am Nordende von Idahos größtem See, dem Lake Pend Oreille gelegen, ist Sandpoint (5500 Einw.) ein ruhiger, einladender Erholungsort. Wie man unschwer aus dem Namen schließen kann, bietet Sandpoint unweit des Ortes einen 400 m langen Sandstrand.

Das angesehene *Schweitzer Mountain Resort* (208/263-9555 der 800/831-8810) nördlich des Ortes zieht im Winter Skisportler und im Sommer Mountain Biker an. Die Mischung aus beeindruckendem Rocky-Mountains-Panorama und Erholungsmöglichkeiten in Hülle und Fülle hat Sandpoint zu einem beliebten Urlaubsziel und Wohnort gemacht, obwohl der Ort noch immer sehr kleinstädtisch wirkt.

Das Hauptgeschäftszentrum entlang der First und Second Avenue zwischen dem See und der parallel zum US-2 verlaufenden Straße umfaßt ein halbes Dutzend Blocks rings um das sehenswerte *Panda Theatre.* Hier finden sich auch mehrere gute Cafés, darunter das *Whistle Stop* (312 North First Avenue) und die *Dancing Bear Juice Bar* (109 Main Street), die zugleich ein Plattengeschäft ist. Eine Reihe von Imbißständen und Galerien mit Kunsthandwerk füllen die *Cedar Street Bridge,* eine alte, Mitte der siebziger Jahre zu einem Einkaufszentrum umgebaute Brücke. Außer den Zimmern und Appartements in den Resorts der Stadt gibt es viele weitere Motels, darunter landesweit bekannte Namen wie *Super 8, Quality Inn* und *Best Western* sowie das kleine *Best Spa Motel* (531 North Third Avenue, 208/263-3532), zwei Blocks westlich des US-2. Weitere Informationen auch zu den Festivals in Sandpoint sind beim Chamber of Commerce erhältlich (208/263-2161 oder 800/800-2106).

Wenn es auch ein ziemlich verschlafener Ort ist, so hat Sandpoint doch fragwürdigen Ruhm erlangt als Heimat des rassistischen ehemaligen Polizisten aus Los Angeles, Mark Fuhrmann, dessen Anwesenheit den üblen Ruf des 30 Meilen südlich gelegenen Neo-Nazi-Lagers von Hayden Lake auf Sandpoint übertrug.

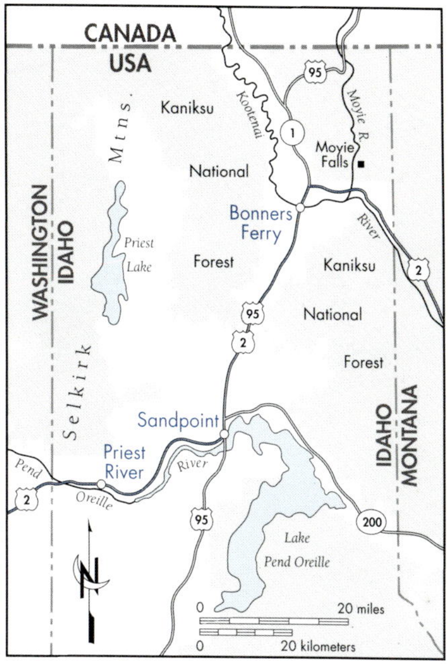

Bonners Ferry Bonners Ferry – benannt nach dem 1864 aufgenommenen Fährbetrieb über den Kootenai River – hat 2200 Einwohner und ist ein betriebsames Arbeiterstädtchen, dessen Wirtschaft auf Holzverarbeitung und Landwirtschaft basiert.

Auch wenn es im Ort nicht viel zu sehen und zu tun gibt, dürfte es zumindest für Biertrinker von Interesse sein, daß Bewässerungsprojekte das gesamte umgebende Kootenai Valley zum besten Hopfenanbaugebiet des Landes gemacht haben.

Bonners Ferry war Schauplatz eines der letzten Indianerkriege der Vereinigten Staaten. 1974 erklärte der hier lebende Kootenai-Stamm der US-Regierung den – unblutig verlaufenen – Krieg.

Durch Montana

Der Highway US-2 durchquert Montana knapp 40 Meilen südlich der kanadischen Grenze und veranschaulicht deutlich zwei sehr unterschiedliche Teile dieses großen Staates. Die westliche Ecke in den Ausläufern der Rocky Mountains verfügt über unglaubliche landschaftliche Schönheiten und zahllose Gelegenheiten für Outdoor-Betätigung. Die Ferienorte Kalispell und Whitefish liegen am westlichen Ende des eindrucksvollen Glacier National Park.

Östlich des Parks, dem beliebtesten Abschnitt der Route, schlängelt sich der zweispurige und in dieser Gegend »Hi-Line« genannte US-2 entlang zahlreicher Zuflüsse des breiten Missouri River durch eine weite, von Gletschern abgeflachte Ebene. In scharfem Kontrast dazu erheben sich ein paar niedrige Hügel und zylindrische Getreidesilos, doch dominiert der sich über Hunderte von Meilen in alle Richtungen erstreckende flache Horizont das Panorama. Abgesehen von Dutzenden kleiner Siedlungen, die kaum mehr als einen flüchtigen Blick wert sind, gibt es im östlichen Teil Montanas am US-2 nur wenige, weit auseinander liegende Städte wie *Culbertson*, *Wolf Point*, *Glasgow*, *Malta* und *Havre*. Hier versteht man schnell, was es mit dem »Big Sky Country« auf sich hat: Mit 70 Meilen in der Stunde einen Güterzug überholen und dabei dem Lokführer zuwinken, und niemals – ich wiederhole: niemals – an einer Tankstelle vorbeifahren, wenn der Tank weniger als halbvoll ist.

Etwa zehn Meilen westlich der Grenze zu Montana überquert der US-2 den Moyie River mittels einer 200 Meter hohen Brücke, die gute Ausblicke auf die Betonstaumauer oberhalb der Moyie Falls gewährt, ehemals einer von Idahos schönsten Wasserfällen, von dem es im 1938 erschienenen WPA Guide to Idaho heißt, er »wirkt nicht wie Wasser, sondern wie Tonnen von Glaskristallen«.

Troy Das Bergbau- und Holzwirtschaftsstädtchen Troy (1000 Einw.) am Ufer des breiten Kootenai River liegt 14 Meilen östlich der Grenze nach Idaho und zugleich sehr nahe am tiefsten Punkt des Staates – 577 m über dem Meeresspiegel. Der Ort hat kaum etwas aufzuweisen außer einer Reihe von Motels, Tankstellen, Kneipen, Kirchen und Cafés, unter denen das familienfreundliche Silver

Wie groß ist Montana? Es erstreckt sich von Ost nach West über 650 Meilen und hat eine Grundfläche so groß wie die der Neu-England-Staaten und New York State zusammen, aber weniger Einwohner als San José in Kalifornien.

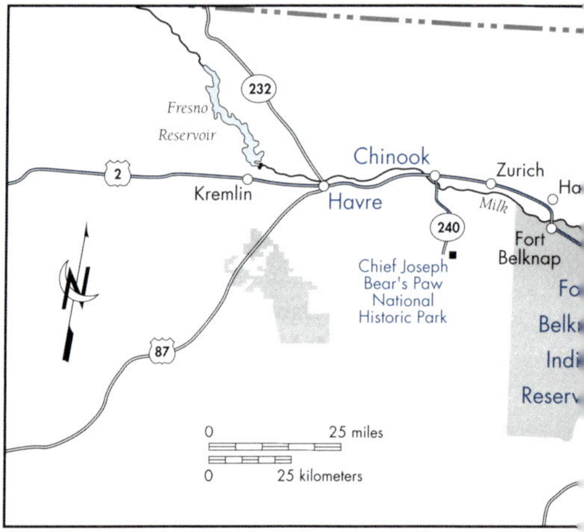

Spur das beste ist. Am östlichen Ortsausgang gibt es ein kleines *historisches Museum.*

Kootenai Falls Neun Meilen westlich von Libby und zwei Meilen östlich von Troy stürzen ein kleines Stückchen abseits des US-2 die donnernden Kaskaden der Kootenai Falls eine halbe Meile weit über eine Serie von Terrassen. An einem Parkplatz beginnen zwei gut ausgeschilderte Wanderpfade; einer führt 400 m stromaufwärts zum Hauptwasserfall, der andere zieht sich stromabwärts zu einer wackeligen Hängebrücke hin, die 15 m über dem Wasser an ihren Tragseilen schwingt.

Der Schriftsteller Rick Bass beschreibt in seinem preisgekrönten Buch »Winter Notes« den Ablauf eines Jahres im abgelegenen Yaak River Valley.

Libby Zwischen Troy und der hektischen, halbindustrialisierten Columbia Falls/ Whitefish/Kalispell-Region durchquert der US-2 auf 70 Meilen den Kootenai National Forest (»KOOT-nee« gesprochen), von dem ein großer Teil 1994 durch ein Feuer schwer in Mitleidenschaft gezogen wurde. Das Holzfällerstädtchen Libby (2750 Einw.), 18 Meilen östlich von Troy am Ufer des Kootenai River, wurde als Goldsuchercamp gegründet, wuchs aber zu seiner gegenwärtigen ausgedehnten Form heran, als 1892 die Great Northern Railroad gebaut wurde. Libbys lebendige Geschichte wird im *Heritage Museum* (Mo-Sa 10–17, So 13–17; gratis) erzählt, das in einem zwölfeckigen Blockhaus am US-2, am Ostende der Stadt, untergebracht ist.

Die meisten der Flußszenen in Meryl Streeps Film »The River Wild« sind an diesem Abschnitt des Kootenai River gedreht worden.

Die US-2 Frontage Road ist von jeder Menge Tankstellen (die Conoco-Station bietet heiße Duschen) und einem halben Dutzend Motels gesäumt, darunter das *Sandman* (406/293-8831) mit heißen Wan-

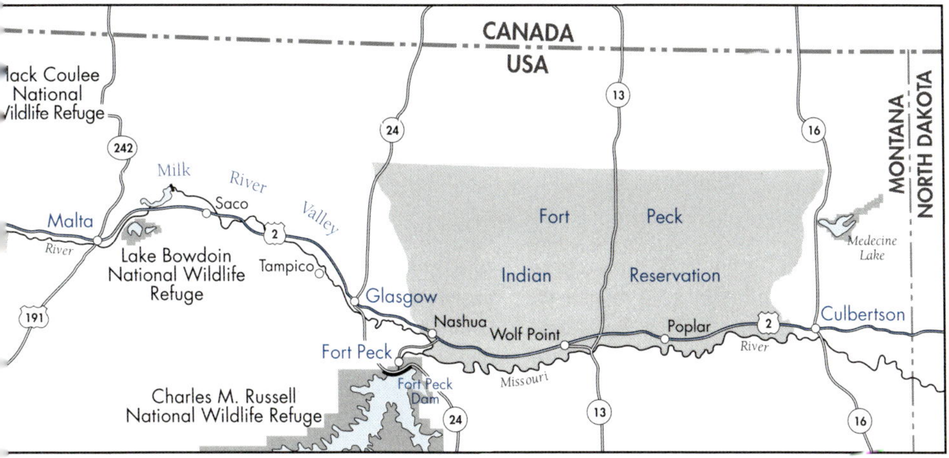

nenbädern und Doppelzimmern ab 30 $ sowie das teure *Super 8* (406/293-2771). Der alte Geschäftsdistrikt erstreckt sich entlang der Mineral Street zwischen dem US-2 und der Amtrak-Station. Das Angebot an Eßlokalen variiert vom *Beck's Montana Cafe* (2425 West US-2) am Westende des Ortes bis zum nobleren *Adam's Rib* (1207 Utah Avenue), das drei Blocks südlich des US-2 in einer alten Kirche untergebracht ist.

An einem Großteil der Strecke zwischen Troy und Libby gibt es am US-2 gekennzeichnete Rastplätze, von denen aus Trails zum schmalen und kurvenreichen alten Highway führen, der als Wanderweg und Skilanglaufstrecke durch den dichten Wald erhalten blieb.

Eine Reihe gefälliger Campgrounds wird in und um Libby betrieben, darunter exzellente Plätze in der nahe gelegenen Cabinet Wilderness; Details sind von der U.S. Forest Ranger Station unter 406/293-8861 zu erfragen, die auch Reservierungen für Libbys einzigartige Unterkunft entgegennimmt: Übernachtungen im *Baldy Mountain Fire Lookout Tower*, 20 Meilen nördlich des Ortes. Der Turm kann bis zu acht Personen beherbergen; die Übernachtung kostet 25 $.

Kalispell Im nordwestlichen Montana kommt nur Kalispell (12 000 Einw.) der Vorstellung eines urbanen Zentrums nahe. Die Stadt breitet sich im nördlichen Flathead Valley am Zusammenfluß der Flüsse Stillwater, Whitefish und Flathead River aus. Kalispell wird von zwei großen Straßen durchzogen, dem west-östlich verlaufenden US-2 und dem nord-südlich verlaufenden US-93, und scheint auf den ersten Blick nur eine weitere von Holzwirtschaft und Bergbau lebende Stadt zu sein, obwohl Spuren von Kultur sichtbar sind, denen nachzugehen lohnt. Hierzu zählt das anheimelnde *Hockaday Center for the Arts* in der alten *Carnegie Library* (Third Street, zwei Blocks östlich der Main Street, Di–Fr 10–17, Sa 10–15; 1 $). Ein paar Straßenzüge weiter westlich steht das perfekt erhaltene *Conrad Mansion*, das 1895 von dem Händler und Gründer Kalispells, Charles Conrad, erbaut wurde und im Rahmen von Führungen zugänglich ist (nur Mitte Mai bis Mitte Oktober tgl. 10–17.30; 5 $).

Man bekommt kaum ein besseres Frühstück als in *Norm's News and Soda Fountain* (24 Main Street). Gleich um die Ecke auf der First Street ist die *Alley Connection* ein gutes Lokal für Mittag- oder Abendessen. Kalispell verfügt auch über ein paar überdurchschnittlich gute Kneipen, etwa den altehrwürdigen *Moose's Saloon* (173 North Main Street, nahe der Kreuzung US-2 und US-93).

Kalispell liegt an der Kreuzung des Transkontinental-Highways US-2 und des Highway 93, der von der kanadischen Grenze durch Montana, Idaho, Nevada und Arizona bis hinunter nach Mexiko führt.

Außer den üblichen Ablegern bekannter Hotelketten (darunter ein *Motel 6*, ein *Super 8*, ein *Red Lion* und ein *Best Western*) gibt es das *Kalispell Grand Hotel* (8 West First Street, 406/752-3616), ein renoviertes altes Hotel und Casino, wo Doppelzimmer ab 50 $ aufwärts kosten.

Auf dem Weg nach Whitefish gibt es noch eine besonders für Reisende mit schmalem Budget empfehlenswerte Unterkunft (siehe unten).

Whitefish Das von der Great Northern Railroad gegründete Whitefish (4300 Einw.), 13 Meilen nördlich von Kalispell gelegen, ist ein bedeutender Eisenbahnknotenpunkt, dessen Gleise von der Burlington Northern und von Amtrak genutzt werden. Der Ort war ursprünglich als Stumptown bekannt, da intensiver Holzeinschlag in der Gegend nur Baumstümpfe hinterlassen hatte. Ungeachtet seiner stolzen Industriegeschichte ist aus dem Arbeiterstädtchen längst ein Touristenort geworden, der sich heute ganz unbescheiden »Erholungshauptstadt Montanas« nennt. Alpine Seen, fischreiche Wildwasser, Wanderwege und eine wunderbare Gebirgslandschaft liegen gleich vor der Tür.

In der Gegend um Kalispell und Whitefish sendet KGZE 600 AM regionale Nachrichten und klassische Pop-Hits der Fünfziger, Sechziger und Siebziger.

Die Hauptattraktion in Whitefish ist der 2064 m hohe Big Mountain (406/862-3511 oder 800/858-5439), wo man im Winter Ski laufen und im Sommer wandern und mit dem Mountain Bike fahren kann. Der Berg mit 660 m tief hinunterführenden Abfahrten erhebt sich über dem nordwestlichen Ufer des Whitefish Lake. Abgesehen davon, daß der Ort ein guter Ausgangspunkt für Touren in die Umgebung ist, lohnt Whitefish selbst gleichfalls einen Stopp. Ein kleines Museum im Inneren des historischen *Bahnhofs* (am Nordende der Central Avenue, tgl. 10-17; gratis), der den rustikalen Lodges und Hütten des Glacier National Park nachempfunden ist, gibt einen guten geschichtlichen Überblick über Whitefish. Neben einem Great-Northern-Geschenkeladen befindet sich hier auch das *Chamber of Commerce* (406/752-6166), das reichlich Broschüren, Karten und anderes Informationsmaterial bereithält.

Der beste Ort, um den Tag zu beginnen, ist die *Out of the Blue Bakery* (19 Central Avenue), wo es großartigen Kaffee, leckere Kuchen und Tischdecken mit alten Postkartenmotiven aus Montana gibt. Das *Buffalo Cafe* (516 East Third Street) ist ein beliebtes Frühstücks- und Mittagslokal, und die Restaurantpalette in Whitefish reicht vom liebenswürdigen *Great Northern Bar and Grill* (27 Central Avenue) bis zur schickeren *Stumptown Station* (115 Central Avenue).

In Whitefish findet sich das einzige vom Stararchitekten Frank Lloyd Wright entworfene Gebäude Montanas, ein Bank- und Büro-Komplex aus den frühen Fünfzigern, auf der Ostseite der Central Avenue auf Höhe Third Street, das ganz simpel Frank Lloyd Wright Building heißt.

Abgesehen von den großen, ganzjährig geöffneten Wintersporthotels des Big-Mountain-Gebietes, wo eine Übernachtung mindestens 65 $ pro Nacht kostet, gibt es vielerlei Hotels südlich der Stadt am US-93, darunter ein *Comfort Inn* und ein *Super 8*. Zwei weitere Übernachtungsmöglichkeiten liegen östlich des US-93 an der Whitefish Stage Road, einer ruhigen Nebenstrecke zwischen Kalispell und Whitefish: Das eine ist das attraktive und komfortable *Turn in the River Inn* (51 Penny Lane, 406/257-0724 oder 800/892-2474) am Ufer des Whitefish River, das andere das saubere *Whitefish Hostel* (2155 Whitefish Stage Road, 406/756-1908) mit Betten im Schlafsaal für unter zehn $ die Nacht und einem Mountain-Bike-Verleih.

Hungry Horse und Columbia Falls Zwei ansprechend benannte, aber ansonsten uninteressante Orte liegen am US-2 zwischen Kalispell und dem Glacier National Park. Der erste, Hungry Horse, ist vor allem ein Serviceort für das große, südwestlich gelegene Wasserreservoir, wovon die großen Plakatwände mit der Aufschrift »Freundlichster Staudamm-Ort in der ganzen Welt« herrühren. Eine weitere Ansammlung von Tankstellen und Fabriken, darunter das große *Plum-Creek-Sägewerk* und eine Aluminiumhütte des Konzerns Anaconda, machen den größeren Ort Columbia Falls (3200 Einw.) aus, wo es dem Namen zum Trotz keinen Wasserfall gibt. Doch findet man eine Reihe guter Eßlokale, so das sehr beliebte *Pines Cafe* am Highway südwestlich des Ortes und ein *A&W Drive-In* weiter östlich am US-2.

Wer ungewöhnliche Zeitungen liebt, sollte für 50 Cent eine Ausgabe der exzellenten Hungry Horse News kaufen, in der Geschichten von angreifenden Berglöwen und andere Begebenheiten aus der Gegend um den Glacier National Park mitgeteilt werden.

West Glacier Wie so viele Touristenorte am Rande von Nationalparks ist auch West Glacier ein wenig schäbig, doch hier hält es sich in erträglichen Grenzen. Inmitten von Plakatwänden, die für Helikopterrundflüge, Museen voller ausgestopfter Tiere und den »Größten Irrgarten der Welt« werben, gibt es auch Cafés, Kneipen, Tankstellen und eine Reihe komfortabler Motels für 55 $ die Nacht, darunter das *River Bend* (406/888-5662) unmittelbar am Flathead River und das *Vista* (406/888-5311 oder 800/831-7101), das ganzjährig geöffnet ist.

Glacier National Park

Als der wildeste und schroffste aller Nationalparks in den Rocky Mountains umfaßt der Glacier National Park 4100 km² sehr hoch gelegener Landschaft, darunter die Gletscher, denen er seinen Namen verdankt, mehr als 200 Seen sowie zahllose Flüsse und Bäche. Wie Messerschneiden ragen Felsformationen aus buntem Sedimentgestein bis zu 3000 m hoch über die von Gletschern flachgeschliffenen Täler empor. Grizzlybären, Schwarzbären, Berglöwen und Wölfe ziehen durch das wilde Hinterland des Parks, das kreuz und quer von 700 Meilen Wander- und Reitwegen erschlossen ist.

Die wesentlichen Sehenswürdigkeiten des Parks sind über die 50 Meilen lange Going-to-the-Sun Road zu erreichen, eine Serpentinenstraße, die vielleicht die schönste Route auf diesem Planeten darstellt. Diese schmale Straße nimmt im Westen in dichten Wäldern, im Osten auf dem Grasland der Prärien ihren Ausgang und ist die einzige Strecke quer durch den mehrere hunderttausend Hektar großen Park. Man sollte beachten, daß der mittlere Abschnitt der Straße – also alles, was östlich vom Lake McDonald liegt – im allgemeinen zwischen Ende Oktober und Mitte Juni durch Schnee blockiert ist.

Der schöne Lake McDonald westlich des Logan Pass bildet den größten See des Parks und stellt zugleich mit einer attraktiven Lodge, zwei Restaurants, einer Tankstelle und einem kleinen Campingplatz die am besten erschlossene Region dar. Im Sommer kann man für sechs $ eine Bootstour mit Erläuterungen unternehmen.

Zwischen dem See und dem Logan Pass ist der Avalanche Creek, fünf Meilen östlich der Lake McDonald Lodge, der schönste kurze Wanderweg des Parks; er windet sich durch dichte Zedern- und Fichtenwaldungen und folgt einem Creek, der sich durch eine tiefe Schlucht ergießt.

Das Herz des Parks bildet der Logan Pass, ein 2036 m hoch gelegener Bergsattel auf der Kontinentalscheide, der nach der Schneeschmelze lebendig wird und einen Regenbogen bunter Wildblumen hervortreten läßt. Zwei sehr beliebte Naturlehrpfade beginnen beim großen Visitor Center: Der kürzere, aber anstrengendere Trail führt auf einem hölzernen Steg über eine alpine Wiese nach Süden zu einem Aussichtspunkt, von dem aus man den Hidden Lake sehen kann; der Highline Trail führt über eine Ebene nach Norden zu den Ausläufern der schroffen Graden Wall und zum Chalet im Hinterland des Granite Park (weitere Einzelheiten siehe unten).

Neben den Unterkünften am US-2 in East und West Glacier findet man auch im Park eine Reihe rustikaler Lodges und Motels. Das netteste davon ist die intime, komfortable und preisgünstige Lake McDonald Lodge, wo Doppelzimmer ab 60 $ pro Nacht zu haben sind und die Lobby mit bequemen Sesseln rings um den Kamin sowie zahlreichen Bären- und Büffelfellen ausgestattet ist; hier gibt es auch das beste Essen im Park. Neben den großen Lodges haben noch ein paar andere Relikte aus der Frühzeit des Glacier Parks als Ziel von »Grand Tours« überdauert: Grellrote Tourenwagen mit offenem Dach verkehren auf der Going-to-the-Sun Road, und zwei abgelegene, schon vor dem Ersten Weltkrieg erbaute Chalets, die zur Zeit renoviert werden, erlauben den Besuchern die Übernachtung in der Wildnis, ohne selbst das Zelt aufbauen zu müssen. Reservierungen und weitere Informationen sind erhältlich durch die Glacier Park Inc. (406/226-5551 im Sommer, 602/207-6000 im Winter).

Um einen umfassenderen Überblick über den Park zu bekommen, sollte man an einem der drei Visitor Centers des Glacier National Park anhalten, die in Agate am westlichen Eingang, am Logan Pass (nur im Sommer geöffnet) und am östlichen Eingang, nahe des Ortes St. Mary liegen. Weitere Informationen sind über das Park Headquarters in West Glacier erhältlich (406/888-5441).

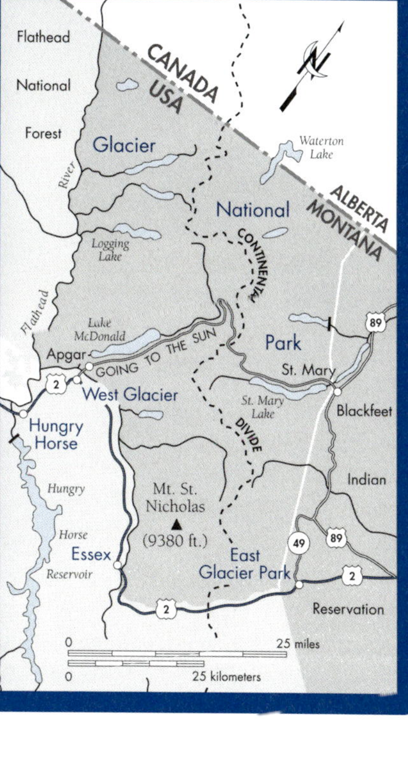

The Flathead River und Essex Der US-2 umgeht die extremere Berglandschaft und die Schneemassen des Winters, indem er einen Bogen um die Südecke des Glacier National Park schlägt und die kontinentale Wasserscheide beim 1590 m hohen *Marias Pass* überquert, dem niedrigsten der Übergänge über die Rocky Mountains. Gleich östlich davon fällt die Strecke steil ab und führt hinunter in das Tal, welches der Mittellauf des Flathead River in die Landschaft geschnitten hat. Die Straße und die Eisenbahn werden den gesamten Winter hindurch offengehalten, es gibt zwar kaum Serviceeinrichtungen für die Durchreisenden, dafür aber zahlreiche Trails in die südlichen Abschnitte des Parks.

Die vielen Kreuze am Straßenrand, die man auf der Fahrt durch Montana sieht, markieren jeweils einen tödlichen Unfall. Sie wurden während der vergangenen 35 Jahre durch die American Legion aufgestellt; viele sind mittlerweile liebevoll gestaltete Schreine zum Gedenken an tote Angehörige.

Das *Isaak Walton Inn* (406/888-5700) in dem kleinen Eisenbahnort Essex, eine halbe Meile südlich des US-2, ist nicht nur einen Stopp, sondern einen längeren Aufenthalt wert. Vor allem im Winter, wenn man vom Inn aus meilenweit die Skitrails überschauen kann, ist es eine der besten (und am wenigsten bekannten) Unterkünfte im Staat. Das Inn ist eine bescheidenere (und preisgünstigere) Version der Glacier-Park-Lodges, wurde ursprünglich als Unterkunft für Eisenbahnarbeiter erbaut (von denen einige noch immer hier wohnen) und ist heute eine populäre, ganzjährig geöffnete Alternative zu den oft ausgebuchten Hotels und Lodges im Park selbst. Die Übernachtung kostet ab 75 $ aufwärts, und es gibt sehr gute Mahlzeiten.

Besonders im Frühsommer lohnt auch ein kurzer Stopp am sogenannten *Goat Lick* am US-2 bei Meile 182, etwa fünf Meilen vom Abzweig nach Essex entfernt. Dutzende von zotteligen weißen Bergziegen versammeln sich hier um eine mineralreiche Quelle.

East Glacier Park East Glacier Park am US-Highway 2 liegt an der Südwestecke des Blackfeet-Indianer-Reservats und ist, wie der Name verrät, der östliche Zugang zum Glacier National Park. Es ist ein winziger Ort, kaum mehr als eine größere Ausbuchtung am Highway mit ein paar Souvenirläden, einem guten mexikanischen Restaurant namens Serrano's, drei ziemlich einfachen Motels und dem kleinen *Backpacker's Inn* (406/226-9392), das Schlafgelegenheiten für acht $ anbietet.

Da der Hauptzugang zum Park bei St. Mary mehr als 30 Meilen nordöstlich liegt, ist East Glacier Park keine besonders günstige Basis für Besuche, auch wenn es über eine wirkliche Attraktion verfügt: die Glacier Park Lodge (406/226-5551), die großartigste aller historischen *Park-Lodges*. Sie wurde von der Great Northern Railroad erbaut, um die Aufmerksamkeit auf den Park – und die Züge der Gesellschaft! – zu lenken. Die Lodge ist um eine vier Stockwerke hohe Lobby herum angelegt, die aus riesigen Douglas-Fichten erbaut ist – jede einzelne erstreckt sich vom Boden bis zur Decke und weist noch ihre Rinde auf. Aber die Zimmer sind irgendwie enttäuschend, vor allem bei Übernachtungspreisen von über 100 $ pro Nacht.

Nördlich des US-2, gleich außerhalb von St. Mary, offeriert das auf einem Hügel gelegene *Johnson's Cafe* (406/732-4453) nicht nur großartige Ausblicke auf die nahegelegenen Berggipfel, sondern auch seit 40 Jahren gutes Essen. Die Familie des Inhabers betreibt außerdem noch einen kleinen Campingplatz und ein Motel.

Das Blackfoot Indianer-Reservat Das 600 000 Hektar große Blackfoot-Indianer-Reservat, das sich an der Ostgrenze des Glacier National Park bis hinauf nach Kanada erstreckt, ist ein rauhes Land, in dem heute noch 7500 Angehörige des einst machtvollsten Indianerstammes der nördlichen Plains leben. Die Blackfoot, deren nomadisierendes Leben sie den Büffeln durch die gesamten Plains folgen ließ, waren aufgrund ihrer Kriegs- und Jagdkunst gefürchtet und geachtet. Der Kontakt mit weißen Händlern brachte Pocken, Alkoholismus und andere Krankheiten zu ihnen, die den Stamm stark dezimierten. Ihr entschlossener Widerstand in den Schlachten gegen die US-Armee nötigte der auf ihr Territorium vordringenden Regierung Zugeständnisse ab, etwa 1855 die Übereignung eines großen Areals, das damals alles Land nördlich des Yellowstone River zwischen den Dakotas und der kontinentalen Wasserscheide umfaßte. Ein Großteil dieses Territoriums, darunter die Osthälfte des heutigen Glacier National Park, wurde später von den Indianern zurückgekauft oder ihnen einfach weggenommen. Inzwischen erzielt der Stamm seine Einkünfte aus der Landwirtschaft und aus Öl- beziehungsweise Erdgaslizenzen.

Das Hauptquartier des Blackfoot-Stammes und wirtschaftliches Zentrum ist *Browning* (1170 Einw.) am US-2, nahe dem östlichen Zugang zum Glacier National Park. Wie viele andere Orte in Indianer-Reservaten macht auch Browning einen desolaten und deprimierenden Eindruck, aber es gibt trotzdem eine Reihe von Gründen, die Fahrt hier zu unterbrechen. Einer davon ist das Museum of the Plains Indian (Juni bis September tgl. 9–17, im übrigen Jahr Mo-Fr 10–16.30; gratis) am Westende des Ortes, an der Kreuzung von US-2 und US-89. Das vom Bureau of Indian Affairs der US-Regierung unterhaltene Museum ist in einem schlichten Gebäude untergebracht und enthält eine kleine Sammlung von Kunst und Kunsthandwerk der Plains-Indianer, meist Dekken und Schmuck. Weit interessanter, wenn auch schwerer zu finden, ist die *Blackfoot Indian Writing Company* (Mo–Fr 8–14; gratis; 406/338-2535 oder 800/392-7326), wo die besten Bleistifte der Härte HB sowie Lindy Pens hergestellt werden. Die Fabrik liegt eine Meile abseits des US-2 am Südwestende des Ortes.

Die zweiwöchigen Feierlichkeiten der North American Indian Days, die Mitte Juli auf den Blackfeet Tribal Fairgrounds veranstaltet werden, ziehen Indianer aus den gesamten USA und aus Kanada an. Nähere Informationen unter 406/338-7276.

Cut Bank Reisende, die auf dem US-Highway 2 Richtung Westen unterwegs sind, können meist nicht glauben, daß sie nach einer

Dreizehn Meilen östlich von Browning oder 22 Meilen westlich von Cut Bank kennzeichnet ein Monument auf einem Rastplatz am US-2 den nördlichsten Punkt, den Lewis und Clark auf ihrer transkontinentalen Expedition erreichten. Am 23. Juli 1806 kam Meriwether Lewis auf seiner Suche nach den Quellen des Marias River bis zu diesem Ort, den er Camp Disappointment nannte, bevor er infolge des schlechten Wetters wieder umkehrte.

über 1000 Meilen langen Tour durch die sanft gewellten Great Plains die Berge noch immer nicht erreicht haben. Erst bei Cut Bank (3329 Einw.) scheint die relativ flache Landschaft, die so lange das Panorama bestimmt hat, nun doch zu enden. Man kommt auf einen Hügel und befindet sich plötzlich mitten auf einem Plateau. Aufgrund einer hier ansässigen staatlichen Wetterstation als kälteste Stadt der USA bekannt, ist Cut Bank trotzdem ein freundlicher und durchaus hübscher Ort, der vom US-2 in zwei Teile getrennt wird: eine sauber angelegte Stadt im Süden und das schmuddelige alte Montana-Eisenbahnstädtchen im Norden. Das *Point Drive-In* ist ein klassisches Restaurant der Fünfziger, während man im *Golden Harvest Cafe* dicht an dicht mit den Menschen aus dieser Gegend sein Frühstück beziehungsweise Mittag- oder Abendessen verzehren kann. Am Ostende von Cut Bank steht ein neun Meter hoher sprechender Pinguin direkt neben dem *Glacier Gateway Inn* (1121 East Railroad Avenue, 406/873-5544 oder 800/851-5541), dem nettesten Motel der Stadt.

Auch wenn die Bevölkerung überwiegend weiß ist, liegt Cut Bank doch am östlichen

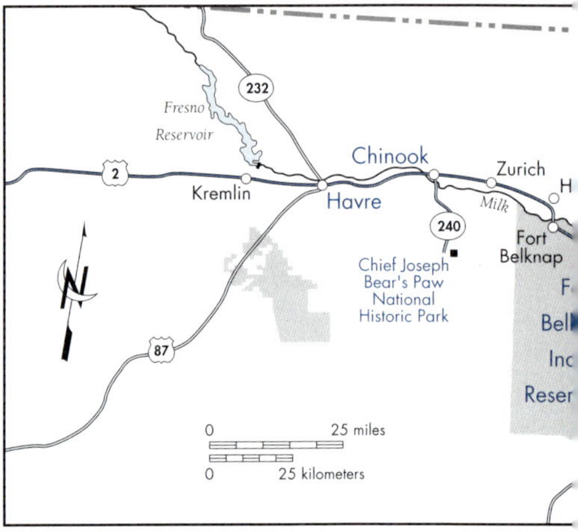

Rand des Blackfoot-Indianer-Reservates, das sich bis zur Grenze des Glacier National Park ausdehnt.

Shelby Shelby verdankt seine Existenz weitgehend der Lage an der Kreuzung des US-2 mit dem Interstate 15, 25 Meilen südlich der kanadischen Grenze – wenn die örtlichen Tourismus-Manager auch etwas anderes behaupten. Die Geschäftigkeit der Stadt – zumeist Truck-Rallys und Dieselqualm – spielt sich im Westteil des Ortes ab. Davon abgesehen ist Shelby eine überdimensionierte Variante der übrigen Siedlungen an der Great Northern Railroad, die sich weiter als die anderen entlang der Schienen hinzieht, breite Straßen hat und einen seltsam steilen Hügel am Südende der Innenstadt.

Shelby ist nicht unbedingt rauh, und die Bürgersteige werden hier auch nicht abends um acht hochgeklappt. Anspruch auf einen gewissen Ruhm kann der Ort erheben, weil hier 1923 der Weltmeisterschaftskampf im

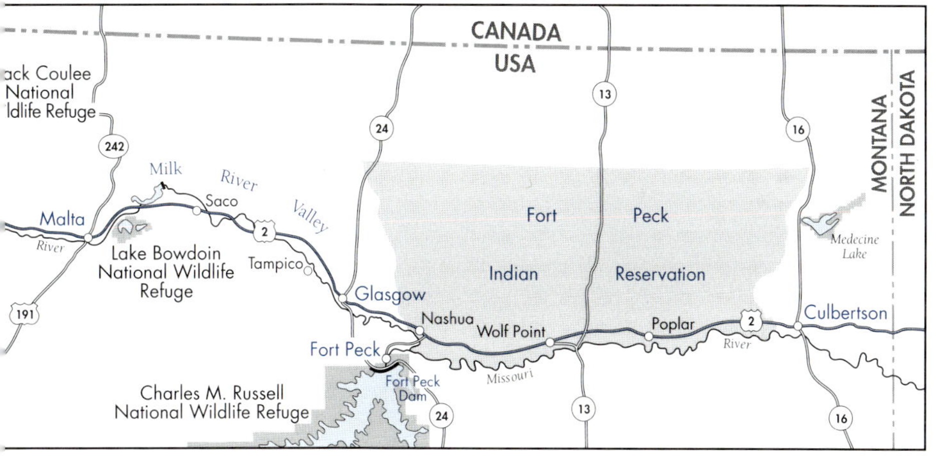

Als großartige Reiselektüre bietet sich William Least Heat Moons Buch »Blue Highways« an, das eine lyrische Beschreibung der endlosen Senken und Erhebungen auf diesem Abschnitt der Strecke sowie den kurzen Bericht über einen Tag in Shelby enthält.

Schwergewicht zwischen Jack Dempsey und Tommy Gibbons stattfand, der nach 15 Runden zugunsten von Dempsey knapper ausfiel, als man erwartet hatte. Der Fight war als populäres Ereignis aufgezogen worden, um die Leute in die Boomtown des Ölgeschäfts zu locken. Eigens zu diesem Zweck errichtete Shelby eine Arena für 40000 Zuschauer, doch nachdem Dempsey damit gedroht hatte, den Kampf abzusagen, waren nur 7000 Menschen erschienen. Man kann eine Replik der Arena und zahlreiche Memorabilien des Kampfes im Marias Museum of History and Art (im Sommer Mo–Fr 13–17 und 19–21, Sa 13–16; gratis) an der Ecke 12th Avenue und First Street North finden.

Prima Essen gehört zu den Standards bei *Kathy's* (156 Main Street), und das *O'Haire Manor* (204 Second Street – auf das große »Motel«-Schild am US-2 achten; 406/434-5555) zählt zu den besseren unter Shelbys halbdutzend Motels; der Mindestpreis für ein Doppelzimmer beträgt 35 Dollar.

Dank seiner Lage am Interstate bietet Shelby das letzte gute Angebot an Serviceeinrichtungen für mehr als 100 Meilen bis nach Havre, weshalb man vor der Weiterfahrt unbedingt tanken sollte. Auf dem anschließenden Weg nach Osten führt der US-2 über eine eintönige Ebene, die nur hin und wieder durch Viehherden, Minuteman-Raketensilos aus der Zeit des kalten Krieges und vereinzelte Weizenfarmen aufgelockert wird – ansonsten gibt es hier kaum etwas Interessantes. Den Wagen auf Geradeaus-Kurs zu halten, ist schon das größte Abenteuer, und man ist Meile um Meile den eigenen Gedanken überlassen. Etwa auf halber Strecke weist ein absolut leeres Schild auf einen historischen Ort hin, – vielleicht soll es nur die Leere betonen, die man gerade durchquert.

Havre Die größte Stadt am östlichen US-2, Havre (10200 Einw., »HAV-ver« ausgesprochen), wurde während des Baus der Great Northern Railroad gegründet und ohne erfindlichen Grund nach Le Havre in Frankreich benannt, auch wenn die Aussprache niemals darauf schließen ließe. Havre hat mehr als nur ein bißchen von seinem Wildwest-Feeling erhalten und besitzt genügend ungewöhnliche Attraktionen, um einen längeren Aufenthalt zu rechtfertigen. Nördlich der Stadt gibt es ein ausgedehntes Areal stark erodierter *Badlands*, und gleich westlich der Stadt, direkt hinter dem Holiday Village Shopping Center, liegt eines der besterhaltenen *Pishguns* des Landes – ein großes Kliff, wo die Indianer der Plains ganze Bisonherden in den Tod getrieben haben. Es ist nur von Ende Mai bis September zugänglich, der Eintritt kostet 3,50 $. Viele der am Pishgun gefundenen Artefakte sind im nahe gelegenen *H. Earl Clack Memorial Museum* ausgestellt (Mai bis September tgl. 9–21; Eintritt gegen Spende). Das Museum bietet für 2 $ auch feste Touren zu den archäologischen Stätten sowie zum acht Meilen südwestlich am US-87 gelegenen Fort Assiniboine an, dem größten jemals in Montana errichteten Fort. Es bestand einst aus über 100 Gebäuden, von denen nur einige erhalten sind. Kommandeur des Forts war John J. Pershing.

Fast die einzige Alternative zur örtlichen Vorherrschaft jaulender Country-Stationen oder zu christlich frömmelnden Sendern ist CKRK 1090 AM mit einem rauhen Rock'n'Roll-Programm, das aus Lethbridge in Kanada übertragen wird.

Der Ort selbst ist eindrucksvoll und ein wenig rauh. Zahllose Poker-Clubs (überall steht »Casino« drangeschrieben) und Cowboy-Bars säumen die Straßen der engen Innenstadt, unter der sich ein heute nicht mehr in Betrieb befindliches Tunnelsystem mit illegalen Bordellen und Opiumhöhlen erstreckt – alles Teil einer verborgenen Vergnügungswelt, die um die Jahrhundertwende und während der Prohibitionszeit florierte. Ein Großteil des damals konsumierten Schnapses kam aus dem nur einen Steinwurf nördlich gelegenen Kanada. Touren für 5 $ werden durch *Havre Beneath The Streets* (104 Third Avenue, 406/265-8888) veranstaltet.

Entlang der First Street – dem US-2 – finden sich die bekannten Fastfood-Fallen sowie das gute italienische Restaurant *Navlikis* und das chinesische Restaurant *Canton Chinese* (439 West First Street). Das kleine *Lunch Box Cafe* (213 Third Street) hat stets frische Speisen im Angebot. Als Unterkunft hat das plüschige *Duck Inn* (406/265-9615) zwar einen dümmlichen Namen, aber annehmbare Zimmer und ein gutes Restaurant. Informationen zu den anderen Hotels und Restaurants kann man beim Chamber of Commerce (518 First Street, 406/265-4383) in der Innenstadt bekommen.

Chinook und Chief Joseph Der Name Chinook stammt aus dem einst im Nordwesten unter den Indianerstämmen gebräuchlichen Ausdruck für einen warmen Südwind, der zumeist im Januar und Februar weht und die Temperatur binnen Stunden drastisch ansteigen lassen kann, so daß der Schnee

Chief Joseph und die Nez Percé

Die Odyssee von Chief Joseph und seinen 600 Stammesangehörigen ist vielleicht die bekannteste Geschichte aus den letzten Tagen der in Freiheit lebenden nordamerikanischen Indianer. Nachdem die US-Regierung einen ursprünglichen Vertrag einseitig »neu verhandelt« und das Land der Nez Percé um 90 Prozent reduziert hatte, führte Joseph seine Leute im Sommer 1877 mehr als 1600 Meilen weit von ihrem ursprünglichen Siedlungsgebiet in Idaho nach Westen. In der Annahme, die US-Kavallerie befände sich weiter südlich und Kanada läge näher, als es tatsächlich der Fall war, entschlossen sich Joseph und seine abgerissenen, ausgemergelten Indianer zu einer ausgiebigen Rast.

Doch die US-Armee war scharf hinter ihnen her und schickte ein Kontingent von 400 Mann, das den Stamm auskundschaftete und am 28. September zwölf Meilen südöstlich sein Lager aufschlug. Am 30. September wurden die Nez Percé von einem Angriff geweckt. Die Armee rechnete mit dem Überraschungseffekt, stieß aber auf erbitterten Widerstand, aus dem eine fünftägige Belagerung erwuchs. Nachdem sie eine Herde von Pferden, 30 ihrer Krieger und drei Häuptlinge verloren hatten und auch die Zahl der Opfer unter den Frauen und Kindern zunahm, gaben die Nez Percé auf. Chief Josephs Worte, als er sich in Gefangenschaft begab, waren eine eloquente und tragische Zusammenfassung des Schicksals der amerikanischen Indianer:

»Unsere Häuptlinge sind tot; die kleinen Kinder erfrieren. Mein Volk hat keine Decken, keine Nahrung... Ich brauche Zeit, um nach meinen Kindern zu sehen und festzustellen, wie viele ich finden kann... Hört mich an, meine Häuptlinge. Ich bin müde. Mein Herz ist krank und traurig.... Vom jetzigen Sonnenstand an werde ich niemals wieder kämpfen.«

Anstatt daß die Nez Percé gemäß den Versprechungen der Armee-Befehlshaber nach Idaho zurückkehren konnten, mußte Joseph die mit gespaltener Zunge gesprochene Falschheit der Regierung erkennen. Die meisten Nez Percé wurden auf verschiedene Reservate bis nach Oklahoma verteilt. Aufgrund herkulischer Bemühungen von Chief Joseph und mit Hilfe seines alten Fürsprechers, Colonel Miles, wurde 1885 etwa 120 Stammesmitgliedern die Rückkehr nach Idaho gestattet. Chief Joseph jedoch durfte sein Heimatland nie wiedersehen und verbrachte seine letzten Tage im Exil im Colville-Reservat in Washington, wo er auch begraben liegt.

schmilzt und das Vieh wieder Futter findet. Chinook (1500 Einw.) ist heute eine kleine Viehzüchterstadt und am besten wegen seiner Lage in der Nähe jener Stelle bekannt, wo sich die Nez Percé unter ihrem Häuptling Chief Joseph 1877 der US-Armee ergaben. Dieses Ereignis steht zugleich für das Ende der Indianerkriege auf den Plains.

Das sehr gute Blaine County Museum (501 Indiana Street, vier Blocks südlich des US-2, im Sommer Di–Sa 8–17 und So 13–17, ansonsten Mo–Fr 13–17; gratis) zeigt eine

eindrucksvolle Sammlung von Fossilien und Artefakten aus der Pionierzeit sowie eine informative Multimedia-Präsentation der Ereignisse, die zur endgültigen Aufgabe Chief Josephs führten.
Wenn das Wetter gut ist und man einen halben Tag darauf verwenden kann, ist der tatsächliche Schauplatz, wo die Nez Percé gefangengenommen wurden, weit ansprechender. Er steht heute als *Chief Joseph Bear's Paw Battlefield National Historic Park* unter Schutz, ist bis auf einige Lehrpfade und Informationstafeln weitgehend unverändert und liegt 16 Meilen südlich von Chinook am Highway 240.

Das Indianer-Reservat Fort Belknap

Zwischen Chinook und Malta verläuft der US-2 entlang der Nordwestgrenze des Indianer-Reservates Fort Belknap, das mit einer Ausdehnung bis in die Nähe der Missouri Breaks im Süden über 260000 Hektar umfaßt. Die steinige und mit Gebüsch bewachsene Gegend bot perfekte Verstecke für Outlaws wie Kid Curry, Butch Cassidy und die Hole-in-the-Wall-Gang.
Das Fort-Belknap-Reservat wurde 1887 eingerichtet, um die überlebenden Angehörigen des einstmals gefürchteten Gros-Ventre- und des Assiniboine-Stammes aufzunehmen, die zu den stärksten Mächten der Plains gehörten, ehe sie auf der Seite der US-Armee gegen die Blackfoot kämpften. Im kleinen Örtchen *Fort Belknap,* südlich des US-2 und 25 Meilen östlich von Chinook, kreuzen sich die Wege des Reservates. Hier finden alljährlich Ende Juli die *Milk River Indian Days* statt, zu denen außer Athletik-Wettkämpfen auch Tänze und eine große Messe gehören.
Das größere Städtchen *Harlem*, westlich von Fort Belknap und zwei Meilen nördlich des US-2, liegt zwar außerhalb des Reservates, doch befindet sich hier das Hauptquartier des Stammes (406/353-2205).
Der 1939 erschienene *WPA-Guide to Montana* beschreibt Harlem als »belebt durch die Anwesenheit der Indianer in ihrer farbenfrohen und komplizierten Mischung aus traditioneller und weißer Kleidung...«
Wenn man sich Malta nähert, gibt der Milk River verstohlene Hinweise auf mildere Luft in dem vorherrschenden Staub und zeigt ein scheinbar unwirkliches Band aus frischem Grün südlich der Straße, die selbst ziemlich trostlos ist.

Malta Zwanzig Meilen östlich des Reservates von Fort Belknap liegt Malta, benannt nach der Insel im Mittelmeer, aber ansonsten nur ein weiteres der Farmerstädtchen, die entlang der Great Northern Railroad aus dem Boden wuchsen. Außer dem überdurchschnittlichen *Philips County Historical Museum* (133 South First Street West, nur Juni bis September Di-Sa 10-12 und 13-17; Eintritt gegen Spende) in der alten Carnegie Library gibt es in Malta die in dieser Gegend beste Eß-, Trink- und Übernachtungsmöglichkeit: das sehenswerte *GN Hotel* (2 South First Avenue East, 406/654-2100) mit einer Kombination aus Bar und Steakhouse, einem Café mit großem Frühstücksangebot und Doppelzimmern ab 40 $ die Nacht.

Gut zwanzig Meilen nördlich des US-2 beherbergt das 6275 Hektar große Black Coulee National Wildlife Reserve eines der wenigen Brutgebiete des weißen Pelikans innerhalb der nordwestlichen USA.

Im winzigen Farmerstädtchen Saco, 28 Meilen östlich von Malta, ist das aus einem einzigen Raum bestehende Schulgebäude der Stolz des Ortes, da dort der Fernsehjournalist Chet Huntley seine Ausbildung erhielt

Malta, wo sich die nach Osten beziehungsweise Westen fahrenden Züge von Amtraks »Empire-Builder«-Linie begegnen, ist nur einer von vielen Orten am US-2 in Montana, deren Namen auf Betreiben der Eisenbahn-Leute von anderen Städten aus der ganzen Welt entlehnt wurden. Auf der Fahrt entlang des Highways kommt man durch Orte wie Dunkirk, Kremlin, Havre, Zurich, Harlem und Tampico, die alle von der Eisenbahngesellschaft gegründet und hauptsächlich mit Menschen aus Nord- und Osteuropa besiedelt wurden, die um die Jahrhundertwende von dem in Aussicht gestellten Farmland angelockt wurden.

Milk River Valley Östlich von Malta überqueren Straße und Eisenbahnlinie mehrfach den träge dahinfließenden und schmalen Milk River. Schilder an der Strecke kündigen an, daß man nun das »Beef Country« erreicht hat; ein Blick auf das Speisenangebot der Cafés ist ebenfalls ein Beweis dafür. Der US-2 schwingt sich weiterhin über die Zuflüsse des Milk River und windet sich durch das sumpfige *Lake Bowdoin National Wildlife Refuge,* einst die beste Gegend im Staat für die Entenjagd und nun ein Rückzugsgebiet für Fasane und Waldhühner sowie Pelikane, Ibisse und Reiher.

Falls man kein emsiger Vogelbeobachter ist, lohnt nur ein Ort zehn Meilen westlich von Saco und vier Meilen nördlich des US-2 einen Stopp: Das ausgedehnte und anheimelnde *Sleeping Buffalo Hot Springs Resort* (406/654-2100) verfügt über einen 20 mal 25 m großen Pool mit warmem Quellwasser und bietet daneben bis zu 41 Grad heiße Wannenbäder und Hütten ab 30 $ pro Nacht.

Glasgow Glasgow (3600 Einw.) am Nordufer des Milk River, 50 Meilen westlich von Wolf Point, ist eine der wenigen Hi-Line-Städte, die mehr darstellen als nur eine Ansammlung von Getreidesilos, auch wenn der hier vorherrschende optische Eindruck von landwirtschaftlichen Genossenschaften und Mähdreschern bestimmt wird. 1889 von der Great Northern Railroad als Eisenbahnsiedlung gegründet, ist Glasgow heute die größte Stadt im nordöstlichen Montana. Ein Stopp im äußerst vollgestopften und mit Dioramen überfüllten Valley County Historical Museum (nur im Sommer Mo–Sa 9–21, So 13–21; gratis) an der Ecke US-2 und 8th Avenue lohnt wegen der ausgestellten Kneipeneinrichtung.

Johnnie's Cafe (433 First Avenue South) serviert jeden Tag ein wirklich erstklassiges Roadfood; das *Country Cafe* am Westende der Stadt offeriert ein Sonntagsbüffet sowie Kaffee für 25 Cent und verfügt über das größte Schild mit der Aufschrift »EAT« diesseits von Texas.

Fort Peck und der Fort-Peck-Damm

Fünfzehn Meilen südlich von Glasgow und dem US-2 via Highway 24 sammelt der riesige Fort Peck Lake die Wasser des Missouri River hinter dem massiven Fort-Peck-Damm, einem der größten Bauprojekte der New-Deal-Ära, der noch immer der zweit-

In der Erstausgabe des Life Magazine vom 23. November 1936 porträtierte die Dokumentarfotografin Margaret Bourke-White den Ort Fort Peck sowie die anderen 18 Boomtowns, die während des Baus des Fort-Peck-Staudammes in der Gegend aus dem Boden gestampft wurden.

größte Erddamm der Welt ist. Zwischen 1933 und 1940 hackte, schaufelte, schüttete und schwitzte eine 10000-köpfige Armee von Zivilisten für Stundenlöhne zwischen 50 Cent und 1,20 Dollar, bis in der Einsamkeit der High Plains ein regelrechtes Meer entstanden war. Als Ergebnis sind heute 246669200 Kubikmeter Wasser hinter dem fast vier Meilen langen Damm aufgestaut; der See hat eine maximale Tiefe von 66 m und eine Uferlänge von 1600 Meilen – länger als die Küste Kaliforniens! Rings um den See gibt es zahllose Erholungsgebiete, Campingplätze und ähnliche Einrichtungen; außerdem ist das Wasserreservoir die Heimat einer vielfältigen Tierwelt, darunter Hirsche, Dickhornschafe, Gabelantilopen und viele Zugvögel, die innerhalb des *Charles M. Russell National Wildlife Refuge* Schutz finden. Im Sommer werden zwischen 9 und 17 Uhr stündlich kostenlose Führungen zum alten Powerhouse angeboten, in dem sich jetzt ein Museum befindet. Man erreicht den 15 Meilen südlich des US-2 gelegenen See am einfachsten über den Highway 117 ab Nashua; von Glasgow aus führt auch der Highway 24 dorthin, an dem auch ein Information Center liegt (406/526-3431 oder 538-8706), dessen gesprächiges Personal bereitwilligst Hinweise auf Möglichkeiten zum Wandern, Radfahren und Campen im Bereich des Sees oder anderer Erholungsgebiete gibt.

Im Winter herrscht in Montana das schlechteste Wetter der südlichen 48 US-Staaten, wenn arktische Winde über die Plains fegen und die Temperatur auf durchschnittliche Höchstwerte von 12 Grad minus sinken.

Außer dem Damm und dem See ist der niedliche Ort Fort Peck (300 Einw.) das beste in dieser Gegend noch erhaltene Beispiel für den Geist des New Deal. Er wurde aus dem Nichts heraus für die Arbeiter des Dammes erbaut, auch wenn die gegenwärtigen Bewohner nur einen Bruchteil der einstigen Bevölkerung ausmachen. Ein paar der alten Gebäude stehen noch immer, darunter das historische *Fort Peck Theatre* (406/228-9219) am Highway 24, ein bedeutender Anziehungspunkt für das umliegende Gebiet, wenn im Sommer Theaterstücke und Musicals aufgeführt werden. Das *Fort Peck Cafe* hat ein einfaches, aber gutes Speisenangebot, während das originale *Fort Peck Hotel (406/526-3266)* eine der besten Unterkünfte am US-2 in Montana ist. Es war lange Zeit ungenutzt und wurde erst vor kurzer Zeit auf rührende Weise in den ursprünglichen klassischen Zustand zurückversetzt. Bereits für weniger als 30 $ pro Nacht gibt es ein Einzel- oder Doppelzimmer ohne eigenes Bad, und auch das Restaurant ist bei weitem das beste in der ganzen Umgebung.

Das Indianer-Reservat Fort Peck Das ausgedehnte Indianer-Reservat Fort Peck, Montanas zweitgrößtes Gebiet dieser Art, erstreckt sich fast hundert Meilen entlang des US-2 und 50 Meilen nach Norden. Hier leben 6800 Assiniboine und Yantonai Sioux, doch das Land gehört aufgrund skrupelloser Geschäfte, die durch den 1887 erlassenen Dawes Act möglich waren, auch Nicht-Indianern. Das Reservat bietet Besuchern kaum Sehenswürdigkeiten, und es gibt auch nur wenige Serviceeinrichtungen. Reisende, die sich für das Leben der Stämme interessieren, müssen sich mit gelegentlichen Veranstaltungen zufriedengeben, etwa dem jährlichen *Red Bottom Day*, der jeweils im Juni in Frazer westlich von Wolf Point abgehalten wird, dem *Wadopana Pow Wow* Anfang August oder der *Wild Horse Stampede* in Wolf Point, dem ältesten Rodeo in Montana.

Das Indianer-Reservat Fort Peck veranstaltet an fast jedem zweiten Wochenende traditionelle Indianer-Feste. Die im Juli abgehaltene Wild Horse Stampede in Wolf Point ist das älteste Fest seiner Art in Montana; nähere Informationen erteilt der Stamm unter 406/768-5155.

Der größte Ort, *Wolf Point*, liegt auf halber Strecke des Weges durch das Reservat, 55 Meilen westlich von Culbertson. In Wolf Point finden sicherlich nicht jeden Tag aufregende Aktivitäten statt, und am Rande des Ortes verstreut rosten antike Autowracks still vor sich hin. Im Untergeschoß der County Library gibt es dafür aber das *Wolf Point Area Historical Society Museum* (220 Second Avenue, nur im Sommer Mo–Fr 10–17; Eintritt gegen Spende), das wegen der Werke örtlicher Künstler und den Ausstellungen zur Geschichte der Fallensteller und Viehzüchter in dieser Gegend, darunter eine schöne Gewehrsammlung, einen näheren Blick wert ist.

Fort Peck Theater

Außerdem finden sich in Wolf Point einige der besten Cafés und Motels auf vielen Meilen. In *Stockman's Cafe* (220 Main Street) gibt es bodenständiges Essen zu niedrigen Preisen, während das *Sherman Motor Inn* (200 Main Street, 406/653-3600) auch über ein annehmbares Restaurant verfügt; das Doppelzimmer kostet etwa 30 Dollar. Weitere Informationen über örtliche Sehenswürdigkeiten und vor allem das anspruchsvolle Rodeo sind beim *Chamber of Commerce* erhältlich (201 Forth Street South, 406/653-2012).

Poplar am östlichen Rand des Reservates ist schnell durchquert und ebenso schnell wieder vergessen, obwohl das dortige *Assini-*

boine/Sioux Tribal Museum (Mo–Fr 8-16.30; gratis) einige exzellente Artefakte von General Custers Niederlage bei Wounded Knee zeigt.

Culbertson Culbertson (850 Einw.) ist ein ruhiges Städtchen mit einer überdimensional großen Zahl von Händlern für Landwirtschaftsgeräte und Viehfutter – die Touristenbroschüren prahlen mit der »sich immer weiter ausdehnenden SVO-Pflanzenölfabrik«. Das eine Meile östlich der Stadt gelegene *Montana Visitor Center* (im Sommer 8–20, im Mai und September 8–17; gratis) beherbergt das hervorragende und gekonnt gestaltete *Culbertson Museum*. Bei Bedarf kann das Personal spontan Touren durchführen.

Es gibt im Ort eine Reihe Cafés, darunter das klassische *Wild West Cafe* direkt am US-2, das Frühstück, Mittag- und Abendessen serviert und unmittelbar neben *M&Ms Place* liegt, aber eher für das Mittag- oder Abendessen in Frage kommt. Das *King's Inn* (408 East 6th Street, 406/787-6277) ist ein sauberes Motel mit Preisen ab 30 $ pro Nacht.

Unmittelbar östlich von Culbertson sollte man seine Augen offenhalten, denn hier grast in einem kleinen Tal majestätisch eine Herde Bisons mit ihren Kälbern – inzwischen ein seltener Anblick.

Durch North Dakota

Abgesehen von der liebenswerten kleinen Stadt *Grand Forks* an der Ostgrenze des Staates, erfüllt ein Großteil der Landschaft North Dakotas die Klischees einer typisch amerikanischen Kindheit, in der die ganze Familie endlose Autotouren unternahm und die öde Gegend nicht enden wollte, ja wo man das Ziel wahrscheinlich nie erreichen würde. Montana mag Big Sky Country sein, doch North Dakota ist zweifellos High Sky Country, wo man – gelangweilt vom Anblick endlos wogender goldener Getreidefelder – Muskelkater vom vielen Drehen am Abstimmknopf des Autoradios bekommt. Es ist eine lange, flache – und man muß es klar sagen: nervtötende – Fahrt durch diesen Staat, wo es außer den Plains oder der Pseudo-Prärie fast nichts zu sehen gibt und selbst der ausgefallenste Abstecher wenig Abhilfe schafft. Der Staat hat getan, was er konnte, um den Reisenden möglichst viel Abwechslung zu bieten, indem die Seitenstreifen des Highways nicht mehr gemäht werden, was zu einer Zunahme von Präriebewuchs, Unterschlupf für Tiere und als Folge davon – totgefahrenen Tieren geführt hat.

Nachdem diese Feststellung gemacht ist, kann auf ein paar interessante Punkte entlang der 300 Meilen durch North Dakota hingewiesen werden, darunter das interessante Fort Union, ein bedeutender Vorposten der frühen Besiedelung; ferner die landwirtschaftlichen Zentren Minot und Williston sowie der geographische Mittelpunkt Nordamerikas, der in Rugby durch ein Steinmonument gekennzeichnet ist.

Wenn man Zeit und Lust zu Entdeckungen hat, bietet sich als Alternative zum US-2 der Highway 1804 an, der etwa 15 Meilen östlich von Culbertson erst nach Süden führt und dann parallel zum US-2 verläuft – er folgt dem gut durch Schilder gekennzeichneten *Lewis and Clark Trail* entlang des Missouri River und des Lake Sakakawea.

Fort Union National Historic Site Sie steht mit gespreizten Beinen über der Grenze zwischen Montana und North Dakota und schaut stolz auf den Zusammenfluß von Yellowstone River und Missouri River hinab: die Fort Union Trading Post National Historic Site, einst der größte und betriebsamste Vorposten am oberen Missouri River. Trotz des Namenszusatzes »Fort« war die Anlage nie Teil der amerikanischen Militäreinrichtungen, sondern der erfolgreichste und langlebigste aller Trading Posts der sagenumwobenen Frontier, der beständig nach Westen verschobenen Zone zwischen Zivilisation und »Wildnis«. 1804 kamen Lewis und Clark an diesen Ort, dessen »wohlüberlegte Lage zum Zwecke des Handels« sie betonten. Rund 25 Jahre später sollte John Jacob Astors Pelzhandels-Gesellschaft ihnen recht geben, denn er gründete hier eine Niederlassung, um das Monopol der Hudson Bay Company im Handel mit dem Nordwesten aufzuheben. Fort Union wurde per Dampfschiff mit dem 1800 Meilen entfernten St. Louis verbunden und regierte über die nördlichen Plains. Sein lebenslustiger Aufseher Kenneth McKenzie, der »König des Missouri«, hielt sein feines Porzellan sauber und den Wein wohl gekühlt und bot Entdeckern wie George Catlin, Prinz Maximilian und James Audubon eine unerwartete Kostprobe deplazierter Zivilisation.

Gut zwanzig Meilen nördlich des US-2 beherbergt das 6275 Hektar große Black Coulee National Wildlife Reserve eines der wenigen Brutgebiete des weißen Pelikans innerhalb der nordwestlichen USA.

Als der Pelzhandel in den 1850ern zum Erliegen kam, wurde das Fort aufgegeben, und 1867 riß die US-Armee Teile der originalen Gebäude und Mauern ab, um mit dem Material das Fort Buford fertigzustellen. In den späten achtziger Jahren dieses Jahrhunderts rekonstruierte die Verwaltung der Nationalparks die Gebäude auf den alten Fundamenten und vermittelte so die augenfällige, wenn auch etwas zu glatte Vorstellung davon, wie das ursprüngliche Fort einst ausgesehen hatte. McKenzies altes Haus und Büro, das Bourgeois House, ist heute ein *Visitor Center* (im Sommer tgl. 8–20, sonst 9–17.30; Eintritt gegen Spende) und zeigt einige überraschende Exponate. Im Fort werden gelegentlich Szenen des rauhen Lebens in der Frontier nachgestellt: Mitte Juni etwa wird das *Fort Union Rendezvous* veranstaltet, ein nachempfundenes Treffen von Fallenstellern, die Handel treiben, sich unterhalten und hinsichtlich ihrer Künste in der Wildnis miteinander wetteifern.

Fort Buford Das 1866 errichtete Fort Buford ist heute eine ziemlich stille State Historic Site, wo lediglich das steinerne Pulvermagazin und ein Museum in einer originalen Soldatenunterkunft für Besucher zugänglich sind. Das Fort war Standort einer Kompanie von »Buffalo-

Früher konnte man die historischen Stätten von Fort Buford und dem benachbarten Fort Union einfacher von Montana aus erreichen; inzwischen wurden die Straßen verbessert, und man kann nun von beiden Seiten der Stateline dorthin fahren. Vom US-2 aus ist der Weg beschildert.

Soldaten«, wie die Sioux die schwarzen Kavalleristen nannten, und ist vor allem aufgrund seiner traurigen Rolle im Vernichtungsfeldzug gegen die amerikanischen Indianer bekannt: Hier ergab sich Häuptling Sitting Bull 1881 der Armee, und hierher brachte man Chief Joseph, Häuptling der Nez Percé, nachdem er sich in Montana ergeben hatte (siehe Seite 35).

Williston Die erste Siedlung östlich der Montana-Stateline ist Williston (13100 Einw.), gerade groß genug, daß man es hier aushalten kann, und mit einem Kino gesegnet. Der ohne erkennbaren Grund »Champion City« genannte Ort hat heute sein Jahrhundertwende-Image abgelegt und versucht, statt vom Weizenanbau und vom mageren Ölgeschäft nun vom Tourismus zu leben. Raffinerien und andere Schwerindustrie prägen zwar noch in bestimmten Teilen des Ortes das Bild, doch ist die Innenstadt zu einer übertriebenen Kleinstadt-Idylle mutiert.

Gute 65 Meilen südöstlich von Williston via US-85 erreicht man den nördlichen Teil des Theodore Roosevelt National Park, der eine der größten fast naturbelassenen Great-Plains-Landschaften umfaßt.

Außer daß man hier vor der Weiterfahrt nach Fort Union oder weiter entfernten Zielen den Tank auffüllen kann, gibt es in Williston nicht viel mehr zu tun – außer im Mai, wenn die *Roughrider Art Show* eine große Sammlung regionaler Kunst zusammenbringt. Aufgrund einer spontan veranstalteten Meinungsumfrage würden die Einwohner Willistons wahrscheinlich *Grandma Sharon's* zum beliebtesten Eßlokal küren; es liegt direkt am US-2 am Ostende der Stadt, unmittelbar neben einer Conoco-Tankstelle, wie es bei den meisten guten Cafés in den nördlichen Great Plains der Fall zu sein scheint. An der Kreuzung des US-2 mit dem Highway 85 befindet sich ein *Super-8-Motel* (701/572-8371), das beste unter vielen Highway-Motels, die Zimmer ab 30 $ pro Nacht anbieten.

Epping Wie viele andere ländliche Gemeinden in North Dakota ist das alte, an der Great Northern Railroad gelegene Eisenbahnstädtchen Epping (55 Einw.) fast gänzlich verschwunden – wobei Veränderungen in der landwirtschaftlichen Technik, die Umstellung der Eisenbahnen von Dampf auf Diesel und allerlei andere bekannte Faktoren eine Rolle gespielt haben. Hier ist jedoch der rapide verschwindende Lebensstil der Great Plains teilweise erhalten geblieben, dank der lebenslangen Bemühungen eines (kürzlich verstorbenen) örtlichen Predigers, der ganz allein die aufgegebenen Gebäude und Artefakte des *Buffalo Trails Museums* (701/859-4361; Mo–Sa 9–17, So 13–17; 2 $) instand gehalten hat, das ständig wuchs und heute fast den ganzen Ort umfaßt.

Viele Orte entlang des Missouri River sind nach Sacagawea benannt, der furchtlosen Shoshone-Frau, die die Entdecker Lewis und Clark 1804 durch die Plains führte.

Die *Main Street* ist noch immer eine unbefestigte staubige Angelegenheit, gesäumt von einem Hardware Store, einem General Store, einer Pool-Halle und anderen wichtigen Serviceeinrichtungen. Die meisten dieser Häuser wurden umgewandelt und beherbergen heute eine beeindruckende Zusammenstellung von Dioramen (Dummies aus Papiermaché, die wie Zahnärzte und Patienten angezogen sind) sowie gewöhnliche alte Werkzeuge und anderen alten Kram; der beste Grund für einen Stopp mag aber das *Buffalo Inn Cafe* gegenüber dem Museumseingang sein, das gutes Essen serviert und besonders an Sonntagen beliebt ist, wenn viele Farmer-Familien von nah und fern kommen und sich am Mittagsbüffet zu acht $ gütlich tun.

Ross und Stanley Östlich von Epping Richtung Minot schlängelt sich der US-2 auf hundert Meilen über und durch eine Gegend voller sanfter Hügel; Hinterlassenschaften der großen Eiszeit-Gletscher, die einige schöne Hänge und Plateaus aufweisen, auf denen gelegentlich ein paar aufgegebene Behausungen liegen. Entlang der Strecke saust man an gottvergessenen Dörfern vorbei: Ross zum Beispiel mit seinen 55 Einwohnern ist eine typische alte Siedlung mit halb-verfallenen, zugenagelten Gebäuden und großen Getreidesilos, die eher wie Raketenantriebe aussehen.

Eben westlich von Minot hat man vom US-2 aus einen überraschend schönen Blick auf die Stadt und eine riesige alte Eisenbahnbrücke, die mehrere Hügel auf der Südseite des Highways verbindet.

Der einzige etwas größere Ort, Stanley (1371 Einw.), liegt sieben Meilen östlich von Ross und 47 Meilen westlich von Minot an der absolut geradlinigen Eisenbahnstrecke und ist einen Zwischenstopp in der altmodischen *Soda-Fountain* im Inneren eines *Rexall-Drugstores* an der Main Street wert. Es gibt auch einen kostenlosen städtischen Campingplatz am Nordrand des Ortes.

Minot Minot (34544 Einw., die Aussprache des Namens reimt sich mit »Why not?«) liegt im Souris River Valley an der Kreuzung des US-2 mit dem US-83 – der »Road to Nowhere« – und ruft bei den meisten Reisenden zwiespältige Gefühle hervor. Einige lehnen die Stadt sofort wegen ihres offensichtlichen Mangels an Ästhetik ab, doch wenn Minot auch nicht ausgesprochen pittoresk ist, gibt es doch Häßlicheres in den Great Plains. Zumindest kann man sich in den Läden der Innenstadt eine breite Palette von Cowboy-Hüten ansehen.

Was rings um Minot wie streng abgesicherte Parkplätze aussieht, sind in Wirklichkeit unterirdische Raketenbunker, von denen es um die Stadt herum 100 Stück gibt. Sie werden noch immer benutzt und stehen unter dem Kommando der Minot Air Force Base.

Nachdem die Great Northern Railroad in Betrieb genommen wurde, wuchs Minot so schnell, daß es bald »Magic City« genannt wurde, wenn auch heute der Name »Hauptstadt der Ereignisse« angemessener ist, denn ungeachtet der sonstigen Bedeutung der Stadt kommen die meisten Besucher während der riesigen *State Fair* (dritte Woche im Juli) hierher sowie zum *Norsk Hostfest,* »Nordamerikas größtem Skandinavien-Festival« im Oktober. Auf dem Messegelände am großzügig benannten Burdick-Expressway, eine halbe Meile östlich der Innenstadt, befindet sich auch das kleine *Pioneer Village and Museum* (nur im Sommer tgl. 10–18), das die übliche Sammlung von Gebäuden der Jahrhundertwende und überall im County aufgegabelter Artefakte präsentiert.

Im Sommer, wenn die Tagestemperaturen um die 35 Grad liegen, sind die ausgedehnten Gärten des *Roosevelt Park* die beste Attraktion in Minot. Der Park liegt am Ufer des Souris River zwischen dem Messegelände und der Innenstadt und ist wie fast alles in North Dakota nach Teddy Roosevelt benannt – im Park steht eine überlebensgroße Statue von ihm, in Rough-Rider-Kluft auf dem Rücken eines Pferdes. In der schattigen und geräumigen Grünanlage befinden sich ferner ein großer Swimming Pool (im Sommer tgl. 13–22; 2 $) mit einer 100 m langen Wasserrutsche, eine Miniatur-Eisenbahn, ein acht Hektar großer Zoo (im Sommer tgl. 10–20, sonst 8–16; 3 $) mit einigen merkwürdigen Tieren und einem typischen Habitat der nördlichen Plains.

Neben der für einen Verkehrsknotenpunkt üblichen Ansammlung von Fastfood-Restaurants bietet Minot auch eine Reihe von Frühstücks-Cafés und auf kleinere Mahlzeiten spezialisierte Restaurants, darunter *Charlie's Main Street Cafe* (113 Main Street) und *Gaudy's Place* (300 East Central Avenue). Charlie's liegt in der Innenstadt, und die mit rosa Vinyl bezogenen Sitzecken sind voller tratschender Minot-Ladies, während in den mit braunem Vinyl bezogenen Sitzecken von Gaudy's, drei Blocks östlich nahe den Eisenbahngleisen und Getreidesilos, die Herren aus Minot tratschen. Das Essen ist in beiden Lokalen gut, und wenn man eine Tasse Kaffee bestellt, wird gleich ein großer Becher serviert.

Nach Einbruch der Dunkelheit hat man die Wahl zwischen mehr als einem Dutzend vielbesuchter Kneipen – vom Bingo-Parlor über Country & Western-Spelunken wie etwa *Tilly's,* das in einer alten Tankstelle untergebracht ist (720 North Broadway/US-83), bis zu einfachen Bier-Bars wie dem *Blue Rider* (118 First Avenue Southeast), einer Nichtraucher-Kneipe, wo man an den Wänden eine Palette örtlicher Kunst bewundern und aus dem besten Bierangebot des ländlichen North Dakota auswählen kann – achten Sie auf das Schild »Grain Belt Beer«.

Motels liegen verstreut an den verstopften Verkehrsadern der Highways US-2 und US-83, und wenn nicht gerade Messe ist, sollte man keine Probleme haben, eine Übernachtungsmöglichkeit zu finden. Die angenehmste Unterkunft ist das *Best Western International Inn* (1506 North Broadway am US-83, 701/852-3161 oder 800/528-1234); zu den günstigeren Motels gehört die saubere und ruhige *Fairview Lodge* (1900 East Burdick Expressway gegenüber dem Messegelände, 701/852-4488 oder 800/836-2047).

Das *Visitor Center* von Minot, am US-83 südlich der Innenstadt (1040 South Broadway, 701/857-8206 oder 800/264-2626), hält ein ausführlicheres Verzeichnis und detaillierteres Informationen über Veranstaltungen und Sehenswürdigkeiten bereit.

In Minot kreuzen sich der US-2 und der von Kanada nach Mexiko verlaufende Highway 83, der als »Road to Nowhere« im Band 2 von Road Trip USA beschrieben ist.

Rugby Auf halber Strecke zwischen Devil's Lake und Minot liegt das wichtige Örtchen Rugby (2909 Einw.), unter den Landstraßenrittern als der Ort bekannt, der dem geographischen Zentrum Nordamerikas am nächsten liegt. Der genaue Punkt auf der Südseite des US-2 ist mit einem zweistöckigen, steinernen Denkmal gekennzeichnet. Kaum verwunderlich, daß sich nebenan ein *Pioneer Village Geographical Center Museum* befindet (nur im Sommer Mo–Sa 8–19, So 13–19; 3 $), in dem 27 restaurierte Gebäu de zu sehen sind. Das *Cornerstone Cafe* im Inneren der Conoco-Station und das *Hub Motel* (701/776-5833) vervollständigen die Liste der Gründe, hier ei nen Stopp einzulegen.

Auf halber Strecke zwischen Minot und Rugby liegt der kleine Ort Denbigh, wo Sondre Nordheim begraben ist, ein norwegischer Nationalheld, der die Telemark-Kehre im Cross-Country-Ski erfunden hat.

Die Landschaft an diesem Abschnitt des US-2 besteht aus riesigen, für die Great Plains typischen Heuwiesen, und nur gelegentlich finden sich kleine Areale mit winzigen Cattails, Goldruten und Sonnenblumen. Die Ortsnamen sind hier eindeutig britisch beeinflußt und an Städten wie Rugby, Leeds oder York orientiert – den Heimatstädten der Investoren, die Geld in die um 1880 entstandenen Ortschaften pumpten. Die Einwohner waren jedoch stets ausgesprochen skandinavisch geprägt.

Devil's Lake und Fort Totten Die Gewässer und Feuchtgebiete südlich des Städtchens mit dem ungewöhnlichen Namen Devil's Lake (7782 Einw.) sind einer der größten natürlichen Anziehungspunkte des Staates mit vielfältigen Möglichkeiten zur Vogelbeobachtung, zum Jagen und Fischen. Die Stadt selbst, die am größten Gewässer North Dakotas liegt und nach Osten 58 Meilen von Rugby beziehungsweise nach Westen 85 Meilen von Grand Forks entfernt ist, hat sich eindeutig in eine Touristenfalle zu verwandeln versucht – es gibt viele sandgestrahlte »historische« Gebäude, an denen tolle neue Schilder baumeln. Die ganze unnatürlich fröhlich wirkende Gemeinde scheint stets ihren Sonntagsstaat zu tragen, vor allem während des jährlichen, den ganzen Sommer hindurch abgehaltenen *North Dakota Chautauqua*. Es erinnert an jene Zeiten, als Devil's Lake ein Hauptstopp für die herumziehenden belehrenden, unterhaltenden und religiösen Chautauquas war, die bis in die zwanziger Jahre durch das Land zogen. Das örtliche *Visitor Center* (701/662-4903) am US-2, südlich der Stadt, bietet weitere Informationen zu den Chautauquas und den Erholungsmöglichkeiten der Region.

Das historische *Fort Totten* (tgl. 7.30 bis Sonnenuntergang; gratis) liegt 14 Meilen südlich der Stadt am Highway 57 und zählt zu den am besten erhaltenen Militärforts des Landes. Zahlreiche restaurierte Gebäude sind rings um einen zentralen Platz herum angeordnet, und es gibt sowohl ein Museum als auch ein Theater (Aufführungen donnerstags, samstags und sonntags in den Monaten Juli und August). Während der *Fort Totten Days* am letzten Juliwochenende finden ein Rodeo sowie ein Pow Wow mit sehr anspruchsvollen indianischen Tänzen statt. Neben dem Fort liegt das *Sully's Hill National Game Preserve*, ein 650 Hektar großes Naturschutzgebiet für Bisons, Elche, Rehwild und andere Tiere, die man bei Wanderungen auf den gekennzeichneten Trails oft sehen kann. Sowohl das Fort als auch das

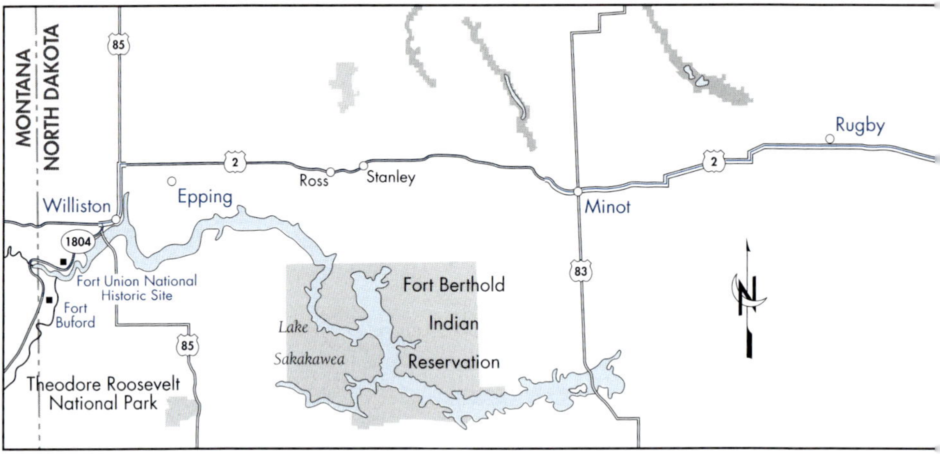

Naturschutzgebiet liegen innerhalb des 55 500 Hektar großen *Sioux-Indianer-Reservates Fort Totten* (701/766-4221), dessen Zentrum das vier Meilen vom Fort entfernte Missionsdorf *St. Michael's* bildet. Die größte Attraktion für Besucher ist das *Dakotah Sioux Casino* (800/946-8238), eines der größten seiner Art in North Dakota, außerhalb des Ortes Tokio, 18 Meilen südöstlich von Devil's Lake.

Grand Forks Grand Forks ist mit seinen 521200 Einwohnern nicht nur die zweitgrößte, sondern auch die älteste Gemeinde in North Dakota und wurde kürzlich zu den zehn lebenswertesten Städten Amerikas gezählt. In die Schlagzeilen geriet sie aufgrund der verheerenden Überschwemmungen vom April 1997; nach einem der härtesten Winter seit Beginn der Aufzeichnungen, während dem Blizzard auf Blizzard Schnee und Eis über 2 m hoch türmten, mußte sich Grand Forks auf die schwersten Fluten einstellen, die die nördlichen Plains jemals erlebt haben. Man rechnete damit, daß der Red River – der Grenzfluß zwischen North Dakota und Minnesota – auf mehr als das Doppelte seines sonstigen Höchststandes anschwellen würde. Nach einem schweren Regen- und Schneesturm, der Hurrikanstärke erreichte, begann am 7. April das Wasser zu steigen – einen Zentimeter pro Stunde, zwei Fuß täglich, und das Tag um Tag, während sich Rettungsmannschaften redlich mühten, die Stadt zu schützen.

Unter den Augen der nationalen und internationalen Medien stieg der Fluß immer weiter, bis er am 15. April die mit Sandsäcken verstärkten Deiche durchbrach und Grand Forks überschwemmte. Die gesamte Bevölkerung wurde evakuiert, und 75 % aller Gebäude standen unter Wasser, viele für mehr als einen Monat, ehe die Fluten zu fallen begannen und die Aufräumarbeiten beginnen konnten. Die schlimmsten Schäden entstanden in der Innenstadt, wo Kurzschlüsse Brände verursachten, die tagelang anhielten und so manches historische Bau-

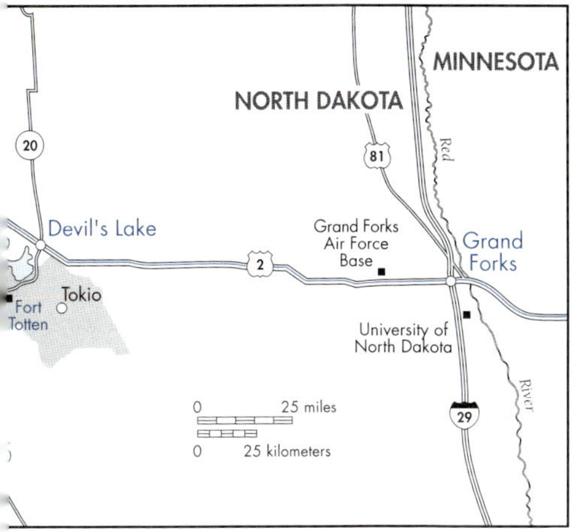

werk in eine Ruine verwandelten. Der Schaden belief sich auf mehr als eine Milliarde Dollar, aber wie durch ein Wunder war kein einziges Menschenleben zu beklagen.

Spuren der Flut und des Feuers sind noch immer überall in Grand Forks präsent, doch am bemerkenswertesten ist die Tatsache, wie schnell und entschlossen die Gemeinde mit dem Wiederaufbau begann. Obwohl viele der Geschäfte der Innenstadt geschlossen blieben oder an die Außenränder der Stadt umzogen, gibt es doch viele Anzeichen, daß Grand Forks seine Rolle als kulturelle Hauptstadt der Region wieder einnehmen wird.

Eine der lebendigsten Einrichtungen in Grand Forks ist die *University of North Dakota* mit ihren 11000 Studenten, deren Campus an den umfangreichen Gleisanlagen nördlich der DeMers Avenue (US-2) liegt. In einer ehemaligen Sporthalle ist nun das *North Dakota Museum of Art* (701/777-4159, Mo–Fr 9–17, Sa/So 13–17; Eintritt gegen Spende) untergebracht, das die Überschwemmung ohne Schäden überstanden hat und außer der einzigen Sammlung zeitgenössischer Kunst im Staat seither auch Theater- und Tanzvorführungen beherbergt. Ebenfalls auf dem Campus liegt das akustisch exquisite *Chester Fritz Auditorium* (von dem Tony Bennett schwärmte), dem hiesigen Veranstaltungsort für nationale wie internationale Stars, sowie das militärisch orientierte *Center for Aerospace Studies*, in dem künftige Piloten ausgebildet werden.

Für hungrige Reisende stellt das legendäre *Whitey's Bar & Cafe* den schwersten Verlust dar, das gleich östlich der Red River Bridge und genau genommen in Minnesota lag; es war eine fest zu Grand Forks gehörende Einrichtung. Das Innere wurde von der phantastischen Art-Déco-»Wonderbar« dominiert – einer hufeisenförmigen Edelstahlkonstruktion, die von Sitzgruppen mit individuellen Jukeboxes umgeben war. Es gibt Pläne, Whitey's anderswo neu zu eröffnen,

Die Roadside-Giganten von North Dakota

Vielleicht liegt es an den langen, kalten Wintern, der endlosen flachen Landschaft oder der unfaßbaren Einsamkeit des Lebens auf den nördlichen Great Plains – irgend etwas an North Dakota läßt die Leute jedenfalls merkwürdige Dinge tun. Das auffälligste Zeichen dieses seltsamen Verhaltens sind die vielen riesigen Skulpturen, die überall im Staat an den Straßenrändern stehen. Größer und schöner als ihre Verwandten anderswo in den USA, muß man die Roadside-Giganten North Dakotas gesehen haben, um zu glauben, daß es sie wirklich gibt.

wonach man sich tunlichst erkundigen sollte. Einstweilen ist aber *Bonzer's* (420 DeMers Avenue) die beste Adresse für Hunger und Durst, eine Sandwich- und Bierbar, die täglich von 11 Uhr bis ein Uhr nachts geöffnet ist und gegenüber dem *Empire Movie Theater* liegt, auf dessen Anzeigentafel der momentan für die ganze Stadt gültige Satz zu lesen ist: »Wir kommen zurück.«
Die Unterkünfte umfassen das übliche Spektrum der Motelketten, deren Dependancen sich an der Kreuzung des US-2 mit dem Interstate 29 befinden. Dicht bei der Innenstadt liegt das sehr attraktive *Best Western Town House* (710 First Avenue North, 701/746-5411 oder 800/867-9797) mit Swimmingpool und Minigolfanlage – alles für 50 $ pro Nacht.
Aktuelle Informationen sind vom *Grand Forks Visitor Bureau* erhältlich (701/746-0444 oder 800/866-4566).

Durch Minnesota

Auf der Strecke durch Minnesota offeriert der US-2 fast 250 Meilen purer Landschaft, ehe er die überraschend attraktive Stadt Duluth am Ufer des Lake Superior erreicht. Nach den endlosen Weizenfeldern des Westens verändert sich die Szenerie auf halbem Weg durch den Staat und wird etwas unansehnlich, wenn der Highway an den Überresten alter Eisenerzminen und noch betriebenen Sägewerken und Papiermühlen vorbeiführt. Kleine Straßenrandgemeinden leben scheinbar nur vom Verkauf von Bier und Angelködern an die Durchreisenden auf dem Weg zu den Erholungsmöglichkeiten von Minnesotas »Lake Country« im Quellgebiet des Mississippi. Auf beiden Seiten dieses sommerlichen Spielplatzes dienen zwei größere Städte, *Grand Rapids* und *Bemidji*, als Ausgangspunkte für Fahrten in die Tiefen des Chippewa National Forest und zu Minnesotas 10 000 Seen.

Fisher Die einzige Besonderheit zwischen Crookston und der North- Dakota-Stateline ist der kleine Ort Fisher (413 Einw.), der heute nicht mehr viel hermacht, aber einmal aufgrund seiner Lage am schiffbaren Red River of the North eine betriebsame Frontier-Stadt war. Die Flußschiffahrt kam jedoch zum Erliegen, und die Eisenbahn führte an Fisher's Landing vorbei, womit der Ort dem Untergang geweiht war. Obgleich Fisher noch keine Ghost Town ist, hat der Ort heute jedoch nur einen *Historical Market* aufzuweisen, der an die vergangenen Tage erinnert. Zur Essenszeit versammelt sich der halbe Ort im *Fisher Cafe*, drei Blocks südlich des US-2 gegenüber dem Wasserturm. In der Nähe von Fisher erstreckt sich die *Malmberg Prairie*, eine der wenigen noch existierenden ursprünglichen Prärien, die heute von der Nature Conservancy geschützt wird.

Das Minnesota Welcome Center, elf Meilen östlich der North Dakota Stateline am Highway 2, bietet eine breite Palette von Karten und Informationen über beide Staaten.

Crookston Crookston (8119 Einw.) 25 Meilen östlich der Minnesota-Stateline, hat eine Reihe von Brücken über den verschlungenen und baumgesäumten Red Lake River, der sich an der Südseite der kleinen Innenstadt entlangzieht. Vor dem Gemeindezentrum am US-2 steht ein Standbild des zähen Pioniers Joe Roulette, und es gibt das kleine *Polk County Museum* (Mai bis September tgl. 12–17; Eintritt gegen Spende), welches das übliche Sammelsurium von Gegenständen aus dem 19. Jahrhundert und als Zugabe den größten Ochsenkarren der Welt zeigt. Aber das ist auch schon alles, was die hiesigen Sehenswürdigkeiten betrifft.

In Crookston werden zwei ziemlich große Festivals veranstaltet: die *Ox Cart Days* im August und die *Red River Valley Winter Shows and Rodeo*, die bis zu 40000 Zuschauer aus den USA und Kanada anlocken. Nähere Informationen gibt es unter 800/809-5997.

Erskine und Bagley Auf den 100 Meilen östlich der Minnesota Stateline wandelt sich der US-2 in eine vierspurige Schnellstraße und klettert aus dem fruchtbaren Red River Valley of the North (nicht mit dem richtigen Red River Valley unten in Texas zu verwechseln) auf die ebenen, von Gletschern flachgeschliffenen Plains, während sich die Farben am Straßenrand vom dunklen Rot und Grün der Zuckerrüben zu den braunen und grünlichen Tönen des Weizens, der Sojabohnen und Kartoffeln wandeln, für die die Gegend bekannt ist.

Nach Osten passiert der US-2 gelegentlich isolierte Baumgruppen, die als Windschutz inmitten der zerfurchten Felder angepflanzt wurden. Im kleinen Ort Erskine (422 Einw.), einer klassischen Siedlung des Mittleren Westens, findet man *Joe DiMaggio's Bar*, weder ein Schreibfehler noch der originale Artikel (der gleichnamige Besitzer, Mr. D., stammt aus der Bronx und ist unzählige Male für den berühmten Starspieler der »New York Yankees« gehalten worden). Es überrascht nicht, daß die Bar mit Baseball-Memorabilien vollgestopft ist. Erskine verfügt über einen kommunalen Badestrand am Lake Cameron und ist stolz darauf, Heimat des »größten Hechtes der Welt« zu sein.

> Das kleine Städtchen Fosston auf halber Strecke zwischen Erskine und Bagley verdeutlicht den abrupten Wechsel von Great-Plains zu Great-North-Woods-Landschaft. Das Motto der Stadt ist ungewöhnlich passend: »Fosston, wo sich Plains und Kiefern treffen«.

30 Meilen östlich von Erskine an der westlichen Abzweigung zum Lake Itasca, liegt Bagley (1388 Einw.), wo es direkt am US-2 am Westrand der Stadt ein großes *Tiermuseum* gibt, das mit mehr als 750 ausgestopften Kreaturen – darunter auch Polar- und Kodiak-Bären – vollgestellt ist.

> Zwischen Bemidji und Grand Rapids verläuft der US-2 parallel zur weit schöneren Great River Road, die vom Lake Itaska bis hinunter nach New Orleans dem Lauf des Mississippi River folgt. Diese legendäre Nord-Süd-Route ist in Band 2 von Road Trip USA beschrieben.

Bemidji Noch vor weniger als einem Jahrhundert waren die Wälder im nördlichen Minnesota voller Holzfällercamps und Sägewerken, die Tag und Nacht pausenlos lärmten, und es gab Dutzende von Saloons,

Die Legende von Paul Bunyan

Wie die meisten anderen Mythen der amerikanischen Frontier ist auch Paul Bunyan historisch nicht zu fassen. Was man sich von ihm erzählt, ist wahrlich sagenhaft – bei seiner Geburt sollen gleich fünf Störche nötig gewesen sein, und es bedurfte einer ganzen Kuhherde, ihn zu füttern. Schon im Alter von einer Woche trug er die Kleidung seines Vaters. Bäume fällte er gleich hektarweise auf einen Streich, und gern pfiff er auf einem ausgehöhlten Baumstamm. Bunyans Popularität ist jedoch auf William Laughead zurückzuführen, den Werbefachmann der Red River Lumber Company. Ab 1914 veröffentlichten Laughead über 20 Jahre hin eine Serie illustrierter Büchlein, in denen Geschichten nacherzählt wurden, wie sie in den Holzfällercamps kursierten. Die Büchlein – deren voller Titel lautete: »Die unglaublichen Taten von Paul Bunyan, wie sie in den Holzfällercamps der White Pine Lumbermen seit Generationen erzählt werden, während denen die Holzfäller den Weg von Maine durch die nördlichen Wälder nach Kalifornien öffneten, zusammengetragen aus verschiedensten Quellen und für die Veröffentlichung ausgeschmückt« zeichneten den »Paul-Bunyan-Gürtel« von Städten nach, die Statuen von Paul und seinem großen blauen Ochsen aufgestellt hatten. Die erste wurde 1937 in Bemidji errichtet, wo sie heute am Seeufer steht, später folgten Klamath in Kalifornien, Brainerd in Minnesota, Bangor in Maine und viele andere Holzfällerorte.

Bordelle und Unterkünfte, die vom rauhen und rücksichtslosen Holzgeschäft profitierten. Die gefräßigen Äxte und Sägen haben Minnesotas ursprüngliche Kiefernwälder nahezu komplett ausradiert, und die Camps verschwanden so schnell, wie sie aus dem Boden geschossen waren. Inzwischen haben sich die Wälder von dieser Phase des Raubbaus erholt und werden nun sensibler bewirtschaftet, so daß sie einen sehr pittoresken Hintergrund für die Tausenden von Seen in dieser Gegend bilden.

Aus der während jenes ersten Booms gegründeten Stadt Bemidji (11 245 Einw.) ist längst eine ruhige, beschauliche Gemeinde geworden, deren kleines und ansprechendes Geschäftszentrum ein Halbdutzend Blocks am Ufer des Lake Bemidji einnimmt. Bemidji hat noch immer drei Sägewerke, die unablässig Bäume zu allerlei Holzprodukten verarbeiten und den typischen Lumber Town-Charakter des Ortes prägen. Große Bedeutung hat die Stadt jedoch nicht erreicht – abgesehen von der Tatsache, Geburtsort von Paul Bunyan und seines blauen Ochsen Babe zu sein, dem beliebten und legendären Holzfäller-Paar.

Die Hauptstrecke des US-2 verläuft um Bemidjis Downtown-Distrikt herum, weshalb man den quer über den Mississippi River und den Lake Bemidji hinwegführenden Business Loop (Old US-2) nehmen und am Rande der Innenstadt parken sollte, wo die riesigen Statuen von Paul Bunyan und Babe Blue Ox seit 1937 am Seeufer stehen. In der Nähe gibt es ein *Visitor Center* (218/751-3541 oder 800/458-2223), dessen Kamin im Eingangsbereich mit Steinen aus jedem der 48 US-Bundesstaaten erbaut ist (zu jenem Zeitpunkt gehörten Alaska und Hawaii noch nicht dazu). Daneben gibt es ein kleines *Museum* (1,25 $) mit ausgestopften Tieren, einigen kuriosen historischen Gegenständen und vor allem Paul Bunyans Axt und seiner gigantischen Unterwäsche.

Außer dem Rummel um Paul und Babe bietet Bemidji unzählige Möglichkeiten für Wasserski, Kanufahrten, Angeln und im Herbst Gelegenheit zum Beobachten der sich verfärbenden Blätter. Die Stadt verfügt über mehr als genügend Cafés, um selbst den hartnäckigsten Highway-Fan zu einer Pause zu verlocken. Ganz oben auf der Liste steht das *Made Rite Diner* (am Seeufer beim Visitor Center), ein klassisches Diner der Fifties, in dem man ab 7.30 Uhr deftige Gerichte und hausgemachten Rhabarberkuchen bekommen kann. Andere empfehlenswerte Lokale sind *Giffey's Bakery* und das *Coachman's*, die zwei Blocks vom Seeufer entfernt im Geschäftsbereich der Innenstadt liegen. Das einzige noch nach 17 Uhr geöffnete Café ist *Clementine's Eatery* auf der Second Street, wo regionale Spezialitäten wie Lefse, ein norwegischer Kartoffelpfannkuchen, und manchmal auch frischer Hecht auf der Speisekarte stehen.

Anders sieht es mit dem Abendessen aus, denn abgesehen von den üblichen Kettenrestaurants am US-2 gibt es in Bemidji nur wenig Auswahl. Am besten ist noch immer die *Union Station* im alten Eisenbahngebäude (128 First Street), eine Kombination aus Bar und Restaurant, wo Pasta, Steaks, der in dieser Gegend unvermeidliche Hecht und Salate serviert werden. *Tutto Bene* ist ein etwas edlerer Italiener mit angenehm kühler Terrasse, und für späte Mahlzeiten ist *Dave's Pizza* (15th und Irvine Street) wochentags bis 23 Uhr, an Wochenenden bis Mitternacht geöffnet. Unter den Motels findet sich das auf Familien ausgerichtete *Edgewater* am See (1015 *Paul Bunyan Drive*, 218/751-3600 oder 800/776-3343) mit eigenem Strand und kostenloser Kanubenutzung für Gäste. Die landesweit bekannten Motelketten (*Best Western*, *Comfort Inn*, *Holiday Inn* und *Super 8*) säumen den US-2 westlich der Innenstadt.

Chippewa National Forest Die Szenerie entlang des US-2 zwischen Bemidji und Grand Rapids sieht so aus, als habe jemand nach dem eintönigen landwirtschaftlichen Morast die Farbdüsen aufgedreht – hier beginnt der riesige, 270000 Hektar große Chippewa National Forest, ein Konglomerat aus mehr als 700 Seen, State Parks, Erholungsgebieten, Staudämmen des Ingenieurscorps der U.S. Army – und ein paar hübschen kleinen Highlights an der Straße. Und es ist zugleich die Heimat für einige Weißkopfseeadler.

Cass Lake, wo die hier lebenden Ojibwa im Sommer indianische Pow Wows veranstalten, liegt am US-2 am westlichen Ende des Waldgebietes. Außer dem Hauptquartier des U.S. Forest Service (218/335-8600) gibt es hier auch einen Brutplatz der Weißkopfseeadler. *Deer River*, am Ostende des Waldes, zeichnet sich für den Road Traveller vor allem durch billigen Kaffee und Tankstellen aus. Zwischen den Orten liegt die kleine Siedlung Bena, erkennbar am 15 m langen Fisch, der als Eingang zum *Big Fish Supper Club* (218/665-2333) dient. Das Land ringsum gehört zur *Leech Lake Indian Reservation*.

Grand Rapids Grand Rapids am Oberlauf des Mississippi River ist mit seinen 7975 Einwohnern eine kleine Stadt im Stil der

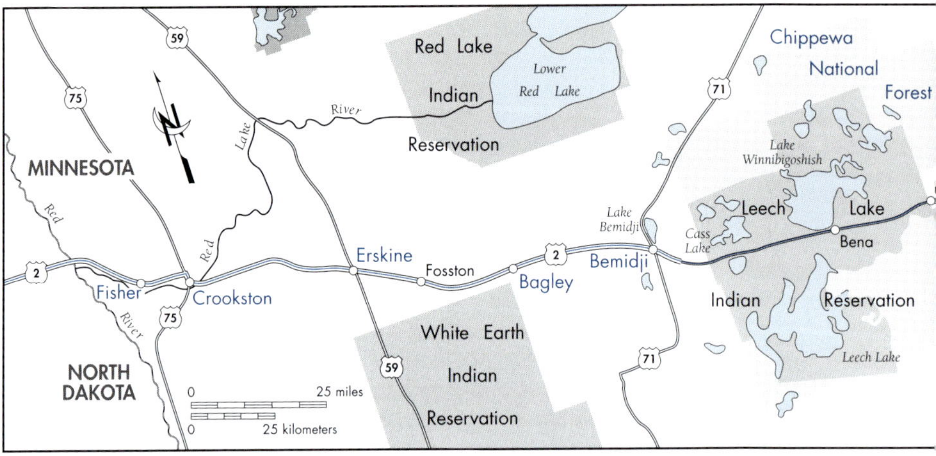

frühen Fotos von Frank Capra und vor allem wegen ihrer vier großen Seen innerhalb des Stadtgebietes (es gibt in diesem Teil des Staates mehr als 1000 davon) und einer großen Brücke über den Fluß bekannt. Die Stadt kann aufgrund ihrer Anlage etwas verwirrend sein, doch ihre überschaubare Größe macht sie zu einem idealen Ort für Sightseeing.

Grand Rapids' liegt am Westrand der vielgepriesenen *Mesabi Iron Range*, deren reiches Erzvorkommen in einer Reihe von Minen im Tagebau ausgebeutet wurde (einige davon sind zu besichtigen). Die Erzgewinnung gehört weitgehend der Vergangenheit an, und Grand Rapids lokale Wirtschaft basiert heute auf der Verarbeitung von Holz, was man sich in der nicht zu übersehenden *Blandin Paper Mill* anschauen kann (218/327-6226; Gratistouren von Mai bis September montags, mittwochs und freitags). Blandin als einer der größten Papierhersteller des Landes besitzt die meisten der umliegenden Wälder und verwandelt sie in den Rohstoff, der für den Druck von Magazinen wie Time oder Sports Illustrated benötigt wird.

Drei Meilen südwestlich der Stadt bildet das von der Great River Road aus gut beschilderte und gleichermaßen via Highway 169 oder US-2 zu erreichende *Forest History Center* (im Sommer Mo–Sa 10–17, So 12–17, sonst tgl. 12–16; 3 $) die Replik eines Holzfällercamps des 19. Jahrhunderts mit Naturlehrpfaden durch die umliegenden Wälder und mit tatkräftigen Holzarbeitern, die Baumstämme durch die Gegend rollen und tolle Geschichten erzählen.

Ein dreistöckiges Schulgebäude im Victorian-Romanesque-Stil, das im Zentrum von Grand Rapids an der Kreuzung des US-2 mit dem US-169 liegt, beherbergt das *Central School Heritage and Arts Center* (Juni bis September Mo–Sa 9–17, sonst 9.30–17; 3 $), das Geschichtsmuseum des Landkreises mit der üblichen »Main Street« mit Banken, Geschäften und bunten Displays der Gerätschaften von Farmern und Holzfällern.

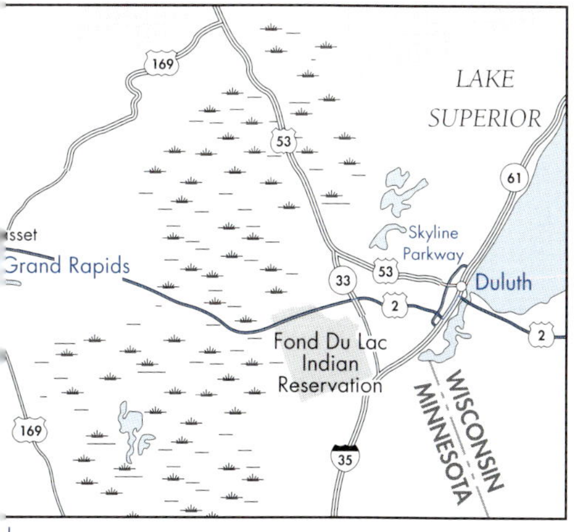

Im ersten Stock jedoch befindet sich die eigentliche Attraktion: die selbsternannte »Größte Sammlung von Judy-Garland-Memorabilien der Welt«, die den Lebensweg des am 10. Juni 1922 in Grand Rapids geborenen Stars von der Wiege bis zum Grab dokumentiert. Hier findet sich alles von ihrer Kinderwiege über Fotos ihrer frühen Auftritte mit den Gumm Sisters, einer Familiengruppe von Komödianten, bis zu verblassenden Bildern jenes Hauses in London, in dem sie sich am 22. Juni 1969 mit einer Überdosis Schlaftabletten das Leben nahm, und schließlich Aufnahmen ihrer Grabstätte in Hartsdale, New York. Zur Sammlung gehören ebenfalls Plakate fast aller ihrer Filme und eine Kopie des Kostümes aus *Der Zauberer von Oz* inklusive ihrer silbernen Slipper. Außerhalb des Gebäudes, direkt am US-2, gibt es eine Miniaturausgabe der »Yellow Brick Road«, die von einem der Zwergendarsteller aus dem Film eingeweiht wurde.

Ein niedriger Höhenzug westlich von Grand Rapids bei Cohasset unterteilt diese Region Minnesotas und leitet die Flüsse und Bäche in drei verschiedene Richtungen: südlich zum Golf von Mexiko, nördlich zur Hudson Bay und östlich zu den Großen Seen.

In der Central School gibt es auch ein einzigartiges Eßlokal: die Cafeteria, heute ein angenehmes, wenn auch ein wenig zu stark aufgemotztes Restaurant namens *First Grade*, das auf hausgemachte Suppen, Sandwiches und klasse Kuchen spezialisiert ist.

Das *Grand Rapids Visitor Center* in der Innenstadt (Northwest Third Street, 218/326-1251 oder 800/472-6366), das in einem um 1898 erbauten Bahnhof der Great Northern Railroad untergebracht ist, verfügt über einen 24 Stunden am Tag zugänglichen Informationskiosk mit telefonischen Direktverbindungen zu verschiedenen Motels.

Skyline Parkway und Highway 61 Der 25 Meilen lange Skyline Parkway ist eine der schönsten Rundtouren des Landes und windet sich über 16 Meilen durch das Hügelland oberhalb von Duluth. Er ist vom Interstate 35 aus ab West Duluth zugänglich und verbindet zahlreiche historische Stätten, beeindruckt aber vor allem durch seine unglaublich schönen Aussichten. Vor allem Hawk Ridge bietet dank der perfekten Windverhältnisse im Herbst die Gelegenheit zur Beobachtung von täglich bis zu 30000 Habichten, Adlern und Falken. Ein phantastisches Netzwerk von Trails, Hütten und Beobachtungspunk-

Die Hubbrücke, die über den Hafen von Duluth hinwegführt, kann in weniger als einer Minute auf 42 Meter Höhe angehoben werden, damit Schiffe passieren können.

ten zieht sich am Bergrücken entlang. Der *Parkway*, der 1939 vom norwegischen König Olaf V. eingeweiht wurde, mündet an seinem Nordende auf den berühmten Highway 61, der über 150 Meilen nach Nordwesten auf dem Weg nach Grand Portage und Kanada entlang der Granitküste des Lake Superior eine noch schönere Landschaft durchquert. An der Strecke liegen einige der besten Lokale des Landes. Zahlreiche Smokehouses drängen dem Durchreisenden die geräucherten Fische förmlich auf, die im See frisch gefangen und sofort zubereitet werden.

Duluth Auch wenn man nur selten etwas Positives über die Stadt lesen kann, ist Duluth (85493 Einw.) doch eines der schönsten und weitgehend unterschätzten Reiseziele im Mittleren Westen – eine »Lilliput-Stadt in einem Garten aus Mammutfelsen«, wie der alte WPA *Guide to Minnesota* treffend schrieb. Duluth liegt am Fuße der 250 m hohen Ausläufer eines Bergrükkens oberhalb des Hafens, dessen Nebelhörner oft im Hintergrund zu hören sind. Die Stadt erstreckt sich von den attraktiv mit roten Steinen gepflasterten Downtown-Straßen hinauf bis zu den Höhenzügen und ist von ihrer Geschichte als Hafen- und Holzwirtschaftszentrum geprägt. Daneben ist der Einfluß der umliegenden überwältigenden, alles beherrschenden Wildnis allgegenwärtig. Ausläufer der Wälder, der Hafen, das Seeufer und Parks tragen zur Vielgestaltigkeit des Stadtbildes bei, und es gibt Dutzende von Museen zur Geschichte und Natur der Großen Seen, ansehnliche Wohnhäuser, Uferpromenaden und Tourangebote zu Fuß oder per Boot sowie Festivals – von indianischen Pow Wows (Mitte August) bis zu Hundeschlittenrennen im Winter. Viele Besucher wählen das *Canal Park Maritime Museum* am Canal Park Drive neben der Hubbrücke (im Sommer tgl. 10–21, sonst 10–16.30; gratis) als Ausgangspunkt für ihre Stadterkundung, aber man kann auch beim *Visitor Center* beginnen (100 Lake Place Drive, 218/722-4011 oder 800/4438-5884). Wer sich für den Betrieb im Hafen interessiert, bekommt von der *Ship Watcher's Hotline* (218/722-6489) detaillierte Informationen darüber, was es gerade zu sehen gibt. Besonders sehenswert ist *The Depot* (506 West Michigan Avenue, im Sommer 10–17, im Winter nur So 13–17; 5 $) auf der anderen Seite des Interstate 35, das aber gut zu Fuß vom Seeufer aus zu erreichen ist – ein riesiges, wundervoll restauriertes Beispiel vergangener Stadtarchitektur, in dem viele Künstler- und Kulturzentren untergebracht sind.

Der kleine Ort Cloquet am Highway 33, elf Meilen südlich des US-2 und 15 Meilen westlich von Duluth, am Rand des Indianer-Reservates Fond Du Lac ist stolz auf die einzige Tankstelle, die der berühmte Architekt Frank Lloyd Wright jemals entworfen hat. In Cloquet gibt es auch ein von Indianern aus dem Reservat betriebenes Casino (800/321-0005).

Der Highway 61 nördlich von Duluth ist die Straße, die Bob Dylan zum Titel seines Albums Highway 61 Revisited inspirierte. Dylan, der in Duluth geboren wurde, wuchs im nahe gelegenen Hibbing auf, wo auch das Greyhound-Busunternehmen seinen Ursprung hat. Die ersten Busse der Firma verbanden im Pendelverkehr die außerhalb gelegenen Erzminen mit dem Ort.

Ringsum finden sich historische Lokomotiven und zwei Dutzend Läden, in denen die Lebensbedingungen in Duluth um die Jahrhundertwende wieder lebendig werden – bis hin zur alten Eisdiele.

Reisende auf dem US-2 überqueren das Delta des St. Louis River zwischen Duluth und Superior, Wisconsin, auf der *Bong Memorial Bridge* (benannt nach einem Fliegeras des Zweiten Weltkrieges) und haben einen herrlichen Blick auf den Hafen und Duluths Wahrzeichen, die Hubbrücke, ein 120 m hohes Monstrum, das den Hafen mit dem Festland verbindet.

Durch Wisconsin

Der kürzeste Abschnitt des US-2 innerhalb der Grenzen eines Bundesstaates ist derjenige in Wisconsin. Nichtsdestoweniger berührt der Highway im nördlichen Teil des Staates eine erstaunliche landschaftliche Vielfalt, nämlich den Lake Superior, dessen rauhe und zerklüftete Ufer auf einer 100 Meilen langen Alternativstrecke näher in Augenschein genommen werden können, wundervolle Nadelwälder sowie eine idyllische Küstenszenerie mit vielen historisch interessanten Orten. Überall gibt es traumhafte Gelegenheiten, die Fahrt zu unterbrechen und die Gegend intensiver zu erkunden.

Superior Superior (27 100 Einw.) ist sowohl Freund als auch Rivale des größeren Duluth jenseits des Hafens und wird oft wegen seiner tieferen Lage, seiner etwas rauhen Mentalität, großer Kohleberge und des Fehlens jeglicher Bäume in Witzen verspottet. Stolz ist die Stadt darauf, zusammen mit Duluth einen der betriebsamsten Häfen der USA zu besitzen, der am weitesten im Landesinneren liegt und von dem aus jährlich Millionen Tonnen von Erz verschifft werden.

Der Mangel an aufgesetztem Gehabe ist vielleicht Superiors größte Attraktion. Die Route, auf der der US-2 die Stadt durchquert, ist ausgesprochen industrialisiert und führt auf 30 Meilen entlang des Seeufers scheinbar bis an den Horizont, vorbei an Eisenbahngleisen, Lagerhäusern, Getreidesilos und wackeligen Pieranlagen, die in den See hineinragen. Die Stadt selbst macht einen eher ruhigen Eindruck, aber bietet eine Reihe von Stätten mit Bezug zur Geschichte oder zu den Großen Seen, darunter besonders das *Fairlawn Mansion and Museum* (tgl. 9–17; 4 $), das 42 Zimmer umfassende ehemalige Domizil eines Holzbarons. Entlang der Hauptstraße durch die Innenstadt gibt es zahlreiche Unterkünfte, unter anderem ein *Days Inn*, ein paar Blocks von der Kreuzung des US-2 und des Highway 53 entfernt, das Zimmer ab 41 Dollar offeriert. Nähere Informationen sind beim *Visitor Center* (715/392-2773 oder 800/942-5313) zu erfragen, das am US-2 westlich der Innenstadt

Der Norden Wisconsins liegt im Herzen des Big Snow Country, eine Ausbuchtung, die in die Schlechtwetter-Region von Gitcheegumee hineinragt, wo man im Winter auch bei einer monatlichen Schneemenge von 90 Zentimetern keine Miene verzieht. Bei einer Fahrt entlang des Lake Superior sollte man es zu jener Jahreszeit unbedingt vorsichtig angehen.

liegt und von dem aus man einen herrlichen Blick sowohl auf die Stadt wie auf den See hat.

Highway-13-Ringstraße zu den Apostle Islands Eine der besten Alternativrouten zum US-2 im nördlichen Mittleren Westen ist der 100 Meilen lange Highway-13-Loop entlang des westlichen Ufers des Lake Superior. Die vier zusätzlichen Stunden Fahrzeit und die 45 Meilen Strecke, die dieser Abstecher der direkten Route hinzufügt, sind den Umweg allemal wert, der durch reizende Orte zu den wunderschönen Apostle Islands führt und viel Sehenswertes bietet.

Die Apostle Islands beherbergten wahrscheinlich die einzigen Süßwasser-Piraten der amerikanischen Geschichte. Die »Zwölf Apostel«-genannten Freibeuter machten die Gewässer rund um Oak Island unsicher, plünderten Schiffe und zogen sich dann in den Schutz der vielen Inseln zurück.

Der Highway 13 beginnt westlich von Superior, zieht sich im Zickzack nach Norden zum Ufer des Sees hin und folgt ihm bis zu dem pittoresken Ort *Cornucopia*. Jeder kleine Hügel, den man hinauffährt, enthüllt neue Blicke auf wie ein Mosaik wirkendes Farmland, verstreut im Uferbereich ankernde Boote und antike Landmaschinen. Östlich von Cornucopia schlägt die Straße einen Bogen ins Land hinein und erreicht das Seeufer wieder bei der größten Ojibwa-Siedlung der Halbinsel, *Red Cliff*, wo es eine Marina und eine Slipanlage für Boote, einen Campingplatz am Wasser mit Blick auf die Inseln Basswood und Madeleine, ein Casino und das jährlich am 4. Juli stattfindende Pow Wow gibt.

Zur Umgebung von Red Cliff gehören ein paar schöne Ausblicke auf den See sowie Weiden und dichte Nadelwälder. Boote und Kanus sind überall präsent. Nicht selten sieht man auch jahrzehntealte Chevys und Ford-Pick-ups, deren klassische Formen im Gebüsch still Rost ansetzen. Und man flitzt an winzigen, wackeligen Hütten vorbei, deren wettergegerbtes Holz oft von Unkraut überwuchert ist.

Wer an einem Freitagabend in dieser Gegend ist, sollte unbedingt in das kleine Dorf Cornucopia am Lake Superior fahren, wo im Village Inn Restaurant (715/742-3941) das traditionelle Scandinavian Fish Boil stattfindet.

Das Zentrum der Apostle-Islands-Region bildet der winzige, geruhsame Ferienort *Bayfield* (775 Einw.), die am stärksten touristisch erschlossene Siedlung in der gesamten Region, auch wenn man kaum etwas davon merkt. Der Ort wurde 1856 gegründet und sieht auf den ersten Blick so winzig aus, wie ein Ort es nur sein kann. Eine kurvenreiche und schmale Straße schlängelt sich zwischen makellosen Häuschen und bescheidenen Backsteingebäuden hindurch. Besonders am Nordende des Ortes bietet jede einzelne der Haarnadelkurven einen hervorragenden Blick auf die Apostle Islands und die Boote, die durch das Wasser pflügen.

In Bayfield gibt es viele schicke oder ungewöhnliche Unterkünfte, angefangen beim stinkvornehmen *Old Rittenhouse Inn* (715 /779-5111), in dem man auch gutes Essen bekommen kann, bis zu Hütten und Motels; die Preise variieren je nach geographischer Nähe zum Ort. *Winnie's Hungry Mariner* in der Ortsmitte bietet den ganzen Tag hindurch Frühstück sowie Lunch- und Dinner-

Specials an; es gibt hier auch wunderbare Kuchen. Außerdem fahren von Bayfield aus zahlreiche Fähren (und im Winter sogar Segelschlitten) hinüber zur *Madeleine Island* oder zu anderen Teilen des Archipels.

Im nördlichen Wisconsin betreibt die Lac Court Oreille Ojibwa Nation den Radiosender WOJB 88.9 FM, der exzellente Musik, nationale und regionale Nachrichten zu Indianer-Themen sowie das Nachrichtenprogramm des National Public Radio ausstrahlt.

Je nach Saison variieren die Preise stark. Eine einzigartige Attraktion ist *Bayfield's Big Top Chautauqua* (715/373-5552), eine Nachahmung der alten herumziehenden Zeltshows, das im Sommer hervorragende Konzerte, Theaterstücke und Musikrevuen im Programm hat. Aktuelle Hinweise sind über das Big Top Radio Network zu erhalten.

Washburn, südlich von Bayfield, ist eine nette kleine Gemeinde und liegt in der Nähe zweier Skiabfahrten. Die Parks im Ortsinneren gewähren schöne Ausblicke auf den See; hier gibt es auch einen Wanderweg entlang des Ufers. Auf dem Weg zurück zum US-2 zieht sich der Highway 13 durch klassisches Wisconsin-Agrarland, das aus der Wildnis herausgeschlagen wurde. Oft weht der Wind hier in rauhen Böen, und im Sommer ziehen häufig Gewitter auf.

Das erste, was den Reisenden an der Stateline nach Michigan begrüßt, ist die Statue eines Korkenziehers vor einem riesigen Liquor Store, der zum Anhalten und Zechen animieren soll.

Ashland Bei Ashland (8700 Einw.) erreicht der US-2 nach 40 Meilen wieder den Lake Superior. Die Stadt ist für die Wälder des nördlichen Michigan vergleichsweise groß und nennt sich gern die »Girlanden-Stadt der Inland-Seen«, aber in Wirklichkeit handelt es sich um einen Ort voller Brücken und Unterführungen, denn fast alle Straßen führen unter den Gleisen der Soo Line hindurch. Ashland ist auf einer kleinen Anhöhe

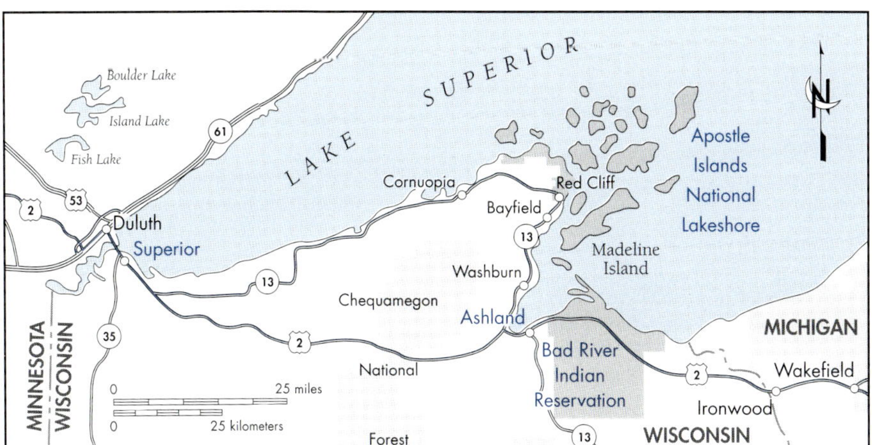

Apostle Islands National Lakeshore

Die 22 kleinen bis winzigen Inseln, die zum Apostle Islands National Lakeshore gehören, sind die Hinterlassenschaft abschmelzender Gletscher und zählen zu den Schmuckstücken der Großen Seen. Die urtümlichen Sandstein-Eilande, über die der Wind hinwegfegt, sind vom tiefblauen Wasser des Lake Superior umgeben, und man findet eine phantastische Vielfalt an Waldstücken, Felsbuckeln, Unterwasserhöhlen, Stränden und Brutplätzen von Vögeln. Überall bieten sich Möglichkeiten zum Wandern, Campen oder Kajakfahren. Informationen über die Ausleihmöglichkeiten für Boote beziehungsweise Kurse im richtigen Umgang mit den Kajaks sind in Bayfield erhältlich. Eine der größten und bekanntesten der Inseln, Madeleine Island, die genaugenommen nicht zum Park gehört, weil sie besiedelt ist, hat sich längst zu einem beliebten Ferienziel für die Bewohner Wisconsins entwickelt. Da es kaum Serviceangebote gibt, kommen mehr Dauergäste als Tagesausflügler.

Das Visitor Center der Parkverwaltung (715/779-3397) ist im alten County Courthouse an der Washington Avenue im Zentrum von Bayfield untergebracht; kleinere Informationsstellen liegen an der gesamten Küste verstreut oder finden sich auf einzelnen Inseln.

oberhalb des Sees erbaut und hat eine attraktive Main Street mit vielen gut erhaltenen historischen Gebäuden – wo sonst passen römischer Revival-Stil und Neoklassik beziehungsweise Art déco so gut zusammen? Am Seeufer gibt es eine Reihe toller Parks, sehr kühl wirkende Strände (vor allem am Westrand der Stadt) und ungepflasterte Haltemöglichkeiten entlang der Straße, von denen aus man das gigantische *Erz-Dock der Ashland Soo Line* sehen kann, das größte seiner Art auf der Welt.

The *Depot* (400 West Third Street) ist ein luxuriöses Restaurant, das in dem restaurierten Bahnhof der Soo Line untergebracht ist und eine breite Palette regionaler Gerichte zu ansehnlichen Preisen bietet. Im selben Gebäude befindet sich das sehr gute *Northern Wisconsin Interpretative Center* (Do–Mo 10–16.30; 3 $) mit Displays zur regionalen Geschichte und besonderem Augenmerk auf die Eisenbahn. Das beste Hotel der Stadt – zu dem auch ein gutes Restaurant gehört – ist das große Hotel *Chequamegon* (»Shuh-WAA-muh-gun« gesprochen, 715/682-9095) am Seeufer auf Höhe der Kreuzung von US-2 und Highway 13. Das alte viktorianische Gebäude brannte 1955 ab, doch das neuerrichtete Haus hat den originalen Charme und Geschmack erhalten. Der Preis für eine Übernachtung beträgt im Sommer mindestens 75 $. Es gibt eine große Zahl weiterer, billigerer Motels in der Stadt; eine Liste ist im örtlichen *Visitor Center* (320 West Forth Avenue, 715/682-2500 oder 800/284-9484) erhältlich.

Das Indianer-Reservat Bad River Das Indianer-Reservat Bad River ist die Heimat einer von sechs Ojibwa-Gemeinden und umfaßt 23000 Hektar Land, das den gut 1800 Nachkommen des ursprünglichen Loon-Clans der Ojibwa gehört, der einst im Bereich des Zusammenflusses von Bad

River und White River siedelte. Das Reservat ist zugleich Stammes-Hauptquartier (715/682-7111). Ende August findet das jährliche *Manonin Pow Wow* statt. Das örtliche Sägewerk produziert Bausätze für Blockhäuser. Vom Ostende des Reservates aus sind es nur noch zwanzig Meilen bis zur Grenze des Nachbarstaates Michigan, die zumeist relativ unspektakulär an den Autoscheiben vorübersausen.

Durch Michigans Upper Peninsula

Es gibt zwei Alternativstrecken durch Michigans obere Halbinsel (die Upper Peninsula, abgekürzt U.P.), die sich zwischen dem Lake Superior und dem Lake Michigan fast 300 Meilen weit von Kanada nach Wisconsin erstreckt. Zwischen Ironwood im Westen und Sault Ste. Marie an der kanadischen Grenze im Osten kann man entweder auf dem US-2 bleiben, der sich am Nordufer des Lake Michigan hinzieht, oder den Highway 28 befahren, der etwas direkter dem Südufer des Lake Superior in der Nähe des *Picture Rocks National Lakeshore* folgt. Beide Varianten nehmen einen Tag in Anspruch, und die jeweilige Streckenführung erlaubt es nicht, schneller zu fahren und dadurch Zeit zu sparen.

Michigans Obere Halbinsel – die »Upper Peninsula« – wird fast immer »U.P.« abgekürzt. Die Bewohner dieser Gegend nennen sich selbst oft »Juupers«.

Beide Wege machen jedoch mit einem der größeren Schätze des Mittleren Westens bekannt, dem dünnbesiedelten und zweifellos (von den »Trollen« im südlicheren Michigan) unterschätzten Land der »Juupers«, wie die stolzen Bewohner der Region sich selbst getauft haben. Viele leben noch immer in den kleinen Holzfäller- und Bergarbeiterorten, die ihre Vorfahren gegründet haben. Die U.P. umfaßt einen unerwartet bergigen und überraschend großen Landstrich, der mit kleinen Siedlungen übersät ist, die je nach Jahreszeit wie ausgestorben wirken oder in denen es von Menschen wimmelt. Neben dem Tourismus sind Holzwirtschaft, Bergbau und Fischerei hier oben noch immer wichtige Erwerbszweige.

Ironwood Auf den ersten 75 Meilen östlich der Grenze Wisconsins verläßt man den Wald eigentlich nie richtig, fährt aber durch Dutzende verfallender Bergarbeitersiedlungen, die zu einer Zeit erbaut wurden, als die U.P. Michigan zum größten Eisenerzproduzenten des Landes machte. Kurz vor Ironwood erklimmt der Highway eine Anhöhe, den ersten Ausläufer der Gogebic Range, deren Hügel wie eine Achterbahn steigen und fallen und ein großartiges Panorama der Wälder von Wisconsin und des in der Ferne liegenden Lake Superior bieten – vor allem bei Sonnenuntergang.

Die erste Stadt der U.P. öst

Überall auf der U.P. wird für Pasteten geworben. Dieses Bergarbeitergericht, Cornish Pasties, wurde vor über 100 Jahren von eingewanderten Bergleuten aus Cornwall eingeführt. Die mit Hackfleisch und Gemüse gefüllten Teighüllen sind in den Cafés und Restaurants allgegenwärtig.

Ironwood ist wegen der riesigen, gut 16 Meter hohen Fiberglas-Statue von Hiawatha einen Abstecher wert – der fiktiven Heldin aus Henry Wadsworth Longfellows gleichnamigem Gedicht.

Östlich von Ironwood, beim Ort Wakefield, teilt sich die Route: Der US-2 verläuft südlich entlang des Lake Michigan, während der Highway 28 dem Ufer des Lake Superior folgt.

lich von Wisconsin ist Ironwood, Ausgangspunkt für Touren in die *Gogebic Range*. Der Ort hat sich zu einer regelrechten Wintersportarena gemausert. Der *Copper Peak Sky Flying Hill* (Juni bis September tgl., September bis Oktober nur am Wochenende) ist Nordamerikas einzige Skiweitsprunganlage, und hier finden auch internationale Wettbewerbe statt. Wer von oben den Rundblick auf drei US-Bundesstaaten und Kanada genießen möchte, kann mit dem Sessellift hinauffahren.

Mike's Cafe ist in Ironwood der Ort für gutes Essen; es liegt direkt am US-2, und es gibt riesige Frühstücksportionen. Ironwood ist die einzige Stadt am US-2 auf der U.P., die die finnische Sauna-Tradition lebendig erhält. Wie viele der günstigen Motels am US-2, die Zimmer ab 25 $ anbieten, verfügt auch das *Sandpiper Motel* (am US-2, nahe dem Ostrand der Stadt, 906/932-2000) über ein kleines hölzernes Saunahäuschen, wie man es aus der Alten Welt kennt: Es gibt aber leider keine Birkenzweige.

US-2: Ottawa National Forest Knapp ein Dutzend Meilen außerhalb Ironwoods beginnt das endlose Grün des Ottawa National Forest. Michigans größtes geschütztes Waldgebiet umfaßt 690 000 Hektar und bedeckt einen weiten Teil der westlichen U.P. In diesem Gebiet findet sich eine erstaunlich große geologische und botanische Vielfalt; es gibt zahlreiche Tierarten und 35 Wasserfälle, die über Waldwege zugänglich sind. Die Straße passiert Baumbestände, die älter und dichter sind als alle anderen Waldgebiete entlang des US-2. Nördlich der *Porcupine Mountains* liegt die letzte wirkliche Wildnis des Mittleren Westens.

Der U.S. Forest Service unterhält in dem kleinen Ort *Watersmeet* an der Kreuzung von US-2 und Highway 45 eine Ranger Station (906/358-4724). Watersmeet dient auch als Ausgangsbasis für Touren in die großartige *Cisco Chain of Lakes/Sylvania Wilderness*, deren über 300 Seen phantastische Erholungsmöglichkeiten bieten.

Crystal Falls Die erste richtige Stadt östlich des Ottawa National Forest ist Crystal Falls (1950 Einw.), ein bezaubernder Ort wie aus

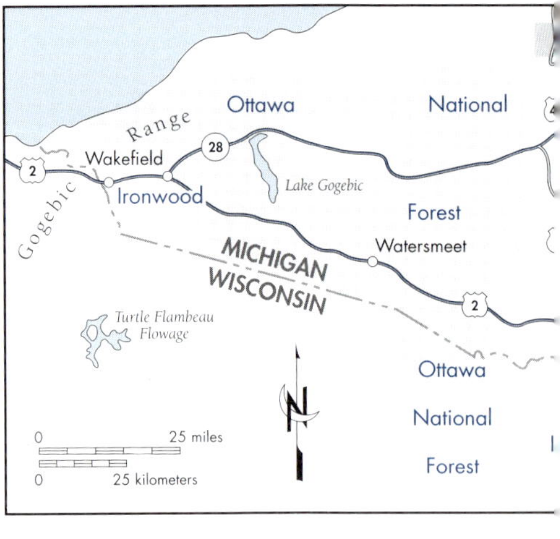

dem Bilderbuch, der auf einer Anhöhe in der Nähe eines kleinen Wasserfalls am Paint River liegt. Die Zeit scheint hier stillzustehen. Es gibt noch die originalen – was heißt: alten – Straßenschilder, die wie Pfeile die Richtung weisen, und große Bäume hängen über dem US-2, der sich in engen Kurven durch den Ort schlängelt. Die einzigen »Sehenswürdigkeiten« sind das städtische Gerichtsgebäude, das in den 1880er Jahren bei einem Pokerspiel gewonnen wurde, und eine mit Wasser vollgelaufene alte Tagebau-Mine außerhalb der Stadt.

Südöstlich von Crystal Falls führt der US-2 an einigen der Spezialitäten der U.P. vorbei: zahllose Stein- und Erzformationen ragen aus den Hügeln hervor; sie sind meist mit Graffiti bedeckt. Die breite, schwarze, ebene Straße erreicht dann den *Copper Country State Forest*, der mit seiner symmetrischen Anlage nicht verheimlichen kann, daß er künstlich angepflanzt wurde, und mäandert dann im Zickzack an einem kleinen See vorüber, bevor sie westlich von *Iron Mountain* einen Ort mit dem seltsamen Namen *Spread Eagle* durchquert.

Iron Mountain und Norway Obwohl sie sechs Landstraßenmeilen voneinander entfernt liegen, sind Norway und Iron Mountain Schwesterstädte. Beide wuchsen auf der ökonomischen Basis von Holzwirtschaft und Bergbau und produzierten in drei Minen jährlich 300 000 Tonnen Erz. Beide Orte wirken ein wenig verschlafen, sind aber durchaus lebendig.

Die größere der Städte, Iron Mountain (8525 Einw.), lehnt sich an den sanften Hang des Berges, der der Stadt den Namen gab. Die wichtigste Sehenswürdigkeit, auf die jeder Einwohner stolz hinweist, ist das *Cornish Pump and Mining Museum*, zwei Blocks westlich des US-2 an der Kent Street (Mai bis Oktober Mo–Sa 9–17, So 12–16; 4 $), und es ist wirklich sehenswert mit seiner unvorstellbar großen dampfbetriebenen Pumpe. Doch die bedeutendste Attraktion bekommt man gratis zu sehen, nämlich den

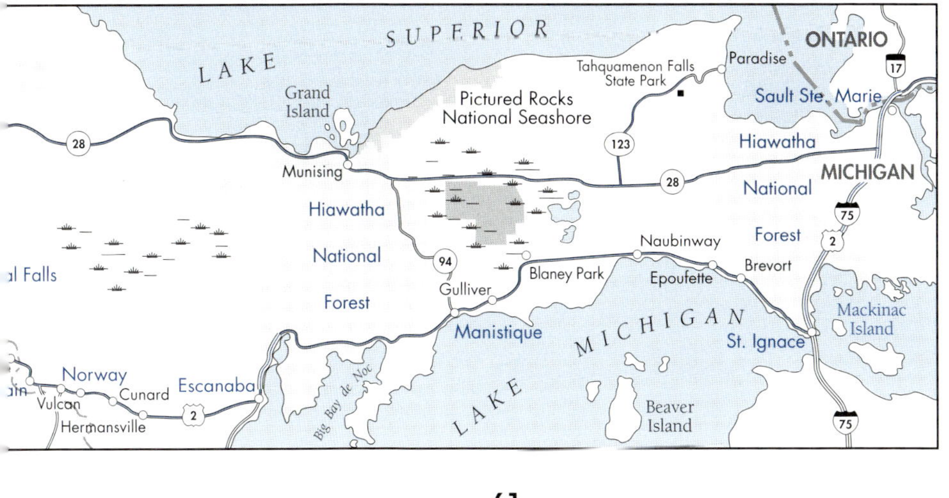

Gerüchten zufolge ist der Majestic Pine/Roosevelt Mountain Ski Jump der Schauplatz, an dem der Skisprung-Absturz aus dem Vorspann der Sendung Wide World of Sports gefilmt wurde.

Majestic Pine/Roosevelt Mountain Ski Jump (800/236-2447). Man erreicht die westlich der Stadt gelegene Schanze am einfachsten via US-2 und Pine Mountain Road. Auf dieser 90 m hohen Sprungschanze werden jährlich im Februar internationale Wettbewerbe ausgetragen, und hier wurde auch der zur Zeit gültige amerikanische Schanzenrekord aufgestellt. Die örtliche Polizei hat es aufgegeben, die Besucher daran zu hindern, auf allen vieren die Schanze hinaufzukriechen, um von oben einen der besten Ausblicke auf die U. P. zu erhaschen – es ist wirklich verlockend.

Es gibt in Iron Mountain nicht viele erwähnenswerte Cafés, denn der Ort ist auf Abendlokale spezialisiert. Doch findet sich ein ungewöhnliches Restaurant: *Bimbo's*, eine Bar auf der Main Street neben der Citgo-Tankstelle, nördlich des US-2. Mittwoch bis Freitag basiert das Mittagsmenü auf den nur hier erhältlichen »Porketta«-Sandwiches, die von einem am Montag gerösteten Spanferkel stammen. Daneben sind hausgemachte italienische Würstchen im Angebot.

Die Minen in *Norway* (2910 Einw.) liegen so dicht beieinander und waren so geschäftig, daß der Ort einst einbrach und weiter unten am Hang neu erbaut werden mußte. Im grimmig aussehenden Norway – wo einst mehr Schindeln hergestellt wurden als irgendwo sonst und noch heute viele Häuser über und über mit schmuddeligen Schindeln bedeckt sind – gibt es weit und breit das beste Café, das *Country House Restaurant* direkt in der Ortsmitte am US-2, wo man dicht an dicht mit den Einwohnern am Tresen sitzt.

Ein anderer echter Fund in Norway ist *Piers Gorge*, ein paar Meilen südlich am US-8, wo die tosenden Wasser des Menominee River auf der Grenze zwischen Michigan und Wisconsin diese phantastische Schlucht herausgewaschen haben.

Escanaba Zwischen Norway und Escanaba führt der US-2 auf 45 Meilen durch offene Landschaft, wo nur gelegentlich eine Gruppe Birken oder Kiefern das Panorama auflockert. Die Strecke ist tatsächlich so monoton, daß man sich keineswegs darüber ärgert, wie gewisse Kräfte aus dem Ort Vulcan auf immer zahlreicheren und dichter stehenden Billboards für die *Iron Mine* werben, ja dem Betrachter ihre Existenz ins Bewußtsein hämmern – eine fragwürdige Touristenfalle, wo die aufdringliche Werbung den Umstand verdeckt, daß es sich wirklich um eine historische Stätte handelt.

Fünfzehn Meilen westlich von Escanaba, am Ostrand des kleinen Potawatomi-Indianer-Reservates, überquert man die Grenze zwischen der Central- und der Eastern-Time-Zone – die Uhren müssen entsprechend umgestellt werden.

Weiter östlich folgen verschlafene Orte wie etwa *Cunard*, dessen großes, hellblaues Lagerhaus wie ein riesiger Eisklotz aussieht, oder *Hermansville*, wo vereinzelte und spartanische Häuschen beiderseits der Straße auf einem Hügel liegen.

Escanaba (13 659 Einw.), in perfekter Lage an der Mündung des Escanaba River in die

Little Bay de Noc, wurde auf die für Michigan typische Weise aus dem unstillbaren Hunger nach Holz und Erz heraus gegründet. In früheren Zeiten stellten die drei Holzprodukte und Erz verladenden Docks die größte Anlage ihrer Art in den USA dar, und bis heute werden diese Güter hier verschifft. Trotzdem kann man sich nur schwerlich für Escanaba begeistern, wenn man scheinbar endlos weit an Shopping Malls und typischen Highway-Geschäften vorbeifährt. Auch Stippvisiten im *Delta County Museum* (Juni–September 13–21; gratis) oder im renovierten *Sandpoint Lighthouse* aus dem Jahr 1867 (gleiche Öffnungszeiten; 1 $) sind angesichts der heruntergekommenen Waterfront entmutigend. Zumindest die Menschen machen mit ihrer Freundlichkeit vieles wieder wett, und die alljährlich im August hier abgehaltene *U. P. State Fair* ist großartig. In Escanaba gibt es außerdem die *Hiawatha National Forest Ranger Station* (2727 North Lincoln Road, 906/786-4062).

Hiawatha National Forest In Richtung Nordost wird der US-2 außerhalb von Escanaba und entlang der Big und Little Bay de Noc zur vierspurigen Schnellstraße, und man durchquert eine Reihe kleiner »Resorts«, die teilweise eigene Strände haben. Auf dem Weg nach Osten Richtung Manistique wird der Baumbestand immer dichter: Man befindet sich inmitten der zerzausten Koniferen des Hiawatha National Forest. Es gibt zwei separate Teile dieses immensen, 350 000 Hektar großen Waldes, der an die Ufer von drei der Großen Seen stößt – Lake Huron, Lake Michigan und Lake Superior. Die winzigen Siedlungen haben sich kaum verändert – allgegenwärtige gelbe Blinklichter, kleine Holzhäuschen, die sich dicht an riesige Propangastanks drängen, und in ein paar Orten verlorene alte Waggons der Soo Line, die würdevoll auf den Gleisen direkt neben dem Highway vor sich hin altern. Es mag ein oder zwei Fischräuchereien geben, aber wahrscheinlich handelt es sich nur um Roadhouses mit fettigen Pasteten, die man besser gleich vergißt.

Die beste Abzweigmöglichkeit gibt es in *Garden Corners*, wo man den Highway 183 zum exzellenten *Fayette State Park* (Mai bis Oktober 3,50 $) nehmen kann. Ansonsten ist der Ort eine noch lebendige Geistersiedlung: original, nicht nachgebaut – ein eindrucksvoller, vielleicht auch unheimlicher Ort, der auf einer nackten Halbinsel liegt.

Manistique Die einzige nennenswerte Stadt zwischen St. Ignace und Escanaba, Manistique (3456 Einw.), ist abgesehen von ihrer Lage am Lake Michigan nicht gerade überwältigend. Berge aus Schotter und winzige Schornsteine säumen die Straße, die östlich in die Stadt hineinführt, und der süßliche, durchdringende Geruch von Papier hängt in der Luft. Davon abgesehen zieht Manistique dank des Sees und des bizarren *Kitch-Iti-Kipi* im *Palm Book State Park* ein paar Touristen an, wo 4200 l Wasser pro Minute heraufquellen und wagemutige Leute mit Flößen darauf herumschippern. Unten im Ort liegt das

In Manistique überquert der alte US-2 (Highway 64) die Siphon Bridge – sie kommt in Ripley's Believe It or Not! vor, da sie teilweise vom Wasser getragen wird und die Fahrbahn 1.2 m unterhalb der Wasseroberfläche verläuft.

Imogene Herbert Museum (im Sommer tgl. 10–16) mit einem hundertjährigen Blockhaus und einem majestätischen, aus Ziegeln gemauerten Wasserturm. Ganz in der Nähe, in der Cedar Street dicht beim US-2, befindet sich *Jax Bar & Restaurant*, ein klassisches Café mit einer knappen, in Plastikfolie steckenden Speisekarte und einem vergilbten Tresen aus kunststoffbeschichtetem Holz.

Am Lake Michigan entlang Die Route, die der US-2 zwischen Escanaba und St. Ignace entlang des Lake Michigan nimmt, ist im Herbst eine der schönsten Strecken der U.P. Hier liegt das wahre Herz der Halbinsel mit kleinen Gruppen von Kiefern oder Birken, gefolgt von einem kurzen Stück Seeufer, dann einer aufgegebenen Mine, einem Trailer-Park oder einem längst verlassenen Fischercamp.

> Von dem winzigen Örtchen Gulliver, 13 Meilen östlich von Manistique, führt eine Straße nach Südosten zu Michigans sehenswertestem Leuchtturm bei Seul Choix Pointe.

Der erste Hinweis auf etwas Besonderes kommt im winzigen Blaney Park, etwa 22 Meilen östlich von Manistique, wo es zwei tolle Bed&Breakfasts gibt – das *Celibeth House B&B* (906/283-3409) in einem Haus von 1895, dessen acht Zimmer von 50 $ an aufwärts kosten, und das edlere Blaney Lodge B&B (906/283-3883), das von Juni bis Oktober einen der besten Dining Rooms der U.P. betreibt. Blaney Park verfügt sogar über eine eigene Landepiste. Die ganze Gegend war einst ein 8900 Hektar großer Spielplatz für die Wisconsin Land and Lumber Company und bietet heute eine Abwechslung gegenüber der aufdringlichen örtlichen Architekturmischung aus Ranch-Stil und Wohntrailern.

Östlich von Blaney Park wird die Szenerie um so schöner, je näher man auf St. Ignace zufährt: Das Seepanorama wird nur gelegentlich von Baumgruppen unterbrochen, und dann bricht das Wasser endlich ganz durch, und man gleitet eine Seepromenade entlang. An die Straße grenzen hohe Dünen, richtige Sanddünen mit grünen Büscheln verschiedener Gräser, die zwischen den goldenen Sandkörnern sprießen, und man nimmt kaum Notiz von den kleinen Orten wie *Naubinway*, *Epoufette* und *Brevort*, die einst als Fischerdörfer gegründet wurden und sich entlang des Highways aneinanderreihen.

St. Ignace Bei der Einfahrt in das Städtchen St. Ignace verlocken gleich mehrere Aussichtspunkte im Westen des Ortes zum Anhalten, und während man sich streckt und reckt, fällt der Blick auf die oft von Nebel verhüllte *Mackinac Bridge*, die hier den Lake Michigan überspannt – sein Wasser hat noch nicht das tiefe Stahlblau, das man später noch sehen wird, sondern ein sanfteres, dunkleres Blau.

> Wer eine hohe Dosis an Kitsch vertragen kann, sollte das Paul Bunyan Pasties am US-2 nicht verpassen, das acht Meilen westlich der Mackinac Bridge liegt – es war bereits dem Guinness Buch der Rekorde einen Eintrag wert, denn hier wurde eine über 100 Kilogramm schwere Pastete gebacken.

Das pittoreske St. Ignace liegt östlich unterhalb eines Hügels, über den der endlose Autostrom des Interstate 75 dahinfließt. Die kleine Stadt, deren Einwoh-

Reisende kommen gern nach St. Ignace und starren ungläubig auf die von den Ortsbewohnern als achtes Weltwunder bezeichnete Mackinac Bridge, die mit einer Länge von 2400 Metern eine der längsten Hängebrücken der Welt ist (zusammen mit den Zufahrten mißt sie über fünf Meilen). Überall in der Stadt und am Highway westlich des Ortes finden sich schöne Panoramen.

ner einst zu 70 Prozent Frankokanadier waren, hat eine größere Bedeutung, als ihre den Tourismus fördernde Lieblichkeit erwarten ließe – dank der Lage an der schmalen Landverbindung zwischen den nördlichen und südlichen Regionen Michigans. St. Ignace ist betriebsam und freundlich; ein Teil der Stadt wurde in noble Wohngegenden verwandelt und ist sorgsam gepflegt. Downtown kann man an einer breiten Uferpromenade entlangspazieren, wo sich dicht an dicht Souvenirgeschäfte, Touristenrestaurants (die allesamt zu überteuerten Kitschläden umgewandelt wurden) und Dutzende preisgünstiger Motels befinden.

Der *Straits State Park* (3 $ Eintritt) liegt außerhalb von St. Ignace, nahe der Kreuzung des US-2 mit dem Interstate 75, und beherbergt das *Father Jaques Marquette Memorial and Museum*. In der Stadt gibt es das exquisite *Marquette Mission Park and Museum of Ojibwa Culture* (Mai bis Oktober tgl. 10–20; 2 $). Der Pater Marquette liegt im Park begraben.

Die bedeutendste Sehenswürdigkeit der Gegend um St. Ignace ist – abgesehen von der Mackinac Bridge – eine Überfahrt mit der Fähre zur anachronistischen *Mackinac-Insel*, einer der Hauptattraktionen des Mittleren Westens. Noch nie haben Motorfahrzeuge diese Insel befahren, die heute als lebendiges Museum vergangener Zeiten angepriesen wird und eine riesige Touristenfalle darstellt, aber trotzdem nie peinlich wirkt. Tagestouren von St. Ignace aus kosten um 11 $.

Auf dem Weg nach Norden Richtung Sault Ste. Marie führt der Interstate 75 auf 50 Meilen durch eine ausgetrocknete Landschaft voller Brauntöne, die hin und wieder von spärlichen Resten einstiger Prärie und winzigen Baumgruppen aufgelockert ist.

Sault Ste. Marie Sault Ste. Marie (14 700 Einw., »Soo Saint Ma-REE« ausgesprochen) ist die älteste Gemeinde Michigans und die drittälteste der USA. Die Stadt ist nicht nur für die historischen Territorialstreitigkeiten zwischen den Franzosen und den Engländern bekannt, sondern bildet auch die einzige Landverbindung zwischen den USA und Kanada über Hunderte von Meilen. Und sie ist zwar nicht die unter Touristen beliebteste Stadt der Upper Peninsula (diesen Rang nimmt St. Ignace ein), aber doch die bevölkerungsreichste am Verlauf des US-2.

Unter dem Stahlgerüst der *International Bridge*, die den amerikanischen mit seinem kanadischen »Soo«-Zwilling verbindet, tobten einst die Stromschnellen, die den französischen Pfarrer Frère Jaques Marquette veranlaßten, die neugegründete Mission *Le Sault de Sainte Marie* – wörtlich »die fallenden Wasser von Sainte Marie« – zu nennen. Das U.S. Army Corps of Engineers hat die Wasser, die vom knapp 7 m höher gelegenen Lake Superior zum Lake Huron strömten, längst mit vier Schleusen gezähmt, die zu den größten und verkehrsreichsten der Welt zählen. Während der Blütezeiten des Bergbaus bewältigten die Schleusen ein mehrfaches der Tonnage, die durch den Panama- und Suezkanal zusammengenommen transportiert wurden, ohne daß dafür Gebühren entrichtet werden mußten. Man kann in den üppigen Parks und auf dem Wanderweg um die Schleusen herum gut eine einstündige Siesta einlegen und das Treiben beobachten. Daneben gibt es *Soo Lock Boat Tours* (12 $), das interessante, aber teure Museum *Freighter Valley Camp* (tgl. 9–21; 6 $) und den unübersehbaren 21stöckigen *Tower of History* (326 East Portage Street; Mai bis Oktober tgl. 10-18; 3 $).

Im Stadtteil südlich des Wassers existiert das älteste permanent betriebene Restaurant der U.P.: Das *American Cafe* (532 Ashmun Street) serviert seit 1902 bodenständiges Frühstück und Mittagessen sowie freitags zwischen 16 und 21 Uhr auch Dinner in einer warmen Atmosphäre. Während das American Cafe Charakter hat, ist das ausgelassene *Antler's* (804 East Portage, geöffnet tgl. ab 11 Uhr) eher vornehm: mehrere Zeitungen erklärten es zum besten Restaurant der U.P., und meist muß man auf einen freien Tisch warten.

Die beste Unterkunft ist das *Water Street Bed&Breakfast* (140 East Water Street, 906/632-1900 oder 800/236-1904) in der Nähe der Schleusen. Außerdem gibt es in Sault Ste. Marie Dutzende von Motels. Weitere Informationen sind beim örtlichen *Visitor Center* (2581 Ashmun Street, 906/632-3301 oder 800/647-2858) erhältlich.

Pictured Rocks National Lakeshore und Tahquamenon Falls

Es gibt zwei Gründe, anstatt auf dem US-2 dem Highway 28 durch die Upper Peninsula zu folgen: Pictured Rocks National Lakeshore und die Tahquamenon Falls. Pictured Rock National Lakeshore ist ein unberührter Abschnitt von Sanddünen, Stränden und farbenprächtigen Felsen, der sich in der Mitte der U. P. am Lake Superior hinzieht. Da es keine Straßen gibt, die in dieses Gebiet hineinführen, besucht man es am besten per Boot. Im Sommer werden dreistündige Touren (17 $) vom Pier in Munising aus angeboten, das direkt am Highway 28 am Westende des Parks liegt. Im Winter ist das Küstenschutzgebiet ein Revier für Skilanglauf. Weitere Informationen gibt es beim Pictured Rocks Visitor Center (906/387-3700). Nach einer Weile erreicht man einen wahren Schatz: den Highway 123, der vor allem im Herbst aufgrund der unglaublichen Farben der Blätter eine Sehenswürdigkeit darstellt, die man nicht missen sollte. Am besten fährt man nach Norden und läßt den Tahquamenon Falls State Park hinter sich. Der 15 m hohe, 65 m breite obere Wasserfall wurde bereits in Longfellows Gedicht »Song of Hiawatha« erwähnt. Bevor man wieder die kurvenreiche Straße zum Highway 128 nach Sault Ste. Marie hinunterfährt, sollte man noch eine Spritztour durch den Ferienort Paradise bis hinauf nach Whitefish Point machen, wo man einige der besten und einsamsten Strände der U.P. findet, den ältesten Leuchtturm an den Großen Seen (um 1849 errichtet) und das Great Lakes Shipwreck Historical Museum (Mai bis Oktober tgl. 10-18; 4 $). Höhepunkt der Ausstellungen dieses Schiffsfriedhofs ist das Wrack der Edmund Fitzgerald, die im November 1975 an dieser Stelle mit 29 Menschen an Bord unterging.

Durch Kanada

Zwischen Sault Ste. Marie und der kanadischen Hauptstadt Ottawa ist der Highway 17 ein Teil des Trans-Canada-Highway und zugleich der Voyageurs Trail, der jener Route folgt, auf welcher früher Pelzhändler von ihren winterlichen Fanggebieten – der Wildnis der Wälder, Seen und Flüsse des Nordens – nach Montreal reisten, dem sommerlichen Umschlagplatz für die Felle. Die Szenerie wechselt von Flüssen und Wäldern zu Papierwerken und Kohlebergwerken, und der größte Teil des Highway 17 ist eine zweispurige Landstraße, auf der mit einer Höchstgeschwindigkeit von 90 Kilometern (die in Kanada auch in Kilometern gemessen werden!) gefahren werden darf. Hin und wieder hilft eine Überholspur dabei, an den langsamen Holztransportern vorbeizukommen.

Östlich von Ottawa führt ein kurzes Stück des Highway 175/40 zum französischsprachigen Montreal, Kanadas zweitgrößter Stadt und dem am stärksten europäisch wirkenden Ort in Nordamerika. Über die Route 15 nach Süden erreicht man nahe dem Lake Champlain in Vermont wieder die USA.

Sault Ste. Marie – The Soo Von Michigan aus überquert die Straße den geschäftigen Hafen und führt hinein in das kanadische Sault Ste. Marie (81 000 Einw.), das auch als The Soo beziehungsweise als »Heimat von Kanadas erster Astronautin« bekannt ist. Ein Graffiti an der Eisenbahnbrücke konstatiert »Dies ist Indianerland«. Sault Ste. Marie wurde an den Stromschnellen – »sault« bedeutet »Wasserfall« – des St. Mary's River gegründet. Ursprünglich hieß es Bawating, »Ort der Stromschnellen«, wo die dort ansässigen Indianer Weißfische fingen und den Saft der Ahornbäume abzapften. Französische Entdecker kamen 1622 hierher, und später im selben Jahrhundert richteten Jesuiten eine Missionsstation ein. Den Pelzhändlern des 18. Jahrhunderts folgten bald erste Siedler, die die Wirtschaft der Gegend auf Holzwirtschaft und Transportwesen aufbauten. Die kanadischen Schleusen wurden 1895 in Betrieb genommen und ermöglichten es tiefliegenden Schleppschiffen, von einem See in den anderen zu fahren. Heute ist The Soo – wie auch ihre Zwillingsschwester auf der anderen Seite des Flusses – eine Industriestadt mit gewissen Schwierigkeiten, obwohl es ein sehr großes Stahlwerk gibt. Der Tourismus spielt für die örtliche Wirtschaft eine wachsende Rolle und könnte zum Motor einer Wiederbelebung werden.

Um die Sehenswürdigkeiten der Innenstadt aufzusuchen, sollte man auf die Bruce Street abbiegen und zwei Blocks weit an der Queen Street, Sault Ste.

Die doppelte Hängebrücke, die das kanadische und das amerikanische Sault Ste. Marie verbindet, ermöglicht eindrucksvolle Blicke auf das Algoma-Steel-Werk – das zweitgrößte seiner Art in Kanada – und die Stromschnellen des St. Mary's River. Die kanadischen und amerikanischen Schleusen gehören zu den meistbefahrenen am St. Lawrence Seaways System. Flaggen auf Höhe der Brückenmitte kennzeichnen die Grenze zwischen den beiden Staaten.

Autofahren in Kanada

Jenseits der Grenze zu Kanada gelten andere Verkehrsregeln und metrische Maßeinheiten. Die Höchstgeschwindigkeit auf zweispurigen Landstraßen beträgt 90 km/h, auf Highways 100 km/h. Benzin ist generell teurer als in den USA, wird per Liter verkauft und natürlich in kanadischen Dollars bezahlt. Die meisten Tankstellen akzeptieren zwar amerikanisches Geld, legen aber sehr ungünstige Wechselkurse fest. Autos müssen bei Tag und Nacht mit eingeschaltetem Abblendlicht fahren. In der Provinz Quebec darf man bei roter Ampel nicht rechts abbiegen; im restlichen Kanada ist es jedoch erlaubt, wenn man vorher angehalten hat und von links kein Verkehr kommt. Man muß in Kanada stets einen Versicherungsnachweis mit sich führen.

Auf der amerikanischen Seite der Grenze gibt es keinen Kontrollposten. Die zweisprachigen kanadischen Zollbeamten überprüfen die Wagen meist oberflächlich, fragen nach der Adresse, dem Grund der Reise und nach mitgeführten Feuerwaffen. Staatsbürger der USA und Kanadas benötigen keinen Paß; Staatsangehörige anderer Nationen sollten unbedingt den Status ihres Visums überprüfen, ehe sie die Grenze überqueren – in ungünstigen Fällen ist die Wiedereinreise in die USA schwierig oder gänzlich unmöglich. Bürger der Bundesrepublik Deutschland, Österreichs und der Schweiz, die im Rahmen des Visa-Waiver-Programms in die USA eingereist sind und denen ein dreimonatiger Aufenthalt bewilligt wurde, sollten für den erneuten Grenzübertritt unbedingt die kleine grüne Karte behalten, die ihnen bei der Ankunft ausgehändigt oder in den Paß geklammert wurde!

Maries schäbiger »Main Street«, vorbei bis zur Bay Street fahren, die in Ost-West-Richtung verläuft. Hier befinden sich die *Station Mall* und die *Art Gallery of Algoma* (10 East Street), und man hat einen schönen Ausblick auf den Fluß und die International Bridge. Ein kleiner Pfad nahe der Brücke führt hinunter zum *Roberta Bondar Park* (nur im Sommer geöffnet), der rund um die alten, heute nicht mehr in Betrieb befindlichen Schleusen herum angelegt ist. Es gibt eine Aussichtsplattform oberhalb der Schleusen und ein Informationszentrum.

Das *Algoma Central Railway Terminal* (129 Bay Street, 705/946-7300), von dem die *Agawa Canyon Wilderness Tours* ihren Ausgang nehmen, ist die Hauptattraktion der Gegend. Den ganzen Sommer hindurch kann man Tagestouren durch die nicht von Straßen erschlossene Wildnis mit ihren schmalen Flußtälern und spektakulären Panoramen unternehmen. Von Januar bis März verkehrt auch ein Snow Train.

Die Bay Street endet östlich an der Pim Street; linkerhand führt eine Straße am *Ermatinger Old Stone House* vorbei, dem ältesten Steinhaus in Kanada westlich von Toronto (im Sommer tgl., sonst nur Mo–Fr geöffnet). Das Haus wurde 1814 von einem ansässigen Pelzbaron erbaut und unter Wahrung des Originalstils restauriert. In einem separaten Küchenhaus kann man bei der Zubereitung typischer Gerichte der Frontier zuschauen.

Die Palette der Unterkünfte in Sault Ste. Marie umfaßt eine Reihe von Motels direkt am Fluß, darunter das *Holiday Inn* (208 St. Mary's River Drive, 705/949-0611) und das *Bay Front Quality Inn* (108 Bay Street, 705/945-9264). Die billigeren Motels befinden sich alle nördlich der Stadt am Highway 17 (auch als Great Northern Road bekannt), der nach Thunder Bay führt. The Soo ist kulinarisch fast eine Wüste; allenfalls *Arturo's* bei den *Riverfront Motels* (116 Spring Street, 705/949-0810) ist einen Besuch wert. Das heißeste Vergnügen, das man in Downtown Sault Ste. Marie findet, ist die *Rollschuhbahn* in der Queen Street.

St. Joseph Island Östlich von Sault Ste. Marie windet sich der Highway 17 fast bis nach Sudbury am Ufer des North Channel entlang, einem Arm des Lake Huron. Nach etwa 50 Kilometern (30 Meilen) führt ein Abzweig südlich zur St. Joseph's Island, die Teil der *Manitoulin-Inselkette* ist. Die eigentliche Sehenswürdigkeit liegt am Südende der Insel: der *Fort St. Joseph National Historic Park*. Als das Fort 1796 von den Engländern erbaut wurde, war es der westlichste Vorposten ihrer kanadischen Kolonie. Anfangs schützte das Fort den Pelzhandel und diente dann als Basis für Angriffe auf die Amerikaner während des Krieges von 1812. Die Amerikaner brannten das Fort 1814 nieder, und der Park wurde um die sehenswerten Ruinen herum angelegt.

Von Bruce Mines nach Blind River Rund 20 Kilometer (12 Meilen) östlich der Abzweigung zur St. Joseph's Island liegt der Ort Bruce Mines, der 1846 in der Nähe einiger Kupferminen gegründet wurde. Die ersten Siedler waren Bergarbeiter aus Cornwall in England. Eine alte Kirche südlich des Highway 17 wurde zum *Bruce Mines Museum* umgewandelt, das die örtliche Geschichte dokumentiert (nur im Sommer geöffnet).

Die Straße verläuft nun etwas weiter landeinwärts und erreicht nach einem Dutzend Meilen wieder den See bei Thessalon, einem Holzarbeiterstädtchen gleich südlich des Highways. Außer einer kleinen Einkaufsmall und einem Supermarkt ist der *Lakeside Park* mit seinem exzellenten Strand die Hauptattraktion des Ortes. Gleich westlich der Stadt bei *Carolyn's Motel* (705/842-3330) gibt es ebenfalls einen Strand. *Carolyn's Restaurant* hat immer frischen Fisch auf der Speisekarte. Die Insel, die man am südlichen Horizont sehen kann, Drummond Island, gehört zu den Vereinigten Staaten.

Der nächste Ort ist *Blind River*, so benannt aufgrund der Tatsache, daß die Mündung des gleichnamigen Flusses vom See aus fast nicht zu sehen ist. Blind River war ursprünglich ein Holzarbeiterstädtchen, ist heute aber der Sitz einer großen Uranfabrik, die Erz aus dem ein paar Meilen nördlich gelegenen Elliot Lake verarbeitet. Das innerstädtische *Village Museum* bietet neben einer Kunstgalerie, einer Touristeninformation und einem Geschenkeladen vor allem Exponate zur lokalen Holz- und Bergbaugeschichte – und faszinierende Ausblicke auf den See. Das *Old Mill Motel* (705/356-2274) verfügt über einen kleinen Strand.

Richtung Osten nach Massey verläuft der Highway 17 durch flaches Gelände. Unmittelbar westlich der Siedlungen Serpent River und Spanish genießt man einen herrlichen Blick über den North Channel zum in der Ferne gelegenen Manitoulin Island.

Massey und Manitoulin Island Die nächste Stadt am Highway 17 nach Blind River ist das 70 Kilometer (45 Meilen) östlich gelegene Massey, die »Heimat des Chutes Provincial Park und vieler freundlicher Leute« am Zusammenfluß von Sauble River und Spanish River. Die einzige Sehenswürdigkeit in der Stadt ist das *Massey Area Pioneer Museum*, und die beste Unterkunft ist das *Mohawk Motel* (705/865-2722), das für seine gemütlichen Zimmer wirbt. Östlich des Ortes und nördlich des Highway 17 bietet der *Chute Provincial Park* Gelegenheiten zum Schwimmen, Campen, Picknicken, und es gibt mehrere sehenswerte Wasserfälle entlang des Sauble River.

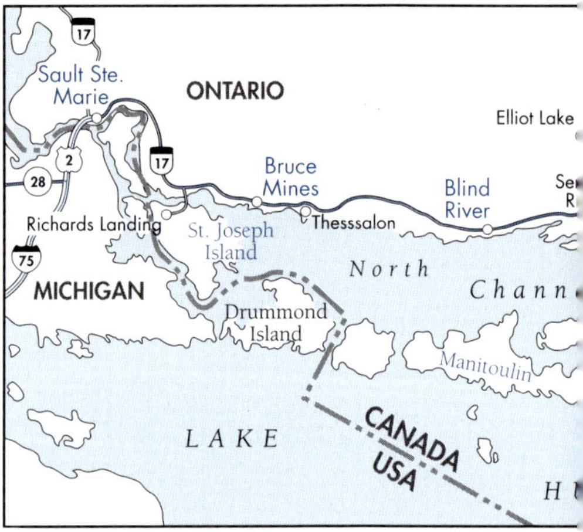

Rund 32 Kilometer (20 Meilen) östlich von Massey und 64 Kilometer (40 Meilen) westlich von Sudbury zweigt der Highway 6 vom Highway 17 ab und führt südlich nach Espanola, wo die riesige *E.B.-Eddy-Papierfabrik* liegt, und dann weiter zur Manitoulin Island, der größten Süßwasserinsel der Welt, am Nordende des Lake Huron. Manitoulin ist wegen seiner zahlreichen pittoresken Buchten und exzellenten Strände ein beliebtes Ferienziel. *Meldrum Bay*, *Providence Bay* und *South Baymouth* sind besonders empfehlenswert. Richtung Sudbury führt der Highway 17 über 50 Kilometer (30 Meilen) durch hügeliges Farmland mit gelegentlichen Waldstücken und kleinen Bauernhöfen, die Milchwirtschaft betreiben.

Sudbury Das deutlichste Zeichen, daß man sich Sudbury nähert, sind die immer weniger werdenden Kiefern und die immer niedriger werdenden Birken, die sich zwergenhaft klein an schwarze Felsen klammern. Sudbury (93 000 Einw.) liegt im Zentrum eines geologischen Beckens, das eine der größten Nickelkonzentrationen der Welt sowie zahlreiche andere wertvolle Metalle enthält. Der Ort – gegründet an der Stelle einer ehemaligen Ojibwa-Siedlung – begann sich zu entwickeln, nachdem 1883 die Eisenbahn gebaut wurde, und erlebte einen Boom, als drei Jahre später hier Nickel und Kupfer gefunden wurden. Unkontrollierte Erschließung war die Folge, und überall schossen Minen und weiterverarbeitende Fabriken wie Pilze aus dem Boden.

Bald führte dies für die Gegend zum klassischen industriell-ökologischen Desaster. Meilenweit im Umkreis gab es keine Bäume mehr, und ein Dunst aus giftigen Gasen machte den Bewohnern, die in den schmalen Tälern unterhalb der Fördertürme lebten, das Atmen schwer. 1950 unternahm Sudbury massive Anstrengungen zur binnenstädtischen Erneuerung; man nahm viel Land in Besitz, um der Gegend wenigstens eine Idee der einstigen Schönheit und sauberen Luft zurückzugeben. In den Augen

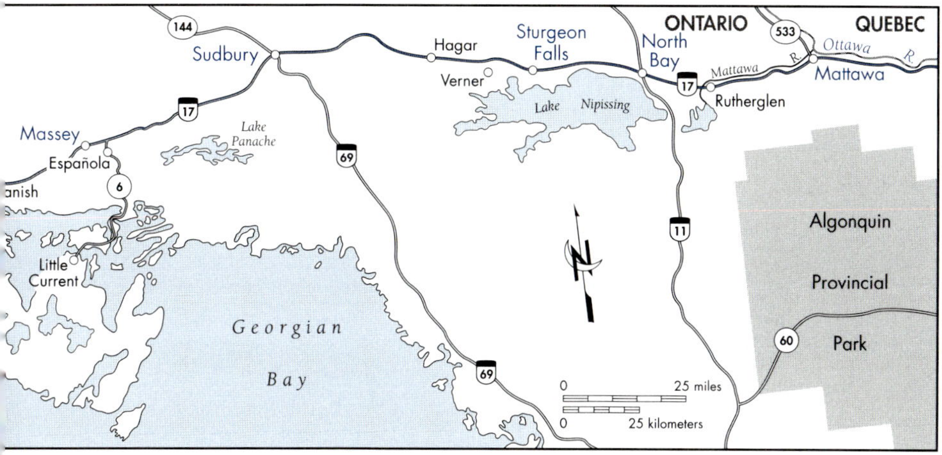

der älteren Einwohner hat sich die Situation dramatisch verbessert; die Luft ist sauberer, und überall in der Stadt findet man Bäume. Wer jedoch zum ersten Mal nach Sudbury kommt, mag aber aufgrund des Mangels an Grün und der großen Fabriken rings um die Stadt durchaus schockiert sein. Sudbury ist heute Kanadas wichtigster Bergbauort, der 85 Prozent der weltweiten Nickelproduktion hervorbringt und das größte Kupferbergwerk des Landes betreibt.

Nachdem der Highway 17 Sudbury erreicht, verwandelt er sich in eine stark befahrenen zweispurige Straße mit zahlreichen Verkehrsampeln, an der viele billige Motels liegen. Um das Zentrum der Stadt mit der Downtown Mall und dem Civic Square zu erreichen, muß man Richtung Süden auf die Paris Street abbiegen. Weiter südlich wird die Paris Street zu einer Schnellstraße, die nach Ramses Lake und zum attraktiven Teil der Stadt führt. Am Seeufer steht der moderne Komplex des *Science North*, eines neuen Wissenschafts- und Technologie-Museums, das viele Exponate für Kinder zum Berühren und ein 3-D-Kino umfaßt (tgl. 9–17; 8 $).

Zu den besseren Motels in Sudbury zählen das *Best Western Peter Piper Inn* (151 Larch Street, 705/673-7801) und das *Travelodge Hotel Sudbury* (1401 Paris Street, 705/522-1100), südlich der Stadt. Der *Pipers Dining Room* im Best Western Inn ist eines der besten Restaurants der Stadt. Umfassendere Informationen beim Sudbury Visitor Center (100 Elm Street, 705/673-7133).

Sturgeon Falls Östlich von Sudbury führt der Highway 17 in das enge Vueve River Valley hinein, das von dürren Pinien und pittoresken Felsformationen gesäumt ist. Außer einer Reihe sehr kleiner Orte – wie *Hagar* mit dem *Manor Restaurant* und einem General Store oder Verner mit dem schmuddeligen *Trans Canada Hotel* – gibt es weitere 130 Kilometer (80 Meilen) weit zwischen Sudbury und North Bay fast nur Weiden und Kühe.

Die einzige ansehnliche Ortschaft an diesem Abschnitt des Highway 17 ist Sturgeon Falls, 38 Kilometer (24 Meilen) westlich von North Bay. Hier gibt es ein paar günstige Motels und Restaurants, die »kanadische und chinesische Küche« anbieten, sowie das *Sturgeon River House Museum*, in dem die regionale Geschichte dokumentiert wird.

Bei der Weiterfahrt Richtung North Bay folgt man dem Highway 17 einige Meilen entlang dem Nordufer des Lake Nipissing.

North Bay Wenn man die Vororte von North Bay erreicht, werden die Hügel flacher, und anstelle der Pinien wachsen hier vermehrt Birken. Die Stadt schmückt sich mit dem Slogan »Gateway to Opportunity« und ist mit ihren 55000 Einwohnern die größte Ansiedlung zwischen Sudbury und Ottawa. North Bay war ursprünglich ein Außenposten für den Fellhandel, und es erlebte nach dem Bau der Eisenbahn ab 1882 einen Boom. Noch heute ist die Stadt ein Zentrum für Handel und Transporte, und die hier veranstalteten Fell- und Pelzauktionen gehören zu den größten der Welt. Viele Touristen machen North Bay zum Ausgangspunkt ihrer Ausflüge in die Wildnis.

Südöstlich der Stadt trifft der Highway 17 auf den Highway 11, der südlich nach Toronto führt. Es folgt ein Abschnitt mit Einkaufszentren, Schnellimbissen und vielen Motels, darunter ein *Travelodge* (705/495-1133). Bei der letzten Ampel findet man das *Visitor Center* und das *Dionne Quintuplets Museum* (nur im Sommer, tgl. geöffnet), untergebracht in jenem kleinen Haus, in dem 1934 die berühmten Fünflinge geboren wurden (es wurde von seinem originalen Standort hierherversetzt).

Abgesehen von ein paar Einkaufszentren sind die *Chief Commanda II Cruises* eine Hauptattraktion der Innenstadt; Abfahrtsort ist der *Waterfront Park*, und die Tour folgt der alten Voyageur's Route quer über den *Lake Nipissing* (Reservierung erforderlich, 705/472-3231). Am Lakeshore Drive befinden sich viele Motels, unter anderem ein *Comfort Inn* (705/494-8461) und das günstige *Lincoln Motel* (705/472-3231). Das schickste Restaurant der Stadt ist gewiß *Churchill's Prime Rib House* (361 Lakeshore Drive, 705/476-7777). Zwischen North Bay und Mattawa sieht man links und rechts des Highway 17 überwiegend windzerzauste Waldstücke, die nur von dem kleinen Ort *Rutherglen* unterbrochen sind.

Mattawa und der Ottawa River Auf dem Weg nach Mattawa führt der Highway 17 durch eine hübsche Landschaft, in der es kaum Spuren menschlicher Besiedelung gibt. Die Straße schmiegt sich eng an den Fluß und zieht sich über steiler werdende Hügel, die von Birken- und Kiefernwäldern bewachsen sind und zwischen denen es viele Seen und Tümpel gibt. Auf 150 Kilometern (95 Meilen) bieten die sehr kleinen Orte kaum Service für Autofahrer; eine Handvoll Tankstellen, kleinere Motels und Restaurants sind eigentlich nur einen Stopp wert, wenn es wirklich notwendig ist.

Der relativ große Ort Mattawa (»There Is A Story Here Where Rivers Meet«) liegt am Zusammenfluß von Ottawa River und Mattawa

1934 kam North Bay zu weltweitem Ruhm, als hier die Dionne-Fünflinge geboren wurden, die noch jahrzehntelang Stoff für die Blätter der Klatschpresse hergaben.

River. Hier gibt es zwei passable Restaurants, *Draper's Bakery and Cafe* und *Mr. T's Family Restaurant*, sowie das *Mattawa District Museum*, das in einem alten Blockhaus untergebracht ist. Bei einer Ampel in der Innenstadt trifft der Highway 17 auf den Fluß und führt nach rechts; biegt man links ab, kommt man zum Museum und weiter via Highway 533 zu verwilderten Uferabschnitten. Am Mattawa River liegt der *Samuel de Champlain Provincial Park* mit Campingplätzen, Kanuverleih und Wanderwegen.

Der Ottawa River markiert die Grenze zwischen Ontario und Quebec, dessen Felsbuckel man jenseits des Wassers sehen kann.

Gute 30 Kilometer (20 Meilen) östlich von Mattawa bildet der kleine Ort *Deux Rivers* den Ausgangspunkt für Fahrten in den ausgedehnten *Algonquin Provincial Park*, der ein paar Meilen südlich liegt. Der Park umfaßt 7600 km^2 unberührter Wildnis mit einer vielfältigen Fauna, Dutzenden von Seen und unendlichen Wanderwegen. Der Haupteingang befindet sich südwestlich von Pembroke und ist über den Highway 60 durch den Südteil des Parks erreichbar.

Deep River und Chalk River Die nächste Stadt östlich von Mattawa ist *Blue River*, Kanadas erste »Atom-Stadt«, eine am Reißbrett entworfene Siedlung, die für die Angestellten der Chalk-River-Laboratorien erbaut wurde. Das *Diplomat Motor Hotel* (613/584-1234) stammt noch aus der Zeit des kalten Krieges und würde auch gut in die ehemalige Sowjetunion passen. Die einzige Attraktion ist die *Laurentian View Dairy Bar*, ein paar Blocks westlich, in der es bodenständige Küche und selbstgemachtes Eis gibt.

Rund 14 Kilometer (9 Meilen) weiter östlich erreicht man *Chalk River*. 1945 wurde hier der erste Atomreaktor außerhalb der Vereinigten Staaten gebaut und sieben Jahre später die Atomic Energy of Canada Ltd. gegründet, eine Organisation für Nuklearforschung.

In den Chalk River Laboratories kann man eine Tour durch das »Atomzeitalter« unternehmen und im Forschungsreaktor herumturnen (nur im Sommer, Mo–Fr; 615/584-3311, Durchwahl 4428).

Petawawa und Pembroke Südöstlich von Chalk River kreuzt der Highway 17 den Petawawa River, nach dem auch der nächste Ort an der Strecke benannt ist. Seit 1905 gibt es hier eine Basis der kanadischen Streitkräfte. Während des Zweiten Weltkrieges wurden die Einrichtungen als Internierungslager benutzt; und heute beherbergen sie eine Luftwaffeneinheit der Special Services Force. Man kann zwei kleine Militärmuseen auf dem Gelände besichtigen, aber ansonsten ist das Betreten des Gebietes streng verboten, wie zahlreiche Schilder entlang der Straße verkünden.

Der Highway 17 folgt dem östlichen Ende des *Algonquin Provincial Park* und erreicht dann Pembroke, eine weitere Holzfällersiedlung am Ottawa River nördlich des Highways. Die Hauptsehenswürdigkeit des Ortes ist das *Champlain Trail Museum* (Ecke Angus Campbell Street und Pembroke Street), das der regionalen Geschichte gewidmet ist. *Casey's Restaurant* (100 Pembroke Street) ist das beliebteste Eßlokal der Innenstadt.

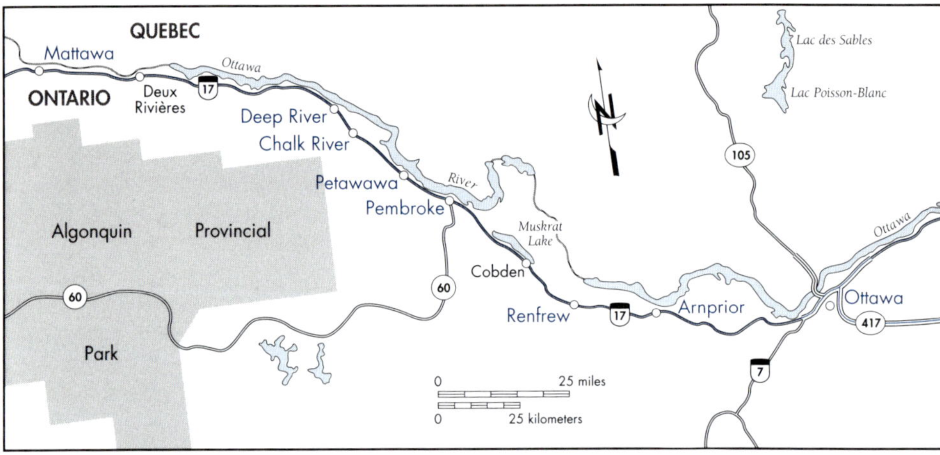

Renfrew und Arnprior Auf halber Strecke zwischen Pembroke und Renfrew kann man sehen, wie der Ottawa River in einer Flußschleife nördlich um den Ort *Cobden* herumfließt, eine kleine Ortschaft am Muskrat Lake. Renfrew, eine weitere der vielen Siedlungen in Ottawa, die von Schotten gegründet wurde, ist heute ein Zentrum der High-Tech-Industrie.

Rund 42 Kilometer (27 Meilen) östlich von Renfrew erreicht der Highway 17 bei Arnprior die Ufer des Ottawa River. Auch dieser Ort entwickelte sich früh zu einem Zentrum der Holzverarbeitung. Arnprior wurde 1823 von Archibald McNab gegründet, einem despotischen schottischen Lord, der Dutzende seiner Landsleute herbeischaffte und sie rücksichtslos ausbeutete. Seine Terrorherrschaft endete, als sich die Ortsbewohner zusammenschlossen und McNab verjagten.

Pembroke

Außer dem Museum im alten Postgebäude finden sich in der Innenstadt drei günstige Motels.

Ottawa und Montreal werden in den City Survival Guides ab Seite 446/48 beschrieben

Nach Ottawa und Montreal Östlich von Arnprior zieht sich der Highway 17 Richtung Ottawa als zweispurige Straße hin, auf der maximal 90 Stundenkilometer schnell gefahren werden darf. An den häufig anzutreffenden Holztransportern kann man mit Hilfe der gelegentlichen Überholspuren vorbeikommen. Der Highway macht einen leichten Bogen nach Süden, entfernt sich vom Ottawa River und führt dann durch überwiegend flaches Waldgelände, in dem sich ein paar wenige Farmen finden. Schließlich verwandelt er sich auf dem letzten Abschnitt bis Ottawa in eine Schnellstraße.

Zwischen Ottawa und der Grenze nach Quebec ist der Highway 17 relativ langweilig. Man sollte daher besser den *Highway 417* nehmen, der innerhalb der Stadt

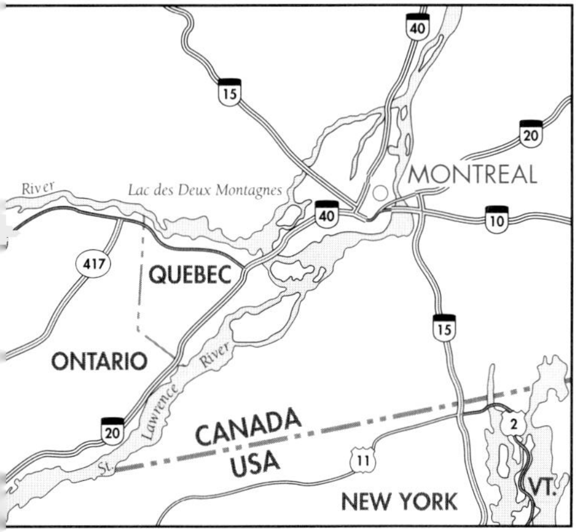

»Queensway« heißt. Östlich von Ottawa entfernt sich die Straße vom Fluß und verläuft nach Süden. Rund 48 Kilometer (30 Meilen) östlich des Stadtzentrums schwingt der Highway 417 wieder 56 Kilometer (35 Meilen) weit nach Norden und erreicht den Fluß erneut auf Höhe der *Quebec-Stateline*. Eine Meile vor diesem Zusammentreffen steht ein *Tourist-Information-Häuschen* am Straßenrand, das aber nur in der Hochsaison geöffnet ist. Gleich jenseits der Grenze von Quebec sollte man den Highway 40 Richtung Montreal nehmen. Nach 32 Kilometern (20 Meilen) überquert die Straße den *Lac de Deux Montagnes* (See der zwei Berge) beim Zusammenfluß von Ottawa River und St. Lawrence River. Ehe man Montreal erreicht, durchquert man weitere 32 Kilometer trostloser städtischer Szenerie mit ausufernden Industrieanlagen und Bürosiedlungen.

Nach Süden Richtung Vermont Vom Highway 10 aus fährt man zehn Kilometer (sechs Meilen) weit nach Osten und überquert die Pont Champlain und den Sankt Lorenz-Strom, Kanadas wichtigsten Schiffahrtsweg, in Richtung auf die Kreuzung mit dem Highway 15. Links der Straße erhebt sich der bleiern graue Turm der La Prairie's Catholic Church. Der Highway 15 verläuft direkt nach Süden durch eine flache Landschaft, übersät von Farmen, die Mais anbauen und Milchwirtschaft betreiben. Bis zur Grenze nach Vermont sind es etwas mehr als 48 Kilometer.

Durch Vermont

Der US-2 beginnt in der nordwestlichen Ecke des Staates und durchquert das Herz des vor Fruchtbarkeit strotzenden Vermont. Von den Ufern des Lake Champlain aus zieht sich unsere Route nach Süden zur Universitätsstadt Burlington, dann östlich über Montpelier, die Hauptstadt des Staates, und bis hin nach New Hampshire, insgesamt gute 150 Meilen weit. Der US-2 bildet eine zwar langsamere, aber viel sehenswertere Alternative zum parallel verlaufenden modernen Interstate-Highway 89 und führt an einigen der attraktivsten Kleinstädte des Staates vorbei. Auf dieser Strecke gewinnt man einen guten Eindruck vom ländlichen Charme Vermonts, ganz zu schweigen von seinen üppigen Bergen, Wäldern, Seen und Flüssen.

Zwischen der kanadischen Grenze und Vermont durchquert der US-2 auf einem kurzen Stück den Staat New York, nachdem man die Grenze zwischen den USA und Quebec auf dem Interstate 87 überquert hat.

Lake Champlain Islands Nach der kurzen Stippvisite im Staat New York überquert der US-2 den nördlichsten Zipfel des Lake Champlain über eine neue Betonbrücke und führt hinein nach Vermont und auf die *Alburg-Halbinsel*. Flach wie ein Pfannkuchen und von Kühen wimmelnd, ist dies die am wenigsten attraktive Gegend am Lake Champlain; sie erstreckt sich mehr als 25 Meilen nach Süden und umfaßt auch eine Reihe von Inseln. Der Streckenabschnitt, der über diese Inseln verläuft, ist jedoch sehr hübsch, denn die *Adirondacks* erheben sich im Westen, die *Green Mountains* im Süden und Osten; insgesamt gibt es hier aber nicht viel zu unternehmen. An der Route leben weit mehr Kühe als Menschen. Traktoren tuckern über die Straßen und schleudern ganz ungezwungen Klumpen von Dreck und Dung in die Luft.

Vermont hat die großen Anzeigen-Billboards entlang der Highways verboten und sie durch Schilder ersetzt, die mit standardisierten Symbolen auf Unterkünfte, Restaurants, Erholungsmöglichkeiten und andere Serviceangebote hinweisen.

Am Südende der Halbinsel liegt der Ort South Alburg. Das hiesige Restaurant *Cathy's Place* ist ein preisgünstiger Treffpunkt der Ortsbewohner (nur im Sommer geöffnet). Ein Abzweig Richtung Westen führt nach *Island La Motte*, wo 1666 die erste französische Siedlung in Vermont entstand. An ihrer Stelle befindet sich heute *Saint Ann's Shrine*, ein beliebtes Pilgerziel, wo im Sommer täglich Messen veranstaltet werden und eine Granitstatue des Entdeckers Samuel de Champlain steht.

Fünf Meilen und zwei Brükken südlich von South Alburg liegt der Ort *North Hero* mit einer Tankstelle, einem aus Stein gebauten Gerichtsgebäude und einer Reihe von abgeschiedenen, ziemlich luxuriösen Ferienanwesen, die aus den ersten Jahrzehnten dieses Jahrhunderts stammen. Eine Meile südlich des Ortes bietet das *Shore Acres Resort* (802/372-8722) Zimmer mit Seeblick zu moderaten Preisen sowie ein Restaurant, das für seine Schokoladentorte berühmt ist. Sieben Meilen und eine weitere Brücke Richtung Süden entfernt, nimmt der Ort *Grand Isle* (1642 Einw.) für sich in Anspruch, »The Beauty Spot of Vermont« zu sein. Ein gut ausgeschilderter Abzweig führt zum winzigen *Grand Isle State Park* am Ufer des Sees.

Bei Dunkelheit oder Zeitmangel ist der Interstate 89 eine weit schnellere Alternative zum US-2 zwischen Burlington und Montreal.

Winooski Von den Lake-Champlain-Inseln aus führt der US-2 über einen niedrigen Damm zum Festland und zum Eingang des Sandbar State Park mit Picknick-Tischen und Badestränden. Der Park liegt in einem Wald und ist von fruchtbaren Marschgebieten gesäumt. Von hier aus durchquert der Highway eine Hügellandschaft und vereinigt sich dann mit dem Interstate 89. Zehn Meilen

Eine Meile nördlich des Ortes Grand Isle steht die Hyde Log Cabin (im Sommer Mi–So 11–17; 1 $), die für das älteste Blockhaus des Landes gehalten wird und 1783 erbaut wurde. Im Inneren sind Möbel aus jener Zeit und Exponate zum Leben in der Frontier zu sehen.

weiter südlich ist nach schneller Fahrt Burlington erreicht.

Wer Zeit hat oder sich besonders für Amerikas Industriegeschichte interessiert, sollte einen Umweg über das gleich nördlich von Burlington gelegene Winooski erwägen, eine alte Fabrikstadt, wo sich alles um die total restaurierte *Champlain Mill* (1 Main Street) dreht. In dieser ehemaligen Wollspinnerei sind heute mehr als 30 Spezialgeschäfte und Restaurants untergebracht; der Rest Winooskis mit dem Ambiente einer Arbeiterstadt bildet ein Gegengewicht zum schickeren Burlington.

Ein weiterer Anlaß für den Umweg ist die restaurierte Farm des Vermonter Patrioten Ethan Allen, die als *Ethan Allen Homestead* (Mo–Sa 10–17, im Sommer auch So 13–17; 3,50 $) am Highway 127, nur zwei Meilen nordöstlich von Winooski liegt.

Burlington

Nachdem die ursprünglichen französischen Siedler 1760 am Ende der Kriege zwischen Indianern und Franzosen aus der Region um den Lake Champlain vertrieben wurden, kamen bald britische Siedler und gründeten 1763 Burlington. Während des Revolutionskrieges wurde die Gegend aufgegeben; bald danach jedoch wurden Ethan Allen, dem Anführer der berühmten Guerillagruppe »Green Mountain Boys«, und seinen Brüdern große Abschnitte des Landes am Ostufer des Lake Champlain übertragen.

Die Gebrüder Allen waren zielstrebig: Sie trieben nicht nur die Ansiedlung und Industrialisierung in Burlington voran, sondern gründeten 1791 hier auch die University of Vermont. Dank ihrer Lage am Lake Champlain entwickelte sich die Stadt rasch zum Zentrum an der schnellsten Route zwischen New York am Hudson River und Montreal. Burlington wurde bald zum Mittelpunkt der Industrie, Finanzwelt und Kultur in Vermont – eine Position, welche die Stadt seither nie eingebüßt hat.

> Burlington war die Heimatstadt von Dr. Nelson Jackson, der 1902 als erster Mensch das Land mit dem Automobil durchquerte.

Der US-2 verläuft direkt durch das Zentrum von Burlington (39100 Einw.), erst – im Norden – als Winooski Avenue, dann als Main Street. Der Highway ist in den Randgebieten der Stadt von Motels und Restaurants gesäumt und quert dann den lebendigen, quirligen Campus der University of Vermont. Downtown Burlington bietet alle Vorzüge einer typischen College-Stadt: Buchläden, Bars, fremdländische Küche und trendgemäßes, doch preisgünstiges Shopping. Im Zentrum liegt der *Church Street Marketplace*, eine vier Blocks große Fußgängerzone mit zwei guten Buchläden, zahlreichen Cafés und Restaurants, die gewöhnlich von Studenten nur so wimmeln. Hinsichtlich des Essens sind das chinesische *Five Spice Cafe* (175 Church Street) und der *Daily Planet* (Center Street, östlich des Marketplace) mit Pasta und lateinamerikanischen Speisen zwei Lieblingsrestaurants der Einwohner.

1981 wählten die Einwohner Burlingtons einen der wenigen sozialistischen Bürgermeister Amerikas, Bernie Sanders. Nachdem er dreimal wiedergewählt wurde, vertritt er nun die »Volksrepublik« Vermont im Kongreß.

Die Main Street zieht sich weitere vier Blocks nach Westen zum Lake Champlain, wo der *Burlington Waterfront Park* durch einen hölzernen Steg mit dem *Battery Park* verbunden ist, der zu Spaziergängen einlädt. Hier gibt es eine Reihe von Kanonen, die ihre Rohre bedrohlich auf die andere Seite des Sees richten. 1812 wurden sie gegen die britischen Kriegsschiffe eingesetzt, die Burlington beschossen.

Auf dem Campus ist das *Robert Hull Fleming Museum* (Colchester Avenue, Di–Fr 9–16, Sa/So 13–17; Eintritt gegen Spende) die Hauptattraktion für Besucher; es zeigt eine kleine, aber breitgefächerte Sammlung von Beispielen der schönen beziehungsweise angewandten Künste vom alten Ägypten bis zur Gegenwart.

Williston und Richmond Zwischen Burlington und Montpelier folgt der US-2 dem Tal des Winooski River, in dem auch viele milchproduzierende Farmen liegen. Den größten Teil der Strecke verläuft der Highway parallel zum alles andere als attraktiven Betonband des Interstate 89, und ein paar Sehenswürdigkeiten in ihrem Verlauf geben der Landstraße eindeutig den Vorzug.

Die erste davon, der Ort *Williams* (4887 Einw.), liegt etwa zehn Meilen östlich von Burlington und weniger als eine Meile nördlich des Freeways. Wenn auch für die örtlichen Maßstäbe groß, ist Williams doch eine klassische Kleinstadt des nördlichen New England. Ihre Straßen sind von hochgewachsenen Ahornbäumen und weißgetünchten Holzhäusern gesäumt.

Das Ski-Resort Stowe, nördlich von Waterbury Junction am Highway 100, wurde von der musikalischen Van-Trapp-Familie gebaut, deren Flucht vor den Nazis The Sound of Music inspirierte.

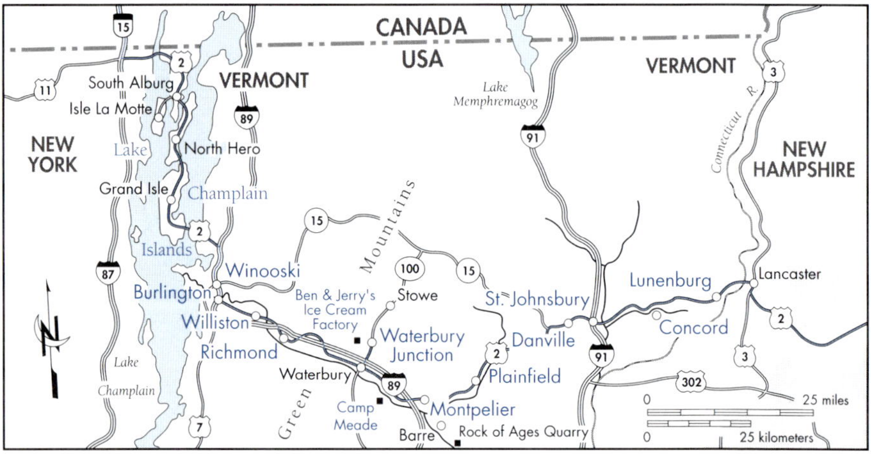

Das Shelburne Museum

Die Attraktionen in Burlingtons Innenstadt sind hauptsächlich merkantiler Natur – Läden, Shopping Malls, Spezialgeschäfte. Wer Erbaulicheres sucht, sollte auf der Union Street (US-Highway 7) fünf Meilen nach Süden bis zum Ort Shelburne fahren. Dort liegt das Shelburne Museum (Mitte Mai bis Mitte Oktober tgl. 10-17; 15 $), das eine überwältigende Sammlung historischer Gebäude und Gegenstände zeigt, die aus dem ganzen New England hierhergebracht wurden. Außer den über 40 sorgfältigst restaurierten Gebäuden umfaßt die Sammlung ferner einen originalen Schaufelraddampfer vom Lake Champlain, einen Eisenbahnzug, einen kompletten Modell-Zirkus, Gärten und eine riesige Sammlung europäischer und amerikanischer Gemälde sowie Beispiele dekorativer Kunst. Ein Großteil der Shelburne-Kollektion wurde von Electra Havemeyer Webb zusammengetragen, einer reichen und unermüdlichen Sammlerin.

Eine Meile südöstlich von Williams, auf der anderen Seite des Interstate 89, liegt Richmond mit der ungewöhnlichen *Old Round Church*. Wenn man an der einzigen Ampel des Ortes abbiegt und eine halbe Meile nach Süden fährt, kommt man zu diesem sechzehnseitigen, zweistöckigen und mit weißen Holzschindeln verkleideten Gebäude östlich der Straße. Die Kirche wurde 1813 in gemeinsamer Anstrengung von fünf verschiedenen protestantischen Gruppen errichtet. Natürlich zerstritten diese sich bald, so daß das Gebäude an die Gemeindeverwaltung fiel und als Rathaus genutzt wurde. Heute dient es als Versammlungsgebäude, und an Sommerwochenenden veranstaltet die örtliche Geschichtsgesellschaft Führungen durch das Haus.

Waterbury Junction: Ben & Jerry's Wenn Vermont auch für seine schönen Berge und die brillanten Herbstfarben seiner Wälder bekannt ist, stellt doch *Ben & Jerry's Ice Cream Factory* die bedeutendste Touristenattraktion dar, eine Art Disneyland für Hippies in Waterbury Junction, auf den Hügeln links vom Highway 100 gelegen. Auf dem Areal um die kreischend bunt angemalte Fabrik finden sich eine Reihe von Objekten wie aus einem Cartoon, die herumstehen und auf denen man spielen kann – merkwürdige Vehikel, Skulpturen, seltsame Picknicktische und dergleichen mehr. Ben & Jerry begannen 1978 mit der Herstellung ihrer besonders fetthaltigen Eiskrem; heute verkauft die Firma ihre Produkte in einer Kette angeschlossener Eisdielen im In- und Ausland. Zugleich ist das Unternehmen auch für seinen Aktivismus bekannt und spendet einen gewissen Prozentsatz seines Gewinns an philanthropische Organisationen, die den »progressiven sozialen Wandel« fördern. Man kann täglich an Führungen durch die Fabrikationsräume teilnehmen

Man sollte Waterbury Junction, den Geburtsort von Ben & Jerry's, nicht mit Montpeliers Satelliten-Vorort Waterbury verwechseln, wo es nur ein paar große Verwaltungsgebäude der Regierung gibt. Waterbury liegt südlich des Interstate 89, Waterbury Junction 1,5 Meilen nördlich davon.

(9–17; 1 $; Informationen unter 822/244-8687), wenngleich die Produktion an Sonntagen und an den gesetzlichen beziehungsweise von der Firma eingeführten eigenen Feiertagen ruht; meist wird dann eine Videopräsentation gezeigt. Zur Anlage gehört ein Geschenkeladen, in dem man Präsente »mit einem sozial verantwortlichen Ziel« kaufen kann, und der weniger politisch korrekte Scoop Shop mit allen 34 Sorten von Ben & Jerry's Eis bzw. gefrorenem Joghurt. Draußen stehen Picknicktische, an denen man sein Eis und den Blick über das Tal genießen kann.

Camp Meade Ein kurzes Stück westlich von Middlesex liegt das Camp Meade am US-2, ein Lager des *Civilian Conservation Corps* aus der Zeit der großen Depression, das zu einem populären Restaurant und Motel umgewandelt wurde (802/223-5537). Es ist zugleich eine Art Heiligenschrein für die Armee der Vereinigten Staaten. Ein Kampfflugzeug, ein Panzer und Militärlastwagen zieren das Gelände, ein Geschenkeladen verkauft Armeematerial wie Kleidung, Messer und Kochgeschirr, und die Cabins sind nach Lichtgestalten wie General Patton und Colonel Oliver North benannt. Das Restaurant verwendet Tischdecken in Tarnfarben, und von der Decke hängt eine Bombe herab. Beim sonntäglichen Brunch wimmelt es von örtlichen Militär-Enthusiasten.

Montpelier Die kleinste Hauptstadt eines Bundesstaates der USA, Montpelier (8200 Einw.), wurde 1787 gegründet und nach einer Stadt in Frankreich benannt. 1805 erhielt der Ort den Rang des State Capitol. Heute floriert die Wirtschaft der Stadt dank der Tatsache, daß sie Regierungssitz ist, sowie dank des Versicherungswesens und des Tourismus.

Noch bevor man Montpelier erreicht, kündigt sich die Stadt durch die goldene Kuppel der Capitol Buildings an, die man schon von weitem sehen kann. Auf der einen Seite vom Winooski River, auf der anderen von einem engen Tal begrenzt, ist Montpeliers Innenstadt so klein, daß man ganz einfach sein Auto parken und alle Sehenswürdigkeiten innerhalb von zehn Minuten zu Fuß erreichen kann. Gedankenlose Autofahrer sollten beachten: In Montpelier haben die Fußgänger das Sagen, und man muß an den vorgesehenen Übergängen anhalten.

Von Waterbury aus verläuft die Route 100 nach Süden, durchquert das Herz der Green Mountains und führt bis nach Massachusetts. Die Strecke ist eine der beliebtesten Routen, um im Herbst die Farbenpracht der Blätter zu bewundern.

Ein kurzer Blick auf die Geschäfte der Innenstadt zeigt die kosmopolitische Natur Montpeliers: Man findet Buchläden, Coffee Bars, Bagel Shops und Weinhandlungen sowie vielfältige Kombinationen dieser Angebote.

Die Nordseite der State Street erweitert sich zu einer breiten Rasenfläche vor dem *State Capitol*, dem Brennpunkt der People's Republic of Vermont (der Staat ist einer der wenigen in den USA mit einer wachsenden

Nördlich von Montpelier kann man auf der Morse Farm and Sugarhouse beobachten, wie Harz in leckeren Ahornsirup verwandelt wird. Die Farm liegt drei Meilen vom Capitol Dome entfernt und ist via Main Street und Country Road zu erreichen.

linken politischen Bewegung). Das originale Gebäude wurde 1808 eröffnet und fiel 1859 einem Feuer zum Opfer, woraufhin man das gegenwärtige Kapitol aus heimischem Granit errichtete. Die Statue auf der Kuppel repräsentiert Ceres, die Göttin der Feldfrucht; hinter dorischen Säulen verbergen sich eine Kanone aus dem Revolutionskrieg und ein Standbild von Ethan Allen. Die Gesetzgeber treten nur zwischen Januar und April zusammen – in Vermont Politiker zu sein, ist ein Teilzeitjob, und im übrigen Verlauf des Jahres sind die Repräsentanten des Volkes einfach wieder Farmer, Geschäftsleute und so weiter. Das Gebäude ist jedoch das ganze Jahr über für Besucher geöffnet (Mo–Fr 8–16; Führungen werden angeboten). Auf einem Hügel hinter dem State Capitol befindet sich der *Hubbard State Park*, ein beliebter Ort der Ruhe und Erholung für die Einwohner Montpeliers.

In der Nähe des Gerichtsgebäudes ist im State Office Building das *Vermont Historical Society Museum* (Di–Sa 9–16.30, So 12–16) untergebracht. Die Dauerausstellungen illustrieren Vermonts Geschichte; zusätzlich findet man jede Menge Möbel aus dem 19. Jahrhundert sowie einen kleinen Buch- und Geschenkeladen.

Der ein paar Blocks westlich des Kapitols, auf einer anderen Anhöhe jenseits der State Street liegende *Green Mountain Cemetery* ist mit eindrucksvollen Granitmonumenten gefüllt. Viele davon wurden von eingewanderten Steinmetzen aus dem nahe gelegenen Ort Barre für ihre eigenen Familiengräber angefertigt.

Das Essen nehmen die Einwohner Montpeliers sehr ernst. Zwei ihrer beliebtesten Restaurants servieren neue amerikanische Küche, nämlich das *Tubbs Restaurant* – untergebracht in einem ehemaligen Gefängnis – und sein preisgünstigerer Ableger, das *Elm Street Cafe*, die man beide auf der Elm Street nahe der State Street findet. Fastfood bedeutet in Montpelier Bagels, Ben & Jerry's Eis und Brot aus *Manghi's Bakery* (28 School Street). Wer eine Unterkunft gehobenerer Qualität in historischem Ambiente sucht, hat in Montpelier eigentlich nur eine Möglichkeit – *The Inn at Montpelier* (802/223-2727), ein Hotel, das in zwei nebeneinanderliegenden Häusern aus dem 19. Jahrhundert eingerichtet wurde. Die beste Wahl in der moderaten Preislage ist die *Econo Lodge* am Highway 12, südlich des Flusses (802/223-5258).

Montpelier profitierte von den ergiebigen Granitsteinbrüchen bei der Nachbarstadt Barre. Der Steinbruch Rock of the Ages (802/476-3119; im Sommer tgl. 8.30–17; gratis, vier Meilen südöstlich von Barre am Exit 6 des Interstate 89) ist einer der größten der Welt. Die Steinbrüche brachten viele talentierte schottische und italienische Steinmetze in die Gegend.

Plainfield Plainfield ist der Ort, wo die Sechziger noch nicht vorüber sind. Es gibt einen Buchladen, ein Geschäft mit Anglerzubehör und den *Maple Valley Country Store/Deli/Cafe/Ice Cream Parlor*, den lokalen Treffpunkt (Batikhemden sind gern gesehen). Unmittelbar westlich des Ortes liegt der Campus des Goddard College, eines der angesehensten gegenkulturellen Institute Höheren Lernens im ganzen Land. Anhalter sind am US-2 zwischen Montpelier und Plainfield ein vertrauter Anblick.

Danville Zehn Meilen östlich von Plainfield trennt sich der US-2 schließlich vom Winooski River, dem er seit dem Lake Champlain gefolgt ist. Beim Verlassen des Winooski River Valley, einem beliebten Revier für Forellenfischer, erreicht der Highway auf seinem weiteren Weg nach Norden *West Danville*, einen im Sommer belebten Ort am Rande von Joe's Pond. Der kleine See ist von Ferienhäuschen umgeben. Im Zentrum, an der Kreuzung des US-2 mit dem Highway 15, sieht man eine historische *Covered Bridge* und den *Hastings Store*, das örtliche Universalkaufhaus.

Danville ist der nächste Ort, den man durchquert – ein weiteres Beispiel für ein pittoreskes Vermonter Städtchen, das auf einem Hügel liegt und von Farmen umgeben ist. Danvilles Zentrum ist ein klassischer *New-England-Park*, an dem ein General Store und die obligatorischen Kirchen liegen.

Ebenfalls am Rande des Parks befindet sich das Hauptquartier der *American Society of Dowsers* (Mo–Fr 9–16.30), deren Mitglieder ein besonderes Talent zum Aufspüren von Wasser oder Mineralien mit Hilfe einer Wünschelrute entwickelt haben. Es gibt eine kleine Ausstellung zur Geschichte und Anwendung dieser Kunst sowie einen Laden, in dem man einschlägige Bücher und Wünschelruten erwerben kann.

Das *Danville Creamery Restaurant* in der Mitte des Ortes (sonntags und montags geschlossen) ist das Eßlokal in Danville.

St. Johnsbury Im 19. Jahrhundert gründete die Wirtschaft von St. Johnsbury (7600 Einw.) auf Ahorn-Produkten und der Herstellung von Plattform-Waagen – die Firma Fairbanks Scales, die von dem Erfinder dieser Waagen für große Objekte gegründet wurde, betreibt noch heute östlich der Stadt eine Fabrik. St. Johnsbury ist inzwischen Vermonts Wirtschaftszentrum im Nordosten des Staates, dessen Stadtbild von vier- bis fünfstöckigen Gebäuden und einigen Bauwerken aus den Sechzigern bestimmt wird. Von jenseits des Flusses folgt man den Schildern des US-2 und biegt dann nach rechts auf die Hauptgeschäftsstraße ab. Vorbei am *Northern Lights Bookstore and Cafe* und dann links auf die Eastern Avenue einbiegend, kommt man auf die Main Street, wo man noch einmal nach links abbiegt. Dieser Weg führt in den reichen Teil der Stadt mit großen Backsteinkirchen und stattlichen Wohnhäusern.

Direkt an der Kreuzung steht das in einem roten Ziegelgebäude aus dem Jahr 1871 untergebrachte *St. Johnsbury Athenaeum, Art Gallery and Public Library* (Mo–Fr 10–17.30). Diese Einrichtung beherbergt eine erstaunlich gute Sammlung von Gemälden aus dem 19. Jahrhundert, deren Juwel Alfred Bierstadts Bild *Domes of Yosemite* ist. An der Ecke Mainstreet und Prospect Street findet man das 1890 erbaute *Fairbanks Museum and Planetarium* (Mo–Sa 10–18, So 13–17), ein anheimelndes Wissenszentrum im Stil des letzten Jahrhunderts. Am Eingang begrüßen zwei bedrohlich wirkende ausgestopfte Bären die Besucher.

Unter einem gewölbten Holzdach zeigt die zweistöckige Hauptgalerie eine etwas angestaubte naturgeschichtliche Sammlung in Glasvitrinen. Die neueren Attraktionen umfassen das Northern New England Weather Center und ein Planetarium.

Unter den kulinarischen Highlights in St. Johnsbury finden sich ein *Hilltopper Restaurant* gegenüber dem Athenaeum und das *Miss Vermont Diner* in der Innenstadt. Unter den Motels sind sowohl das *Fairbanks Motor Inn* (802/748-5666) als auch das *Aime's Motel* (802/748-3194) am US-2, östlich der Stadt, eine sichere Wahl.

Östlich von St. Johnsbury bildet der US-2 eine sehr sehenswerte Alternative zum Interstate 93. Die Straße führt über die 1943 erbaute *Memorial Bridge*, die den Passumpsic River überspannt.

Eine Meile östlich der Brücke liegt der Komplex der *Maple Grove Farms* rings um eine alte Mühle. Die Attraktionen umfassen das *Maple Museum* und die »größte Maple-Candy-Fabrik der Welt« (Touren von Mai bis Oktober Mo–Fr 8–16.30). Die Verkaufsstelle der sehenswerten Fabrik ist ganzjährig geöffnet.

Vermont ist das Zentrum der Zuckergewinnung aus Ahornsirup, die überall zwischen Maine und Michigan betrieben wird.

Concord und Lunenburg Auf dem Weg zur Grenze nach New Hampshire führt der US-2 durch eine felsige Hügellandschaft, die weitgehend von Kiefern- und Birkenwäldern bedeckt ist und in der es vereinzelte Farmen gibt. Diese Ecke des Staates – ein Erholungsparadies mit Hügeln und Seen und nur wenigen dauerhaft ansässigen Bewohnern – ist als das »Northeast Kingdom« bekannt. Bevor sie Concord erreicht, führt die Straße in das enge, idyllische Tal des *Moose River* hinein. In Concord gibt es einen ländlichen General Store und eine Geschichtsgesellschaft. Der Ort war Sitz der *First Normal School*, der 1823 gegründeten ersten Lehrerakademie Amerikas.

Fünfzehn Meilen östlich von Concord liegt Lunenburg an den Ufern des breiten Connecticut River. Der Ort ist das perfekte New-England-Dorf mit weißen Holzhäusern, die rings um die Kirche herum verstreut liegen – Vermont ist spezialisiert auf diese Art von Schlichtheit.

Von Lunenburg kann man entweder dem US-2 nach Nordosten folgen oder einen sehr empfehlenswerten Umweg über eine Covered Bridge über den Connecticut River und dann via Highway 135 nach Norden machen. Der US-2 wird bei *Lancaster* wieder erreicht.

Durch New Hampshire

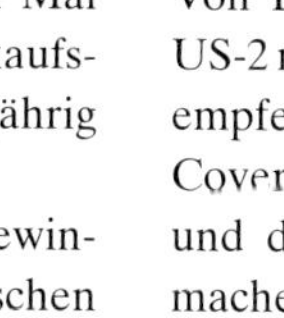

Nachdem er den breiten Connecticut River überquert hat, der die 200 Meilen lange Grenze zwischen Vermont und New Hampshire bildet, legt der US-2 ein kurzes, aber sehenswertes Stück durch diesen weiteren Neu-England-Staat zurück. Vom historischen Wirtschaftszentrum Lancaster gleich östlich der Grenze schlängelt sich der Highway durch das breite Tal des Israel River, ehe er Jefferson erreicht, wo die beiden größten Touristenfallen des Staates auf Besucher warten. In seinem weiteren Verlauf nach Osten umgeht der US-2 die nördliche Flanke des hochaufragenden Mount Washington und der White Mountains, ein Gebiet, das vielfältige Möglichkeiten zur Erholung und für Outdoor-Abenteuer bietet. Bei Gorham erreicht die Route das Tal des Androscoggin River, dem sie östlich bis nach Maine folgt.

Lancaster Nachdem man von Vermont aus den Connecticut River überquert hat, sind die Vororte von Lancaster (3550 Einw.) erreicht, einem Marktstädtchen, das 1764 besiedelt wurde. Der US-2 wandelt sich auf seiner Strecke durch die Stadt zur Main Street und wird von Dutzenden attraktiver alter Häuser und Kirchen gesäumt, sowie von einem Friedhof auf einer felsigen Anhöhe und einem südlich davon gelegenen Gerichtsgebäude aus roten Ziegeln, das 1887 erbaut wurde. An der Kreuzung des US-2 mit dem US-3, westlich der Stadt, liegt die *Lancaster Historical Society*.

Der Willkommensgruß in New Hampshire lautet – »Brake for Moose« – bremse für Elche –, mit dem ein Schild auf mehr als 200 Kollisionen von Autos mit diesen Tieren hinweist. Vor allem nachts sind die riesigen Wesen schlecht zu sehen, weil das Licht der Scheinwerfer zwischen ihren Beinen hindurchscheint, aber nicht ihren Körper beleuchtet.

Auf einer bewaldeten Anhöhe, zwei Meilen südlich von Lancaster, liegt das heute unter Schutz gestellte Anwesen des Mannes, der New Hampshires Wälder vor den Holzbaronen rettete. Die *John Wingate Weeks Historic Site* (nur im Sommer Mi–So 10–18; 2,50 $) besteht aus einem Wohnhaus, das besichtigt werden kann, sowie einem Beobachtungsturm, den zu besteigen sich lohnt, weil man von ihm aus einen herrlichen Blick auf den Mount Washington und Vermonts Green Mountains hat.

Gleich westlich von Lancaster fließt der breite Connecticut River Richtung Süden bis hinab zum Long-Island-Sund. Nördlich der Stadt ist er für seine Forellenvorkommen berühmt; Barsche und Bachforellen gibt es in Hülle und Fülle. Wenn man sich durch die moderne Brücke, auf der der US-2 oberhalb von Lancaster den Fluß quert, nicht angesprochen fühlt, sollte man von der Innenstadt aus dem Highway 135 fünf Meilen nach Süden folgen: Hier gibt es eine eindrucksvolle historische *Covered Brigde*, die über den Connecticut River führt.

Es gibt östlich der Stadt eine Reihe günstiger Motels. In Lancaster selbst sind das *Lancaster Diner* und das *Lancaster Motor Inn* (603/788-4921) empfehlenswert.

Jefferson Hoch über dem Israel River, an den Hängen der White Mountains, liegt der kleine Ferienort Jefferson (965 Einw.), in dem es zwei große Touristenattraktionen gibt. Für wahrhaft masochistische Eltern ist das eine Meile westlich gelegene *Santa's Village* (nur im Sommer, tgl. 9.30–19; 12 $, Kinder unter vier Jahren gratis) gedacht, an dessen Eingang verheißungsvoll riesige Spazierstöcke aus Zuckerwerk stehen, und wo ein Riesenrad, eine Achterbahn, ein künstliches Wildwasser mit Kanus in Form von Holzstämmen und natürlich der Weihnachtsmann selbst auf die Kinder und das Geld der Eltern warten.

Gleich östlich des Ortes liegt *Six Gun City* (nur im Sommer, tgl. 9–18; 9,25 $), die Attrappe einer Westernstadt mit hemdsär-

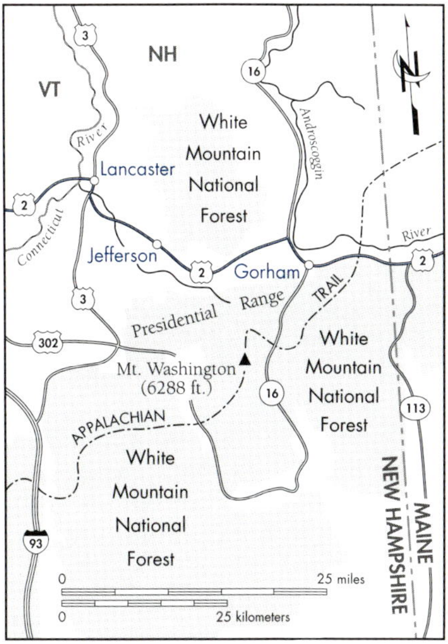

meligen Cowboy-Vorführungen, Frontier-Shows, einem Kutschenmuseum und einer Wasserrutsche.

Zwei Unterkünfte in Jefferson verdienen Erwähnung. Das freundliche *Applebrook Bed&Breakfast* (800/545-6504; 45–60 $ für ein Doppelzimmer oder 20 $ für ein Bett im kleinen Schlafsaal) bietet viktorianische Pracht, die im Sommer durch wilde Himbeeren und ein heißes Wannenbad unter den Sternen vervollkommnet wird. Das gepflegte *Jefferson Inn* (800/729-7908; 44–70 $ für ein Doppelzimmer, Suiten ab 65 $), dessen Wirt deutsch und holländisch spricht, beeindruckt mit herrlichen Bergpanoramen sowie einem eigenen Badeteich, in dem man sich herrlich entspannen kann.

Östlich von Jefferson steigt die Straße an, das Tal wird enger, und die Szenerie mit der sich im Süden erhebenden *Presidential Range* wird spektakulär.

Gorham Gorham (3173 Einw.) wurde 1836 gegründet und war bereits früh ein Touristenort. Der Boom begann 1851 nach dem Bau der Eisenbahn. Noch heute ist von den Sommergästen über die Ausflügler, die im Herbst die bunten Blätter sehen wollen, bis zu den Ski-Enthusiasten der Tourismus der wichtigste Wirtschaftszweig (in der matschigen Frühjahrszeit wird der Ort nur wenig besucht). In der Main Street gibt es ein *Visitor Center*, und die *Gorham Historical Society* (25 Railroad Street, Mo, Mi und Fr 13–17; Eintritt gegen Spende) ist einen halben Block von der Hauptstraße entfernt in einem alten Bahnhof untergebracht.

Für das Mittag- beziehungsweise Abendessen sollte man Wilfred's ausprobieren, das auf üppige und preiswerte Truthahn-Gerichte spezialisiert ist. Welch's Restaurant serviert das beliebteste Frühstück. Das *Royalty Inn* (130 Main Street, 603/466-3312) ist ein gutes Motel mit vollem Service und einem benachbarten großen Fitneß Studio.

Gleich östlich von Gorham passiert die Straße eine berühmte Gruppe von Birken. Hier liegt das liebenswerte Town & Country Motor Inn (603/466-3315) mit ein paar Kur- und Erholungseinrichtungen wie etwa einer Sauna oder einem Golfplatz. Ganz in der Nähe kreuzt der US-2 auch den Appalachian Trail, der sich vom Mount Katahdin in Maine bis zum nördlichen Georgia hinzieht.

Der Mount Washington bildet den Ausgangspunkt für die Route entlang des Appalachian Trail nach Süden, die im Band 2 von Road Trip USA beschrieben ist.

Durch Maine

Der US-2 folgt dem Androscoggin River über die Grenze New Hampshires und führt an der bewaldeten Ostflanke der White Mountains nach Maine hinein. Die Route schlängelt sich am Fluß entlang nach Osten und führt abwechselnd durch Ferienorte in den Bergen bzw. durch Fabrikstädte; sie nimmt in dem schläfrigen Bethel ihren Ausgang und endet nach 135 Meilen in Bangor, das einst eine der wildesten Holzfällersiedlungen des Landes war. Ab Bangor zieht sich die Route im Bogen nach Süden Richtung Küste und erreicht beim schönen Acadia National Park den Atlantik.

Bethel Am westlichen Ende seines Verlaufs durch Maine windet sich der US-2 am Südufer des Androscoggin River entlang durch die dichten Kiefern- und Birkenwälder des White Mountain National Forest. An einem ruhigen Abschnitt des Flusses, zehn Meilen östlich der Grenze, wurde 1774 Bethel gegründet. Am Ende des Revolutionskrieges erlebte der damals Sudbury genannte Ort den letzten Indianerangriff Neu-Englands. 1836 wurde hier die Gould Academy eingerichtet, eine der ältesten Vorschulen Maines. Heute hat das Städtchen 2329 Einwohner.

Zehn Meilen westlich von Bethel markiert ein Schild die Abzweigung vom US-2 auf den Highway 113 Richtung Evans Notch. Diese schmale, meist nur aus Schotter bestehende Straße führt entlang der Flüsse Wild River und Cold River hinauf zu einem überwältigend schönen Bergpaß.

Informationen über Bethels zahlreiche und wohlerhaltene historische Gebäude sind im 1813 errichteten *Moses Mason House* (15 Broad Street) erhältlich, das als nettes, kleines Museum fungiert (Mo–Fr 10–16; 2 $).

Nachdem die Eisenbahn gebaut wurde, entwickelte sich Bethel rasch zu einem Zentrum für den Tourismus im Gebiet der White Mountains. Der 1913 angelegte *Bethel Inn and Country Club* (207/824-2175 oder 800/654-0125) war eines der ersten Gesundheits- und Fitneß-Zentren Neu-Englands. Bis heute ist die Einrichtung dieser Tradition treu geblieben, nur ein Golfplatz mit 18 Löchern wurde hinzugefügt, um auch moderneren Ansprüchen zu genügen. Wer eine Unterkunft beziehungsweise ein Eßlokal sucht, das einigen Ansprüchen genügt, ist hier richtig. Das *Red Top Restaurant* am US-2 in der Innenstadt bildet das populäre Gegenstück dazu; hier sollte man das Ha-

Vom US-2 bei Bethel führt der Highway 26 in südlicher Richtung nach Portland und zur Küste und führt dabei durch den Kurort Poland Spring und die weltgrößte noch intakte Shaker-Gemeinde bei Sabbathday Lake, wo in einem kleinen Museum Führungen veranstaltet werden (nur im Sommer, Mo–Sa 10–16; 5 $).

Shaker Museum in Sabbathday Lake

schee probieren. Das *River View Motel* (207/824-2808) im östlichen Bethel, an der Kreuzung des US-2 mit dem Highway 26, ist in der moderaten Preisklasse angesiedelt.

Outdoor-Enthusiasten werden zu Tausenden von der *Sunday River Ski Area* sechs Meilen östlich des Ortes angezogen, wo man im Winter Ski fahren und im Sommer wandern beziehungsweise Touren mit dem Mountain Bike unternehmen kann.

Rumford Der US-2 verläuft noch auf weiteren 20 Meilen entlang des Androscoggin River, ehe er Rumford (7078 Einw.) erreicht. Auf halbem Weg, also zehn Meilen hinter Bethel, liegt ein *Picknickgebiet* mit einer alten Covered Bridge am Rande des Highways.

Rumford ist eine unansehnliche Fabrikstadt mit niedrigen Backsteinbauten und einer höchst bescheidenen Innenstadt am Fluß. Irgendwo hinter Schwerindustriebetrieben liegen die Androscoggin Falls, deren Wasserkraft einst zur Gründung des Ortes führte. Heute dominieren riesige, qualmende Schornsteine und Berge von Baumstämmen und zerschreddertem Holz das Tal rings um die *Boise Cascade Coated Paper Division*, Neu-Englands größte Papierfabrik. Man möchte die Stadt so schnell wie möglich verlassen, doch die Straße verläuft in großem Bogen – der Androscoggin River beschreibt eine hufeisenförmige Schleife – und passiert ein paar Einkaufsmalls und billige Motels, ehe sie wieder die offene Landschaft erreicht.

Rumfords wesentlicher Anspruch auf Ruhm liegt in dem Umstand begründet, Geburtsort von Edmund Muskie zu sein, einem Gouverneur und US-Senator, der bei den Wahlen von 1968 für das Amt des Vizepräsidenten und 1972 für dasjenige des Präsidenten kandidierte.

Auf der anderen Flußseite, eine Meile östlich von Rumfords Innenstadt, erreicht man Mexico, einen schmuddeligen Schlafvorort für die Fabrikarbeiter. Außer dem Namen gibt es hier nichts Mexikanisches. Allein aufgrund der Atmosphäre im Lokal ist das *Mexico Chicken Scoop and Restaurant* einen Besuch wert.

Dixfield Fünf Meilen östlich von Mexico, im Herzen des breiten Androscoggin River Valley, liegt Dixfield (2574 Einw.), eine kleine Stadt mit der Aura der sechziger Jahre. Das *Village Restaurant and Bakery* ist der wichtigste Treffpunkt im Ort, und man kann auch im *Old Opera House Restaurant* speisen, das – wie könnte es anders sein – in einem alten Opernhaus untergebracht ist.

Östlich von Dixfield Richtung Farmington führt der US-2 durch wilderes Gelände, und man hat exzellente Ausblicke auf die waldbedeckten White Mountains im Westen. Ein paar verstreute Wohntrailer und armselige Hütten kennzeichnen die Ausläufer der nördlichen Appalachen, ein noch immer sehr armes Gebiet.

An einer Kreuzung in Dixfield weist ein einziges Schild die Wege nach Peru und Mexico. Paris, Leeds, Canton, Madrid, Belgrade und Rome liegen innerhalb eines Umkreises von 30 Meilen – nur in Amerika!

Farmington Wie viele andere Orte im nördlichen Maine wurde Farmington (4200 Einw.) zuerst von Soldaten besiedelt, die im Revolutionskrieg gekämpft hatten. In den

Im Ort Wilton, auf halbem Weg zwischen Dixfield und Farmington, ist der berühmte Schuhhersteller G.H. Bass Company ansässig.

Hügeln rings um die Stadt gibt es noch ein paar Farmen und Obstbaumplantagen, aber ansonsten dreht sich die Wirtschaft fast ausschließlich um Bäume – sowohl als touristischer Augenschmaus während des herbstlichen Farbenspektakels als auch in Form von Holzbrei für die Papierfabriken. Für einen Stopp in Farmington gibt es nicht viele Gründe, obwohl die University of Maine in der Innenstadt eine *Art Gallery* (102 Main Street, So-Do 12-16; gratis) unterhält, in der Werke lokaler Künstler gezeigt werden.

Östlich von Farmington führt der US-2 fast 20 Meilen weit durch Wälder und Farmland entlang des Sandy River. In *Norridgewock*, das 1688 von französischen Jesuiten gegründet wurde, erreicht man den breiten Kennebec River, dem der US-2 auf fünf Meilen bis hinein nach Skowhegan folgt.

Skowhegan Nachdem man auf dem US-2 den Kennebec River überquert hat, ist Skowhegan (8725 Einw.) erreicht. Die Stadt ging aus einer 1771 auf einer Flußinsel angelegten Siedlung hervor und ist der Geburtsort der verstorbenen Margaret Chase Smith, einer der bekanntesten Politikerinnen Maines, die bereits im Alter von 36 Jahren Senatorin und Kongreßabgeordnete war. Ihr Elternhaus ist heute das *Margaret Chase Smith Library Center* (Mo–Fr 10–16; Eintritt gegen Spende), in dem eine Ausstellung zu ihrem Leben gezeigt wird und ein Konferenzzentrum eingerichtet ist. Das *Skowhegan History House* (40 Elm Street) ist in einem Backsteinhaus im Greek-Revival-Stil untergebracht und dokumentiert die Geschichte der Stadt. Das *Old Mill Pub Restaurant* (Water Street, sonntags geschlossen) serviert günstige Sandwiches und Pasta-Gerichte. Die *Skowhegan Art Colony* außerhalb des Ortes ist in Amerika eine der angesehensten Sommerschulen für Kunst.

Die Statue des Skowhegan Indian oberhalb des Kennebec River an der Route 21 gilt mit einer Höhe von 20 Meter als »größter hölzerner Indianer der Welt«.

1976 war der Kennebec River bei Skowhegan Schauplatz von Maines letztem Baumstammabtrieb.

Im August findet in Skowhegan die Maine State Fair statt. Die Messe wird seit 1818 jährlich abgehalten und ist eine der ältesten des Landes.

Östlich Skowhegans verläßt der Highway den Fluß und zieht sich durch niedrige Hügel voller Kiefern und Birken. Die einzigen Zeichen menschlichen Lebens sind ein paar Wohntrailer und ärmliche Farmen.

Newport Auf halber Strecke durch den Staat, wo der zweispurige US-2 auf den Interstate 95 trifft, liegt Newport (3036 Einw.), das als »Hub of Maine«, der Dreh- und Angelpunkt Maines, bekannt ist. Wie die meisten der Städte, die ihre Verbindung zum Rest der Welt derart herausstreichen, ist Newport kein Ort, an dem man lange verweilen mag, doch es gibt das *Collins Corner Family Restaurant* und das *Log Cabin Diner* am US-2 sowie einen *Wal-Mart-Supermarkt* und das übliche Spektrum von Fastfood-Restaurants und billigen Motels. Zwischen Newport und dem 20 Meilen östlich gelegenen Bangor existiert kein triftiger Grund, auf dem US-2 zu bleiben, so daß man getrost den schnelleren Freeway wählen kann.

Bangor Das auf den Ufern des Penobscot River erbaute Bangor (33200 Einw.) ist die größte Stadt im nördlichen Maine. Der Ort der ersten Besiedelung war ein wichtiger Treffpunkt für regionale Indianerstämme, die ihn Kendusbag nannten, den »Aalfangplatz«. 1604 fuhr Samuel Champlain bis hinauf zu den nahegelegenen *Treats Falls*, aber eine dauerhaftere Besiedelung fand nicht vor 1769 statt. Während des nächsten Jahrhunderts war Bangor der wichtigste Holzwirtschaftsort der östlichen USA und entwickelte sich auch zum Zentrum des Schiffbaus, so daß das Holz aus dieser Gegend den Erdball umfuhr. Ein großer Teil der Bevölkerung hatte sich dem Amüsement der Holzarbeiter und Seeleute verschrieben, die mit viel Freizeit und dicken Brieftaschen in die Stadt kamen. In einem Devil's Half Acre genannten Viertel am Fluß wetteiferten Dutzende von Bars, Bordellen und Spielhöllen darum, den Männern die Taschen wieder zu leeren.

Die Gegend um Bangor ist die Heimat des Bestseller-Autors Stephen King.

Im 19. Jahrhundert war Bangor so ungezügelt wie jede andere Stadt des Wilden Westens, aber die Spuren dieser rauheren Tage sind verschwunden, obwohl das moderne Bangor noch immer ein Hauptort der Holzindustrie ist. Wenn man über den Penobscot River in die Stadt kommt und nach rechts auf die Main Street einbiegt, sieht man ein 10 m hohes Standbild von Paul Bunyan. Das überschaubare Geschäftszentrum, zumeist Backsteingebäude aus dem 19. Jahrhundert mit ein paar dazwischengestreuten Kirchtürmen, liegt ein paar Blocks östlich des legendären Holzfällerriesen.

Die *Bangor Historical Society* (159 Union Street, Mo-Fr 12-16; 2 $) ist in einem um 1836 im Greek-Revival-Stil erbauten Haus untergebracht und zeigt die übliche Sammlung von Exponaten, Möbeln und Gemälden, die das Leben im 19. Jahrhundert widerspiegeln. Ein anderer Ort, dessen Besuch lohnt, ist das *Cole Land Transportation Museum* (405 Perry Road; Mai bis November tgl. 9–17; 2 $), in dem mehr als 200 historische Fahrzeuge von hölzernen Wagen bis zu modernen Sattelzügen ausgestellt sind.

Wer einen guten, schnellen Imbiß sucht, sei auf den *Bagel Shop* (1 Main Street) hingewiesen, ein koscheres Restaurant im Herzen Bangors. Ganz in der Nähe gibt es auch eine Reihe guter und billiger indischer Restaurants. Die beste

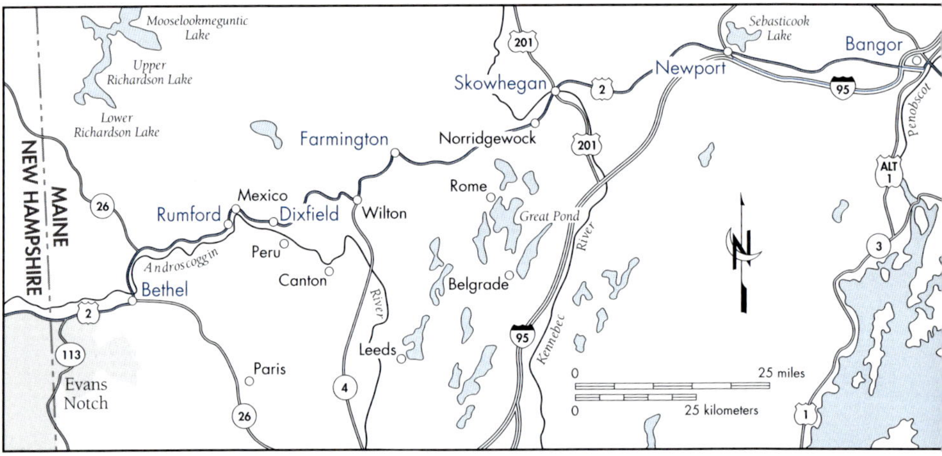

Unterkunft in der Region ist das *Phenix Inn* (20 Westmarket Street, 207/947-3850), ein restauriertes Hotel aus dem Jahr 1873. Die landesweiten Motelketten haben ihre Häuser draußen am US-2, jenseits des Flughafens westlich der Stadt, wo man auch alle Varianten von Fastfood findet.

Ellsworth Das 1763 gegründete Ellsworth begann seine Geschichte als Holzwirtschaftszentrum mit eigenem Opernhaus. Auch heute blüht hier der Kommerz an der Kreuzung des Highway 3 mit dem betriebsamen alten US-1.

Die Innenstadt besteht aus vielen Backsteingebäuden und bietet nur wenig Aufregendes – sämtliche Aktivität findet draußen bei den Einkaufsmalls statt, ist aber dennoch einen Besuch wert, und sei es auch nur wegen eines Kuchenstückes bei *Dick's*, einem Diner in der Main Street (No. 45).

Südlich von Ellsworth stellt der Highway 3 die Hauptverbindung zur Mount Desert Island dar. Nördlich der Brücke zur Insel ist das Land flach, und an beiden Seiten ist der Highway sehr kommerziell. Hier führt die Strecke ins Mall-Country hinein, denn es gibt einen *Wal-Mart*, zahlreiche Tankstellen, Motels und Fastfood-Restaurants. Dem Ganzen folgt eine große Minigolf-Anlage und der private *Acadia Zoo*.

Der *Hancock County/Bar Harbor Airport* (Autovermieter und kommerzielle Fluglinien) liegt direkt neben den Hummerteichen und billigen Motels, die vom regen Besuch der Mount Desert Island profitieren.

Nördlich der Bucht führt die Strecke auf sieben Meilen ins Landesinnere und an einer Minigolf-Anlage vorbei, bevor sie auf die Brücke zum Festland mündet. Das Ende der Insel ist relativ flach und besteht aus Wald, Tümpeln und Marschen.

Das fünfzehn Meilen nördlich von Ellsworth gelegene Lucerne Inn ist ein Haus aus dem 19. Jahrhundert, das in ein Hotel mit dazugehörigem Restaurant umgewandelt wurde und inmitten eines Golfplatzes an den Hängen eines beeindruckend schönen Tales liegt.

Kurz vor der Brücke erreicht man den Eingang zum *Mount Desert Oceanarium* (15. Mai–15. Oktober tgl. 9–17), wo man die Seehunde bewundern und das *Marine Lobster Museum* besuchen kann. Gleich darauf folgen das Island Information Center und der Abzweig nach links zu den Highways 102 und 198, die nach Southeast bzw. Northeast Harbor führen. Der Highway 3 führt über eine kurze Brücke nach Norden zum Festland.

Bar Harbor Auf dem Weg nach Bar Harbor verläuft der Highway 3 entlang der Frenchman Bay, an der auch die Nordostecke der Insel liegt. Viele der landesweiten Motelketten, darunter *Holiday Inn* und *Marriott*, haben an diesem Abschnitt des Highways ihre Dependancen. Man kommt auch am Terminal der Fährlinie nach Yarmouth in Nova Scotia vorüber (800/341-7981); die sechsstündige Überfahrt kann denjenigen eine Menge Fahrerei ersparen, die ohnehin nach Osten weiterreisen wollen. Sowie sie internationale Gewässer erreichen, fungieren die Schiffe als schwimmende Casinos.

Eine halbe Meile außerhalb von Bar Harbor passiert man das *College of the Atlantic*, auf dessen Gelände sich das *Natural History Museum* befindet (nur im Juni und August geöffnet). Das in einem aus Granit gebauten »Cottage« untergebrachte Museum bietet Ausstellungen und Vorträge zur Tier- und Pflanzenwelt beziehungsweise Geologie der Region an.

Die Stadt Bar Harbor (4400 Einw.), die größte Siedlung auf Mount Desert Island, hat sich ganz auf die Versorgung der weniger wohlhabenden Reisenden eingestellt, seit das »alte Geld« sich in diskretere Orte im Westen der Insel wie zum Beispiel *Northeast Harbor* – das den Spitznamen »Philadelphia on the Rocks« trägt – zurückgezogen hat. Die von Geschenkeläden, Hotels, Restaurants und Geschäften für Sportausrüstung gesäumten Hauptverkehrsstraßen des Ortes sind die Main Street, die Cottage Street und die West Street, welche entlang der Waterfront verläuft. Am Pier der West Street ist die *Lobster Hatchery* angesiedelt, eine Hummerzuchtanstalt, wo man im Sommer täglich von 9 bis 17 Uhr eine Ausstellung zum Lebenszyklus der Schalentiere sehen kann. Hummer machen den Kern des kulinarischen Lebens auf der Insel aus. An zwei Stellen kann man kleine Kostproben bekommen, nämlich in *Fisherman's Landing* (35 West Street) und im *Island Chowder House* (38 Cottage Street).

Mit 512 Meter Höhe ist der Cadillac Mountain auf Mount Desert Island der höchste Punkt an der östlichen Küste Amerikas. Der Berg ist zudem der Namensgeber für die edle Automobilmarke.

Mount Desert Island

Mount Desert Island ist ein idyllisches, elf mal vierzehn Meilen großes Stück waldbedeckter Berge und felsiger Buchten direkt vor der Küste Maines. Das Innere der Insel wurde zuerst von den Penobscot-Indianern besiedelt und war bis 1609 noch nie von Europäern besucht worden, als Samuel Champlain die Insel Île de Monts Desert nannte und für Frankreich beanspruchte. Die Engländer radierten die französische Ansiedlung 1613 aus. 1844 malte der Angehörige der Hudson-River-Schule Thomas Cole eine eindrucksvolle Serie von Szenen am Mount Desert. Bald wurde die Insel zur Touristenattraktion und zum sommerlichen Spielplatz der Elitefamilien des Ostens. Viele von ihnen bauten hier elegante »Hütten«, vor allem rings um Bar Harbor.

1916 stiftete die Mount-Desert-Sommerkolonie – unter den Bewohnern federführend die Familien Pulitzer und Rockefeller – das meiste Terrain der Insel der Bundesregierung, um es in den Acadia National Park umzuwandeln. Unglücklicherweise zerstörte 1947 ein Feuer viele der herrschaftlichen Häuser Bar Harbors.

Wenn man während der sommerlichen Hochsaison auf die Insel kommen möchte, sollte man sein Quartier lange im voraus reservieren. Obwohl es Dutzende von Motels und Bed&Breakfasts gibt, ist die Stadt oft ausgebucht. Je nach Saison variieren die Preise beträchtlich; im Juli und August kann eine Unterkunft leicht doppelt so viel kosten wie im Winter. Zu den preiswerteren Häusern gehören das *Bar Harbor Motor Inn* an der Weststreet Pier (207/288-3351) und die *Wonder View Motor Lodge* am Highway 3, nordwestlich der Stadt (207/288-3358). *The Colony* (207/288-3383) gleich hinter Hulls Cove ist eine nüchtern klassische Bungalowsiedlung.

Acadia National Park Die Naturwunder von Mount Desert Island sind durch die Gründung des 16850 Hektar großen Acadia National Park geschützt worden. Im Sommer strömen Tausende von Besuchern über die Wanderwege, die sich an den schönen Seen und Bergen des Inselinneren entlangziehen. Die schmale *Park Loop Road* (auf der Wohnmobile und Anhänger verboten sind) umzirkelt die östliche Seite des Parks und führt an den Tidenhöhlen der Thunder Hole sowie am *Sand Beach* vorbei, einem der wenigen Sandstrände Maines.

Drei Meilen nördlich von Bar Harbor sieht man linkerhand am Rande von Hulls Cove das *Acadia National Park Visitors Center* (April bis Oktober tgl. 8–16.30, im Juli und August bis 18; 207/288-3338), ein guter Ausgangspunkt für eine Tour durch den Park. Vorabinformationen sind erhältlich unter P.O. Box 177, Bar Harbor, ME 04609. Das Besucherzentrum kennzeichnet den Beginn der Park Loop Road.

US-20: Von Portland nach Provincetown

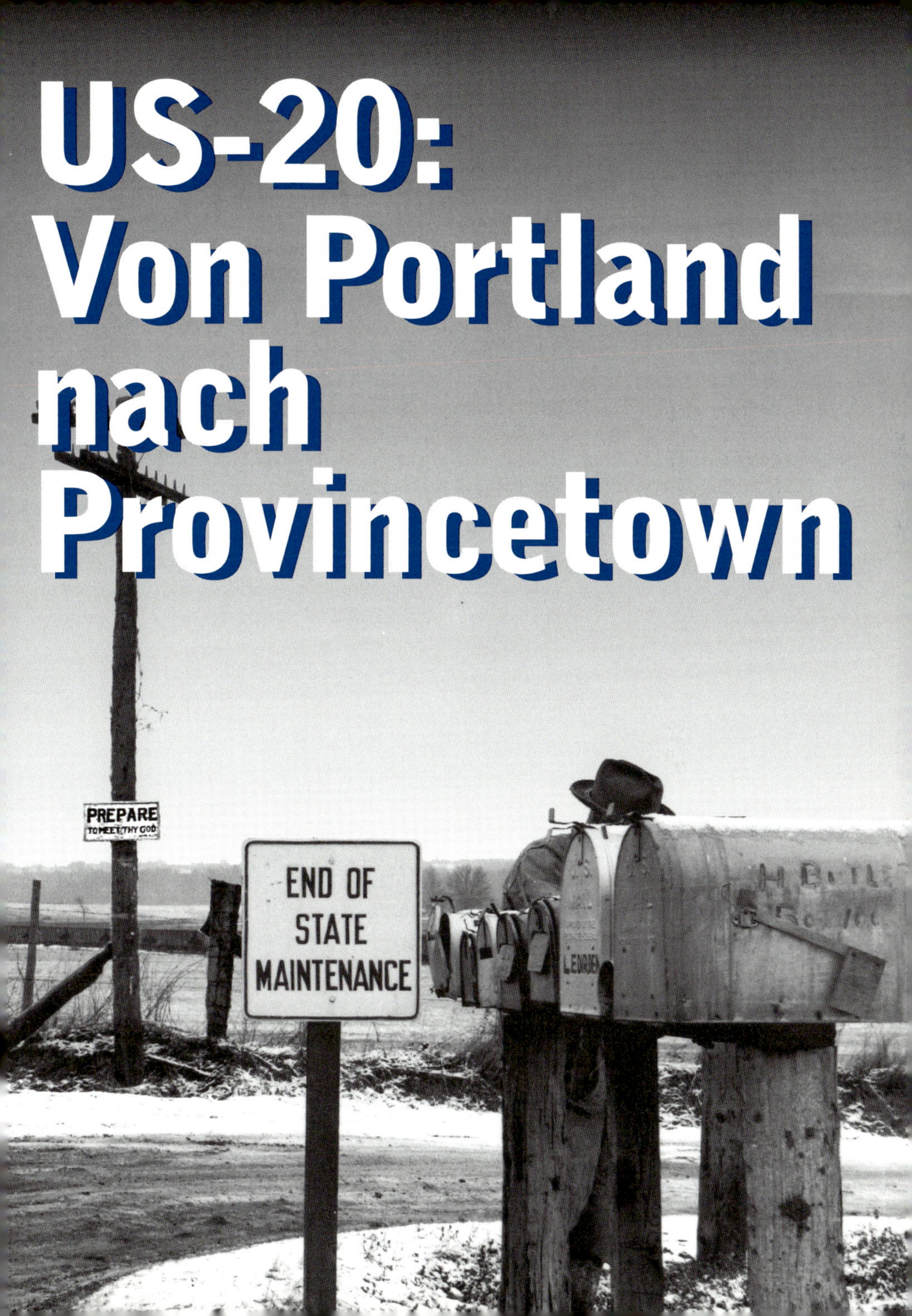

US-20: Von Portland nach Provincetown

Von den fast unbeschränkten Weiten des Westens zu den dichten städtischen Dschungeln des Ostens bietet diese Route den längsten und komplexesten Road Trip des Buches. Der US-20 berührt ein außergewöhnlich vielfältiges Spektrum an Orten und Landschaften und bietet auf seinen insgesamt 3200 Meilen – tatsächlich sind es weit mehr, wenn man alle Abstecher, Umwege und Parallelstrecken mitzählt – ein bißchen von allem, was es in Amerika gibt. Auf seinem zweispurigen Trail von Oregons wilder Küste zu den vielgepriesenen Stränden von Cape Cod führt er viele herausragende Sehenswürdigkeiten, darunter zwei Weltwunder, nämlich New Yorks Niagara-Fälle und Wyomings Yellowstone-Nationalpark, ferner die großartigen Städte Boston und Chicago sowie zwei Halls of Fame: in Cleveland die Ruhmeshalle für den Rock'n'Roll und in Cooperstown jene für den amerikanischsten Zeitvertreib, den es gibt: Baseball. Kuriose Museen, klassische Diner, idyllische Orte und post-industrieller Verfall – alles das findet man entlang dieses großartigen Cross-Country-Highways.

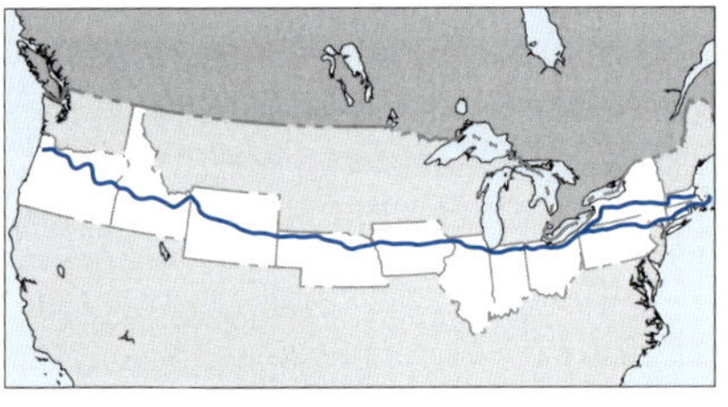

Der US-20 bietet auch einzigartige Gelegenheiten, den Fußstapfen der Pilger und Pioniere zu folgen. Von ihrem Anfangspunkt im Westen aus verläuft er parallel und zuweilen auch genau auf dem breiten Pfad, der zum Oregon Trail wurde. Die Landschaft in Oregon, Idaho und Wyoming ist noch immer so einsam, wie sie es vor 150 Jahren war, als Pionierfamilien dieser Einbahnstraße in die gelobten Lande am Pazifik folgten. Auf halber Strecke durch den Kontinent kann man zwei bemerkenswerte Monumente anschauen, Mount Rushmore und Carhenge, und man kann die Weisheit eines Walt Whitman überprüfen, der schrieb: »Obwohl ich die Standardbehauptung kenne, daß Yosemite, die Niagara-Fälle, der obere Yellowstone und ähnliches würden die großartigsten Naturschauspiele darstellen, bin ich da nicht so sicher, denn die Prärien und Plains sind dauerhafter, sättigen den ästhetischen Sinn stärker, haben Vorrang vor allem übrigen und bilden Nordamerikas charakteristische Landschaft.« Fahren Sie durch die sandigen Hügel des nördlichen Nebraska auf dem Weg vorbei an Iowas »Fields of Dreams«, und entdecken Sie selbst, was an den Great Plains so großartig ist.

Der US-20 überquert den Mississippi bei Dubuque, das zusammen mit Galena auf

US-20 Highlights

dem zu Illinois gehörenden Ufer des Flusses zu den ältesten Siedlungen an der einstigen westlichen Frontier der Nation zählt, und besucht dann Chicago, ehe er sich weiter nach Osten durch den heute wieder erstarkenden ehemaligen »Rust Belt«, den Rostgürtel des industriellen Niedergangs an den großen Seen windet. Obwohl diese Gegend durch Freeways zerschnitten und von Einkaufsmalls fast erstickt wird, finden sich hier einige perfekt erhaltene historische Stätten, darunter das Farmland der Amish, die Autofabriken, die die edelsten Wagen des Landes hervorgebracht haben, und sogar die verschlafene kleine Stadt, die Sherwood Anderson's Geschichten aus Winesburg, Ohio inspiriert hat.

Im Osten gibt es so viel zu sehen, daß wir die Route in zwei Alternativen aufgeteilt haben, die beide die Freeways und Touristenfallen meiden und zu faszinierenden Plätzen führen, von denen man oft noch nicht einmal gehört hat. Die stärker befahrene Route folgt dem US-20 durch das historische Areal zwischen dem Erie Canal mit seinen langsamen Schiffen und der Schnellstraße des Interstate 90 bzw. des mautpflichtigen New York Thruway, zieht sich dann am nördlichen Ende der schönen Finger Lakes hin und macht einen Umweg zu den anheimelnden Kleinstädten von Upstate New York, ehe sie den Hudson River überquert und in die Berkshires des östlichen Massachusetts führt. Der geschichtsträchtige Mohawk Trail führt den Reisenden an Lexington und Concord vorbei nach Boston und rekonstruiert den historischen Ritt des Paul Revere von dessen Ende zurück zum Ausgangspunkt.

Eine südlichere Alternative bildet der wenig bekannte US-6, der sich in vielen Windungen durch das Hügelland der Alleghenies zieht. Hier wurde das »Pennsylvania

Crude«-Öl entdeckt, hier speisten Kohleminen die Hochöfen der Eisenhütten von Scranton. Und ebenfalls hier schrieben Stephen Foster seine Folksongs und Zane Grey die Wildwest-Geschichten von den »Riders of the Purple Sage«, und von hier aus ging Jack Kerouac On the Road. Im Rücken der nördlichen Vororte New Yorks schlängelt sich der US-6 entlang der pittoresken Dörfer und der Relikte der Industriellen Revolution, die man vom Interstate 95 einfach nicht sehen kann, durch Connecticut und Rhode Island nach Osten und endet in Provincetown, dem lebendigen Badeort auf Cape Cod – dem Ort, wo die Pilgerväter 1620 wirklich in Amerika ankamen, ehe sie Wochen später ihren Fuß auf den Plymouth Rock setzten.

Durch Oregon

Ausgehend von einer der nettesten Kleinstädte des Staates, dem am Pazifik gelegenen Ferienort Cannon Beach mit seiner kreativ-künstlerischen Atmosphäre, durchquert diese Route das Herz Oregons. Von den salzigen Kuhweiden am Ozean durch den immergrünen Vorhang der Coast Range ins kulturell knisternde Portland und ins liebliche Willamette Valley führend, nimmt die Strecke dort ihren Anfang, wo die Geschichte eigentlich einen Schlußpunkt gesetzt hat – im gesegneten Land am Westende des Oregon Trails.

Der sehenswerte US-Highway 101 zieht sich an Oregons Küste entlang nach Süden. Er ist in einem eigenen Kapitel in Band 2 von Road Trip USA beschrieben.

Von Portland aus, der größten Stadt des Staates, erklettert man die Cascade Mountains nahe ihres markantesten Gipfels, dem Mount Hood, dessen vulkanischen Kegel man meilenweit im Umkreis sehen kann. Östlich der Berge fällt die Route von den Wäldern zu einer plötzlich trockenen und wüstenhaften Landschaft ab, dem unwirklich wirkenden Columbia Plateau, über das der Highway 300 Meilen weit vorbei an alte Minencamps, Fossilienlagerstätten und durch grenzenlose Einsamkeit holpert und schlingert, ehe er den Snake River auf der Grenze nach Idaho erreicht.

Cannon Beach Anders als die meisten Orte in Oregon ist Cannon Beach (1221 Einw.) vom Highway aus nicht zu sehen, aber man sollte den Ort trotzdem nicht auslassen. Wenn er auch schon lange dank seiner Popularität als Wochenend-Ausflugsziel als Künstlerkolonie bekannt ist, hat Cannon Beach doch seine Rustikalität, seine überschaubare Größe und seine einzigartigen Strände noch bewahren können.

Hinsichtlich konventioneller »Touristenattraktionen« gibt es hier nicht viel zu tun, aber Cannon Beach ist unschlagbar als Platz für einen entspannenden Aufenthalt und für ausgedehnte Spazier-

Aufgrund bundesstaatlicher Gesetzgebung gibt es an den Tankstellen in Oregon keine Selbstbedienung. Und es gibt in Oregon keine Sales Tax, die beim Kauf zusätzlich auf die angegebenen Preise draufgerechnet werden müßte.

Cannon Beach ist der entfernteste Punkt, den die Entdecker Lewis und Clark auf ihrer Expedition an die Westküste erreichten. Von hier aus zogen sie sich zu ihrem Außenposten bei Fort Clatsop nahe der Mündung des Columbia River zurück und verbrachten dort den Winter 1805/06.

Ende Mai ist Cannon Beach Gastgeber des größten Wettbewerbs im Bau von Sandskulpturen an der Küste Oregons.

gänge am sieben Meilen langen Strand, ehe man sich den vielen guten Galerien, Cafés und Restaurants zuwendet.

Als Tip fürs Frühstück seien die *Eggs Benedict* im Lazy Susan Cafe (126 North Hemlock gegenüber vom Mariner Market; im Winter Di und Mi geschlossen) empfohlen. In *Bill's Tavern* (188 North Hemlock) kann man Burger und die Produkte verschiedener Kleinbrauereien, im *Bistro* (263 North Hemlock) sehr gute Seafood-Menüs genießen. Beide Lokale veranstalten an den meisten Wochenenden Live-Musik. Preisgünstige Zimmer in der Nähe von Strand und Ort bieten das *Starfish Motel* (9645 South Hemlock, 503/436-0639), das *McBee Motel* (888 South Hemlock, 503/436-2569) und das rauchfreie *Cannon Beach House* (1116 South Hemlock, 503/436-1392), letzteres ein ehemaliges Boardinghouse für Holzfäller.

Details über die jährlichen Veranstaltungen und allgemeine Informationen sind erhältlich von Cannon Beach Visitor Bureau (201 East Second Street, 503/436-2623).

Ecola State Park Nördlich von Cannon Beach und eine Meile südlich der Kreuzung von US-101 und dem von Portland kommenden US-26 führt eine Straße durch den Regenwald des Ecola State Park zu einer der am meisten fotografierten Ansichten der Küste: wenn man nach Süden schaut, sieht man den Haystack Rock und Cannon Beach direkt unterhalb des Neahkahnie Mountain. Der Blick Richtung Nordwesten aufs Meer mit dem *Tillamook Rock Lighthouse* ist ebenfalls eindrucksvoll: der Leuchtturm war von 1881 bis 1957 in Benutzung und wird nun zur Aufbewahrung der eingeäscherten Überreste Verstorbener verwendet.

Das Wort »Ecola« stammt aus der Sprache der Chinook, bedeutet »Wal« und wurde der Gegend von der Lewis und Clark-Expedition gegeben, die einen dieser Riesen in der Nähe am Strand fand.

Der Rest des Parks schützt eine Reihe schroffer Küstenfelsen, die sich sieben Meilen nach Süden erstrecken und in deren Hinterland es Wanderwege durch den Küstenwald gibt. Ein Trail führt zum Tillamook Head; er gilt als einer der schönsten Abschnitte im gesamten Trailsystem der Küste Oregons – die Aussicht von der Spitze wurde von William Clark als »großartigster und gefälligster Anblick« bezeichnet, den er je hatte. 1806 hatten Clark und ein paar weitere Mitglieder einer Entdeckungsexpedition die Region auf der Suche nach einer Ergänzung ihrer Lebensmittelrationen durchstreift, die aus Schiffszwieback und getrocknetem Fisch bestand. Begeistert kauften sie 300 Pfund übelrie-

Nördlich von Cannon Beach und dem Ecola State Park an der Kreuzung des US-26 mit dem US-101 serviert das Crab Boiler Roadside Diner (503/738-5313) Krebse und Käsegerichte.

chenden Waltran von Indianern aus dieser Gegend, doch heute sollte man seinen Picknickbedarf besser selbst mitbringen, wenn man die Küstenklippen besteigen und den weitschweifenden Rundblick auf den felsübersäten Pazifik genießen möchte.

Sunset Highway Der US-26 führt über die Küstenberge zwischen Cannon Beach und Portland und wird zuweilen auch der Sunset Highway genannt. Der erste Stop auf dem Weg hinauf auf die Küstenebene ist der zwei Meilen östlich des US-101 gelegene Klootchy Creek Park mit seinem Bestand an uralten Tannen und Fichten. Unter den zahllosen hochgewachsenen Bäumen findet sich auch die »größte Sitka-Fichte der Welt«, die mehr als 65 m mißt und fast 4,9 m Durchmesser hat. Ein Schild auf der Nordseite der Straße weist auf den Baum hin.

Dann windet und schlängelt sich die Straße bis zur *Necanicum Junction* durch Weiden und Koppeln voller Milchvieh. An der Kreuzung biegt man nach Nordosten ab und fährt acht Meilen weit bis zum *Saddle Mountain*. Ein sehr steiler, 2,5 Meilen langer Trail führt zum Gipfel, und auf dem Weg dorthin kann man eine Vielzahl sehr seltener Blumen und Wildpflanzen sehen. Vom genau 1000 m hohen Endpunkt des Trails erblickt man meistens die Mündung des Columbia River und die Höhenlinie der Coast Range. An klaren Tagen umfaßt das Panorama zusätzlich gut 50 Meilen Küstenlinie und die Berge Mount Hood, Mount St. Helens und Mount Rainier mit häßlichen, kahlgeschlagenen Arealen dazwischen.

Einfache Campgrounds sind von Mitte April bis Mitte Oktober geöffnet; Wohnmobile und andere breite Fahrzeuge sollten die schmale, unbefestigte Straße jedoch besser meiden.

Auf dem weiteren Weg nach Osten erreicht der US-26 eine Meile vor dem Dörfchen Elsie das *Morris' Camp 18 Logging Museum* (503/755-2476). Die Besucher können hier die Gerätschaften der Holzfäller besichtigen und so ein Gefühl für eine Ära der Misery wips, Steam donkeys und Timberbeasts bekommen. Wer von einem Holzfällerappetit befallen wird, kann in einem benachbarten Restaurant seinen Hunger mit deftiger Hausmannskost stillen.

Zwischen Elsie und Portland windet sich der US-26 durch die hübschen grünen Täler der Coast Range, schießt durch Tunnel und eilt dann die Hänge hinunter ins Farmland des nordwestlichen Oregon. Ehe man die Ausläufer der städtischen Zivilisation erreicht, ist eine letzte Outdoor-Attraktion einen Abstecher wert: der *Banks-Vernonia Linear State Park*, ein etwa 20 Meilen langer Abschnitt stillgelegter Eisenbahngleise, der etwa parallel zum Highway 47 zwischen Banks am US-26 und dem versteckten Holzfällerörtchen Vernonia verläuft. Sechs gut gekennzeichnete Ausgangspunkte für Trails entlang des Highway 47 machen diesen Park zugänglich, der Oregons

Eine Stunde westlich Portlands und 20 Meilen von der Küste entfernt sollte man dem Fishhawk Falls Highway entlang des Necanicum River nach Norden und dann den Schildern am Highway 202 zur Jewell Meadow Wildlife Area folgen. Vor allem im Herbst, ehe die Jagdsaison beginnt, kann man hier die seltenen Roosevelt-Hirsche und Blacktail-Rehe sehen. In der Nähe liegen die 30 m hohen Fishhawk Falls im Lee Wooden Country Park.

ersten schnurgeraden Freizeit- und Erholungs-Korridor darstellt.

Portland wird in den City Survival Guides auf Seite 452 beschrieben.

Der Mount Hood Highway Als Mount Hood Highway nimmt der US-26 seinen Ausgang am Powell Boulevard östlich von Portland und folgt – wenn auch in historischem Sinn rückwärts – dem letzten Abschnitt des Oregon Trail. Nachdem er einen Ort mit dem komischen Namen Boring – »langweilig« – durchquert, dessen Ortsschild gern fotografiert wird, erreicht der Highway etwa 20 Meilen östlich von Portland Sandy, ein schrilles Tor zu den Bergen. Der Ort liegt in einer Gegend voller Farmen, die Beeren produzieren, und quillt von Ski Shops, Pizzabuden und anderen Einrichtungen für Outdoor-Enthusiasten geradezu über. Die Naturfans gehen gern in Lokale wie das *Kaffee Klatch* (38871 Proctor Boulevard), eine umgewandelte Tankstelle, wo appetitliche Bohnenmischungen aufgebrüht werden, oder das *Elusive Trout* (39333 Proctor Boulevard), eine Kombination aus Pub und Restaurant mit Gourmet-Hamburgern und hausgemachter Suppe auf der Speisekarte. Nachdem sie die ungestüme Geschäftswelt von Sandy hinter sich gelassen hat, führt die Straße in ruhiger Behaglichkeit durch Wiesen und Weiden in die Ausläufer der Cascades.

Südlich des US-26 in den westlichen Ausläufern Portlands ist der riesige Vorort Beaverton Standort für die High-Tech-Firmen des Silikon Forest und – weit bekannter – das Hauptquartier für den internationalen Sportartikelriesen Nike.

Zwei weitere Orte mit seltsamen Namen bieten gute Lokale, in denen man vor oder nach einem Tag in der Wildnis etwas essen und trinken kann. Das *Inn Between* (503/622-5400) in Wemme, einer der kleinen Siedlungen, die um den Mount Hood herum verstreut liegen, bietet Gerichte von Teriyaki Chicken bis Macho Nachos zu günstigen Preisen. Nachdem man in Wemme herumgestrolcht ist, erreicht man einen anderen Ort, der mit W anfängt – *Welches Junction*, wo das *Chalet Swiss* (503/622-3600) für sein nordwestliches Seafood und die kontinentale Küche seines Chefs Kurt Mezger berühmt ist.

Die schnellste Verbindung von Portland nach Osten ist der Interstate 84, der die Columbia Gorge durchzieht und dann weiter am Columbia River entlangführt. Bei Ontario an der Grenze zu Idaho trifft er wieder auf den US-26.

Ein anderer empfehlenswerter Stopp in Welches ist das *Mount Hood Visitor Center* (65000 East US-26, 503/622-4822; tgl. 8-16.30), das vom U.S. Forest Service betrieben wird und mit Karten, Broschüren und anderem Informationsmaterial über die Berge und nahegelegene Erholungsmöglichkeiten vollgestopft ist.

Government Camp und die Timberline Lodge Ein kleines Stück abseits des US-26 am Fuße des Mount Hood liegt Government Camp – kaum mehr als eine kleine Ansammlung von Häusern mit ein paar Gelegenheiten zum Essen und Trinken. Espresso, selbstgebraute Biere, Pizza und Sandwiches bietet die *Mount Hood Brewing Company* (503/272-3724) am Westende des

Ortes an. Eine Stippvisite lohnt auch das rund um die Uhr und sieben Tage die Woche geöffnete *Huckleberry Inn* (503/272-3325), zu dessen Angebot berühmte Kuchen aus Wildheidelbeeren, Heidelbeer-Pfannkuchen und Heidelbeer-Milchshakes gehören. Falls man sich nach einen solchen Beerenschmaus nicht mehr bewegen kann, sind im Inn auch günstige Zimmer zu mieten, oder man übernachtet für 12 $ in einem kleinen Schlafsaal.

Die Hauptattraktion von Gouvernment Camp ist die *Mount Hood Ski Bowl* (503/272-3206), ein ganzjährig geöffnetes Erholungszentrum mit Angeboten zum Skifahren im Winter und zum Mountain-Bike-Fahren im Sommer. Daneben gehören Gepäckausritte zu Pferd, Go-Carts, Paintball-Spiele und ein 30 m hoher Bungee-Turm zum Programm.

Östlich des am Mount Hood gelegenen Dörfchens Zigzag wird der US-26 zu einer altmodischen zweispurigen Landstraße. Über den nur im Sommer geöffneten Lolo Pass führt eine sehenswerte Strecke im Halbkreis nach Norden um den Mount Hood herum nach Hood River, einer historischen Stadt am Columbia River und am Interstate 84.

Östlich von Gouvernment Camp – nahe der Kreuzung des US-26 mit dem Highway 35, der von Hood River und der Columbia-Schlucht herunterkommt – sollte man nach Norden Richtung Mount Hood fahren und die 1937 erbaute, auf elegante Weise rustikale *Timberline Lodge* (503/231-5400) besuchen. Das Haus war 1983 Schauplatz des gruseligen Films The Shining, in dem Jack Nicholson einen problembeladenen Schriftsteller spielt, der einen Job als winterlicher Hausmeister in einem eingeschneiten Berghotel annimmt. Die Timberline Lodge ist ein unvergeßlicher Ort mit einem riesenhaften Kamin und einer unübertrefflich schönen Lage. Zimmer kosten zwischen 65 und 170 $. Wer hier nicht übernachtet, sollte in jedem Fall die preisgekrönten Kochkünste des *Cascade Dining Room*, das etwas legerere Pizza- und Sandwich-Angebot des *Blue Ox* und die *Ram's Head Bar* ausprobieren, in der es verschiedene in der Umgebung gebraute Biere und Ales gibt.

Das Warm Springs Indianer-Reservat Östlich der Gipfelkette der Cascades wird der US-26 auf seinem Weg hinunter auf die mit Salbei- und Wacholderbüschen bedeckten Ebenen des östlichen Oregon Tal zum Warm Springs Highway. Das meiste Land bis nach Madras gehört zum 240000 Hektar großen

So verlockend der schneebedeckte Mount Hood auch aussieht, so schwierig und gefahrvoll ist er zu besteigen – es gibt keinen Trail zum Gipfel, und alle Routen erfordern einen hohen Grad bergsteigerischer Fähigkeiten und eine spezielle Ausrüstung. Jedoch gibt es um die Basis des Berges herum viele schöne Wanderwege.

Das Ende des Oregon Trails

Nach langen Monaten voller Entbehrungen und Gefahr hatten die Pioniere kurz vor dem Ende des Oregon Trails zwei Möglichkeiten, wenn sie die enge Schlucht des Columbia River erreichten: sie konnten ihre Planwagen entweder den gefährlichen Fluß bis zum Fort Vancouver hinabtreiben lassen oder die Cascades entlang der Barlow Road zum Willamette Valley hin überqueren, einer Route parallel zum heutigen US-26. Wenn sie auch weit sicherer war als die Flußfahrt, gab es an der Barlow Road doch auch gefährliche Momente – die Pioniere mühten sich schlammige Gefällestrecken hinab, und um zu vermeiden, daß sie die Gewalt über ihre Fahrzeuge verloren und diese am Fuße des Hanges zerschellten, hielten sie sich an Seilen fest, die um die Bäume gewickelt waren. Solche Momente veranlaßten die Pioniere sicherlich zu erneutem Nachdenken über die Wahl ihres Weges. Und die Benutzung der privaten Barlow Road war noch dazu teuer, denn es mußten 5 $ pro Wagen und 10 Cent für jedes Stück Vieh, jedes Pferd und jedes Maultier entrichtet werden. Nichtsdestoweniger reisten 1845, im ersten Jahr ihrer Existenz, nachweislich 1000 Pioniere in 145 Planwagen über diese Route. Bei Fahrtrichtung Osten bereist man die Barlow Road quasi rückwärts, was man sich bewußt machen sollte, wenn man einige der historischen Orte anschaut, die die Schwierigkeiten der Pioniere auf ihrem 2000 Meilen langen Trip quer über den Kontinent veranschaulichen. Am Tollgate Campground befindet sich die Reproduktion des Barlow Road Tollgate, wo der Straßenbesitzer Sam Barlow mit aufgehaltener Hand zu stehen pflegte. Der steilste Abschnitt der Straße war die Laurel Hill »Chute«, was auf deutsch Rutschbahn bedeutet, wo die Wagen eine tückische Steigung hinabschlitterten. Ein Hinweisschild und ein Haltestreifen fünf Meilen östlich von Rhododendron kennzeichnen den Beginn eines kurzen, steilen Pfades hinauf zur »Rutschbahn«.

Ein paar weitere Hinweisschilder mit Bezug auf die Geschichte der Barlow Road stehen am Highway 35, der um den östlichen Ausläufer des Mount Hood herum Richtung Norden nach Hood River führt. Das Pioneer Woman's Memorial befindet sich eine Viertelmeile nördlich der Kreuzung des US-26 mit dem Highway 35. Ein Schild kennzeichnet den Abzweig nach rechts auf die Forest Road 3530 und einen Begräbnisplatz. Hier erinnert eine Messingplakette an die Frauen, die den Oregon Trail bereisten. Zwei Meilen nördlich der Kreuzung liegt der 1267 m hohe Barlow Pass, wo tief in die Barlow Road eingefurchte Wagenspuren von einem Parkplatz aus den Hang hinunterführen – ein stummes Zeugnis für die Beharrlichkeit der vom Westen magisch angezogenen Siedler.

Warm Springs Indianer-Reservat, in dem die Confederate Tribes of Warm Springs – ein Zusammenschluß der Wasco-, Paiute- und Warm Springs-Stämme – leben.

Wenn man im Ort Warm Springs nahe des östlichen Endes der Reservation nach links auf die Hot Springs Road abbiegt und ihr elf Meilen weit nach Norden folgt, kommt man nach *Kah-Nee-Tah*, einem Erholungskomplex, in dem moderne und althergebrachte

Eines der Wahrzeichen Oregons und eine beliebte Herausforderung für Kletterer ist der Smith Rock 17 Meilen südlich von Madras am US-97.

Lebensstile auf gelungene Weise miteinander verbunden wurden. Man kann sich im Wasser der berühmten heißen Quellen mit seiner beruhigenden Wirkung einweichen lassen, an den Ufern des Warm Springs River Golf spielen oder über offenem Feuer gegrillte Lachsfilets genießen. Die Übernachtungskosten in *Kah-Tee-Tah*, was »Wurzel-Ausgräber« bedeutet, bewegen sich von Tipis für 55 bis zu Ein-Bett-Hütten für 90 $. Einfache Campgrounds, die nicht reserviert werden können, kosten 15 $. Wie das Wetter im zentralen Oregon ändern sich auch diese Preise ohne vorherige Ankündigung. Aktuelle Informationen sind unter 800/831-0100 erhältlich.

Zurück auf dem US-26 fährt man, nachdem Warm Springs durchquert ist, einen kleinen Hügel hinab zum modernen, 8200 m^2 großen *Museum at Warm Springs* (503/553-3331; tgl. 10-17; 5 $). Die Ausstellungen präsentieren mehr als 20 000 Exponate, darunter die Nachbildung einer aus Matten gefertigten Behausung der Paiute und ein Holzhaus der Wasco-Indianer, Aufnahmen verschiedener Stammessprachen und die interaktive Präsentation einer Wasco-Hochzeit. Eine Viertelmeile östlich des Museums, wo der US-26 den Deschutes River überquert, bietet das *Crossing Cafe* gutes Essen, darunter

In vielen Städten des östlichen Oregon werden Häuser mit großen und farbenprächtigen Wandmalereien dekoriert, die zumeist Themen aus Geschichte oder Natur darstellen.

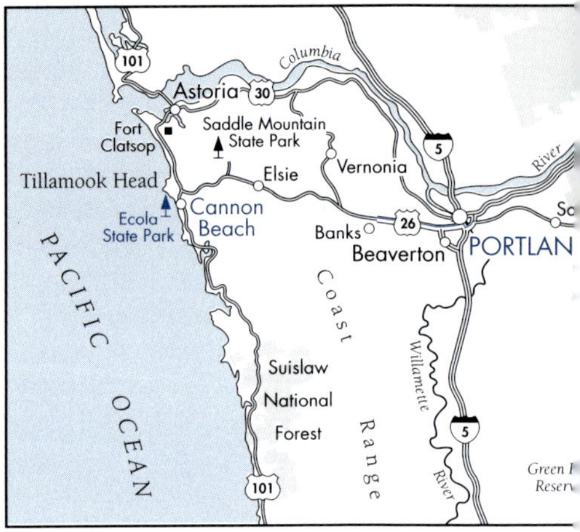

indianisches Brot, was gewöhnlich von einem Stück Heidelbeerkuchen begleitet wird.

Madras Nachdem der US-26 von der Warm Springs-Reservation aus den Deschutes River überquert hat, führt die Route ein Stück weiter östlich zusammen mit dem US-97 durch Madras, den Geburtsort des verstorbenen Schauspielers River Phoenix. Im Widerspruch zum Ortsnamen trägt kaum einer der hart arbeitenden Einwohner ostindische Kleidung, und die freakigen Jünger eines indischen Gurus sind längst orangegewandete Erinnerung: es ist mehr als ein Jahrzehnt her, daß Baghwan Shree Rajneesh und seine Schüler 30 Meilen nordöstlich bei dem Dorf Antelope in ihrer 70 000 Hektar großen Landkommune lebten.

Es gibt in Madras nicht viel zu sehen oder zu tun, aber mehrere praktische Übernachtungsgelegenheiten. Benannt nach dem Baum, der selbst noch an Orten wachsen kann, an denen Kiefern und Fichten aus-

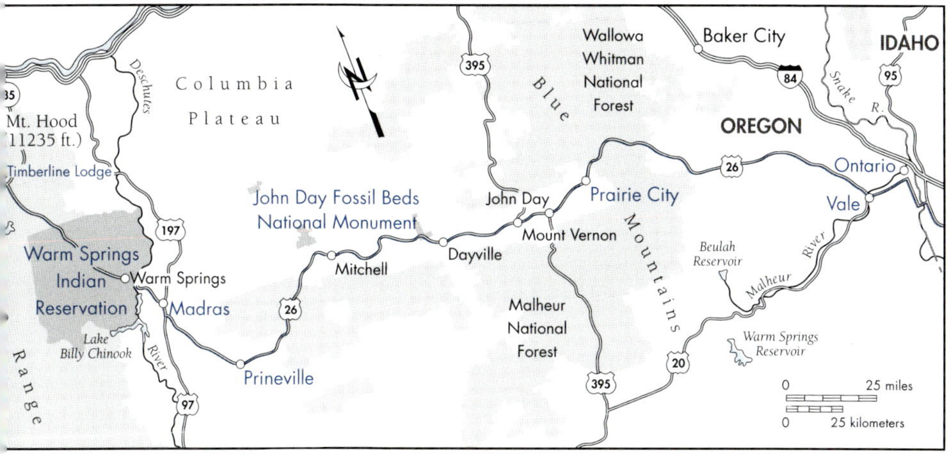

trocknen würden, ist das leicht zu findende *Juniper Motel* (414 North US-26, 503/475-6186) keine große Belastung für das Reisebudget. Auch *Sonny's Motel* and Restaurant (1539 Southwest US-97, 503/475-7217), das für ein paar Dollar mehr eine bessere Ausstattung bietet, ist eine gute Wahl.

Prineville Hinter Madras entfernt sich der US-26 immer weiter von der Cascade Range und durchquert die Crooked River National Graslands, die das geografische Zentrum Oregons bilden. Beim Herumspazieren in den Straßen von Prineville (5355 Einw.), einem Ort mit sehr lebendiger Tradition der Rinder- und Schafzucht, bemerkt man vielfach Cowboyhüte (oder »Gimmie«-Mützen, die die Logos verschiedener Kunstdünger- oder Traktorenhersteller tragen) auf den Köpfen der staubigen Bürger, die staubige Pickups durch die Stadt navigieren. Prineville ist immer ein aufregender Ort gewesen, seit Barny Prine 1868 hier seine Schmiede und seinen Saloon anlegte, nachdem in den nahegelegenen Hügeln Gold entdeckt worden war. Heute sind die Einwohner dieser Stadt Rancher, Holzfäller und Bergarbeiter, obwohl der Tourismus langsam, aber stetig eine wichtigere Rolle im örtlichen Wirtschaftsgefüge spielt.

Im *A. R. Bowman Museum* (246 North Main Street, 503/447-3715; Mo-Fr 10–17, Sa 12–17) kann man mehr über die Geschichte der Region erfahren. Unter den auf zwei Stockwerke verteilten Exponaten sind u. a. ein in Originalgröße rekonstruiertes Nachtlager, dazu eine Destillierapparatur zum Schwarzbrennen von Schnaps und ein Country Store mit einem Pfund Bull-Durham-Tabak. Wer mehr als nur Fastfood sucht, sollte ins *Ochoco Inn and Cinnebar Restaurant* (123 East Third Street) gehen,

Seit Oregon ein eigenständiger Staat wurde, haben die Einwohner des Crook County rings um Prineville bei Präsidentschaftswahlen jedesmal mehrheitlich für den Sieger gestimmt – bis sie 1992 George Bush anstelle von Bill Clinton favorisierten.

das für seine großzügig bemessenen und ausgewählten Menüs bekannt ist. *Barr's Cafe* (887 North Main Street) serviert 24 Stunden am Tag die für einen Coffee-Shop typischen Gerichte.

Zum Übernachtungsangebot gehört das *City Center Motel* (509 East Third Street, 503/447-5522) in der Mitte der Stadt in der Mitte des Staates, das sehr erschwinglich ist. Wer sich wirklich verwöhnen möchte, sollte das Bed and Breakfast im *Historic Elliott House* (305 West First Street, 503/447-7442) ausprobieren, das in einem im Queen-Anne-Stil gebauten viktorianischen Haus von 1908 untergebracht ist.

Die Reise auf dem US-26 östlich von Prineville führt hinauf in die *Ochocos*, einen wunderschönen niedrigen Bergzug, der einst das Kerngebiet der Paiute-Indianer ausmachte. Sieben Meilen hinter Prineville führt der US-26 am Ochocos Lake entlang, einem beliebten Stausee, der mit Gelegenheiten zum Angeln, Wandern, Campen und dem einen oder anderen Picknickplatz als Naherholungsziel dient. Es gibt an den Ufern dieses von Menschenhand geschaffenen Sees kaum Schatten, doch man kann hier gut eine kleine Mittagspause einlegen. Der übrige Teil des Ochocos-Bergzuges, der Höhen von bis zu 2100 m erreicht, besteht Hektar um Hektar aus lieblichen Wiesen, klaren Flüßchen und unberührten Kiefernwäldern.

John Day Fossil Beds National Monument

Östlich der Ochocos und auf halbem Weg durch Oregon dokumentiert das *John Day Fossil Beds National Monument* viele Millionen Jahre prähistorischen Lebens, von mächtigen Dinosauriern bis zu zerbrechlichen Pflänzchen. Die Lagerstätten wurden in den 1860ern von dem bekannten Geologen Thomas Condon entdeckt, und sie enthalten eine der weltweit reichsten und vielfältigsten Konzentrationen von fossilierten Sauriern und Säugetieren. Vom US-26 aus kann man die unheimliche Mondlandschaft gut erkunden. Man beginnt im Westen mit der *Painted-Hills-Sektion* zwei Meilen nördlich des Highways, wo Trails und Aussichtspunkte einen Eindruck der farbenreich gestreiften Kuppen, vulkanischen Felstrümmer und versteinerten Überreste von Wäldern vermitteln, die vor 30 Millionen Jahren die Gegend bedeckten. Ungefähr 35 Meilen weiter östlich liegt die *Sheep-Rock-Sektion* des National Monuments, wo man die Fossilien am besten in ihrem natürlichen Zustand betrachten kann. Hier befinden sich auch das Hauptquartier des Monuments und ein kleines Museum, das im *Cant Ranch Visitor Center* untergebracht ist.

Der Namensgeber der Fossil Beds, John Day, war ein Trapper, der 1810 entlang des Columbia River jagte, bis er von Indianern angegriffen wurde. Zwei Jahre später kam er nach Astoria an der Küste und kehrte nie wieder an den Fluß, in die Stadt oder in die Gegend zurück, die heute seinen Namen tragen.

Es gibt noch eine weitere, entfernter gelegene Sektion der Fossillagerstätten bei *Clarno* am John Day River, etwa 50 Meilen nordwestlich der Painted Hills. Das Verwaltungsbüro der *John Day Fossil Beds* (503/575-0271) ist im Ort John Day angesiedelt, 38 Meilen östlich der Sheep-Rock-Sektion.

Die einzige nennenswerte menschliche Siedlung im Bereich der Fossil Beds ist Mitchell, zwei Meilen östlich des Abzweigs zur Painted-Hills-Sektion gelegen, wo ein altmodischer General Store namens *Wheeler County Mercantile* das Flair der 1870er bewahrt hat. Wer etwas Handfesteres braucht als nur ein Schwätzchen über die Keksdose hinweg, der sollte im *Blueberry Muffin Restaurant* eben hinter dem Abzweig zu den Fossil Beds einkehren, wo es sehr sättigende und zufriedenstellende Kost gibt. Im *Skyhook Motel* (503/462-3569) in Mitchell kann man Zimmer mit einfachen Kochgelegenheiten mieten.

John Day und Umgebung Nachdem man die vielfach schattierten Hügelflanken und versteinerten Knochen besichtigt hat, kann man beim Herumstreifen in den kleinen Orten entlang des US-26 wieder eine normale Perspektive gewinnen. Ob Dayville oder Mount Vernon, ob John Day, Canyon City oder Prairie City – sie alle wurden nach der Entdeckung von Gold im Jahr 1862 als Camps für die Minenarbeiter gegründet, und viele bemühen sich heute um die wenigen Besucher, die eine Reise herauf in diesen wenig einladenden, aber unvergeßlichen Winkel der Welt unternehmen.

Angefangen im Westen wird sich zuerst das *Dayville Diggins* in Dayville des staubgesättigten Gaumens der Reisenden annehmen. Das *Fish House* (110 Franklin Street, 503/987-2124), ein Bungalow aus dem Jahre 1908, der in ein mit Antiquitäten vollgestelltes Bed&Breakfast-Inn verwandelt wurde, ist bei Hunger und Reisemüdigkeit die richtige Adresse. Zimmer kosten zwischen 35 und 50 $, und für 5 $ kann man auch im Zelt übernachten. Grillplätze und ein Areal zum Hufeisenwerfen stehen den Gästen zur Verfügung. Weiter östlich in Mount Vernon an der Kreuzung von US-26 und US-395 bietet das *The Wounded Buffalo* seine in der Region bekannten Buffalo Bill Burger und saftige Steaks.

Das Städtchen John Day (1836 Einw.) ist die Metropolis in dieser Kette von Gold-Orten. Hier gibt es eine Attraktion, die man nicht missen sollte: das *Kam Wah Chung and Company Museum* (250 Northwest Canton, 503/575-0028, Mo-Do 9–12 und 13–17, Sa/So 13–17; 2 $), von der Stadt betrieben und in einem netten Park nördlich des US-26 im Zentrum von John Day gelegen, wurde es 1866/67 als Handelsposten gebaut und zum General Store für die chinesischen Arbeiter, die in den Minen schufteten. Bis in die frühen vierziger Jahre blieb der Laden das Zentrum der örtlichen chinesischen Gemeinde. Und die war schon immer ansehnlich; um 1880 beispielsweise waren über 50 Prozent der Bevölkerung im Ort Chinesen. Die faszinierende Sammlung authentischer Gegenstände aus jener Ära umfaßt Kräutermedizinen, Konserven, Glücksspielzubehör und einen taoistischen Schrein. Wer mehr über die faszinierende Geschichte der Gegend erfahren möchte, sollte einen schnellen Abstecher auf dem US-395 nach Süden machen und in Canon City das *Grant County Historical Museum* (nur im Sommer Mo–Sa 9–16.30, So 13–17) im Zentrum dieses eindrucksvollen, unrestaurierten alten Bergbauortes besuchen. Das Restaurant *Grubsteak*

John Days einzige Radiostation, KJDY 1400 AM, sendet Country Music und regionale Nachrichten für das östliche Oregon. Die Zeitung der Stadt, The Blue Eagle, erscheint jeden Donnerstag.

Mining Company (149 East Main Street, 503/575-1970) in John Day offeriert eine prächtige Palette von Steaks und anderen Rindfleischgerichten. Sowohl das *The Dreamers Lodge Motel* (144 North Canyon Boulevard, 503/575-1700) als auch *Little Mac's Motel* (250 East Main Street, 503/575-1751) haben günstige Preise und interessante Namen. Und schließlich ist der Waschsalon mit dem ehrlichen Namen *The Traveler Laundromat* (755 South Canyon Boulevard am US-395) eine Erwähnung wert.

Prairie City Der erste Ort östlich von John Day am US-26 ist Prairie City, das sich schnell zu einem Fake mit falschen Fassaden im Western-Stil entwickelt, wo die Touristen zum Fotografieren anhalten. Ein Highlight ist das *Dewitt Museum* (South Main Street, nur im Sommer Do–Sa 10–15), das im restaurierten westlichen Endbahnhof der Sumpter Valley Railroad untergebracht ist, die von 1909 bis 1947 zwischen Baker und Prairie City verkehrte. Das Museum hat zehn Räume mit Artefakten aus der Bergbau-Ära. Ein für Prairie City unerwartet verrückter Hangout ist *Ferdinand's* (128 Front Street, 503/820-9359). Die ehemalige, im Jahr 1902 gegründete Metzgerei ist heute eine Kombination aus Restaurant und Saloon mit imposanter Speisekarte und einer Fülle von Antiquitäten. Das eindrucksvollste Bild, das die Reisenden auf ihre weitere Fahrt mitnehmen, ist dasjenige von zwei Schönheiten namens »Die Zwillings-Jungfrauen«, mit denen eine lange Bar gekrönt ist, die selbst schon ein architektonisches Wunderwerk darstellt. Die beiden Skulpturen wurden 1879 in Mailand geschnitzt, per Schiff rund ums Kap Hoorn gebracht, auf einem Sternwheeler den Columbia River hinaufgeschickt und dann mittels Planwagen ins Bergbaugebiet verfrachtet.

Auf halber Strecke zwischen Prairie City und Vale liegt die Grenze zwischen der Pacific und der Mountain Time Zone. Wenn man den Eldorado Pass überquert, muß die Uhr um eine Stunde umgestellt werden.

Der US-26 überquert die Wasserscheide bei John Day und führt dann hinauf in die Blue Mountains, eines der letzten und schwierigsten Hindernisse auf dem Oregon Trail. Dann zieht sich die Straße durch den Malheur National Forest, klettert über den genau eine Meile oder 1609 m hohen Dixie Pass und fällt dann zur Snake-River-Ebene ab. Abgesehen von Bäumen und den bewässerten Weiden der großen Viehzucht-Ranches gibt es auf den 120 Meilen zwischen Prairie City und der Grenze zu Idaho wenig zu sehen, obwohl es in der schroffen vulkanischen Landschaft viele heiße Quellen und Wandertrails gibt.

Vale Vale (1701 Einw.), der Verwaltungssitz des Malheur County, liegt an der Kreuzung des US-20 mit dem US-26 an den Ufern des Malheur River, in den hier schmalere Ströme und Bäche münden. Der vergleichsweise einfache Flußübergang und das Vorhandensein heißer Quellen machten den Ort zu einem beliebten Rastplatz am Oregon Trail. Überall in Vale weisen Kennzeichnungen auf die wichtigsten Plätze mit historischer Bedeutung hin, darunter das *Malheur Crossing* neben der Brücke am östlichen Ende des Städtchens, wo die Pioniere ihre schmerzenden vier Buchstaben in

Oregons größte und am besten erschlossene historische Stätte am Oregon Trail liegt am Flagstaff Hill unweit des Interstate 84 bei Baker City, wo eine Reihe guterhaltener Planwagenspuren den äußerlicheren geschichtlichen Anhaltspunkt für das große National Historic Oregon Trail Interpretative Center (503/523-1843, im Sommer tgl. 9–16; gratis) bilden.

die noch heißen Quellen des Malheur River tauchten, und der Keeney Pass gleich südlich von Vales Innenstadt an der Enterprise Avenue, wo man noch heute 150 Jahre alte Wagengeleise neben der Straße sehen kann.

Zwei weitere historische Monumente liegen im Gebiet der Stadt. Das *Stone House* am Ende der Main Street nahe des Wadleigh Park wurde 1872 gebaut, um eine aus Lehm errichtete Wegstation des Oregon Trail zu ersetzen. Am besten von allem ist der schlichte *Kennstein des Oregon Trails* auf dem Rasen des Gerichtsgebäudes. Er wurde hier von Ezra Meeker aufgestellt, der 1906 die Route verfolgte und das stetig wachsende Interesse an der Geschichte des Trails begründete.

In Vale eine Pause einzulegen, ist eine ehrenwerte Tradition, denn auch die Pioniere ruhten sich hier zumeist aus, ehe sie vom Tal des Snake River in die Blue Mountains zogen. Doch wenn man sich nach den eigenen langen Streifzügen durch trockene Flußtäler und über gestrüppbedeckte Ebenen hungrig und müde fühlt, hat man heute keine große Auswahl. Eine unterhaltsame Möglichkeit ist die Übernachtung in *Bates Motel* (1101 A Street West, 503/473-3234); es hat nichts mit Hitchcocks Psycho zu tun, wird aber seit mehr als 30 Jahren von der Familie Bates betrieben (ein Norman ist nicht darunter) und bietet saubere Duschen und eine erholsame Nachtruhe.

Um weitere Informationen über Vale und den Oregon Trail zu bekommen, sollte man im hilfsbereiten Visitor Center 275 North Main Street, 503/473-3800) vorbeischauen.

Ontario Ontario (9392 Einw.) an der Idaho Stateline, dem Interstate 84 und dem Snake River ist die ausgedehnteste unter vielen mittelgroßen, von der Landwirtschaft und der Viehzucht lebenden Gemeinden in der umliegenden Gegend. Die Stadt ist ein Umschlagplatz für Kartoffeln, Zwiebeln, Zuckerrüben und Rindfleisch und hat dem Besucher nicht viel zu bieten, auch wenn der *Cheyenne Social Club and Lounge* (11 Southwest First Street, 503/889-3777) – benannt nach einem Western von 1970 – erschwingliche Steaks und Seafood-Gerichte in einem nostalgischen Wild-West-Setting offeriert. Das *Holiday Motel* (615 East Idaho Street, 503/889-9188) ist eine Alternative zu den vielen Dependancen der landesweiten Motelketten.

Von Ontario aus ist der Interstate 84 die schnellste Verbindung nach Osten, wenngleich der US-20/26 einer langsameren, doch schöneren Route entlang der Snake und Boise Rivers folgt, die zu weiten Teilen am alten Oregon Trail entlangfuhrt.

Durch Idaho

Der Verlauf des US-20 durch das südliche Idaho führt durch einen der eindrucksvollsten leeren Räume Amerikas, eine wüstenartige, vulkanische Region, die von lebensspendenden Flüssen und einsamen Bergrücken durchzogen ist und merkwürdige geologische Phänomene hervorbringt, die Reisende anhalten und dieses unwirtliche Land erkunden lassen. Künstliche Bewässerung hat das Äußere des Landes stark beeinflußt, so daß heute Weinbaugebiete und liebliche Felder in der ansonsten öden und von graugrünem Gebüsch bewachsenen Ebene florieren. Doch ansonsten hat sich nur wenig verändert, seit diese Gegend die größte Herausforderung für die Pioniere bei ihrer Durchquerung des Landes entlang des Oregon Trails darstellte. Obwohl sich der Service für Reisende in den vergangenen 150 Jahren wesentlich verbessert hat, ist das südliche Idaho noch immer ein wildes Land, das an seine Besucher hohe Anforderungen stellt. Und wie große Teile des Westens kann es auf eine fast süchtig machende Weise befriedigen.

Parma und Fort Boise Genau wie die US-Highway 20 und 26 überquerte der historische Orgeon Trail die Grenze zwischen Oregon und Idaho auf Höhe der Zusammenflüsse der Boise und Snake Rivers südwestlich des heutigen Interstate 84 bei Parma. Zuckerrüben und Zwiebeln wachsen auf den Feldern rings um das kleine Städtchen, das von einer auf merkwürdige Weise inakkuraten Nachbildung des Fort Boise dominiert wird, einem der ersten europäischen Vorposten im pazifischen Nordwesten. Ursprünglich 1834 von der Hudson Bay Company eingerichtet, diente das Fort bis Mitte der 1850er Jahre der Versorgung von Reisenden, als es wegen schwindender Nachfrage und zunehmender indianischer Feindseligkeit aufgegeben wurde. Die keineswegs authentische Rekonstruktion des alten Forts aus Stahl und Putz liegt am US-20 westlich des Ortes und ist der Veranstaltungsort der jährlich Anfang Mai durchgeführten »Old Fort Boise Days«.

Östlich von Parma teilen sich die Highway 20 und 26 mit dem Interstate 84 eine Brücke über den Boise River, und man versäumt nichts, wenn man bis Boise auf dem Freeway bleibt.

Boise Boise, die Hauptstadt Idahos, ist trotz ihrer 125 000 Einwohner eine sehr angenehme mittelgroße Stadt und zählt zu den »most liveable cities«, den amerikanischen Städten mit der höchsten Lebensqualität. Sie ist eine sanfte grüne Oase inmitten der unfruchtbaren Lavaböden der Snake River-Ebene und bekam ihren Namen von französischen Pelzjägern aufgrund der dichten Baumbestände, die hier einst wuchsen (»bois« ist das französische Wort für »Gehölz«). Die Vegetationsinsel inmitten der braunen Wüste machte die Region schon früh zu einem angenehmen Ort der Rast, ehe die künstliche Bewässerung eine verstärkte Kultivierung der Gegend mit sich brachte. Die Existenz der Regierung des Bundesstaates Idaho und die 12 000 Studenten der *Boise State University* geben Boise ein Flair von Bildung und Lebendigkeit, das sich mit dem gewöhnlicheren Ambiente einer Stadt in Idaho mischt – mehr als

Der Oregon Trail

1993 belebte der 150. Geburtstag der Eröffnung des Oregon Trails das Interesse an diesem bekanntesten Emigrantentrail durch den Wilden Westen neu. Geschichtsfans trafen sich, um einen ganzen Sommer lang die anstrengende Durchquerung des Landes nachzuerleben; sie bauten authentische Planwagen und aßen, schliefen und kleideten sich wie die frühen Pioniere – allerdings mit dem unschätzbaren Wissen, im Gegensatz zu ihren Vorgängern jederzeit nach Hause zurückkehren zu können.

Von 1843 bis in die 1860er Jahre bereisten ungefähr 400 000 Männer, Frauen und Kinder den 2000 Meilen langen Trail und benötigten durchschnittlich vier Monate für die Reise über den Kontinent. Der Oregon Trail war schon lange vorher von Pelzjägern und Händlern bereist und in den 1840er Jahren durch mehrere Expeditionen der US-Armee unter Führung von Kit Carson und John C. Fremont festgelegt worden. Er folgte der Route durch den westlichen Teil des Kontinents, die die geringsten Widerstände bot. Der Trail nahm an mehreren Punkten entlang des Missouri River seinen Ausgang und folgte dem Tal des Platte River durch die Great Plains, überquerte die Rocky Mountains beim einfach zu bereisenden South Pass in Wyoming und zog sich dann durch die Wüsten des südlichen Idaho. Die schwierigsten Abschnitte lagen am Ende, wenn die Emigranten die Entscheidung treffen mußten, ob sie sich auf dem turbulenten Columbia River stromabwaärts treiben lassen oder über die schroffen Cascades ins Willamette Valley durcharbeiten wollten. Mehr als die Hälfte der Reisenden, die sich von Mis-

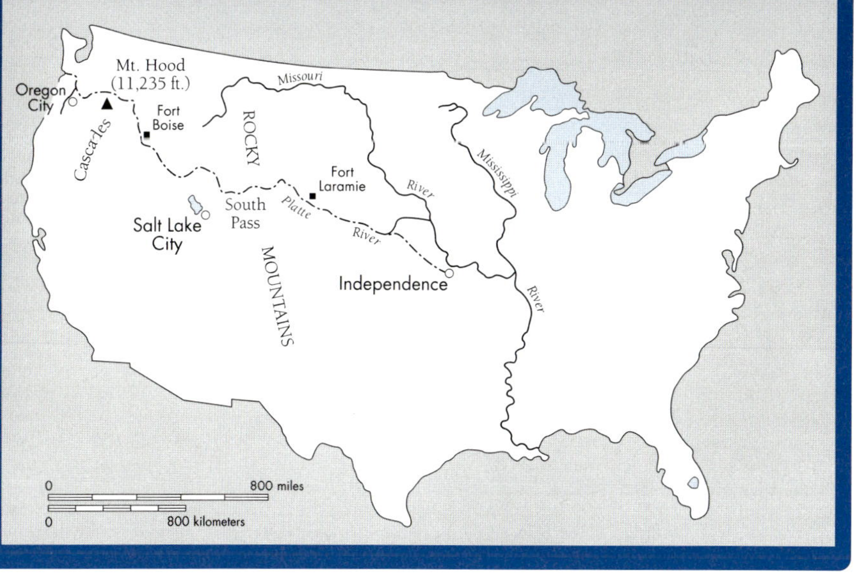

souri aus auf den Trail begaben, hatten andere Ziele vor Augen: mehr als 100000 von ihnen wandten sich nach Süden und zogen zu den Goldminen Kaliforniens, und etwa 30000 Mormonen folgten der Route nach Westen zu ihrer neuen Kolonie bei Salt Lake City.
Der Oregon Trail bot viele Varianten und Abkürzungen und war nie eine genau festgelegte Route. Viele eindrucksvolle Stätten existieren noch heute, wenn auch meist als rekonstruierte Forts, Handelsposten und Flußübergänge. Es gibt entlang der Strecke auch viele gute Museen.

Viele historische Stätten am Oregon Trail werden im Zusammenhang mit den verschiedenen Road Trip-Routen eingehender beschrieben. Zu den interessanteren Orten entlang des Pionier-Trails gehören

Oregon City: Westliches Ende des Trails, zehn Meilen südlich der Innenstadt von Portland am Willamette River.

The Barlow Road: Um den gefährlichen Fällen der Columbia-Schlucht zu entgehen, entschieden sich viele Siedler für die schwierige gebührenpflichtige Strecke, die um den Mount Hood herum ins Landesinnere führte. Siehe Seite 101.

The National Oregon Trail Interpretative Center: Guterhaltene Wagenspuren und eine Sammlung historischer Artefakte sind hier ausgestellt. Siehe Seite 107.

Fort Boise: Diese Befestigungsanlage, die Rekonstruktion eines 1834 in der Nähe errichteten Außenposten des Fellhandels, liegt am Ufer des Snake River. Siehe Seite 108.

Three Islands Crossing State Park: Einer der besten Orte, um ein Gefühl für das Leben der Pioniere auf dem Oregon Trail zu bekommen: bei einem der wichtigsten Übergänge des Snake River kann man campen, wo sie einst ihre Lager aufschlugen, schwimmen, wo sie sich einst im Fluß wuschen. Siehe Seite 113.

Fort Caspar: Der eindruckvolle Nachbau eines Frontier-Forts beherbergt ein Museum und die Überreste einer frühen Fähre und Brücke über den Platte River. Siehe Seite 125.

Fort Laramie: Dieses restaurierte Fort liegt 40 Meilen südöstlich von Douglas, Wyoming, und ist einer der besten Stopps am heutigen Trail. Die eindrucksvollsten Wagenspuren sind in einem die Phantasie anregenden State Park außerhalb von Guernsey flußaufwärts vom Fort konserviert.

Santa Fe Trail Junction: Ein paar Meilen weit folgten der Santa Fe und der Oregon Trail derselben Route. Ein Schild wies an dieser Stelle den Weg: rechts nach Oregon, links nach Santa Fe.

Independence, Missouri: An diesem Ort, wo die meisten Pioniere und Siedler ihre Reise entlang des Oregon Trails begannen, liegt auch eines der besten Museen zur Geschichte der Emigration Richtung Westen.

Bei Mountain Home entfernt sich der US-20 vom Interstate 84 Richtung Nordosten und folgt dem Goodale's Cut-off, einem Zweig des Oregon Trail, über eine rauhe vulkanische Ebene.

irgendwo sonst im Umkreis vieler Meilen wetteifern hier Rollerblades und Mountain Bikes mit Pickups um den Rang als beliebtestes Transportmittel, und die Straßen der Innenstadt sind voller Buchläden und Espresso-Bars.

Das Zentrum von Downtown Boise wird vom *State Capitol* an der Jefferson Street zwischen Sixth und Eighth Street dominiert (Mo–Fr 8–18, Sa 9–17; gratis), einem für solche Gebäude typischerweise großen Bauwerk in neoklassizistischem Stil mit einem riesigen Adler auf der Kuppel, die als Wahrzeichen der Stadt gilt. Glasvitrinen zeigen Muster der Produkte des Staates, und auf Anfrage kann man eine kostenlose Führung durch das Regierungsgebäude bekommen. Südlich des Capitols liegen Restaurants und Cafés rings um The Grove herum, dem Kongreßzentrum der Stadt, das zugleich auch ein großer Einkaufskomplex ist. Zur Anlage gehört eine große Fontäne, durch die wagemutige Kids auf Skates oder Fahrrädern hindurchfahren.

Auf keinen Fall sollte man hier *Taters* versäumen, ein Geschäft, das diverse Arten Idaho-Souvenirs von Postkarten und Ziermagneten bis zu Kochbüchern verkauft, in denen 100 verschiedene Tips zur Verarbeitung von Kartoffeln enthalten sind – getreu dem irgendwie ironisch wirkenden, aber völlig ernstgemeinten Slogan auf den Autokennzeichen des Staates: Famous potatoes.

Östlich der Innenstadt beherbergt das älteste Haus von Boise heute das kleine, aber eindrucksvolle *Basque Museum* (611 Grove Street, Di–Fr 10–15, Sa 11–14; Eintritt gegen Spende); es dokumentiert die Kultur der Basken, die in Idahos Ranchwirtschaft arbeiten.

Weiter östlich, wo die Main Street in die Warm Springs Road übergeht, liegt das *Old Idaho Penitentiary* (208/368-6080, im Sommer tgl. 12–17, im übrigen Jahr 12–16; 3 $). Es wurde 1872 errichtet und diente mehr als einhundert Jahre lang als Hauptgefängnis. Hohe Mauern aus Sandsteinblöcken, die von Gefangenen geschlagen wurden, umgeben den Komplex, und in den ehemaligen Zellentrakten gibt es Exponate zum Gefängnisleben zu sehen – angefangen bei einer Sammlung von Tätowierungen bis hin zum Galgen, an dem das Leben so manchen Häftlings beendet wurde.

Die Restaurants in Boise bieten kein atemberaubendes kulinarisches Spektrum, doch findet man rings um die Eighth und Main Streets im Innenstadtbereich recht brauchbare Eßlokale. Es gibt in der Stadt die üblichen Übernachtungsangebote sowie das wundervolle *Idanha* (928 Main Street, 208/342-3611), ein 1901 erbautes Haus mit verschnörkelten Erkertürmchen, opulenten Gemeinschaftsräumen und nicht zuletzt auch dem ältesten öffentlichen Aufzug des Staates. Die Zimmer sind die geforderten 50 $ pro Nacht allemal wert.

Abstecher nach Stanley und Sunbeam
Von Boise aus führt der Highway 21 Richtung Nordwesten auf einer sehr schönen Nebenstrecke entlang der aufgegebenen Goldminen der Sawtooth Mountains durch den Boise National Forest nach Stanley. Der kleine und weltabgeschiedene Ort mit 71 Einwohnern liegt 1900 m hoch in einem weiten Becken am östlichen Ausläufer der Sawtooth Mountains und ist ein exzellenter Ausgangsort für Erkundungen in dem umgebenden Gebiet mit mehr als 800 000 Hektar alpinen Wäldern. Im Sommer wächst die Bevölkerung auf 500 Köpfe inklusive der Besucher an; obwohl Stanley nur 60 Meilen nördlich des überlaufenen Sun Valley liegt, gibt es hier noch zahlreiche Freiräume. Wanderer, Mountain-Bike-Fahrer und im Winter die Skilangläufer finden im Gebiet der 3500 m hohen Gipfel die gewünschte Einsamkeit. Die Ranger Station (208/774-3681) vier Meilen südlich des Ortes am Highway 75 kann zahlreiche Hinweise auf Trails, Campgrounds und Rafting-Touren auf dem Mittellauf des Salmon River geben.

Wer nicht campen will, sei an die *Creekside Lodge* (208/774-2213) im Zentrum des Ortes abseits des Highway 21 verwiesen, die Zimmer mit kleinen Küchen für 40–70 $ pro Nacht vermietet. Sollte die Lodge ausgebucht sein, bietet das moderne *Mountain Village Resort* (208/774-3661 oder 800/843-5475) an der Kreuzung von Highway 75 und Highway 21 Motelzimmer, ein annehmbares Restaurant und eine Tankstelle.

Auf seinem weiteren Verlauf erreicht der Highway 75 zwölf Meilen östlich das rustikale, aber nette und ganzjährig betriebene Ferienressort *Sunbeam* (208/838-2211), in dem es Blockhütten (40 $ pro Nacht, 200 $ pro Woche), einen Campingplatz und ein sehr gutes Restaurant gibt, das eine breite Palette preisgünstiger und gesunder Feinschmeckergerichte sowie den besten Kaffee Idahos auf einer sonnigen Terrasse oberhalb des Zusammenflüsse des Yankee Fork und des Salmon River serviert. Die vielleicht größte Attraktion der Gegend sind die natürlichen heißen Quellen, die im Salmon River eine halbe Meile oberhalb des Ressorts mehrere Felsbecken mit unterschiedlich warmem Wasser bilden.

Wer nicht den langen Weg bis Boise zurück zum US-20 bzw. 26 fahren möchte, kann entweder den Highway 75 nach Süden über Ketchum – den letzten Wohnort Ernest Hemingways – oder nach Osten bis Challis und dann den Highway 93 nach Süden entlang des Big Lost River nehmen, wo man bei Arco wieder die Hauptroute erreicht.

Mountain Home Im südlichen Idaho hat der Interstate 84 die älteren Highways weitgehend ersetzt, vor allem in der Gegend südöstlich von Boise. Die riesige *Mountain Home Air Force Base* 35 Meilen südöstlich der Stadt ist die einzige menschliche Einrichtung auf viele Meilen im Umkreis – und das ganz bewußt: Die Basis ist ein Testgelände für die allerneuesten High-Tech-Waffensysteme und Flugzeuge. Einer der umstritteneren Nebeneffekte der Existenz von Mountain Home ist die Tatsache, daß die Verantwortlichen angeordnet haben, weite Teile der umliegenden Wildnis – darunter die weitgehend unberührten Owyhee Mountains und fast die gesamte südwestliche Ecke des Staates – für die Öffentlichkeit zu sperren und in ein Bombentestgelände

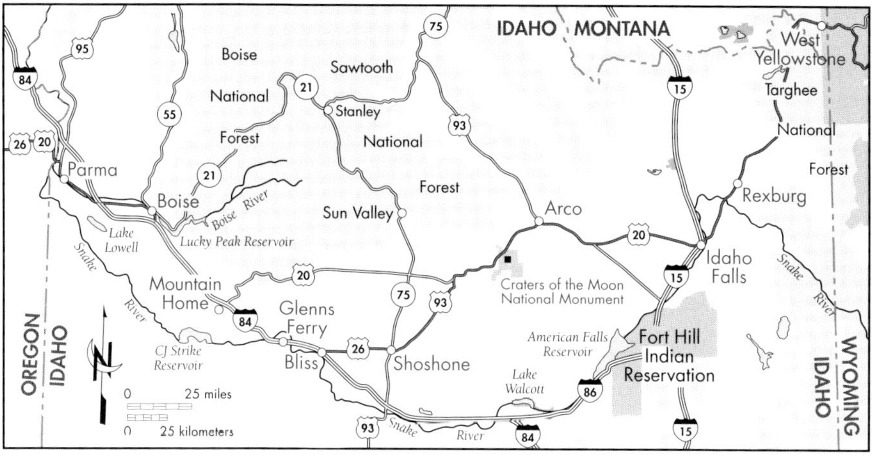

umzuwandeln, damit die Piloten mit scharfer Munition Erfahrung sammeln können. Achtzehn Meilen südlich von Mountain Home und vom Interstate 84 aus via Highway 51 erreichbar befindet sich der *Bruneau Dunes State Park*, der die höchste isoliert liegende Sanddüne Nordamerikas schützt – sie erhebt sich mehr als 120 m über die Ebene des Snake River. Da die Temperaturen in den Sommermonaten leicht 40 Grad Celsius erreichen können, sind der frühe Morgen oder die Zeit um Sonnenuntergang die besten Momente, um seine Beine zu bewegen, auf die Düne zu klettern und dann mit Schwung durch den weißen Sand wieder nach unten zu rennen.

Obwohl er am Interstate liegt, hat der kleine Ort Mountain Home kaum mehr als die durchschnittlichen spärlichen Serviceeinrichtungen, darunter die bekannten Pizza-Buden sowie ein paar Motels. Das *Best Western Foothills Motor Inn* liegt am Exit 95 des Interstate 84 (1080 US-20, 208/587-8477).

Glenns Ferry Der kleine Ort Glenns Ferry 28 Meilen südöstlich von Mountain Home am Snake River bzw. am Interstate 84 wäre kaum eine Erwähnung wert, wenn hier nicht einer der wichtigsten Flußübergänge des gesamten Oregon Trails läge. Der in den *Three Island Crossing State Park* umgewandelte Platz liegt eine Meile südwestlich des Ortes und vermittelt einen starken Eindruck, mit welchen Schwierigkeiten die Pioniere auf ihrem Weg nach Oregon konfrontiert waren. Ein sehr gutes *Visitor Center* (tgl. 9–17), vor dem ein Connestoga-Planwagen steht, dokumentiert die Geschichte und die Geschichten des Trails, und jedes Jahr im August treffen sich Enthusiasten und stellen die Überquerung des Snake River nach. Bei einem Bad im Fluß spürt man die starken Strömungen, die hier aber weit schwächer sind als sonst, weshalb der Platz als beste Furt für Wagen und Vieh galt. Man kann hier auch wunderbar campen; der fast immer klare Himmel lädt zum Sternegucken ein, und es gibt eine brave Herde von Büffeln.

Bliss Dieser kleine, nur von 186 Menschen bewohnte Ort mit dem idyllischen Namen Bliss (Wonne, Seligkeit) ist nicht nur einen kurzen Zwischenstopp wert, um eine Postkarte aus der Seligkeit zu verschicken, sondern vor allem wegen des tiefen Canyons im *Malad Gorge State Park* (208/837-4505, tgl. von Sonnenaufgang bis zur Dämmerung; gratis), der ab dem Exit 147 des Interstate 84 gut ausgeschildert ist. Der ganze Park sieht nach nicht viel aus, bis man das Auto verlassen hat und 30 m den Trail entlang gegangen ist. Plötzlich tut sich eine 75 m tiefe Schlucht auf, in die donnernd ein Wasserfall hineinstürzt. Hoch oben zieht der Freeway hinweg, und niemand ahnt im Vorbeifahren etwas von diesem direkt unterhalb gelegenen Naturwunder.

Jenseits des Snake River bei Malad Gorge enthält das Hagerman Fossil Beds National Monument eine der »reichsten bekannten Lagerstätten von Fossilien aus dem Pleistozän«, vor allem Überreste von Pferden (Equus simplicidens), die vor etwa drei Millionen Jahren durch die Gegend streiften. Im Bereich des nicht erschlossenen Monumentes findet sich auch der längste Abschnitt sichtbarer Planwagenspuren im gesamten Verlauf des Oregon Trails. Das neue Visitor Center liegt auf der anderen Seite des Flusses in Hagerman (208/837-4793).

Von Bliss aus entfernt sich der US-26 in gerader Linie nach Osten vom Interstate 84 und führt durch eine schroffe, scharfkantige Ebene aus Lavagestein. In Bliss zweigt auch der US-30 nach Süden ab, der dem Oregon Trail entlang des Snake River durch die liebliche und an Wasserfällen reiche Gegend namens Thousand Springs folgt.

Shoshone Shoshone (1249 Einw.), die einzige Ortschaft auf Meilen im Umkreis, ist ein Farm- und Eisenbahnzentrum – mit Amtrak-Service. Einige der Häuser sind aus dem vulkanischen Gestein dieser Gegend erbaut. Auch wenn die Zeit nicht spurlos an Shoshone vorübergegangen ist, sieht der Ort in der Abenddämmerung großartig aus, wenn der stählerne Wasserturm im roten Licht glüht und Plätze wie das *Frosty Isle* Drive-In am Nordrand des Ortes und das Manhattan Café an den Eisenbahngleisen mit seiner Neonreklame besonders ansprechend wirken.

Wer Hunger, Durst oder wenig Benzin hat, sollte seine Bedürfnisse unbedingt hier stillen, denn es gibt zwischen Shoshone und dem 83 Meilen östlich gelegenen Arco keine Serviceeinrichtungen.

Shoshone liegt an der Kreuzung des US-20 mit dem Highway 75, der nach Norden Richtung Sun Valley führt, und mit dem US-93, der sich von Montana kommend über Twin Falls bis hinunter nach Mexiko zieht. Der gesamte Verlauf dieses Highways ist in Band 2 von Road Trip USA beschrieben.

Twin Falls 27 Meilen südlich von Shoshone liegt Twin Falls (27 750 Einw.), das nach zwei 70 m hohen Kaskaden im Snake River benannt ist, die aber schon längst für künstliche Bewässerung und Stromerzeugung genutzt werden. Die Stadt ist der Hauptort des ausgedehnten *»Magic Valley«* mit sehr ertragreichem, künstlich bewässertem Farmland, das über 200 000 Hektar des südlichen Zentralidaho ausmacht. Twin Falls ist den Menschen außerhalb des Staates vor allem als jener Ort bekannt, an dem 1974 der

Die höchste Erhebung in Idaho, der 3859 m hohe Mount Borah, wurde 1983 durch ein heftiges Erdbeben, das 7.3 auf der Richterskala erreichte, um zusätzliche 60 Zentimeter angehoben.

Draufgänger Evil Knievel mit einem raketengetriebenen Motorrad über den Snake River Canyon zu springen versuchte – und dabei scheiterte. Die Stadt ist sowohl ein betriebsamer Highway-Ort mit einem Wald aus Neonschildern am US-93 als auch eine ruhige Farmergemeinde, die Reisenden außer ihren Tankstellen, Restaurants und Motels nur wenig zu bieten hat. Man kann im durchgehend geöffneten *Depot Grill* (545 South Shoshone Street) an der Hauptdurchgangsstraße durch die Innenstadt essen oder ganz nach Wahl ein einem von zwei *Best Westerns*, einen *Comfort Inn*, einer *Econo Lodge*, einem *Super 8* oder einem Dutzend anderer Motels übernachten.

Die einzigartige Attraktion von Twin Falls, der Ort von Evil Knievels mißglücktem Motorradsprung, liegt eine Meile nördlich der Stadt am US-93 südlich des Interstate 86. Es gibt einen großen Parkplatz und ein *Visitor Center* am Südende der eleganten *Perrine Memorial Bridge*, und der Platz lohnt einen Abstecher nicht nur wegen der Überreste der Sprungschanze (ein dreieckiger Haufen Erde 500 m östlich der Brücke) oder des Gedenksteins mit der Inschrift »Robert ›Evil‹ Knievel – Entdecker, Motorradfahrer, Teufelskerl«, sondern wegen des eindrucksvollen Blicks hinunter in die 150 m tiefe Schlucht, auf deren bewässertem Grund leuchtend grüne Golfplätze liegen. Vor allem bei Sonnenuntergang, wenn die ganze Gegend in einem unwirklichen Licht erglüht, ist die Szenerie besonders sehenswert.

Viele von Idahos »famous potatoes« werden im Magic Valley rings um Twin Falls angebaut; Erntezeit ist der späte September.

Östlich von Idaho Falls erheben sich die zerklüfteten Grand Tetons und ziehen sich an der Grenze zwischen Idaho und Wyoming entlang.

Auch wenn die Stadt einen guten Absprungplatz für Touren nach *Sun Valley* und in die weiter nördlich gelegene Wildnis darstellt, gibt es in Twin Falls nicht viel zu unternehmen. Die Wasserfälle, die der Stadt den Namen gaben, sind kaum zu sehen, seit ihre Wasser aufgeteilt und wirtschaftlich genutzt werden. *Shoshone Falls*, der höher ist als die Niagara-Fälle, mag vor allem im Frühjahr noch etwas beeindrucken. Man kann die Fälle gut vom Park am Ende der Falls Avenue aus erkunden, der sieben Meilen östlich der Stadt am US-93 liegt.

Craters of the Moon National Monument

Der Schriftsteller Washington Irving hat die Craters of the Moon einmal als Ort beschrieben, »wo das Auge auf nichts als einsame und entsetzliche Ödnis fällt, wo kein Gras wächst oder Wasser fließt und wo man nichts als Lava sieht«. Doch sind die ausgedehnten vulkanischen Flächen des Craters of the Moon National Monument nicht völlig ohne Leben – sie sehen nur so aus. Die Lavafelder bedecken ein 25000 Hektar großes Areal in einer mittleren Höhe von 2000 m und sind nur ein kleiner Teil der weiten vulkanischen Snake-River-Ebene, die sich 100 Meilen breit durch das südliche Idaho zieht. Die runden Vulkankegel und

Flächen glasartiger schwarzer Felsen wurden vor 2000 bis 15000 Jahren gebildet, und entgegen des ersten Eindrucks beherbergen sie eine große Vielfalt an pflanzlichem und tierischem Leben, von Kiefern über verschiedene kleinere Raubtiere bis zu einer Herde Rotwild. Im Mai und Juni sieht man eine Fülle von Wildblumen, und die Temperaturen sind noch angenehm, weshalb es die ideale Zeit für einen Besuch im Monument ist.

Die eindrucksvollsten Überreste der vulkanischen Aktivität in dieser Gegend, die Schlackekegel der einstmals feuerspeienden Berge, sind über eine sieben Meilen lange Rundstrecke südlich des US-20/26 leicht zugänglich. Diese riesigen Kuppen aus leichter Schlacke ermöglichen tolle Ausblicke in die Umgebung, aber sie sind keine Vulkane, und es gibt auch keinen Krater, in den man hineinschauen könnte. Der Ort, wo die *Craters of the Moon* richtigen Kratern am nächsten kommen, sind die *Spatter Cones* auf halbem Weg an der Rundstrecke. Die tiefen Öffnungen hier sind oft bis spät in den Sommer hinein mit Schnee gefüllt. Der interessanteste Abschnitt des Monumentes liegt am Ende der Straße, wo man – wenn man eine Taschenlampe bei sich hat – unter der Erdoberfläche durch Lavaröhren wandern kann, die *Boy Scout Cave*, *Beauty Cave* und *Indian Tunnel* heißen; der letztere ist mit 252 m der längste dieser natürlichen Tunnel im Park, die entstehen, wenn unter der erkaltenden Oberfläche noch heiße Lavaströme fließen und beim Abebben tunnelartige Röhren hinterlassen.

Im kleinen *Visitor Center* (208/527-3257) im Sommer tgl. 8–18, ansonsten 8–16.30), wo 4 $ Eintritt für den Park zu entrichten sind, kann man weitere Informationen sowie hilfreiche Broschüren erhalten. Ein einfacher Campground mit 52 Zeltarealen bietet fließendes Wasser und Toiletten, aber keine Duschen, Stromanschlüsse oder Abwassertanks für Wohnmobile.

Arco »Die erste Stadt in der freien Welt, die mit Kernenergie versorgt wird.« Arco (1230 Einw.) liegt an den Ufern des Big Lost River, der so heißt, weil er ein paar Meilen flußabwärts im vulkanischen Labyrinth der Snake River-Ebene verschwindet. Arco selbst, eine Siedlung an der Kreuzung des US-20 mit dem US-93, hat nicht viel zu bieten, kommt aber als Tank- und Raststopp sehr gelegen. Schilder und historische Plaketten erläutern die Verbindung des Ortes mit den frühen Tagen der Atomkraft.

Wer sich nicht nur oberflächlich für die Kerntechnologie interessiert, sollte das unscheinbar wirkende Gebäude 18 Meilen südöstlich von Arco auf der Südseite des US-20 erkunden, in dem sich die außer Dienst gestellten Überreste des experimentellen *Brut-Reaktors Nummer Eins* befinden. Der deaktivierte Reaktor liegt am Rande des großen *Idaho National Engineering Laboratory* und ist für Touren geöffnet (208/526-0050, keine Führungen, nur im Sommer tgl. 8–16; gratis), bei denen man auf eigene Faust einen Blick auf die Turbinen, in den Kontrollraum und sogar auf die Brennstäbe werfen kann, die am 20. Dezember 1951 den ersten Atomstrom produzierten.

Idaho Falls Idaho Falls (43929 Einw.) ist nach dem breiten, aber flachen Wasserfall benannt, der inzwischen völlig gezähmt wurde und nun einen netten See inmitten des Ortes bildet. Die betriebsame große Stadt liegt an der Kreuzung des US-20 mit dem Interstate 15 und hat eine sehr attraktive amerikanische Downtown an den Ufern des Snake River. Getreidesilos und Viehhöfe liegen an den Eisenbahngleisen, die Signalhörner der Züge sind die ganze Nacht hindurch zu hören, und Neonreklamen jeglicher Art säumen die Highways und offerieren eine konzentrierte Dosis des ländlichen Amerika, während die Hotels, Supermärkte und Restaurants Idaho Falls zu einem praktischen letzten Stopp machen, ehe man in die vielfältige Wildnis im Norden, Osten und Westen der Stadt weiterreist. Abgesehen von der Chance, in einem Geschäftsviertel herumzulaufen, das sich seit 1956 nicht verändert hat (wenn Sie Zeit haben, sollten Sie in den *Royal Shoe Shop*, 321 Park Avenue, hineinschauen, der nach Leder und Schuhpolitur riecht), kann man im Park am Fluß spazierengehen, die Gänse füttern oder einfach die Wasser beobachten, wie sie über die Wehre purzeln.

Das verschlafene Städtchen Rigby westlich des US-20 und 15 Meilen nördlich von Idaho Falls spielt eine wichtige Rolle in der Entwicklung der zeitgenössischen Kultur: hier wuchs der junge Philo T. Farnsworth auf und ging zur Schule – später erfand er die Kathodenstrahl-Bildröhre.

Selbst wenn man es eilig hat, gibt es zumindest einen klassischen Ort für unschlagbares Roadfood, den man besucht haben sollte: das *North Hi-Way Cafe* (460 Northgate Mile/Old US-20), erkennbar an einer riesigen blinkenden Neonreklame. Wer eine Unterkunft sucht, sollte das gut plazierte *Holiday Inn* (475 River Parkway, 208/523-800 oder 800/432-1005) ausprobieren, das oberhalb der Wasserfälle liegt, oder das günstigere *Littletree Inn* (888 North Holmes Road, 208/523-5993), dessen Zimmerpreise unter 40 $ anfangen.

Auf der Grenze zwischen Idaho und Montana bildet der 2156 m hohe Targhee Pass die kontinentale Wasserscheide.

Rexburg Die Stadt Rexburg (14 302 Einw.), deren Besiedlungsanfänge auf das Jahr 1880 zurückgehen, ist heute vor allem wegen des Beinahe-Desasters des Jahres 1976 bekannt, als der riesige Teton Dam zusammenbrach und sich über 24 Milliarden Liter Wasser in das tieferliegende Tal ergossen. Glücklicherweise hatten Ingenieure die Warnzeichen beachtet und konnten das Gebiet rechtzeitig evakuieren lassen; trotz hoher Schäden wurde kaum ein Mensch in Mitleidenschaft gezogen. Rexburg wurde ursprünglich von Mormonensiedlern gegründet und hat noch immer ein ausgesprochenes Mormonen-Ambiente; das *Teton Dam Museum* (51 West Center Street) im Keller der Mormonenkirche gegenüber des Rathauses zeigt die übliche Sammlung von Quilts und Brandzeichen und illustriert die Geschichte der Region. Eine große Abteilung ist der schweren Flut von 1976 gewidmet. Ein kurzer Film zeigt den endgültigen Kol-

Als der Trapper John Colter 1808 die Szenen beschrieb, die er im Bereich des heutigen Yellowstone Park gesehen hatte – gurgelnde, spuckende Dampffontänen bzw. schillernde Tümpel mit kochendem Schwefelwasser – , schenkte ihm niemand Glauben. Viele hielten ihn für verrückt und nannten das phantastische Land »Colters Hölle«.

laps des Dammes. Es gibt auch eine Ausstellung über die verheerenden Waldbrände, die 1988 einen großen Teil des Yellowstone Nationalparks zerstörten.

Von Rexburg aus zieht sich der US-20 nach Nordosten durch den *Targhee National Forest* und klettert entlang des *Henry's Fork River* – einem der besten Angelströme des Landes, der von bis zu zehn Pfund schweren Forellen wimmelt – aus der Snake River-Ebene hinauf ins Kerngebiet der Rocky Mountains.

West Yellowstone, Montana Der in Montana gelegene Ort West Yellowstone (913 Einw.) ist das westliche Tor zum Yellowstone National Park. Er liegt eben jenseits der Stateline und bietet alle Motels, Tankstellen und Cafés, die man sich nur wünschen kann – und noch ein paar mehr.

West Yellowstone war ein früher Zugangsort zum Park für Touristen, die mit der Union Pacific Railroad anreisten, und hat eine große Zahl altmodischer Einrichtungen für Touristen bewahrt – der *alte Bahnhof* ist heute ein schönes, wenn auch kleines Museum of the Yellowstone (4 $), und die vielen Motels entlang der Hauptstraße (es gibt mehr Motelzimmer als Einwohner!) zeigen eine tolle Auswahl alter Neonreklamen, während sie die Eß- und Tankgelüste der modernen Wohnmobilfahrer stillen. Es gibt auch ein großes *IMAX-Theater* (tgl. 9-21; 6 $) für alle, die die Zelluloidversion dem wirklichen Park vorziehen …

Obwohl sich die Wälder des Yellowstone Parks inzwischen erholen, sind die Zerstörungen des Feuers von 1988 im westlichen Teil des Parks noch überall zu sehen.

West Yellowstones Hauptstraße, die Canyon Street (US-20), ist mit vollgestopften Souvenir Shops gesäumt. Der exzellente *Book Peddler* (106 Canyon Street) verfügt neben dem großen Angebot an Literatur und Sachbüchern auch über eine Espresso-Bar. Das Silver Spur Cafe, ebenfalls an der Canyon Street gelegen, serviert eine gute Schüssel Chili und luftige Omeletts. Motels gibt es in den Nebenstraßen reichlich; entweder man fährt herum und sucht sich ein freies Zimmer, oder man holt Informationen über die Hotline des *Visitor Centers* ein (406/646-7832 oder 800/521-5241).

Das erste Auto im Yellowstone-Nationalpark

Durch Wyoming

Die meisten Besucher Wyomings haben nur eins im Sinn: die einzigartigen Schönheiten des Yellowstone National Park. Dieses verblüffende Naturspektakel ist zu recht die wichtigste Touristenattraktion des Staates, doch auch das übrige Wyoming bietet eine überraschende Vielfalt interessanter Orte von den Viehtreiberorten des Wilden Westens bis zu den unendlichen Weiten der Great Plains. Wyoming, der am dünnsten besiedelte aller amerikanischen Bundesstaaten, bietet mehr offene Landschaft als jede andere Region. Wer das Gefühl mag, Meilen um Meilen zu reisen, ohne jemandem zu begegnen, und dann an eine Kreuzung zu kommen, wo die Post und der General Store sich mit der Tankstelle unter dem Dach des einzigen Gebäudes vereinen, wird gern viel Zeit darauf verwenden, Wyoming auf eigene Faust zu erkunden.

Yellowstone National Park Hoch oben in den nördlichen Rockies in der Nordwestecke von Wyoming liegt der Yellowstone National Park direkt auf der kontinentalen Wasserscheide. Er ist zweifellos eines der großen Naturwunder dieser Welt. Als sei der Park eine Hitliste der schönsten Phänomene von Mutter Natur, ist er mit blubbernden Geysiren, prächtigen Canyons, tosenden Wasserfällen und noch wirklich wilden Wildtieren vollgestopft. Yellowstone ist der älteste Nationalpark des Landes und der Welt und wurde 1872 eingerichtet. John Colter, der 1808 durch diese Gegend kam, erforschte als erster das Areal etwas näher, das eines der größten Gebiete in den 48 kontinentalen US-Bundesstaaten darstellt, das nie eingezäunt oder landwirtschaftlich genutzt werden wird.

Wer in den Park kommt, weiß mit ziemlicher Sicherheit bereits etwas über die dortigen Sehenswürdigkeiten: die bedeutendste Attraktion ist der *Old Faithful Geyser* in der Südwestecke des Parks. Der Geysir ist eines der bekanntesten Naturphänomene der Welt und für seine wie von einem Uhrwerk gesteuerten Eruptionen berühmt, bei denen 20000 Liter kochendes Wasser 50 m hoch in die Luft geschleudert werden und minutenlang eine massive, dampfende Säule bilden. Meist warten Hunderte von Besuchern auf den Wasserausbruch, und die Ranger können das Ereignis ziemlich genau vorhersagen. Das *Visitor Center* listet die Zeiten der zu erwartenden Ausbrüche auf, die etwa alle 75 Minuten stattfinden und zwischen zwei und fünf Minuten andauern. Zwischen den Eruptionen hat man die Gelegenheit, im Old Faithful Basin herumzuspazieren und die zahllosen anderen Geysire – in diesem Gebiet existiert die weltweit größte Kon-

Die Besuchersaison im Park ist kurz. Die Straßen sind zumeist von November bis April, Mai oder gar Juni durch Schnee blockiert. Informationen über den aktuellen Streckenzustand unter 307/344-7381.

Die einzige Straße, die im Winter offengehalten wird, ist die zwischen Gardiner und Cooke City, Montana, am Nordende des Parks. Wer abgehärtet ist, kann rings um den Park Skilanglauf betreiben oder von Mammoth Hot Springs aus eine Tour mit dem Snow-Cat unternehmen. Details sind von T W Recreational Services Inc. (307/344-7311) zu erfahren.

Beim Norris Geyser Basin illustriert das kleine Museum of the National Park Ranger die Entwicklung der Nationalparks. Der Yellowstone Park beispielsweise stand zwischen 1886 und 1916 unter dem Schutz der U.S. Army.

zentration heißer Springquellen – sowie farbenprächtige Tümpel und weitere geothermische Phänomene zu betrachten, die durch gut gekennzeichnete Boardwalks und Trails entlang des Firehole River für den Besucher erschlossen sind.

Die andere Hauptattraktion des Parks ist der *Grand Canyon of the Yellowstone River*, wo ein paar mächtige Wasserfälle in einen 20 Meilen langen, eine halbe Meile breiten und 300 m tiefen Canyon aus erodiertem gelben Gestein stürzen. Parkplätze säumen den Nord- und Südrand des Canyons, und Trails führen an die Kante des Abgrundes. Mein persönlicher Lieblingspfad ist *Uncle Tom's Trail*, der am Südende der Fälle beginnt und eher wie eine Treppe als ein Wanderpfad steil im Zickzack in den Canyon hinunterführt, bis man unmittelbar vor dem herabstürzenden Wasser steht.

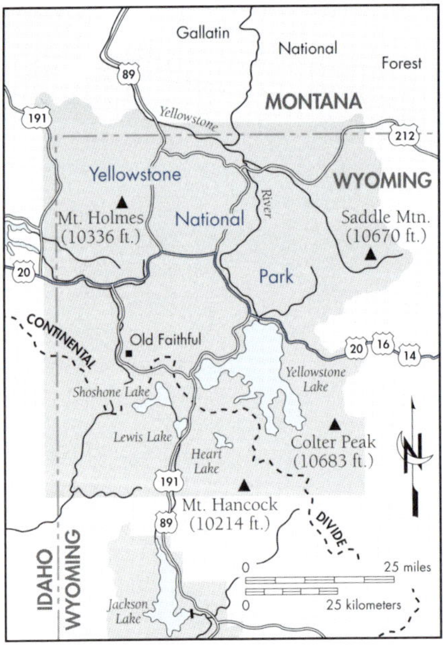

Ein Stückchen weiter am Südrand liegt Artist's Point, der einen klassischen Blick auf die Schlucht ermöglicht. Zwei »Brink of the Canyon« genannte Routen führen von der Nordseite hinunter zum Wasser.

Neben diesen Hauptattraktionen gibt es viele weitere Sehenswürdigkeiten, und man sollte sich in den Visitor Centers Zeit nehmen, mit den Rangern sprechen und herausfinden, welche Wunder hier der Besucher harren. Mit einer Ausdehnung von grob gesagt 100 mal 100 Meilen hat Yellowstone eine immense Fläche – groß genug, die vielen Touristen zu absorbieren, die während der sommerlichen Hochsaison hierher kommen.

Was auch immer man anschauen möchte – man sollte nicht versuchen, alles an einem Tag zu schaffen, und wer nicht viel Zeit erübrigen kann, sollte sich auf eine oder zwei Attraktionen beschränken, dort lieber aus dem Auto aussteigen, in die Landschaft hineingehen und sie ganz einfach in Muße genießen.

Auch wenn die Schreiber ihre Tinte zumeist auf Buffalo Bill verwenden, ist der abstrakte impressionistische »Action Painter« Jackson Pollock eine andere prominente Person, die in Cody geboren wurde.

Touristische Einrichtungen in Yellowstone

Die touristischen Einrichtungen in Yellowstone sind früh ausgebucht. Wer den ganzen Park sehen will, sollte so zeitig wie möglich seine Pläne machen. Vor allem um Unterkünfte kümmert man sich besser früh, denn die Schlafgelegenheiten sind eine beschränkte Ressource und das wichtigste, was man vor Reiseantritt organisieren sollte. Die beste Wahl ist das wundervolle *Old Faithful Inn* gleich neben dem berühmten Geysir, das aus gespaltenen Baumstämmen und großen Felsbrocken errichtet ist und eine etwas rauhe Eleganz besitzt. Diese sehenswerte Pension wurde 1904 vollendet und ist seither unverändert geblieben. Zimmer ohne Bad kosten in der alten Lodge 40 $; ein neu angebauter Trakt verfügt über größere Zimmer mit modernen Einrichtungen, für die 100 – 250 $ pro Nacht zu zahlen sind. Eine andere Lodge im Park ist vornehmer, aber dafür architektonisch weniger interessant. Ein halbes Dutzend weiterer Pensionen, Hüttenanlagen und Motels sind über den ganzen Park verstreut. Alle Zimmer werden zentral durch den Konzessionär des Parkes vermittelt, TW Recreational Services (307/344-7311), der auch die Reservierungen für die Campingplätze vornimmt. Die meisten Zeltplätze werden aber an denjenigen vergeben, der zuerst persönlich erscheint, und gewöhnlich sind die Campingareale gegen Mittag ausgebucht. Campen in der freien Natur ist eine andere Möglichkeit, obwohl man sich vor Bären hüten und unbedingt ein kostenloses Permit von den Parkrangern einholen muß, ehe man sein Zelt in der Wildnis aufschlägt.

Eßgelegenheiten umfassen die üblichen Restaurants im Cafeteria-Stil, die man in allen Hotels und Lodges findet, sowie den wirklich bemerkenswerten Speisesaal im klassischen Old Faithful Inn, wo das Essen so gut ist, wie man es in einem Nationalpark erwarten kann.

Tankstellen, Geschenkeläden und General Stores findet man an fast jeder Straßenkreuzung im Park. Bei den wichtigsten Sehenswürdigkeiten gibt es Ranger Stations und große *Visitor Centers* bei den *Mammoth Hot Springs*, dem *Old Faithful* und dem *Canyon*. Weitere Informationen sind vom *Park Headquarters* (307/344-7381) erhältlich.

Cody Cody ist das östliche Tor zum Yellowstone National Park und ein vergnüglicher Übernachtungsstopp. Der Ort hat noch immer das Flair einer Frontier Town und ist ein geschäftiges Regionalzentrum für die Farmer und die Betriebe der holzverarbeitenden Industrie. An den Ausläufern des Ortes am US-20 liegen Wal-Marts, K-Marts und die unvermeidlichen Fastfood-Restaurants, doch Codys Zentrum entlang der Sheridan Avenue sieht noch immer aus wie die Wildwest-Stadt, als die der Ort tatsächlich einmal gegründet wurde.

Cody liegt auf der Ebene des Bighorn Basin am Fuße der Berge und wurde in den späten 1890er Jah-

Zwischen Yellowstone und Cody fällt der US-20 tief zum Wapiti Valley hin ab. Teddy Roosevelt hat diese Strecke angeblich »die schönsten 50 Meilen in Amerika« genannt. Die Straße windet sich am Shoshone River entlang, der schließlich in das Buffalo Bill Reservoir fließt.

ren von dem Wildwest-Showunternehmer »Buffalo Bill« Cody gegründet; fast alles im Ort trägt nun seinen Namen, darunter auch das *Buffalo Bill Historical Center* (307/587-4771, im Sommer tgl. 7–22, ansonsten Di–So 8–17; im Dez., Jan. und Feb. geschlossen; 7 $). Es ist eines der herausragenden Museen des Landes – das Center ist in vier große Sammlungen aufgeteilt – und zweifellos das beste Museum im Wilden Westen. Das Buffalo Bill Museum erläutert alles, was man schon immer über den berühmten Showmann wissen wollte. Das *Cody Firearms Museum* zeigt mehr als 5000 historische Waffen. Die *Whitney Gallery of American Art*, die eine der wertvollsten Sammlungen von Western Art des ganzen Land beherbergt, präsentiert wichtige Werke von George Catlin, Thomas Moran, Albert Bierstadt und Remington. Und als Highlight zum Schluß verfügt das *Plains Indian Museum* über eine unglaubliche Sammlung von Kunstgegenständen und Artefakten, die von den diversen Indianerstämmen der Plains geschaffen wurden, von perlenbesetzter Kleidung bis zu einem rekonstruierten Sioux-Dorf mit Tipis in Originalgröße. Eine Sammlung lederner Mokassins nimmt eine ganze Wand ein, und der Stolz des Hauses ist ein Umhang aus Büffelleder, auf den Szenen der legendären Schlacht am Little Big Horn aufgemalt sind.

In Cody gibt es auch die *Trail Town* (Mitte Mai–Mitte Sept. tgl. 8–20; 3 $), eine eher anspruchslose, aber nette Zusammenstellung alter Gebäude, die aus dem nordwestlichen Wyoming und dem südlichen Montana hierher gebracht worden sind. Planwagen, Werkzeuge, Gerätschaften und andere Relikte werden gezeigt.

Das Cody Nite Rodeo(307/587-5155; tgl. 20.30; 8 $) wird seit 1938 von Juni bis September allabendlich auf dem großen Rodeo-Gelände veranstaltet.

Ein Gedenkfriedhof birgt die Überreste von Figuren des Wilden Westens, darunter Jeremiah Johnson, den Robert Redford im gleichnamigen Film spielte.

Die meisten der guten Eßlokale Codys liegen an der Sheridan Avenue. Die *Silver Dollar Bar and Grill* (1313 Sheridan Avenue) serviert tolle Burger und verschiedene Flaschenbiere. Einen Block entfernt offeriert der *Proud Cut Saloon* (1227 Sheridan Avenue) eine interessante Palette an Sandwiches zu Mittag und großartige Steaks zum Abendessen.

Das historische *Irma Hotel* (1192 Sheridan Avenue, 307/587-4221) wurde von Buffalo Bill erbaut und ist nach seiner Tochter benannt. Die Bar aus Kirschholz ist ein Geschenk der Queen Victoria, und allabendlich gibt es eine Schießerei auf der vorderen Veranda. Zimmer kosten im Winter 40, im Sommer 75 $.

Entlang des US-20 gibt es eine Reihe Motels, deren Übernachtungspreise um 30 $, also im erschwinglichen Bereich, liegen. Das *Visitor Center* (836 Sheridan Avenue, 307/587-2297) hält eine vollständige Adressenliste bereit.

Meeteetse Östlich von Cody zieht sich der Highway 120 – eine weit schönere Alternative zum US-20 – nach Süden durch die schroffen Ausläufer der Badlands der Absaroka Mountains (»ab-SOR-ka« gesprochen), dem historischen Siedlungsgebiet der Crow-Indianer, das heute aber auch von Farmern und Ölfirmen genutzt wird. Nach einer 30-Meilen-Fahrt über diesen einsamen Highway erreicht man Meeteetse (375 Einw.), eine der ältesten Ansiedlungen in Zentralwyoming, die sich in den letzten 125 Jahren nicht sehr verändert hat. Der breite Greybull River verläuft mitten durch den Ort, in dem es noch hölzerne Boardwalks vor den Häusern und Anbindepfosten für die Pferde der Cowboys gibt. Hin und wieder wird das Vieh durch die Straßen getrieben.

Die Fliegerin Amelia Earhart ließ sich 1934 nahe Meeteetsie am Greybull River eine Ranch bauen, doch wurden die Arbeiten eingestellt, nachdem sie auf ihrem Flug rund um die Welt verschwand.

Meeteetse kann nicht nur das Flair vergangener Zeiten wunderbar spürbar machen, sondern bietet auch ein paar gute Museen, die die vielfältige Geschichte dieser Region dokumentieren. Sehr ungewöhnlich ist das *Charles J. Belden Museum* (tgl. 9–17; gratis) mit einer hervorragenden Edition alter Cowboy-Fotografien, darunter den ersten »Marlboro Man«-Anzeigen, die auf der nahegelegenen Pitchfork Ranch vom gleichnamigen Rancher und Fotografen geschossen wurden. Auch das *Meeteeste Archive* in einem Bankgebäude der Jahrhundertwende einen Block südlich an der Main Street ist einen Blick wert.

Außer einem alten, aber voll ausgestatteten *General Store* gibt es in Meeteetse ein paar Restaurants (man sollte *Lucille's Cafe* oder das *Broken Spoke Steakhouse* ausprobieren) und das *Oasis Motel* (1702 State Street, 307/868-2552; Zimmer ab 30 $), mit einem alten Conestoga-Pionierwagen und Möglichkeiten zum Camping.

Legend Rock Legend Rock ist eine der herausragenden Fundstellen von *Felsbildern* in Wyoming und umfaßt mehr als 250 skizzenhafte Darstellungen, die in die Sandstein-Kliffs der Foothills an den Owl Creek Mountains geritzt wurden und teils über 2000 Jahre alt sind. Um die Stelle zu erreichen, folgt man dem Highway 120 33 Meilen von Meeteetse nach Süden oder 21 Meilen von Thermopolis nach Norden, biegt am Hamilton Dome Turnoff nach Süden und fährt acht Meilen weit auf einer unbefestigten Straße bis zu einem verschlossenen Tor. Die Felsbilder liegen eine Viertelmeile hinter dem Tor. Das *Convention and Visitors Bureau* in Thermopolis verfügt über detaillierte Informationen.

Thermopolis Ungeachtet des hochtrabenden Klanges seines klassischen Namens ist Thermopolis (3300 Einw.) ein verschlafenes, staubiges Nest, in dem vorrangig ältere Menschen leben und das von roten Felscanyons und einer bemerkenswerten Ansammlung heißer Quellen umgeben ist. Das Land wurde 1896 von dem regionalen Shoshone-Häuptling Washakie gekauft – mit der Vereinbarung, daß die Quellwasser stets für Weiße wie Indianer gleichermaßen zugänglich sein müßten. Die Quelle, die täglich 80 Millionen Liter Wasser mit einer Temperatur von 57 Grad Celsius hervor-

Bei der Fahrt entlang des US-20 zwischen Wind River Canyon und Shoshoni sollte man auf die vielen Pronghorn-Antilopen achten, die in dem hügeligen Gelände spielen.

bringt, wurde das Zentrum von Wyomings erstem *State Park*, der noch heute das Ostufer des Bighorn River einnimmt. Ein staatlich betriebenes *Badehaus* (Mo–Sa 8–18, So 12–18; gratis) bietet Duschen und Umkleideräume, und man kann für eine geringe Gebühr Handtücher und Badekleidung ausleihen. Es gibt auch ein paar kommerzielle Einrichtungen im Park, den Hot Springs Water Park und den Star Plunge, deren Wasserrutschen, Saunas etc. für je 5 $ Eintritt zu benutzen sind.

Jenseits des Flusses im Zentrum des Ortes zeigt das sehenswerte *Hot Springs Historical Museum* (tgl. 8–17; 2 $) eine breite Palette historischer Fotos, Farm- und Ölbohr-Gerätschaften und sogar die Kirschholzbar aus dem Hole-in-the-Wall-Saloon, an der Butch Cassidy und Sundance Kid sich vermutlich den einen oder anderen Drink einverleibt haben.

Das *Thermopolis Visitor Center* (220 Park Street, 307(864-3192 oder 800/786-6772) gleich am Eingang zu den Quellen hält Adressenlisten von Motels und Campingplätzen sowie andere Informationen über die Gegend bereit.

Wind River Canyon Südlich von Thermopolis windet sich der US-20 durch den Wind River Canyon, eine der sehenswertesten Strecken im Staat der sehenswerten Strecken. In dieser 760 m tiefen Schlucht verläuft die Straße auf der einen, die Eisenbahnlinie auf der anderen Seite des breiten Flusses, und der Canyon durchschneidet die Fels gewordenen Schichtungen Millionen Jahre alter Ablagerungen. Auf der Fahrt nach Süden reist man tiefer und tiefer in die Erdgeschichte, und jede Schicht ist mit Schildern versehen, die das geologische Alter und seine Besonderheiten erläutern. Die älteste Ablagerung datiert aus dem Präkambrium, ist also etwa 2,5 Milliarden Jahre alt.

Aufgrund der optischen Wirkung der aufgefalteten Sedimentlagen scheint der Fluß bergauf zu fließen, was die Annahme der Indianer und der frühen Siedler erklären mag, es handele sich um zwei verschiedene Flüsse. Daher wurde der Canyon auch *»Hochzeit der Wasser«* genannt. Noch heute trägt der Fluß zwei Namen: oberhalb des Canyons heißt er Wind River, unterhalb der Schlucht Bighorn River.

Am Südende des Flusses stauen sich die Wasser des Boisen Reservoirs hinter dem 1961 vollendeten Boisen Dam; der See ist ein beliebter Ort zum Angeln und Wasserskifahren. Das Land westlich des Stausees bildet das 800000 Hektar große *Wind River Indianer-Reservat*, wo die Nachfahren der Eastern Shoshone und Northern Arapahoe leben. Am Wind River in der Nähe von Fort Washakie auf dem Gebiet des Reservates liegt eine Frau begraben, von der angenommen wird, sie sei Sacajawea gewesen, die Führerin der Entdecker Lewis und Clark, die zum Stamm der Shoshone gehörte.

Shoshoni Der abgelegene Ort Shoshoni (497 Einw.) trägt den Namen der Shoshone-Indianer, die einst diesen Teil der Great Plains beherrschten, und liegt an der Kreuzung des US-20 mit dem US-26 am Südostende des Boisen Reservoirs. Seit der Ölboom abgeflaut ist, sehen die meisten der Motels und Cafes aus, als würden sie vertrocknen und beim nächsten kräftigen Windstoß davonfliegen, obwohl neuere Pläne für die Anlage einer riesigen Giftmülldeponie neues Geld in Aussicht stellen. Es gibt aber einen exzellenten Grund, in Shoshoni anzuhalten: den *Yellowstone Drug Store* im Zentrum des kleinen Geschäftsbezirks. Hier werden an einem antik wirkenden Soda-Tresen die besten Milchshakes und das beste Eis des Staates serviert.

Die einzige erwähnenswerte Attraktion zwischen Shoshoni und Casper ist die merkwürdige Geologie von *Hell's Half Acre*, einer Ansammlung grotesk verwitterter Steine, die mitten in den öden Badlands südlich des US-20 ein Areal von 120 Hektar bedecken.

Casper Wie andere Städte im südlichen Wyoming nahm auch Casper seinen Ursprung als Wegestation an einem der vielen Trails, die dem North Platte River folgten. Zuerst gab es hier einen Fährdienst, der zwischen 1847 und 1852 mittels Baumstammflößen von Mormonen bewerkstelligt wurde, die auf dem Weg nach Salt Lake City waren (Nicht-Mormonen mußten 1.50 $ bezahlen); später wurden dann Brücken errichtet, deren Benutzung ebenfalls gebührenpflichtig war. 1859 baute Louis Guinard seine Brücke aus Holzplanken. Casper ist mit 46 742 Einwohnern nur unwesentlich kleiner als die Hauptstadt Cheyenne und ist noch immer auf das Geschäft mit Durchreisenden angewiesen; ihre Lage am Verkehrskorridor des Interstate 15 hat die Stadt den Niedergang des anderen althergebrachten Wirtschaftszweiges – der Ölindustrie – überstehen lassen. Die wichtigsten Orte in Casper (das ursprünglich Caspar geschrieben wurde) haben mit der historischen Migration nach Westen zu tun. Der Oregon Trail und später die Route des Pony Express führten durch die Stadt. *Fort Caspar* (Mo-Sa 8–17, So 12–16; gratis) westlich der Innenstadt am Highway 220 ist eine während des New Deal der dreißiger Jahre erstellte Nachbildung des originalen Forts aus groben Baumstämmen, das seinerzeit auch als Station des Pony Express diente. Es gibt ebenfalls eine Nachbildung der von den Mormonen betriebenen Fähre, und ein kleines *Museum* zeigt Artefakte aus der Pionierzeit.

Casper war der zentrale Ort in den Ölfeldern, die zum berüchtigten Teapot-Dome-Skandal der Jahre 1924 bis 1927 führten, in dem Mitglieder von Präsident Hardings Kabinett wegen Bestechlichkeit angeklagt wurden. Nur einer wanderte ins Gefängnis.

Während der übrige Teil Caspers das Flair einer etwas rauhen, bodenständigen Arbeiterstadt hat, ist das Zentrum reich an Americana der dreißiger Jahre, darunter ein tolles altes Kino (wo der Eintritt noch immer 2 $ kostet), rostigen Neonreklamen und Ladenfassaden im Art-Deco-Stil sowie einigen überdurchschnittlichen Krimskramsläden und Antiquariaten. Der einzige Ort, den man wirklich besuchen sollte, ist das *Nicolaysen Art Museum* (400 East Collins Street, 307/235-5247; Mo–Sa 10.17; 2 $), das in einem phantasievoll umgestalteten alten Kraftwerk an den Gleisen der Chicago and Northwestern Railroad östlich des Stadtzentrums untergebracht ist. Dieses

Haus ist das beste Museum für zeitgenössische Kunst in Wyoming, zeigt die Werke regionaler Künstler und besitzt eine Dauersammlung von Kunst- und Kunsthandwerksobjekten der Plains Indians sowie ein Zentrum für Kinder, wo man alles anfassen darf.

Das *Red and White Cafe* (1620 East Yellowstone Highway, US-20/26) ist ein klassisches Straßenrandcafé mit Tendenz zu fettigem Essen; von diesem Typ gibt es noch eine ganze Handvoll entlang des alten Highways. Wer keine gebratenen Speisen mag, findet ein paar feinere Restaurants in den und um die Hotels am Interstate 25 nördlich der Innenstadt. Das *Daily Grind* (328 East A Street) hat guten Kaffee, Tee und leckere Backwaren, und zuweilen werden hier abendliche Autorenlesungen veranstaltet.

Die Übernachtungskosten in Casper sind sehr niedrig; in vielen Motels entlang des US-20 fangen die Zimmerpreise unter 20 $ an. Zu den moderneren Häusern am Interstate 25 gehören die Dependancen der landesweiten Hotel- und Motelketten.

Eine detaillierte Liste der Unterkünfte sowie andere Informationen über die Stadt sind im *Casper Visitor Center* erhältlich (500 North Center Street, 307/234-5311 oder 800/852-1889).

Glenrock Glenrock (2153 Einw.) – auf halber Strecke zwischen Casper und Douglas am Südufer des North Platte River gelegen – war wichtiger Zwischenstopp und Versorgungsstation für den Oregon Trail und andere Emigrantenrouten. In der Innenstadt haben verschiedene Gebäude aus der historischen Glanzzeit überdauert, als der Ort unter dem Namen Deer Creek Station bekannt war. Bis zu 20000 Menschen zogen jährlich durch, und viele kampierten am »Rock in the Glen«, dem »Felsen in der Schlucht« westlich des Ortes, wo ein großer Sandsteinblock noch die eingeritzten Namen durchreisender Pioniere trägt.

Zwischen Casper und Glenrock schlängelt sich der US-26 am Fluß entlang, doch östlich des Ortes ist der alte Highway durch den Interstate 25 ersetzt worden.

Douglas Das ansprechende Städtchen Douglas (5076 Einw.) wurde 1886 gegründet und liegt weit genug vom Interstate 25 entfernt, daß es seinen Wildwest- und Ranchland-Charakter erhalten konnte. Ursprünglich lag dem Ort auf der anderen Flußseite das Fort Fetterman gegenüber, das 25 Jahre vor Entstehen von Douglas den Verkehr auf den alten Oregon und Bozeman Trails geschützt hatte. Douglas ist Schauplatz von Owen Wilsters ein ganzes Genre begründendem Roman *The Virginian* und wurde kürzlich zum Geburtsort einer anderen Wildwest-Ikone, dem Jackalope (siehe den Kasten). Der Ort ist ein stilles, pittoreskes Städtchen mit wilder Geschichte und eignet sich hervorragend, um hier einen langen Autotrip zu unterbrechen.

Auf den *Wyoming State Fairgrounds* am Fluß am Westende der Center Street findet Ende August eine Messe statt, auf der viel lebendes Vieh gezeigt wird. Hier liegt auch das ganzjährig geöffnete *Pioneer Museum* (307/358-9288, Mo–Fr 8–17, im Sommer längere Geschäftszeiten; gratis), das mit Artefakten aus dem späten 19. Jahrhundert vollgestopft ist – man findet alles nur denkbare von alten Flinten über einen Roulettetisch bis zu Fossilien und Farmgerätschaften. Das

Jackalopes 'R' Us

Bei einer Reise über die Great Plains stößt man unweigerlich auf viele Arten überdimensionierter Tiere – riesige Fische, riesige Kühe, riesige Bisons – sowie auf Wesen, die sich einer zoologischen Klassifizierung widersetzen. Die meisten davon – etwa Forellen mit Fell – sieht man vornehmlich auf Postkarten, doch zumindest eine Spezies findet sich als Trophäe an der Wand fast jedes Saloons oder Tierpräparators, der etwas auf sich hält: das Jackalope. Bei diesem Tier, das so selten ist, daß es noch nie in freier Wildbahn gesichtet wurde, handelt es sich um ein Wesen mit dem Körper eines großen, Jackrabbit genannten Hasen und dem Geweih einer Antilope; Dutzende solcher Tiere sind als Nachbildung in der ganzen Stadt zu sehen, und das weltgrößte Exemplar mit einer Höhe von über 2,4 m sitzt am Jackalope Square Ecke Third und Center Street in Downtown Douglas. Diese rätselhafte Kreatur wird jährlich im Juni während der Jackalope Days gefeiert.

Museum zeigt auch ein im Sioux-Stil aus Lederhäuten zusammengenähtes Tipi, das für den Film »Der mit dem Wolf tanzt« angefertigt wurde. Der wildere Teil von Douglas' Geschichte wird anhand der Grabsteine auf dem Friedhof am Ostrand der Stadt in der Pine Street gut vorstellbar, wo der legendäre Viehdieb George Pike unter einem Stein begraben liegt, auf dem steht:

Underneath this stone in eternal rest
Sleeps the wildest one of the wayward west

(Unter diesem Stein in ewiger Ruhe / schläft der Wildeste des unberechenbaren Westens)

Eine Meile östlich von Lusk steht auf der Südseite US-20 ein Kennstein, der die Kreuzung mit dem Texas Trail markiert, der in den 1870er und 1880er Jahren eine vielbenutzte Viehtriebroute zwischen Fort Worth und den offenen Ebenen von Wyoming und Montana war.

Das beste kombinierte Angebot für Essen, Trinken und Übernachtung in Douglas und Umgebung ist das *Labonte Inn and Lounge* (206 Walnut Street, 307/358-9856), wo es ein bißchen von allem gibt: Eier mit Speck zum Frühstück, ein spätabendliches Bier, eine Country-Band am Wochenende und Zimmer für 35 $ die Nacht. Ein anderes Lokal, dessen Besuch man erwägen sollte, ist das *Through the Grapevine* gegenüber des riesigen Jackalopes; hier gibt es guten Kaffee und Sandwiches zum Lunch. Zusätzliche Verpflegungsangebote finden sich am alten US-20, entlang der Richards Street und am Yellowstone Highway, die zwei Ausfahrten vom Interstate 25 bogenförmig verbinden.

Westlich von Douglas und fünf Meilen südlich des Interstate 25 wölbt sich die Ayers National Bridge in 15 m Höhe über den La Prele Creek.

Weiterführende Informationen sind vom Douglas Visitor Center erhältlich (318 West First Street, 307/358-2950).

Lusk Lusk (1500 Einw.), ein Zentrum für Viehzüchter und Farmer, ist die größte Stadt im Landkreis mit der geringsten Bevölke-

Ein lohnender Abstecher von Douglas oder Lusk führt gut 40 Meilen südlich nach Guernsey am South Platte River, wo in einem gut ausgeschilderten Park die am besten erhaltenen Wagenspuren des Oregon Trails liegen. Sie sind schultertief in den weichen Sandstein eingeschnitten.

rung im Staat mit der geringsten Bevölkerung. Hier gibt es auch die einzige Verkehrsampel am US-20 zwischen Douglas, Wyoming, und Chadron, Nebraska. Und wenn diese ruhmeswürdigen Eigenarten noch kein Grund für einen Zwischenstopp sein sollten, wird es das *Stagecoach Museum* (322 South Main Street, tgl. 13–17 und 19–21 im Sommer, kürzere Öffnungszeiten im übrigen Jahr; 1 $) definitiv sein, und sei es auch nur, um die einsame *Cheyenne-Deadwood-Postkutsche* aus dem Jahr 1880 zu sehen – jene, die in »Calamity Jane« von Doris Day besungen wurde (das einzige weitere erhaltene Exemplar, das auf dieser legendären Route verkehrte, steht im Museum des Smithsonian Institute in Washington). Hinter dem Hauptgebäude befindet sich eine andere Ikone der Pionierzeit, ein aus einem einzigen Raum bestehendes Schulhaus, und am US-20 am östlichen Ende der Stadt weist eine Hinweistafel auf einen *Wasserturm aus Redwood-Holz* hin, der 1886 errichtet wurde, als noch die Dampflokomotiven über die Plains schnauften.

Lusk bietet auch eine gute Platte an Motels, darunter den seinen Preis werten *Pioneer Court* (731 South Main Street, 307/334-2640 oder 800/528-1234). Wer Hunger hat, sollte eines der beiden Diner ausprobieren: den *Coffee Cup* oder *The Diner*, beide an der Main Street in der Nähe der Verkehrsampel gelegen. The Diner ist populärer, der Coffee Cup hat das ansprechendere Schild.

Durch Nebraska

Auf seinem 450 Meilen langen Verlauf durch Nebraska passiert der US-20 eine überraschend große landschaftliche Vielfalt. Im Westen streift der Highway den Rand der ausgedehnten und einsamen Sand Hills, wo sich direkt unter einer idyllischen Graslandschaft das größte Sanddünengebiet Nordamerikas erstreckt. Im Mittelteil führt der Highway am breiten Niobrara River entlang und erreicht dann die Hügel oberhalb des Missouri River. Es ist einer der wenigen Flüsse im Bereich der Great Plains, der nicht eingedämmt ist.

Das nördliche Nebraska ist einer der am spätesten besiedelten und kultivierten Winkel der Nation; daher leben nur wenige Menschen in dieser Gegend, die noch so aussieht, wie die Great Plains eigentlich überall aussehen müßten. Die spärlichen Orte, die es gibt, liegen weit auseinander und sind im Vorbeifahren nach einem kurzen Augenblick bereits wieder verschwunden. Im hügeligen Farmland steht fast jede Meile eine Windmühle, die das Wasser für die herumziehenden Viehherden heraufpumpt,

Nebraska veröffentlicht ein handliches Büchlein über die Route des US-20 durch diesen Staat. Exemplare sind in den meisten Visitor Centers erhältlich oder durch die Nebraska US-20 Association, R. R. 1, Box 218, Plainview, NE 68769.

und Hinweisschilder machen auf Stätten aufmerksam, wo vor kaum einem Jahrhundert die Cowboys ritten und die Indianer mit der US-Kavallerie kämpften. Die Region ist nicht nur reich an Wildwest-Geschichte (und an prähistorischen Fossillagerstätten), sondern besitzt auch dank Schriftstellern wie Mari Sandoz und John G. Neihardt eine starke literarische Tradition. Alles in allem gibt es kaum eine Ecke des Landes, in der man von der dort verbrachten Zeit so sehr profitiert wie im nördlichen Nebraska – kaum zu glauben, aber wahr.

Harrison und das Agate Fossil Beds National Monument Eben jenseits der Grenze zu Nebraska liegt der kleine Ort Harrison, kaum mehr als eine Ausbuchtung der Straße, doch ein guter Stopp, um im *Sioux Sundries* Ecke Main und Second Street riesige Burger und sahnige Milkshakes zu kosten. 23 Meilen südlich Harrisons liegt am Ufer des Niobrara River das Agate Fossil Beds National Monument (308/436-4340, tgl. 8.30-17.30; gratis), das die 20 Millionen Jahre alten Überreste von bisongroßen Schweinen, doppelhörnigen Proto-Rhinozerossen und anderen längst von der Erdoberfläche verschwundenen Kreaturen enthält.

Fort Robinson Das dreißig Meilen hinter der Grenze von Nebraska gelegene Fort Robinson wurde 1874 eingerichtet, um die 15000 ruhelosen Untergebenen der Red Cloud- und Pine Ridge Sioux-Indianerverwaltung zu kontrollieren. Fort Robinson, das heute ein State Park ist, auf dessen ehemals grasbedecktem Prärieland inzwischen ausgewachsene Bäume stehen, hat die vielleicht traurigste und unbequemste Geschichte aller Forts an der amerikanischen Frontier zum Wilden Westen: Hier wurde der unbewaffnete Häuptling Crazy Horse mit Bajonetten erstochen, während er sich in der Obhut der US-Armee befand; hier wurde der umstrittene Red Cloud-Friedensvertrag geschlossen, in dem die Sioux die Black Hills aufgaben; und hier wurden die letzten Angehörigen des Cheyenne-Stammes unter Chief Dull Knife getötet, anstatt sie nach Süden in ein Reservat in Oklahoma zu transportieren.

Wenn man um diese Geschichte weiß, fällt es schwer, Fort Robinson als das angenehme Ausflugsziel zu empfinden, das es heute ist. Hunderte von Laubbäumen machen es zu einer Oase in der ansonsten baumlosen Ebene, und die ausgeblichenen hölzernen Baracken, von denen viele heute in Kulturzentren oder Museen umgewandelt sind, geben dem Fort das Flair eines universitären Campus – vor allem im Sommer, wenn sich der Park in ein lebendes Museum verwandelt und Kochwettbewerbe sowie abendliche Melodramen veranstaltet werden.

In den Offiziersquartieren stehen Übernachtungsmöglichkeiten zur Verfügung, und es gibt viele gute Plätze zum Campen; Details sind unter 308/665-2900 zu erfahren.

Der einzige ganzjährig zugängliche Teil des Parks ist das Fort Robinson Museum (Mo-Fr 8-15; im Sommer längere Öffnungszeiten; gratis) im alten Hauptquartiergebäude, in dem es ausführliche Displays zur Geschichte des Forts sowie Lagepläne der gesamten Anlage gibt.

Crawford Crawford liegt zehn Meilen östlich von Fort Robinson und war einst eine der wildesten Boomtowns an der Frontier zum unerschlossenen Westen. Der Ort entwickelte sich, nachdem die US-Armee Mitte der 1880er Jahre die kriegführenden Sioux aus der Gegend vertrieben hatte, und ist heute ein ruhiges regionales Zentrum für die Farmen und Ranches der Umgebung. Kiefern und Pappeln säumen den White River, was eine hübsche Szenerie ergibt, auch wenn der Ort seinen Besuchern kaum mehr als eine Tankstelle und eine Hamburger-Bude in Stil eines Drive-Ins zu bieten hat.

Die *Ogalala National Grasslands* 17 Meilen nördlich von Crawford am Highway 2 erstrecken sich über ein Areal von mehr als 40000 Hektar an der Grenze zu Wyoming bzw. South Dakota; Highlight der geschützten Region ist die unheimliche Landschaft des *Toadstool Geological Park*, wo zwischen befremdlich aussehenden verwitterten Felsen uralte Fossilien gefunden werden können.

Das *Hudson-Meng Bison Bone Bed* ist eine archäologische Fundstätte in einem flachen trockenen Flußbett, in der sich die Knochen von über 600 Bisons sowie steinerne Werkzeuge und Pfeilspitzen befinden, die etwa 10000 Jahre alt sind. Wer Details über die Grasslands erfahren möchte, in denen man gut Wandern und Campen kann, sollte sich mit der *Ranger Station* in Chadron in Verbindung setzen (270 Pine Street, 308/432-0300).

Mount Rushmore und Carhenge

Zwei der ungewöhnlichsten amerikanischen Skulpturen unter freiem Himmel befinden sich in einer gut mit dem Wagen zu bewältigenden Entfernung vom US-20. Die eine ist das vielleicht bekannteste Kunstwerk der USA, nämlich das riesige Präsidenten-Denkmal am Mount Rushmore etwa 100 Meilen nördlich von Chadron am östlichen Ende der Black Hills. Der Berg ist mit den 20 m hohen Köpfen der vier Präsidenten Washington, Jefferson, Lincoln und Teddy Roosevelt verziert, die aus der granitenen Spitze herausgehauen wurden. Es ist zu gleichen Teilen ein eindrucksvolles Monument und ein Stück amerikanischer Kitsch und zählt zu den Orten, die man gesehen haben muß, um sie für möglich zu halten.

Ein anderes zwar neueres, aber weniger bekanntes Monument zu Ehren Amerikas steht in einem flachen Feld am US-Highway 385 außerhalb des Ortes Alliance 62 Meilen südlich von Chadron. Carhenge ist die 1987 im Rahmen eines Familientreffens errichtete Nachbildung der berühmten englischen Druiden-Ruinen von Stonehenge, nur daß sie vollständig aus drei Dutzend zeitgenössischen amerikanischen Autos besteht, die zur Bildung eines halbkreisförmigen Tempels aufeinandergetürmt wurden.

Weitere Informationen über den Mount Rushmore gibt es vom Rapid City Visitor Center (800/487-3223), über Carhenge vom Alliance Chamber of Commerce (308/762-1520).

Chadron: Das Museum of the Fur Trade

Chadron, die mit 5588 Einwohnern größte Stadt im nordwestlichen Nebraska, liegt am Nordrand der Sand Hills-Region, die im Süden von Kiefernwäldern und im Norden vom Pine Ridge Sioux-Reservat jenseits der Grenze zu South Dakota begrenzt wird. Die Parallelstrecke zum US-20 ist nicht besonders einladend, doch das zwei Straßenzüge lange Zentrum des Ortes hat an der Südseite der noch in Gebrauch befindlichen Eisenbahngleise seinen Jahrhundertwende-Charakter mit sandstein– und ziegelverkleideten Hausfassaden weitestgehend erhalten.

1893 erfanden die frühen Einwohner von Chadron eine perfekte Methode, um ihren Ort in die Schlagzeilen zu bringen: Sie finanzierten ein 1000-Meilen-Pferderennen von Chadron nach Chicago, über das im ganzen Land auf den Titelseiten berichtet wurde. Eine Plakette vor dem schwarz-weiß-gestrichenen Blaine Hotel einen Block östlich der Main Street kennzeichnet den Startpunkt des Rennens.

Es gibt in Chadron nicht viel zu tun, doch ist der Ort ein praktischer Ausgangspunkt für Abstecher nach Norden zu den *Pine Ridge-Gebieten* und den *Black Hills* bzw. nach Süden zur imposanten Anlage von *Carhenge*. Außer in einer Reihe von Motels – darunter ein *Best Western* und ein *Super 8* – kann man im *Old Main Street Inn* (115 Main Street, 308/432-3380) übernachten. Teils ein altes Eisenbahnerhotel, teils ein gemütliches Bed&Breakfast, verfügt die Pension über ein Restaurant und einen Saloon sowie die einzige Espresso-Maschine von Chadron. In diesem Hotel übernachtete 1890 General Miles, ehe er nach Norden zog und bei Wounded Knee hilflose Frauen und Kinder massakrierte.

Wenn man sich irgendwo in der Nähe befindet, sollte man keinesfalls einen Besuch im ausgezeichneten *Museum of the Fur Trade* (308/432-3843, Juni – Sept. tgl. 8–17, ansonsten auf Vereinbarung; 1.50 $) am US-20 drei Meilen östlich der Innenstadt von Chadron versäumen. Es ist eines der großartigen kleinen Museen der USA, und seine in privater Regie zusammengetragenen Sammlungen haben die materielle Kultur der nordamerikanischen Frontier zum Schwerpunkt. Die ausführlichen Exponate dieses Hauses lassen die ersten Jahrzehnte des Austausches zwischen Indianern und Europäern wieder aufleben. Abgesehen von dem gründlichen Überblick über die historischen Hintergründe des Fellhandels und den zahlreichen damit zusammenhängenden Geschäften, den das Museum gibt, beleuchten die Sammlungen auch die alltäglichen Realitäten des Lebens auf den Great Plains im 18. und 19. Jahrhundert. Ganze Wände sind mit Waffen und Flaschen voll Whiskey (von den Amerikanern), Rum (von den Engländern) und Brandy (von den Franzosen) bedeckt, die die bekannteren Aspekte dokumentieren, doch sind es die kleineren Dinge, die die Aufmerksamkeit fesseln: mehrere Sätze Spielkarten, ein Dame-Brett – sogar ein wasserdichter Parka der Inuit, der aus Seehundgedärm gefertigt ist.

Hinter dem Museum befindet sich eine Rekonstruktion eines Fellhandelspostens, den die American Fur Company 1833 errichtete und wo Mitte der 1840er Jahre der Fallensteller James Bordeaux lebte, der so bekannte »Entdecker« wie John C. Fremont

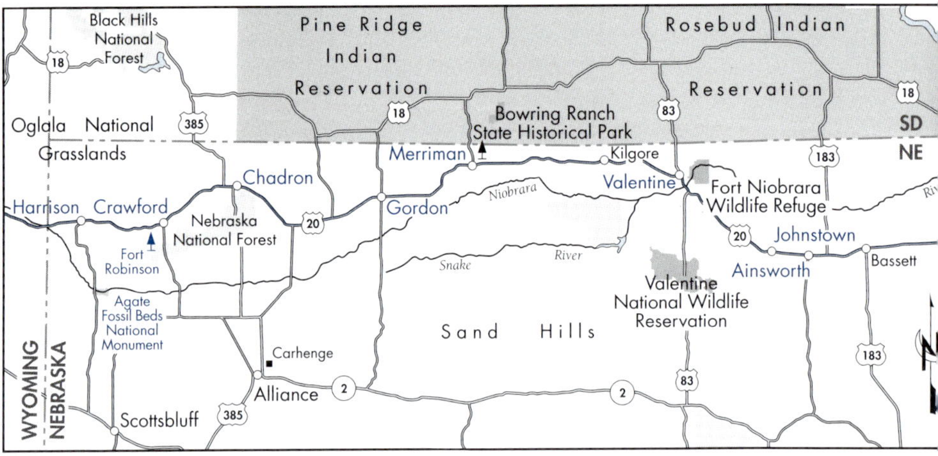

und Francis Parkman auf ihren Reisen durch den Westen der USA beherbergte. Die Mitgliedschaft im Museumsverein ist ein gutes Geschäft; für jährlich 6 Dollar hat man unbeschränkt freien Zutritt zum Museum und bekommt die vierteljährlich erscheinende Museumszeitschrift zugeschickt.

Gordon: Mari Sandoz Country Das kleine Städtchen Gordon auf halbem Weg zwischen Merriman und Chadron ist eine typische Ranchtown des nördlichen Nebraska mit enger Verbindung zur »Geschichtenfängerin der Plains«, Mari Sandoz, deren zahlreiche Bücher das Leben und die Zeitläufe in der umliegenden Sand Hills-Region dokumentieren. Sandoz, die in ihrem ersten Werk – dem Klassiker »Old Jules« – vom Heranwachsen auf einer nahegelegenen Ranch erzählte, fing in ihren vielen fiktionalen und Sachbüchern den Geist und die Geschichte der Great Plains ein. Alle Werke sind im *Mari Sandoz Room* (117 Main Street, 308/282-9972, Mo–Fr 9–17, Sa 9–12; gratis) nördlich des US-20 hinter den Getreidesilos und Eisenbahngleisen im Zentrum des Ortes vorhanden. Das *Sandoz Museum*, das sich mit dem Ad-Pad-Schreibwarenladen die Räumlichkeiten teilt, zeigt eine große Zahl persönlicher Gegenstände der Autorin und hält kostenlose Broschüren für eine Autotour zu Stätten der Umgebung bereit, die mit Mari Sandoz zu tun haben. Für Liebhaber ihres Werkes stehen ein Museum und eine kleine Forschungsstätte im Haus ihrer Schwester Caroline Sandoz Pifer offen; um dorthin zu gelangen, muß man 20 Meilen südlich von Gordon den Highway 27 verlassen und noch sechs Meilen auf einer Schotterpiste nach Osten fahren. Die Wegbeschreibung und die Öffnungszeiten sind

Im nördlichen Zentralnebraska bildet die durch den Sender KILI 90.1 FM vom Gebiet des Pine Ridge-Reservates aus ohne Werbeunterbrechungen übertragene Country-Western-Musik eine interessante Radioalternative.

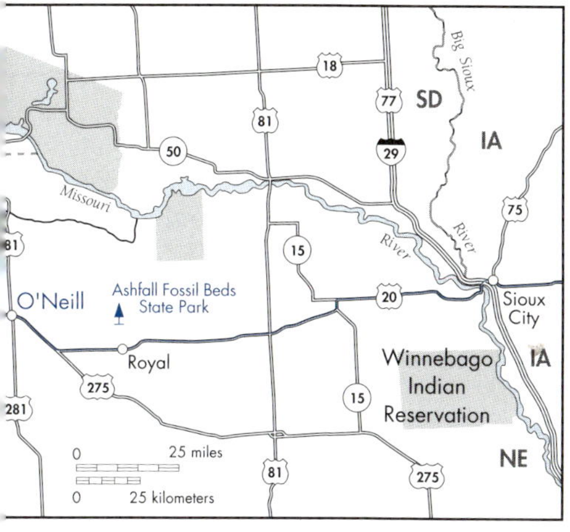

unter 308/282-1687 zu erfragen. Tankstellen säumen die parallel zum US-20 verlaufende Landstraße, und das *Hacienda Motel* (308/282-1400) am US-20 ein Stück östlich von Gordon verfügt neben den Zimmern auch über ein beliebtes Restaurant und eine Bar.

Merriman Östlich von Gordon führt der US-20 am Nordrand der Sand Hills vorbei und nähert sich bis auf wenige Meilen der Stateline von South Dakota. Das Dörfchen Merriman (151 Einw.) mag vielleicht nach nicht viel aussehen, doch es ist der Ort, wo man nach Norden zum nahegelegenen *Arthur Bowring Sand Hills Ranch State Historical Park* (im Sommer tgl. 9–17; 2 $ pro Auto) abbiegt, einer noch in Betrieb befindlichen Viehranch, die seit der Jahrhundertwende fast unverändert geblieben ist. Die Anlage ist sehr gefällig, und ein aus Grassoden bestehendes Häuschen ist – zumindest im Frühling – von grünen Hügeln umgeben. Ein modernes Visitor Center zeigt Displays über Windräder und andere Dinge der Sand Hills-Region und informiert über die politisch mächtige Bowring-Familie, die hier von 1895 bis 1985 lebte und arbeitete. Um zum State Park zu gelangen, muß man auf dem Highway 61 1,3 Meilen nach Norden fahren und dann zwei Meilen Richtung Nordost den gut sichtbaren Schildern folgen.

In Merriman zeigt ein Display einen Block südlich des US-20 die vielen Viehbrandzeichen, die von den Sand Hills Ranches verwendet wurden.

Zwischen Merriman und Valentine führt der US-20 durch winzige ehemalige Eisenbahnorte, darunter Kilgore (71 Einw.), Crookston (99 Einw.) und das betriebsame Cody (177 Einw.) mit falschen Fassaden im Western-Stil, auch dies ein weiterer »Ort zu zäh, um zu sterben«.

Valentine ist der Kreuzungspunkt des US-20 mit dem US-83, der »Road to Nowhere« von North Dakota nach Texas, die in Band 2 von »Road Trip USA« beschrieben wird.

Johnstown Im Dorf Johnstown eben nördlich des US-20 acht Meilen östlich von Ainsworth und 40 Meilen südöstlich von Valentine steht ein Straßenzug aus hölzernen Ladenfronten mit Boardwalks, der für eine TV-Verfilmung von Willa Cathers »O Pioneers« zur Hintergrundszenerie aufgemotzt wurde. Hinter den zurechtgebastelten Fassa-

Kilgore markiert die Grenze zwischen der Mountain und der Central Time Zone; die Uhren müssen je nach Fahrtrichtung um eine Stunde vor- oder zurückgestellt werden.

den gibt es einen verstaubten General Store und eine Bierbar mit Pool-Halle, zu der sogar ein Toilettenhäuschen im Hinterhof gehört.

An der Norden Road 16 Meilen nördlich von Johnstown unterhält die *Nature Conservancy* ein 20000 Hektar großes Schutzgebiet, das *Niobrara Valley Preserve*, zu dem sowohl das Ökosystem der Sand Hills wie des Niobrara-Uferstreifens gehören. Wanderwege durchziehen das Areal, in dem auch eine kleine, aber stetig wachsende Bisonherde lebt.

Ainsworth Ainsworth (1800 Einw.) ungefähr in der Mitte des langen Törns, den der US-20 durch Nebraska macht, nennt sich selbst die »Country-Music-Hauptstadt« des Staates und veranstaltet jedes Jahr Anfang August ein beliebtes Konzertfestival. Im Juni findet hier außerdem das Middle of the Nowhere-Festival statt, zu dem Ritte im Wildwest-Stil und ein sog.*»Schwarzpulver-Rendezvous«* gehören. Details über diese Feste und andere Informationen über Ainsworth sind vom Visitor Center erhältlich (402/387-2740).

Im Big Jo's am US-20 östlich der Stadt kann man große Burger verspeisen und im *Remington Arms Motel* (402/387-2220) die Nacht verbringen.

O'Neill Östlich von Ainsworth durchzieht der US-20 einen besonders schönen Teil der Sand Hills rings um das Dörfchen Bassett, in dem man das einzige noch betriebene Drive-In-Kino Nebraskas findet; es liegt in Pineview direkt am US-20 am Westrand des Ortes. Entlang des Elkhorn River gelangt man dann 66 Meilen flußabwärts in das Städtchen O'Neill, Nebraskas »irische Hauptstadt«. Hier wird die sehr populäre *St. Patrick's Day Parade* abgehalten, aber der Ort hat auch eine faszinierende Geschichte: er wurde 1874 durch irische Siedler gegründet, die von John O'Neill geführt wurden, der während des Bürgerkrieges eine Brigade schwarzer Infanteristen kommandiert hatte und später in die Invasion des irisch-republikanischen Fenier-Bundes in das damals noch britische Kanada verwickelt war.

Eine weitere Besonderheit O'Neills besteht darin, daß man hier den einzigen *McDonald's* entlang des US-20 in ganz Nebraska findet; und dies macht O'Neill angeblich zum denkwürdigen »kleinsten Ort abseits eines Interstate mit einem McDonald's« – oder so ähnlich.

Ein halbes Dutzend Motels liegen am US-20, und das historische *Golden Hotel* (406 East Douflas Street, 402/336-4436) im Zentrum des Ortes hat schön restaurierte Zimmer ab 35 $ die Nacht.

Wer mehr über die faszinierenden Geschichten und Kulturen der Great Plains in Erfahrung bringen möchte, sollte zur südlich des US-20 gelegenen kleinen Stadt Bancroft fahren, wo das John G. Neihardt Center (402/648-3388, Mo–Sa 9–17; gratis) die persönliche Sammlung von Nebraskas »gekröntem Poeten« und Verfasser des Indianerklassikers Black Elk Speaks zeigt.

Ashfall Fossil Beds State Park Sechs Meilen nördlich des US-20 via Highway 59 erreicht man das kleine Dorf Royal, von wo aus ein gut ausgeschilderter Abzweig zwei Meilen westlich des Ortes zum *Ashfall Fossil Beds State Park* (402/893-2000, Mo–Sa

10–16, So 13–16, längere Öffnungszeiten im Sommer; 1 $) führt. Hier kann man zuschauen, wie Paläontologen riesige Fossilien ausgraben. Ungewöhnlich für eine Fossillagerstätte ist die Tatsache, daß die Skelette hier vollständig erhalten blieben, da die ursprünglichen Bewohner der Gegend – darunter eine Herde prähistorischer Rhinozerosse, Kamele und Hirsche mit Säbelzähnen – vor etwa 10 Millionen Jahren offenbar von einem Vulkanausbruch überrascht wurden.
Da die Knochen nicht durcheinandergewirbelt wurden, gewinnt man eine gute Vorstellung von der Größe der Tiere und in welcher Zahl sie einst um die urzeitliche Wasserstelle zusammenkamen.

Das östliche Nebraska Weil es einen faszinierenden Teil des Landes bildet, sind die Stätten entlang des US-20 für das nördliche Nebraska sehr detailliert beschrieben worden. Leider gilt selbiges nicht für den fernen nordöstlichen Teil des Staates. Um ehrlich zu sein: es gibt kaum einen Grund zum Anhalten entlang des 90-Meilen-Abschnittes westlich des Missouri (der die Grenze zu Iowa darstellt, wo es ebenfalls nicht viel zu sehen gibt). Mit anderen Worten: wer auf dem US-20 vorankommen will und wenig Zeit hat, kann unbesorgt die ganze Nacht über durch das nordöstliche Nebraska fahren, ohne damit rechnen zu müssen, später von all den versäumten Sehenswürdigkeiten erzählt zu bekommen.

Durch Iowa

Der US-20 durchschneidet in gerader Linie den Mittelteil Iowas zwischen dem Missouri und dem Mississippi River und folgt dabei einer imaginären Grenze, die das flache, landwirtschaftlich genutzte Plateau der nördlichen Staatshälfte vom starker industrialisierten Süden trennt. Schon 1840 wurde hier Blei gewonnen, doch heute ist die Viehzucht der dominierende Wirtschaftszweig. Rinder und Schweine werden mit dem überall entlang des Highways wachsenden Mais gemästet.

Sioux City Das honigproduzierende und schweineschlachtende Zentrum Sioux City (80505 Einw.) entspricht nicht der Vorstellung, die die meisten Menschen von einem Urlaubsziel haben, doch bietet es dem landstraßenmüden Reisenden ein paar Ablenkungen. Getreidesilos und große Lagerhäuser aus Backstein füllen das Viertel am Flußufer; auf den umliegenden Hügeln stehen ein paar interessante Pensionen aus der viktorianischen Ära, doch die eigentliche Hauptattraktion ist das eine Meile nördlich der Innenstadt gelegene Sioux City Public Museum (2901 Jackson Street, 712/279-6174, Mo-Sa 9–17, So 14–17; gratis) mit den üblichen Exponaten zur Geschichte der Indianer, Pioniere und Landwirtschaft dieser Gegend. Am Fluß in der Nähe des *Argosy Riverboat Casinos* gibt es in einem auf Land liegenden Schiff noch ein weiteres *Museum zur Flußgeschichte*, das zugleich auch als interessantes *Sioux City Visitor Center* fungiert (712/279-4840 oder 800/593-2228)

Mehr als 95% der Fläche Iowa ist kultiviertes Farmland – der höchste Prozentsatz aller US-Bundesstaaten.

Fans der Entdecker Lewis und Clark werden auch südlich von Sioux City am *Floyd Monument* haltmachen wollen, wo ein 33 m hoher Obelisk den Ort markiert, an dem das Expeditionsmitglied Sergeant Charles Floyd im August 1804 zwei Monate nach Aufbruch von St. Louis an einer Blinddarmentzündung starb – der einzige Todesfall im Entdekkercorps. Außer der historischen Hommage bietet der Ort ein großartiges Panorama des Missouri River. Sioux City bietet keine furchtbar aufregende Palette an Eßlokalen oder Unterkünften, doch das seit langem bei den Einwohnern beliebte *Green Gables Restaurant* eine halbe Meile nördlich der Innenstadt (1800 Pierce Street, 712/258-4246) bietet große Portionen billigen Essens und sehr gute Desserts.

Die berühmtesten Töchter von Sioux City sind die Schwestern Ann Landers und Abigail »Dear Abby« Van Buren, die beide sehr erfolgreiche Ratgeber-Kolumnen in vielen auch überregionalen Tageszeitungen veröffentlichen.

Sac City und Rockwell City Östlich von Sioux City wechselt der US-20 immer wieder von einer vierspurigen Autobahn zu einer älteren zweispurigen Landstraße und umgekehrt. Die Strecke durchzieht Farmland und gelegentliche kleine Ansiedlungen. Sac City (2492 Einw.) ist einer der wenigen Orte an diesem Abschnitt des Highways, der seine Vergangenheit intakt halten möchte; es gibt ein Blockhaus am US-20 und ein kleines *historisches Museum* in der Main Street. Zwanzig Meilen weiter östlich zeigt die *Leist Oil Company* in Rockwell City (1981 Einw.) eine unglaubliche Sammlung

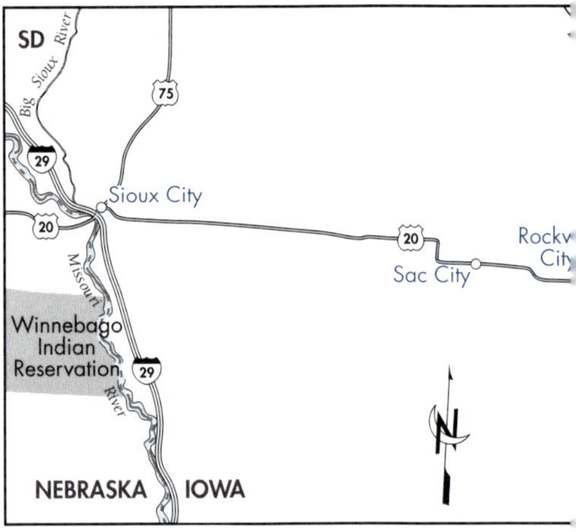

alter Neonreklamen und emaillierter Schilder, die einst am Straßenrand für Autos, Autoteile, Erfrischungsgetränke und diverse andere Dinge warben.

Fort Dodge Fort Dodge wurde 1850 angelegt, um die Siedler vor marodierenden Banden von Sauk- und Black Hawk-Indianern zu schützen. Heute ist der Ort ein verschlafenes Nest des mittleren Westens, das wirtschaftlich von den Farmen der Umgebung, einem Hersteller von Gipskartonplatten und einer großen Friskies-Katzenfutterfabrik abhängig ist. Unter den stattlichen Häusern südlich der Innenstadt ist eines wirklich einen Blick wert: das *Blandin Memorial Art Museum* (920 Third Avenue South, Di–Fr 10–17, Sa/So 13–15; gratis). Die Sammlungen sind in einem großen neoklassizistischen Gebäude aus den 30er Jahren untergebracht und umfassen Beispiele präkolumbianischer Keramik, Skulpturen der Renaissance und japanische Drucke. Unter den modernen Gemälden finden sich Werke

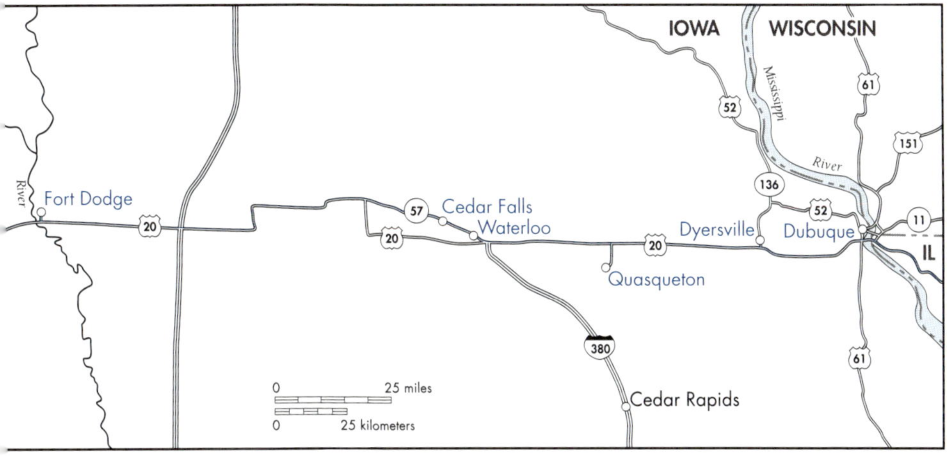

von Leuten, die man nicht in der Mitte Iowas zu finden erwartet: Max Beckmann, Marc Chagall und Rufino Tamayo, um nur drei zu nennen, teilen sich den Platz an den Wänden mit Grant Wood und anderen Künstlern aus Iowa.

Der berühmte Cardiff Giant, ein über zwei Meter langes Skelett, das um 1869 in New York ausgegraben wurde, galt unter Experten als das Knochengerüst eines prähistorischen Mannes. Das Skelett, das während der nächsten 35 Jahre vom Showunternehmer P. T. Barnum herumgezeigt wurde, stellte sich später als Fälschung heraus.

Cedar Falls und Waterloo

In der Nähe von Cedar Falls wird der US-20 zu einer vierspurigen Schnellstraße. Cedar Falls, eine historische Industriestadt mit über 34000 Einwohnern, wurde in den 1850er Jahren am Ufer des Cedar River gegründet. Heute ist es Sitz der University of Northern Iowa, und das Erbe der Industrialisierungszeit wird in einem halbdutzend Museen gepflegt. Nähere Details sind vom Visitor Center (10 Main Street, 319/266-3593) zu erhalten.

Waterloo (66467 Einw.) flußabwärts von Cedar Falls am US-20 gelegen ist eine größere und geschäftigere Stadt mit einem urbanen Ambiente und noch mehr guten Museen, darunter das Grout Museum mit den Sammlungsschwerpunkten Wissenschaft und Geschichte. Am Stadtrand befindet sich auch ein riesiges Montagewerk für John Deere-Landmaschinen (3500 East McDonald Street). Die allgemeine Tour – montags bis freitags um 9 bzw. 13 Uhr – ist gratis und führt durch die große Werkshalle; auf Anfrage können auch die Gießerei und das Motorenwerk besichtigt werden. Ein kleiner Souvenirladen hält Mützen mit dem Firmenemblem und andere Andenken feil.

Wenn man am Memorial Day hier sein kann, ist Waterloo einen Besuch wert, denn dann nehmen Oldtimer-Fans aus dem Mittleren Westen an der Fourth Street Cruise teil.

Das Waterloo Visitor Center (215 East Fourth Street, 319/233-8350 oder 800/728-8431) ist gern mit weiteren Informationen über die Stadt behilflich.

Quasqueton und Cedar Rock In der Mitte zwischen Waterloo und Dyersville liegt der kleine Ort Quasqueton (579 Einw.), dessen Sehenswürdigkeit Cedar Rock – ein wundervolles, 1950 vom Architekten Frank Lloyd Wright erbautes Haus am Fluß – wirklich sehenswert ist. Auftraggeber war der Sohn des Ortes Lowell Walter, der mit einem patentierten Verfahren zur Versiegelung von Straßenoberflächen reich geworden war. Cedar Rock – eines von sieben Häusern, die Wright in Iowa entworfen hat – ist ein exzellentes Beispiel seiner harmonistischen Bauprinzipien, und alles an diesem Gebäude, vom hoch aufgeschwungenen Dach über die weiche Form der Innenräume und den Kamin bis zum Design der Teppiche und des Eßbestecks, verkörpert seine Vorstellung vom idealen amerikanischen Mittelklassehaus, das im Einklang mit der Natur für ein zwar einfaches, aber trotzdem stilvolles Leben entworfen ist.

Cedar Rock ist zwei Meilen nordwestlich von Quasqueton und sieben Meilen südlich des US-20 in einen Kalksteinfelsen oberhalb einer Biegung des Wapsipinicon River hineingebaut und von mehreren Hektar hügeligen Waldlandes umgeben. Das Haus und das Grundstück gehören heute dem Staat Iowa und stehen nur im Sommer für Besichtigungen offen (319/934-3572, Di–So 11–17; der Eintritt ist gratis).

Quasqueton selbst ist ein feiner kleiner Ort, in dem man auf eine Tasse Kaffee im anheimelnden *Big Q Cafe* oder zum Abendessen mit anschließendem Drink in der *Friendly Tavern* anhalten sollte; beide Lokale liegen einander im Zentrum des Ortes an der Water Street gegenüber.

Dyersville: Das Field of Dreams »Wenn du es baust, wird er kommen...« Seit 1989 der Film »Field of Dreams« in die Kinos kam, fahren immer wieder Leute nach Dyersville 27 Meilen westlich von Dubuque, um den märchenhaften Baseballfilm nachzuerleben, dessen Hauptszenen eben außerhalb des Ortes gedreht wurden. Weite Maisfelder umgeben das provinziell wirkende Spielfeld; ein kleiner Stand verkauft Postkarten und andere Souvenirs. Obwohl in Privatbesitz befindlich, ist die Attraktion von April bis November täglich zwischen 10 und 18 Uhr »geöffnet« und gratis zugänglich. Um dorthin zu gelangen, nimmt man den Highway 136 nördlich des US-20 und folgt den Schildern nördöstlich entlang der Third Avenue und der Field of Dreams Road etwa 3.5 Meilen weit.

> Obwohl die ersten Siedler Iowas Franzosen waren, wurden die ersten Siedlungen im östlichen Iowa von den Engländern angelegt, was Ortsnamen wie Epworth, Nottingham und Manchester erklärt.

Obwohl Dyersville (3707 Einw.) nur ein kleiner Ort ist,

gibt es doch einiges zu sehen. Außer dem Field of Dreams befindet sich eine von insgesamt nur 36 katholischen Basiliken der USA in diesem Ort, *St. Francis Xavier*, deren gotisches Gebäude im Zentrum man nicht übersehen kann. Das *National Farm Toy Museum* (1110 16th Avenue direkt am US-20, tgl. 8-19; 3 $) zeigt mehr als 30 000 kleine Traktoren und Pflüge aus Holz oder Metall, die einhundert Jahre Spielzeug- und zugleich Landmaschinengeschichte illustrieren und von denen viele in einer der drei Spielzeugfabriken von Dyersville hergestellt wurden. Nähere Informationen über die Sehenswürdigkeiten, Lokale und Unterkünfte des Ortes sind vom *Dyersville Visitor Center* (1424 9th Street gleich nördlich des US-20, 319/875-2311) zu bekommen.

Dubuque Dubuque (57 546 Einw.) ist die älteste Stadt in Iowa und wurde 1833 gegründet. Namensgeber war der französische Reisende Julien Dubuque, der hier auf einem von den Spaniern gekauften Landstück erfolglos nach Bleierz suchte. Blei zu finden erwies sich nicht als das Problem; das hatten die Indianer schon 1680 von Hand ausgegraben und als Tauschware mit den Engländern verwendet – der Transport zum Markt gestaltete sich schwierig. Erst nachdem der Verkehr mit Dampfschiffen etabliert und die Indianer aus der Gegend vertrieben worden waren, wurde der Mineralienreichtum zu einem entscheidenden Entwicklungsfaktor für die Siedlungen in den drei Bundesstaaten rings um Dubuque, wovon Ortsnamen wie Potosi, Mineral Point, New Diggings und Lead Mine noch heute Zeugnis ablegen. Während des amerikanischen Bürgerkrieges bestritten fünf Counties in dieser Gegend sämtliche Bleilieferungen an die Unionsstaaten.

Das *Iowa Welcome Center* an der Waterfront liegt direkt neben Iowas neuester Wohlstandsquelle, dem *Casino Belle*, dem nördlichsten in einer langen Reihe schwimmender Casinos, die bis zum Golf von Mexiko hinunterreicht. Um sich nicht ganz dem sündigen Spiel zu überlassen, forderte Iowa anfangs die Beschränkung auf niedrige Spieleinsätze und limitierte sie auf 200 $ pro Besuch an Bord. Als aber das benachbarte Illinois eigene Casinoschiffe mit unbeschränkten Einsätzen zuließ, mußte auch Iowa die hier geltenden strikten Grenzen lockern, damit die goldene Gans ihre Eier nicht ausschließlich am Nachbarufer legte. Soviel zur Dauerhaftigkeit von Überzeugungen.

Zwischen Dyersville und Dubuque sind die ehemaligen Gleise der alten Chicago Great Western Railroad in einen schönen, 26 Meilen langen Wander- und Fahrradweg umgewandelt worden.

Von der oberen Station des *Fenelon Place Elevator* in der Innenstadt, einer kleinen, stolz als »steilste und kürzeste Aussichtsbahn der Welt« bezeichneten Bahn, hat man einen guten Blick auf die Stadt und das Mississippital (April–Nov. tgl. 8–22; 75 Cent pro Fahrt).

Was das Essen angeht, ist Dubuque sehr auf Fleisch und Kartoffeln ausgerichtet, und wer in ein Restaurant gehen möchte, sollte das relativ früh tun. *Dottie's Cafe* (Fifth und Central Streets) bietet einfaches Frühstück, Mittag- und Abendessen, während das sehenswerte *Bridge Steakhouse* (Main Street am Fuße der US-20-Brücke, am großen Neonschild »Good Food« erkennbar) hinsichtlich von Qualität und Preis eine bis zwei Stufen darüberliegt. *Shot Tower Pizza* in der Nähe des Fenelon Place Elevator verfügt über eine Dachterrasse und serviert Bier in Krügen. Bars wie die *Lois and Admiral's High Hat Lounge* in der Main Street bieten fast jeden Abend ordentliche Livemusik.

Das klassische Hotel der Stadt ist das *Julien Inn* (200 Main Street, 319/556-4200 oder 800/798-7098) mit Zimmern zwischen 30 und 50 $ pro Nacht, während das *Redstone Inn* (504 Bluff Street, 319/582-1894) komfortable Räume im Bed&Breakfast-Stil in einem stattlichen Haus der Innenstadt bietet. Die üblichen Kettenmotels liegen am US-20 westlich des Flusses.

Durch Illinois

Der US-20 durchzieht das nördliche Illinois zwischen dem Mississippi River und dem Lake Michigan und führt die Reisenden auf weniger als 200 Meilen von der weiten Szenerie der »Driftless«-Region zu den Hochhäusern der Großstadt Chicago. Der westliche Streckenabschnitt führt durch eine Landschaft aus Hügeln und Tälern, wo Wasserkraft und Mineralvorkommen schon früh von der Industrie ausgebeutet wurden. Die alte zweispurige Landstraße ist noch immer in Benutzung und erklimmt felsige Höhenzüge, ehe sie sich in Täler voller Laubwald hinabschwingt, die die Gegend östlich der Grenze zu Iowa prägen.

Die Bandbreite der Scheunen und Getreidespeicher ist hier so groß wie überall sonst im Land; es herrscht aber ein Trend, alles zu vergrößern und zu »verbessern«, weshalb man den gegenwärtigen Zustand genießen sollte, solange er noch anhält.

Im Kontrast hierzu bestehen die leicht gewellten Ebenen des nordöstlichen Illinois zumeist aus den Vororten Chicagos, zwischen denen vereinzelte Weiden und Waldstücke liegen. Kurz vor Chicago verschwindet der alte US-20 und ist schon längst durch den vielbefahrenen Interstate 90 ersetzt.

Das nordwestliche Illinois war während des Black-Hawk-Krieges der frühen 1830er Jahre Schauplatz zahlreicher Scharmützel zwischen Siedlern und Indianern.

Galena Galena (3647 Einw.) verdankt seine Existenz dem Boom im Bleibergbau, der um die Mitte des 19. Jahrhunderts in Wisconsin herrschte. Der Ort wurde zur sozialen und kulturellen Hauptstadt des oberen Mississippi-Beckens. In den 1840ern, als Chicago noch eine ruppige Zeltsiedlung in den Sümpfen rings um Fort Dearborn war und die »Twin Cities« Minneapolis und St. Paul nur einen Handelsposten in den Wäldern bei Fort Snelling bildeten, lieferte Galena mehr als 75 Prozent der Weltbleiproduktion, und die Stadt wimmelte von Bankiers, Händlern und Spekulanten, die Herrenhäuser, Hotels und Kaufhäuser bauten, in denen es feine Waren und Einrichtungsgegenstände aus der

Dank der drei großen Käsefabriken am US-20 in der Nordwestecke des Staates ist Illinois der führende Hersteller von »Schweizer« Käse in den USA.

ganzen Welt gab. Dieser Teil der Driftless-Region sah einst den größten Reichtum und den ausgiebigsten Kommerz des oberen Mississippi-Laufes, als in Galena mehr Menschen lebten als im gesamten Territorium Minnesotas – zur Zeit des Bürgerkriegs zählte die Einwohnerschaft 15 000 Köpfe.

Doch der Goldrausch in Kalifornien, erschöpfte Bleiminen, ein Fluß, der durch die vom Bergbau verursachte Erosion versandete und eine nationale Wirtschaftspanik führten dazu, daß Galena schließlich nicht mehr war als eine Geisterstadt, die man lediglich abzureißen vergessen hatte. Der Schlaf des Ortes dauerte ein Jahrhundert, bis Galena zu Beginn der Sixties als anheimelndes Touristenstädtchen wiederbelebt wurde. Man wandelte die Lagerhäuser aus Backstein zu Läden und Galerien um, und bis auf sehr subtile, handgeschnitzte Schilder wurde jegliche Werbung verboten. Die historische Erscheinungsform des Straßenbildes zu erhalten, ist in Galena nicht nur eine Mode, sondern ein Gesetz. Die Randgebiete entlang des US-20 sind eine ziemlich typische Straßenlandschaft voller Kettenrestaurants und Einkaufszentren, und es gibt auch im historischen Kern des Ortes noch ein paar herkömmliche Betriebe (darunter ein Beerdigungsunternehmen und eine große, geschäftige Metallgießerei), doch das Gesamtergebnis der Bemühungen zur Historisierung des Erscheinungsbildes ist so umfassend, daß man beim Passieren der Fluttore, die zur Innenstadt führen, das Gefühl hat, nach Brigadoon zu kommen. Selbst die unzähligen Galerien und Shops, die Krimskrams verkaufen (von dem man eines Tages nicht wissen wird, wie man ihn loswerden soll), können die bemerkenswerte Atmosphäre des Ortes nicht verderben.

Ein grundsätzlicher Tip: man sollte das Auto unbedingt abstellen und herumspazieren.

Galena hat nicht nur wohlerhaltene Häuser aus der Mitte des 19. Jahrhunderts aufzuweisen, sondern ist zugleich Herkunftsort eines Mannes, der sowohl den Bürgerkrieg als auch die Präsidentschaftswahlen gewinnen sollte. Das bescheidene *Ulysses S. Grant Home* (815/777-0248, tgl. 9–17 außer an gesetzlichen Feiertagen; 2 $ Spende als Eintritt), das von einer Gruppe örtlicher Republikaner der Allgemeinheit übergeben wurde, liegt oberhalb der Bouthillier Street am Fluß gegenüber der Innenstadt. Es ist heute als historische Stätte unter Schutz gestellt und exakt im Zustand jener Zeit erhalten, als Grant 1869 ins Weiße Haus einzog. Ein kleines Museum hinter dem Gebäude zeichnet das Leben des 18. Präsidenten der USA vom Bürgerkrieg bis zu seiner Beerdigung in Grant's Tomb nach.

Zwölf Meilen östlich von Galena gewährt ein am US-20 gelegener 25 m hoher Aussichtsturm den Touristen einen »Drei-Staaten-Ausblick« über das Driftless Gebiet.

Selbst wenn man kein Auge für Galenas zahlreiche ästhetische und historische Attraktionen hat, wird man wohl seine kulinarische Vielfalt genießen. Täglich ab 5.30 Uhr tischt das *Steakburger Diner* in der Main Street unterhalb der »Fresh Pies

Mrs. Grant konnte sich nicht mit der Tatsache anfreunden, daß das Standbild ihres verstorbenen Ehemannes in Galenas Grant Park ihren Gatten mit der Hand in der Hosentasche zeigte. Nicht, daß sie es geändert haben wollte. »Oh nein!«, sagte sie zu dem Bildhauer, »lassen Sie es, wie es ist, aber mein Gott, ich habe dem Mann 20 Mal am Tag gesagt, er soll die Hand aus der Tasche nehmen.«

Daily«-Uhr seiner örtlichen Klientel einfache Omeletts und Fleischpasteten zu Tiefstpreisen auf; gern schauen die Leute auf eine Tasse Kaffee, eine Zigarette und einen Mundvoll Unterhaltung herein. Es gibt nur Frühstück und Mittagessen bis 14 Uhr. Im selben Straßenzug bietet unter einer Handvoll guter Bäckereien besonders *Jakel's* Bäckerei Kompositionen aus weißem Mehl und Zukker für alle Fans von Desserts und zusätzlich leichte Mittagsgerichte. Herzhaftere, weniger raffinierte Backwaren findet man mit verschiedenen vegetarischen Gerichten im *Lost Art Cafe* am Nordende der Main Street auf Höhe Franklin Street.

Ein gutes, günstiges Abendessen in gemütlicher Atmosphäre gibt es in der *Log Cabin* (201 North Main Street), Galenas ältestem Restaurant mit einem großen grünroten Leuchtschild, das aus der Zeit vor dem städtischen Bann gegen Neonreklamen stammt. Das Lokal serviert seit 1937 kräftige italienische Gerichte sowie Steaks und Seafood und wird von den Einwohnern Galenas viel besucht. Trotz der baulichen Aufwertung des Ortes und dem offenkundig hohen Bildungsniveau der Bevölkerung servieren die Restaurants in Galena zumeist »kontinentale« – sprich: langweilige – Küche. Eine der besten und teuren Ausnahmen ist das *Eldorado* (219 North Main Street) mit herausragendem, südwestlich beeinflußtem Stil und einem vegetarischen Angebot weit oberhalb des sonst vorhandenen Salat-und-Tomate-Niveaus.

Es gibt mehr als 60 Hotels, Guest Houses und Bed&Breakfast-Pensionen in der »Bed-and-Breakfast-Hauptstadt des Mittleren Westens«. Das zentral gelegene *DeSoto House* (230 Main Street, 815/777-0090) war 1968 das Hauptquartier von Ulysses Grants Präsidentschaftswahlkampagne; die Zimmerpreise fangen bei 80 $ pro Nacht an. In unmittelbarer Nähe des historischen Distrikts finden sich viele andere Unterkünfte. Das geräumige und komfortable *Belle Aire Mansion* (815/777-0893) liegt westlich des Ortes am US-20. Die günstigste passable Übernachtungsgelegenheit für Durchreisende ist das *Grant Hills Motel* am US-20 östlich des Ortes direkt neben einem kleinen Oldtimermuseum.

Das *Galena / Jo Daviess County Convention*

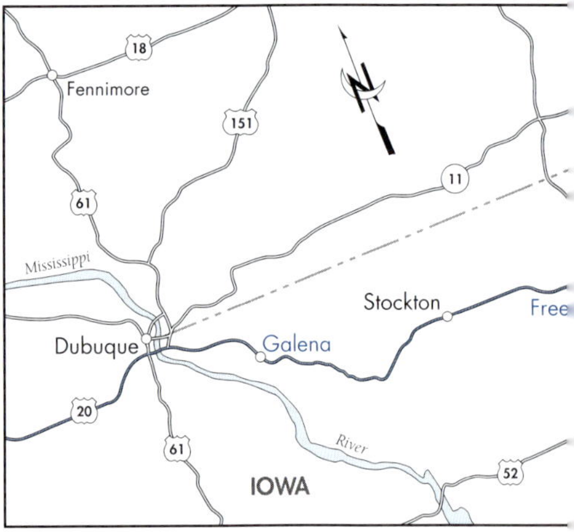

and Visitors Bureau unterhält ein exzellentes Visitor Center (815/777-0203 oder 800/747-9377), das am Fuße der Bouthillier Street im alten Eisenbahndepot der Illinois Central Railroad untergebracht ist und mittels einer Fußgängerbrücke von der innerörtlichen Flußseite her erreichbar ist. Stapel von Broschüren decken von Unterkünften bis zu Fahrradtouren alles ab, was man wissen möchte. Hier ist auch die beste Gelegenheit, den Wagen abzustellen, denn im oft überlaufenen Innenstadtbereich ist das Parken sehr teuer.

Freeport Auf halbem Weg zwischen Galena und Rockford liegt die Stadt mit dem seltsamen Namen Freeport (25840 Einw.), die weder einen Hafen hat oder sich irgendwie in der Nähe von Wasser befindet. Dem WPA-Guide to Illinois zufolge stammt der Name von der Frau eines frühen Siedlers, die damit auf die Eigenart ihres Mannes anspielte, Durchreisenden stets umsonst Kost und Logis zu gewähren.

Heute gibt es in der Stadt keine Gratismahlzeiten mehr, doch bietet Freeport zumindest einen guten Grund für einen Stopp: den *Union-Daily Ice Cream Parlor* in der Douglas Street zwei Block nördlich des US-20 Business Loop. Man kann hier einen köstlich sahnigen Milkshake oder ein Sundae genießen und dann gleich nebenan in einen Park gehen, wo ein seltsam deformiertes Standbild die Stätte der zweiten Lincoln-Douglas-Debatte kennzeichnet, die hier am 27. August 1858 stattfand. Eine Plakette zitiert die Aussprüche beider Männer; auf Douglas' Bemerkung »Ich bin nicht für die Auflösung der Union unter allen Umständen« entgegnete Lincoln: »Dieses System kann nicht auf Dauer halbversklavt und halbfrei bestehen.«

Rockford Die Industriestadt Rockford (139426 Einw.) breitet sich weitläufig auf den Ufern des Rock River aus und markiert das westliche Ende des gebührenpflichtigen Interstate 90 von Chicago. Der US-20 führt

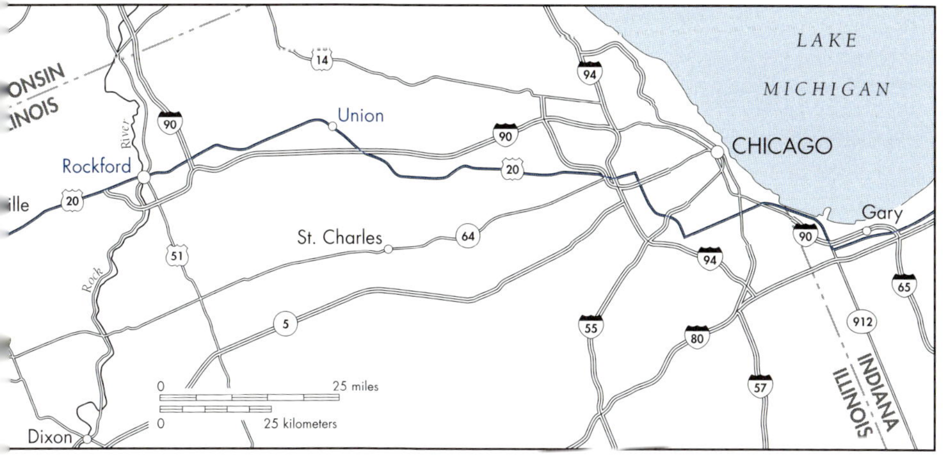

lirekt an der nüchternen, etwas heruntergekommenen Downtown vorüber, die – wenn die Einwohner mehr Hüte trügen – wie der Set des Films »Main Street« von 1952 über das industrialisierte Amerika aussehen würde.

Nach der Erkundung von Rockfords Ecken und Winkeln, wozu viele schöne Parks und die unruhigen Uhren im *Time Museum* (7801 East State Street, Di–So 10–17; 3 $) gehören, das im Clock Tower-Komplex nahe der Kreuzung von US-20 und Interstate 90 untergebracht ist, kann man sich mit einer Mahlzeit in einem der besten Roadfood-Lokale von Illinois belohnen, nämlich im *The Rathskeller* (1132 Auburn Street, 815/963-2922) abseits der Main Street eine Meile nördlich der Innenstadt. Diese teutonische Institution serviert seit 1931 Pfannen voller Würstchen und Kartoffeln, Corned-Beef-Sandwiches und sehr gute Desserts.

Weitere Informationen sind vom *Rockford Visitor Center* (211 North Main Street, 815/963-8111 oder 800/521-0849) zu bekommen.

Union: Illinois Railway Museum Zwischen Rockford und Chicago ist der US-20 eine langsame und kurvenreiche, schlecht beschilderte Alternative zum gebührenpflichtigen Interstate 90 mit seinem rasenden Verkehr. Man kann die Route entspannt befahren, aber es gibt außer der Straße selbst nur wenige erkennbare Attraktionen. Der Highway führt durch kleine Orte inmitten von Farmland und ist von Obst- und Gemüseständen gesäumt. Die einzige wirkliche Sehenswürdigkeit liegt eine Meile östlich des kleinen Städtchens Union: das Illinois Railway Museum (815/923-4000, tgl. 11–16, im Sommer länger geöffnet; 7 $). Es zeigt eine große Vielfalt schienengebundener Transportmittel: Straßenbahnen, Spurbusse und Eisenbahnwaggons, und das ganze Jahr hindurch wird an Wochenenden ein richtiger historischer Dampfzug auf die Strecke geschickt.

Der Highway 2 folgt von Rockford aus einer schönen Strecke entlang des Rock River nach Südwesten zu dem anheimelnden alten Ort Dixon, wo das Ronald Reagan Boyhood Home (816 South Hennepin Avenue, 815/288-3404) das Haus konserviert, in dem Reagan seine Jugendjahre verbrachte.

Das großartige Chicago wird im City Survival Guide auf Seite 434 beschrieben.

Durch Indiana

So dicht beim aufregenden Chicago gelegen und zugleich so weit davon entfernt, muß Indiana ganz einfach etwas langweilig wirken. Im Nordwesten ist der Staat vom Lake Michigan begrenzt, an dessen Ufer zum Rust Belt gehörende Gebirge aufgegebener Schwerindustrieanlagen Seite an Seite mit den jungfräulichen Sandgebieten der faszinierenden und schönen Indiana Dunes National Lakeshore liegen. Die nordöstliche Ecke des Staates bietet sogar nach Meinung des offiziellen Touristenbüros wenig mehr als ein paar Seen und die sogenannten »muck lands« rings um das Heimatgebiet des »Fighting Irish«-Footballteams bei South Bend. Dazwischen erstrecken sich Meilen sanft geschwungener Hügel mit vereinzelten Farmen der Amish People und anderen für Touristen attraktiven landwirtschaftlichen Gemeinden.

Auch wenn die Herkunft des Namens hitzige Debatten entfacht, versteht man heute unter dem Spitznamen »Hoosier« alles, was an den Bewohnern Indianas typisch für die zentralen USA ist – ihre Unabhängigkeit, ihr praktisches Talent und ihre Sparsamkeit (oder sind es ihre Widerborstigkeit, ihr Konservatismus und ihr Geiz?).

Gary Wer jemals das Hollywood-Musical »The Music Man« gesehen und Gefallen daran gefunden hat, in dem der Song »Gary Indiana« ein Bild des idyllischen, heimeligen Amerika zeichnet, wird von der Wirklichkeit der Stadt überrascht sein. Im Gegensatz zum ländlichen Rest des Staates gehört diese nordwestlichste Ecke Indianas zu den am stärksten industrialisierten und verarmten Gebieten des Landes. Riesige Fabriken und Ölraffinerien sind von verfallenden Siedlungen umgeben, und in den Straßen reihen sich billige Läden, Strip-Schuppen und ausgeschlachtete Autos aneinander. In ihrer Spitzenzeit um die Jahrhundertwende brachten die Stahlwerke, Gießereien und Fabriken entlang des Calumet River täglich Produkte im Wert mehrerer Millionen Dollar hervor; heute hingegen sind die wirtschaftlichen Verhältnisse so hart, daß die städtischen Autoritäten die Nationalgarde herbeirufen mußten, um die Straßen zu sichern.

Indiana Dunes National Lakeshore Das Schutzgebiet der Indiana Dunes National Lakeshore, welches einen 15 Meilen langen und 6000 Hektar großen Küstenstreifen am Lake Michigan einnimmt, ist eine beeindruckende und überraschende Ansammlung von goldenen Sanddünen, Süßwasserflächen und dichten Wäldern, die nach Meinung des Dichters Carl Sandburg »für den Mittleren Westen dasselbe sind wie der Grand Canyon für Arizona«. Der 1972 offiziell eingerichtete Park beherbergt eine große pflanzliche Vielfalt – Gruppen von Ahornbäumen und Eichen, Kiefern und Feigendisteln, Grasareale und Gebüsche voller Beeren – und verfügt über ein mehrere Meilen langes Wegenetz. Das Highlight ist der 38 m hohe Mount Baldry im entlegensten nordöstlichen Winkel des Parks.

Drei große Stahlwerke und eine Reihe kleiner Ferienhaussiedlungen nehmen im Park einen gewissen Raum ein. Und zwei Meilen nördlich des Hauptbesucherzentrums liegt das ungewöhnliche *Beverly Shores*, eine Mustergemeinde, die 1933 für die Weltausstellung in Chicago mit dem Motto »Jahrhundert des Fortschritts« gebaut und bald danach hierher verlegt wurde, um Investoren für ein Erholungszentrum anzulocken. Sechs der damals futuristischen Gebäude sind am Lakefront Drive erhalten geblieben, darunter drei »Lustron«-Häuser mit Stahlrahmen und Emailleplattenverkleidung, die während der Depressionszeit als billige Behausungen konzipiert waren. Nebenan liegt das »Haus von Morgen«, ein gewöhnlich aussehendes Haus mit einer angeschlossenen Garage für das private Flugzeug, das jede Familie in der Zukunft sicherlich haben würde.

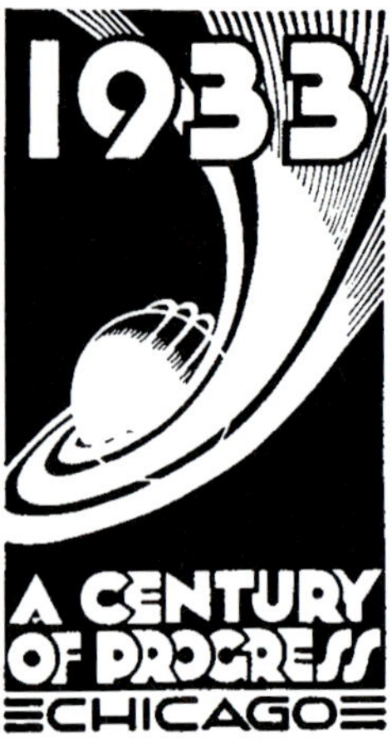

Im *Visitor Center* an der Kamil Road zwischen US-20 und US-12 gibt es Karten, Führer und andere Informationen (219/926-7561, tgl. 8–17, im Sommer bis 18; gratis).

South Bend Abgesehen von den Indiana Dunes gibt es östlich von Chicago kaum einen Grund zum Anhalten, ehe man South Bend erreicht. Die mit 105 511 Einwohnern größte Stadt im nördlichen Streifen Indianas ist am besten als Heimatort der »Fighting Irish«-Footballspieler der Notre Dame University sowie der Autos und Kutschen produzierenden Studebaker Company bekannt. Der Universitäts-Campus ist das Ziel der meisten Besucher, ob es nun ein Samstag in der Football-Saison ist oder nicht; das 500 Hektar große Gelände an der Michigan Street eine Meile nördlich der

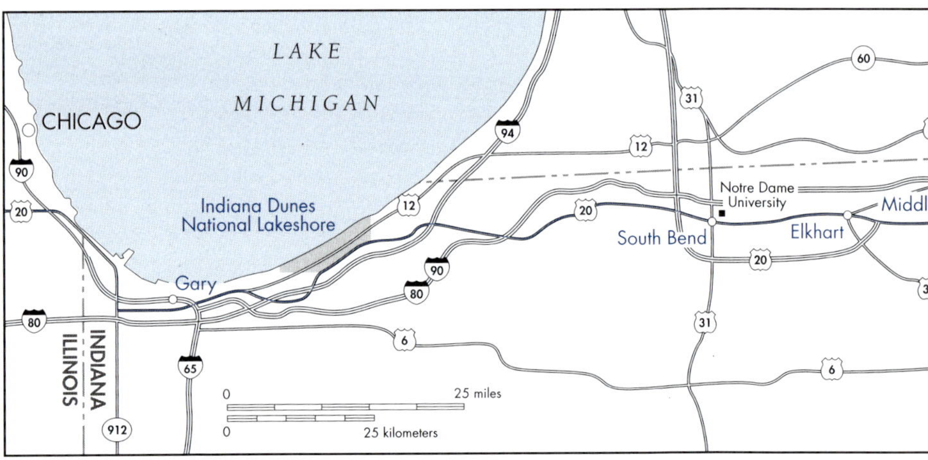

Innenstadt ist einen Spaziergang wert, denn man sieht hier viele katholische Ikonen, darunter eine Replik der Grotte von Lourdes und der berühmte »Touchdown Jesus«. Nähere Auskünfte erteilt das *Visitor Center* des Campus (219 /239-7367).

Das *Studebaker Museum* südlich der Innenstadt (525 South Main Street, 219/235-9714, Mo–Sa 9–17; 4 $) gibt einen umfassenden Überblick über Kutschen und Autos, die vor der 1963 erfolgten Schließung der Fabrik in South Bend hergestellt worden sind. Das hinter dem Museum gelegene Coveleski Stadion mit 5000 Sitzen ist Austragungsort der Midwest League-Baseballspiele des in South Bend ansässigen, zu den Chicago White Sox gehörigen Verbandes. Tickets kosten 3–6 $ (219/284-9988).

Eines der besten Restaurants in South Bend, das *Tippecanoe Place* (620 West Washington Street) ist im alten Studebaker-Herrenhaus untergebracht. Auf der anderen Straßenseite liegt das *Book Inn*, eine Kombination aus Antiquariat und Bed&Breakfast. Nähere Informationen sind im *South Bend Visitor Center* erhältlich (401 East Colfax Avenue, 219/234-0051 oder 800/828-7881).

Elkhart Elkhart ist ein Zentrum der leichten Industrie und war einst dafür berühmt, daß hier mehr als die Hälfte aller amerikanischen Blechblasinstrumente hergestellt wurde. Heute entstehen Freizeitfahrzeuge und pharmazeutische Produkte: 1884 wurde der Pharmagigant Miles Laboratories in Elkhart gegründet, der noch immer ein wichtiger Wirtschaftsfaktor ist. In vielerlei Hinsicht ist der Ort eine verschlafene Stadt des Mittleren Westens; Sehenswürdigkeiten sind das dynamische kleine *Midwest Museum of American Art* (429 South Main Street, 219/293-6660, Di–Fr 11–17, Sa/So 13–16; 1 $), das in einem restaurierten Bankgebäude untergebracht ist, sowie die *S. Ray Miller Antique Car Collection* (2130 Middlebury Street, Mo–Fr 13–16; 3 $) am US-20 an der Ostseite der Stadt, in dem unter den gezeigten 40 klassischen Autos auch das Duesenberg-Cabriolet zu sehen ist, das dem Friseur von Al Capone gehört hat.

In Elkhart wuchs der Schriftsteller Ambrose Bierce auf, dessen Elternhaus 518 West Franklin Street fünf Blocks westlich der Innenstadt liegt.

Indianas Amish-Gebiet: Middlebury und Shipshewana Östlich von South Bend wird der US-20 wieder zu einer Straße, die zu bereisen sich lohnt, vor allem in den ruhigen, landwirtschaftlich genutzten Gebieten um die Orte Middlebury und Shipshewana, dem Kernland von Indianas ansehnlicher Amish-Bevölkerung. Wie in anderen Amish-Gegenden ist es der generelle Anblick des Landes und keine individuelle Attraktion, der einen Besuch lohnt, und wie andernorts auch lassen die wenigen Sehenswürdigkeiten, die eine »authentische Amish-Erfahrung« versprechen, viel zu wünschen übrig. Eine der größten Touristenfallen, *Das Dutchman Essenhaus*, liegt am US-20 westlich Middleburys. Anstatt sich durch die Horden von Bustouristen durchzukämpfen, sollte man lieber zum ruhigen Zentrum des Ortes abbiegen und im *Village Inn* (104 South Main Street, 219/825-2043)Halt machen. Dieses beliebte Café mit ländlichem Ambiente wird von ortsansässigen Amish und Mennoniten betrieben und besucht, die wie alle anderen Gäste auch das herzhafte einfache Essen genießen – von tollen hausgemachten Kuchen für 1 $ pro Stück ganz zu schweigen.

Sieben Meilen östlich von Middlebury führt der Highway 5 vom US-20 nach Norden; weniger als eine Meile entfernt liegt das fesselnde *Menno-Hof Mennonite-Amish Visitor Center* (219/768-4117, Mo-Sa 10–17; 4 $ Spende werden erbeten) außerhalb des Dorfes Shipshewana. Es wird von örtlichen Amish– und Mennoniten-Gemeinden betrieben, die die große Scheune, in der das Center untergebracht ist, innerhalb von sechs Tagen im Rahmen eines kollektiven »Barn-raising« errichteten. Das Center gibt eine umfassende Einführung in den Glauben und den Lebensstil der Amish und der Mennoniten. Überraschend hochtechnisierte Multimedia-Ausstellungen beschreiben ihren Widerstand gegen moderne Technologien, ihren langen Kampf um religiöse Freiheit und ihre Friedensliebe, die ihnen durch Jahrhunderte der Folter und Mißhandlung geholfen hat – und oft erfuhren sie diese Qualen von der Hand anderer Christen.

In der kleinen Stadt Topeka, zehn Meilen südlich von Shipshewana am Highway 5 gelegen, ist der Yoder Popcorn Shop (800/537-1194) ansässig, einer von vielen Popcornhändlern, deren Werbeschilder man in diesem Teil Indianas überall sehen kann.

Auburn Auch wenn Auburn ein wenig abseits des Weges liegt (20 Meilen südlich des US-20 via Interstate 69), werden Liebhaber historischer amerikanischer Automobile keine Mühe scheuen, um das elegante *Auburn-Cord-Duesenberg Museum* (1600 South Wayne Street, 219/925-1444, tgl. 9–18; 6 $) in seinem herrlichen Art-Deco-Ausstel-

lungsraum zu besichtigen. Die Autos, die sofort Klassiker wurden und den meisten Liebhabern als die schönsten, innovativsten und überwältigendsten Autos gelten, die man jemals in Amerika produziert hat, sind die Erfindung des Industriellen Erret Cord aus Auburn. Während der zwanziger und dreißiger Jahre entwarf und produzierte Cords Firma die begehrten Cruiser hier in Indiana – Auburns, und die frontgetriebenen Cords wurden in Auburn hergestellt, die »Dusies« entstanden in Indianapolis –, und heute werden sie in der ehemaligen Original-Ausstellungshalle präsentiert, die 1930 erbaut wurde und perfekt erhalten ist.
Die Sammlung umfaßt wunderbar restaurierte Beispiele dieser klassischen Marken sowie Exemplare anderer klassischer Roadster – Packards, Cadillacs und den einen oder anderen Rolls-Royce. Die insgesamt 150 Fahrzeuge machen das Haus zu einem der besten Automuseen der Welt. Jedes Jahr am Labor Day-Wochenende Anfang September findet hier ein Festival klassischer Autos statt, zu dem bis zu 200 000 Menschen anreisen.

Durch Ohio

Die vielen Routen durch Ohio entlang der Ufer des Lake Erie sind schon lange Hauptdurchgangsstrecken gewesen. Händler und Kriegertrupps der Iroquois und anderer Indianerstämme passierten dieses Gebiet bereits Hunderte von Jahren, bevor die europäischen und amerikanischen Pioniere mit ihren Conestoga-Planwagen durchzureisen begannen. Heute füllen historische Überbleibsel, darunter eine Anzahl von Kneipen aus der Kolonialzeit und andere frühe Straßenrand-Americana sowie rapide weniger werdende Gemüsefarmen und Gewächshäuser, die Ebenen, die von den ständig wachsenden Vororten bedrängt werden. Überall im nördlichen Ohio sieht man zum Rust Belt gehörende Hinterlassenschaften der Industrialisierung, die hier zwischen 1880 und 1950 stattfand, als die Gegend um die Großen Seen der »Amboß von Amerika« war und einen Großteil der nationalen und weltweiten Eisen-, Stahl- und Erdölproduktion bestritt.

Man sollte nicht den Versuch unternehmen, der einen oder anderen bestimmten alten Straße zu folgen, die im Zickzack durch Ohio führen, sondern verschiedene Routen auf beiden Seiten des teils mautpflichtigen Interstate 90 nehmen. Im westlichen Teil des Staates kann man dem US-20 ab Toledo durch einen ländliche Gegend folgen, die von rotgestrichenen Scheunen mit Walmdach und der Werbeaufschrift »Chew Mail Pouch« geprägt ist und durch Sherwood Andersons klassisches Erzählwerk »Winesburg, Ohio« unsterblich geworden ist. Und man sollte einen Umweg nach Norden zum US-6 machen, der entlang des Seeufers zu idyllischen Ferienhaussiedlungen, versandeten alten Häfen und einem der besten alten Vergnügungsparks des Landes führt, nach *Cedar Point*. Östlich der Metropole Cleveland geht es entweder auf dem US-20 entlang des Lake Erie oder auf dem US-6 im Zickzack durch das fruchtbare Farmland des nordöstlichen Ohio weiter – eine Region, die der WPA-Guide to Ohio 1939 als »bezauberndes Land aus steilen

Hügeln, Tälern und Wäldern« beschrieben hat.

Toledo Toledo (332 900 Einw.), eines der wichtigsten Industriezentren Ohios, ist der am drittstärksten frequentierte Hafen an den Großen Seen; Docks, Piers, Lagerhäuser, Fabriken, Raffinerien und Kraftwerke säumen über viele Meilen den Mündungsbereich des Maumee River. Das mag nicht nach einem guten Grund für einen Besuch der Stadt klingen, doch ist Toledo ein faszinierender Ort, groß genug, um eindrucksvoll zu sein, aber auch kompakt genug, daß man herumkommen und ein Feeling für die Stadt gewinnen kann. Toledos Innenstadt ist eher anonym und leert sich nach 17 Uhr (der weltbekannte Experte für Langweiligkeit, John Denver, ging sogar so weit und schrieb einen Song, in dem es heißt: »Samstagabend in Toledo, Ohio, ist so, als wäre man nirgendwo«), doch gibt es in den gleich südlich gelegenen Straßen Dutzende unrestaurierter Lagerhäuser mit gußeisernen Fassaden und andere Geschäftsgebäude, die nur auf die Ankunft der Stadtentwickler und Investoren zu warten scheinen.

Ein Ort, der in den 50 Meilen sandiger und von Krüppeleichen bewachsener Landschaft östlich der Grenze von Indiana einen Stopp wert ist, ist das Sauder Farm and Craft Village, ein lebendiges Museum am Highway 2 außerhalb des Städtchens Archbold.

Eine Meile westlich der Waterfront liegt Toledos ganzer Stolz, das gute *Museum of Art* (2445 Monroe Street, Di–Sa 10–16, So 13–17; gratis), wo Werke von El Greco – der im spanischen Toledo lebte und arbeitete – die Höhepunkte einer Sammlung europäischer Gemälde sind. Die wahre Stärke des Museumsbestandes sind Glasobjekte, darunter Dutzende schöner Pokale und Vasen aus – kaum zu glauben – römischer Zeit.

Die kulturelle und ethnische Zusammensetzung der Bevölkerung Toledos spiegelt sich auch in der kulinarischen Szene wieder. Wer sie erkunden möchte, sollte in *Ansara's Board Room* (233 North Huron Street) in der Innenstadt beginnen, der einzigartigen und nur in Toledo zu findenden Kombination aus einem chinesischen Chop House und einem orientalischen Restaurant, die in einem dunklen, holzvertäfelten Raum untergebracht ist.

Die komplette Toledo-Experience erhält man, wenn man sich im nahegelegenen Maumee vor, während oder nach einem Baseballspiel der Toledo Mud Hens International League ein Tony Packo's Chili-Dog hineinwürgt. Ticketbestellungen und Informationen unter 419/893-9483.

Das einzige Lokal, das man wirklich nicht versäumen darf, ist *Tony Packo's Cafe* (1902 Front Street, 419/691-6054) auf der anderen Flußseite. Packos süchtigmachende Chili Dogs sind durch Corporal Klinger aus der Fernsehserie M.A.S.H. bekannt gemacht worden (der von dem in Toledo gebürtigen Jamie Farr gespielt wurde), und sie locken noch immer große Scharen von Gästen in diese Kneipe, wozu auch die Lage neben einem riesigen Kohlekraftwerk der Toledo Edison beiträgt.

Abstecher nach Detroit

Auch wenn Detroit 45 Meilen nördlich von Toledo am Interstate 75 und damit weit abseits der hier beschriebenen Route durch Ohio liegt, könnte ein so sehr auf Autos fixiertes Reisebuch wie dieses natürlich ohne eine Beschreibung von »Motor City«, dem Herzen der amerikanischen Automobilindustrie, niemals befriedigend sein. detaillierte Informationen über die Stadt sind vom Visitors Bureau erhältlich (800/338-7648), doch folgt hier zumindest eine kurze Liste von Sehenswürdigkeiten:

Henry Ford Museum and Greenfield Village, 20900 Oakwood Boulevard, Dearborn (313(271-1620, tgl. 9-17; je 12 $ oder 22 $ Eintritt für beide). Dieser 30 Hektar große Komplex zehn Meilen westich von Detroits Innenstadt am US-12 ist ein Mikrokosmos der amerikanischen Geschichte, in dem es von Abe Lincolns Anwaltsbüro bis zu Thomas Edisons Labor alles gibt, was zu dem hier arrangierten Idealdorf amerikanischer Kreativität einfach dazugehört.

Detroit Institute of the Arts, 5200 Woodward Avenue (Mi-So 11-16; 4 $). Dieses weitläufige Museum zeigt außer einer umfangreichen Sammlung von Kunstwerken aus aller Welt auch ein kraftvolles Wandbild des mexikanischen Malers Diego Rivery, Detroit Industry, das die Arbeiter in den Detroiter Autofabriken ehrt.

Motown Historical Museum, 2468 West Grand Boulevard (Mo-Sa 10-17, So 14.17) 4 $). Dieses Museum, das in dem gewissen Haus untergebracht ist, in dem Berry Gordy junior die großen Hits der Sixties produzierte, dokumentiert das Entstehen des Motown Sounds, der Stars wie Smokey Robinson, Martha Reeves, Marvin Gaye, Stevie Wonder, The Temptations und Diana Ross and the Supremes maßgeblich prägten.

The Big Fist, inmitten der Woodward Avenue auf Höhe Jefferson Avenue in Downtown Detroit. In Erinnerung an den »braunen Bomber«, den Baseballspieler Joe Louis, reckt sich diese 7,6 m hohe Faust gegenüber des auffälligen Renaissance Centers über Detroits Hauptdurchgangsstraße.

Die Übernachtungskosten sind in Toledo niedriger als andernorts, was die Stadt zu einem noch besseren Zwischenstopp macht. Nähere Informationen – auch zum lebendigen Rock, Rhythm and Blues Festival, das jährlich am Memorial Day, dem letzten Montag im Mai, abgehalten wird – stehen im *Toledo Visitor Center* (218 Huron Street, 419/243-8191 oder 800/243-4667) zur Verfügung.

Maumee und Perrysburg Eine Reihe kleiner Orte südlich Toledos am Maumee River haben wichtige Teile der frühen Geschichte des westlichen Ohio bewahrt. Am Westufer des Flusses liegt Maumee (15561 Einw., »Mommy« gesprochen), das 1817 am Westrand des besiedelten Territoriums gegründet wurde und wo es Überbleibsel des Miami and Erie Canal sowie das *Toledo Mud Hens-Baseballstadion* gibt.

Auf der anderen Seite des Flusses befindet sich Perrysburg (12251 Einw.), ein hübsches kleines Städtchen mit weißen Häusern im Kolonialstil, einem netten Park am Ufer und einer Reihe von Restaurants und Bars östlich der Louisiana Street (US-20). Eine Meile flußaufwärts des Ortes liegt hinter einem Friedhof und einer Gruppe teuer aussehender Häuser das *Fort Meigs* (Sa/So 12–17, im Sommer länger geöffnet; 4 $), eine in den fünfziger Jahren in Originalgröße gefertigte Rekonstruktion des hölzernen Forts, das bei der Verteidigung der Frontier gegen britische und indianische Angriffe während des Krieges von 1812 eine Schlüsselrolle gespielt hat.

Fremont In Fremont (17500 Einw.), wo im 18. Jahrhundert die Wyandot-Indianer dieser Gegend am Haupttrail zwischen Pittsburgh und Detroit ein Dorf erbaut hatten, bilden heute ein JC Penny-Kaufhaus und ein Kino den Mittelpunkt der altmodischen Innenstadt am Sandusky River, während Einkaufszentren und Fastfood-Restaurants sich am US-20 und den Zubringern zum Interstate 90 angesiedelt haben.

Fremonts Hauptattraktion ist das *Rutherford B. Hayes Presidential Center* (1337 Hayes Avenue, 419/332-2081, Mo–Sa 9–17, So 13–17; 4.50 $) südlich des US-20, das das zehn Hektar große Anwesen des Bürgerkriegsgenerals und 19. US-Präsidenten Rutherford B. Hayes umfaßt, der hier von 1873 bis 1893 lebte und von 1877 bis 1881 das höchste Amt im Staate wahrnahm. Das *Hayes Center* ist die erste Präsidentenbibliothek des Landes und besteht aus dem eher schlichten Backsteinhaus der Familie und einem großen Museum, in dem Hayes' dienstliche wie private Papiere, mannigfaltige Mementos und die Puppenstubensammlung seiner Tochter Fanny ausgestellt sind. Hayes ist auf einem baumbestandenen Hügel innerhalb des Geländes neben seiner Frau und den Lieblingspferden des Paares beerdigt.

Abgesehen vom Hayes Center wird Fremont niemanden lange in seinen Bann ziehen. Man kann das Frühstück oder Mittagessen zusammen mit den Einwohnern im *Po' Man's Cafe* (108 South Front Street) im alten Ortskern einen Block unterhalb der State Street (US-20) zu sich nehmen. Rings um die Stadt herum liegen diverse Motels, darunter ein *Best Western*, ein *Holiday Inn*, ein *Travelodge* und das *Great Lakes Motel* (1737 East State Street, 419/334-9797) am US-20.

Clyde: Winesburg, Ohio Clyde (5776 Einw.) fünf Meilen östlich von Fremont ist ein perfekter kleiner Ort und entspricht noch ziemlich stark dem typischen Farmstädtchen, daß dem WPA-Guide to Ohio zufolge durchaus als Vorbild für eines von Thomas Hart Bentons Wandmalereien vom ländlichen Amerika gedient haben dürfte: »Alte indianische Pfade und Sandrücken sind heute rechtwinklige Straßen; Wange an

Auf dem McPherson-Friedhof in Clyde liegt der Brigadier General James »Birdseye« McPherson, der höchste Offizier der Union, der im amerikanischen Bürgerkrieg gefallen ist.

Wange mit einer Reihe alter Geschäftsgebäude verläuft die Eisenbahn quer über die Main Street ... rings um die verzierten Häuser liegen Gärten, Blumenbeete und beschnittenes Gebüsch, gepflegt von freundlichen und gesprächigen Menschen.«

Clydes ziegelgepflasterte Straßen sind noch immer ruhig und von ausgewachsenen Bäumen und denselben Häusern gesäumt wie in den 1880er und 1890er Jahren, als der 1876 in Südohio geborene Schriftsteller Sherwood Anderson hier aufwuchs. Da die Einwohner des Ortes sich von den scharf gezeichneten und nur wenig verschlüsselten Porträts angegriffen fühlten, die Anderson in seinem epochalen Buch »Winesburg, Ohio« von ihnen zeichnete (es erschien 1919, 20 Jahre nach Andersons Fortzug nach Chicago), wird er in Clyde auf keinerlei sichtbare Weise geehrt. Die einzige reale Spur von ihm findet sich in der örtlichen *Bibliothek* (222 West Buckeye Street) einen Block westlich des Ortszentrums, wo Besucher eine Kollektion seiner Werke sowie einen kurzen Dokumentarfilm über sein Leben und seine Zeit anschauen können. Hier kann man auch eine Broschüre bekommen, die die Lage von Andersons Haus und vielen der Schauplätze aus dem Buch erläutert.

Bellevue Die Eisenbahn- und Fabrikstadt Bellevue am US-20 sieben Meilen östlich von Clyde ist der Ort, an dem der psychopathische Killer im Film »Das Schweigen der Lämmer« seine Opfer als Geiseln festhielt. Bis in die vierziger Jahre verwendete die Stadt die höhlenartigen Kalksteinkavernen, die man im Film sehen kann, um darin ihr Schmutzwasser zu deponieren; während heftiger Regenfälle verwandelte der Druck aus dem Untergrund sie in blubbernde Geysire, die das Abwasser durch die ganze Stadt spritzten.

Es ist wohl überflüssig zu sagen, daß hier kaum etwas zum Anhalten verführt.

Sandusky: Cedar Point Ein guter Naturhafen zwischen Toledo und Cleveland hat Sandusky die Rolle einer Hafenstadt ermöglicht, auch wenn heute eher Fähren und Freizeitboote von hier zu den vorgelagerten Inseln fahren und keine Kohle- und Erzfrachter mehr gelöscht werden. Die Waterfront eignet sich gut für einen kleinen Spaziergang, und die Stadt hat viele Häuser aus der Mitte des 19. Jahrhunderts aufzuweisen, darunter das *Follett House Museum* (404 Wayne Street, tgl. 13-16; gratis), ein guterhaltenes Haus im Greek-Revival Stil von 1827, in dem Artefakte jener Epoche und ein paar Exponate zur Geschichte der Region gezeigt werden.

Eine andere Art Geschichte kann man im altmodischen Vergnügungspark von *Cedar Point* wiedererleben (419/626-0830, Mai–Sept. 10–20, manchmal variierende Öffnungszeiten; 25.95 $ für Erwachsene, 4.95 $ für Kinder bis 5 Jahre), wo es ein Dutzend großartiger Achterbahnen von zerbrechlich wirkenden alten Holzkonstruktionen bis zu modernen High-Tech-Monstren wie dem Magnum gibt, einem 15 Stockwerke hohen Koloß, bei dem man mit über 100 km/h in die

Tiefe saust, oder dem noch furchtbareren Raptor, in dem die Fahrgäste auf schwingenden Bänken kopfüber hängen – eine völlige Umkehrung der gewöhnlichen Achterbahn-Erfahrung. Cedar Point ist einer der beliebtesten Vergnügungsparks im Mittleren Westen, weshalb man vor allem an Sommerwochenenden mit langen Warteschlangen rechnen muß. Der 145 Hektar große Park liegt auf einer Halbinsel gegenüber von Sanduskys Innenstadt und bietet außerdem Tiershows, einen Strand am Lake Erie und einen *Soak City* genannten Wasserpark (zusätzlich 5 $ Eintritt) sowie Restaurants, Campingplätze und Hotelzimmer.

In Downtown Sandusky kann man im *Markley's* einen Bissen zu sich nehmen; dieses klassische kleine Diner im Stil der Fifties liegt an der Ecke Market und Wayne Streets einen Block östlich der Columbus Street. Weitere Informationen über Sandusky und Umgebung – darunter die Put-in-Bay und die Inseln vor der Küste – erhält man vom *Visitor Center* (231 West Washington Row, 419/625-2984 oder 800/255-3743).

Auf der South Bass-Insel im Lake Erie, die 15 Meilen vor Sandusky liegt, erinnert eine Steinsäule an den Sieg des Admirals Oliver Perry, der am 10. September 1813 hier die britische Flotte schlug und seinen Erfolg mit den lakonischen Worten kundtat: »Wir sind auf unsere Feinde gestoßen, und sie sind unser.« Die Inseln sind im Sommer beliebte Ferienziele; nähere Informationen sind im Sandusky Visitor Center erhältlich.

Vermilion Vermilion, eines der attraktiveren Ferienressorts am Lake Erie, erhielt seinen Namen nach dem zähen Lehm, der hier den Erdboden scharlachrot färbt. Außer einem schönen Strand, an dem Dutzende ansehnlicher Sommerhäuser liegen, gibt es im Ort noch direkt an der Waterfront das *Inland Seas Maritime Museum* (480 Main Street, tgl. 10–17; 4 $). Die üblichen Modelle und Gemälde von Schiffen werden durch konservierte Balken von Perrys Schiff Niagara sowie eine 18 m hohe Nachbildung des Lake Erie-Leuchtturms ergänzt.

Ein toller altmodischer Eis- und Sandwichladen, *Edna Mae's* (5598 Liberty Avenue) liegt in der Innenstadt; wer ausgiebiger speisen möchte, sollte gleich nebenan das *Old Prague Restaurant* ausprobieren.

Oberlin Weit abseits des Seeufers liegt 25 Meilen westlich von Cleveland zwischen dem Interstate 90 und dem US-20 die attraktive Collegestadt Oberlin (8.191 Einw.), die zugleich ein idyllisches Stückchen zentrales Amerika darstellt. Das *Oberlin College*, das gemeinsam mit dem Ort im Jahr 1833 gegründet wurde, hat den Ruf, zu den führenden amerikanischen Bildungseinrichtungen zu zählen, obwohl (oder gerade weil) es so weit von den verwirrenden Menschenmassen entfernt liegt. 1837 wurde erstmalig in Amerika an diesem College die Koedukation eingeführt. Und es war ebenfalls das erste College, in dem auch Afro-Amerikaner respektiert wurden; zwischen 1835 und 1900 legten hier mehr schwarze Studenten ihr Examen ab als an allen anderen wichtigen Colleges zusammen.

Der Campus des Oberlin College schließt sich westlich an den grünen Hauptplatz des Ortes an, dessen Ostseite durch die neoklassische Fassade des Allen Art Museum (Di-Sa 10-17, So 13-17; gratis) geschmückt

wird, das einen Überblick über die Kunst der Welt gibt – japanische Drucke, islamische Teppiche und moderne Gemälde von Cezanne und Diebenkorn. Architekturfreunde sollten aufpassen: die *alte Galerie* wurde von Cass Gilbert entworfen, der auch ein paar der romanesken Gebäude auf dem Campus plante, und 1977 wurde ein neuer, von Robert Venturi gestalteter Flügel angefügt. Das Museum bietet auch Führungen (5 $) zu einem nahegelegenen Haus, das 1947 nach Plänen von Frank Lloyd Wright entstand.

1847 wurde der große Erfinder Thomas Edison in dem kleinen Ort Milan geboren, der zwei Meilen südlich des Interstate 90 liegt. Sein Elternhaus ist ein Museum.

Die Stadt Oberlin scheint auf einer Insel innerhalb der Zeit zu existieren, denn es gibt keine trendgemäße Café-Kultur, wie man sie in anderen Collegeorten findet. Die paar Straßenzüge der Innenstadt sind von einem Kramladen, einem Armeeausrüstungsladen und einem Werkzeuggeschäft gesäumt, und es gibt den sehr guten *Miranda Books* (19 South Main Street). Am US-20 gleich östlich des Highway 58 befindet sich ein klassischer Dairy Twist-Eiskrem- und Hamburgerstand.

Cleveland wird im City Survival Guide auf Seite 438 beschrieben

Kirtland Das hügelige Farmland des nordöstlichen Ohio rings um Kirtland war von 1831 bis 1837 Zentrum der Mormonen-Religion. Joseph Smith junior siedelte hier zusammen mit 1000 seiner Gefolgsleute, errichtete einen großen Tempel – den ersten Mormonentempel überhaupt – und gründete Geschäfte und eine Bank (die als »Kirtland anti-BANK-ing Company« bekannt wurde). Sein Geldinstitut scheiterte 1838, und Smith floh zuerst nach Liberty, Missouri, und später nach Nauvoo, Illinois, wo er 1844 von einer wütenden Menschenmenge getötet wurde.

Der *Kirtland Temple* an der Chillicothe Road (Highway 306) ist von beschaulichen Gärten umgeben und im Rahmen von Führungen auch der Öffentlichkeit zugänglich (216/256-3318, tgl. 13–18, im Sommer länger; gratis). Das stattliche Gebäude im Greek-Revival-Stil hat ein strahlend weißes, teilweise von Brigham Young gebautes Inneres mit aufwendig gearbeiteten hölzernen Kanzeln (eine an jedem Ende) und einem Unterrichtsraum im ersten Stock mit weiteren ungewöhnlichen Doppelkanzeln. Der Tempel und ein Großteil des Ortes sind unter Leitung der Reorganized Church of Jesus Christ of Latter Day Saints (RLDS) unter Schutz gestellt, die 1852 vom ältesten Sohn des Joseph Smith junior und jenen Anhängern gegründet wurde, die nicht mit Brigham Young

Ein Großteil von Oberlins Vermögen stammt aus dem Vermächtnis des Oberliner Collegeabsolventen Charles Hall, der 1886 – ein Jahr nach seinem Studienabschluß – ein funktionstüchtiges Verfahren zur Aluminium-Verfeinerung entwickelte und später die Alcoa Corporation gründete.

nach Salt Lake City gezogen waren. Ein neuerer Tempel auf der anderen Straßenseite wird für die meisten der Gottesdienste genutzt; direkt nebenan liegt *Kokomo's*, eine sehr gute Burger- und Milchshake-Bude.

Ashtabula Ashtabula am Ufer des Lake Erie, 18 Meilen vor der Stateline von Pennsylvania gelegen, ist mit 21633 Einwohnern ein großer und geschäftiger Hafen für Freizeitboote; erste Anlegemöglichkeiten wurden bereits 1826 an der Mündung des Ashtabula River ausgebaggert, denen später einige der größten Werften an den großen Seen folgten. Ashtabula ist heute zwar hauptsächlich auf Freizeitschiffer ausgerichtet, zeigt aber noch ein paar Anzeichen seiner industriellen Vergangenheit, darunter ein Kohleförderband unten am Wasser, das quer über den Fluß führt. Daneben liegen ein gedrungener Leuchtturm und ein kleines Geschichtsmuseum (Fr–So 13–18; Eintritt gegen Spende), das im ehemaligen Haus des Leuchtturmwärters eingerichtet ist.

Einen Block südlich des Seeufers findet sich der Stolz des Ortes, eine wuchtige Zugbrücke, und an der Bridge Street liegen viele um die Jahrhundertwende errichtete Industrie- und Wirtschaftsbetriebe, die heute eine drei Straßenzüge lange Parade aus Geschenkeläden, Bars und allen möglichen Restaurants bilden. Einen Besuch ist hier vor allem der *Doxsie Deli and Ice Cream Parlor* (1001 Bridge Street) wert, wo es täglich Sandwiches und Eisspezialitäten gibt.

Eine halbe Meile vom Zentrum des Ortes Mentor am US-20 nördlich des Interstate 90 liegt ein großes weißes Haus, das noch weitgehend dem Zustand entspricht, als James Garfield hier lebte, bevor er Präsident wurde.

Die in Painesville gelegene Rider Tavern (792 Mentor Avenue) wurde 1818 an der Postkutschenroute zwischen Buffalo und Cleveland eingerichtet.

Durch Pennsylvania Es dauert kaum länger als einen Augenblick, um die 45 Meilen des US-20 zurückzulegen, die auf das Territorium von Pennsylvania entfallen, und dieser nordwestliche Streifen gehört ohnehin nur zu Pennsylvania, weil die Gründer des Landes es unfair fanden, dem Keystone State einen Zugang zum Ufer des Lake Erie zu verwehren. Weil es hier kaum einen Grund zum Anhalten gibt, bleiben die meisten Reisenden lieber auf dem weit schnelleren Interstate 90.

Achtung: dieser Teil von Pennsylvania ist auch die Stelle, wo sich die beiden vorgeschlagenen Reiserouten teilen: die eine verläuft entlang des US-20 durch Upstate New York und erreicht die Küste bei Boston, während die andere dem US-6 von Meadville (dem »Geburtsort des Reißverschlusses«) nach Osten durch Pennsylvania, Connecticut und Rhode Island folgt und schließlich an der Spitze von Cape Cod endet. Dieser Abschnitt des US-6 ist ab Seite 189 beschrieben.

Durch New York

Von unglücklichen Anfängen in den Marschgebieten und Weinbergen des »Traubengürtels« am Lake Erie an der westlichen Spitze des Staates aus schlägt der durch Upstate New York verlaufende Teil des US-20 einen großen Bogen durch das sehenswerte, vielgestaltige Terrain aus Flachland, Hügeln und von Quellen gespeisten Seen. Die gut gepflegte, meist vierspurige Straße gleitet unmerklich durch vier Jahrhunderte der Geschichte und berührt dabei ausgedehnte holländische Herrensitze, stille Shaker-Kolonien, blutgetränkte Schlachtfelder der amerikanischen Revolution, Jagdgebiete der Indianer, den Geburtsort der Frauenbewegung, Verstecke der »Underground Railroad«, die Schwarze aus den Südstaaten in die Freiheit des Nordens führte, und die längst ruhigen Wasser des einst mächtigen Erie Canal. Baseballfelder, Dutzende Dairy-Bars, versteinerte Lebewesen, stattliche Blockhäuser, aufgegebene Motelanlagen, sich aufbäumende Holzpferde, verstimmte Maultrommeln und nahrhafte, gegrillte Hot Dogs sind nur ein paar der unzähligen Gründe, während der Durchquerung des Empire State langsam zu fahren und häufig und frühzeitig auf dem Seitenstreifen anzuhalten.

Die »Romance Road«, wie sie in den Vierzigern von einem Reiseautor genannt wurde, folgt mehreren alten Trails der Iroquois und sucht sich dann ihren Weg zur westlichen Niagara Frontier, folgt dann dem Great Western Turnpike des 19. Jahrhunderts durch die Region der Finger Lakes, ehe sie hinabführt in das geschichtsträchtige Hudson Valley bei Albany. Von dort aus steigt der US-20 langsam hinauf in die Taconic Mountains und die Ausläufer der Berkshires, die die Grenze zu Massachusetts bilden.

In seinem gesamten Verlauf durch New York State führt der US-20 weitgehend parallel zum vielfrequentierten, rumpeligen Interstate 90, dem gebührenpflichtigen New York Thruway – ein notwendiges Übel, das die meisten dieselqualmenden, den Blick versperrenden Sattelzüge von dem ruhigen US-20 fernhält, auf dem noch ein Tempolimit von 65 Meilen pro Stunde gilt und man mit unspektakulären, vorhersagbaren Erlebnissen während der Pausen in den Fastfood-Restaurants und bunt beleuchteten Motels rechnen kann.

Während der US-20 durch das Herz von New York State führt, durchquert der US-6 den Staat weiter südlich, nachdem er aus der Wildnis des nördlichen Pennsylvania herüberkommt. Die Beschreibung der New-York-Sektion jener Route beginnt auf Seite 202.

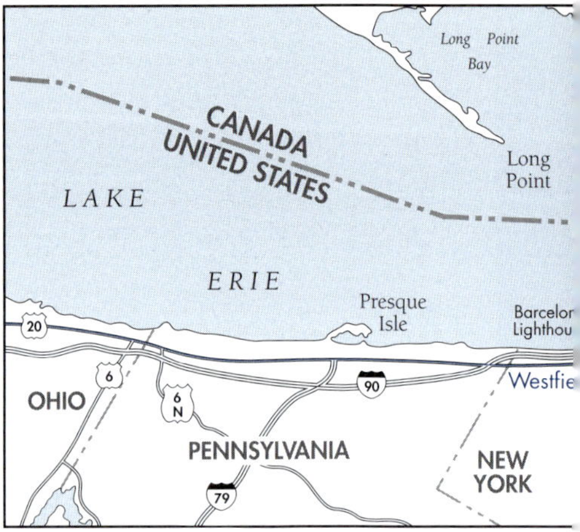

Westfield: New Yorks Weinbaugebiet Zwischen der Stateline und dem stolzen, bodenständigen Westfield (3500 Einw.) erstrecken sich ein Dutzend monotone Meilen weit die vom Salz weiße, vom Schneepflug zerkratzte Fahrbahn und eine endlose, leicht hügelige Masse von verwucherten Weinbergen südlich der Straße. Westfield ist hier wegen seiner großen, Trauben anbauenden italo-amerikanischen Gemeinde und seiner Nähe zu einigen der besten Wineries im Chautauqua County auch als Vine City bekannt. Die *Johnson Estate Winery* (716/326-2191 oder 800/374-6569) und die *Vetter Vineyards* (716/326-3100) sind nur einen Steinwurf weit von der Main Street (US-20) entfernt. Ganz in der Nähe liegen die Wasserfälle und Wanderwege der *Chautauqua Gorge*, die sieben bewaldete Meilen lang und 30 m tief ist.

Die aromatische Concord-Rebe wurde 1859 in diese Gegend gebracht, doch erst 1897 zogen Dr. Charles Welch und sein Vater nach Westfield und gründeten die Fabrik, die der Stadt ihren dauerhaften Spitznamen gab: »Welthauptstadt des Traubensaftes«. Auch wenn seither viele der Abfüllanlagen verschwunden sind, unterhält *Welch Foods* noch immer eine große Fabrik. Die Büros der Hauptniederlassung befinden sich in der North Portage Street am Westrand von Westfields kompakter Innenstadt.

Der jenseits des Interstate 90 an der Uferstraße des Highway 5 gelegene Barcelona Harbor ist der Standort des Barcelona Lighthouse, das bei seiner Erbauung 1830 als erster Leuchtturm der Welt mit Erdgas befeuert wurde. Fastfood bekommt man in *Jack's Barcelona Drive-In*; wer besseres Essen mit Blick auf den See sucht, ist mit dem *Barcelona Harbor House* gut beraten. Das schlichte *Main Diner* in der Innenstadt von Westfield ist ein netter Platz, um bei einer Tasse Kaffee und einem Sandwich die Pickups zu beobachten, die auf der Main Street hin und her fahren.

Das *Sleepy Hollow Motel* (7254 East Main Road, 716/326-3266) und die *Candlelight Lodge* (143 East Main Street, 716/326-2830) sind Unterkünfte mit niedrigem Preisniveau.

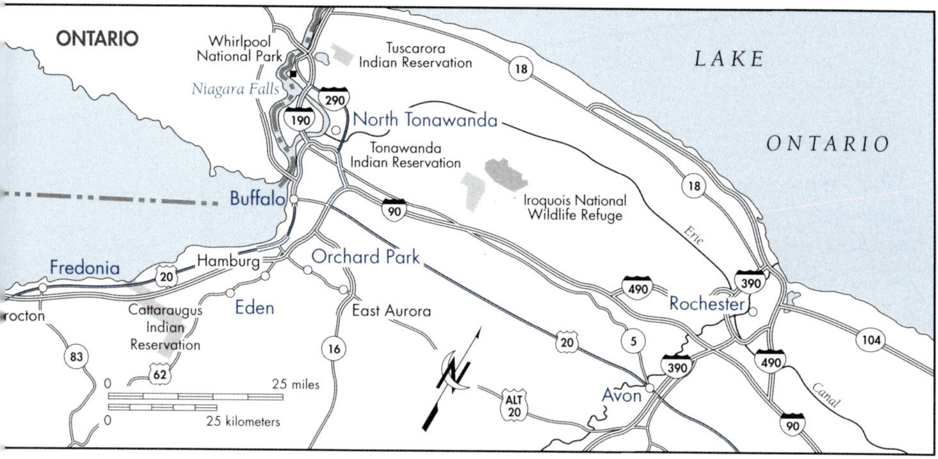

Fredonia Der US-20 zieht sich schwerfällig durch die Kirschbaumplantagen und Weinberge von Portland und Brocton, ehe er das Zentrum des sehr gepflegten Fredonia (10400 Einw.) erreicht. In dieser Stadt wurde nicht nur 1825 die erste natürliche Gasquelle der USA gefunden, sondern auch 1868 die landwirtschaftliche Genossenschaftsbewegung aus der Taufe gehoben und – eigentümlich für einen Ort im Weinbaugebiet des westlichen New York – 1873 die Women's Christian Temperance Union gegründet, eine Abstinenzlergruppe.

Fredonias Innenstadt weist stolz einen elegant beschatteten Platz im Neuengland-Stil auf, den Baker Commons, an den ein restauriertes *Opernhaus* und verschiedene Geschäftshäuser im Greek-Revival, Italianate und Victorian-Stil angrenzen. Ein Spaziergang entlang der baumgesäumten Central Avenue zur Nordseite der Main Street (US-20) zeigt eine ebenfalls vielfältige Mischung von Wohnhäusern der Jahrhundertwende. Sie bilden einen ausgesprochenen Kontrast zur sterilen Modernität der verschiedenen von Stararchitekt I. M. Pei entworfenen Gebäude auf dem Campus der *State University of New York* (SUNY), wo einstmals Buffalo Bill sein sommerliches Trainingscamp unterhielt.

Ein *Days Inn* nahe des Interstate 90 und das restaurierte, mit einer Veranda versehene *White Inn* (52 East Main Street, 716/672-2103) dicht beim Baker Commons sind zwei sehr unterschiedliche Antworten auf die leidige Übernachtungsfrage. Der stattliche Speiseraum des White Inn mag ebenso verlockend sein wie die *Baker Brew Company* (34 West Main Street), eine Kneipenbrauerei in einem restaurierten Haus von 1860 direkt am Platz, wo man große Sandwiches und eine große Auswahl leckerer Biere auch aus anderen Kleinstbrauereien bekommen kann.

Östlich von Fredonia scheint der Ruß aus den Schornsteinen der Red Wing-Schiffswerft einen schmutzigen Schleier über die Landschaft zu legen, die sich in eine Masse aus verwilderten Weinbergen und baufälligen Scheunen auflöst, an denen stark verblichene Mail Pouch-Tabakreklamen hängen. Östlich des dreckigen, tief eingeschnittenen Silver Creek hören die Weinberge abrupt auf und werden von struppigen Kiefern und Zigarettenverkaufsständen ersetzt, die dort haufenweise am Rand des US-20 auftauchen, wo er auf zwei Meilen die Nordostecke des Cattaraugus Indianer-Reservates durchschneidet.

Eden: Original American Kazoo Company
Der US-20 holpert mehrere Meilen weit durch spärlichen Wald nach Norden, und man versäumt wenig, wenn man den Interstate 90 bis Exit 57A nimmt, der auf eine zweispurige Landstraße mündet, die dann direkt in die verschlafene Innenstadt von Eden (3088 Einw.) führt. Dieser Ort ist ein Paradies für alle Heimmusikanten und Sitz der einzigartigen *Original American Kazoo Company* mit Museum, Geschenkeladen und Fabrik (8703 South Main Street).

Die 1916 gegründete Firma betreibt die einzige Fabrikationsstätte für metallene Kazoos (die meisten dieser skurrilen Tröten werden heute in China und Hong Kong aus Plastik hergestellt). Ein restauriertes zweistöckiges Holzhaus enthält den zu sehr auf Country-Store getrimmten Geschenkeladen und ein winziges Museum, wo man gratis einen genauen Blick auf die Produktionsstätten werfen und eine Petition unterschreiben kann, die die Anerkennung des Kazoo als amerikanisches Nationalinstrument fordert.

Nachdem man ein kurzes, hektisches Video über die Vorzüge dieses Instrumentes – es ist eines der wenigen, die in Amerika erfunden wurden – angeschaut hat, kann man eine Sammlung antiker Kazoos von dem ursprünglichen hölzernen Modell bis zu einem flaschenförmigen Exemplar bewundern, das zur Feier der Abschaffung der Prohibition herauskam. Ein großes Schild, das hervorragend zu dem anderen Schnickschnack paßt, beantwortet die bohrendsten Fragen etwa nach der beliebtesten Melodie, die auf dem Kazoo gespielt wird (»Far, Far Away«), dem populärsten Kazoo (die Slide Trombone), dem größten jemals hergestellten Instrument (ein 16 kg schweres Kazoo mit vier Mundstücken, Resonanzkörper und Bekken) sowie der Zahl eingetragener Kazoo-Bands in Amerika (15 000 – und es werden ständig mehr). Man kann beim Hinausgehen entweder im Geschenkeladen eine Reihe von krachmachenden Instrumenten kaufen oder sich ebensogut daheim aus Wachspapier, Gummibändern und einer Papprolle ein eigenes Kazoo bauen.

Orchard Park Orchard Park ist ein dichter Pulk typischer Vorortssiedlung im Schatten des Rich Stadions, dem Zuhause des Buffalo Bills-Footballteams. Der Ort bietet das kulinarische Vergnügen des *Donut and Cream-Doughnutstandes* (6494 East Lake Avenue). Bei *Eckl's* (4936 Ellicott Road) kann man seit 1934 nach Herzenslust ein salziges, knuspriges Sandwich mit der Spezialität Buffalos – Beef on weck – oder einen Teller feuriger Hühnerflügel – eine andere lokale Köstlichkeit – verschmausen, allerdings nur abends, worauf man seinen Reiseplan einstellen muß.

Abstecher nach Buffalo Buffalo (328 100 Einw.) wurde im frühen 19. Jahrhundert als Außenposten an der Niagara Frontier gegründet und entwickelte sich nach der Eröffnung des Erie Canals im Jahr 1825 rasend schnell zu einem turbulenten Zentrum der Schiffahrt, der Fabrikation und des Eisenbahntransportes, wozu es durch seine Lage in einer Schlüsselposition zwischen den Großen Seen, Kanada und der Ostküste prädestiniert war. Das Abwandern vieler Fabriken und Firmensitze in wärmere Gefilde mit billigerer Arbeitskraft hat Buffalos Selbstvertrauen im Laufe der vergangenen Jahrzehnte angekratzt. Die Situation der Stadt wird durch die legendären schwierigen Winter nicht besser, die mittels Schlaglöchern und Vertiefungen ihre Spur im Straßennetz Buffalos hinterlassen, ganz zu schweigen von der offenkundigen Unfähigkeit des hier heimischen Baseballteams, einmal die Super Bowl-Meisterschaften zu gewinnen. Doch der optimistische Spirit von Buffalo, der so eindrucksvoll in Verlyn Klinkenborgs 1990 entstandenem Film »The Last Fine Time«, einem Porträt des polnisch-amerikanischen Barkeepers Eddie Wenzek, dargestellt wurde, lebt in den passionierten Sportfans der Stadt, ihrer spritzigen Musikszene, den herzhaften örtlichen Lokalen und reichen kulturellen Ressourcen.

Hamburg, der südliche Vorort von Buffalo mit dem Slogan »The Town That Friendship Built«, ist einer von vielen vermeintlichen Geburtsorten des Hamburgers. Sehenswert ist Uncle Joe's Diner (4869 Southwest Boulevard/US-20), tgl. von 6 bis 23 Uhr geöffnet.

Eine zehnminütige Fahrt von der Innenstadt über die breite, baumbestandene Delaware Avenue bringt die Besucher zur *Albright-Knox Art Gallery* mit ihrer umfassenden Sammlung von Picassos, de Koonings und Pollocks direkt an den Grasflächen und Teichen des *Delaware Park* vorbei, den Frederick Law Olmsted – der Gartenarchitekt des Central Park in New York und des Prospect Park in Brooklyn – angelegt hat. Hier findet sich auch das neoklassische, marmorverkleidete Gebäude, das das *Museum* der *Buffalo and Erie Historical Society* beherbergt (Di–Sa 10–17, So 12–17; 3.50 $), seit es 1901 für die Pan-American Exposition errichtet wurde. Zwar kann es in diesem Haus im Sommer etwas stickig werden, da es keine Klimaanlage gibt, doch werden die »Made in Buffalo«- und »Dividing the Land«-Aus-

In East Aurora, einem anderen Vorort Buffalos, war einst der Roycroft Campus (716/652-0571) ansässig, eine Kunst- und Kunsthandwerks-Community, deren Möbelwerkstätten und Studios im Zentrum des Ortes noch erhalten sind.

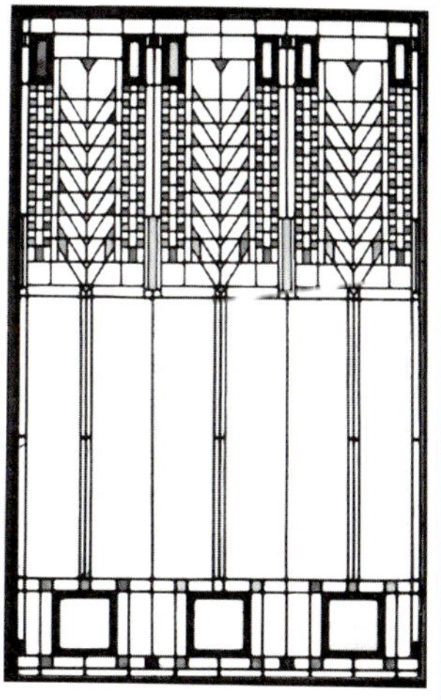

Fensterscheibe, von Frank Lloyd Wright entworfen.

stellungen zur örtlichen Industrie- und Immigrationsentwicklung jeglichen Geschichtshunger stillen.

Bücherfreunde werden die Gebirge abgewetzter Buchrücken durchstöbern wollen, die sich hinter den staubigen, leicht verschmierten Scheiben des günstigen *Circular One Bookstore* (799 Elmwood Avenue) auftürmen; das Geschäft paßt zum Boheme-Charakter des umliegenden Stadtteils Elmwood Village. Ein paar Blocks nördlich bekommt man alles nötige über die heißesten Bands oder besten Musikclubs der Stadt zu wissen – im ehrwürdigen *Home of the Hits-Schallplattenladen* (1105 Elmwood Avenue), wo man auch das zweiwöchentlich erscheinenden Blatt »Arts Voice« mit Hinweisen auf Clubveranstaltungen, Filme und ungewöhnliche Attraktionen bekommt, die meist in dem bunten, historischen Stadtteil Allentown entlang der Allen Street zu finden sind.

Die berüchtigte *Anchor Bar* (1047 Main Street) im südöstlichen Winkel der Innenstadt ist die »Geburtsstätte der Buffalo Wings«. Man sollte die netten italienischen Vorspeisen beiseite lassen und gleich zur vielgepriesenen Spezialität der Bar kommen – den saftigen, feurigscharfen tiefgefrorenen Chicken Wings, die inzwischen in amerikanischen Bars zum Standard gehören. Man kann dieses

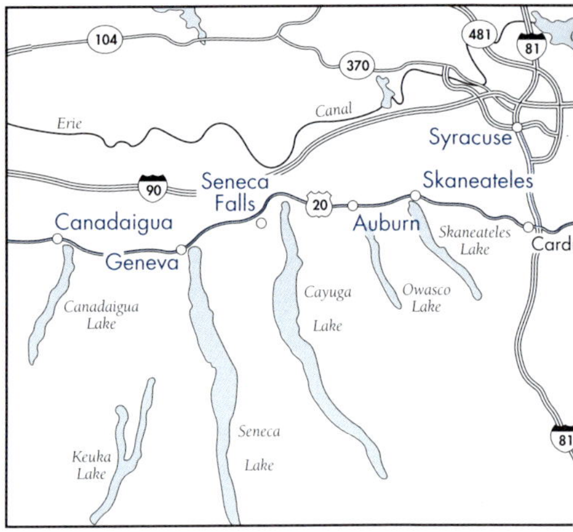

touristische Muß mit einem subtileren Vergnügen kombinieren, nämlich dem Besuch eines AAA Minor League-Baseballspiels im Heimatstadion der Buffalo Bisons, dem schönen *Pilot Field* (716/852-4700) mit 10000 Sitzplätzen, das sich in einer Ecke der Innenstadt zwischen Swan Street und Washington Street versteckt.

Die meisten der billigen Motels liegen östlich der Stadt am Interstate 90 und dem Flughafen von Buffalo. Das in der Stadt liegende *Best Western* (510 Delaware Avenue, 716/886-8333) ist etwas teurer, doch seine zentrale Lage in Allentown erspart stundenlange Fahrten und bietet einen Standort unmittelbar im Zentrum des Bar-, Restaurant- und Club-Distriktes.

Der schnellste und am wenigsten verwirrende Weg, um direkt in das gußeiserne Herz der Queen City zu sausen, ist der schreckliche Interstate 90/New York-Thruway bis zum Exit 53, von wo der Interstate 190 eine Rennstrecke in das Herz der architektonisch wundervollen Innenstadt bildet und dann nördlich zu den Niagara-Fällen führt.

Niagara Falls Wer Zeit hat für einen schnellen Trip flußaufwärts, sollte den Interstate 190 zum Archetypus einer Touristenfalle hinauffahren, nämlich zu den berühmten Niagara Falls.

Auf der US-Seite der Wasserfälle kostet

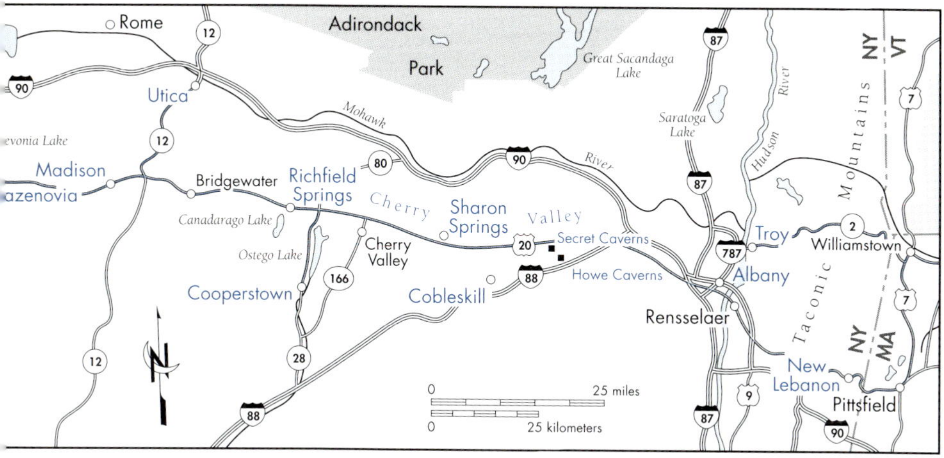

alles Geld – für die berühmte Bootstour mit der Maid of the Mist werden 7.95 $ fällig, der Blick vom *Observation Tower* schlägt mit 50 Cent zu Buche, und selbst der National Park Service kassiert fürs bloße Parken 3 $. Die schäbigsten Touristenattraktionen – *Louis Tussauds Waxworks,* das *Movieland Wax* Museum und das Marineland – liegen jedoch auf kanadischer Seite. Es kostet allerdings auch 50 Cent, um über die Rainbow Bridge zum gegenüberliegenden Ufer hinüberzugehen, weshalb man ausreichend Quarter-Münzen mitnehmen sollte.

Nachdem man die mächtigen Wasserfälle gesehen hat, entsteht vielleicht der Wunsch, nordwärts über den *Robert Moses Freeway* zum *Niagara Power Project Visitor Center* (716/285-3211) zu fahren und sich kostenlos anzuschauen und anzuhören, wie der kraftvolle Niagara River für die Nutzung durch den Menschen gebändigt wird. Auf dem Weg zurück nach Süden via Interstate 190 kann man in *Whirlpool State Park* eine Pause einlegen und im Anblick der tosenden Stromschnellen in der tiefliegenden Schlucht des Flusses ein Picknick machen.

North Tonawanda North Tonawanda zwischen Buffalo und Niagara Falls ist eine rauh aussehende Fabrikstadt, die eines von Buffalos bestgehütetsten Geheimnissen bewahrt, das *Herschell Carousel Factory Museum* (180 Thompson Street, 716/693-1885, im Sommer tgl. 11–17, sonst Mi–So 13–15, 3 $) eine halbe Meile östlich des Highway 265. Die alte, 1915 erbaute scheunenartige Fabrikhalle beherbergt ein restauriertes, durch einen Flaschenzug angetriebenes Karussell aus dem Jahr 1916 und einen Stall voller makellos bemalter hölzerner Rösser, Zebras, Hähne, Strauße, Frösche, Bären und Bullen, die von den eingewanderten Künstlern, die für die Fabrik arbeiteten, handgeschnitzt wurden. Sie drehten auf zahllosen Karussells ihre Runden, die die Fabrik in den zwanziger, dreißiger und vierziger Jahren verließen, als die Vergnügungsparks von New Jersey bis Santa Monica boomten. Im Hauptbuch der Fabrik oder im Gespräch mit einigen der alten Schnitzer kann man während einer der seltenen Demonstrationen der vergessenen Handwerkskunst erfahren, ob das eigene Lieblingskarussell hier hergestellt wurde – und es wird höchstwahrscheinlich der Fall sein.

Bevor sich diese Vergnügungsparkstimmung verliert, sollte man lieber bald nach Süden über den Niagara River nach Tonawanda zurückfahren und zwei Fastfood-Juwelen aufsuchen, die beide riesige rote scharfe Hot Dogs mit »all that jazz« (also Kraut, Chilies, Zwiebeln, Mayonnaise, Paprika, Rettich und Senf), Pommes Frites mit Käse und kalten süßen Loganbeerensaft (eine Kreuzung aus Brombeere und Himbeere) offerieren. Das sauberere und hellere *Mississippi Mud's* (313 Niagara Street) hat auch tolle Louisiana Sweet Fries mit Butter auf der Speisekarte. *Ol' Man River* (375 Niagara Street) kann dies mit seinen Buffalo Burgers wettmachen, Sandwiches mit besonders zubereitetem Beef, und hat außerdem einen arg ramponierten Wal aus Gips als Wahrzeichen auf dem durchhängenden Dach, der wie eine aufgequollene, mit Roadfood vollgestopfte Kidney-Bohne aussieht.

Avon Östlich von Buffalo weitet sich der US-20, wird vierspurig und verläuft geradeaus durch die flachen Maisfelder und Heuwiesen, die das sanft ansteigende Plateau hinüber zum Finger Lakes-Distrikt bedecken. Auf diesem 40 Meilen langen Abschnitt gibt es so gut wie keinen Verkehr, der sich ausschließlich auf den schnellen New York Thruway und den kurvenreichen Highway 5 konzentriert. Der Highway 5 trifft bei Avon wieder mit dem US-20 zusammen. An der Kreuzung kann man sich in *Tom Wahl's Imbiß* kühles Root Beer die Kehle hinunterschütten, nachdem man die scharfen gegrillten, mit Essig und Chili gewürzten Texas Hot Dogs oder Pork Hot Dogs der Marke Zweigle gegessen hat. Dieser weitläufige Imbiß im Blockhausstil ist seit 1955 eine Institution in Avon, und immer wieder halten hier ganze Reisebusse an, um den Absatz von Eiskrem und den riesigen Wahlburgern (gehacktes Steakfleisch auf einem großen Brötchen mit einer Schinkenscheibe und Toms spezieller Sauce auf Mayonnaisenbasis) anzukurbeln.

Ein 10 m hoher Indianer und sein weißes Pferd stehen einander an der Kreuzung des US-20/SR 5 mit der State Road 15 im nahegelegenen East Avon gegenüber; hier kreuzt der US-20 auch den Interstate 390.

Abstecher nach Rochester In dem weitläufigen Industriezentrum Rochester (231.600 Einw.) am Genesee River gibt es viel Kulturelles, und da das meiste davon regionaltypisch ist, ist ein Abstecher von 25 Meilen allemal die Zeit und den Aufwand wert. Ein Besuch beginnt idealerweise in dem umfangreichen, mit vielerlei Americana gefüllten *Strong Museum* (vom Interstate 490 aus gut beschildert), dessen 20000 Einzelstücke umfassende Sammlung von Spielzeug, Puppen, Parfümfläschchen, Gerätschaften, Salzstreuern, Tinnef und klassischen Brettspielen für

Als das Rochester Red Wings AAA-Baseballteam im Frühjahr 1996 sein neues Heim am Frontier Field in der Innenstadt bezog, hat es das älteste dauerhaft von der Minor-Klasse benutzte Stadion zurückgelassen.

Popkultur-Fans ein unverzichtbares Muß sind.

Südlich von Rochester führt der Interstate 390 an einem noch intakten Abschnitt des Erie Canal Waterway entlang.

Eine zehnminütige Fahrt über Rochesters Hauptboulevard voller stattlicher Häuser führt zum *George Eastman House* (900 East Avenue). In dem 50-Zimmer-Haus, in dem der Workaholic Eastman lebte, bis er sich 1932 eine Kugel in den Kopf schoß, wird nicht nur die Geschichte seines unvergleichlichen Erfolges als Gründer der noch immer in Rochester florierenden Eastman Kodak Company erzählt, sondern auch eine faszinierende Ausstellung zur historischen Entwicklung der Photographie gezeigt.

Bevor man eines der dickflüssigen Genesee Cream Ales probiert, die für das westliche New York typisch sind, sollte man sich in *Nick Tahou's* schlichtem Coffee Shop in der Innenstadt (320 West Main Street) mit einer »Garbage Plate« vollstopfen (zu diesem »Müll« gehören zwei heiße Würste, Baked Beans, Makkaroni-Salat, Bratkartoffeln und Brötchen) – man kann es 24 Stunden am Tag tun.

Wer Schlaf braucht, findet die üblichen Ableger der Motelketten entlang des Interstate 390 in der Nähe des Flughafens südwestlich der Stadt.

Canandaigua Östlich der Kreuzung mit dem Interstate 390 nimmt der US-20 seinen sanften, fast geradlinigen Kurs wieder auf und hebt sich langsam aus dem Flachland, bis er den Rand der westlichsten Finger Lake-Stadt erreicht, Canandaigua (10700), ein unerwartet hübscher Ort, der auf einem kleinen Hügel nördlich des Highways liegt und den friedlichen, 17 Meilen langen Canandaigua Lake überschaut. Einer Legende der Iroquois zufolge sind die elf schmalen Finger Lakes (von denen sechs – Cayuga, Onondaga, Oneida, Seneca, Tuscarora – die Namen der Six Nations of the Iroquois-Konföderation tragen) durch einen Handabdruck Gottes geschaffen worden.

Östlich von Canandaigua liegt *Calhoun's Books* (1510 US-20, 315/789-8599) mit einem scheinbar unbegrenzten Schatz an verstaubten alten Postkarten, Landkarten, Drucken und Büchern in verschiedenen Stadien des Verfalls oder der historischen Bedeutsamkeit. Informationshungrige Road-Trip-Fans werden von der halbwegs geordneten Abteilung mit WPA/Federal Writer's Project-Guidebooks zu den einzelnen US-Bundesstaaten sowie von einer endlosen Reihe von Kästen mit handkolorierten Postkartenleporellos des frühen 20. Jahrhunderts begeistert sein.

Geneva Geneva (14100 Einw.) liegt an der Spitze des Seneca Lake, dem größten der Finger Lakes, ist aber von der mit Segelbooten übersäten Wasserfläche durch einen leider arg heruntergekommenen Uferbereich südlich der US-20/SR 5-Fahrbahn getrennt. Ein lohnender Abstecher vom vierspurigen Highway ist der schnelle Schwenk durch die geschäftige Innenstadt an der Main Street, wo man in *Leo's Diner* einen Kaffee trinken kann, ehe man nahe der *Hobart and William Smith Colleges* parken und eine Zeitlang dem Treiben auf dem See zuschauen sollte.

Den eigentlichen Hunger sollte man aber bis zum zehn Meilen östlich gelegenen

Waterloo aufsparen, wo das in sich zusammensackende *Mac's Drive-In Curb Service Restaurant* (1166 Waterloo-Geneva Road) sahnige Richardson's Root Beer Floats (1.60 $), eiskalte Krüge voller Pabst Blue Ribbon-Bier (1.45 $), in Butter getauchten süßen Mais (50 Cent) und Burgers-in-a-Basket (3 $ mit Pommes Frites und Krautsalat) an einem von einer Markise überdachten Tresen oder direkt am Autofenster serviert.

Seneca Falls: Women's Rights National Historical Park Man wird von den Schildern »Peaches Sports Bar« und »Filthy McNasty's Saloon«, die die Besucher am Ortsanfang des kleinen Städtchens Seneca Falls begrüßen, kaum darauf schließen, daß hier die amerikanische Frauenbewegung gegründet wurde, als im Juli 1848 unter Vorsitz von Lucretia Mott und Elizabeth Cady Stanton die erste Frauenrechtskonvention stattfand.

Die Überreste der *Wesleyan Chapel* im Zentrum des Ortes, in der die Versammlung stattfand, können im Rahmen von Führungen besichtigt werden, die die wohlinformierten Ranger des *Women's Rights National Historical Park* leiten. Das *Visitor Center* mit vielen interaktiven Displays (136 Fall Street, 315/568-2991) ist täglich von 9–17 Uhr geöffnet. Eine knappe Ausstellung zu den skandalösen, hosenähnlichen »Bloomers«, die 1851 von der örtliche Feministin Amelia Bloomer populär gemacht wurden, ist mit Darstellungen zum Transzendentalismus, Abolitionismus und zur Phrenologie kombiniert, um den historischen Kontext der beginnenden Frauenbewegung zu illustrieren. Einen Block entfernt bildet die *National Women's Hall of Fame* ein sehr textlastiges Monument für Aktivistinnen wie Georgia O'Keefe, Harriet Tubman, Emily Dickinson, Billie Jean King und Jane Addams. Während man sich mit den zahllosen Besuchergruppen durch die Räume schiebt, kann man Bluesmusik von Bessie Smith hören.

Red's Place und das bereits erwähnte *Filthy McNasty's* (41 Fall Street) sind dunkle, biergetränkte Höhlen, wo man Chicken Wings oder Sandwiches mit einem kalten Genesee-Bier hinunterspülen kann, ehe man sich zu einem Blick auf die stillgelegte *Seneca Knitting Mill* aufrafft. Die dem Ort den Namen gebenden Wasserfälle von Seneca Falls verschwanden bereits 1918, als die Cayuga- und Seneca-Kanäle geflutet wurden und der Van Cleef Lake entstand. Eine fünfminütige Fahrt nach Osten via East Bayard Street führt zum *Cayuga Lake State Park* mit einem schattigen Strand, wo man am See sitzen, Hufeisen werfen oder ein Zelt aufbauen kann.

> In der pittoresken und mit Flaggen geschmückten Innenstadt von Waterloo herrscht ein typisch amerikanisches Feeling, was zur rechthaberischen Behauptung paßt, hier sei 1866 erstmalig im gesamten Land der heutzutage populäre Flag Day zu Ehren der Nationalflagge abgehalten worden.

Auburn Auburn (31 300 Einw.) ist eine stolze Industriestadt mit einer kompakten, hügeligen Innenstadt und einer reichen Zahl historischer Häuser, darunter auch demjenigen der Ex-Sklavin und Heldin der »Underground Railroad«, Harriet Tubman (180 South Street, etwas schwer zu finden); die »Underground Railroad« bestand aus einer Route von verschwiegenen Verstecken, entlang derer entlaufene Sklaven mit Unterstützung von Hilfspersonen in den sicheren Norden gelangen konnten. Man kann in der Nähe auch das Haus des gegen die Sklaverei eingestellten New Yorker Gouverneurs William H. Seward anschauen, der Begründer der Republikanischen Partei und Staatssekretär unter den Präsidenten Abraham Lincoln und Andrew Johnson war und ganz allein den 1867 erfolgten Kauf Alaskas aushandelte. Das Gebäude (33 South Street) enthält Originalmöbel und historische Exponate und ist dienstags bis samstags von 13 bis 16 Uhr zu besichtigen (3 $). Seward liegt auf dem Fort Hill-Friedhof in Auburn begraben.

Wenn der US-20 die westlichen Ausläufer von Auburn erreicht, sollte man seine Augen offen und die Kamera schußbereit halten, wenn man am wunderschön erhaltenen Finger Lakes Drive-In Theater vorbeifährt.

Direkt in der Innenstadt bietet das glitzernde, stromlinienförmige *Hunter's Dinerant* rund um die Uhr Stücke dicker Zitronentorte und einen Panoramablick auf die alternde Genesee-Bierreklame, die über die Straßen der an den Hügel geschmiegten Downtown wacht.

Skaneateles Ungefähr in der Mitte des Staates liegt Skaneateles (2700 Einw.), ein jungfräulicher, vom Sonnenlicht gesprenkelter Ferienort am Ufer des schimmernden Skaneateles Lake. Dieser vor allem bei Familien beliebte Ausflugsort beherbergt Kunstgalerien, Kunsthandwerkgeschäfte und Antiquitätenläden, die sich entlang der makellosen Genesee Street (US-20) angesiedelt haben, die auch an den *Cliff and Thayer Parks* am Seeufer vorbeiführt. Auf einem Spaziergang entlang der Nord-Süd-Achse der Innenstadt, der Jordan Street, kommt man an der angenehm nüchternen *Skaneateles Bakery* vorüber und erreicht das von der Skaneateles Historical Society betriebene *Creamery Museum* in einem Viertel ulmenbestandener Straßen und wohlgepflegter Häuser im Greek-Revival-Stil.

Der kleine Ort Cardiff am US-20 eben westlich der Kreuzung mit dem Interstate 81 ist die Fundstätte des 2,10 Meter langen und 1,2 Tonnen schweren, angeblich menschlichen »Fossils«, das P. T. Barnum Cardiff Giant taufte und das 1869 in Rahmen eines großen Fakes hier »entdeckt«

Wer Hunger hat, läuft im stickigen, im Kolonialstil gehaltenen *Kreb's Inn* (53 West Genesee Street) Gefahr, daß das Reisebudget deutlich geschmälert wird, doch sind die herzhaften Hummer-, Roast Beef- und Hühnchen-Spezialitäten des Hauses ihren ansehnlichen Preis wert. Wer Fettiges nicht schmäht, wird sich im qualitativ hochstehenden *Doug's Fish Fry* (8 Jordan Street) mit gekochtem Schellfisch, Muscheln, Coney Island-Hot Dogs und Flaschenbier wohl fühlen. Das *Hilltop Restaurant* westlich der Innenstadt ist familienfreundlich; gleich nebenan liegt das *Cedar House Bowling Center*.

Eine Reihe Motels der 40-Dollar-Klasse wie das *Hi-Way Host* (834 West Genesee Street, 315/685-7633) liegen am US-20 östlich und westlich des Ortes.

Abstecher nach Syracuse Ein kurzer, 25minütiger Abstecher vom US-20 Richtung Norden via Interstate 81 nach Syracuse

(163 900 Einw.) gibt Gelegenheit zu einer informativen Tour durch das faszinierende *Erie Canal Museum* (318 East Erie Boulevard, tgl. 10–17; gratis) im Schatten des Interstate 690. Das in einem 1850 erbauten Schleusengebäude oberhalb des aufgefüllten Kanalbettes untergebrachte Museum verfügt über ein 20 m langes restauriertes Kanalboot aus demselben Jahr, und es bietet kostenlose Führungen durch die Stadt an, in der die elektrische Schreibmaschine und der Loafer – ein mokassinähnlicher Schuh – erfunden sowie zur Zeit der Jahrhundertwende die kunstvollen Möbel des Gustave Stickley hergestellt wurden. Ein kurzer Film beschreibt den unglaublichen Einfluß, den die 1825 erfolgte Inbetriebnahme des Kanals auf die boomende Stadt hatte – Spuren davon kann man auch in den Geschäftsvierteln der historischen Innenstadt sehen, die eine kurze Fußstrecke südlich liegt.

Cazenovia und Madison Östlich des Interstate 81 folgte der US-20 vorbei an Verkaufsständen mit Maiskolben, Dairy Bars und Kohlfeldern einer Route durch eine langsam steiler werdende Hügellandschaft in die westlichen Ausläufer des pittoresken *Cherry Valley*, die bereits vom alten Great Western Turnpike vorgegeben war. Nachdem er Cazenovia, einen Vorort von Syracuse, durchquert hat, wo man eine erfrischende Brise vom Cazenovia Lake her spüren kann, führt der US-20 ins 15 Meilen entfernte Madison, wo ganz im Stil der historischen Roadhouses *Quack's Diner* in einem geräumigen Gastraum den Familien aus der Umgebung, Studenten der Colgate University und gelegentlichen Antiquitätenjägern Chicken-Gerichte, Milchshakes und Pfirsiche in Schlagsahne serviert. Man kann sogar T-Shirts und Kaffeebecher mit dem Markenzeichen des Diners – einer gelben Ente – kaufen, die allerlei dumme Sprüche von sich gibt.

Abstecher nach Utica Die hügelige Innenstadt von Utica (68 800 Einw.) liegt etwa 30 Minuten nördlich des US-20 am Interstate 90 sowie am Mohawk River und am Barge Canal, einem Wassertransportweg zur Küste, der streckenweise dem Bett des alten Erie Canal folgt. Bierfreunde besuchen gern die *F.X. Matt Brewing Company* (Court und Varick Streets) westlich der Innenstadt, wo die alte *West End Brewery* Hektoliter um Hektoliter der kleinen Marken Utica Club und Matt's Premium sowie die stark beworbene Saranac-Platte hervorragender Microbrew-Biere produziert. Ausgiebige Führungen durch die kompakte, in Familienbesitz befindlichen Fabrikationsstätte machen eingehend mit dem gesamten Brauprozeß bekannt und enden in einer samtverkleideten viktorianischen Taverne, in der man endlich seine kostenlosen zwei Glas Saranac oder schaumiges Root Beer vorgesetzt bekommt.

Die nach dem Biergenuß einsetzende Müdigkeit läßt sich gut mit einem delikaten Cheeseburger, einer Tasse Kaffee und einem Stück Zitronentorte im zeitlosen *Triangle Coffee Shop* (244 Genesee Street am Bank Place) vertreiben, wo vier Tische, sieben Barhocker und eine hungrige Meute berufstätiger Menschen in

> Die ausgesprochen unklassische Stadt Rome nordwestlich von Utica war ehemals Standort des Fort Stanwix, dem während der amerikanischen Revolution eine entscheidende Funktion im Ringen um die Kontrolle von Upstate New York zukam.

einem kleinen dreieckigen Raum Platz finden. Selbst im hektischsten Mittagsgeschäft finden die freundlichen Kellnerinnen genügend Zeit, um jedermann mit »Hon« – der Kurzform für »Honey« – anzureden und weiterzuhelfen, wenn jemand Probleme mit einer verstopften Ketchupflasche hat.

Die Utica Blue Sox, ein Baseballteam der New York-Pennsylvania-Liga, halten von Juni bis August ein paar Meilen südlich im gemütlichen Donovan Park Hof (Informationen zum Spielplan unter 315/738-0999), wo es kaltes Matt's Beer und eindrucksvolle Sonnenuntergänge gibt.

Richfield Springs: Petrified Creatures Museum Zurück auf dem US-20 kann man sich für die kommende Zeit auf dem hügeligen Highway in der klapperigen *Gatesdale Bar* in Bridgewater stärken, die eine Kühlbox mit sahniger, fetter Eiskrem und eine Neonreklame mit dem Symbol einer tropfenden Milchflasche zu ihren Erkennungszeichen erkoren hat. Weiter östlich wird der Highway ab Richfield Springs (1565 Einw.), einem friedlichen Ort mit Aussichtstürmchen inmitten des grasbewachsenen zentralen Platzes, zu einer zweispurigen Landstraße.

Sieben Meilen südlich von Richfield liegt am Hang eines großen Hügels südlich des US-20 das armselige *Petrified Creatures Museum of Natural History* (Do–Mo 10–17; 7 $). Mit dem deftigen Eintrittspreis erkauft man sich eine informationsreiche, aber wenig unterhaltende Führung durch die Open-Air-Displays verschiedener Fossilien aus dem Devon, die von einer näselnden Tonbandstimme erläutert werden. Auf eigene Faust kann man im Hinterhof zwischen grauslich bemalten lebensgroßen Dinosaurierskulpturen herumlaufen und auf Wunsch mit dem verkrusteten Pickel des Besitzers ein paar fossilierte Erinnerungsstücke aus einer arg zerklaubten Schiefergrube hacken – die meisten der »versteinerten Kreaturen« sind hier gefunden worden. Weiter östlich kann man seine Zeit und sein Geld vielleicht in der *Burger World* an der Kreuzung des US-20 mit dem Highway 80 besser nutzen, einem blockhausähnlichen Fastfood-Restaurant, das sein Versprechen »We do more than Burgers« mit gefüllter Hühnerbrust, Schweinekoteletts, Fleischpasteten sowie riesigen Eisportionen auch einlöst. Wer sein Essen mitnimmt, bekommt eine Karte der Route des *Cherry Valley Turnpikes* von 1927, auf der heute der US-20 verläuft.

Abstecher nach Cooperstown Das stille, aber geschäftige Cooperstown (2200 Einw.) liegt ein Dutzend Meilen südlich des US-20 am Highway 80. Seit 1939 gibt es hier die National Baseball Hall of Fame (tgl. 9–17, im Sommer bis 21; 9.50 $), wo eine schön aufgebaute Zeitleiste aus Dioramen und Aus

stellungsvitrinen die größten und die peinlichsten Momente dieser Sportart illustriert. Man sieht ein paar brüchiger schwarzer Lederschuhe, die der unglückselige und später berühmte »Black Sox«-Spieler Joe Jackson 1919 trug, den ersten gipsbeschichteten Helm und eine Sonderausstellung über den Home Run-König Henry Aaron sowie eine voluminöse Sammlung von Trikots, Zeitschriften, Programmheften, Spielstatistiken, Skizzenbüchern mit geplanten Mannschaftstaktiken sowie Film- und Audiosequenzen.

Die 22 Dollar teure Eintrittskarte für die Baseball Hall of Fame gilt auch in den beiden anderen Museen von Cooperstown.

Der nette und wohlhabende Ort Cooperstown, der 1786 vom Vater des Schriftstellers James Fenimore Cooper gegründet wurde, hat sich längst in ein Touristenmekka für Familien verwandelt; außer der stets überlaufenen *Baseball-Ruhmeshalle* gibt es das subtilere Fenimore House Museum (im Sommer tgl. 10-16, im Winter nur am Wochenende; 9 $), das außer Erinnerungsstücken an den Schriftsteller eine umfassende Sammlung indianischer Artefakte sowie Galerien zur Volkskunst und den Malern der Hudson River School bietet. Das Fenimore House liegt in der Lake Street eine Meile nördlich des Ortes am Ufer des Otsego Lake – der Quelle des Susquehanna River, die hier aufgrund ihrer spektakulären, funkelnden Erscheinung nur »Glimmerglass« genannt wird.

Das *Farmer's Museum* (im Sommer tgl. 10–16, im Winter nur am Wochenende; 9 $) präsentiert erhellende Ausstellungen zum ländlichen Leben im 19. Jahrhundert. Zwischen den Exponaten zur landwirtschaftlichen und örtlichen Geschichte, die den meisten Raum in den robusten Steingebäuden dieser Farm aus dem Jahre 1918 beanspruchen, liegen auch die »Überreste« des *Cardiff Giant* in steinernem Schweigen.

Man sollte die Parkschwierigkeiten innerhalb des Ortes vermeiden und sein Auto auf einem der kostenlosen Plätze beim *Fenimore House* abstellen. Ein von der Gemeinde betriebener Trolley-Bus fährt entlang der State Route 80 zum Zentrum des Ortes (Tagesticket 1.50 $).

Überraschenderweise finden sich im Geschäftsbezirk von Cooperstown zwischen den zahllosen Buchläden, Restaurants und Kramläden, die vom unersättlichen Hunger der Besucher nach Baseball-Tinnef profitieren wollen, auch *Black Bart's BBQ* (64 Main Street) und das *Bold Dragon Bar and Restaurant* (49 Pioneer Street), wo man nahrhafte und deftige Kost ohne jegliche Hinweise auf die Major League genießen kann.

Es gibt Dutzende Motels in der Gegend um Cooperstown, aber man sollte frühzeitig reservieren, denn im Sommer werden die Zimmer knapp. Unter den vielfältigen Übernachtungsmöglichkeiten an der State Route 80 zwischen Cooperstown und dem US-20 sind das *Glimmerglass Motor Inn* (315/858-2777) und das *Bay Side Motor Inn* (607/547-2371) empfehlenswert.

Ein Besuch in der Corvette Americana Hall of Fame (8.50 $) drei Meilen südlich von Cooperstown am Highway 28 mit 30 klassischen Autos und jeglichem nur erdenklichen Corvette-Schnickschnack ist ein Muß für Sportwagenfans.

Cherry Valley Östlich der Gegend um Cooperstown führt der US-20 wie eine Berg-und-Talbahn durch einen Flickenteppich aus hügeligen Maisfeldern und Farmen, die die unruhige Landschaft in der fruchtbaren Cherry Valley-Region prägen. Nahe des Kreuzungsbereiches in East Springfield kann man auf der Südseite des US-20 im *Otsego Diner and Motel* durch einen Motorcourt der dreißiger Jahre spazieren und sich an Stapeln von Pfannkuchen und selbstgebackenem Kuchen gütlich tun. Das attraktive kleine Dorf Cherry Valley südlich des Highways hat ein kleines *Museum*, in dem die Geschichte des Ortes und seine Boomzeit als rauher Postkutschenstopp im frühen 19. Jahrhundert beschrieben ist. Ein kleiner Obelisk auf dem Friedhof in der South Main Street erinnert an die Einwohner, die 1779 beim Cherry Valley Massaker ums Leben kamen, einem Irokesen-Überfall während des Unabhängigkeitskrieges, hinter dem die Briten steckten.

Das *Tyron Inn* (North Main Street/Highway 166, 607/264-3790) tischt in einem eleganten Speisesaal von 1927 große, leckere Portionen Pasta, Seafood oder Steaks und Geflügelgerichte auf. Das Gästehaus vermietet eine Handvoll Zimmer zu unglaublich niedrigen Preisen, und wenn es auch nur ein Gemeinschaftsbad am Ende des Flures gibt, machen die gemütlichen holzvertäfelten Zimmer mit antiken Waschbecken das Tyron Inn zu einer empfehlenswerten Übernachtungsalternative.

Sharon Springs Der im 19. Jahrhundert gegründete Kur- und Ferienort Sharon Springs (543 Einw.) war einst dem heute mondänen Saratoga Springs ebenbürtig, doch sind diese Zeiten längst vergangen. Die Straßen des Ortes sind von den langsam abbröckelnden Fassaden der einst vornehmen viktorianischen Hotels gesäumt, doch ist Sharon Springs nicht völlig ausgestorben, da chassidische Juden aus New York City den Ort gern als sommerliche Zuflucht vor der großen Hitze in der Stadt benutzen.

Die gesundheitsspendenden Wasser der Sharon Springs fließen noch immer und blubbern in einem kleinen Brunnen im zentralen Park des Ortes vor sich hin.

Östlich von Sharon Springs abseits des US-20 bildet The TePee eine 15 m hohe silbrige Attraktion in Form eines Indianerzeltes, das seit 1950 nach Souvenirs hungernde Reisende mit indianischem Tand, den berühmten TePee-Bonbons und einem Teleskop mit »großartigem Panorama-Blick« anlockt.

Cobleskill: Iroquois Indian Museum Die Straße vom ordentlichen Städtchen Cobleskill (5268 Einw.) südlich von Sharon Springs nach Howe's Cave passiert einen störenden neuen *Wal-Mart* und folgt dann den bunten Schildern zu den *Howe Caverns* und den *Secret Caverns* den Hügel hinauf bis zum *Iroquois Indian Museum* (tgl. 10–17; 5 $). Das eindrucksvolle Gebäude im Stil eines indianischen Langhauses enthält Artefakte, Pfeilspitzen und neuzeitlichere Kunstwerke von Indianern, die zu den Stämmen der historischen Six Nations of the Iroquois-Konföderation gehören, sowie eine interaktive Kinderabteilung, in der alles angefaßt werden darf. Die Sammlung zeitgenössischer indianischer Gemälde und Skulpturen stellt hartnäckige Fragen nach der eindimensionalen Casino-Kultur, die seit einiger

Zeit das Leben in vielen amerikanischen Indianerreservaten dominiert.

Howe Caverns und Secret Caverns In diesem Teil von New York State beschwören riesige Plakatwände entlang der Straßen den Wettbewerb der *Howe Caverns* (erkenntlich an den einfachen, gelbschwarzen Richtungsschildern) gegen die *Secret Caverns* (auf deren Billboards ein Zauberer die Besucher mit blödsinnigen Sätzen wie »Wenn Sie den Untergrund-Wasserfall nicht gesehen haben, kennen Sie auch Guano nicht!« anlocken soll). Auch wenn sie keine zwei Meilen voneinander entfernt liegen, unterscheiden sich diese beiden Touristenattraktionen doch wie Pat Boone und Jimi Hendrix.

Die steril wirkenden *Howe Caverns* (tgl. 9–18; 11 $) werben mit einem gut beleuchteten Fahrstuhl und einer Bootstour durch eine 51 m tiefe unterirdische Höhle. Doch im ersten Moment nach Betreten der *Secret Caverns* weiß man, daß hier ein völlig anderes Spiel gespielt wird – zu erreichen ist die Höhle durch das Maul einer riesigen Fledermaus. Man sollte sich durch ein Schild mit der Aufschrift »Laß fahren alle Hoffnung, wer auch immer diese Höhle betritt« nicht von der eineinhalbstündigen Führung ins 60 m tiefe Berginnere entlang der verschlungenen, feuchten und nur gelegentlich beleuchteten Pfade abhalten lassen, die zu einem 33 m hohen Wasserfall führen. Sarkastische Führer weisen unterwegs auf die Gefrorenen Niagara-Fälle, den Grand Canyon und die Liberty Bell hin – alles natürlich aus Stalagmiten und Stalaktiten, und im Geschenkeladen gibt es Batikhemden und Kaffeebecher mit verwirbelten Mustern und höhlenbezogenen, pseudowitzigen Sprüchen wie »Das meiste geht über eure Köpfe«.

Schoharie Valley Ein ziemlich einsamer US-20 windet sich über die von steilen Hügeln durchbrochenen Ausläufer des Cherry Valley und die Wasserscheide des Susquehanna River, ehe er einen fast dramatischen Weg durch das betörend schöne *Schoharie Valley* bei Esperance nimmt. Eine Reihe aufgegebener, dunkelgewordener Cabins eines Motorcourts aus der Depressionszeit stehen noch immer in sauberer Formation am Nordrand der Straße und warten auf die Scharen längst vergessener Turnpike-Reisender, deren phantasielose Nachfahren sich nun auf dem sterilen New York Thruway herumtreiben. Dairy Bars, Heuballen und improvisierte Vorgarten-Flohmärkte werden trotzdem nicht weniger, und der breite, sanfte, vierspurige Highway bietet unbeschränkte Blicke auf ferne, mit Farmen übersäte Hügel und verleitet den geduldigen Reisenden zu gelegentlichen Pausen.

Außerhalb von Duanesburg werden die sauberen geometrischen Felder durch eine unordentlichere flache Landschaft abgelöst, und die schmale Landstraße ist von karbolineumgetränkten Telefonmasten und dichten Gruppen von Trauerweiden gesäumt. Dieser Abschnitt des Highways endet zehn Meilen westlich der Staatshauptstadt bei den McCormack Corners, wo der *Corner Ice Creams-Stand* (3914 Carman Road an der Kreuzung des US-20 mit dem Highway 146, tgl. 11-22) eine letzte Gelegenheit zum Probieren von Sandwiches, Hotdogs, Fish-&Chips, Root Beer Floats und Softeis bietet, bevor die offene Landstraße am Stadtrand von Albany in die Western Avenue übergeht und sich im urbanen Dschungel verliert.

Albany Die Hauptstadt des Staates New York (101 100 Einw.) wurde 1609 gegründet, als holländische Händler auf Henry Hudsons Schiff Half Moon den Hudson River von New Amsterdam herauffuhren und an Land gingen, um einen Trading Post anzulegen. In seiner Schlüsselposition zwischen Upstate New York und dem zunehmend wichtigen Hafen von New York City blieb Albany bis in die 1820er und 1830er Jahre ein bedeutendes Handelszentrum und konnte seinen Einfluß mit der Eröffnung des Erie Canal und der Anlage eines Eisenbahnknotenpunktes noch ausweiten. Der legendäre Kanal ist längst verschwunden, und die glamouröse, in Stil der französischen Renaissance gestaltete *Union Station* der New York Central Railroad (Ecke Broadway und Clinton Street) ist in das verschlafene Hauptquartier der Fleet-Bankengruppe umgewandelt worden. Amtrak-Reisende kommen heute auf einem einsamen Bahnsteig auf dem gegenüberliegenden Ufer des Hudson River an.
Als Sitz der New Yorker Staatsregierung verfügt Albany aber trotzdem über offenkundige politische Macht. Seine reiche Palette von Museen, Parks und baumbestandenen Boulevards – plus ein paar kaum restaurierter historischer Stadtviertel, die die Abbruchbirnen der frühen Sechziger überlebten – bestätigen die Tatsache, daß die Hauptstadt noch sehr lebendig ist. In den steil aufsteigenden Granitgebilden und fliegenden Untertassen ähnelnden Gebäuden, die aus dem Herzen des Regierungsviertels an der 40 Hektar großen *Empire State Plaza* emporragen, gibt es Ausstellungshallen, Theater, einen 44stöckigen Aussichtsturm und das exzellente *New York State Museum* (tgl. 10–17; Eintritt gegen Spende) mit einer sensibel gestalteten Dokumentation zu den Kulturen der Iroquois und Mohawk, die einst im Staatsgebiet lebten; besonderes Highlight ist der Nachbau eines Langhauses. Eine große Abteilung zur Geschichte des New Yorker Stadtgebietes stellt mit einem nachgebildeten hispanischen Barbiersalon der Upper West Side, einem Horn and Hardart-Lebensmittelautomaten und einem restaurierten U-Bahnwaggon der A-Linie der IND aus den vierziger Jahren alles in den Schatten, was man von der »City That Never Sleeps« erwartet.
Wer einen intensiveren Ausflug in Albanys lokale Geschichte machen möchte, sollte zum *Albany Institute of History and Art* (125 Washington Avenue, Di–Fr 10–17, Sa/So 12–17; Eintritt gegen Spende) hinübergehen. Dieses 200 Jahre alte Haus beherbergt die Albany Oral History-Ausstellung, eine Reihe in der Region hergestellter gußeiserner Öfen, mehrere Räume voller Hudson River School-Gemälde von Thomas Cole, Asher Durand und anderen sowie einen vollgestellten kleinen Ägyptischen Raum mit zwei unbedeutenden Mumien.
Eine Meile nordöstlich der Innenstadt liegt in den Hügeln und Wiesen des von Frederick Olmsteads Gartenarchitektur inspirierten *Washington Park* ein schönen Seeuferhaus im Art-Deco-Stil, wo in den Sommermonaten Konzerte und Theatervorstellungen stattfinden. Die zwischen der Innenstadt und dem Park gelegene Gegend um

die Lark Street – eine Mischung aus Arbeiter- und Boheme-Viertel – ist Albanys Antwort auf Greenwich Village; es gibt hier mehrere Tätowierstudios und einige gute Restaurants. *Margarita's* (286 Lark Street) ist von mittags bis nachts geöffnet und serviert günstiges mexikanisches Essen, während die *Lark Tavern* (453 Madison Avenue Höhe Lark Street) im Stile eines Roadhouse billiges Bier in großen Krügen an ein eklektisches Publikumsgemisch aus Yuppies, Oldtimern und Künstlertypen ausschenkt. Wer noch spät auf der Suche nach Kaffee oder einer Lyriklesung ist, sollte ins *Lulu's* (288 Lark Street) hineinschauen, in dem immer irgendeine Lesung, Kunstausstellung oder eine »Offene Mikrophon«-Nacht stattfindet.

Wer in der Innenstadt nach all der hohen Kultur und der Macht der Politik Appetit auf richtiges Roadfood hat, sollte in *Jack's Diner* (547 Central Avenue, Mo–Fr 6–19.30, Sa bis 2.30 nachts) gehen. Dieser in den dreißiger Jahren in New Jersey gebaute chromblitzende Diner Car zieht mit seiner herzhaften Fleischpastete, seinen Burgern, riesigen Portionen Kaffee und seiner freundlichen, geschwätzigen Bedienung ganze Familien, verrückte Ortsbewohner und Durchreisende an.

Im Gebiet um Albany gibt es unzählige Moteloptionen, doch das *Motel 6* und das *Quality Inn* bei der Interstate 90-Ausfahrt Everett Road bieten die beste Kombination aus Preis und zentraler Lage (sie liegen auch neben dem *Albany Bowling Center*, falls man Frustrationen zwischen Reisepartnern schwungvoll auflösen möchte). Eine sehr nette, zentral gelegene Unterkunft ist das *Mansion Hill Inn* (115 Philip Street, 518/465-2038) nahe des Hauses des Gouverneurs, das Bed&Breakfast-Zimmer zu Preisen um 100 $ bietet und zugleich ein schickes Restaurant ist.

Detailliertere Informationen und ein Stadtplan für Rundgänge sind im *Visitor Center* (52 South Pearl Street, 518/434-1217 oder 800/258-3582) erhältlich.

Troy Das Grab von Uncle Sam und der Geburtsort des abnehmbaren Hemdkragens sind jenseits des Flusses zu finden, in Troy (54 300 Einw.), zehn Minuten nördlich am Interstate 787 gelegen und doch fast eine Welt von Albany entfernt. Diese gedrängte Stadt lag an jenem strategischen Punkt, wo der Erie Canal vom Hudson River aus nach Westen führte, und sie erlangte im 19. Jahrhundert als Produktionszentrum nationale Bekanntheit, als ihre Hochöfen und Fabriken den Stahl für Öfen, Kutschen und Glocken, aber auch für Schlachtschiffe ausstießen.

Troys Fabriken sind einer stillen, pittoresken Collegestadt gewichen; das *Rinslaer Polytechnic Institute* erhebt sich auf einem steilen Hügel östlich oberhalb des Geschäftsdistriktes der Innenstadt. Außer vielen eindrucksvollen Gebäuden bietet Troys kompakte Innenstadt zwei großartige Roadfood-Lokale: *Manory's Restaurant* (Congress und Forth Streets) hat gefüllte Combo-Sandwiches, selbstgemachte Pasta,

Einige der Gebäude in der Innenstadt von Troy tragen noch Markierungen an ihren mit gußeisernen Platten verzierten Fassaden, die im Zusammenhang mit Martin Scorseses Verfilmung von Edith Whartons »Zeit der Unschuld« 1992 von den Kulissenausstattern angebracht wurden.

Troys Uncle Sam

Troys bekanntes Uncle-Sam-Monument am Flußufer auf Höhe River und Front Streets erinnert an den bärtigen Fleischverpacker Samuel Wilson aus dieser Stadt, der im Krieg von 1812 die Soldaten in Troys Watervliet Arsenal mit Rindfleisch belieferte. Seine Gaben bekamen bald die Bezeichnung »Uncle Sam's beef« genannt, und Name und Legende verwuchsen zum berühmten Bild mit dem ausgestreckten Finger. Wilson selbst ist auf dem makabren hügeligen Oakwood Cemetery am Ende der 101st Street im Norden Troys begraben (via Oakwood Avenue zu erreichen). Ein vegetarisches Restaurant beim Monument gleich um die Ecke, Uncle Sam's Natural Foods (77 Forth Street) lockt Passanten mit dem bekannten Plakat – hier allerdings mit der Aufschrift »I want you... to enjoy good health«.

Fleisch, Seafood und wirklich, wirklich große Frühstücksportionen auf der Karte. *The Famous Lunch* (111 Congress Street) ist auf nette Weise heruntergekommen und fettig; hier gibt es handgemalte Schilder, große hölzerne Sitznischen und eine interessante Klientel aus Polizisten, Säufern, RPI-Studenten und Geschäftsleuten aus der Stadt – fast alle von ihnen vertilgen lange, mit Chili gewürzte Hot Dogs, die auf einem Styroporteller mit kalter RC-Cola serviert werden – täglich außer sonntags von Mittag bis Mitternacht.

Östlich nach Massachusetts Wer seine Fahrtstrecke um ein paar Meilen abkürzen möchte, sollte den Highway 2 nehmen, der als hübsche, aber wenig aufregende ländliche Nebenstrecke über die Taconics nach Williamstown, Massachusetts, führt. Alternativ kann man den alten US-20 Richtung Osten durch Lebanon nach Pittsfield, Massachusetts, befahren und dann nach Norden bis Williamstown ein kurzes Stück dem Appalachian Trail folgen, dessen Gesamtverlauf in Band 2 von Road Trip USA beschrieben ist.

New Lebanon Auf seinem Weg nach Osten über den Hudson River Richtung Massachusetts folgt der US-20 hinter Albany der Columbia Avenue durch das Gewerbegebiet des Ortes Rensselaer voller Lagerhäuser und Fabriken und führt – vorbei an zahllosen Alkoholgeschäften, Supermärkten, Tankstellen und Motels – eine lange Steigung hinauf in die *Taconic Mountains*. Nach diesem 25-Meilen-Spießrutenlauf durch die zeitgenössische Konsumwelt bilden oben in der bergigen Landschaft die stillen Überreste des *Mount Lebanon Shaker Village* südlich des US-20 wenige hundert Meter vor der Massachusetts Stateline eine willkommene Abwechslung.

Von den 20 Shaker-Gemeinden, die es einst in den östlichen USA gab und in denen eine leidenschaftliche, doch zölibatäre Form des Christentums praktiziert wurde, bildete die 1785 gegründete Siedlung von Mount Lebanon das geistige Zentrum. Die Gemeinde existierte bis 1947,

Hinter der Grenze zu Massachusetts kann man im touristenfreundlichen Hancock Shaker Village weitere Einblicke in das Leben der Sekte gewinnen.

und zwei Dutzend der historischen Gebäude stehen noch heute, darunter eine fast 60 m lange Scheune, die bei ihrer Errichtung im Jahr 1852 die größte Scheune der Welt war, sowie ein schlichtes, aber klug konstruiertes *Waschhaus* von 1854 mit versteckten Wandschubladen und perfekt eingepaßten Fußbodendielen. Alles dies ist ein Zeugnis des Shaker-Grundsatzes: »Hände an die Arbeit, die Herzen zu Gott«.
Ein kleines *Museum* (nur im Sommer tgl. 9.30–17; 4 $) erläutert die Hintergründe der Shaker-Kultur, verkauft allerlei Handarbeiten im Shaker-Stil und hält Lagepläne für Rundgänge durch die ehemalige Kolonie bereit.

US-2: Durch Massachusetts

In Massachusetts folgt man am besten der sehr sehenswerten Route 2 – die auch als »Mohawk Trail« bekannt ist – durch den nördlichen Teil des Staates, anstatt auf dem US-20 zu bleiben, der mehr oder weniger dicht am Massachusetts Turnpike/ Interstate 90 verläuft.
Auf der Route 2 durchquert man den am dünnsten besiedelten und am stärksten bewaldeten Teil des Commonwealth of Massachusetts, und man mag den Eindruck gewinnen, eher in Vermont als im sogenannten Bay State zu sein. Die Strecke sucht sich ihren Weg durch die abgeflachten Hügel der Hoosac Range zu den Green Mountains im Norden und folgt mit Felsen übersäten, von Forellen wimmelnden Strömen, deren weißwirbelndes Wasser von Birken und Rottannen überschattet ist. Hier finden sich einige der ältesten noch erhaltenen Baumbestände des Staates.
Auf halbem Weg durch Massachusetts überquert die Route 2 den Connecticut River oberhalb der Turner Falls, verliert sich zwischen den Bäumen und taucht erst kurz vor Bostons Hintertür wieder auf; links und rechts der Strecke gibt es in geringer Entfernung angenehme Abwechslungen.

Von Pittsfield nach Williamstown: Der Appalachen-Trail Der Klimmzug über die Höhen der Taconics, die die Grenze zwischen New York und Massachusetts bilden, führt in eine schöne, für Besucher besonders einladende Gegend mit Shakerkolonien entlang des US-20 und den industrie- wie literargeschichtlich interessanten Stätten von Pittsfield, ganz zu schweigen von Williamstown, dem typischen, viel fotografierten Aushängeschild für den Tourismus in New England.

Pittsfield Das einst blühende Pittsfield (48 622 Einw.) ist ein klassisches Beispiel für den Niedergang einer Stadt mit nur einer einzigen Wirtschaftsquelle: Zuerst verlor sie ihr kommerzielles Zentrum, als im Nachbarort eine gigantische Shopping Mall eröffnet wurde, und dann reduzierte der Hauptarbeitgeber General Electric sein Personal, schrumpfte, betrieb Downsizing und wuchs negativ, bis seine Fabrik fast ganz geschlossen und das Licht ausgeschaltet wurde. Im Vergleich zu der sorgfältig konservierten Schlichtheit vieler umliegender Kleinstädte hat die veraltete Industriearchitektur Pittsfield zu einem Ort gemacht, den die meisten Wochenendtouristen im Berkshire County am liebsten meiden würden – die Größe der

Für die Beschreibung der Strecken durch Massachusetts und die übrigen Neuengland-Staaten wird entsprechend dem regional üblichen Sprachgebrauch der Begriff »Route« anstelle von »Highway« verwendet.

Stadt und ihre Lage im Tal machen das aber nahezu unmöglich, wenn man sich nicht auf den Schleichwegen des Valleys bestens auskennt, und es gibt tatsächlich ein paar sehr gute Gründe für eine Stippvisite nach Pittsfield.

Zum Beispiel Baseball. Der Besuch eines Heimspiels der professionellen Minor League-Mannschaft Pittsfields Mets im *Wahconah Park-Stadion* wird als Musterbeispiel eines unverändert ur-amerikanischen Zeitvertreibs angesehen: laute Fans, zurückhaltende Spieler und billiger Eintritt (2.75 $ allgemeine Plätze, 3.75 $ Tribüne, 6 $ Loge; Spielplaninfos unter 413/499-6387). Das 1919 erbaute Stadion hat einen besonderen Charme – um Tauben zu verscheuchen, baumeln Plastikeulen vom Gebälk des Daches herab; das Maskottchen sieht aus wie Mr. Potato-Head mit Baseballnähten im Gesicht, es gibt klägliche Gesänge der Fans und das berühmte Sun Delay, eine Spielunterbrechung, bis die untergehende Sonne den »Battern« und dem Schiedsrichter nicht mehr direkt in die Augen scheint.

Pittsfield hat aber auch mit einem sehr modernen Material zu tun: mit Plastik, was bei einer Tour durch das *Living Environment Concept House* der Firma General Electric deutlich wird (New York Avenue gegenüber von GE Plastics). Das »Plastics House« ist in erster Linie ein Labor, um High-Tech-Materialien auf ihre Tauglichkeit beim Hausbau und als Konsumentenprodukt zu testen, aber es hat bei seinen Besuchern, die hier einen Schaufensterbummel durch die Zukunft machen wollen, so viel Aufmerksamkeit erregt, daß wöchentliche Touren nur auf Reservierung zugunsten des örtlichen Ablegers des United Way durchgeführt werden (Do nachmittags und manchmal Sa vormittags; Reservierungen unter 413/442-6984 oder 800/696-6948; 6 $).

Und wenn die Verbindung von Pittsfield mit Plastik schon ungewöhnlich erscheint – wie steht es dann mit Walen? Draußen an der Holmes Road am südlich-ländlichen Stadtrand kann man selbst sehen, ob man die Ähnlichkeit zwischen dem Leviathan der Meere und der Kontur des Mount Greylock erkennt. Besonders leicht klappt es vielleicht aus dem Fenster von *Hermann Melvilles Arrowhead* (Memorial Day / letzter Montag im Mai bis Labor Day / erster Montag im September tgl. 10–17, im übrigen Jahr Fr–Mo 10–17; 4.50 $). Das bei Oberstufenschülern sehr unbeliebte Meisterwerk »Moby Dick« ist tatsächlich in diesem Haus weitab vom Meer geschrieben worden. Vorrangig ein literarisches Heiligtum, beherbergt das Gebäude auch die *Berkshire County Historical Society*, deren wohlgepflegte Ausstellungen sehr interessant sind.

Ernsthafte Pilger auf dem Pfad des Ishmael und des großen weißen Wales werden den Melville Memorial Room auf der oberen Ebene des Berkshire Athenaeum besuchen wollen – Pittsfields öffentlicher Bibliothek.

Wie hinsichtlich seiner Attraktionen hat Pittsfield auch in puncto Essen ein paar ungewöhnliche Edelsteine aufzuweisen. Im Winkel zwischen East und Elm Street beispielsweise liegt die halbrunde Fassade der *Pittsfield Rye Bakery*, eine fliegende Untertasse der Fifties aus Glas und blauen Kacheln, in der große Vitrinen voller frischer Muffins, Bagels und Brot den Appetit anregen. Entlang der East Street jenseits der riesigen GE Polymer-Fabrik liegen an einer Ecke zwei Italiener, die gutes und manchmal auch sehr gutes Essen zu ausgesprochen günstigen Preisen anbieten. Nicht versäumen sollte man das *elizabeth's borderland café* im grellrosa gestrichenen Haus an der East Street, wo alle Pastagerichte von einer Handvoll knusprigem Brot und wundervollen Salaten begleitet sind, was wenig Raum für die feinen Appetizer wie etwa Bagna caoda läßt, ein Muß für Anchovis-Freunde. Das East Side Café gleich um die Ecke auf der Newell Street besticht mit toller Pizza zu niedrigen Preisen. Vom guten Essen und der lockeren Atmosphäre dieser Neighborhood Bar werden viele Familien angezogen.

Hancock Shaker Village Das Hancock Shaker Village westlich von Pittsfield am US-20 ist ein guterhaltenes Überbleibsel der religiösen Sekte, die im Volksmund als »Shaker«, formell jedoch als United Society of Believers in Christ's Second Appearing bezeichnet wird und deren utopistische Gemeinden in den Jahren vor dem amerikanischen Bürgerkrieg florierten. Außenstehende nannten die Gläubigen aufgrund gelegentlicher krampfartiger Zuckungen während der Gottesdienste »Shaker« oder »Schüttler«. Die Shaker widmeten sich einem Gemeinschaftsleben, das wegen der praktizierten Gleichstellung von Mann und

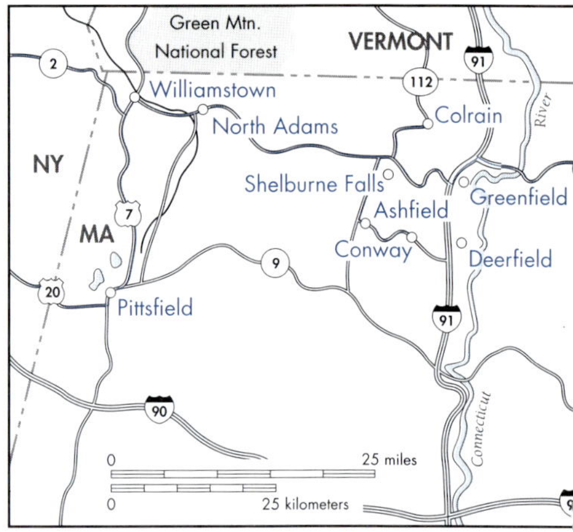

Frau auffiel – natürliche Entsprechung ihres Glaubens an eine Parität zwischen einem männlichen Gott und einer weiblichen Heiligen Mutter Weisheit.

Die in England geborene Anführerin der Gruppe, Ann Lee, wurde tatsächlich von den Shakers als weibliche und zweite Reinkarnation Christi angesehen. Obwohl sich die puritanische Theokratie ihrem Ende zuneigte, machten sie Predigten des Testamentes im Jahrzehnt nach ihrer Ankunft kurz vor der amerikanischen Revolution bei vielen Bewohnern Neu-Englands nicht gerade beliebt. Während des Krieges suchten Lee und ihre »Kinder« ihren »Himmel auf Erden«, den sie in ihren Visionen gesehen hatte. Mother Ann starb bei Albany, New York, an den Verletzungen, die sie bei wiederholten tätlichen Angriffen erlitten hatte, noch ehe die erste Gemeinde nach ihren Lehren gegründet werden konnte.

Das Hancock Shaker Village war die dritte von insgesamt 24 Siedlungen, die die Anhänger von Ann Lee in den USA grün-

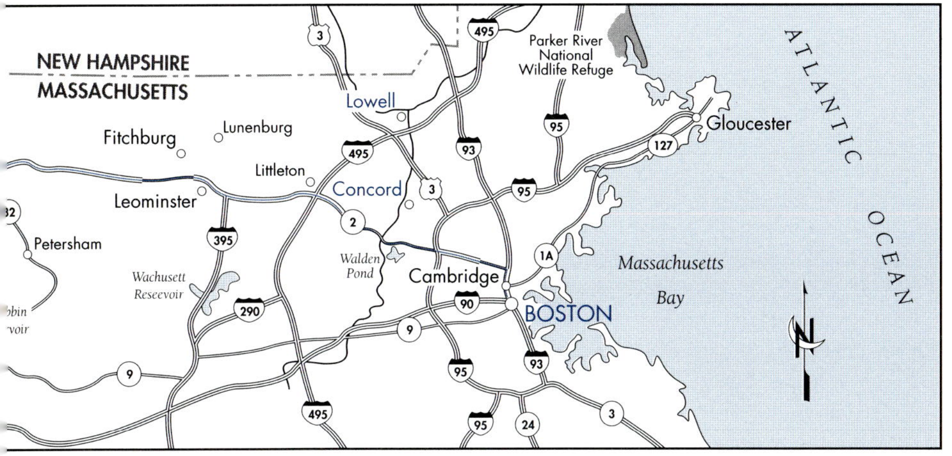

deten; es existierte 170 Jahre lang und überdauerte mit Ausnahme zweier Dörfer alle übrigen. Es besteht heute als sogenanntes *lebendiges Museum* (413/443-0188, April-Okt. tgl. 9.30–17.30; 10 $), in dem es Ausstellungen, Führungen und arbeitende Handwerker gibt, die den ländlichen Lebensstil und das berühmte kunsthandwerkliche Geschick der Shaker dokumentieren. Die Bewunderung der Effektivität, der Einfachheit und der perfekten Fingerfertigkeit, die im Konzept der »City of Peace« begründet sind, können leicht ein paar Tage füllen, wenn man sich darauf einläßt. Für einen speziellen leiblichen Genuß sollte man einen Platz bei einem der Shaker-Kerzenlichtdinners reservieren, die an Samstagabenden veranstaltet werden; auch im *Village Cafe* kann man die Küche der Shaker probieren.

Mount Greylock Die höchste Erhebung in Massachusetts ist der Mittelpunkt der 5000 Hektar großen Mount Greylock State Reservation, einer der größten und beliebtesten Besitzungen des Staates. Mehr als 50 Meilen Trails, darunter ein paar recht anstrengende Mountainbike -Routen, ziehen sich entlang der aufgeforsteten Berghänge, die im 19. Jahrhundert in der Gier nach Brennstoff und Holzbrei für die Papierherstellung weitgehend kahlgeschlagen worden waren. Felsige Lichtungen ermöglichen großartige Ausblicke auf das *Hoosic River Valley* im Osten und das *Housatonic River Valley* im Süden, wenn die häufigen Nebel den 1,064 m hohen Gipfel nicht in einen feuchten Wattebausch einhüllen. Während der warmen Monate ist die Zufahrt einfach: die ein Jahrhundert alte Notch Road schlängelt sich vom

Das Vermögen so manches amerikanischen Industriellen siedelte sich in den Berkshire Hills an, doch die Verbindung des Landkreises mit dem Vermögen der Nation geht durch jeden einzelnen Dollarschein. Crane & Co. in Dalton gleich östlich von Pittsfield hat seit 1873 das Papier für sämtliche amerikanische Banknoten hergestellt.

Highway 2 aus durch Birken und Tannen die Nordseite hinauf, während die Rockwell Road ihren Weg hier herauf ab dem Highway 7 an den Flanken der südlichen Nachbarn des Mount Greylock beginnt. Wer die 17 Meilen dieser beiden Strecken kombiniert, genießt den schönsten mit dem Auto zu befahrenen Aufstieg auf einen Berg, den Neuengland zu bieten hat. Man sollte daran denken, daß beide Straßen schmal und steil sind, von Frostlöchern durchsetzt und mit gelegentlichen Haarnadelkurven versehen sind und daß vor allem in der Abenddämmerung viele Tiere die Fahrbahn überqueren. Wer ohne Auto den Wald und den Park überschauen möchte, kann auf dem Gipfel den 34 m hohen *War Memorial Tower* erklimmen. Bei guten Wetter reicht der Blick von New Hampshire bis Connecticut. Ein Steinwurf vom Granitturm entfernt liegt die *Bascom Lodge* des amerikanischen Kletterverbandes AMC (413/443-0011, nur Mitte Mai bis Ende Oktober geöffnet), ein hübsches altes Gebäude aus Steinen und Holz mit Stockwerkbetten und kaltem Wasser, das mit Preisen zwischen 30 und 50 $ eigentlich überteuert wäre, hätte es nicht diese majestätische Lage, die auch ein benachbarter Fernsehturm nicht stört.

Williamstown Für den Besucher scheint das stattliche Williamstown (8220 Einw.) einfach nur eine Sammelbezeichnung für den makellosen und würdevollen Campus des *Williams College* zu sein – sogar die Hauptgeschäftsstraße ist im Grunde ein Korridor zwischen Studentenwohnheimen und Sporthalle. Von ihrem gemeinsamen Gönner des 18. Jahrhunderts, Ephraim Williams, bis zu den vielen Absolventen, die als Ruheständler zurückkehren, sind »Billsville« und sein College nicht voneinander zu trennen.

Die Symbiose aus Krämerschürze und Talar hat eine beneidenswerte Palette aus visuellen, darstellenden und eßbaren Künsten hervorgebracht, und neue Kontingente unschuldiger Jugendlicher hindern den Wohlstand und die Finesse daran, zu übermächtig zu werden.

Das *Clark Art Institute* (South Street, Di–So 10–17; gratis) und das *Williams College Museum of Art* (Main Street gegenüber der Memorial Chapel, Di–Sa 10–17, So 13.17; gratis) sind zwei der Kronjuwelen der Stadt und bilden ein aufsehenerregendes Paar: das Clark mit seiner ungewöhnlichen Sammlung impressionistischer Gemälde, darunter über 30 Renoirs, und das WCMA mit seinem Schwerpunkt auf wechselnden Ausstellungen zeitgenössischer und nicht-westlicher Kunst – gezeigt in Galerien, die selbst sehr kunstvoll angelegt sind.

Eine andere einzigartige Kollektion ist im ersten Stock der *Stetson Hall* verstaut, dem efeubewachsenen roten Backsteingebäude weit hinter der wuchtigen *Memorial Chapel.* Wer es findet, wird in der *Chapin Library of Rare Books* (Mo–Fr 1–12 und 13.17; gra-

Die umfangreiche Kunstsammlung von Robert Sterling Clark, Erbe des Singer Nähmaschinenkonzerns, kam unter anderem wegen des kalten Krieges hierher nach Williamstown. In den späten vierziger und frühen fünfziger Jahren schien die Bedrohung durch einen russichen Atomangriff so real, daß die Distanz zu wahrscheinlichen Bombenzielen ein entscheidender Faktor in der Wahl eines permanenten Aufbewahrungsortes war.

Wenn die Speisekarten der örtlichen Restaurants auch von kosmopolitischem Geschmack und Stil beeinflußt sind, trifft dies leider nicht für die Öffnungszeiten zu: selbst in der sommerlichen Hochsaison kann die Suche nach einem guten Abendessen nach 21 Uhr enttäuschend ausfallen.

tis) mit einer Ausstellung aller wichtigen Geburtsurkunden der Nation belohnt: Die Unabhängigkeitserklärung, die Artikel der Konföderation, ein mit Anmerkungen versehener Entwurf der Verfassung, George Washingtons Exemplar der Federalist Papers und zwei frühe Versionen der Bill of Rights (mit 17 bzw. 12 Zusätzen) sind hier zu sehen.

Hochwertige kontinentale Küche für steife Examensfeiern gibt es in Williamstown reichlich, doch wer wirklich frische und interessante Gerichte sucht, sollte die Inns meiden und in das *Cobble Cafe* (Spring Street, tgl. Frühstück, Lunch Mo–Sa, Dinner Di–Sa) gehen, dessen Ambiente und Speise- bzw. Weinkarte Einwohnern San Franciscos Déja-vu-Erlebnisse bereiten wird. Besucher des jährlich im Sommer veranstalteten Williamstown Theatre Festival erhalten einen spätabendlichen Imbiß aus Desserts und Drinks, und man findet hier auch die besten nicht zu süßen oder matschigen Pecan Pies. Gleich nebenan serviert die Clarksburg Bread Co. (So und Mo geschlossen) Suppen, Sandwiches und eine Fülle leckerer Brotprodukte bis 4 Uhr nachmittags. Die zweifellos beste Pizzabude ist Hot Tomatoes (Water Street, nur Außer-Haus-Verkauf), und bei gutem Wetter ist der nahegelegene Park am Fluß der richtige Ort fürs Picknick, sofern man seinem Auto den Geruch von Pesto und scharfer Wurst ersparen möchte.

Wild Oats, die Lebensmittelkooperative im Colonial Shopping Center östlich des Ortes am Highway 2 (tgl. bis 18, Do bis 20) hat eine breite Auswahl an Lebensmitteln in Großpackungen, was vor allem für Wanderer und Camper interessant ist. Immerhin, der Appalachian Trail überquert den Highway 2 ganze eineinhalb Meilen von Wild Oats entfernt.

Einer von nur zwei Fahrradverleihern entlang der Route durch Massachusetts ist das Spoke Bicycle & Repair (408 Main Street, 413/458-3456) in Williamstown, wo es auch das sehr gute Buch »Bike Rides in the Berkshire Hills« von Lewis Cuyler gibt.

Eine Fahrt entlang der Main Street (Highway 2) läßt die meisten der Unterkünfte in Williamstown Revue passieren, vom *Williams Inn* auf dem Campus (413/458-9371) bis zu den kleinen Motels am Ostrand des Ortes. Wer sich wirklich verwöhnen lassen möchte, sollte sein Glück auf der *Field Farm* an der Sloane Road in South Williamstown versuchen (413/298-3239, 90 $ für ein Doppelzimmer, keine Kreditkarten), fünf Meilen südlich via Highway 7 oder Water Street (Highway 43). Das Haupthaus liegt auf der 100 Hektar großen ehemaligen Farm des Pacific Northwest-Holztycoons Lawrence Bloedel, wurde 1948 erbaut und ist ein beeindruckendes Beispiel moderner amerikanischer Architektur. Wer die Arbeit von Frank Lloyd Wright oder Charles und Ray Eames mag, wird sich in diesem bewohnbaren Museum für zeitgenössisches Design wohlfühlen. Zwischen den großen Fenstern, Möbeln im skandinavischen Stil und Vorrichtungen und Wänden aus Plexiglas hängen Stücke aus Bloedels umfangreicher

Sammlung von Kunst des 20. Jahrhunderts; ferner gibt es Tennisplätze, einen Swimming-Pool, Naturpfade und einen atemberaubenden Blick auf den Mount Greylock jenseits des Tales.
Zusätzliche Auskünfte sind am Informationskiosk des *Board of Trade* im Zentrum des Ortes erhältlich oder aus dem kostenlosen Guide to Williamstown zu entnehmen, der in vielen Läden und Restaurants ausliegt.

North Adams Nachbarn könnten kaum verschiedener sein als Williamstown und North Adams, Arbeiterstadt und ehemaliger Sitz verschiedener Firmen ein paar Meilen flußaufwärts der geballten College-Klugheit von Williamstown. Fast seit seiner Gründung verband North Adams sein Wohlergehen mit großen Fabrikationsanlagen und produzierte bedruckte Stoffe, bis sich die Textilindustrie nach Süden verlagerte, und wandte sich dann in den fünfziger und sechziger Jahren unterschiedlichen Gütern von Atombomben bis Fernsehgeräten zu. Als die Herstellung elektronischer Geräte nach Übersee abwanderte, kam die Wirtschaft in North Adams fast zum Erliegen, weil man immer noch auf neue Produkte wartete, die in dem aus 28 Gebäuden bestehenden, im 19. Jahrhundert errichteten Fabrikkomplex am Hoosic River fabriziert werden könnten. Die langersehnte Erlösung von Arbeitslosenunterstützung und Sozialhilfe scheint sich nun endlich abzuzeichnen, doch jene Leute, die sich an die Zeiten der gewerkschaftlich erkämpften Industrielöhne erinnern, können sich kaum vorstellen, daß ihre Stadt ausgerechnet durch – Kunst gerettet werden soll. Entsprechend einer zehn Jahre alten Planung, die zwischenzeitlich wegen einer staatsweiten Rezession fast wieder aufgegeben worden war, sind nun die ersten 15000 Quadratmeter Fläche des *Massachusetts Museum of Contemporary Art* – Mass MoCA – im Bau. Wenn der Plan jemals vollständig verwirklicht wird, ist das fünf Hektar große »Multidisziplinäre Kulturzentrum« eines der größten Museen der Welt.
Während die *Contemporary Artists Center and Gallery* in der historischen *Beaver Mill* an der nördlichen Route 8 eine Vorstellung davon vermittelt, was eines Tages Brot und Butter – oder eher: Wein und Käse – nach North Adams bringen soll, zeigen die Ausstellungsräume des *Western Gateway Heritage State Park* (413/663-8059, Mai–Anfang Nov. tgl. 10–17, ansonsten Di/Mi geschlossen; Eintritt gegen Spende) an der Route 8 eben südlich der Brücke der Route 2 den ersten Bummelzug der Region. Das *Visitor Center* des Parks ist in den renovierten Frachtschuppen der Boston and Maine Railroad untergebracht und dokumentiert den Bau und die Bedeutung des fünf Meilen langen Hoosac Tunnels, der North Adams einen Logenplatz an dieser Schienenverbindung von Boston zu den großen Seen bescherte.
Was gutes Essen angeht, verschafft der Wohlstand Williamstown einen Vorsprung gegenüber North Adams, doch wer lokale Küche probieren will, sollte die Route 8 fünf

Während der Sprengung des Hoosac-Tunnels wurde erstmalig Nitroglycerin als Explosivstoff auf einer Baustelle verwendet. Ein betrunkener Assistent des Chefingenieurs hatte entdeckt, daß der gefährlich instabile Stoff in gefrorenem Zustand sicher gehandhabt werden konnte.

Meilen weit bis zu der blitzsauberen kleine Stadt Adams fahren, dem Geburtsort der Suffragette Susan B. Anthony, wo es das unvergleichliche *Miss Adams Diner* gibt. Das auf Frühstück und Lunch spezialisierte, in einem alten Worchester Lunch Car untergebrachte Lokal liegt in der Park Street gegenüber der Congregational Church im Zentrum von Adams und offeriert Steaks und Eier, Blue Plate Specials und Tapiokapudding, wie man es in einem Ambiente von 1949 erwartet, aber auch gute vegetarische Gerichte, wundervolle selbstgebackene Torten (Banana Cream ist eine Sünde wert) und im Ort hergestellte Limonade der Marke Squeeze. Um der Verdauung zu helfen, sollte man die Parkuhr mit Münzen füttern (12 Minuten kosten nur einen Cent!) und im wunderschön restaurierten Geschäftsbereich der Innenstadt herumspazieren, ehe man sich wieder auf die Route 2 begibt. Sollte das Miss Adams keine Broschüren der offiziellen, von der *Historical Commission* zusammengestellten Walking Tour mehr vorrätig haben, sind weitere Exemplare sowie freundliche Tips ein paar Türen weiter im Rathaus erhältlich.

Der Mohawk Trail Der ursprüngliche Mohawk Trail war ein Schleichweg der Indianer, den sie für Überfälle auf die Siedlungen am Algonquin im oberen Connecticut River Valley benutzten. Der moderne Mohawk Trail war der erste »Scenic Highway« des Landes und wurde bereits 1914 im Rahmen eines großen Entwicklungsprogrammes ausgebaut und asphaltiert, das Touristen in das ärmliche Farmgebiet Neuenglands locken sollte. Wer einen überladenen oder etwas untermotorisierten Wagen fahrt, wird auf der steilen Serpentinenstrecke ab North Adams und in der alle Aufmerksamkeit heischenden Haarnadelkurve kurz vor der Höhe des Western Summit die unruhigen Gedanken früherer Reisender an überkochende Autokühler nachvollziehen können.

Oben haben die ordentlichen *Wigwam Cottages* (Mai-Okt., 800/223-4409, 60-70 $) ihre Gäste schon willkommen geheißen, als der spätere Präsident Coolidge noch ein unbekannter Provinzanwalt in Northampton war. Man sollte sich von dem sanfte gewellten nächsten Strekkenabschnitt über die abgeflachten Gipfel des Hoosac-Rumpfgebirges nicht irritieren lassen: der Abstieg der Route entlang der vielfach gewundenen Cold River-Stromschnellen beschleunigt selbst den Puls von Autofahrern mit Servolenkung und Antiblockier-Bremsen – besonders wenn man zwischen zwei Sattelzügen eingeklemmt ist, deren qualmende Bremsbeläge manchmal bis hinunter ins Tal zu riechen sind.

Im Mohawk Trail State Forest eben oberhalb der Mündung des Cold River in den Deerfield findet man exzellente Campingareale unter Bäumen am Fluß. Es gibt auch fünf rustikale, das ganze Jahr hindurch geöffnete Cabins, doch sollte man sie sechs Monate im voraus reservieren (413/339-5504), wenn man unbedingt in einer davon übernachten will.

Sehenswerte Rundfahrten nach Ashfield, Conway und Colrain Jeden Herbst fügen die Ahornbäume der umliegenden Mischwaldlandschaft eine Flut leuchtend orangener Farbsprenkel hinzu, weshalb die Route 2a zwischen Ende September und dem

Columbus Day-Wochenende Mitte Oktober eine Lieblingsstrecke der »leaf-peepers« ist. Wer nicht im dichten Verkehr mit anderen, sich den Hals verrenkenden Fahrerinnen und Fahrern stecken möchte, sollte eine der weniger frequentierten Landstraßen wählen. Es gibt genügend davon, doch die sehenswerten Rundfahrtstrecken nach Ashfield und Conway südlich der Route 2 oder – noch abgelegener – nach Colrain und dem Green River Valley nördlich der Route 2 sind besonders schön; man sieht hier mehrere historische *Covered Bridges* und ausreichend viel idyllische Landschaft, um für den Umweg entschädigt zu sein. Den größeren Highway hinter sich zu lassen, muß nicht bedeuten, daß man nun aufs Essen verzichten muß. Es gibt beispielsweise leckere Pizza mit dünner Kruste in der *Country Pie Pizza Company* (tgl. bis 21 Uhr geöffnet) gegenüber der aus solidem Stein erbauten öffentlichen *Bibliothek von Ashfield*, und wenn alle frischen Zutaten vorrätig sind, sind die Preise wirklich angemessen. Oder man fährt entlang der Route 116 zu *Baker's Country Store* gleich östlich des Wasserturms in Conway, setzt sich für eine einfache Suppe oder ein Sandwich zwischen die Angelruten und Konservendosentürme (vor allem während der Beerensaison im Spätsommer sollte man auch die frischen Kuchen probieren). Ein netter und wunderlicher Fund an der nördlichen Route 112 ist *The Green Emporium* in Colrains ehemaliger Methodistenkirche, wo man inmitten von umweltfreundlichen Produkten und Neon-Kunst von Donnerstag bis Samstag leckere Pasta-Gerichte und sonntags einen tollen Brunch bekommen kann. Reservierungen sind unter 413/624-5122 möglich.

Zu Beginn des Frühjahres – eine Zeit, die im ländlichen Neuengland angemessen die »Matschsaison« genannt wird – fängt der Saft der Ahornbäume zu fließen an. Wenn man 98% davon wegkocht, bleibt der originale Ahornsirup übrig. Das Massachusetts Maple Phone (413/628-3912) gibt Hinweise auf Sirupproduzenten. Man kann entlang dieser Route auch »Hilltown Sugar Season«-Landkarten bekommen.

Um die Landschaft mit dem Auge und der Gemächlichkeit eines wirklichen Outdoor-Enthusiasten zu genießen, wäre ein Farm Stay oder die Übernachtung in einem Bed&Breakfast ratsam. Die freundliche *Penfrydd Farm* in Colrain (413/624-5516) ist ein gutes Beispiel für ersteres; die Zimmer in einem attraktiv renovierten Farmgebäude des 19. Jahrhunderts kosten 65 $ pro Nacht, und im Preis ist der Blick auf eine kleine Lamaherde, ein wunderschönes Hügelpanorama mit Weiden und Wäldern sowie nachts auf einen Himmel voller Sterne inbegriffen, wie ihn kein Stadtbewohner von seiner Dachterrasse jemals sehen kann. *The Farm at Ashfield* (413/628-4067) ist eine weitere warme, gastfreundliche und preisgünstige Zuflucht – weit genug von allem entfernt, vor dem man fliehen möchte.

Shelburne Falls Reisende, die auf der Route 2 geblieben sind, sollten am entsprechenden Schild in das lebendige, kunstorientierte kleine Shelburne Falls abbiegen, das eigentlich aus zwei Orten besteht, nämlich Shelburne und Buckland, die einander auf den Ufern des Deerfield River gegenüberliegen. Die Optionen für eine Essens-

pause umfassen Espresso-Delikatessen und kleine Imbisse bei den *Shelburne Falls Coffee Roasters* (Bridge Street), eine auch für Vegetarier geeignete Deli-Abteilung im hinteren Teil von *McCusker's Market* am Südende der eisernen Brücke, und fleischfreie Menüs und Salate im *Copper Angel Cafe* gegenüber von McCusker's.
Neben dem Copper Angel liegt eine der Hauptattraktionen des Ortes, die *Bridge of Flowers*, eine ehemalige Brücke für elektrische Trolleys, die in einen sehr schmalen, sehr langen Schaugarten verwandelt wurde. Das andere vielgepriesene Wunder ist das eigenwillig geformte Flußbett unterhalb der Salmon Falls gleich östlich der Bridge Street: die neben dem Überlauf des Deerfield Dammes und dem Powerhouse No. 3 liegenden eiszeitlichen *Strudelkessel* sind beliebt, um dort ein Picknick zu veranstalten, die Launen der Geologie zu bestaunen, mit Klassenkameraden herumzuhängen oder von Felsblock zu Felsblock zu hüpfen. Nur einschlafen sollte man hier nicht: gelegentlich wird Wasser aus dem Stausee abgelassen, vor allem während der sommerlichen Rafting-Saison.

Greenfield Auf ihrem Weg hinunter ins Tal des Connecticut River verbindet sich die Route 2 weit genug mit dem Interstate 91, um die Kreishauptstadt Greenfield zu umgehen, die einst für dort hergestellte Eßbestecke, Zapfhähne und andere Metallprodukte aus dem gastronomischen Sektor bekannt war.
Die Nähe des Freeways hat Greenfield mit ein paar der wenigen Kettenmotels im westlichen Massachusetts gesegnet. Wer ein *Howard Johnson's* oder ein *Super 8* den Bed&Breakfasts vorzieht, findet sie neben dem Verkehrskreisel an der Kreuzung der Route 2 mit dem Interstate 91. Zwei Ausfahrten weiter südlich findet man die günstigsten Zimmer des Staates im *Motel 6* an der Route 5.

Das historische Deerfield Deerfield drei Meilen südlich von Greenfield an der Route 5 ist ein makellos präsentiertes Ensemble von Häusern, die zwischen dem frühen 18. Jahrhundert und 1850 erbaut wurden. Stadtführer erläutern in jedem Haus das Leben, die Habseligkeiten und den historischen Kontext der ursprünglichen Bewohner, was oft mit einer solchen Intimität geschieht, daß man erwartet, die lang verstorbenen Ebenezers, Jonathans und Marys hielten nur im ersten Stock ein Schläfchen. Die ganze Siedlung gilt als eines der besten in Amerika erhaltenen Ortsbilder aus der Kolonialzeit – ist, kurz gesagt, also unbedingt einen Besuch wert, und mag er auch nur flüchtig sein – und ist täglich geöffnet (außer an Thanksgiving und Weihnachten, 413/774-5581, das zwei Tage gültige Ticket kostet 10 $).

East Franklin County und North Worcester County Nachdem sie hoch oben auf der im Art-Deco-Stil erbauten *French King Bridge* den Connecticut River überquert hat, führt die Route erst durch ein paar kleine Gemeinden an den Ufern des Millers River und dann auf 40 Meilen durch nichts als Wald, endlose Reihen von Koniferen und vereinzelte Gruppen weißlicher Birken und Eichen, was für den Süden Neuenglands typisch ist. Weißkopfadler überwintern im Bereich des *Quabbin Reservoir* ein paar

Meilen südlich der Ausfahrten 15 und 16 der Route 2, wo auch das Trinkwasser für den Großraum Boston gewonnen wird. Zuweilen kreuzt Rotwild den Blick und die Scheinwerferkegel, und selten ist die Fahrbahn frei von totgefahrenen Skunks, die jeweils schon eine halbe Meile im Umkreis zu riechen sind. Doch an Wochentagen macht der starke Verkehr augenfällig, daß es außer Bäumen und der Tierwelt auch eine Reihe größerer Städte gibt, die den ständigen Pendlerstrom in Richtung auf die Büros und Technologieparks an Bostons äußerem Autobahnring speisen.

Selbst ohne die Verbindung zu Kerouac würden die Stadt und der Historic Park mit seinen funktionstüchtigen, von Wasserkraft getriebenen Webstühlen, den Kanaltouren und ansprechenden Erläuterungen Beachtung verdienen. Passend zu seiner Vergangenheit als Arbeiterstadt gibt es in Lowell noch mehrere klassische Diner – das beste davon ist das Four Sisters' Owl Diner in der Appleton Street unweit der Commuter Rail-Station.

Obwohl man es sich heute kaum vorstellen kann, waren doch zwei Drittel der Landschaft draußen vor den Autofenstern im frühen 19. Jahrhundert völlig kahlgeschlagen. Nach über 150 Jahren hat sich dies völlig gewandelt, auch wenn ein großer Teil des Waldes entlang dieser Strecke relativ jung ist und erst gewachsen ist, nachdem ein Hurrikan 1938 alle Bäume auf seinem zerstörerischen Weg umgeblasen hatte. Eine ungewöhnlich detaillierte Serie handgefertigter Dioramen im *Fisher Museum at Harvard Forest* (Mo–Fr 9–17, von Mai–Okt. auch an Wochenenden; gratis) ein halbes Dutzend Meilen südlich via Route 32 in Petersham erläutert die Geschichte der neuzeitlichen Siedlungen in diesem Teil des Staates und illustriert die natürliche Waldentwicklung sowie die aktive Waldbewirtschaftung. Nach dieser Einführung in die Forstkultur sollte man unbedingt den klassischen zentralen Platz des Ortes anschauen, um den herum ein Ring aus jungfräulich weißen städtischen Gebäuden liegt, darunter auch der stattliche Country Store, dessen selbstgemachte Fruchttorten ebensoviel Beachtung verdienen wie die Architektur im Greek-Revival-Stil.

Bei der Annäherung an die Drei-Städte-Region von Leominster (LUH-minster gesprochen), Fitchburg und Lunenburg werden die Bäume mehr und mehr von Dächern überragt, und Radiostationen aus Boston beherrschen die Senderskala. Obwohl dieser urbane Mittelpunkt noch gute 30 Meilen entfernt ist, scheint seine Anziehungskraft die Autos das Speedlimit überschreiten zu lassen. Wer bereits weiß, daß man lieber barfuß über glühende Kohlen läuft, als in Boston herumzufahren, kann sich schon hier nach einer Unterkunft umsehen, denn die Region liegt im Bereich des *Commuter Rail-Services* bis zur Innenstadt (617/722-3200 oder 800/392-6100). Nur rein als Beispiel sei erwähnt, daß die einstündige Fahrt von der Haltestelle Littleton mitten im Nirgendwo bis zur North Station in Boston (zehn Verbindungen an Wochentagen, fünf an Wochenenden) hin und zurück nur 8 $ kostet – und das wird man bereits für wenige Stunden auf den meisten der innerstädtischen Parkplätze los.

Die Unterkünfte am Interstate 495 im 20-Meilen-Umkreis um den Großraum Boston sind weitgehend auf Geschäftsleute ausge-

Lowell: Jack Kerouac

Am 12. März 1922 um fünf Uhr wurde Jack Kerouac in Lowell geboren und von seinen frankokanadischen Eltern John L. (Jean Louis) Kirouac getauft. Der Ort galt als eines der Wunder dieser Welt – jedenfalls zu einer Zeit, als die industrielle Revolution die Menschen so faszinierte, wie es das Internet heute tut. Obwohl man Kerouac, den Dharma Bum, stärker damit assoziiert, daß er mit Lawrence Ferlinghetti in San Francisco oder Allen Ginsberg in New York herumhing bzw. die Beat Generation fest auf der Landkarte der amerikanischen Kultur verankerte, schrieb er doch auch fünf Romane, in denen Freunde und vertraute Örtlichkeiten seiner Geburtsstadt eine Rolle spielen. Und sein ab On the Road entstandenes fiktionales Werk liest sich vor dem Hintergrund seines realen Lebens am Merrimack River mit ganz anderen Augen.

Der National Park Service, der im Lowell National Historical Park vorrangig die backsteinernen Überreste von Amerikas erster geplanter Industriestadt präsentiert, hat Jacks lebenslange Liebe zu Lowell gewürdigt und eine Broschüre publiziert, in der ein Rundgang zu den Stätten seines Lebens und Werkes in Lowell beschrieben ist. Außerdem wird jedes Jahr am ersten Oktoberwochenende das Lowell Celebrates Kerouac!-Festival unterstützt. Karten und Informationen über den Mann und seine Stadt sind im Visitor Center (246 Market Street, 508/970-5000, tgl. 8.30–17; gratis) erhältlich.

Wer Kerouac, der 1969 in Florida starb, die Ehre erweisen möchte, kann sein Grab auf dem Edsom Cemetery zwei Meilen südlich von Lowells Innenstadt besuchen. Hunderte von Fans finden den Weg hierher, und man erkennt die an der Lincoln Avenue zwischen Seventh und Eighth Streets gelegene Stätte seiner letzten Ruhe an einem Haufen Bierdosen und anderen rituellen Gaben.

richtet. Die wenigen existierenden Bed& Breakfasts können durch die *Bed&Breakfast Folks* (617/275-9025) gebucht werden, einen privaten Reservierungsdienst. Es gibt auch ein zutreffend benanntes *Friendly Crossways HI/AYH Hostel* (508/456-3649; 15 $ für AYH-Mitglieder, für Nichtmitglieder 25 $) an der Littleton/Harvard Town Line – sinnigerweise drei Meilen von der Station entfernt...

Concord Auf ihrem Weg in den Großraum Boston streift die Route 2 den netten kleinen Ort Concord, das Ziel der britischen Rotröcke an jenem legendenhaft verklärten Apriltag des Jahres 1775, als der amerikanische Unabhängigkeitskrieg begann. Eine rekonstruierte Old North Bridge – Stätte der »Schüsse, die die ganze Welt hörte« – wölbt sich über den ruhigen Concord River. Nebenan liegt zwischen offenen Feldern und Feldsteinmauern *The Old Manse* (April–Okt. Mi–Mo geöffnet; 4.50 $), und der Blick aus den Fenstern des Arbeitszimmers hat sich kaum verändert, seit die Schriftsteller Ralph Waldo Emerson und Nathaniel Hawthorne hier lebten. Der *Minute Man National Historical Park* unterhält ein ganzjährig geöffnetes *Visitor Center* auf dem Hügel oberhalb des Schlachtfeldes. Hier gibt es eine Broschüre über die weiteren historischen Stätten im Park entlang der »*Battle Road*« (Route 2A) zwischen Concord und Lexington.

Vielleicht hat man nicht wie Thoreau eine ganze Woche Zeit, um den Concord River hinabzuschippern, doch kann man seine eigene verkürzte Tour machen, indem man sich im Sommer oder Herbst am South Bridge Boat House in Concord (496-502 Main Street, 508/369-9438) ein Kanu mietet.

Auch wenn es oft so scheint, als könne man im östlichen Massachusetts nirgends einen Stein werfen, ohne etwas historisch Signifikantes zu treffen, stimmt das ganz besonders für Concord, wo einige der einflußreichsten amerikanischen Schriftsteller entweder gelebt oder gearbeitet haben. Man kann einige dieser literarischen Eminenzen – Emerson, Hawthorne, Henry David Thoreau, Louisa May Alcott, um nur die vier bekanntesten zu nennen – an der »Author's Ridge« auf dem romantischen *Sleepy Hollow Cemetery* abseits der Bedford Street nordöstlich des Ortszentrums besuchen.

Wer nach Concord kommt, mag von der großen Zahl der Parkverbotsschilder schokkiert sein, doch der Grund für diese vermeintliche Ungastlichkeit ist an jedem sonnigen Sommerwochenende augenfällig: lange Autoschlangen auf dem Weg zum Strand am nahegelegenen Walden Pond verstopfen die Straßen. Ernsthafte Fans von Henry David Thoreaus kleinem Experiment in Sachen naturverbundenes Leben, das er an diesem See ausprobierte, werden diesen Begleitumstand vielleicht ignorieren, doch höchstwahrscheinlich wird man von der Erosion, den herumrasenden Mountainbike-Fahrern, den Menschenmassen und dem Lärm der vorbeirumpelnden Vorortszüge abgeschreckt sein.

Natürlich hat die Stätte noch einen gewissen Zauber, obwohl es schon einer frühen Morgenstunde im späten Frühjahr oder der Zeit der Abenddämmerung im Spätherbst bedarf, um auf dem vielbegangenen Pfad um den See einen Rest transzendenter Stimmung zu spüren.

Eine etwas andere Philosophie der Einfachheit ist im Design des nahegelegenen *Gropius House* an der Baker Bridge Road in Lincoln zu finden. Walter Gropius, der Gründer des Bauhauses in Weimar, ließ es 1937/38 zu Beginn seiner Lehrtätigkeit an der Harvard University errichten, und es verbindet das Bauhausprinzip »Form ist Funktion« mit der für Neuengland traditionellen Schlichtheit. Äußerst gut informierte Führer geben auf Rundgängen die nötigen Erläuterungen (617/227-3956, im Sommer Fr–So stündlich 12–16; 5 $).

Informationen über Concord und Umgebung sind im Visitors Center in der historischen Wright Tavern am Ostende des zentralen Platzes (2 Main Street, 508/369-3120) erhältlich.

Weiter nach Boston Das verbleibende Dutzend Meilen bis Boston ist am schnellsten auf der Route 2 zurückzulegen, doch sollte die langsamere Route 2A wählen, wer die Etappen der sich zurückziehenden britischen Soldaten nachvollziehen möchte. Beide Strecken führen auf denselben Hauptzugang zur urbanen Welt hin, die Route 16 in

North Cambridge. Ob man nun außerhalb Bostons wohnt oder nicht – es ist sehr ratsam, das Auto für 4 $ Tagesgebühr in der Großgarage an der *Alewife »T«-Station* (Kreuzung Route 2/Route 16) zu parken und mit der MTBA-U-Bahn in der Stadt herumzufahren.

Boston wird in den City Survival Guides auf Seite 432 beschrieben.

US-6 durch Pennsylvania

Der US-6 verläuft zwischen den parallel angelegten Interstate Freeways 90 und 80 quer durch den Keystone State und nimmt sich dazu die nötige Zeit. Er folgt der Route verschiedener alter Indianertrails und mäandernder Flüsse durch eine verwirrende Mischung aus Industriewundern, sich ökonomisch abstrampelnder Fabrikstädtchen, Drive-In-Kinos, polierten Diners und mit Farmen übersäten Bergtälern. Im Westen ist die gut gepflegte zweispurige Landstraße ab der Ohio Stateline klar mit leuchtendgrünen Schildern markiert, die die Aufschrift »Grand Army of the Republic Highway« tragen – eine Bezeichnung, die der US-6 1948 erhielt.

Als er nach dem Zweiten Weltkrieg in »Grand Army of the Republic Highway« umbenannt wurde, mußte sich der US-6 von den »Roosevelt Highway«-Schildern trennen, die er seit dem Bau dieses alten Originalhighways im Jahr 1923 stolz geführt hatte.

Lange bevor die Einwohner Pennsylvanias Schnellstraßen und Autofieber bekamen, legten die Indianer verschlungene Pfade durch die Wälder und schmalen Täler der Alleghenies an, denen der US-6 noch heute folgt. Im westlichen Teil des Staates verläuft die Straße auf dem alten Venango Trail, der für die nomadisierenden Senecas einen Zugang zum Lake Erie bot. Jahrhunderte vorher stießen Uncle Billy Smith und Colonel Drake im petroleumreichen Oil Creek von Titusville auf Öl und lösten eine wilden Wirbel aus Spekulation und schnellen Orts- und Industriegründungen aus, der in den qualmenden Raffinerien und grauen, rußverschmierten Städten des westlichen Pennsylvania seine Spuren hinterlassen hat.

Wo die rauhe Allegheny-Landschaft im nördlichen Zentralpennsylvania kleinen Farmen und aufgegebenen Holzfällercamps Platz macht, windet sich der schmale Highway durch die betriebsamen Orte Warren und Coudersport am Allegheny River und das saubere Neuengland-Städtchen Wellsboro, dem Ausgangspunkt für Abstecher zur Pine Creek Gorge-Region, die als Grand Canyon of Pennsylvania bekannt ist. Auf dem weiteren Weg nach Osten verwandelt sich der US-6 plötzlich in eine vierspurige Schnellstraße, die in weitem Bogen die von Anthrazitminen übersäte nordöstliche Ecke des Staates durchschneidet. Hier liefert der postindustrielle, bodenständige Charme von Scranton einen willkommenen Grund für einen verlängerten Zwischenstopp, ehe man den monotonen Streckenabschnitt durch naßkalte, stinkende Sümpfe und Feuchtgebiete in Angriff nimmt, der zur dicht mit Wald bestandenen Delaware Gap-Niederung im Dreiländereck von Pennsylvania, New York und New Jersey hinabführt.

Meadville Der sture Geradeauskurs des US-6 durch die farmübersäte »Western Reserve« in Ohio verwandelt sich sofort hinter der Grenze zu Pennsylvania in eine kurvige Leichtigkeit. Ein großes blaues Schild begrüßt die Reisenden mit dem geographisch gewagten touristischen Slogan des Staates »Pennsylvania – hier fängt Amerika an«; ein diskreteres grünes kennzeichnet den »Grand Army of the Republic Highway«. Die schmale zweispurige Landstraße ist von den heftigen Winterstürmen und dem reichlich gestreuten Salz fast weiß geworden und trägt unzählige pechschwarze Asphaltflecken, wo die Fahrbahn geflickt wurde. Im schattigen Hügelland, das die Strecke dann durchquert, werben Billboards für die John Birch Society, Gun Shows, Campingplätze und Angelshops, was für Besucher der ausgedehnten Erholungsgebiete am Pymatuning Reservoir von Interesse sein kann.

Der US-6 schlängelt sich an Heuballen am Straßenrand, Maisverkaufsständen, Ranchgebäuden, Wildwechselwarnschildern und rostigen Trailer Parks entlang, wird dann zur vierspurigen Schnellstraße und verbindet sich westlich von Meadville mit dem US-322, um die Reisenden dann gnadenlos einem Abschnitt voller *Wal-Marts* und ähnlichen Einkaufsgiganten auszusetzen. Diese gesichtslose Highway- und Konsumlandschaft markiert den Ortsanfang von Meadville (14300 Einw.), dem angeblichen »Geburtsort des Reißverschlusses«, der zwar bereits 1893 erfunden, aber erst 1923 durch die Goodrich Company populär wurde, als die Firma ihn serienmäßig in die beliebten Gummigaloschen einsetzte. Um die sorgsam versteckte Innenstadt zu erreichen, muß man die Park Avenue durch das Gewimmel von Motels (*Super 8, Day's Inn, Holiday Inn*) und *Minimarts* am US-6/322 nehmen.

Die Talon Reißverschlußfabrik, die diese schattige, friedliche College-Town einst auf die Landkarte brachte, ist schon längst in wärmere Gegenden mit niedrigerem Lohnniveau verlegt worden. Anstatt über diese Abwanderung zu lamentieren, kümmert sich Meadville lieber um die Pflege seiner ulmenbestandenen Straßen, Parks und zahlreichen guterhaltenen Häuser aus dem 19. Jahrhundert und orientiert seine Wirtschaft am profitablen Geschäft mit den Studenten, die vom weitläufigen Campus des *Allegheny College* herunterkommen und ihren Durst in den dunklen, verqualmten Arbeiterkneipen – etwa dem *Otter's Pub* oder der *Two's Company* und ihren Hunger in den Restaurants der North Street am oberen Ende der kleinen Innenstadt zu stillen. Das *Deerhead Inn* (412 North Street) serviert nonstop billige, aber reichliche Spaghetti-Gerichte in einem überfüllten, fensterlosen, holzverkleideten Saal.

Das 1815 gegründete Allegheny College ist eine der ältesten Universitäten westlich der Appalachen, und sein weitläufiger Campus am Nordrand von Meadville auf dem Scheitelpunkt der Park und Main Streets quillt förmlich über von schönen Gebäuden im historischen Greek-Revival-, georgianischen und Föderal-Stil.

Wer eine Vorliebe für Schummerlicht, dichten Zigarettenrauch und laute, laute Musik hat, ist bei *Theodore's* (964 Park Avenue) in der südlichen Innenstadt gut aufgehoben. »Teddy's« hat einen langen abgenutzte Tresen, eine Kühlbox voller Genesee-Biere und ein gemischtes Publikum aus geistig und körperlich Arbeitenden. Ein bekömmlicheres Bildungserlebnis hat man am Aussichtstürmchen im grasbewachsenen *Diamond Park* an der schattigen Main und Chestnut Street; nach einem Blick auf die 1835 im Greek-Revival-Stil erbaute *Unitarian Church* kann man zum *Market House* im Herzen des wenige Blocks umfassenden Innenstadtbereichs hinüberspazieren, das seit seiner Erbauung im Jahr 1870 nie leerstand und heute das *Meadville Council on the Arts* beherbergt.

John Brown's Tannery Hinter Meadville führt der Highway 77 zehn Meilen nach Nordosten durch einen Laubwald und wogende Maisfelder und erreicht dann den kleinen Ort New Richmond, wo der Highway 1033, eine gut ausgeschilderte, aber holperige, unbefestigte Strecke, an ein paar ansehnlichen Wohnhäusern und Farmen vorbei zu einer Waldlichtung führt. Hier ragen die Fundamente von John Brown's Gerberei aus dem grasbewachsenen Boden. Der spätere Gegner der Sklaverei betrieb hier zwischen 1825 und 1835 – der längsten Zeit, die er als Erwachsener irgendwo fest ansässig war – eine Gerberei, nachdem er mit einer Gruppe von Siedlern aus Ohios Western Reserve den Ort New Richmond gegründet hatte.

Brown unterhielt das erste Postamt des Ortes und trug die Post persönlich von Meadville herüber, wo sein Hang zu klaren Worten ihn einmal ernsthaft in Gefahr brachte, von einer Horde ärgerlicher Freimaurer gelyncht zu werden. Sein Heißsporn und leidenschaftlicher Eifer gegen die Sklaverei, die Browns in den 1850ern erfolgten Angriffe auf Pottawatomie in Kansas und Harper's Ferry in West Virginia veranlaßten, scheinen an diesem stillen Ort heute nur noch ein verklingender Donner aus einem längst vergangenen Sturm zu sein; die Gräber von Browns erster Frau und zweien seiner Söhne, die als Kinder starben, erinnern jedoch deutlicher an die Entbehrungen des einfachen Pionierlebens, das er in der rauhen Wildnis von Pennsylvania zu führen versuchte.

Union City und Corry Der US-6 trifft sich kurz vor Union City mit seiner entlang des Lake Erie verlaufenden Alternativroute, dem US-6N, und führt am Ortseingang des verträumten Union City (3537 Einw.) an einer Fabrik für Möbel im schlichten Kolonialstil und dem aus einem Raum bestehenden örtlichen Geschichtsmuseum vorbei. Der Highway wird zu einem schmalen, verschlungenen Dorfsträßchen, auf dem man häufig Amish-Farmer sehen kann, die hier ihre Besorgungen machen. Das vom Wetter arg ramponierte *Union City Dinor* (48 North Main Street) ist montags bis samstags von 6 bis 14 Uhr geöffnet, dehnt seine Geschäftszeiten aber für das beliebte *Great Lakes Friday Night Fish Fry* stark aus. An Sommerabenden fungiert das Dinor – so die hier und im benachbarten New York übliche Schreibweise – als Ort zum Aufwärmen für einen Kinoabend wie zu alten Zeiten im *Corry Drive-In* ein paar Meilen östlich, wo selbst bei Premieren großer Produktionen für alle Insassen eines Autos nur 5 $ berechnet werden. Das ebenfalls in Corry gelegene *Day Lily Inn* (814/664-2894) bietet ein günstiges Nachquartier im Stile eines bescheidenen Bed&Breakfast.

Zwischen Corry und Warren führt der

grundlegend überholte US-6 durch eine Landschaft voll wuchernden Gebüsches, abgewrackter Autos, verlassener Farmhäuser, verrostetem landwirtschaftlichen Gerät und vereinzelten aufgebockten Mobile Homes mit Satellitenantenne – der im nördlichen Pennsylvania üblichen Variante des Ideals vom Ranchhaus.

Titusville: Geburtsort der Ölindustrie

Ein Ort, den Reisende im westlichen Pennsylvania wirklich nicht versäumen sollten, ist Titusville (6400 Einw.), der selbsternannte »Geburtsort der Ölindustrie«. Das faszinierende *Drake Well Museum* (Di–Sa 9–17, So 12–17; 4 $) eine halbe Meile südlich von Titusville am Highway 8 erzählt die Geschichte des Ölfundes von Colonel Edwin Drake und dem Driller Uncle Billy Smith, den sie 1859 machten, und dem nachfolgenden Run auf das »schwarze Gold«, der auf die umliegenden Hügel und Bachbetten einsetzte. Ein Nachbau der ursprünglichen Pumpstation fördert noch immer schmieriges, rein auf Paraffin basierendes Pennsylvania-Rohöl. Begeisterte Museumsmitarbeiter mit einem enzyklopädischen Wissen über die örtliche Geschichte und alles, was mit Öl zusammenhängt, ermuntern immer wieder dazu, die glitschige Masse anzufassen und daran zu riechen.

> Titusville feiert sein Erbe mit dem jährlich im August stattfindenden »Drake Day«-Erdölfestival.

Das Museum zeigt auch einen auf komische Weise veralteten, aber noch sehr unterhaltsamen Dokumentarfilm von 1954, Born in Freedom, in dem ein junger, unerfahrener Vincent Price den nachdenklichen Drake und ein strohblonder Alan Hale jr. – der Skipper in Gilligans Insel – den untersetzten, kumpelhaften Hilfsdriller spielt. Der richtige Drake erntete niemals einen finanziellen Erfolg seiner Bemühungen und starb 1880 völlig verarmt in Bethlehem, Pennsylvania.

Das Museum verfügt auch über eine reich mit Büchern zum Thema Öl sowie regionalgeschichtlichen Dokumenten bestückte Bibliothek und zeigt historische Fotos vom unglaublichen Zyklus vom Boom und Niedergang jener Jahre. Das Örtchen Pithole im Oil Creek Valley schwoll nach dem Ölfund von 1865 auf 15 000 Einwohner an, als Spekulanten, Betrüger und Prospektoren in Scharen über das Städtchen herfielen, in dem es damals 57 Hotels gab.

1866 hatte Pithole noch das drittgeschäftigste Postamt des Staates, wurde aber 1867 völlig aufgegeben, als die Ölquellen versiegten. Eine im Museum erhältliche kostenlose Karte und eine Broschüre erläutern den Weg durch den *Oil Creek State Park* zu einer blumenübersäten Wiese, wo einst der Ort lag.

> Man sollte seinen Ticketabriß vom Drake's Well Museum gut aufbewahren – er berechtigt in zwei Dutzend anderen historischen Stätten, die überall im Staat von der Pennsylvania Historical and Museum Commission betrieben werden, zu ermäßigtem Einlaß. Ein kostenloser Lageplan und eine Broschüre über diese Orte sind im Museumsladen erhältlich.

In Titusville serviert *Papa Carone's Restaurant* (317 South Franklin Street) gegenüber der Oil Creek-Brücke täglich ab 11 Uhr Pizzastücke, Sandwiches mit Hackbällchen und Erfrischungsgetränke.

Warren Die in einer weiten Flußschleife des Allegheny River liegende Downtown von Warren (11100 Einw.) ist ein urbanes Juwel voller Imbißstuben, Kramläden und guterhaltener Geschäftshäuser der Depressionsära, wo an den staubigen Backsteinfassaden vieler Bürogebäude und Lagerhäuser noch die längst verblichenen Reklamen aus der Frühzeit des Jahrhunderts zu entdecken sind. Am besten parkt man das Auto im zentralen Innenstadtbereich und spaziert durch eine der schattigen Seitenstraßen hinunter zum Fluß und betrachtet dabei das *Old Liberty Theatre* (Third Avenue, heute sind hier Künstler des Ortes untergebracht) sowie *G. C. Murphys Five-and-Dime-Store* an der Ecke Liberty und Pennsylvania Streets, einen Kramladen der Jahrhundertwende mit zinnernem Dach.

Wie verführerisch der Name auch klingen mag – man sollte sich den 20-Meilen Umweg nach Süden ins schmuddelige Oil City (12000 Einw.) sparen, wo der Rauch aus den riesigen Schornsteinen der Pennzoil-Raffinerie den Himmel über den engen, von Verkehr überquellenden Straßen dieser Arbeiterstadt verdunkelt. Oil City hat sich noch immer nicht damit abfinden können, daß sein wichtigster Arbeitgeber, die Quaker State Corporation, nach Texas abgewandert ist.

Seit 1936 ist das zeitlose *Busy Bee Restaurant and Lounge* (229 1/2 Pennsylvania Avenue) für Mittags- und Abendgäste geöffnet, und es eignet sich trefflich für einen Imbiß oder eine Tasse Kaffee. Das gegenüberliegende *Roy's Texas Lunch* serviert herzhafte Red Hots (Hot Dogs im Stil des westlichen New York), Gulasch und Makkaroni mit Käse in einer schlichten Lokalität.

Das *Jefferson House Pub and Bed and Breakfast* (119 Market Street, 814/723-2268) stillt alle leiblichen Bedürfnisse und offeriert in seinem Speisesaal eine breite Palette von Sandwiches und Grillgerichten. Die ausladende, um das ganze Haus gezogene Veranda, die dem Äußeren dieses restaurierten Victorians aus dem Jahr 1890 eine gewisse Würde verleiht, ist ein Trumpf für erschöpfte Autoreisende, die hier ihre Ruhe finden. Ein *Holiday Inn*, ein *Super 8* und das *Penn Laurel Inn* (814/723-8300) – alle an der Pennsylvania Street am Westende des Ortes gelegen – sind empfehlenswerte Unterkünfte mit akzeptablen Preisen.

Auf der Fahrt von Warren Richtung Westen sollte man am US-6 das schöne pfannengedeckte Gebäude im Haciendastil beachten, das heute als Hauptquartier der United Refining Company dient. Das Schornsteingewirr und die fettverschmierten Öltanks ragen hinter dieser architektonischen Kuriosität wie eine böse urbane industrielle Skyline auf.

Kane Westlich von Kane (4590 Einw.) führt die Straße unerwartet über eine Reihe mit Farmen bedeckter Hügel, ehe sie eine monotone 20-Meilen-Strecke durch die Kiefern des Allegheny State Forest zurücklegt. Kanes um die Jahrhundertwende entstandene Innenstadt liegt auf einer steilen Anhöhe. Sehenswert sind das alte *Temple Theatre* (das als Shirley Temple's Rollerskating Rink sein Geschäft mit präpubertären Kids macht), ein alter *McCrory's Five-and-Dime-Kramladen* und das wundervolle *Texas Hot Lunch* (24 Field Street), das früh öffnet und spät schließt und als Kombination aus Bar und Restaurant chili-triefende Dogs heiß

Kane ist stolz auf seinen jüngst zu Ruhm gekommenen Sohn Chuck Daly, den Baseball-Coach des zweifachen NBA-Champions Detroit Pistons und des »Dream Teams« der Olympiade von 1992.

vom Grill mit Mayonnaise, Zwiebeln und scharfem Senf für Stück 90 Cent serviert, was zu wiederholten Käufen animiert.

Das *Kane Motel* (814/837-6161) und das *Kane View Motel* (814/837-8600) am Ostrand des Ortes liegen beide nur einen Steinwurf vom türkis verzierten *Family Drive-In Theatre* auf der Nordseite des US-6 ein paar Meilen östlich der Innenstadt entfernt. Zum Programm des Kinos gehören Erstaufführungen neuer Filme.

Kinzua Bridge State Park Bei dem einsamen, unauffälligen Ort Mount Jewett (1000 Einw.) führt eine schmale, holperige Achterbahn von Straße zum Kinzua Bridge State Park vier Meilen nördlich des US-6 in einem dunklen Kiefernwald wie im Film »The Deer Hunter«. Der Park umschließt die steilwandige *Kinzua Creek Gorge*, die 1882 vom 100 m hohen und 625 m langen Kinzua Viaduct überbrückt wurde, das die Erie Railroad erbauen ließ, um einen Zugang zu den reichen Kohle-, Holz- und Ölvorkommen des McKean County zu gewinnen. Damals war es die höchste jemals errichtete Eisenbahnbrücke, was dem Bauwerk die stolze Bezeichnung »Achtes Weltwunder« einbrachte.

Ein kurzer Fußweg über den aus rauhen, teergetränkten Eisenbahnschwellen bestehenden Steg zur Mitte der Brücke eröffnet atemberaubende Ausblicke auf die dichte Vegetationsdecke, die sich die steilen Hänge zum Flußbett hinunterzieht. Die *Knox and Kane-Ausflugsbahn* (814/837-8621 oder 717/334-6932) bietet eine Rundfahrt vom nahegelegenen Kane oder dem entfernteren Marienville zur Schlucht an, auf der man die Stabilität des stahlverstärkten Viaduktes unter dem Gewicht eines alten Dampfzuges testen kann.

Smethport In der schäbigen Innenstadt von Smethport (1734 Einw.) am US-6 wurde in einem heruntergekommenen Backsteingebäude Amerikas erster *Weihnachtsladen* eingerichtet, der am Ostende des Ortes an der Main Street (US-6) liegt. Wer sich gegen den besseren Verstand von einer Feststimmung überkommen läßt, kann sich später im *Smethport Diner* bei einem Stück selbstgebackenem Kuchen erholen. Das Diner ist in einem dezenten weißen Steingebäude untergebracht und macht seine Gäste mit der romantischen Wirkung elektrischer Kerzen beim Candlelight Dinner bekannt.

Östlich von Smethport, das die Grenze der einst so mächtigen und ertragreichen Ölregion des westlichen Pennsylvania markiert, liegen zahllose Autowracks, dichte Wälder und sumpfige Tieflandfarmen rechts und links des US-6, der bei Port Allegany die historische Furt des Allegheny River durchquert.

Coudersport: Das Pennsylvania Lumber Museum In der sauberen Innenstadt von Coudersport (2800 Einw.) ziert ein *Aussichtstürmchen* den hübschen Courthouse Square gegenüber vom *Hotel Crittendon* (133 North Main Street, 814/274-8320), in dem man essen, trinken und übernachten kann, ohne jemals den Fuß vor die Tür zu setzen. Wer sich doch etwas bewegen möchte, sollte die günstigen und großzügigen Portionen in *Mickey's Diner* (East Second Street) ausprobieren und vielleicht ein Bier im nahegelegenen *King's Inn* trinken, das mehrere rustikale, klamm wirkende, aber fotogene Cottages im Stil eines alten Motor Court bereithält.

Jedes Jahr im Juli hält das Lumber Museum die Bark Peelers Convention ab, bei der Möchtegern-Paul Bunyans zwischen Bluegrass Bands und ländlichen Picknicks den einen oder anderen Baum fällen.

Östlich von Coudersport führt der US-6 am Nordrand des Susquehanna State Forest in dichte Kiefernwälder hinab. Ein zehn Meilen langer Abschnitt der Strecke gänzlich ohne Geschäfte am Wegesrand führt zum *Pennsylvania Lumber Museum* (tgl. 9–16.30; 3.50 $), das den in dieser Gegend um die Mitte des 19. Jahrhundert herrschenden Holzwirtschaftsboom dokumentiert. Ein Holzfällerlager aus jener Zeit, ein zweistöckiges Sägewerk mit einer Kreissäge im Obergeschoß und darunterliegenden dampfgetriebenen Maschinen sowie eine während der Depressionszeit im Rahmen der Wiederaufforstung vom Civilian Conservation Corps aus Kastanienholz gebaute Blockhütte gehören zu den mehr als 3000 ausgestellten Objekten dieses angenehm bescheidenen Museums.

Das *Nine-Mile Lakeside Cottage and Motel* (814/435-2394) auf der Nordseite des US-6 gleich östlich des Museums bietet eine Reihe von Hütten aus Redwoodholz für alle, die hier gleich ein ganzes Wochenende verbringen wollen.

Östlich des Museums führt der US-6 durch das waldbestandene *Pine Creek Valley*, durch Galeton (1370 Einw.) und das winzige Dorf Gaines an den westlichen Rand des vollmundig so genannten *»Grand Canyon of Pennsylvania«*. Eine sechs Meilen lange, von Schlaglöchern übersäte Betonstraße führt außerhalb von Gaines vom US-6 nach Süden zum *Colton Point State Park*, der während der Zeit des New Deal in den Dreißigern vom Civil Conservation Corps gebaut wurde, um einen dramatischen Blick auf die glitzernden Wasserfälle und die schroffen, baumbestandenen Hänge der Schlucht zu ermöglichen. Bevor man diesen holperigen Abstecher macht, sollte man sich genau nach dem Wetter erkundigen, denn schon der leiseste Hauch von Nebel verhüllt die weitschweifenden Panoramen und verwandelt die schmale Straße durch den Park in eine unheimliche Szenerie wie aus David Lynchs gruseligem Film »Twin Peaks«.

Wellsboro Der beliebteste Ausgangspunkt für Touristen, die zahlreich für ein Wochenende zum Grand Canyon of Pennsylvania kommen, ist Wellsboro (3400 Einw.) mit einem wunderbaren Geschäftsbezirk entlang der Main Street, wo authentische Gaslaternen auf dem grasbewachsenen Mittelstreifen und der rote Neonschimmer des flackernden Schildes am historischen *Penn Wells Hotel* ein warmes, behagliches Gefühl aufkommen lassen. Das Hotel, an dem der Zahn der Zeit stark genagt hat, wurde 1869 erbaut und 1926 zuletzt renoviert.

Eine kostenlose Stadtrundgangsbroschüre, die im *Visitor Center* und in den meisten Geschäften des Ortes erhältlich ist, beschreibt den Weg zu Wellsboros wichtigster historischer Sehenswürdigkeit, dem

Lincoln Door House (140 Main Street), das eine rote Tür aufweist, die der damalige Gouverneur von Illinois, Abraham Lincoln, 1858 den Hausbewohnern schenkte, die ihn vor ihrer Übersiedelung nach Wellsboro in Springfield, Illinois, kennengelernt hatten. Ein lockerer Spaziergang durch die schattigen Seitenstraßen entlang der historischen Häuser aus dem 19. Jahrhundert ist eine der Vergnügungsmöglichkeiten der Stadt; die anderen bestehen aus einem Kinobesuch im *Arcadia Theatre* oder einem Drink und einer Runde Poolbillard in der freundlichen *North Star Bar*; Kino und Bar liegen beide an der Main Street.

Im schäbig-eleganten *Mary Wells Dining Room* des *Penn-Wells Hotels* – der leider in keinerlei Beziehung zur Sängerin von »My Guy« steht – gibt es herzhaftes Frühstück und teure Pasta-Menüs, doch sollte man unbedingt im *Wellsboro Diner* (19 Main Street) essen, einem 1939 von der Firma J. B. Judkins Co. in Merrimac, Massachusetts hergestellten *Sterling Dining Car* mit grünem Dach und kachelbesetztem Tresen. Das Diner schließt früh, weshalb man rechtzeitig kommen sollte, und wer ein paar Stunden in der Stadt ist, kann sich für die Weiterfahrt einen Kuchen nach eigenem Geschmack backen lassen.

Die stellenweise gelockerten gelben Tapeten, der orangefarbige Plüschteppich und die vergilbten Gardinen in den Fluren und Zimmern des einst sehr vornehmen Penn-Wells Hotel wecken den Verdacht, daß eine Renovierung längst nötig ist und man seine Übernachtungsdollars besser in der benachbarten *Penn Wells Lodge* (4 Main Street, 717/724-3463 oder 800/545-2446) ausgibt, das für weniger als 50 $ pro Nacht allen notwendigen Komfort bietet. Im zwei Blocks östlich gelegenen *Canyon Motel* (18 East Avenue, 717/724-1681 oder 800/255-2718) kann man sogar für unter 30 $ nächtigen. Wer etwas Besonderes sucht, wird das gemütliche, viktorianische *Four Winds Bed &Breakfast* (West Main Street, 717/724-6141) wählen.

Zusätzliche Informationen sind im *Wellsboro Visitor Center* (114 Main Street, 717/724-1926) erhältlich.

Der Grand Canyon von Pennsylvania

Die dichtbewaldete Bergschlucht mit dem Namen »Grand Canyon of Pennsylvania« hat nur wenig Ähnlichkeit mit dem roten Gestein und den dramatischen Felsabbrüchen, die man mit dem namensgebenden Naturwunder in Arizona assoziiert. Ansonsten ist die Schlucht trotzdem – besonders bei Sonnenuntergang – ein eindrucksvoller Anblick, wenn Wolken tief über den mehr als 300 m hohen, kieferbewachsenen Wänden hängen.

Um den östlichen Rand des Grand Canyon zu erreichen, fährt man auf der Main Street (SR 660) westlich aus Wellsboro hinaus und passiert hübsche viktorianische Häuser und einen üppigen Abschnitt voller Milchwirtschaft betreibender Farmen, die man an den wiederkäuenden Kühen und den frischgestrichenen Scheunen und Silos erkennt. Der »Haupteingang« zum Canyon liegt im *Leonard Harrison State Park*, der einen leicht zugänglichen Aussichtspunkt am Rande der Schlucht und einen gut unterhaltenen Trail bis hinunter zum Fluß bietet. Das ehemalige Gleisbett der Penn Central Railroad am Grunde des Canyons wird gerade in einen Radweg bzw. eine Loipe umgewandelt.

Towanda Der US-6 zieht sich östlich von Wellsboro träge durch einen 40-Meilen-Abschnitt aus fetten Weiden und sanften Hügeln, passiert Mansfield und Troy und erreicht dann Towanda (3200 Einw.), eine merkwürdige Mischung aus viktorianischen Häusern und einem schlichten, mit Telefonmasten vollgestellten Innenstadtbereich. Hinweisschilder erläutern die Verdienste der beiden berühmtesten Einwohner des Ortes – David Wilmot, Politiker des 19. Jahrhunderts, der 1846 das als Wilmot Proviso bekanntgewordene Dokument gegen die Sklaverei verfaßte, und Komponist Stephen Foster, der 1840/41 an der Towanda Academy studierte und während einer Wanderung am Ufer des Susquehanna River das heute allbekannte »Camptown Races« niederschrieb.

Fast alles, was man sich in Sachen Frühstück oder Lunch wünschen kann, ist in *Alice's Restaurant* (318 Main Street, tgl. 6-20, So 8-13) zu haben. Und Filme kann man im alten *Keystone Theatre* anschauen.

French Azilum Zwischen Towanda und Tunkhannock verläuft der US-6 hoch oberhalb des steilen Susquehanna Flußbettes auf der Route des alten Seneca Indianertrails. Unterwegs führt der Highway auf Sichtweite an French Azilum vorbei, einer kurzlebigen landwirtschaftichen Kolonie französischer Aristokraten, die nach der Revolution von 1793 hierher geflohen waren, um einen sicheren Aufenthaltsort für Marie Antoinette und ihren Sohn zu schaffen, den Erben des Thrones. Die Kolonie löste sich 1803 mehr oder weniger auf, als die meisten der Adligen durch Napoleons Amnestie nach Frankreich zurückgelockt wurden. Der Marie Antoinette Overlook auf der Südseite des US-6 etwa sechs Meilen südöstlich der Fabrikstädtchens Wysox bietet einen weitschweifenden Blick auf den Flickenteppich aus fruchtbaren Farmländereien am Südufer des Susquehanna, wo die Reste von Azilum noch erhalten sind. Die fünf Blockhäuser und ein Modell des ursprünglichen Dorfes, die neben einem großen Bauernhof am Flußufer liegen, werden von der *Pennsylvania Historical and Museum Commission* restauriert.

Obwohl die Stätte direkt auf der anderen Flußseite liegt, machen weite Umleitungen und Straßenarbeiten die Fahrt dorthin vom US-6 aus zu einer nervenaufreibenden Unternehmung, für die insgesamt eine Fahrzeit von einer Stunde einzuplanen ist. Vom US-6 aus führt der einfachste Weg dorthin ab Wyalusing auf dem anderen Flußufer via Highway 187 acht Meilen weit nach Durell und dann auf dem Highway 204 den deutlich sichtbaren Schildern nach Richtung Westen.

Tuckhannock und Factoryville Nachdem der US-6 in Wyalusing die falschen Fassaden der Banken und Geschäftshäuser aus den 1890er Jahren passiert hat, setzt er seine steile Bergabfahrt Richtung Scranton auf einem schmalen Grat oberhalb des Susquehanna River fort und erreicht dann den netten, mit Fahnen geschmückten Geschäftsdistrikt des betagten Holzfällerzentrums Tuckhannock (2251 Einw.), wo eine Fabrik für Wegwerfwindeln der Marke Pampers heute als größter Arbeitgeber ihre Macht ausspielt.

Das *Prince Hotel* (717/836-2292) im Zentrum des Ortes berechnet für ein paar im ersten Stock gelegene alte Zimmer 25 $ die

Nacht, wo auch die lebendige *Red Lion Inn Bar* zu finden ist.

Die dichten immergrünen Wälder links und rechts des zweispurigen Highways, der in schneller Fahrt in das Gebiet um Scranton und Wilkes-Barre hinabführt, werden am Außenrand von Factoryville (1310 Einww.) durch ein Schild unterbrochen, das den Ort als Geburtsstätte des Baseballspielers Christy Methewson ausweist, der hier das Licht der Welt erblickte, in Fabrikmannschaften des nördlichen Pennsylvania zu spielen begann und Anfang des Jahrhunderts als Teammitglied der New York Giants zum König der Upper Manhattan Polo Grounds wurde.

Ein paar Meilen südlich von Factoryville wandelt sich der US-6 neben den stillgelegten Gleisen der Delaware, Lackawanna and Western Railroad in eine vierspurige Schnellstraße mit stählerner Mittelleitplanke und saust an einem Abschnitt dichtgedrängter alter Motels, Supermärkte, Alkoholgeschäfte und Minimarts den Hang der steilen Moosic Mountains hinunter nach Scranton.

Scranton Die rauhe, ausgedehnte Kohlestadt Scranton (81800 Einw.) befindet sich im Prozeß einer bemerkenswerten Revitalisation, in deren Mittelpunkt die erfolgreiche und sensibel vorgenommene Werbung mit der industriellen Vergangenheit als regionale Touristenattraktion steht. Neben zahlreichen ansprechenden Museen, die Scrantons historische Bedeutung als Bergbau-, Industrie- und Eisenbahnzentrum dokumentierten, verfügt die Stadt auch über eine AAA Minor League-Baseballmannschaft (die mit den Philadelphia Phillies assoziierten Scranton-Wilkes Barre Red Barons), eine architektonisch vielfältige Innenstadt und eine Reihe exquisiter Imbißbuden, Diner Cars, Dairy Bars und Pizzaläden.

Die Stadt wurde in den 1840er Jahren gegründet, als die Brüder George und Seldon Scranton sowie ihr Cousin Joseph Scranton die Lackawanna Iron and Coal Company aus der Taufe hoben und an der Ecke Lackawanna Avenue und Moosic Street die Scranton Iron Furnaces errichteten. In dieser Eisenhütte wurden die Schienen für den Bau der Erie Railroad produziert. Als die Brüder eine eigene Bahnverbindung brauchten, wurde 1853 der Delaware-Teil der Lackawanna and Western-Linie hinzugefügt; langsam entwikkelte sich die Stadt zu einem Hauptproduzenten für Eisenbahnmaterial und zu einem Knotenpunkt der Linien, was sich in den 1890er Jahren als Vorteil erwies, als Scranton zum nationalen Zentrum der Anthrazitkohleförderung wurde.

Das alte, 16 Hektar große Areal der DL&W-Railroad mit dem runden Lokomotivschuppen am Westrand von Downtown Scranton ist vom *National Park Service* vorbildlich als Teil der *Steamtown National Historic Site* (Zeiten und Preise unter 717/961-2035) restauriert worden, der im Juli 1995 seine

Pforten öffnete. Auf dem weitläufigen Gelände sind Dampfloks, Speisewagen und Pullman-Schlafwaggons in unterschiedlichen Stadien der Restaurierung zu sehen, und ein dampfgetriebener Passagierzug macht kurze Fahrten zu den nahegelegenen Iron Furnaces. Am besten verbringt man seine Zeit aber im hellerleuchteten Lokschuppen mit seinen faszinierenden historischen wie technischen Ausstellungen, die die Entwicklung der Dampfeisenbahn und das Wachsen der DL&W in seiner einhundertjährigen Geschichte zur mächtigen »Road of Anthracite« dokumentieren, welche die wichtigsten Häfen am Atlantik und an den Großen Seen mit den Holzfällercamps, Kohleminen und Ölfeldern Pennsylvanias verband. Kein Detail ist ausgelassen, und man erfährt sogar, daß im drastischen Slang der Eisenbahnersprache der Bremserwagen als »Monkey House« oder »Brainboat« bezeichnet wurde und eine Lokomotive gerade in den Schuppen zurückgekehrt war, wenn es hieß »The pig's in the pen« – das Schwein ist im Stall.

In Scranton kann man sich leicht verfahren; vom US-6 aus, der den nördlichen Stadtrand streift, führt der Scranton Expressway (US-11) in den Downtown-Bereich.

Das *Anthracite Heritage Museum* nordwestlich der Innenstadt im *McDade Park* (erreichbar via Scranton Expressway/US-11 bis Keyser Street, tgl. 9-17; 3.50 $) würdigt die soziale und kulturelle Geschichte der aus Wales, Polen, Italien, der

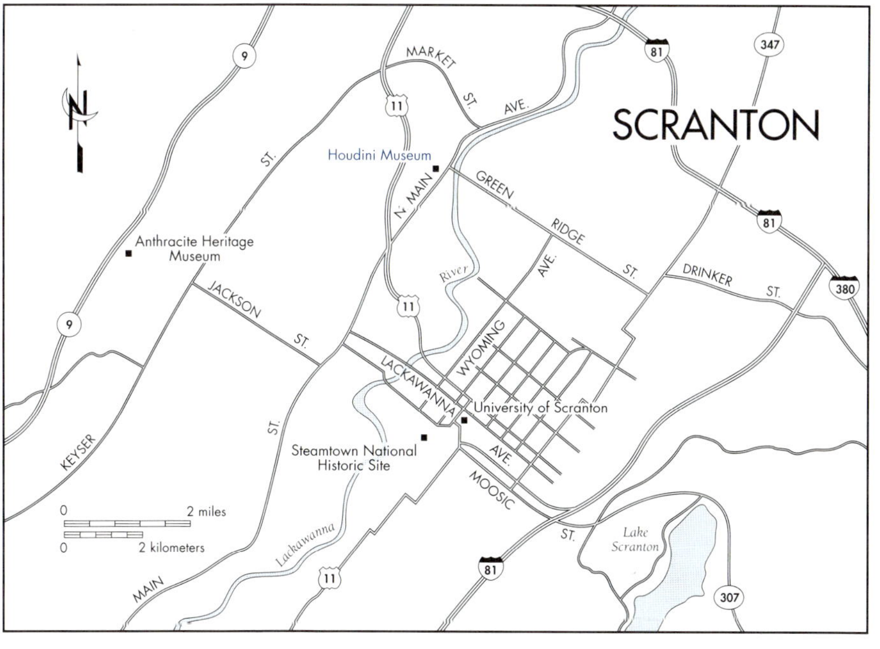

The Famous Houdini Museum

Lange Arbeitszeiten und sauer verdiente Löhne hatten zur Folge, daß die Fabrikarbeiter, Eisenbahnhilfskräfte und Bergleute in Scranton wählerisch sein mußten, wenn sie ihre geringen frei verfügbaren Mittel bei den seltenen Familienunternehmungen für herumziehende Variety Shows, den Zirkus oder auf einer regionalen Messe ausgaben. Das Famous Houdini Museum (1433 North Main Avenue) erinnert an das beeindruckende Showtalent des in Ungarn gebürtigen Zauberers Harry Houdini, einen der zahllosen herumreisenden Unterhalter, der zu Beginn dieses Jahrhunderts durch die Region kam. Scranton galt damals als Testfeld für die Vaudeville-Künstler aus New York, die Reklame für ihre in der Stadt entwickelten Darbietungen brauchten, ehe sie damit auf Tournee gingen. Der Ausdruck »Wenn du es in Scranton schaffst, schaffst du es überall« wurde von gewieften Werbeleuten geprägt, die das kritische Publikum aus eingewanderten Arbeitern als Lackmustest für die Wirksamkeit einer bestimmten Darbietung ansahen, lange bevor Marketingexperten und Filmstudios Zielgruppen und Testmärkte zum zentralen Element ihrer Marktforschungsbemühungen machten.
Das kleine, in einem ehemaligen Laden untergebrachte Houdini Museum gehört zwei bekannten Zauberern, Dorothy Dietrich und Jerry Bravo, die 15 Jahre lang in New York das Magic Towne House Theater mit seinem angeschlossenen Restaurant betrieben. Das Museum dokumentiert das mysteriöse Leben und die Talente von Erich Weiss, der den Bühnennamen Harry Houdini annahm, als er in den 1890er Jahren nach dem Umzug seiner Familie aus Appleton, Wisconsin, nach New York beschloß, Magier zu werden. Houdinis aufsehenerregende Fluchten aus Wursthäuten, Gefängniszellen, Särgen und zahllosen verschlossenen Ketten und Zwangsjacken werden in einer kurzen Videopräsentation dargestellt, auf die eine Tour durch die große Sammlung seiner beliebtesten Tricks, Vorrichtungen und Skizzenbücher folgt. Zusätzlich gibt es eine unterhaltende Zaubershow – live.

Ukraine und Litauen eingewanderten Bergarbeiter, deren knochenschindende Arbeit es den Minenbesitzern und Eisenbahnkönigen von Scranton ermöglichte, immense Privatvermögen anzuhäufen und großartige öffentliche Gebäude bzw. Familienwohnsitze zu errichten. Das Museum zeigt detailliert die gefährlichen Arbeitsbedingungen und die tragische Entwicklung der politischen Bergarbeiterbewegung und erzählt die bittere Geschichte der »Breaker boys«, die aus der Rohkohle, die in den riesigen, schlecht belüfteten Brechwerken zerkleinert wurde, die nichtbrennbaren Gesteinsstücke aussortieren mußten. Neben dem Anthracite Heritage Museum macht die *Lackawanna Coal Mine Tour* (tgl. 11–16.30; 5 $) auf der Fahrt in einen 100 m tiefen ehemaligen Kohleschacht die klaustrophobischen Schrecken des täglichen Bergarbeiterlebens hautnah nachvollziehbar.

Touristische Einrichtungen in Scranton

Diese Abstecher in die Geschichte und die Museen werden die Besucher sehr hungrig machen – und dafür gibt es in Scranton reichlich Abhilfe. Im Old Forge-Stadtteil am westlichen Ende der Main Street gibt es eine Menge italienischer Familienrestaurants und Bars, die die spezielle weiße »Old Forge«-Pizza servieren – mit großen Stükken Mozzarella und viel Zwiebeln, aber ohne Tomatensauce. Diese käsige Delikatesse ist nicht in den sonst üblichen Stücken zu kaufen, da der Mangel an Sauce sie schnell trocken werden läßt, aber man kann sie in fast allen Restaurants bestellen – auch im *Talarico's* (103 South Main Street) bzw. bei *Arco and Genell* (443 South Main Street), die beide nur abends geöffnet haben. Das *Coney Island Lunch* (515 Lackawanna Avenue) in der Innenstadt ist die Heimat des Texas Wiener Hot Dog, und einen fünfminütige Fahrt durch die Moosic Street bergauf zur *University of Scranton* führt die hungrigen Reisenden zum rotverzierten *Chick's Diner* (1032 Moosic Street auf Höhe Meadow Avenue) aus Edelstahl, ein klassisches durchgehend geöffnetes Lokal mit einer lauten, lebendigen Klientel aus Ortseinwohnern.

Weitere kostenlose Informationen über Reisebelange und die örtliche Geschichte sind auf der unabhängig gepflegten Seite des World Wide Web unter http://mtmis1.mis.semi.harris.com/pa.html zu finden.

Auch wenn man dort nicht übernachtet, kann man eine Stippvisite im restaurierten neo-klassizistischen *Bahnhof* aus dem Jahr 1908 genießen, der heute das Luxushotel *Lackawanna Station* (700 Lackawanna Avenue, 800/347-6888) mit 145 Betten beherbergt. Es läßt in seiner restaurierten Lobby mit ihren Wänden aus Siena-Marmor und Mosaikwandbildern den Glanz der Dampflokomotivenära aufleben. Die meisten der günstigeren Kettenmotels (*Best Western, Hampton Inn, Day's Inn, Red Roof Inn, Econo Lodge* etc.) liegen am Exit 47 des Interstate 81 bei Wilkes-Barre. Kleinere Motels finden sich am US-6 nördlich von Scranton.

Falls Unklarheit herrscht: der Name von Scrantons benachbartem Doppelort Wilkes-Barre wird »Wilkes Barry« ausgesprochen.

Das majestätische *Circle Drive-In-Kino* (717/489-5731) am US-6 nördlich der Stadt zeigt auf seiner riesigen Leinwand noch immer Erstaufführungen neuer Filme. Die beste Informationsquelle für Nightlife und Entertainment ist The Weekender, ein kostenloses Wochenblatt aus dem benachbarten Wilkes-Barre, das in Buchläden, Clubs, Restaurants und Bars der Gegend ausliegt.

Weitere Informationen sind vom *Scranton/Wilkes-Barre Visitor Center* (222 Mulberry Street, 717/342-7711) zu bekommen.

Honesdale Östlich von Scranton entfernt sich der US-6 vom schnellen Interstate 84 und folgt als zweispurige Landstraße einer kurvenreichen Route durch die rauhen anthrazitfarbigen Hügel und die verfallenden Überreste der einst wohlhabenden Kohleorte Jermyn, Carbondale und Steen. Östlich von Steen sind rechts der Fahrbahn im Gebüsch oberhalb eines Creeks noch die alten Schilder des ursprünglichen Straßensystems mit der Aufschrift »The Roosevelt Highway« zu sehen.

In der Innenstadt von Honesdale (5000 Einw.) zeigt das *Wayne County Historical Society Museum* (810 Main Street) eine originalgroße Replik des *Sturbridge Lion*, je-

In dem kleinen Ort Lackawaxen am Delaware River mehrere schöne Meilen nördlich des US-6 am Highway 590 gibt es zwei faszinierende Attraktionen: das wohlerhaltene Haus des Schriftstellers und Forellenfischers Zane Grey und eine ungewöhnliche Hängebrücke, die der Designer der Brooklyn Bridge, John Roebling, entwarf und die einen Kanal über den Fluß trägt.

ner Dampflokomotive, die 1829 die erste kommerzielle Fahrt einer solchen Lok in Amerika machte, als sie eine Ladung Kohle von den nahegelegenen Minen zum Delaware and Hudson Canal zog. Das *Maple City Restaurant* ist ein abgenutzter Coffee Shop, in dem man Pause machen und sein System mit Kaffee, einem Burger und einem Stück Kirschkuchen füllen kann, ehe man auf dem Weg nach Milford, Matamoras, Port Jervis und die *Delaware Water Gap National Recreation Area* den letzten Abschnitt der Strecke durch eine sumpfige, unscheinbare Waldgegend am Delaware State Forest in Angriff nimmt.

Milford Am Interstate 84 nördlich der Delaware Water Gap National Recreation Area liegt Milford (1400 Einw.), ein niedlicher Touristenort, der von den Scharen von Floßfahrern, Campern und Bed&Breakfast-Fans lebt, die am Wochenende den Zweistundentrip von New York oder Philadelphia hier herauf machen.

Das *Blue Spruce Motel* (717/491-4969) und das *Milford Motel* (717/296-6411) am Nordrand des Ortes abseits des US-6 sind preisgünstige Alternativen zum schicken *Tom Quick Inn* (717/296-6514) bzw. *Demmick Inn* (717/296-9363), zwei Bed&Breakfasts im Herzen des überteuerten Ortszentrums von Milford.

Nach Stunden am Steuer kann man im klimatisierten, stromlinienförmigen *Village Diner* (620 West Hartford Street, tgl. 6-21) ein paar Meilen nördlich von Milford am US-6 eine Ruhepause einlegen. Der Highway verbindet sich hier mit dem Interstate 84, überquert bei Port Jarvis den Delaware River und verliert sich dann in New York State.

Man sollte in Milfords attraktivem Innenstadtbereich langsam fahren, denn die örtliche Polizei unterhält sorgsam versteckte Radarfallen und kassiert selbst für geringfügige Tempoüberschreitungen ziemlich deftige Strafen.

US-6 durch New York

Der Landkarte zufolge scheint der US-6 die Südecke von New York State weit außerhalb des Ballungsraumes vom »Big Apple« zu durchschneiden, doch man kann der Realität nicht entfliehen: dieser Abschnitt der Atlantikküste ist die Megalopolis schlechthin. Die Karte mag verschleiern, daß keine Stunde weit von der Route entfernt Millionen Menschen leben, doch der Verkehr offenbart es. Abgesehen von kurvenreichen, sehr sehenswerten Strecken durch die Harriman und Bear Mountain State Parks sowie der dramatischen Flußquerung des Hudson River zieht sich der US-6 endlose Meilen weit durch stark kommerzialisierte Highwaylandschaft, vor allem östlich des Hudson. Die unabsehbare Reihung der Straßenbegleitgeschäfte im Putnam County hilft bei der Immunisierung gegen die schrankenlose Urbanisierung links und rechts der noch verbleibenden Strecke. Wer es leid wird, die subtilen regionalen Unterschiede in der Architektur und der Sprache der Werbeschilder zu suchen, kann an vielen Stellen auf den langweiligen, aber schnellen Interstate überwechseln.

Port Jervis Port Jervis ist eine kuriose Mischung aus Kleinstadtniedergang und kommerzieller Dynamik und trägt seine leeren Schaufensterfronten wie ein ältlicher Professor seine abgenutzte Tweedjacke. Das Transportgeschäft ist hier eindeutig eine geschichtliche Kraft gewesen und hat je nach historischer Periode als Wasserstraße, Eisenbahn und Bundeshighway der Stadt ihren Stempel aufgedrückt. Die interessanten Exponate und Fotos im restaurierten Wartesaal des alten *Erie Lackawanna Depot* in der Front Street illustrieren die lange Herrschaft des »eisernen Pferdes«, wie die Indianer die Eisenbahn nannten. Die Ankunft des Interstate brachte die letzte große Veränderung mit dem Bau des I-84-Freeways am Außenrand dieses ewigen Servicestützpunktes für den Verkehr. Ein Zeichen des nächsten Wandels ist bereits an den immer häufiger zwischen den traditionellen Familiengeschäften der Innenstadt auftauchenden Ladenschildern mit historisierender Schreibung zu erahnen.
Wer entweder die Sicherheit eines Burgers aus einem bekannt-vertrauten Kettenrestaurant oder die Versuchung einer gerösteten Ente in Pflaumen-Essig-Vinaigrette sucht, wird am Ort vorbeifahren müssen, denn in Port Jervis hält man es noch mit bodenständig-regionaler Küche. *Homer's Coffee Shop* – unübersehbar an der Ecke

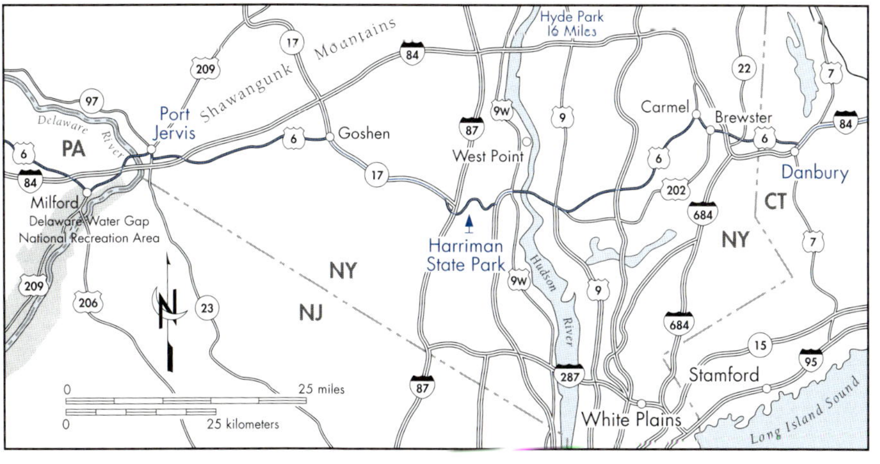

von Orange und Main Street gelegen – ist dafür ein hervorragendes Beispiel mit seinem Publikum aus ältlichen Stammgästen, jungen Geschäftsmännern in Anzug und Krawatte und Vertretern, die die Namen ihrer Firma auf die Hemdtasche gestickt tragen. Alle werden von den günstigen Menüs angelockt. Trotz seiner Kachelung und der zu neuen Innenmöblierung ist Homer's ein einladendes Lokal, und mit einem Tin Roof Sundae aus der Soda Fountain kann man das Turkey Club-Sandwich oder das Beef Stroganoff hervorragend hinunterspülen.

Angesichts der vielen »Soda Bars« und Konditoreien mag man auf den Gedanken kommen, daß eine regionale Verordnung die in vielen Einzelhandelsgeschäften zu findenden altertümlichen Imbißtresen vorschreibt, damit die Einwohner ununterbrochen ihre Jugend nacherleben können.

Minisink Valley Nachdem der Highway Port Jervis und den Delaware River verlassen hat, steigt er über ein Dutzend sehenswerte Meilen hin langsam an den niedrigen Ausläufern der Shawangunk Mountains empor. Die leuchtend roten Blätter spätsommerlicher Sumachgewächse stechen vor dem Fallen der Blätter vom grünen Dickicht ab wie die reifen Äpfel in den Plantagen. Die zahlreichen Verkaufsstände am US-6 sind immer einen Stopp wert, sobald die jährliche Ernte von handgemalten Schildern mit der Aufschrift »fresh-baked pies« oder »fresh-pressed cider« verkündet wird.

Dann läßt der US-6 die frische Landluft hinter sich zurück und verbindet sich mit der vierspurigen Route 17M, die bis zur Verstopfung von schnellen Wagen gefüllt ist, die den Weg zum Interstate 87 – dem New York Thruway – abkürzen wollen. Nach einem Kopf-an-Kopf-Rennen nach Osten von einem Freeway zum anderen löst sich der US-6 wieder aus dem rasenden Gewimmel und führt in den *Harriman State Park*. Im deutlichen Kontrast zum tempo-orientierten Baustil der Freeways sind die paar Highwaymeilen im Park bei ihrer Planung zum Genießen eines sonntäglichen Familienausflugs im Auto gedacht gewesen. Die mäandernde Fahrbahn sollte den Trip verlängern und die Reisenden möglichst ausgiebig dem umliegenden Wald aussetzen. Sogar die rustikalen Steinbögen der Brücken versuchen mit gelegentlich hervortretenden Felsformationen zu harmonieren.

Während es im Harriman State Park keine Campingmöglichkeiten gibt, finden sich dafür am Lake Welch Wandertrails und sogar ein Strand mit Badehaus; um dorthin zu gelangen, folgt man vom Verkehrskreisel des US-6 (Long Mount Parkway) aus den Palisades Interstate Parkway.

Hudson Valley: Hyde Park Da die schmale gebührenpflichtige Brücke (75 Cent pro Auto) über den Hudson River die volle Aufmerksamkeit der Person am Steuer verlangt, sollte man vor der Überquerung auf den Parkplatz am Westende der Brücke fahren und den Ausblick auf die dünne Hängebrücke zwischen den steilen Eisenpylonen genießen. Mehrere State Parks schützen diesen hübschen Flußabschnitt: außer Harriman und dem angrenzenden *Bear Mountain State Park* gibt es nördlich der Route den *Storm King Park* mit ungewöhnlich geformten Felsen sowie den von Georgia nach Maine verlaufenden *Appalachian*

Trail, der aus den Hügeln herunterkommt und diese Brücke überquert.

Wer einen Abstecher in die Geschichte und die dekorativen Künste einem Lauf durch die Wälder vorzieht, sollte auf der Route 9 einen 35 Meilen langen Abstecher zum kleinen Ort Hyde Park gleich nördlich von Poughkeepsie machen und einen Blick in zwei mittlerweile zu National Historic Sites umgewandelte berühmte Häuser werfen: das *Haus von Franklin D. Roosevelt* und das *Vanderbilt Mansion* (914/229-9115, beide Mi–So 9–17, die Grundstücke tgl. 7–Sonnenuntergang geöffnet; Eintritt 5 bzw. 2 $). Auf dem Gelände des Roosevelt-Hauses befindet sich außerdem das *National Archives' Library and Museum* (800/3376-8474, tgl. 9–17; kostenloser Einlaß mit dem Gesamtticket). Im nahegelegenen Ort Haviland an der parallel verlaufenden Route 9G zwei Meilen nördlich des Präsidentenhauses komplettiert die Eleanor Roosevelt Historic Site (Mi–So 9--17; gratis) diesen Abstecher in die Zeit des New Deal.

Westchester County Man sollte so viel wie möglich vom sehenswerten Hudson Valley in sich aufnehmen – es ist das letzte Panorama ohne Geschäfte am Straßenrand bis weit hinein in den Nachbarstaat Connecticut. Sobald der US-6 den Fluß verläßt, wird er zu einem heftig ausgebauten Korridor suburbaner Einkaufsmalls, Auspuffwerkstätten, Ölwechselbetriebe, Bürosiedlungen, Park'n'Ride-Areale für die Pendler nach Manhattan. Die Geschäfte versuchen durchaus, ein wenig grün um ihre Parkplätze herum anzupflanzen, und es handelt sich dabei oft um mehr als nur eine krampfhafte Geste, doch angesichts der Apfelplantagen, die man eine Stunde zuvor hat, und der stillen Neuengland-Dörfer, die eine Stunde voraus liegen, können diese paar Dutzend Meilen den müden Augen keine Erholung bieten.

West Point, die berühmte Militärakademie der Armee, liegt ein paar Meilen nördlich des US-6 – natürlich auf dem Westufer des Hudson River.

Wer die Reise ein wenig beschleunigen möchte, findet im Ort Brewster die erste von drei Gelegenheiten, um auf den Interstate 84 überzuwechseln. Wer auf dem US-6 – der selbst zur vierspurigen Schnellstraße wird – bleibt, überquert die nicht gekennzeichnete Stateline nach Connecticut 40 Meilen hinter dem Hudson River.

Durch Connecticut

Auf nächtlichen Satellitenaufnahmen ist Connecticut ein breites Lichtermeer zwischen den großen Ballungsräumen von New York und Boston. Manchmal scheint es, als bestünde der drittkleinste Staat der USA aus nichts als Vororten und Bürosiedlungen, doch tatsächlich gibt es hier einige sehr schöne ländliche Gebiete, die im nördlichen Staatsgebiet versteckt sind. Ausgedehnte Farmen der Kolonialzeit und elegante Fachwerkhäuser sind hier oben zu erspähen, doch zur Hauptsache verläuft die Route einfach nur parallel zum dicht besiedelten mega-urbanen Korridor der Küstenautobahn 95 25 Meilen südlich.

Wem der Einfluß des Verkehrs und der Einkaufszentren zu heftig wird, der sollte auf eine zwar umständlichere, aber erholsamere Strecke weiter nördlich ausweichen oder aufgeben und sich in den Autostrom der benachbarten Interstates 84 und 395 einreihen.

Danbury liegt an der Kreuzung des US-6 mit der Route des Appalachian Trail, die sich nördlich zum Mount Washington und südlich bis hinunter nach Atlanta erstreckt und in Band 2 von Road Trip USA beschrieben ist.

Danbury Da sich der US-6 ein paar Meilen nach Überquerung der Stateline sowieso mit dem Interstate 84 verbindet, ist es gleichgültig, welche der beiden Routen man wählt – und da die Geschäfte entlang des alten Highways lückenlos aneinandergrenzen und ihre Inhaber allesamt um das Geld der Durchreisenden buhlen, mag der Freeway vielleicht sogar noch sehenswerter sein. Hinter Danbury folgt der US-6 wieder auf ein paar Meilen einer eigenen Route und führt durch den wohlhabenden Wohnbezirk von Newtown, trifft dann aber in Sichtweite des riesigen Fahnenmastes wieder mit dem Interstate 84 zusammen.

Sofern man es noch bis zu den Gourmetlokalen im Litchfield County abwarten kann, kann man die Landstraße meiden und bis zum Exit 15 auf dem Freeway bleiben, wo die Route den vierspurigen Interstate verläßt und sich die Fahrt ohnehin verlangsamt. Leicht zu findende Unterkünfte im Raum Danbury sind das *Super 8* an der ersten Kreuzung des Interstate 84 mit dem US-6 in diesem Staat (Exit 4) oder das *Best Western* am US-6 bei der Freeway-Ausfahrt 9.

Southbury und Woodbury Man nehme ein paar Pferdefarmen mit sanften grünen Weiden, die von sauberen Feldsteinmauern oder ein paar im Zickzack verlaufenden Drahtzäunen umgeben sind, füge große hölzerne Kolonialstilhäuser mit breiten Rasenflächen und Holzschindeldächern hinzu, ergänze ferner ein paar Kirchen mit nadelspitzen Türmen und historischen Friedhöfen unter großen Ahornbäumen und Eichen, und man hat alle Ingredienzen für einen Ort zusammen, an dem die Zeit im sanften Takt einer Standuhr, nicht aber im schnellen Ticken einer Stoppuhr gemessen werden sollte. Doch alle Einwohner von Southbury und Woodbury, deren Rhythmus vom Aufziehwerk der alten Seth-Thomas-Uhren bestimmt wird, scheinen daheim ein Schläfchen zu halten, während die Sprinter, die wie in einem konstanten 100-Meter-Lauf leben, unmittelbar hinter der eigenen rückwärtigen Stoßstange den Platz tauschen und versuchen, in voller Fahrt das Kleingedruckte auf dem Autokennzeichen zu lesen.

Da der schnelle Verkehrsfluß auf dem US-6 den Genuß der Architektur unmöglich macht, ohne dafür angehupt zu werden, sollte man an Woodburys Stadtverwaltung in der Main Street anhalten und sich die kostenlose Stadtrundgangsbroschüre holen, in der *zwei Touren* durch die ehemalige Schafzüchterhauptstadt unter den amerikanischen Kolonien beschrieben sind. Es gibt im Ort eine Reihe von Gebäuden aus dem 18. und 19. Jahrhundert, darunter das *Glebe House* an der Hollow Road (Highway 317) im südlichen Ortsteil, das besichtigt werden kann (203/263-2855, April–Nov. Mi–So 13–16). Auf dieser Farm eines Geistlichen wurde 1783 der erste episkopalische Bischof in einem Geheimtreffen gewählt und ein Jahr später von den schottischen Anglikanern geweiht – ein zu jener Zeit ungewöhnlich radikaler Akt, denn er setzte zwei unorthodoxe Entscheidungen voraus: religiöse Freiheit (schließlich waren die Anglikaner die offizielle Kirche des geschlagenen Feindes) und die Trennung von Kirche und Staat. Diese Freiheiten wurden erst drei Jahre später in der Verfassung festgeschrieben.

Neben Exponaten zur Kirchengeschichte und kolonialen Handwerksprodukten verfügt das Glebe House auch über den einzigen in den USA erhaltenen, von Gertrude Jekyll angelegten Garten, die den Stil der englischen Country Gardens perfektioniert hat.

Lange vor den Bischöfen und der Bill of Rights wurde das umliegende Land bereits von Algonquin-Stämmen wie den Pootatucks bewirtschaftet und bejagt; sie verkauften es schließlich im Jahre 1659. Das *Institute for American Indian Studies* am Highway 199 im nahen Washington (860/868-0518, tgl. bis 17 Uhr, Jan.–März Mo/Di geschlossen; 4 $) verfügt über umfangreiche Sammlungen zur Frage, wer diese Menschen genau waren, was sie in den Jahrhunderten vor ihrer »Entdeckung« in dieser Gegend taten und wie Anthropologie und Archäologie Kenntnisse über sie ans Licht gebracht haben. Das IAIS erinnert die Besucher auch daran, daß nicht alle Indianer Casinobesitzer sind und einige von ihnen weiterhin in der Gegend leben und arbeiten; Vorführungen ihrer Handwerke und Techniken, Kulturprogramme und Workshops werden angeboten. Von Southbury folgt man dem Highway 67 nach Norden zum Highway 199 oder von Woodbury dem Highway 47 zum Highway 199. Das Schild des IAIS befindet sich auf halbem Weg zwischen der Ortsgrenze von Washington-Roxbury und der Kreuzung mit dem Highway 47.

Waterbury: Holy Land Die große alte Fabrikstadt Waterbury etwa zehn Meilen östlich von Woodbury ist die Heimat des *»Holy Land«*, das oberhalb des Interstate 84 auf einem Hügel liegt – man erkennt es an dem riesigen beleuchteten Kreuz. Putz, Teppichreste, glitzernde Klebebuchstaben, Plastikpuppen und biblische Inschriften sind ein paar der Grundbestandteile dieses extravaganten Stückes Volkskunst, das im Lauf mehrerer Nachkriegsjahrzehnte von einem sehr, sehr gläubigen Christen angelegt wurde. Die Tatsache, daß über zwei Jahrzehnte hin immer wieder Zerstörungen angerichtet wurden, schreckt devote Pilger nicht ab, und die bloße Ruine wird gewiß jedem gefallen, der einen dunklen, feinen Sinn für Ironie besitzt.
Solange man im Ort ist, sollte man unbedingt die *Noujaim Middle Eastern Bakery and Grocery* (1650 East Main Street) aufsuchen, ein Geschäft mit schlichtem Äußeren nahe des Highway 69 (Interstate 84, Exit 23), wo es exquisite libanesische Süßigkeiten und Gewürze gibt. Wer keine Wahl treffen kann, sollte die rechteckigen Kadaif-Stücke probieren (gehackter Blätterteig mit Pistazienpaste).

Litchfield County Von Woodbury bis eben hinter Plymouth streift diese Route den Rand des Litchfield County, bukolische Heimat für großes Geld aus Manhattan, die Manieren und das Essen à la Manhattan,

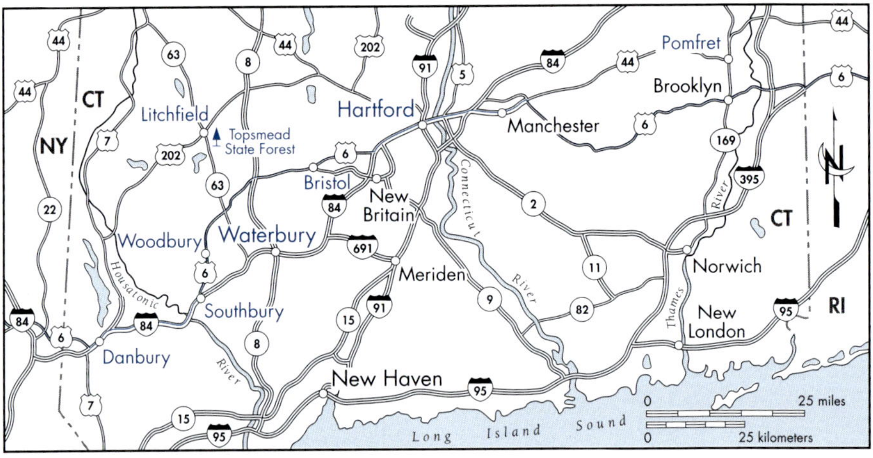

alles auffällig schön von weißen Holzfassaden in den typischen Neuengland-Städtchen eingerahmt. Man kann beispielsweise einen Umweg über den Highway 63 machen und ein Auge auf Litchfield werfen, den Sitz der Countyverwaltung, dessen sauberes Common Green, stattliche alte Residenzen und fotogene Kirchen die Attraktionen der Gegend verkörpern.

In diesem Ort sind auch ein paar außergewöhnliche Mahlzeiten erhältlich, doch gibt es keine Early-Bird-Specials: die Gastwirte der Gegend können exakt das verlangen, was die Gerichte ihrer Meinung nach wert sind, und da zu den Stammgästen eine beträchtliche Zahl großer Namen von den Chefetagen bedeutender Verlage aus Manhattan bis zu den Geldgebern für Hollywood-Filme gehören, bilden in diesen Küchen Selbstzweifel gewiß keine Gefahr.

Litchfield muß etwas haben, um es zu empfehlen: Eugene Fodor, welterfahrener Gründer der Reiseführerreihe seines Namens, ist hier zu Hause.

Der *Westside Street Grill* am Litchfield Common Green wird allgemein für eines der besten Restaurants im Staat gehalten. Wer angesichts dreistelliger Summen auf der Rechnung nicht mit der Wimper zuckt, braucht sich keine Gedanken zu machen, ob die Vorspeisen oder der Wein entfallen müssen, um sich das feine knusprige Creme Brulee oder das Sorbet aus tropischen Früchten zum Dessert leisten zu können. Wer so gut gestellt ist, kann einfach zum Lunch hereinschauen und Haute Bistro Cuisine probieren, die so makellos ist wie die hübsche Stadt selbst.

Wer sich aber noch am Ende der Reise auf Cape Cod einen saftigen Hummer schmekken lassen will, für den haben die Besitzer des mondänen West Street Grill noch eine rustikalere Holzofenkneipe, das *Grappa* in den Litchfield Common Shops westlich des Ortszentrums am Highway 202 im Programm. Eine Spesenabrechnung aus diesem Lokal wird daheim niemand in Frage stellen.

Topsmead Eben östlich von Litchfield am Highway 118 liegt Topsmead, der ehemalige Sommersitz von Edith Morton Chase, Tochter des Messingmagnaten aus Waterbury. Nach ihren Tode vermachte Miss Chase ihre auf einem Hügel gelegene Residenz im Tudor-Stil zusammen mit dem 200 Hektar großen bewaldeten Parkgrundstück dem Volk von Connecticut. Heute ist der *Topsmead State Forest* ein Glanzstück des State Park System, ideal für Vogelbeobachtungen in den dichten Wäldern, Picknicks auf riesigen Rasenflächen oder – wenn man sein Pferd mitbringt – für nachmittägliche Ausritte auf baumgesäumten Landsträßchen geeignet. Den Status eines verborgenen Schatzes hat der Park nicht zuletzt aufgrund mangelhafter Ausschilderung, aber wer von Litchfield dem Highway 118 nach Osten folgt, nach rechts auf die East Litchfield Road einbiegt und sich an der Buell Road erneut rechts hält, wird das Eingangstor mit den Steinpfosten nicht verfehlen. Topsmead ist ganzjährig bis zum Sonnenuntergang geöffnet; zwischen Juni und Oktober finden an jedem zweiten Wochenende von 12–17 Uhr Führungen durch das Haus statt (860/567-5694). Das weiße Wohnhaus gegenüber des Parkplatzes ist Privatbesitz, der nicht zum Park gehört, und man sollte die Bewohner nicht mit den Rangern verwechseln.

In Topsmead ist Camping nicht gestattet, dafür aber in zwei nahegelegenen State Parks: dem Black Rock S.P. am US-6 östlich von Watertown und dem Burr Pond S.P. am Highway 8 nördlich von Torrington. Aktuelle Preisinformationen und Reservierungen unter 860/566-2304 (State Parks Division).

Bristol Der Einfluß des Litchfield County auf den US-6 ist im Mangel an Billboards ersichtlich, an der knappen Beschilderung und der Tatsache, daß die landesweiten Ladenketten sich noch nicht entlang der Strecke breit gemacht haben. Doch selbst Litchfields feiner Stil und Geschmack können nicht verhindern, daß die »Petro Pantries« und andere Verpflegungseinrichtungen vermehrt auch im beliebten Connecticut River Valley auftauchen. Auf den 15 Meilen zwischen dem betriebsamen Highway 8 in Thomaston und der Interstate-Auffahrt in Farmington ist die Route zum Spielplatz der Asphaltierungsfirmen und Baumaterialhändler geworden, und wenn man nicht gerade auf der Suche nach einem Auspuff, Videos, Werkzeug, Sandwiches oder billiger Kleidung ist, kann das Befahren der Strecke zur Qual werden.

Natürlich befinden sich hinter diesen Straßenbegleitgeschäften verschiedene erwähnenswerte Attraktionen – zwei allein in Herzen von Bristol. Ein paar Blocks abseits des US-6 zeigt das *American Clock and Watch Museum* (100 Maple Street, 860/583-6070, März-Nov. tgl. 10–17; 3.50 $) genau, was man erwartet – Raum um Raum voller Zeiteisen, insgesamt über 3000 Stück, doch Erwartungen können auch den Blick für Genialität und handwerkliche Perfektion verstellen. Die mei-

Die größte Sammlung von Schlössern, Schlüsseln und viktorianischen Eisenwaren der Nation findet sich hinter der schlichten Backsteinfassade des Lock Museum of America (860/589-6359, Mai-Okt. Di-So 13.30-16.30; 3 $) in Terryville gegenüber der Congregational Church an der Main Street (US-6).

sten Uhren der Sammlung gehen genau, was sich zur vollen Stunde bemerkbar macht – im neueren Flügel des Gebäudes hört man die Kakophonie des Schlagens, Bimmelns und Klingelns am besten.

Nicht weit von hier wird das New England *Carousel Museum* (96 Riverside Avenue/ Highway 72, 860/585-5411, Mo–Sa 10–17, So 12–17; 4 $) das Kind im Erwachsenen wecken, jedenfalls wenn das fragliche Kind alt genug ist, um Joni Mitchells Refrain von auf- und abschwebenden bemalten Ponies zu erinnern. Die schöne Sammlung bunter antiker springender und sich aufbäumender Pferde wird durch die Anwesenheit mehrerer Kunsthandwerker aufgewertet, die an einem Ende der langen Galerie alte Karusselltiere restaurieren oder neue anfertigen.

Hartford Wer es vermag, seinen ersten Eindruck von einer Stadt durch die Bewunderung für ihre vergangenen Glanzzeiten zu zügeln, wird vielleicht auf Anhieb Gefallen an der Staatshauptstadt Hartford finden. Vor einem Jahrhundert hätte man behaupten können, daß diese Stadt eine der Säulen der zivilisierenden Kräfte der Nation war: Bücher und Schußwaffen. Im Wandel zu einer Dienstleistungswirtschaft sind Tom Sawyer und 45er Colts von Versicherungstabellen und Sterbebegünstigungen verdrängt worden: Hartford ist heute eine Versicherungsstadt, was erklären mag, warum man in der Innenstadt sorgfältig die Bürgersteige hochklappt und das Licht ausschaltet, nachdem sich die Bürotürme gegen 17 Uhr geleert haben.

Während Fusionen, Downsizing, Rezession und andere Umschreibungen für schlechte Zeiten das moderne Hartford in den letzten Jahren mehrfach schwer gebeutelt haben, bietet die örtliche Geschichte einige exzellente Ablenkungen, am bekanntesten in Gestalt des *Mark Twain House* (351 Farmington Avenue, Mo und Mi–Sa 9.30–16, So 12–16; 6.50 $), weniger als eine Meile von Freeway-Exit 46 entfernt. Samuel Clemens – so Twains richtiger Name – baute sich sich dieses großzügige viktorianische Herrenhaus mit Tiffany-Interieur und einer Schiffsladung feiner Möbel, um näher bei seinem Verlag zu sein. Nach 17 Jahren verschwenderischen Lebens – und der Vollendung einiger seiner bekanntesten Romane – verließen Clemens und seine Familie das Haus in Hartford und zogen nach Europa, um finanziellen Härten zu entfliehen. Das restaurierte *National Historic Landmark* wird bei Führungen erklärt und ist regelmäßiger Veranstaltungsort für Vorträge, Lesungen, »Conversations with American Humorists« und eine sommerliche »Twain at Twilight«-Konzertserie, zu der stets großartige Gospelmusik gehört – die mochte der Autor am liebsten.

Im Juni und August veranstaltet das Trinity College (Summit Street in Herzen von Hartford) jeden Mittwoch kostenlose Abendkonzerte. Nähere Informationen unter 860/297-2139.

Der Ruhm, das älteste öffentliche Kunstmuseum der USA zu sein, gebührt dem *Wadworth Atheneum* (600 Main Street, 860/278-2670, Di–So 11–17; 7 $, am ersten Donners-

Die beste Informationsquelle für kulturelle Veranstaltungen und Unterhaltungsmöglichkeiten in der Region ist der kostenlose wöchentliche Hartford Advocate, der in Zeitungskästen überall in der Stadt ausliegt.

tag des Monats gratis), einer Institution, die sich nicht hinter ihrer gewaltigen Steinfassade auf 150-jährigen Ehren ausruht. Dauerpräsentationen von Objekten aus der ganzen Welt und quer durch die Zeitalter werden durch Wanderausstellungen, Filme und Galerieprogramme ergänzt. Connecticuts wichtigstes Schaufenster für zeitgenössische Künstler ist ein anderes Highlight von Hartford: *Real Art Ways* (860/232-1006, Di–Sa bis 17, Galerien gratis) in der Arbor Street gegenüber vom Pope Park. In den kürzlich erweiterten Ausstellungsräumen und Hörsälen findet von September bis Mai eine anspruchsvolle Serie mit Filmen, Videos, Musik und Aufführungen statt (wechselnde Eintrittspreise), und zusätzlich gibt es jährliche Sonderveranstaltungen wie den January Gender Bender Ball, die October Halloween Party und das Summer Jazz Festival.

Touristische Einrichtungen in Hartford

In Downtown Hartford essen zu gehen kommt der Entscheidung zwischen den gewöhnlichen durchschnittlichen Hotelrestaurants und Lokalen gleich, in der sich Büroarbeiter mit gelockerten Schlipsen stärker für den Kaffee interessieren, der ihnen den Geschmack der Akten und Termine aus dem Mund spülen soll, als für die Frische und Zubereitungsweise der Soup du jour. Interessanter als diese beiden dürftigen Alternativen ist ein Abstecher ins noble *Oasis Diner* an der Farmington Avenue östlich vom Twain House, das täglich außer Sonntag bis Mitternacht geöffnet hat. Es ist ein ungewöhnlicher, exzellent erhaltener Paramount Diner Car von

1949 mit edelstahlverkleideten Seitenwänden, aber doppelter Breite. Das originär amerikanische Menü ist durch Gerichte wie ricotta-gefüllter französischer Toast, vegetarische Arrangements oder auf Southwest getrimmte Speisen angereichert; dazu gibt es Elm City Stout aus New Haven frisch vom Faß. Während das Oasis das Klischee von Stromlinienform und neonschimmernden Jukeboxes erfüllt, repräsentiert das in eckige rote Backsteine gehüllte *Quaker Diner* im benachbarten West Hartford (319 Park Road, Exit 43 des Interstate 84, dann rechts) die Wurzeln der Diner-Entwicklung bis hin zur Moxie Soda und andere frühe Standards, die seinen ersten Gäste so vertraut gewesen sein dürften wie die Wahlversprechen Herbert Hoovers im Jahr 1929. Die Preise sind selbst für Mahlzeiten wie Haferkleie-Pfannkuchen und Spinatomeletts anachronistisch. Das Lokal ist nur für Frühstück und Lunch geöffnet.

Wer sich gefragt hat, wo Catherine Hepburn ihren Akzent erworben hat, braucht nur in der wohlhabenden, liberalen alten Conncticut-Yankee-Enklave West Hartford genau hinzuhören.

Wer die Nacht im Raum Hartford verbringen will, stößt auf eine Reihe vertrauter Namen, sowohl in der Stadt selbst (*Sheraton, Holiday Inn, Super 8* und *Suisse Chalet*) als auch am Interstate 84 im benachbarten West Hartford (*Ramada, Holiday Inn*) sowie ein Dutzend Meilen nördlich nahe des Bradley International Airport (*Motel 6, Fairfield Inn, Holiday Inn*).

Willimantic In East Hartford trennt sich der US-6 vom Freeway und folgt bis Manchester und in dieser Stadt selbst kleinen Straßen durch eine ausdruckslose urbane Landschaft voller Häuser aus den Vierzigern und Supermärkten aus den Achtzigern. Wer seinen Urlaub damit verbringen möchte, im Leerlauf an roten Ampeln zu stehen und auf Zigaretten- bzw. Alkoholreklamen zu starren, sollte weiterhin dem US-6 treu bleiben; ansonsten empfiehlt es sich aber, die Interstates 84 und 384 aus der Stadt hinaus nach Osten zu nehmen und erst in Bolton wieder auf den US-6 zurückzukehren.

Hinter Bolton führt der US-6 auf 16 Meilen durch das baumbestandene Hop River Valley; dieser Highwayabschnitt ist für seine hohe Unfallrate berüchtigt und wird bald durch eine Umgehungsstraße entlastet. Auf einer solchen vierspurigen Strecke kann man auch an Willimantic (14746 Einw.) vorbeirauschen, einer Fabrikstadt aus dem 19. Jahrhundert, doch wenn man ein Interesse am Leben und an der Arbeit der Menschen hat, die sich in der Frühgeschichte der amerikanischen Industrialisierung abschufteten, sollte man am kleinen *Windham Textile and History Museum* (157 Union Street, Do–So 12--17; 3 $) gegenüber der gigantischen American Thread-Fabrik anhalten, die 1984 nach 120 Jahren Tätigkeit ihre Pforten schloß.

Östlich von Willimantic wird der US-6 schnell sehr ländlich, sobald er die abgeschiedenste Ecke des Staates erreicht, das pittoreske Windham County.

Windham County: Pomfret und Umgebung

Obwohl sich die Hauptautobahn – der Interstate 395 – von der Küste aus durch das östliche Connecticut zieht, verlassen die Fahrer nur höchst selten die Überholspur, um einen Blick hinter die Hügelkette zu werfen, die sowohl an den Freeway als auch den parallel verlaufenden Quinebaug River grenzt. Wenn sie es täten, fänden sie kleine Orte, die in den Tälern um Fabriken und Eisenbahnstationen des 19. Jahrhunderts herum entstanden, sowie Landstädtchen in hügeligem Farmland, auf dem schon vor der Ankunft der Mayflower Mais angebaut wurde.

Ehe man nach Rhode Island hineinfährt, ist ein Umweg durch diese Gegend zu erwägen, entweder auf dem Highway 12, der Mill-Town-Route, oder via Highway 169, dem alten Norwich-Woodstock-Turnpike. Als einer der sehenswertesten Highway des Nordostens – wenn nicht des ganzen Landes – kreuzt sich der Highway 169 mit dem US-6 fünf Meilen westlich des Interstate 395 in Brooklyn, der Heimatstadt von General Israel »Battle of Bunker Hill« Putnam.

Vor einem Jahrhundert verbrachten vermögende New Yorker ihre Sommer in diesem nordöstlichen Zipfel von Connecticut, besonders in und um Pomfret, einem winzigen Dorf. Heute besitzen sie hier Zweithäuser und schicken ihre Kinder in eine der beiden Vorschulen des Ortes. Außer daß sie zum eleganten architektonischen Schatz der Gemeinde beitragen, unterstützen die Schulen auch das ganzjährig geöffnete feine *Vanilla Bean Café* im Zentrum der Stadt (Mo/Di bis 15, sonst mindestens bis 20 Uhr geöffnet). Wenn man sich nicht schämt, seinen Ford Pinto neben neuen Jaguars und BMWs zu parken, die Siebzehnjährigen gehören, ist dieses legere Lokal in einer restaurierten alten Scheune wegen seiner exzellenten Sandwiches, Suppen und Backwaren oder des wachmachenden Espresso-Kicks am Morgen einen Stopp wert.

Wie es für eine solche ländliche Gegend leicht voraussagbar ist, gibt es in den Windham Hills zahlreiche Bed&Breakfasts sowie die obligatorischen Campinggelegenheiten auf den *Wolf Den Campgrounds* im Mashamoquet Brook State Park am Highway 169 bzw. US-44.

Eine komplette und aktuelle Liste der Unterkünfte dieser Gegend, die von den Tourismusstellen als »Quiet Corner« bezeichnet wird, ist über den *Northeast Connecticut Visitors District* (860/928-1228) erhältlich.

Durch Rhode Island

Auf der 30-Minuten-Strecke, die der US-6 durch Rhode Island zurücklegt, führt der Highway am Fuße niedriger Hügel entlang, die den nördlichen Teil dieses Küstenstaates ausmachen. Es ist eine ruhige, sehr ländliche Gegend mit kaum einem Grund zum Stoppen, ehe man den Korridor des Interstate 95 beim lebendigen Providence erreicht, einer unterhaltsamen Stadt mit reicher Geschichte und ausgeprägtem College-Town-Charakter.

Providence Providence (160 728 Einw.) liegt am Nordende der Narragansett Bay und wurde 1636 von Roger Williams gegründet, der auch die Baptistenbewegung ins Leben gerufen hatte und aufgrund seiner religiösen Ansichten das benachbarte Massachusetts verlassen mußte. Providence ist eine kompakte Stadt, die sich vom teils industriell, teils von Freizeiteinrichtungen geprägten Uferbereich mehrere Hügel hinaufzieht und ihre historischen Quartiere komplett erhalten hat. Es gibt hier proportional zur Fläche mehr Häuser aus der Kolonialzeit als in irgendeiner anderen amerikanischen Stadt. Außer der Regierungsbürokratie des kleinsten Staates der Nation sind in Providence noch zwei der führenden Colleges von Rhode Island ansässig, die altehrwürdige Brown University und die Rhode Island School of Design.

Vom Westen aus führt der US-6 direkt ins Zentrum der Stadt, wo sich am Fuße des weithin sichtbaren *Kapitols* (82 Smith Street, tgl. 8.30-16.30; gratis) mehrere Straßen, Kanäle und Autobahnen miteinander verflechten. Das Gebäude wurde 1904 von McKim, Mead und White vollendet und verfügt über eine marmorne Kuppel, auf der eine 4 m hohe Bronzestatue des

Der aufgedonnerte Ferienort Newport mit seiner unglaublichen Ansammlung von Herrenhäusern liegt 20 Meilen südlich von Providence. Nähere Informationen gibt es beim Newport Visitor Center (23 America's Cup Avenue, 401/849-8098 oder 800/326-6030).

Walter Scott schrieb Geschichte und begründete eine neue Industrie, als er 1872 von einem umgebauten Frachtpferdewagen aus warme Speisen verkaufte und dabei das Diner erfand. Die Geschichte des Diners wird bald in einem neuen Museum dargestellt werden.

»Independent Man« Williams steht. Zweihundert Meter östlich des Kapitols, jenseits der Eisenbahnschienen und des schmalen Moshassuck River gelegen, erzählt das *Roger Williams National Memorial* (282 North Main Street, tgl. 8–16.30; gratis) sein Leben in einer dreiminütigen Diashow nach. Das Denkmal steht im Herzen des historischen Providence, und die umliegenden Straßen – vor allem die Benefit Street einen Block weiter östlich – enthalten einige der schönsten intakten Häuser der Kolonial- und frühen Föderalzeit des Landes. Die *Providence Preservation Society* (401/831-7440) bietet Rundgänge an.

Das *Museum of Art of the Rhode Island School of Design* (224 Benefit Street, Mi-Sa 12–17, So 14–17; 2 $) am Südende des historischen Distriktes verfügt über eine exzellente Querschnittssammlung von Gemälden und Skulpturen aus der ganzen Welt. Das imponierende *Providence Athenaeum* (251 Benefit

Die geballten Informationen, wer wo in den Clubs und Theatern von Providence auftritt und was gespielt wird, sind vom Club Report (401/455-8278) zu erfahren, zusammengestellt von der alternativen Radiostation der Brown University, WBRU-FM.

Street, Mo–Fr 8.30–17; gratis) zeigt einige Stücke aus seiner umfangreichen Kollektion früher amerikanischer Drucke, Landkarten und Bücher. Oben auf dem College Hill, wo das Gelände der Brown University in ein baumreiches Stadtviertel aus stattlichen 200jährigen Häusern übergeht, ist noch mehr Kultur konzentriert.

Im historischen Zentrum und darum herum gibt es gute Restaurants, aber einige der besten Eßgelegenheiten liegen in der vorrangig italienischen Federal-Hill-Neighborhood eine halbe Meile westlich der Waterfront auf der anderen Seite des Interstate 95. Das sehr gute *Grotta Azurra* (210 Atwells Avenue) ist ebenso wie jedes andere aus dem Dutzend Restaurants entlang dieser paar Straßen einen Besuch wert.

Die Unterkünfte in Providence umfassen die gewöhnlichen Hotels und Motels in Autobahnnähe sowie ein paar nette B&Bs im Bereich des historischen Kerns, etwa das *Old Court* (144 Benefit Street, 401/751-2002). Eine umfassendere Adressenliste sowie andere Informationen sind vom *Providence Visitor Center* (30 Exchange Terrace, 401/274-1636 oder 800/233-1636) zu bekommen.

Pawtucket Die Arbeiterstadt Pawtucket (72 644 Einw.) liegt weniger als eine Meile nördlich und östlich von Providence und ist über den Interstate 95 oder die Main Street (US-1) zu erreichen. Die Stadt hat in der amerikanischen Geschichte eine vitale Rolle gespielt.

Obwohl sie im Vergleich zu den massiven Fabriken des 19. Jahrhunderts winzig aussehen, haben die Plankenwände der *Slater's Mill* (401/725-8638, im Sommer Di-Sa 10–17, So 13–17, März–Mai nur am Wochenende; 4 $) im schönen Waterfront Park im Zentrum der Stadt den Beginn der industriellen Revolution in Amerika gesehen. Ungeachtet des von England nach dem Unabhängigkeitskrieg verhängten Exportverbotes gelang es dem in Derbyshire geborenen Samuel Slater, die neuesten mechanischen Geräte zum Baumwollspinnen zu bekommen, die er während einer Lehre in Richard Arkwrights Fabrik kennenlernte. Slater bracht ebenfalls signifikante Managementtalente mit und transformierte gemeinsam mit anderen die amerikanische Textilproduktion von Handarbeiten zur Massenproduktion.

Im Sommer sollte man seine Tour durch Pawtucket mit dem Besuch eines AAA-International-League-Baseballspiels im McCoy Stadium abrunden, der Home Base der Pawtucket Red Sox (401/724-7300).

Zahlreiche Ausstellungen zeigen den historischen Kontext von Slaters Tätigkeit, doch der wirkliche Grund für einen Besuch ist das acht Tonnen schwere Wasserrad, das knackt und mahlt und sich dreht und dabei viele Gurte und Treibriemen bewegt – fast wie zu Slaters Zeit.

Pawtuckets andere bedeutende historische Statte ist ebenfalls einen

Besuch wert, obwohl sie schwerer zu finden ist: das *Modern Diner* (364 East Avenue) gleich östlich des I-95. Das Modern ist ein klassischer stromlinienförmiger Sterling Diner Car und wurde als erstes seiner Art zum offiziellen Historic Landmark erklärt, ist aber noch immer täglich ab 7 Uhr (So ab 8) für Frühstück und Lunch geöffnet. Dinner ist dienstags bis freitags bis 20 Uhr erhältlich.

Durch Massachusetts

Wenn man auf dem US-6 durch das südöstliche Massachusetts fährt, findet man keinen roten Teppich ausgerollt. Im Küstenflachland dieser Gegend liegen einige der wirtschaftlich am stärksten mitgenommenen Städte des Bay State. Die efeubewachsenen Ziegelmauern des Harvard Yard und die langen, wettergegerbten Tabakscheunen des Pioneer Valley könnten ebensogut zu einem anderen Staat gehören – zumindest scheint es so, wenn diese Route am grauen Stahl ausgemusterter Kriegsschiffe, hektargroßen Anlagen mit Factory Outlets und Hügeln voller dreistöckiger Dreifamilienhäuser aus der viktorianischen Zeit vorbeiführt, die für die Arbeiter der großen Textilfabriken errichtet wurden.

Während es gleich im Süden angenehme kleine Küstenstädtchen gibt, ist der 30-Meilen-Abschnitt des US-6 östlich der Rhode Island Stateline ausschließlich Reisenden mit einem romantischen Blick für kommerzielle Schäbigkeit oder Anthropologen des urbanen Niedergangs anzuraten – allen anderen wird empfohlen, auf dem schnellen I-195 zu bleiben und Gas zu geben. Auch wenn man gut bei Kapitän Ahabs Heimathafen New Bedford wieder auf den US-6 zurückkehren kann, bleiben die schönen Panoramen bis zum Cape Cod Canal selten. Und selbst diese versäumt, wer auf dem vierspurigen US-6 bleibt, weshalb der langsame, aber sehenswertere US-6A vorgezogen werden sollte, um Cape Cod von seiner besten Seite zu sehen. Die Route erreicht schließlich auf der Leeseite der wandernden Dünen der Cape Cod National Seashore ihr Ziel in den engen, von Cottages gesäumten Straßen Provincetowns.

Fall River Baumwollspinnereien trugen dieser Stadt einen Platz auf der Landkarte ein, und ihre Schließung radierte sie fast wieder aus. Fall River (92 703 Einw.) war um die Jahrhundertwende eine der führenden Industriestädte des Landes und wurde einer der führenden Problemfälle der Depressionszeit, als sie durch den dreifachen Rückschlag in die Niedriglohngebiete des Südens abwandernder Fabriken, eines verheerendes Brandes in der Innenstadt und des Börsenkraches von 1929 in eine Dekade der Pleiten und Bankrotte gestoßen wurde. Obwohl die Stadt seit Ende des Zweiten Weltkrieges nicht mehr auf Almosen angewiesen ist, endete der Schlaf der riesigen Backsteinfabrikgebäude hinter ihren vernagelten Fenstern erst kürzlich, als sie von den Fabrikläden wiederbelebt wurden, die zu Fall Rivers neuem Status als Neuenglands Zentrum für Discounthandel beitrugen.

Wenn 30prozentige Rabatte auf bestimmte Kleidung und Haushaltswaren noch nicht als Anreiz ausreichen, den Interstate hier zu verlassen, hilft vielleicht das Interesse für Kriegsschiffe. In der *Battleship Cove* (tgl. 9 Uhr bis Sonnenuntergang; 8 $) am breiten, brackigen Taunton River wartet eine kleine Armada auf nähere Besichtigung: das Schlachtschiff Massachusetts, der Zerstörer Joseph P. Kennedy, das U-Boot Lionfish und zweier Schnellboote aus dem Zweiten Weltkrieg.

Unweit der Schiffe an der Waterfront befinden sich die Ausstellungsräume des *Fall River Heritage State Park* (im Sommer tgl. 10–18, sonst 10–16; gratis), in denen die Stadtgeschichte mit exzellenten Archivfotos und zeitgenössischen Artefakten erzählt wird. Es ist einer von neun solcher innovativen Parks, die der Industrie-, Arbeits- und Immigrationsgeschichte des Staates gewidmet sind.

Während unzählige Eßlokale in dieser Stadt auf die vier hauptsächlichen Speisengruppen abonniert sind – Salz, Fett, Zucker und Kohlensäure – , sind annehmbare Restaurants durchaus zu finden, wenn man sich auf die Suche danach begibt. Exzellentes italienisches Essen beispielsweise ist in *Puerini's Cafe/The Pasta Factory* erhältlich; das Lokal ist in einer der früheren Border City Mills am Ende der Weaver Street auf Höhe North Main Street eingerichtet (508/678-1030, Lunch Mo–Sa, Abendessen Mi–Sa). Herzhafte osteuropäische Suppen und Fleischgerichte bietet das *Ukrainian Home* auf der Globe Street beim Highway 138 South an, schräg gegenüber von *Dunkin' Donuts*. Den neuesten Einwanderungstrend repräsentiert die schmackhafte, preisgünstige südostasiatische Küche des *New Phnom Penh Restaurant* (508/324-4909, montags geschlossen) in der Angkor Plaza an der Quequechan Street neben der großen Wampanoag Mill Factory Outlet Mall.

Und da dies Massachusetts ist, gibt es auch ein feines Fünfziger Jahre Diner, *Al Mac's* (508/679-5851) unterhalb des President Hill am US-6 auf Höhe der Kreuzung mit der

Das große Schiff, das manchmal in der Nähe der eingemotteten Fahrzeuge der Navy ankert, ist die HMS Bounty (Mai–Okt. Fr–So 10–18; 4 $) – oder zumindest die Filmversion, die 1962 nach den Originalzeichnungen für die MGM-Produktion mit Marlon Brando und Trevor Howard nachgebaut wurde. Die Replik ist ein voll funktionstüchtiges Segelschiff und wird für Ausbildungszwecke eingesetzt.

Lizzie Borden

»Lizzie Borden nahm'ne Axt / Und gab ihrer Mutter 40 Schläge...« Wer dieses Couplet vorher schon einmal gehört hat, kennt bereits Fall Rivers berüchtigte Bürgerin, eine Bankierstochter (und Sonntagsschullehrerin), die 1892 des Doppelmordes angeklagt wurde. Damit nicht Kinderreime das Bild von Ms. Borden prägen, sei erwähnt, daß eine Jury sie vor Gericht für nicht schuldig erklärte.

Die Fall River Historical Society (451 Rock Street im Highlands Historic District, Di–Fr 9–16.30, im Sommer nur an Wochenenden; 3.50 $) zeigt in ihrem Hauptquartier eine komplette Ausstellung zum Fall, darunter Beweisstücke und die angebliche Tatwaffe.

Route 79/138. Dieses Lokal ist innen wie außen in bestem Zustand und serviert nicht nur Kaffee in litergroßen Bechern, sondern ist auch lange geöffnet: sonntags bis dienstags bis Mitternacht (im Winter bis 22 Uhr), mittwochs und donnerstags bis drei Uhr früh und freitags und samstags bis vier.
Die kleine Gruppe von Kettenmotels unter den Hotels der Stadt umfaßt ein *Howard Johnson*, ein *Hampton Inn*, ein *Holiday Inn*, eine *Econo Lodge* und ein *Comfort Inn*.

New Bedford Das vorrangig portugiesische New Bedford war einst die Hauptstadt der Walfangindustrie, als Kerzen aus Pottwaltalg und Tranlampen eine Notwendigkeit und keine Antiquität darstellten. Der Hafen der Stadt an der eine Meile breiten Mündung des Acushnet River war Heimathafen der größten kommerziellen Fischereiflotte an der Ostküste, bis zwei Jahrzehnte rücksichtsloser Überfischung diese Industrie 1995 zusammenbrechen ließen. Jetzt hofft die Gemeinde, mit Hilfe eines Casinos aus der schwierigen Wirtschaftskrise herauszukommen – und wenn man das Geld an den Bäumen wachsen sieht, wird der Plan in Erfüllung gegangen sein.
Ob Videopoker nun die Pennies vom Himmel herabbringt oder nicht – der unveränderliche Charme des innerstädtischen historichen Distriktes mit kopfsteingepflasterten Straßen und Backsteinfassaden, die weitgehend unverändert blieben, seit Hermann Melville von hier aus 1847 in See ging, wird bleiben. Um eine Orientierung in dieser Gegend zu gewinnen, sollte man im gutbestückten *Visitor Center* (47 North Second Street, 508/991-6200 oder 800/508-5353) vorbeischauen und eine der kostenlosen *einstündigen Stadtführungen* mitmachen.

Vor oder nach einem solchen Spaziergang durch die Stadt sollte man zum Johnny Cake Hill hinaufgehen und das vorzügliche *Whaling Museum* (tgl. 9–17; 3.50 $) besuchen. Skrimshaw (mit Schnitzereien verziertes Walelfenbein), Gerätschaften des Walfangs, historische Fotos, besondere maritime Ausstellungen und ein 27 m langes Schiffsmodell sind nur einige der Objekte in dieser Museumssammlung, die von der *Old Dartmouth Historical Society* unterhalten wird. Auf der anderen Straßenseite gegenüber vom Museum verfügt das wundervolle kleine *Seamen's Bethel* aus dem Jahr 1832 über eine Kanzel in Form eines Schiffsbugs. Das Kirchlein spielt in einem Kapitel von Hermann Melvilles Klassiker »Moby Dick« eine Rolle.

Touristische Einrichtungen in New Bedford
Wem das Kreischen der Möwen in der Innenstadt Appetit auf Seafood macht, der sollte zu *Davy's Locker* draußen in der East Rodney French Street bei Billy Woods Wharf fahren, wo die Fähren nach Martha's Vineyard ablegen. Dort kann man die Möwen über dem Hafen kreisen sehen, während das frischeste Seafood von New Bedford auf den Tisch kommt. In einer Stadt, deren Einwohner zu 60 Prozent Portugiesen sind, wird man automatisch mit der Küche dieses Landes Bekanntschaft schließen, doch wer ein schwacher Esser ist, sollte ein paar Freunde mitbringen, um die Portionen zu bewältigen. *Antonio's* an der Ecke Coogleshalle und North Front Street ein wenig nordöstlich der Kreuzung des Inter-

New Bedford ist gegenüber dem Espresso-Boom keineswegs immun, wovon man sich im Java Bean in der Water Street einen Block südlich des Whaling Museum überzeugen kann. Es gibt hier auch gute Biscotti.

state 195 mit dem Highway 18 ist eine ebenso gute Wahl wie das *Vasco da Gama* am anderen Ende der Innenstadt Ecke Dartmouth und Washington Street einen Block südlich von Metro Pizza (erkenntlich am 7UP-Schild über einer barähnlichen Ziegelfassade). Grünkohlsuppe und Kaninchen oder Schellfisch in würzigen Saucen auf Tomatenbasis sowie Gerichte mit Bacalhau (Stockfisch) sind typische Speisen und werden in riesigen Portionen serviert, die auch ausgehungerte Seeleute zufriedenstellen würden.

Am anderen Ende des kulinarischen Spektrums finden sich Restaurants, in denen man eher Brombeer-Vinaigrette oder Eisbergsalat als eingesalzenen Fisch findet, zum Beispiel *Phoebe's Restaurant* (South Sixth Street Höhe Union Street, Di–So Frühstück und Lunch, Fr/Sa auch Dinner) in einer weitläufigen Räumlichkeit des 19. Jahrhunderts hinter einer grimmigen Granitfassade, oder *Freestone's* Ecke William und North Second Street mit seinen Steak- und Seafood-Spezialitäten, die täglich bis 23 Uhr serviert werden.

Um eine Kostprobe der bodenständigen Folkmusic-Performances zu bekommen, die überall in den Kirchen und Scheunen Neuenglands gespielt wird, sollte man Tryworks Coffeehouse in der First Unitarian Church Ecke Eighth und Union Street aufsuchen (Mitte Sept.–Anfang Mai, Sa 20 Uhr).

Fans der altertümlichen Diner werden New Bedford zu schätzen wissen. Am leichtesten zu finden ist *Angelo's Orchid Diner*, ein O'Mahoney-Modell von 1951 mit Edelstahlverkleidung direkt am US-6 in Rockdale; die grundsoliden Schnellgerichte haben – wen wundert's – leicht portugiesischen Touch. Wer es eher griechisch mag, ist im *Shawmut Diner* (tgl. 5–19) richtig, einem anderen O'Mahoney von 1950 an der Shawmut Avenue Ecke Hathaway Street nahe der Route 140; allein schon wegen der Neonreklame in Indianergestalt ist es einen Besuch wert.

New Bedfords Acushnet Avenue ist für die amerikanische Kunst des späten 19. Jahrhunderts ein wichtiger Ort: hier wurde der visionäre »Maler der Träume« Albert Pinkham Ryder geboren, und im Haus gegenüber wuchs Albert Bierstadt auf, der romantische Maler des amerikanischen Westens.

Die Auswahl an Unterkünften ist beschränkt. Die gastfreundlichste Aufnahme und die bequemste Lage nahe der Sehenswürdigkeiten und Restaurants der Innenstadt bietet *Cynthia and Steven's B&B* (Seventh Street im historischen Distrikt, 508/997-6433), wo die Zimmer mit sehr privater Atmosphäre zwischen 55 und 65 Dollar pro Nacht kosten. Es gibt auch ein *Days Inn* in der Hathaway Road beim Airport nahe des Exit 13B vom Interstate 195.

Fairhaven Es gab eine Zeit, da signalisierten Familien ihr wachsendes Vermögen, indem sie dem hektischen New Bedford mit seinen Fabriken und Piers den Rücken kehrten und auf die gegenüberliegende Hafenseite nach Fairhaven zogen, das am US-6 liegt und vom Johnny Cake Hill aus zu sehen ist. Wer sich in Fairhaven (die zweite Silbe

Kleines Cape Cod-ABC

Um bei einem Besuch auf Cape Cod Frustrationen zu vermeiden, sollte man die wichtigsten Richtungen auf der Halbinsel mit der Form eines angewinkelten Oberarmes und die Saisonverhältnisse kennen. Der Kompaß hilft hier kaum weiter angesichts von Highwayschildern, die nach Süden Richtung Provincetown weisen, obgleich man bei südlicher Fahrtrichtung eher nach Venezuela als zur nördlichsten Stadt der Halbinsel kommen würde. Die wichtigsten Richtungen heißen hier Up und Down: up-Cape bedeutet westwärts hinüber zum Rest Nordamerikas, während down-Cape östlich zum Outer Cape, nach Provincetown und zu den salzigen Tiefen weist. Weitere Unterscheidungen werden zwischen den drei Seiten des gewinkelten Armes des Capes gemacht: Bayside benennt den kompletten Halbkreis rings um die Cape Cod Bay; South shore bezeichnet die Südküste am Nantucket Sound zwischen Buzzards Bay und dem »Ellbogen« des Capes bei Chatham, und unter backside wird der atlantische Küstensaum zwischen Chatham und der »Faust« bei Provincetown verstanden.
Die Orte und der Tourismus auf Cape Cod haben sich erkennbar unterschiedlich entwickelt: an der Bayside entlang des US-6A sind die abgeschiedenen neokolonialen Dörfer aus weißen Holzhäusern mit grauen Schindeldächern weitgehend unverändert geblieben, während der Südküstenhighway 28 zu einem chaotischen Korridor aus Shopping Plazas, Motelanlagen, maritimen Souvenirläden und auf antik getrimmten Schnellrestaurants wurde, die mehr Plastikgeschirr und Fritieröl als frischen Fisch umsetzen.
Der wichtigste Aspekt eines Besuches auf Cape Cod ist aber die Reisezeit: Zwischen dem Memorial-Day-Wochenende im späten Mai und dem Labor-Day-Wochenende Anfang September treffen sich mehrere Millionen Touristen und »Summer People« – Menschen, die hier nur im Sommer ihr Domizil haben – auf dieser sandigen Halbinsel, weshalb die Länge der Autostaus an guten Tagen in Meilen, an schlechten in Stunden gemessen wird. An den heftigsten Wochenenden – etwa am 4. Juli – würde eine Tour nach Montreal weniger Zeit in Anspruch nehmen als der Abstecher über den Kanal, die 16-Meilen-Fahrt nach Wood's Hole, die dortige Parkplatz-

wird betont) in der Main Street auf Höhe der Kreuzung bei der palastartigen High School südlich hält, wird eine überraschende Anzahl Verwaltungsgebäude im gotischen Stil entdecken, die der Stadt größtenteils zu Beginn des Jahrhunderts von Henry Huttleston Rogers gestiftet wurden, der hier gebürtig war und als Direktor von John D. Rockefellers Standard Oil Company zu Vermögen kam. Im imponierenden Renaissancebau der Bibliothek in der Center Street – die Rogers' Freund Mark Twain als »einen Himmel aus Licht und Grazie und harmonischen Farben und herrlichem Komfort« beschrieb – ist ein Plan für einen Stadtrundgang erhältlich.

Außer Portugiesen und Menschen von den Kapverdischen Inseln hat der örtliche maritime Handel auch eine ansehnliche Zahl von Norwegern angezogen, darunter die Isaksen-Familie, deren Restaurant *Margaret's* in der Main Street am Hafen eines der besten suche und die Passage mit der nächsten verfügbaren Fähre nach Martha's Vineyard! Wer trotzdem auf die Halbinsel fährt, sollte wissen, daß der Mieterwechsel der Cottages 14tägig stattfindet, weshalb jeden zweiten Freitag die Fähranleger doppelt geschäftig, die Tickets und Parkplätze doppelt knapp sind. Die Fabriken des südlichen Neuengland schließen im Juli für zwei Wochen und überschwemmen die Südküste von Cape Cod mit Arbeiterfamilien. Im August erscheinen Scharen von Psychiatern, Doktoren, Anwälten und anderen Professionals in den Orten an der Bayside und in Chatham am Südende des Outer Cape. Die Campingplätze sind auch unter der Woche und bei schlechtem Wetter überraschend voll – das Ansteigen der Übernachtungspreise auf das vier- und fünffache zwingt die weniger betuchten Cape-Besucher in eher provisorische Quartiere.

Während die Hochsaison also durchaus Nachteile hat, sind zu dieser Zeit allerdings auch alle Geschäfte und Restaurants geöffnet, sieben Tage die Woche, 16 Stunden am Tag. In der Nachsaison schließen sie ziemlich schnell – nicht etwa, weil die Gäste verschwunden wären, denn das Frühjahr und der Herbst sind ebenfalls beliebte Reisezeiten, sondern weil die Angestellten verschwinden. Während der Hochsaison wird das Geschäftsleben der Halbinsel fast vollständig von Teenagern, Studenten und Iren mit temporären Arbeitsvisa bestritten. Nachdem im September die Schulen und Unis wieder ihren Betrieb aufnehmen, bleiben nur die Iren übrig, deren Semesterferien erst im Oktober enden. Dieses Phänomen erklärt auch, warum einige Geschäfte sogar während der Hochsaison geschlossen bleiben: Sie haben einfach keine Aushilfskräfte finden können. Und ob sie nun ausreichend besetzt sind oder nicht, Läden, die außerhalb der Saison offen bleiben, senken deshalb noch lange nicht die Preise...

Eine Bemerkung noch: Man kann auf Cape Cod auch im Hochsommer durchaus den Menschenmassen entfliehen. Die Parks und Schutzgebiete sind angenehm frei von klingelnden Kassen und brutzelnden Friteusen, und selbst die öffentlichen Strände haben mitunter eine Aura der Einsamkeit, denn 90% der Besucher auf Cape Cod entfernen sich nicht länger als 20 Minuten von ihren Autos.

Seafoodlokale der Gegend ist. Wenn Tiefseemuscheln auf der Speisekarte stehen, stammen sie vermutlich frisch von einem der familieneigenen Boote und sollten unbedingt probiert werden. Es ist in der ganzen Gegend bekannt, daß die kleinen Muscheln aus mexikanischen oder chinesischen Buchten keinem Vergleich mit den größeren, schmackhafteren und fleischigeren Exemplaren aus den tiefen Zonen des Atlantik standhalten.

Auf dem Wege nach Cape Cod: Buzzards Bay Der US-6 folgt der von Gletschern geformten Küstenlinie der Buzzards Bay, deren Hauptschiffahrtsroute nachts besonders gut sichtbar ist, weil die Schiffe von und nach Cape Cod wie Glühwürmchen blinken. Die Route führt durch Mattapoisett und Marion, Wohnstädtchen, deren bescheidenes Äußeres ebenso über die Immobilienpreise wie die Durchschnittseinkommen der Bewohner hinwegtäuscht, wie der sandige

Der erste japanische Einwohner der USA, Manjiro Nakahama, lebte in den 1840er Jahren in Fairhaven, nachdem ihn Walfänger bei einem Schiffsunglück im Pazifik gerettet und hierher gebracht hatten. Exponate über »John« Manjiro und Fairhavens japanische Schwesterstadt Tosashimizu sind in der Millicent Library zu finden.

Boden und die dürren Bäume keinen Rückschluß auf die ursprünglich sumpfige Konstitution dieser Gegend zulassen, die einst den Wampanoag-Indianern gute Lebensmöglichkeiten bot. Ein halbes Dutzend kleiner Flüsse entwässert noch immer die Küstenniederung, doch abgesehen von ein paar letzten Reetbeständen gilt hier wie leider auch in anderen großen Bereichen der Atlantikküste, daß die Feuchtgebiete zu stark reduziert worden sind. Und daran sind nicht nur die heutigen Spekulanten schuld: Seit die Siedler des 17. und 18. Jahrhunderts die ursprünglichen Bestände an weißen Atlantikzedern, deren gigantische Exemplare sich bis hier herauf zogen, ausgerottet haben, wurde das Erscheinungsbild der Natur in dieser Gegend immer wieder von den Menschen verändert, was zur Versalzung der Marschen und Tümpel führte, in denen Fischbrut heranwächst.

Der Küstenstreifen entlang dieses Highwayabschnittes ist ein fruchtbarer Lebensraum für Meeresgetier, das überall gebraten, gekocht oder als sahniges Chowder genossen werden kann. Das *Mattapoisett Chowder House* und die *Oxford Creamery* in Marion sind zwei besonders gute Restaurants, um sich von der hiesigen Kochkunst zu überzeugen – die besten, die man bis zum Outer Cape finden kann. Die Creamery, die sich – wie der Name sagt – auch auf Eiskrem spezialisiert, ist das schlichtere der beiden Lokale und erinnert an einen Fastfood-Imbiß; es ist auch nur im Sommer täglich bis 22 Uhr geöffnet. Wer Schinken und braune Soße oder Spaghetti und Fleischklößchen bevorzugt, wird seine Träume im *Mattapoisett Diner* am US-6 verwirklicht finden.

Wo der US-6 in Wareham auf die Routen 25 und 28 stößt, häufen sich die Einkaufszentren, Fastfood-Restaurants und Reifenhändler, bis die Straße zur Sagamore Bridge über den Cape Cod Canal hinaufführt. Der US-6 Richtung Osten überquert die fast identische Bourne Bridge und mündet dann auf die Interstates 195 bzw. 495.

Wer mit seinem Wohnmobil noch einmal vor Cape Cod übernachten will, findet dazu in der *Scusset Beach State Reservation* (508/888-0859) in Sagamore an der Cape Cod Bay Gelegenheit. Für 8 Dollar erhält man einen Stellplatz mit Strom direkt am Wasser gegenüber dem blinkenden Koloß des Gaskraftwerkes jenseits

Kleine Lektion für Muschelesser: Steamers sind gewöhnlich langhalsige Muscheln mit weicher Schale, die – wenn man keinen Sand zwischen den Zähnen mag – bevorzugt auf schlickigen anstatt sandigen Böden gefangen, gedünstet und mit ihrem salzigen »Liquor« und zerlassener Butter serviert werden. Die aromareicheren hartschaligen Quahogs (»KO-hogs« oder »K'WOGS«) sind die Lieblingszutaten für Clam Chowder vieler Küchenchefs, auch wenn sie zuweilen gefüllt und gebacken werden. Cherrystones und Littlenecks sind kleine Quahogs und werden roh oder gedünstet auf halber Schale serviert. Bon appetit!

des Kanals. Für Zeltbenutzer ist der *Shawme-Crowell State Forest* gleich hinter der Brücke am Highway 130 in Sandwich der bessere Tip (508/888-0351; 6 $).

Bayside Cape Cod: Sandwich Obwohl er auf dem Rücken der eiszeitlichen Moräne entlangführt, die die Landmasse und das Rückgrat des gesamten Capes ausmacht, bietet der waldgesäumte Mid-Cape Highway (US-6) nur wenige sehenswerte Panoramen. Wenn es der Verkehr zuläßt, erreicht man binnen 30 Minuten das Outer Cape in einer eher grünen als blauen Umgebung. Viele Fahrer bevorzugen den parallel verlaufenden Highway US-6A: diese langsamere Strecke, die sich nie weiter als eine oder zwei Meilen vom US-6 entfernt, aber durch eine Vielzahl kleiner Orte führt, die man sonst verpassen würde, ist eine gute Einführung in diesen Teil der Halbinsel, in dem noch eine ursprüngliche Ruhe herrscht, ohne daß es langweilig oder gezwungen wirken würde.

»Mattapoisett« bedeutet in der Sprache der Algonquin »Ort der Ruhe« – ursprünglich wurde eine kleine Landzunge 25 Meilen westlich der Mount Hope Bay im Gebiet der heutigen Stadt Swansea so benannt.

Ein Beispiel für solche Orte ist Sandwich: sein Zentrum am Highway 130 gleich südlich des US-6A besteht aus einem kleinen, asymmetrischen Common Green, um das herum eine große, weiße, von Christopher Wren inspirierte Kirche, eine stattliche frühere Kutschenstation und das *Sandwich Glass Museum* (April-Okt. tgl. 9.30–16.30, Nov.–März nur Mi–So; 3.50 $) der Historical Society liegen. Die verschiedenen Glasfabriken der Stadt brachten durchaus vollendete Kunstwerke hervor, auch wenn ihre Hauptproduktion aus billiger Massenware für den Haushalt bestand und eher praktisch als dekorativ war. Etwas Sachverstand hilft, um sich die Bedeutung der Museumssammlungen aus gläsernen Untertassen, gepreßten Tellern und gewölbten Bechern zu erschließen, deren Großteil ungekennzeichnete Fabrikate der Boston and Sandwich Glass Co. sind, der frühesten und bekanntesten Glasfabrik des 19. Jahrhunderts. Ganz in der Nähe an der Ecke Pine und Grove Street (ab Highway 130 ausgeschildert) findet sich die vielfältige Americana-Kollektion der *Heritage Plantation of Sandwich* (Mitte Mai – Mitte Okt. tgl. 10–17; 8 $), deren auf einem 32 Hektar großen Parkgrundstück gelegene Gebäude Drucke von Currier & Ives, Militärminiaturen, antike Autos, Sammlerfiguren, naive amerikanische Malerei und ein Karussell von 1912 beherbergen.

Sandy Neck Bei der Weiterfahrt auf dem US-6A von Sandwich Richtung

Bei den tiefliegenden, quadratischen Landstücken, die mit dunkelblättrigem Gebüsch bedeckt und von schmalen Bewässerungsgräben durchzogen sind, handelt es sich um Preiselbeerpflanzungen. Die Früchte kann man am besten während der Erntezeit im Oktober sehen.

Massachusetts ist einer von nur zwei Staaten, die privaten Landbesitz bis zur unteren Tidenlinie akzeptieren, weshalb man die an manchen Stränden stehenden Schilder »No Trespassing« respektieren sollte. Glücklicherweise tragen viele den Zusatz »Walkers Welcome«.

Osten sollte man auf die Sandy Neck Road (Abzweig am Sandy Neck Motel) zum gleichnamigen Strand (im Sommer 8 $ Parkgebühr) achten. Sechs Meilen windzerzauster Dünen bieten hier ein ideales Setting, um den Wechsel des Lichtes auf den relativ ruhigen Wassern der Cape Cod Bay zu betrachten. Je nach Jahres- und Tageszeit kann man Rehe oder bedrohte Vögel wie Seeschwalben oder Regenpfeifer beobachten.

Vom Scargo Tower in Dennis an der Scargo Hill Road hat man einen exzellenten Ausblick auf Cape Cod. Man biegt bei der Mobil-Tankstelle Richtung South Dennis ab und folgt dann den Schildern.

Zwischen Sandy Neck und dem Wiederzusammentreffen mit dem US-6 in *Orleans* erstrecken sich 18 Meilen Strände, die über jede nach Norden führende Stichstraße erreichbar sind. Im Sommer muß mit Parkgebühren in Höhe von 7 oder 8 Dollar gerechnet werden. Dauerurlauber und Gäste der Hotels bzw. Motels können Wochen- oder Monatspermits bekommen; die Strandwächter oder Hotelinhaber geben über die näheren Details Auskunft. Man spart die Kosten aber auch, indem man in einer strandnahen Unterkunft übernachtet und dann zu Fuß ans Wasser geht.

Touristische Einrichtungen entlang der Bayside Restaurants und Hotels ballen sich an der Südküste von Cape Cod zusammen, und die wenigen an der Bay gelegenen Unterkünfte scheinen preislich ausgleichen zu wollen, was an Masse fehlt. Wer der Meinung ist, daß man für ein gutes Essen ebensoviel ausgeben kann wie für eine Übernachtung in einer kleinen Pension am Meer, kann sich an der italienischen Küche im *Abbicci* am US-6A in Dennis gütlich tun (508/362-3501; Reservierung ratsam). Die gelbe hölzerne Fassade sollte nicht zu Irritationen führen, denn das Interieur ist ebenso kunstvoll gestaltet wie das Speisenangebot. Durch einen Besuch im *Jack's Out Back* (161 Main Street/US-6A im Hinterhaus) in Yarmouth Port kann man am nächsten Tag sein Budget wieder ins Lot bringen. Der unumstrittene König der Frühstücksszene auf Cape Cod zaubert wundervolle Morgenmahlzeiten und Lunches zu spottbilligen Preisen zusammen, indem er die Kunden fast alles selbst tun läßt – nur am Herd müssen sie nicht stehen. Handgemalte Schilder warnen in falscher Rechtschreibung davor, daß unbeaufsichtigte Kinder in die Sklaverei verkauft werden, und fordern dazu auf, selbst die Rechnung auszustellen und die Tische abzuräumen. Wer sich nicht genauestens daran hält, den macht Old Jack zum Gespött seiner Stammkunden.

In Dennis existiert das älteste Sommertheater der Nation, das Cape Playhouse (Ticketbüro: 508/385-3911) um US-6A gleich östlich der Mobil-Tankstelle. Wer die Leinwand der Bühne vorzieht: das Cape Cinema gleich hinter dem Playhouse ist auf Filme spezialisiert, die man in den kommerziellen Kinos nicht findet.

Zwischen diesen beiden geografischen und ökonomischen Extremen liegt *Mattakeese Wharf* in Barnstable Harbor (Abzweig an der Ampel östlich von Barnstable Village, nur von Mai bis Okt. geöffnet), ein legeres Lokal mit Imbißbudencharakter, das sich durch sein vorzügliches Seafood und seine schöne Lage aus der Masse ähnlicher Restaurants hervorhebt. Im

Camper werden am Nickerson State Park am US-6A zwischen Brewster und Orleans Interesse haben, denn hier liegt einer der größten und beliebtesten Campingplätze des Staates (Reservierungen: 508/896-3491, ganzjährig nur für Wohnmobile, 15. April–15. Okt. auch für Zelte, 6 $).

goldenen Licht eines Sommerabends auf der Terrasse mit Blick auf die Marina seine Bouillabaisse zu genießen, ist eine wundervolle Erfahrung, die sich bestimmt in die Planung für den kommenden Urlaub auf Cape Cod einschleicht. Das *Isaiah Hall B&B Inn* (152 Whig Street, 508/385-9928 oder 800/736-0160) in Dennis ist nur eines von vielen historischen Bed& Breakfasts in diesem Abschnitt der Halbinsel. Es liegt nur wenige Fußminuten vom Strand entfernt und kostet weniger als ein Menü im Abbicci's; Doppelzimmer fangen bei 60 $ pro Nacht an.

Eine vollständige Liste der Unterkünfte ist in den Informationskiosken des *Chambers of Commerce* auf Cape Cod am Sagamore-Verkehrskreisel direkt vor dem Kanal oder auf halber Strecke an der Kreuzung von Route 132 und US-6 erhältlich, oder man kann telefonisch bei der Infoline des *Massachusetts Office of Travel* (617/727-3201) ein kostenloses Exemplar das aktuellsten Massachusetts Getaway Guide anfordern.

Orleans und Eastham Wenn man die Outer-Cape-Orte Brewster, Orleans und Eastham erreicht, ist das klassische Cape-Cod-Gebäude längst ein vertrauter Anblick, da man es immer wieder links und rechts der Strecke sieht – eine rechteckige Hütte mit Spitzdach ohne Veranda, fast wie ein Monopoly-Häuschen im Großformat. Die Highways US-6 und US-6A sowie die südliche Küstenstrecke der Route 28 treffen hier aufeinander, bevor die Halbinsel sich verjüngt und den schlanken Unterarm bildet. Auch der Cape Cod Rail Trail kreuzt hier die Highways, weshalb im Sommer zahlreiche Radfahrer auf der Suche nach einer Erfrischung die Straßen füllen. Wer dasselbe Begehren hat, findet in der *Brown Bag Restaurant and Bakery* (Ecke West Road und Old Colony Way, tgl. bis 15 Uhr) annehmbare Omeletts, Suppen, Sandwiches und Quiche. Einen Imbiß für unterwegs kann man sich im Orleans Whole Food Store (Main Street einen Block südlich des Rail Trail und des US-6A) zusammenstellen. Die besten gekochten Muscheln des Cape erfordern einen zehn Meilen langen Umweg nach Süden zum *Kream 'n' Kone* gegenüber des A&P-Supermarktes an der Route 28 zwischen Chatham und Harwich (nur von März–Nov. geöffnet).

Um etwas zu verschleiern, daß man nicht von Cape Cod stammt, sollte man die richtige Aussprache der Ortsnamen wissen: Chatham und Eastham werden beide auf der ersten Silbe betont.

Eines der vielen exquisiten Bed&Breakfasts auf Cape Cod ist das *Whalewalk Inn* in Eastham (220 Bridge Road, 508/225-0617), dessen leckeres Frühstück und kostenlose Leihräder den Aufenthalt besondere angenehm machen. Reisende mit beschränktem Budget finden im Mid-Cape HI/YAH Hostel in Eastham (Goody Hallet Drive, 508 /255-2785, Mitte Mai–Mitte Sept., Mitglieder 12 $, Nichtmitglieder 15 $) eine bezahlbare Unterkunft.

Radfahren auf Cape Cod

Nachdem man sich am Strand in einer leichten Marinade mit Lichtschutzfaktor 45 gebraten hat, kann man auf dem Sattel eines Fahrrades eine der schönsten Nebenstrecken des Capes genießen. Der Cape Cod Rail Trail, ein 25 Meilen langer, vollständig befestigter Trail für Fußgänger und Radfahrer zwischen Dennis und South Wellfleet, ist eine Attraktion für Gelegenheitsradler.

Wer mit dem Auto bis zum Trail fährt, findet Parkmöglichkeiten an beiden Enden sowie im Nickerson State Park in Brewster, wo der Trail unter dem US-6A hindurchführt. Leihräder sind im Rail Trail Bike Shop in der Underpass Road in Brewster, bei Idle Times am US-6A am Haupteingang zum Nickerson State Park, von Orleans Cycle in Chatham an der Kreuzung des Trails mit der Main Street einen Block nördlich des US-6A sowie im Black Duck Bike Shop in South Wellfleet neben dem Informationskiosk erhältlich. Auch in Provincetown und an vielen anderen Stellen auf dem Cape werden Fahrräder vermietet.

In Bereich des Cape Cod National Seashore gibt es noch drei weitere Radwege, angefangen vom eineinhalb Meilen langen Trail am Salt Pond Visitor Center bis hin zum über sieben Meilen langen Schlängelpfad durch die Dünen und Wasserlöcher hinter Provincetown, wo fast immer Gegenwind herrscht.

Cape Cod National Seashore Die verbleibenden zwei Dutzend Meilen bis Provincetown führen am Cape Cod National Seashore entlang, einem 40 Meilen langen Teil des National Park Systems, zu dem der gesamte äußere Küstenbereich gehört: Leuchttürme, mit Sträuchern bewachsene Dünen, Süßwassertümpel, Wattflächen, Sümpfe voller Zedern und spektakuläre, meist einsame Strände, deren Ränder stetiger Veränderung unterworfen sind. Informationsmaterial über die zahlreichen Naturlehrpfade und erläuternden Programme sind entweder im Salt Pond Visitor Center (508/225-3421, tgl. 9–16.30, Jan.–Feb. nur am Wochenende) am US-6 in Eastham oder dem Province Lands Visitor Center an der Race Point Road in Provincetown erhältlich.

Wundervolle Strände erstrecken sich Meile um Meile entlang der Atlantikküste, doch einer der Hauptattraktionen des Parks ist ein Besuch der Sunset Hills in Wellfleet an der Chequesset Neck Road Richtung Duck Harbor Beach. Der spätnachmittägliche Blick über die Cape Cod Bay wird stillen Naturen zusagen, und aktivere Besucher finden hier eine landschaftlich sehr sehenswerte Wandermöglichkeit am Great Island Trail, der am Parkplatz beginnt. Vor einer Wanderung hinaus zum Jeremy Point ist ein Blick auf die Tidentabelle ratsam, wenn man den Rückweg garantiert trockenen Fußes antreten will.

Wellfleet Wellfleet (2493 Einw.) ist eine der hübschesten Gemeinden des Capes und beliebter Wohnort für Schriftsteller, Psychiater und – Austern. Trotz der hier ansässigen Kunstgalerien, Kunsthandwerk- und

Kleidungsgeschäfte sowie teuren Restaurants hat das Städtchen noch seine Nische zwischen selbstzufriedener Langsamkeit und abgeschiedenem Wohngebiet bewahren können. Außerdem ist Wellfleet mit zwei weiteren Raritäten gesegnet: einem ganzjährig zugänglichen öffentlichen Strand mit kostenlosem Parkplatz (Mayo Beach westlich der städtischen Pier) und einem Restaurant vom Typ »New American Fusion Cuisine«, dem *Painter's* in der Main Street neben dem *Duck Creeke Inn* (508/349-3003, nur Dinner und Sonntagsbrunch, Reservierung ratsam).

Bestimmte Strandabschnitte am Outer Cape sind traditionelle Treffpunkte für »Naturisten«. Herring Cove in P'town gehört wohl zu den bekanntesten und zieht eine große schwule, lesbische und bisexuelle Fanschar an – an den Stränden des National Seashore gilt nämlich eine besondere Verordnung gegen Nacktheit. Bei Herannahen eines Park Rangers sollte man seine Blößen bedecken, um einen potentiellen Strafzettel zu vermeiden.

Doch leider gibt es auch Einschränkungen: die meisten der kommunalen Strände sind nur für Einwohner und Übernachtungsgäste zwischen Ende Juni und Anfang September zugänglich, und solche mit uneingeschränktem Zugang kosten 10 $ Gebühr. *Painter's Restaurant* ist nur in der Saison geöffnet – wer also im Winter Appetit auf Currylamm mit Raita und Arugula oder frischen Thunfisch mit Wacholderbeeren in Gin und Limonen-Tomaten-Chutney verspürt, wird anderswo suchen müssen. Und wer im Sommer nicht bis 17 Uhr mit dem Essen warten möchte, kann sich unter die örtlichen Sandwich-Freunde im *Uncle Frank's* (auch Painter's Lunch genannt) mischen, einem freundlichen, preisgünstigen Treffpunkt neben dem Mayo Beach im Gebäude des Wellfleet Harbor Actors Theatre (W.H.A.T.-Ticketbüro 508/349-6835).

Während es am Outer Cape außerhalb von Provincetown lediglich ein Kettenmotel gibt (ein Sheraton am US-6 in Eastham), finden sich doch von den klassischen Strandcottages bis zu Bed&Breakfasts unter Pinien zahlreiche individuelle Unterkünfte. Eine Übernachtung im *Little America HI/YAH Hostel* (North Pamet Road, 508/349-3889, nur Ende Juni–Anfang Sept.; Nichtmitglieder 15 $, Mitglieder 12 $) in Truro, das in einer ehemaligen Coast-Guard-Station eingerichtet ist und herrlich zwischen Preiselbeersträuchern und dem Ozeanstrand liegt, läßt genügend Geld für die Mahlzeiten übrig. Da die Jugendherberge sehr beliebt ist, sollte man rechtzeitig reservieren.

Das Wellfleet Chamber of Commerce (508/349-2510) hält ein ungewöhnlich umfangreiches Verzeichnis der Unterkünfte bereit, das per Post oder im Informationskiosk am US-6 erhältlich ist.

Provincetown Der Zielpunkt dieses transkontinentalen Trips war auch fast die Endstation für eine andere Gruppe Reisender, die auf der Suche nach warmem Wetter herkamen – im November 1620. Hätten die Pilgerväter der Mayflower und ihre Mitsegler auf der Jagd nach ihrem Glück genügend Frischwasser gefunden, wäre Provincetown der Grundstein des amerikanischen Mythos und der anglo-amerikanischen Zivilisation geworden und nicht Plymouth Rock auf der anderen Seite der Bay Doch die erste Sied-

Die Kraft des Atlantik verändert die Topographie des Capes ständig und reißt jährlich einen bis zu drei Meter breiten Küstenstreifen von den Kliffs des Outer Cape fort, um den Sand an den Stränden von Provincetown und Monomoy Island anzulagern. Die jährliche Erosion und der steigende Meeresspiegel verschlingen jährlich über zehn Hektar Fläche.

lungsgründung fand später am gegenüberliegenden Ufer statt, und P'town – wie die Einwohner den Ort nennen – muß sich mit anderen Attributen als dem nationalen Geburtsmythos schmücken.

Während einst das Meer die Lebensgrundlage für P'town als Handelszentrum, Walfängerort und Fischereihafen bildete, ist heute das Sommervergnügen an seine Stelle getreten. 1901 eröffnete Charles Hawthorne eine Sommerkunstschule und verhalf dem Ort so zum Ruf einer Künstlerkolonie, der bis heute wirkt. Bald kamen Bohemiens wie John Reed, Eugene O'Neill oder Susan Glaspell, und George Cram Cook schrieb mit den hier gegründeten Provincetown Players ein Kapitel Theatergeschichte. Den Lebenskünstlern aus dem Greenwich Village folgten die Autotouristen auf dem Fuße, die jedes Jahr so verläßlich hierher zurückkehren wie die Schwalben nach San Juan Capistrano.

Das Sommergeschäft zwingt P'town dazu, den in ganzen Schiffsladungen aus Boston einfallenden Tagestouristen die erwartete Szenerie aus Strand und Hafenfeeling zu bieten. Scharenweise ziehen sie des Nachmittags durch die trefflich benannte Commercial Street, während abends sonnengebräunte Paare in den Restaurants und Straßencafés sitzen und nachts junge Leute auf der Suche nach ihrem Vergnügen die Clubs und Bars füllen. Am Ende der Saison wird der Strand-Shuttle wieder zum ordinären Schulbus, man braucht im Restaurant nicht mehr auf einen Tisch zu warten, und vielleicht gibt es sogar einen freien Parkplatz. Und selbst spät im Jahr sind die Sonnenuntergänge einen Abstecher zum *Herring Cove Beach* wert, auch wenn man früh hinfahren und sich warm anziehen muß.

Whalewatching Cruises sind nicht von der Hochsaison abhängig, da sich die Finn-, Buckel- und Minkwale von April bis Oktober in den Küstengewässern aufhalten. *Dolphin Fleet* (800/826-9300), *Provincetown Whale Watch* (800/992-9333) und *Portuguese Princess* (800/442-3188) offerieren Tagestrips zu den Futtergebieten der Tiere im *Stellwagen Bank National Marine Sanctuary* gleich vor der Küste.

Das Pilgrim Monument and Museum (Mitte März–Nov. 9–17, letzter Einlaß 16.15; 5 $) erhebt sich 76 m hoch über Provincetown und bietet das beste Panorama auf Cape Cod. Bei klarem Wetter kann man die gesamte Halbinsel sowie die Küste von Massachusetts bei Plymouth sehen.

Touristische Einrichtungen in Provincetown Nach einem Tag, der mit Fahrradfahren in den blumenübersäten Dünen oder einem Bummel durch die engen Straßen Provincetowns mit den liebevoll gepflegten Blumenkästen an den kleinen Häusern verbracht wurde, steht der Hunger wahrscheinlich nach mehr als nur Trutas mit Zuckerguß (eine Art süße Pommes Frites) aus der *Portuguese Bakery* (299 Commercial Street). Tische mit Blick aufs Wasser und erschwing-

Im 17. Jahrhundert sahen Europäer, die regelmäßig zum Kabeljaufang den Atlantik überquerten, an diesen Ufern noch eine von Buchen und weißen Eichen, Wacholder und Steineichen bedeckte Halbinsel - ausgewachsene Wälder, die der Hunger der englischen Kolonisten nach Bau- und Feuerholz, Terpentin, Pottasche und Weideland aufzehrte. Innerhalb eines Jahrhunderts nach Landung der Mayflower war der Verlust an Bäumen und Bodenkrume so schwer, daß die Häuser auf Stelzen gebaut werden mußten, damit sie nicht im Flugsand ertranken. Die heutigen Strandwälder um Provincetown sind das Ergebnis einer 1893 begonnenen Kampagne, die Stadt vor ihrem sandigen Grab zu retten.

liche Preise sprechen für das *Lobster Lot* (321 Commercial Street östlich der MacMillan Wharf), das man durch die Küche betritt und wo gehäufte Portionen bewährt-traditioneller Gerichte auf den Tisch kommen, etwa Cioppino oder Sopa do Mar, vegetarische Pasta sowie natürlich Hummer in jeder erdenklichen Zubereitungsart. Und das Lokal ist ganzjährig geöffnet – in dieser Gegend eine Ausnahme. *Pucci's* (539 Commercial Street, Do geschlossen) liegt so dicht am Wasser, daß man sich bei Flut wie in einem Boot fühlt. Man muß sich nicht darum bemühen, bei Sonnenuntergang das Spiel des Lichtes von einem Fensterplatz aus zu bewundern – Wohlbefinden stellt sich hier auch an der Bar oder beim Frühstück bzw. Lunch ein.

Wer lieber auf festem Boden speist, ist mit dem multikulturellen Angebot bei *Napi's* gut beraten, und hier gibt es auch eine vegetarische Auswahl. Das Lokal versteckt sich in der Freeman Street Höhe Standish Street, fast gegenüber dem *Iguana Grill*, der dominikanisch-mexikanischen Dependance. Südliche Gewürze geben auch den exklusiven New American-Kreationen bei *Lorrain's* (229R Commercial Street) einen besonderen Touch; das Restaurant liegt in einer Gasse nahe des Pennsylvania Co. Store, und es bietet einige der besten Gericht von ganz Provincetown. Ein Burrito im *Purple Cactus* im Old Aquarium Building im 200er Block der Commercial Street wird dem Reisebudget sicherlich keinen Schaden zufügen. *Spiritus* auf der anderen Straßenseite (190 Commercial Street) ist ein anderes günstiges Lokal, in dem Pizza, Foccacia-Sandwiches, Eis und Latte eine Klientel aus tätowierten jungen Rauchern und Faulenzern anlockt.

Wem der Sinn mehr nach Tischtüchern und Porzellan steht, findet im *Martin House* (157 Commercial Street, 508/487-1327), was er sucht: gepflegtes Speisen am Kamin in einem Saal aus dem 18. Jahrhundert ist nicht billig zu haben, aber wer einen Grund für besondere Großzügigkeit hat, ist hier am richtigen Platz.

An Sommerwochenenden sollten Unterkünfte reserviert werden, wenn man seine Zeit am Strand und nicht auf Zimmersuche verbringen will. Das freundliche, effektive und kostenlose *Provincetown Reservations System* (800/648-0364) hilft dabei, einen Schlafplatz zu finden, der zum eigenen Budget und Geschmack paßt. Mit Hilfe eines Verzeichnisses vom Chamber of Commerce, das im Informationskiosk am Lopes Square auf der MacMillan Wharf erhältlich ist, kann man seine Anrufe auch selbst tätigen. Die umfangreiche Liste der Apartments, Cotta-

Cape Cod ist trotz des trennenden Kanals eine Halbinsel und trägt seinen Namen nach dem hier einstmal reichlich vorkommenden Kabeljau (= cod).

ges, Gästehäuer, Pensionen, Motels und Bed& Breakfasts läßt die Frage aufkommen, ob es in der Stadt ein Haus gibt, das keine Gäste beherbergt.

Das *Somerset House* (378 Commercial Street, 508/487-0383) bietet komfortable Zimmer und eine sehr zentrale Lage in einem alten Cape-Cod-Herrenhaus; wer hier übernachtet, sollte sich nicht am gelegentlichen Lachen der Gäste aus den umliegenden Lokalen stören. Die landesweiten Hotelketten (zwei *Best Westerns* und ein *Holiday Inn*), zwei private Campingplätze (*Coastal Areas Camping Court*, 508/487-1700; *Dunes Edge Camp Ground*, 508/487-9815) und die günstigen kleinen Cottages im *Outermost Hostel* (Winslow Street hinter dem Parkplatz am Pilgrim Monument, 508/487-4378, Mai–Okt., 14 $), die man mit anderen Gästen teilt, runden das Übernachtungsangebot von Provincetown ab.

US-50: The Loneliest Road

US-50: The Loneliest Road

Der US-50 ist die letzte noch existierende Transkontinentalstrecke, die nicht zum Interstate Highway umgewandelt wurde, und zieht sich von Küste zu Küste durch das Herz Amerikas. Auf seiner 3200 Meilen langen Odyssee vom Pazifik zum Atlantik führt der US-50 durch ein Dutzend Staaten und vier Hauptstädte sowie die Bundeshauptstadt Washington, D.C. Entlang der Route liegen einige der beeindruckendsten Landschaften der USA: Die Appalachen, die Rocky Mountains und die Sierra Nevada, die endlosen Farmländereien der Great Plains und die ausgedörrten Wüsten von Utah und Nevada. Der Highway folgt den Fußstapfen der Pioniere entlang des Santa Fe Trail beziehungsweise der Route des Pony Express und bildet eine eigenartig konsistente räumliche Widerspiegelung der amerikanischen Besiedelungsentwicklung. Auf der Fahrt von West nach Ost kann man rückwärts in die Geschichte reisen, von der Frontier des Wilden Westens in die Mitte des 18. Jahrhunderts, durch Gegenden, die Daniel Boone und unzählige andere Scouts des 17. Jahrhunderts erkundet haben, ehe dann der Atlantische Ozean in der Nähe der ältesten und besterhaltenen Siedlungsgebiete der Kolonialzeit erreicht ist. Auf dem gesamten Weg über den Kontinent durchquert der Highway Hunderte zeitvergessener kleiner Orte, von denen die meisten den modernen Einfluß der Riesensupermärkte, Fastfood- und Motelketten unbeschadet überstanden haben.

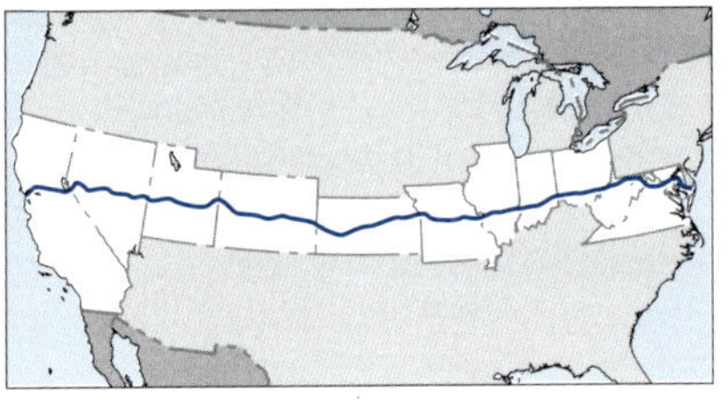

Von ihrem Ausgangspunkt in San Francisco führt die Strecke durch den zentralen Teil Kaliforniens und passiert die Staatshauptstadt Sacramento, ehe sie der Route des alten Pony Express hinauf in die Sierra Nevada an die Ufer des Lake Tahoe und hinein nach Nevada folgt. Der Streckenabschnitt in diesem Staat wird von Reiseautoren und Touristikern gern als »Einsamste Straße Amerikas« bezeichnet und zählt zu den eindrucksvollsten langen Fahrstrecken des Landes – sofern man endlose Meilen mit Bergen, Gestrüpp und blauem Himmel eindrucksvoll findet. Die Wüste des Great Basin setzt sich durch den halben Staat Utah fort, doch dann klettert die Straße über die Wasatch Front und auf das an Nationalparks reiche rote Felsland des Colorado-Plateaus.

Auf dem weiteren Weg Richtung Osten überquert man in den Rocky Mountains die kontinentale Wasserscheide, folgt dann dem Arkansas River entlang des historischen Santa Fe Trail und kommt zu vielen wichtigen Stätten an der Wildwest-Frontier. Für Fans des verschwindenden Amerika von

US-50-Highlights

gestern wird es in den Great Plains mit den wiederkehrenden Wassertürmen, Windrädern, Eisenbahngleisen und Getreidesilos am interessantesten, wo eine kleine Stadt nach der anderen das archetypische Siedlungsmuster aus Café, Postamt, Kneipe und General Store variiert.

Auf dem Weg durch Missouri von Kansas City nach St. Louis überquert der US-50 den Mississippi und führt in eine weit ältere und dichter besiedelte Region, nämlich das landwirtschaftlich genutzte Kerngebiet von Illinois, Indiana und Ohio. Die Strecke verschwindet dann in den wenig erschlossenen Wäldern Virginias und den Appalachen und taucht unversehens im Wohlstand und Getriebe der Innenstadt von Washington, D.C., wieder auf, ehe sie durch die noch immer perfekt pittoresken Bauern- und Fischerdörfer an Marylands Eastern Shore führt. Der US-50 erreicht den Atlantik schließlich im riesenhaften Ocean City, einem der letzten großen Küstenbadeorte des Landes.

Durch Kalifornien

Die Route durch Kalifornien verläßt San Francisco über die vielbefahrene Oakland Bay Bridge und beginnt offiziell am betriebsamen Interstate 80, der durch die dichtbesiedelte East Bay Area führt. Der oft verstopfte achtspurige Freeway passiert die Arbeiterstadt Oakland und die Universitätsstadt Berkeley und zieht sich dann nach Nordosten durch das historisch bedeutende, aber immer stärker zersiedelte Flachland des Sacramento-Deltas. Hinter der Staatshauptstadt Sacramento trennt sich der US-50 vom Interstate und führt erst als Autobahn, dann als zweispurige Bergstraße in die Ausläufer der Sierra Nevada hinein, wo viele kleine Orte noch den Traum des Goldrauschs von 1850 träumen. Auf dem weiteren Weg nach Osten windet sich der Highway durch endlose Kiefernwälder, ehe er vom Scheitel der Sierra Nevada steil zum alpinen Lake Tahoe hinabführt, einem ganzjährig beliebten Ausflugs- und Ferienziel an und auf der Grenze zu Nevada.

San Francisco wird in den City Survival Guides auf Seite 456 f. beschrieben.

Oakland Auch wenn Oakland (365000 Einw.) oft als das Westküsten-Äquivalent von Newark in New Jersey abgetan wird, ist diese Arbeiterstadt trotz der harten Zeiten, die sie immer wieder durchgemacht hat, ein lebendiger und ansprechender Ort. Eine Hauptattraktion für Besucher ist der *Jack London Square* an der Waterfront, mit dem der abenteuerliche Sohn der Stadt geehrt wird. Das moderne, weitläufige Einkaufszentrum am Ende des Broadway umfaßt einen großen Buchladen, mehrere Restaurants und Geschäfte sowie eine antike Blockhütte, die Jack London angeblich im Yukon-Territorium bewohnt haben soll, und natürlich den schrillen *Heinold's First and Last Chance Saloon* (56 Jack London Square), eine wackelige alte Kneipe und letztes Überbleibsel der ursprünglichen Waterfront und ihrer wilden Geschichte.

Der in Oakland geborene Jack London arbeitete in Fabriken, ehe er als erster Schriftsteller überhaupt eine Million Dollar mit seiner Arbeit verdiente.

Die andere große Attraktion der Stadt ist das exzellente *Oakland Museum* (1000 Oak Street, Mi-Sa 10–17, So 12–17; 4 $) am Ostrand der Innenstadt. Die Exponate decken alle Bereiche von der kalifornischen Naturgeschichte und der historisch-politischen Entwicklung bis zur Kunst mit Werken der Malerei und Fotografien von Dorothea Lange ab. Eine vielseitige Ausstellung von Hollywoodplakaten, Neonreklamen, Jukeboxes und klassischen Autos bzw. Motorrädern ermöglicht einen näheren Blick auf die populäre Kultur des Staates.

Die exakte Route des alten US-50, der in den Tagen vor der Numerierung des Straßennetzes den originalen Lincoln Highway bildete, führte vom Fuße der Bay Bridge südöstlich entlang des heutigen Interstate 580 über den Altamont Pass (wo eine große Windfarm liegt). Von Tracy zog sich der alte US-50 nordwärts nach Sacramento, wo er auf die gegenwärtige Route traf.

Berkeley Das linksliberale Berkeley (120000 Einw.) ist das intellektuelle, literarische und politische Zentrum der Bay Area und genießt eine internationale Reputation, die leicht über den suburbanen Charakter der Stadt hinwegtäuscht. Berkeley entstand um den wunderschön angelegten Campus der University of California herum, der in den sechziger und frühen siebziger Jahren Schauplatz eines Kampfes zwischen dem »Establishment« und Scharen ungewaschener Studenten war, die den Krieg ablehnten und verrückt nach »Sex and Drugs and Rock'n'Roll« waren. Heute ist Berkeley eine ruhigere College Town mit der typischen Mischung aus Cafés, Buch- und CD-Läden. Die Lage der Stadt mit Blick auf San Francisco und das Golden Gate ist superb.

In jüngster Zeit hat Oakland ein Desaster nach dem anderen erlebt. Das Erdbeben von 1989 richtete hier weit mehr Schaden an (und kostete doppelt so vielen Menschen das Leben) als auf der anderen Seite der Bay. 1991 zerstörte ein furchtbares Feuer 3000 Häuser und tötete 27 Menschen.

San Francisco ist sowohl von Berkeley als auch von Oakland leicht mit den Hochgeschwindigkeitszügen der BART erreichbar, die zahlreiche Stationen an der East Bay mit Downtown San Francisco verbindet und unter der Bay hindurchführt.

Der eine Quadratmeile große Campus der University of California liegt am Fuß eukalyptusbewachsener Hügel, eine Meile östlich des Interstate 80 (Ausfahrt University Avenue). Ein Spaziergang entlang des Strawberry Creek erschließt den eindrucksvollen Gebäudemix aus neoklassischen und postmodernen Hörsälen, Bibliotheken, Studentenwohnheimen und Verwaltungsbauten. Die lärmende Hauptstraße Berkeleys, Telegraph Avenue, verläuft vom Herzen des Campus Richtung Süden und ist außer von zahlreichen Ständen mit Batikhemden, politischen Pamphleten, Aufklebern, Schmuck und Tarotkarten auch von einem Halbdutzend guter Cafés und den besten Buchläden des Landes gesäumt.

Es gibt Dutzende guter Eßlokale und Kneipen in der Stadt, darunter eines der besten Frühstückslokale auf dem Planeten, *Bette's Ocean View Diner* (1807 Forth Street, zwei Blocks vom Interstate-Exit University Avenue) im Zentrum einer Gegend mit schicken Boutiquen und Galerien. Und es gibt eine Reihe von Spitzenrestaurants, darunter das weltbekannte *Chez Panisse*, der Geburtsort der California Cuisine, im Herzen von Berkeleys Gourmet-Ghetto (1517 Shattuck Avenue, 510/548-5525; Reservierungen unverzichtbar).

Das große »C« oberhalb des Campus der University of California ist über 100 Jahre alt. Es war der erste solcher gigantischen Buchstaben, die seither an Hügeln und Hängen im ganzen Land nachgeahmt worden sind.

Vallejo Vallejo war einmal für kurze Zeit Hauptstadt Kaliforniens, ist heute aber ein bodenständiges Industriezentrum. Die hiesige Wirtschaft leidet unter der Schließung der großen und historischen Mare-Island-Marinewerft, wo zwischen 1854 und 1994 viele Schlachtschiffe und U-Boote hergestellt und instandgehalten wurden. Vallejos Hauptattraktion ist *Marine World/Africa USA*, ein Freizeitpark am Nordrand der Stadt, westlich des Interstate 80 (im Sommer tgl. bis 18.30, sonst Mi–So 9.30–17.30; 24,95 $). Auf 65 Hektar Fläche tummeln sich hier Elefanten, Tiger, Seehunde und – in adäqua-

Während Studenten von Berkeley 1968 an Straßenkämpfen teilnahmen, legte ein Klempner aus dieser Stadt letzte Hand an eine Vorrichtung, mit der Luftblasen in Badewannen gepumpt werden und die seinen Namen trägt – Jacuzzi.

Die Stadt Vallejo fungierte zweimal während des Goldrausches in den frühen 1850er Jahren als Hauptstadt von Kalifornien.

ten Becken – Killerwale, die allesamt Tricks vorführen.

Vallejo markiert das Ende der San Francisco Bay Area. Östlich wird die Gegend flach und ist landwirtschaftlich genutzt, und hin und wieder durchquert man ausgedehnte Siedlungen mit Vorortcharakter, aber ohne richtiges Zentrum. In Vallejo zweigen auch die Landstraßen ins Wine Country des Napa und Sonoma Valley ab.

Städte am Interstate 80 Zwischen der Bay Area und Sacramento führt der Interstate 80 durch einen immer stärker bebauten suburbanen Korridor von Orten wie *Fairfield*, dem Sitz der Travis Air Force Base und einer großen Anheuser-Busch-Bierbrauerei, *Vacaville* mit der größten Gefängnispsychiatrie des Landes, wo der Massenmörder Charles Manson seine Tage zubringt, und *Davis* mit einem Campus der University of California, der für seine Önologen-Fakultät bekannt ist – hier wird die Weinherstellung unterrichtet.

Sacramento Im Herzen des 500 Meilen langen, landwirtschaftlich intensiv genutzten Central Valley liegt das weitläufige Sacramento, und vielleicht stellt man sich unter der Hauptstadt des Golden State etwas anderes vor als ein Kapitol und ein paar Regierungsgebäude, die sich über Tausende von Bäumen erheben. Sacramento ist ein relativ ruhiges Gebilde, eine Art neutraler Bereich und zugleich eine den schizophrenen Staat Kalifornien trefflich verkörpernde Mischung aus urbanem Zentrum (90 % der Kalifornier leben in Städten) und ländlicher Abgeschiedenheit (die 90 % des Territoriums ausmacht).

Die Stadt an den Ufern des Sacramento und des American River, die nach Westen in die San Francisco Bay fließen, wurde 1852 während des Goldrauschs zur Hauptstadt gemacht, als von hier aus die meisten Goldsucher in die Sierra Nevada zogen. Mehrere Gebäude aus jener Zeit sind restauriert und in *Old Sacramento* versammelt worden, eine Touristenattraktion und zugleich ein Shopping-Komplex am Fluß, wo nachgebaute Raddampfer Kreuzfahrten an-

Sacramento ist der offizielle westliche Endpunkt des US-50, was aus einem Schild am Freeway mit der Aufschrift »Ocean City, Maryland – 3.073 Meilen« ersichtlich wird. Bei Anreise von Westen nimmt man die Downtown-Ausfahrt vom Interstate 80 und überquert die Tower Bridge, die direkt zur auf das Capitol ausgerichteten Verkehrsachse in der City führt.

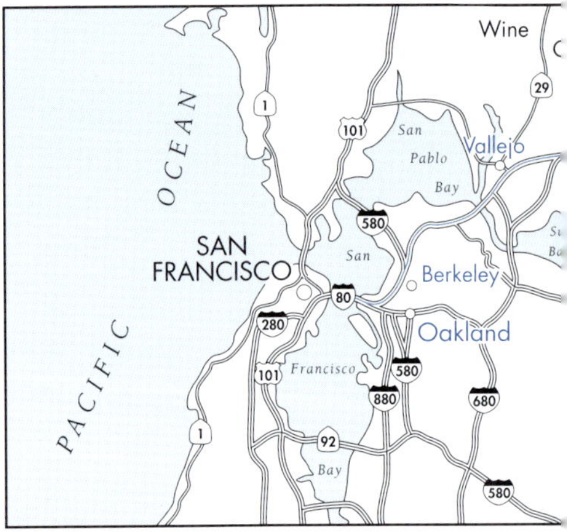

bieten und das exzellente *California State Railroad Museum* (tgl. 10–17, 5 $) die Geschichte der Eisenbahn im Westen dokumentiert. Drei Blocks östlich von Old Sacramento auf der anderen Seite des vielbefahrenen Interstate 5 erhebt sich das eindrucksvolle *State Capitol* (tgl. 9–17; gratis), das 1874 fertiggestellt und kürzlich restauriert wurde.

Zwei andere Attraktionen liegen nur eine kurze Fahrstrecke vom Kapitol entfernt. *Sutter's Fort* (tgl. 10–17; 2 $) ist der Nachbau des Frontier-Außenpostens, der 1839 vom Schweizer Siedler Johannes Sutter an dieser Stelle errichtet worden war: Die Anlage befindet sich eine halbe Meile nördlich der Kreuzung des US-50 mit dem Interstate 80, westlich des Freeways Höhe 27th und L Street. Hier gibt es auch ein sehr gutes *California State Indian Museum* mit Sammlungen zur Geschichte und Kultur der Stämme, die ursprünglich auf dem Staatsgebiet lebten. Zeugnisse eines anderen Lebensstils zeigt das *Towe Ford Museum* (tgl. 10–18; 5 $)

Kaliforniens State Capitol, wie es um 1900 aussah. Ein 16 Hektar großer Park umgibt das Gebäude. Im Frühjahr, Sommer und Herbst werden Führungen durch Haus und Garten angeboten; Details sind unter 916/324-0333 zu erfahren.

bei der Autobahnkreuzung der Interstates 80 und 5 auf Höhe Front und V Street am Fluß. Das Museum zeigt ein Exemplar jedes zwischen 1903 und 1952 produzierten Fordmodells, von der klapprigen Tin Lizzy bis zu

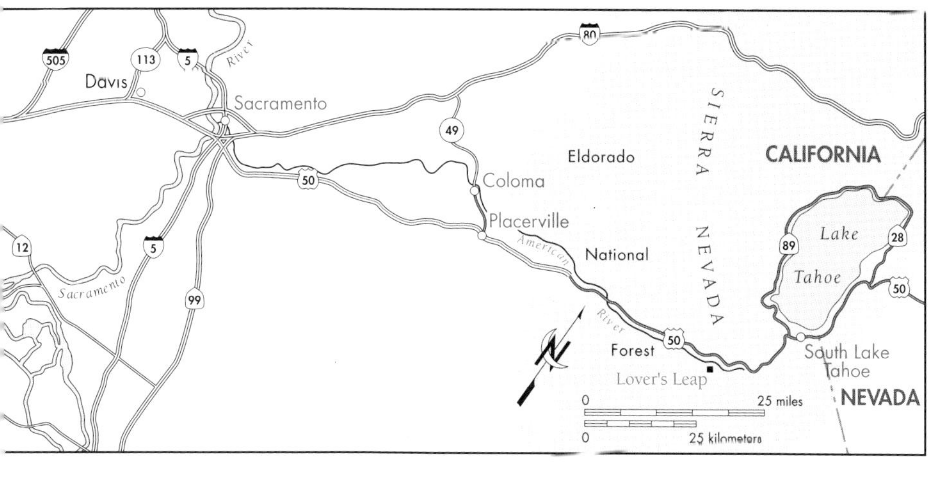

mächtigen Acht-Zylinder-Rennern. Am Memorial-Day-Wochenende Ende Mai lockt das *Sacramento Jazz Jubilee* (916/372-5277) enorme Menschenmengen an, die den über 100 Bands zuhören wollen. Dixieland steht im Mittelpunkt des Programms, und es ist tatsächlich das mit Abstand größte Festival dieses Musikstils außerhalb von New Orleans.

Abgesehen von den zumeist auf alt getrimmten Restaurants in Old Sacramento gibt es keinen speziellen Stadtteil, der für Feinschmecker von besonderem Interesse wäre – gute Lokale sind über ganz Sacramento verstreut. *Jim Denny's Burger Stand* in der Innenstadt (12th Street zwischen H und I Street) ist ein klassischer Lunch-Treff der Vierziger.

Eine halbe Meile östlich serviert *Greta's Cafe* (1831 Capitol Avenue) den Regierungsbeamten aus den Büros der Staatsverwaltung Pizzas, Salate und Sandwiches. Das entspannte *Tower Cafe* liegt neben einem sehenswerten Kino aus den Zwanzigern (1518 Broadway und 16th Street, einen Block südlich des I-80) und hat gesundes, multi-ethnisches Essen im Angebot. Hier begann übrigens auch die Erfolgsgeschichte der von Sacramento aus verwalteten Ladenkette der *Tower Records*; ein CD- und ein Buchladen liegen gleich auf der anderen Straßenseite und sind täglich bis Mitternacht geöffnet.

Die Unterkünfte Sacramentos umfassen ein *Best Western*, ein *Motel 6* und ein zentral gelegenes *Comfort Inn* sowie ein gastfreundliches *AYH Gold Rush Home Hostel* (916/421-5954) am I-5 nördlich der Stadt. Das *Bear Flag Inn* (2814 I Street, 916/448-5417) in der Nähe von Sutter's Fort ist ein schönes Bed&Breakfast in einem der ältesten Wohnviertel der Stadt.

Placerville und Coloma Der Hauptort am US-50 in den Ausläufern der Sierra Nevada, Placerville (8400 Einw.), bekam seinen Namen nach den Goldfundstätten am Südarm des American River (placer = erzhaltige Stelle, Goldfundort), der nördlich der Stadt vorüberfließt. Das historische Herz des Ortes ist weitgehend unverändert erhalten, und ein paar Bars und Restaurant erinnern mit ihrem Ambiente an die rauhe und wilde Vergangenheit, als die Stadt den Spitznamen »Hangtown« trug und im Zentrum ein Galgen stand. Am stärksten erinnert jedoch die *Gold Bug Mine* (eine Meile nördlich des US-50 via Ausfahrt Bedford Avenue, im Sommer tgl. 10–16, sonst nur Sa/So; 1 $) an das Erbe der Goldrauschzeit. Eine Erzmühle und andere Bergbaugerätschaften finden sich rings um den Eingang zum alten Minenschacht, den man auf eigene Faust erkunden kann.

Zwischen Sacramento und Placerville ist der US-50 eine achtspurige Autobahn – und besonders für den westlich bergab fahrenden Verkehr stellt die California Highway Patrol gern ihre lukrativen Geschwindigkeitsfallen auf.

Der ursprüngliche Ort, an dem einst das Gold entdeckt wurde, Sutter's Mill, ist als Teil des *Gold Discovery State Historic Park* in Coloma nachgebaut worden, einem idyllischen Areal am Ufer des American River, neun Meilen nördlich von Placerville via Highway 49. Placerville ist ein guter Ausgangspunkt, um die zahlreichen Überbleibsel der Goldrauschzeit in dieser Gegend zu erkunden. Entlang des US-50 liegen meh-

1849 stand die ruhige Sutter's Mill im Fokus weltweiter Aufmerksamkeit, nachdem hier Gold entdeckt worden war.

> Während der Goldrausch-Ära wurde Placerville als Hangtown bezeichnet und war dafür bekannt, daß hier auch Gelegenheitsdiebe und Kleinkriminelle am Galgen endeten.

rere Motels, darunter ein Best Western und ein Days Inn. Das *Bell Tower Cafe* (423 Main Street) im Ortszentrum serviert das klassische, selbstkreierte Hangtown Fry und andere vorzügliche Gerichte.

Zwei andere interessante Restaurants liegen nur eine kurze Fahrstrecke von Placerville entfernt. Das alte und sehr populäre *Poor Red's Barbecue* im Örtchen El Dorado, fünf Meilen südlich am Highway 49, ist in einer zeitgenössischen Postkutschenstation untergebracht und serviert großzügige Lunch- und Dinner-Portionen zu kleinem Preis. Die Ausfahrt Cedar Grove ab US-50 östlich Placervilles führt nach Camino und zum *Del Monte Express*. Das Lokal liegt an einer kleinen Bahnstrecke, die früher für Holztransporte diente, und die riesigen Burger auf der Speisekarte sind nach historischen Zügen benannt.

Der American River und Lover's Leap

Etwa 20 Meilen östlich von Placerville verwandelt sich der US-50 plötzlich von einer vierspurigen Autobahn in eine kurvenreiche, schmale, zweispurige Landstraße und führt über die Scheitellinie der Sierra Nevada. Der oft verkehrsreiche Highway folgt den steilen Ufern des American River, und die Üppigkeit der westlichen Sierra wird sofort spürbar, wenn die Straße an ausgedehnten Hainen aus Kiefern, Fichten und Zedern entlangführt, hinter denen sich zahlreiche alte Herbergen und Ferienhütten verstecken.

> Zwischen Sacramento und Lake Tahoe folgt der US-50 der Route des Pony Express. Hinweisschilder und Gedenksteine heben historische Stätten entlang der Strecke hervor.

Etwa sechs Meilen westlich des Gipfels ragt südlich des Highways das Granitkliff des Lover's Leap auf. Seine 400 m hohe Vorderseite lockt mutige Kletterer an, während weiter nördlich die sanfteren Kaskaden der *Horsetail Falls* einen friedlicheren Rastplatz bieten. Nachdem der US-50 die steilsten und schärfsten Haarnadelkurven seines Verlaufs passiert hat, ist der 2244 m hohe Echo Summit erreicht, der tolle Ausblicke auf den Lake Tahoe ermöglicht, und auf der Weiterfahrt steil bergab nach Osten locken die blauen Wasser des Sees, bis man schließlich seine Ufer erreicht hat.

South Lake Tahoe Der Lake Tahoe ist einer der größten (12 Meilen breit, 22 Meilen lang, 72 Meilen Küstenlinie), tiefsten (stellenweise mehr als 300 Meter) und saubersten Seen im Land und liegt auf einer Höhe von

1895 m über dem Meeresspiegel genau auf der Staatsgrenze zwischen Kalifornien und Nevada. Von jedem Blickwinkel aus ist der See schön anzuschauen, ob man ihn nun von den umliegenden alpinen Berggipfeln aus, vom Fahrrad oder aus dem Auto während einer Tour entlang seiner Ufer oder von einem Boot auf dem See selbst betrachtet.

Der plumpe Ferienort South Lake Tahoe liegt – wie unschwer zu erraten ist – am Südende des Sees und hat eine gespaltene Persönlichkeit. Auf der kalifornischen Seite der Stateline säumen niedrige Motels den US-50, und die Atmosphäre entspricht einem familienorientierten Sommerziel mit Fahrradverleih und T-Shirt-Läden am Straßenrand. Jenseits der Grenze zu Nevada erheben sich glitzernde Casinos 20 Stockwerke hoch und bilden eine plötzliche Mauer aus Stahl und Glas, und zugunsten des Vergnügens der Erwachsenen – Glücksspiel, scharfe Nightclub-Revuen und nochmals Glücksspiel – wird die umliegende Schönheit der Landschaft ignoriert. Ein paar strategisch plazierte Kiefern halten mühevoll einen Schein seiner ehemaligen natürlichen Pracht aufrecht, doch in der Hauptsaison ist der Ort beiderseits der Staatsgrenze nichts als ein *sehr* betriebsamer Streckenabschnitt.

Man kann dieses Getriebe ganz einfach hinter sich lassen und dem Highway 89 um die Westseite des Sees herum zum wunderschönen State Park an der *Emerald Bay* folgen oder hinauf in die Berge wandern. Dort, wo der US-50 vom See aus nach Süden führt, gibt eine U.S. Forest Ranger Station (870 Emerald Bay Road, 916/573-2600) detaillierte Auskünfte über Wander- und Mountain-Bike-Trails.

Im Winter verwandelt sich die Gegend rings um den See in ein äußerst beliebtes Areal für Skiläufer; Heavenly Valley am Südufer und Squaw Valley im Norden gehören zu den größten und betriebsamsten Wintersportgebieten der USA, und rings um den See liegen Dutzende weitere.

Trotz der Popularität der Gegend sind die Übernachtungspreise im Tahoe-Gebiet relativ niedrig. Mit zwei *Travelodges*, einem *Motel 6* und Dutzenden anderer Motels zur Auswahl sollte es nicht schwerfallen, ein geeignetes Zimmer zu finden. Skilangläufer und Reisende auf der Suche nach Erholung sollten einen Aufenthalt in *Sorenson's Resort* (916/694-2203), 17 Meilen südlich des Sees am Highway 89, erwägen; die gemütlichen Cabins und ein nettes Café liegen in einem friedlichen Tal an der alten Route des Pony Express über die Sierra.

Gutes Essen gehört nicht zu den Stärken von Tahoe, doch ein sättigendes Frühstück bekommt man problemlos im *Red Hut Waffle Shop* (2273 US-50), westlich der Motelmeile. Für ein gut zubereitetes und nicht überteuertes Abendessen ist *Nephele's* (1169 Ski Run Boulevard) am Anfang des Heavenly Valley die richtige Adresse. Die großen Casinohotels in Nevada verfügen alle über verläßlich gute, doch zumeist langweilige Restaurants.

Umfassendere Informationen sind im Lake Tahoe Visitors Bureau (800/288-2463) erhältlich.

Durch Nevada

Zwischen dem Lake Tahoe im Westen und dem Great Basin National Park an der Grenze zu Utah führt der US-50 auf mehr als 400 Meilen durch zerfurchte Landschaft, klettert über ein Dutzend einzelne Bergketten und berührt vier klassische Bergbauorte sowie die Staatshauptstadt Carson City. Frühe Entdecker haben diese Region erforscht, die Reiter des Pony Express sie durchritten und der transkontinentale Lincoln Highway hat sie schließlich gezähmt, doch der US-50 ist stets die Nebenstrecke des Interstate 80 geblieben, der beliebteren nördlichen Route durch den Staat. Der Highway ist nicht nur die sehenswerte Alternative zum eintönigen und daher unfallträchtigen Freeway, sondern hat auch einen ganz eigenen Ruf bekommen – er ist als »einsamste Straße Amerikas« bekannt. Entlang der Strecke wird man Straßenschilder, T-Shirts, Aufkleber und sogar vom Staat gesponserte Ausweise sehen, die ihn dafür ausgeben.

Stateline Genau dort, wo der US-50 von Kalifornien aus die Grenze nach Nevada überquert, bildet der Casino-Komplex von Stateline ein paar Blocks weit eine Art Las Vegas im Miniaturformat. Vier 20stöckige Hotels überragen hier das Seeufer. *Harvey's* (800/648-3361) begann in den Vierzigern mit sechs Spielautomaten, die in einer Ecke des Casinos noch immer in Betrieb sind. Heute ist es die größte Spielhölle mit 650 Zimmern, die alle hinaus zum See weisen. *Harrah's* (800/648-3773) auf der anderen Seite des US-50 ist das extravaganteste Casino, und man kann seine luxuriösen, 46 m^2 großen Suiten für ganze 200 $ pro Nacht genießen. Insgesamt stehen in Stateline mehr als 2000 Zimmer zur Verfügung, und auf der anderen Seite der Grenze sind es noch einmal so viele. Die große Anzahl spielverrückter Besucher, die hierherkommen, geben der Atmosphäre eine spürbare Spannung, wenn sich die Roulettescheiben in vollem Tempo drehen.

Nevada Beach und Zephyr Cove Vom Casinodistrikt in Stateline aus folgt der US-50 auf 20 Meilen der Küstenlinie des Lake Tahoe und führt an den Uferparks von Nevada Beach und Zephyr Cove vorüber (wo man zweistündige Trips mit dem nachgemachten Schaufelraddampfer MS *Dixie* hinaus auf den See machen kann). Ansonsten ist der Zugang zum Wasser sehr beschränkt, da sich die meisten Uferabschnitte in Privatbesitz befinden. Viele Haltebuchten, die vor allem für den Verkehr Richtung Westen günstig liegen, ermöglichen aber zumindest unvergeßliche Blicke auf den See.

Auf halbem Weg entlang des östlichen Ufers knickt der US-50 scharf ab und beginnt den Aufstieg zum 2176 m hohen Spooner Pass. Die ganze Zeit hindurch hat man (wenn auch nur im Rückspiegel) großartige Ausblicke auf den blauen Schimmer in der Tiefe. Dann führt der Highway sanft hinab in die Wüste des Great Basin und verbindet sich für die letzten wenigen Meilen bis Carson City mit dem US-395.

Carson City Carson City ist die Hauptstadt von Nevada und mit 40 443 Einwohnern die drittgrößte Stadt des Staates. Mit ihrem Namen wird der berühmte Scout Kit Carson

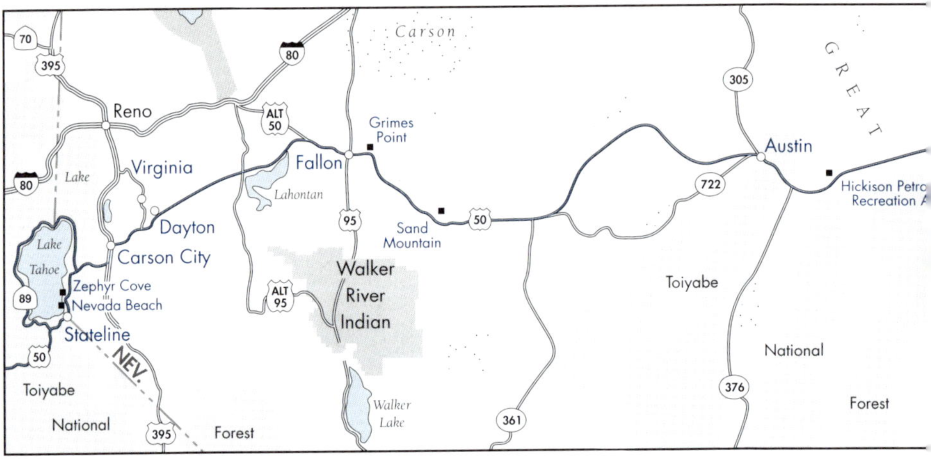

geehrt. Die Stadt liegt am Fuße des steilen östlichen Abhangs der Sierra Nevada und wurde 1858 angelegt, ein Jahr vor Entdeckung der reichen Silberadern der Comstock Lode und sechs Jahre vor Gründung des Staates Nevada.

Carson City ist schwierig zu charakterisieren. In einer kleinen Hauptstadt hat das Leben einen langsamen Rhythmus, und die meiste Hektik spielt sich in den wenigen Casinos entlang des US-50/395 ab. Das *Carson Nugget* (507 North Carson Street) zeigt Golderz im Wert von über einer Million Dollar, und es gibt dort natürlich Roulette, Würfelspiele, Black-Jack-Tische und Heerscharen alter Damen, die ihr Geld in einarmige Banditen stecken.

Abgesehen vom Gambling ist das exzellente *Nevada State Museum* (600 North Carson Street, tgl. 8.30–16; 3 $) ein Muß in Carson City; es liegt auf Höhe des State Capitol und diagonal gegenüber vom Nugget Casino im Gebäude der soliden alten U.S. Mint, wo ab 1870 aus dem Comstock-Silber Münzen geprägt wurden. Die Bergbaugeschichte – dargestellt wird unter anderem der originalgetreue Nachbau einer Mine – sowie die Naturgeschichte Nevadas und des Great Basin sind Schwerpunkte des Museums. Auch das *Nevada State Railroad Museum* am US-50/395 südlich der Stadt ist einen Besuch wert.

Gutes mexikanisches Essen ist im *El Charro Avitia* (4389 South Carson Street am Südende der Stadt) erhältlich, und die Specials im *Carson Nugget* können unglaublich billig sein (2 Dollar für Steak-Sandwiches). Die besten, aber auch teuersten Gerichte werden jedoch im *Adele's* (1112 North Carson Street, 702/882-3353) serviert. Motels reihen sich entlang der Carson Street nördlich und südlich der Stadt aneinander; empfehlenswert sind das im klassischen Stil der Fünfziger gehaltene *Frontier* (1718 North Carson Street, 702/882-1377), das *Motel Orleans* (2731 South Carson Street, 702/882-2007) und das *Motel 6* (2749 South Carson Street, 702/885-7710). Wer nach Einbruch

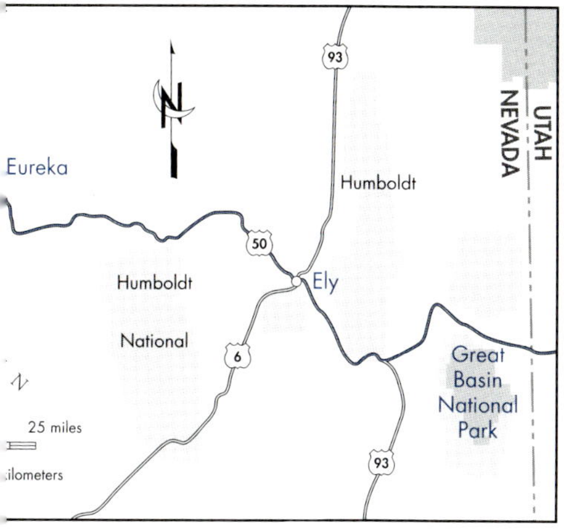

der Dunkelheit etwas anderes tun möchte, als sein Geld in den Casinos zu verprassen, kann in das wohl billigste Kino des Landes gehen, das in der Shopping Mall, eine Meile östlich der Carson Street, am US-50 liegt. Auf vier Leinwänden werden hier neue Filme gezeigt, und die Vorstellung kostet auf allen Plätzen nur eineinhalb Dollar.

Ausführlichere Informationen hält das Carson City Convention and Visitors Bureau (800/638-23211) bereit.

Virginia City 1859 folgten Prospektoren den erzhaltigen Adern an den Hängen des Mount Davidson und entdeckten eines der reichsten Goldvorkommen der Welt: die *Comstock Lode*. Fast über Nacht verwandelte sich das Camp von Virginia City in die größte Siedlung zwischen Chicago und San Francisco, und im Laufe der folgenden 20 Jahre wurde Gold und Silber im Wert von einer Milliarde Dollar tief aus dem Untergrund geholt – nach damaliger Berechnung! Später fiel der Ort wieder auf das Niveau eines verschlafenen Provinznestes zurück und wurde fast vom Wind fortgeblasen, doch dank der Fernsehserie *Bonanza*, in der Hoss und seine Brüder ständig nach Virginia City reiten, um einzukaufen oder den Sheriff zu holen, entdeckten Touristen den Ort und ermöglichten ihm ein neues Leben.

Heute ist Virginia City sowohl eine obskure Touristenfalle als auch eines der lohnendsten Reiseziele im Staat. Der Ort ist ab dem US-50 nur über den acht Meilen langen und sehr steilen Highway 341 mit Steigungen bis zu 15 Prozent zu erreichen. Dutzende dubioser Attraktionen – darunter der annehmbare *Bucket of Blood Saloon*, von dem aus sich ein Panoramablick auf den Berg bietet – säumen die fünf Blocks lange Hauptstraße C Street. In den anderen Straßen oberhalb und unterhalb – und sie liegen wirklich oberhalb und unterhalb; die Stadt klebt an einem so steilen Hang, daß die C Street gute drei Stockwerke oberhalb der parallelen D Street verläuft – befinden sich die authentischeren historischen Stätten. In der B Street beispielsweise steht das elegante *Castle*, Nevadas erstes Herrenhaus, das innen wie außen noch originalgetreu erhalten ist und einen Block nördlich des verzierten vik-

1861 wurde Orion Clemens zum Sekretär des Gouverneurs des Nevada-Territoriums ernannt, und sein jüngerer Bruder Sam folgte ihm in den Westen. Sam schrieb Berichte seiner Abenteuer auf Reisen und im Bergbau und stellte sie der größten Zeitung Virginia Citys zur Verfügung, dem Territorial Enterprise. Bald akzeptierte er eine Anstellung als Reporter bei diesem Blatt und perfektionierte seinen ganz eigenen Stil von Frontier-Humor unter dem Pseudonym Mark Twain.

The Castle, Virginia Citys elegantes Herrenhaus von 1868, wurde vom Superintendenten der Enterprise Mine erbaut.

torianischen *Storey County Courthouse* und des herausragenden *Piper's Opera House* liegt. Die D Street weiter unterhalb war einst ein etwas rauheres Viertel, wo Bordelle und Opiumhöhlen sich den Platz mit Eisenbahngleisen, Friedhöfen und den Bergwerken teilten: dem Gold & Curry, dem Ophir und dem Consolidated Virginian.

Vor oder nach einem Rundgang durch den Ort sollte man das exzellente Museum im Erdgeschoß der *Fourth Ward School* (Mai-November tgl. 10–17; 2 $) besichtigen, dem viktorianischen Haus am Südende der C Street. Es dokumentiert die turbulente Geschichte der Stadt von der Bergbautechnik bis zu Mark Twain, der seine Laufbahn als Journalist beim hiesigen *Territorial Enterprise* begann. Ein Klassenzimmer ist im Zustand des Jahres 1936 erhalten, als hier der letzte Schülerjahrgang den Abschluß machte. Eine andere nicht zu versäumende Attraktion ist das *Red Light Museum* (tgl. 11–17; 1 $) im Keller des Julia C. Bulette Saloon Ecke C Street und Union Street, das eine beeindruckende Fülle antiker Kondome, pornographischer Postkarten, Opiumpfeifen und andere sexuell eindeutige Merkwürdigkeiten zeigt, die man in Worten nicht beschreiben kann.

Sofern man nicht von den zahllosen Gelegenheiten entlang der C Street in Versuchung geführt wird, Hot Dogs zu essen oder Sassaparilla zu trinken, sieht es mit einem annehmbaren Mahl in Virginia City schlecht aus, doch liegen das *Brass Rail* und der *Delta Saloon* mit ihrem Speisenangebot über dem Durchschnitt. Eingehendere Hinweise gibt es beim Virginia City Chamber of Commerce (702/847-0311).

Dayton Dayton (an der Nordseite des US-50, östlich der Abzweigung nach Virginia City) ist eine der ältesten Siedlungen in Nevada. 1849 wurde hier Gold gefunden, und später verarbeiteten die Erzmühlen das Gestein, das man durch den Sutro-Tunnel von der legendären Comstock Lode herunterbrachte. Das historische Ortszentrum umfaßt kaum zwei Blocks nördlich der Verkehrsampel am US-50. Hier gibt es eine Reihe kombinierter Cafés und Saloons, darunter die *Old Corner Bar*, in der sich Regisseur John Huston, Schriftsteller Arthur Miller, Marilyn Monroe und Konsorten gern aufhielten, als sie 1960 in der Umgebung von Dayton *The Misfits* drehten.

Östlich von Dayton hören die mit Wasser aus dem Lahontan-Stausee bewässerten Alfalfa-Felder bald auf, und auf 50 Meilen führt der Highway durch sandige Wüste, Gebüsch und struppiges Gras.

Fallon Die Ankunft in Fallon kann – vor allem nach einer Fahrt durch die östlich gelegenen Great-Basin-Wüsten von Utah – ein Schock sein. Zum einen ist Fallon im Vergleich zu den anderen Städten am Highway 50 in Nevada mit mehr als 7000 Einwohnern relativ groß, und es gibt hier alle zu erwartenden Shopping Malls, Verkehrsampeln und Fastfood-Restaurants. Zum anderen ist Fallon grün: Alfalfa, Zwiebeln, Knoblauch und Melonen wachsen hier, so weit das Auge reicht.

So ziemlich die einzige Radiostation auf diesem Streckenabschnitt ist Fallons Sender KBLB 980 AM, der ein Standardrepertoire aus Country Hits spielt.

Auch wenn Fallon schon lange als kleine Versorgungsstation für die umliegenden Bergbaucamps existierte und um die Jahrhundertwende zu einem richtiggehenden Ort ausgebaut wurde, begann das Wachstum erst 1915, als der westlich gelegene Lahontan-Stausee fertiggestellt wurde und mit Wasser aus dem Carson River Landwirtschaft ermöglichte. Daneben ist die U.S. Navy Fallons zweiter großer Arbeitgeber, deren Air Base und Bombenabwurfareal wichtige Trainingsstätten für Kampfjets und Bomber auf Flugzeugträgern bilden – die »Top Guns« wie im Film mit Tom Cruise.

Auch wenn es kein ausgesprochen attraktiver Ort ist, verfügt Fallon doch über das zu Recht so genannte »Beste kleine Museum an der einsamsten Straße Amerikas«, das eklektische und bezaubernde *Churchill County Museum* (1050 South Maine Street, ein Stückchen südlich des US-50, Mo–Sa 10–17, So 12–17; gratis). Daneben gibt es in Fallon Geldautomaten, Tankstellen und Motels entlang des US-50, die üblichen Pizza Huts und Subways sowie eine Safeway-Filiale, die praktischerweise rund um die Uhr geöffnet ist.

Sand Mountain und Grimes Point Die 110 Meilen zwischen Fallon und Austin, der nächsten Stadt am US-50 Richtung Osten, sehen auf den meisten Landkarten ziemlich leer aus, doch gibt es hier mehr anzuschauen, als man vermutet. Mitten im Navy-Testgelände, wo Kampfflieger über den Alkali-Ebenen elektronische Kriegsspiele veranstalten, liegen Hinweistafeln auf historische Stationen des Pony Express und der Butterfield-Postkutschenroute, ein einsames Bordell und zwei einzigartige Attraktionen – eine singende Sanddüne und ein großes Areal mit prähistorischen Felsmalereien.

Am Abzweig zum Sand Mountain weist ein Schild auf das »Einsamste Telefon an der einsamsten Straße Amerikas« hin.

Die Gruppe außergewöhnlicher bemalter Felsblöcke am Grimes Point, zehn Meilen östlich von Fallon, ist nicht zu übersehen. Nur 100 m nördlich des US-50 führt ein markierter Trail zu Hunderten von Bildern, die in flechtenüberwachsene, dunkelbraune Basaltblöcke eingekratzt sind. Vor gut 8000 Jahren, als diese Ritzungen entstanden, lag Grimes Point am Ufer des längst verschwundenen Lake Lahontan, einem primitiven Jagd- und Fischereirevier für die prähistorischen Bewohner des Great Basin. Heute teilen sich schnell herumflitzende Eidechsen und gelegentlich auftauchende Antilopen das sonnendurchflutete Gebiet mit den glänzenden

45 Meilen östlich von Fallon führt der Highway 361 südlich zum Bergbaustädtchen Gabbs, wo Magnesium abgebaut wird. Östlich der Siedlung liegt der faszinierende Berlin-Ichthyosaur State Park, in dem es die nur in Nevada existierende Kombination einer hundertjährigen Ghost Town mit einem 200 Millionen Jahre alten Vorkommen fossilierter Meerestiere gibt.

Der Pony Express

Von allen überlebensgroßen Legenden, die die Annalen des Wilden Westens beleben, ist keine wirkungsvoller als die des Pony Express. Wie für die Abenteuer der Frontier üblich, wurden Berichte vom Pony Express oft mit beträchtlichen Übertreibungen angereichert, doch sind in diesem Fall auch die reinen Fakten ungewöhnlich eindrucksvoll. Der Pony Express nahm im April 1860 seinen Service auf, verband zweimal wöchentlich St. Joseph, Missouri, und Sacramento, Kalifornien, von wo aus die Reststrecke nach San Francisco per Dampfschiff zurückgelegt wurde. Durch die Reiter wurde die Zeit halbiert, die der Transport von Informationen zur Westküste sonst benötigte; sie bewältigten die 1966 Meilen lange Strecke in zehn Tagen. Acht Reiter – darunter der 14jährige William »Buffalo Bill« Cody, der einen Rekordritt von 322 Meilen absolvierte – rasten zwischen den 190 Wegestationen hin und her, wechselten alle 10 bis 15 Meilen die Pferde und legten pro Ritt durchschnittlich 75 Meilen zurück – bei Tag, bei Nacht, bei jedem Wetter, durch 50 Grad heiße Wüsten und über schneeverwehte Bergpässe.

Der Pony Express überbrückte fast 2000 Meilen der wildesten und zerklüftetsten Landschaft der Frontier und stellte die erste ständige Hochgeschwindigkeitsverbindung zwischen den beiden Küsten her. Zu einer Zeit, als die Nation gespalten war und der Bürgerkrieg am Horizont drohte, spielte der Pony Express eine entscheidende Rolle, damit die wertvollen Bergwerke in Kalifornien und Nevada in den Händen der Union blieben. Der Service war ein privater Dienst, der nur 18 Monate existierte und nach beträchtlichen Geldverlusten eingestellt wurde, aber er bewies, daß eine Landverbindung durch den noch wirklich wilden Westen der USA sowohl nötig als auch möglich war.

Die Vollendung der transkontinentalen Telegraphenlinie am 28. Oktober 1861 machte den Pony Express gleichsam über Nacht obsolet, und nicht einmal ein Sattel ist von diesem legendären Unternehmen erhalten geblieben. Außer ein paar Briefen mit Stempelaufdrucken und Statuen beziehungsweise Hinweistafeln, die die alte Route kennzeichnen, gibt es heute nur wenige greifbare Überbleibsel. Die eindrucksvollsten Stätten liegen in der ausgedörrten Wüste von Nevada und sind leicht vom US-50 aus erreichbar. Östlich von Fallon am Sand Mountain etwa verläuft der Highway genau auf der alten Expreß-Route, und man kann noch die Überreste zweier damaliger Wegstationen sehen. Eine ist Sand Springs am Fuße der riesigen Düne. Ansehnlichere Überreste sind 32 Meilen östlich in Cold Springs erhalten, wo Tafeln die Geschichte nacherzählen und ein rund eine Meile langer Trail zu der einst isoliertesten und gefährlichsten Station an der gesamten Pony-Express-Route führt.

Felsen, in die eine große Zahl verschiedenster abstrakter und figurativer Bilder eingemeißelt und eingekerbt ist. Wer Gefallen daran findet und mehr über die geschichtlichen Hintergründe wissen möchte, sollte im exzellenten Churchill County Museum in Fallon einen Stopp einlegen. Die Museumsmitarbeiter veranstalten auch Führungen zur nahegelegenen *Hidden Cave*, wo archäologisch bedeutende Artefakte entdeckt wurden.

Sand Mountain, 15 Meilen östlich von Grimes Point, 84 Meilen westlich von Austin und eine halbe Meile nördlich des US-50 gelegen, ist eine gigantische Sanddüne mit scharfem Grat, die meist am Spätnachmittag einen dumpfen, dröhnenden Ton von sich gibt, wenn die herabpurzelnden Sandkristalle mit der richtigen, wind- und temperaturabhängigen Frequenz oszillieren – irgendwo zwischen 50 und 100 Hertz. An Wochenenden ist es aber wahrscheinlicher, daß das Geknattere nichtschallgedämpfter Geländemotorräder und Buggies alles andere übertönt, denn der Sand Mountain ist ein beliebtes Off-Road-Areal. An anderen Tagen jedoch ist die halbstündige Kletterpartie zur Spitze aufgrund des Panoramas und des Anblickes vom Wind herumgewirbelter Sandkörner alle Mühen wert. Im Sommer sollte man einen ausreichenden Wasservorrat mit hinaufnehmen!

Austin Das kleine Austin (330 Einw.), 110 Meilen östlich von Fallon und 70 Meilen westlich von Eureka, schmiegt sich in gut 2000 Metern Höhe an die Nordflanke des mächtigen Mount Toiyabe. Der steile Anstieg der Main Street (US-50) ist fast ein Sinnbild dafür, wie Austin sich seit dem Ende des nur zehn Jahre währenden Bergbaubooms zäh ans Leben klammert – und der endete bereits 1873. Anders als Fallon oder Eureka, die ihre Prosperität gleichsam am Rockaufschlag tragen, hält Austin an der rustikalen Atmosphäre fest, die einst – und stellenweise noch immer – für Nevadas Charakter zentral war. Und zentral ist auch die Lage des Ortes: der geographische Mittelpunkt des Staates liegt lediglich zwölf Meilen südlich.

Einer lokalen Legende zufolge entdeckte ein Reiter des Pony Express hier im Jahre 1862 rein zufällig Silbererz, und der Run begann. Von Austin – das seinen Namen nach der Stadt in Texas hat, aus der einer der Ortsgründer stammte – schwärmten die Prospektoren in alle Richtungen aus und gründeten Belmont, Berlin, Grantsville, Ione und Dutzende anderer Boomtowns, die längst nur noch als Geisterstädte existieren. Ungefähr 50 Millionen Dollar in Gold und Silber wurden binnen zehn Jahren von hier aus fortgebracht. Seither hat Austin einen langen und traurigen Niedergang erlebt, obwohl jüngste Versuche zum Abbau in der Umgebung lagernder Türkis- und Bariumvorkommen einigermaßen erfolgreich waren.

Eine zweiminütige Fahrt mit zehn Meilen Höchstgeschwindigkeit entlang der Main Street zeigt alles, was es in Austin heute zu sehen gibt. Die eindrucksvollen Türme der katholischen, methodistischen und baptistischen Kirchen dominieren das Ortsbild, während am westlichen (tiefgelegenen) Ende der Siedlung ein Blick auf *Stoke's Castle* zu erhaschen ist, eine dreistöckige steinerne Festung aus dem Jahr 1897, die nur einen Monat lang bewohnt war. Am besten sieht sie aus der Entfernung aus, wie sie sich über die Friedhöfe am Westrand des Ortes erhebt. Wer sie näher betrachten will, muß vom US-50 aus der Castle Road eine halbe Meile nach Süden folgen.

Für seine 300 Einwohner hat Austin drei Tankstellen (die man unbedingt nutzen sollte, denn bis zum nächsten Ort ist es ein sehr weiter Weg!), drei Motels und drei Cafés. Das uralte *International*, das 1863 Brett für Brett und Balken für Balken von Virginia City hierhergebracht wurde, öffnet bereits um sechs Uhr früh, eine Stunde später von *Carol's Country Kitchen* und schließlich dem *Toiyabe Drive-In* gefolgt. Alle drei liegen an der Main Street und schließen gegen 21 Uhr.

Hickison Petroglyph Recreation Area Die Route zwischen Austin und Eureka ist an beiden Enden von über 2000 m hohen Bergketten eingekeilt und stellt wohl das längste, flachste und geradeste Teilstück des US-50 in Nevada dar – mehr als 70 Meilen durch das Nichts und Nirgendwo des Great Basin. Viehfarmen füllen die Ebene, die von frühen Kundschaftern wie John C. Fremont durchkreuzt wurde, der 1845 in die Gegend kam; später waren die Reiter des Pony Express und Kutschen der Butterfield-Route ein regelmäßiger Anblick. Solche vergleichsweise junge Geschichte verblaßt angesichts der prähistorischen Vergangenheit der Gegend und besonders der feinen Felsbilder, die am Osthang des 2009 m hohen Hickison Summit, 25 Meilen östlich von Austin und 45 Meilen westlich von Eureka, ins Gestein geritzt sind.

Durch Nevada folgt der US-50 der Route des Lincoln Highway, der ersten transkontinentalen Straßenverbindung des Landes.

Die Felsbilder stehen heute als Teil der vom Bureau of Land Management unterhaltenen Hickison Petroglyph Recreation Area unter Schutz. Sie liegen in einer schmalen Sandsteinschlucht nördlich des Highways. Ein 800 m langer Trail führt vom Parkplatz aus durch Gestrüpp, Wacholderbüsche und Pinien zu Dutzenden enigmatischer Figuren, von denen einige aus der Zeit um 10000 vor Christus datieren. Überraschenderweise sind sie noch frei von Graffiti. Der Parkplatz dient zugleich auch als einfacher Campground.

Eureka Eureka liegt mitten an einem 100-Meilen-Abschnitt spektakulärer Great-Basin-Landschaft und ist einer der anheimelndsten und angenehmsten Stopps in Nevada. Anders als viele sonstige Orte an der einsamsten Straße geht es Eureka wirtschaftlich ziemlich gut, da im umliegenden County noch mehrere Goldminen in Betrieb sind, darunter die Newmont Mine bei Carlin, die größte und produktivste der gesamten USA.

Vier Straßenzüge weit flankieren hundertjährige Gebäude die steil ansteigende Main Street (US-50). Sie sind ein Mix aus gut restaurierten backsteinernen und hölzernen Ladenfronten neben weniger glücklichen Ruinen, die zuweilen nur aus eisenträgergestützten leeren Fassaden bestehen.

Im Mittelpunkt des Interesses steht das noch immer benutzte würdevolle *Eureka County Courthouse* von

Die staatliche Nevada Commission on Tourism unterstützt ein Low-Budget-Programm, bei dem Reisende auf dem Highway 50 ein Zertifikat mit der Feststellung »I survived the Loneliest Road in America« erwerben können, indem sie ihren offiziellen Highway-50-Paß an mehreren Stellen entlang des Highways abstempeln lassen. Die Unterlagen hierzu sind unter 800/237-0774 oder per Post von der Commission on Tourism, Capitol Complex, Carson City, NV 89710 erhältlich.

1879. Dahinter liegt das *Eureka Sentinel Museum* (Mo–Fr 11–17, an Wochenenden kürzere Öffnungszeiten) mit Displays zur turbulenten Geschichte des Ortes sowie der Druckausrüstung und den Pressen der Zeitung, die hier von 1870 bis 1960 produziert wurde.

Die Route östlich von Ely zum Great Basin National Park ist eine offizielle »Scenic Route« und führt über hügelige Gestrüppebenen und klettert durch dichte Waldungen aus Pinien und Wacholder über die Schell Creek und Snake Mountains.

Eureka ist nicht nur ein wunderbarer Ort, um ein wenig herumzuspazieren (Broschüren für einen Rundgang gibt es im Sentinel Museum und in vielen Geschäften), sondern auch ideal für eine Fahrtunterbrechung geeignet. Zwei komfortable Unterkünfte sind das erst kürzlich wiedereröffnete *Jackson House* (702/237-5577), ein Hotel mit Bar in der Main Street, und das luxuriöse *Parsonage House B&B* (Spring Street, 702/237-5756), beide voll historischem Flair. Gutes Essen wird im *Owl Club* (Café und Casino) in der Main Street serviert. Es gibt auch eine Chevron-Tankstelle und einen E-Z-Stop-Supermarkt, die beide aber nach 22 Uhr geschlossen sind.

Ely Ely (4750 Einw., »EE-lie« gesprochen) ist ein weitläufiges Städtchen an einer Wegekreuzung, wo der US-50, der US-6 und der US-93 aufeinandertreffen. Fast 100 Jahre lang war Ely eine Boomtown und bezog ihren Wohlstand aus der riesigen, dem Kennecott-Konzern gehörenden Liberty-Pit-Kupfermine, der größten und langlebigsten Bergbauunternehmung Nevadas, die Erz im Wert von über einer Milliarde Dollar produzierte und zu ihrer Spitzenzeit in den Fünfzigern mehr als 10000 Menschen beschäftigte.

Die älteste bekannte Bristlecone Pine der Welt mit dem Namen Prometheus wurde 1964 am Wheeler Peak vom U.S. Forest Service gefällt; man entdeckte zu spät, daß der Baum mit einem Alter von 4900 Jahren das älteste Lebewesen in Amerika gewesen war. Ein Querschnitt des Stammes ist im Bristlecone Convention Center (150 6th Street) in Ely ausgestellt.

Berge von Abraum erheben sich über dem US-50 westlich von Ely, und fünf Meilen vor der Stadtgrenze gibt es hier auch eine Abzweigung zu einem historischen Aussichtspunkt, der eine Meile südlich über eine teils asphaltierte, teils ungepflasterte Straße zu erreichen ist und hoch oberhalb des riesigen Kraters einer Tagebaugrube liegt, aus der Hunderte von Tonnen Erz herausgegraben wurden.

Die Magma Mining Company gewinnt inzwischen mit verfeinerter Technik das Metall aus dem früher fortgeworfenen Abraum und hat die Aussichtsplattform mit historischen Fotos ehemaliger Bergarbeit und Gesteinsproben ausstaffiert, deren geologische Besonderheiten erläutert sind.

Als die Minen 1982 geschlossen wurden, bedeutete das auch das Ende für die Eisenbahn, mit der man das abgebaute Material zu den Schmelzöfen transportiert hatte. Aus der gesamten Anlage – Gleise, Fahrzeuge und Bahnhof – ist 1985 das *Nevada Northern Railroad Museum* (702/289-2085, Mai bis September Mi–So 9–16; 3 $) entstanden. Heute kann man an Bord des Ghost Train, gezogen von einer Baldwin-Dampflok aus

Elys lebendige Radiostation KELY 1230 AM spielt »das Beste von allem«: Oldies der Fünfziger und Sechziger plus Rush Limbaugh.

dem Jahr 1910, eine 90minütige und 14 Meilen lange Rundfahrt machen. Der Zug startet am Bahnhof am Nordende der East 11th Street und verbraucht eine Tonne Kohle und 4000 Liter Wasser; die Trips werden nur am Wochenende angeboten und kosten etwa 15 Dollar.

Abgesehen von der Bergbaugeschichte (und Motels, Tankstellen und dem einzigen Supermarkt auf 250 Meilen) gibt es in Ely nicht viel zu sehen. Das Herz der Stadt sind die neon-reichen paar Blocks der Aultman Street (US-50) westlich der Kreuzung mit dem US-93 rings um das bemerkenswerte *Hotel Nevada* (501 Aultman Street, 702/289-6665) mit seinem gigantischen Cowboy und neonbeleuchteten Spielautomaten. Drinnen gibt es einarmige Banditen, Pooltische, ein Café und eine Bar mit abendlicher Live-Musik. Zimmer im ersten Stock kosten günstige 30 Dollar. Ebenfalls einen Stopp wert ist das *Copper Queen Casino* (701 Avenue I, 702/289-4883) auf der Südseite von Ely, wo sich preiswerte Motelzimmer direkt auf eine Lobby voller Spielautomaten und einen Swimmingpool öffnen. Nett und ruhig ist zum Beispiel das *Four Sevens Motel* (500 High Street, 702/289-4747), einen Block nördlich der Aultman Street.

Der beste der drei Coffee Shops in der Stadt ist *Evah's* gegenüber dem Copper Queen Casino. Inzwischen gibt es in Ely auch die jahrzehntelang nicht zugelassenen Fastfood-Restaurants, darunter ein neuer McDonald's, und Milchshakes serviert die altertümliche Soda Fountain im *Economy Drug*, Ecke Aultman und Seventh Street.

Ely liegt an der Kreuzung des US-50 mit dem US-93, der von Montana nach Mexico führt und in Road Trip USA Band 2 beschrieben wird.

Connors Pass und Major's Place

Östlich von Ely teilt sich der US-50 25 Meilen weit mit dem US-6 und dem US-93 eine zweispurige Fahrbahn und überquert am 2353 m hohen Connors Pass die Schell Creek Range. Während man zum Paß hinauffährt, wird die Luft kühler und frischer, die einblättrige Pinie und der Utah-Wacholderbaum tauchen auf und werden häufiger, und auf der Höhe des Passes kommt die mächtige Snake Range mit dem 3981 m hohen Mount Wheeler ins Blickfeld.

Östlich des Passes, in Major's Place (keine Tankmöglichkeit), zweigt der US-93 schnurgerade nach Süden ab und durchquert 80 lange, einsame Meilen leerer Landschaft bis zum nächsten Kontakt mit menschlichen Wesen in Pioche, während der US-50 östlich auf den Great Basin National Park zuführt.

Great Basin National Park Reisende, die sich Nevada von Osten aus nähern, werden von der mächtig aufragenden Silhouette des *Wheeler Peak* gegrüßt, der mit 3981 Metern zwar nur der zweithöchste, aber doch der eindrucksvollste Berg des Staates ist. Von Westen aus erheben sich ähnlich steile Gipfel über einer üppigen, grünen, offenen Landschaft, die der US-50 Meile um Meile durchzieht. 1987 wurden die 31 000 Hektar rings um den Wheeler Peak zum Great Basin National Park erklärt, doch aufgrund seiner abgeschiedenen Lage ist er eines der am wenigsten besuchten Naturschutzgebiete der Vereinigten Staaten. Wanderer und Camper werden ohne Schwierigkeiten in den alpinen Wäldern, zwischen uralten Bristlecone-Pinien, an Schmelzwasserseen und einem kleinen Eisfeld die gewünschte Einsamkeit finden.

Dank einer gut instand gehaltenen Straße, die auf über 3300 Metern ansteigt, sind die Wildnis-Gebiete leicht für Menschen erreichbar, die zu kürzeren Fußmärschen bereit sind, auch wenn die meisten Besucher kaum über das Herzstück des Parks hinauskommen – die *Lehman Caves*. Über 70 Millionen Jahre hinweg haben geologische Kräfte die Höhlen geformt, doch blieben sie unentdeckt, bis der Farmer Absalom Lehman 1885 zufällig auf einen kleinen Zugang stieß. 1922 wurden sie zum National Monument erklärt und seither nur unwesentlich baulich verändert. Die Kalksteinformationen kommen ohne Lightshow und Soundeffekte aus, und die Hunderten von Stalagmiten und Stalaktiten, Heliciten und Aragoniten können ungestört auf die Besucher wirken. Einstündige Führungen (4 $) werden in festen Zeitabständen den ganzen Tag hindurch veranstaltet, und im Sommer gibt es um 18 Uhr eine bemerkenswerte Kerzentour. Die Führungen beginnen im kleinen Visitor Center (702/234-7331, tgl. 8–17, im Sommer länger geöffnet), in dem auch Einzelheiten über Wander- und Campmöglichkeiten zu erfahren sind und die Tierwelt des Great Basin dokumentiert ist – von Vögeln über Fledermäuse bis zu Pumas. Im Sommer gibt es sogar ein kleines Café.

Wer nicht campt und sich selbst versorgt, findet die nächsten Geschäfte und Lokale im winzigen Ort *Baker* (55 Einw.), wo es eine Tankstelle, das *Silver Jack Motel* mit sieben Zimmern und den freundlichen, gemütlichen *Outlaw Bar and Grill* gibt, der von früh bis spät Frühstück, *Burritos* und Bier serviert.

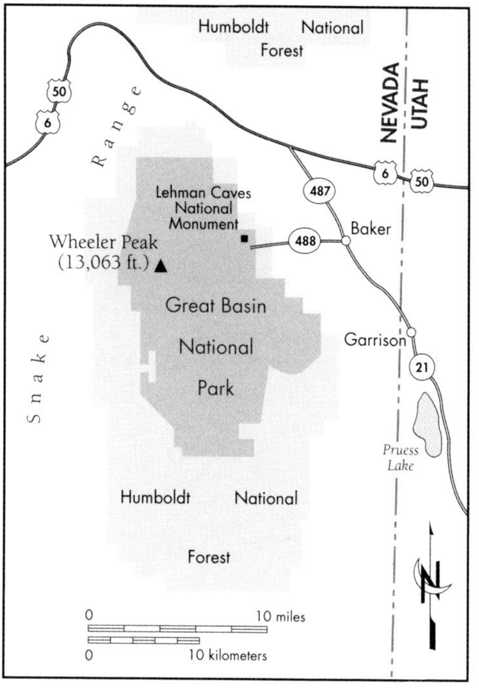

Auf dem US-50, gleich westlich der Stateline zu Utah, liegt das *Border Inn*, eine Kombination aus Tankstelle, Café und Motel, die rund um die Uhr geöffnet ist. Außer in Baker gibt es Service für Autofahrer nur 70 Meilen östlich in Ely oder 85 Meilen westlich in Delta, weshalb man nur auf eigenes Risiko ohne zu tanken weiterfahren sollte.

Durch Utah

Auf dem weitesten Streckenabschnitt durch Utah hat der schnelle Interstate 70 den US-50 ersetzt, doch wer Zeit für eine Reihe von Umwegen hat, wird mit einigen der eindrucksvollsten Landschaften der Welt belohnt. Die meisten davon sind in der südöstlichen Ecke des Staates konzentriert, wo eine Reihe von Nationalparks, darunter Canyonlands und Arches, das aus Sandstein bestehende »Canyon Country« des Colorado-Plateaus bewahren. Im Westen gibt es noch ein paar alte Bergbaustädtchen mitten in der trockenen Wüste des Great Basin. Die Entfernungen sind weit, und Serviceeinrichtungen sind selten und liegen weit auseinander, doch wer vorausplanen kann, erlebt die idyllischsten und eindrucksvollsten Winkel des Landes.

Delta Etwa 85 Meilen östlich der Grenze zu Utah ändert sich rings um den Ort Delta die Landschaft plötzlich von unwirtlicher Wüste zu üppigen Weiden, die vom grünen Sevier River bewässert werden. Delta nennt sich selbst das »Tor zum Great Basin National Park«, und es gibt hier ein *Best Western* und andere Motels, Tankstellen und einen großen Supermarkt – doch wenig Attraktionen für Besucher. Das kleine *Great Basin Museum* (328 West 100 North Street, Di–Sa 10–16; gratis), einen Block nördlich der Main Street, ist eine Stippvisite wert. Gezeigt werden Exponate zur lokalen Geschichte, darunter eine Sammlung von Artefakten aus dem *Topaz Camp*, einem Internierungslager der US-Regierung in der Wüste westlich von Delta, wo Amerikaner japanischer Abstammung während des Zweiten Weltkrieges inhaftiert waren.

Von Delta aus zieht sich der US-50 offiziell über den Interstate 15. Unsere Route folgt dem US-6 – dem alten US-50 – Richtung Salt Lake City, und dann über die Wasatch Front und trifft in Green River wieder auf den richtigen US-50.

Little Sahara Recreation Area Von Delta aus folgt die Route dem Sevier River in nordwestlicher Richtung und durchquert auf 32 Meilen eine eintönige Wüste, bevor der gut ausgeschilderte Abzweigung nach Norden zur Little Sahara Recreation Area erreicht ist. Das vier Meilen entfernte Erholungsgebiet ist vom Highway aus sichtbar und besteht aus 25000 Hektar Sanddünen und Gebüschsteppe, deren schönste Abschnitte Wanderern und Campern vorbehalten sind. Motorradfahrer und Besitzer von Geländefahrzeugen zerstören aber jeglichen Gedanken an Frieden und Stille und verwandeln das Gebiet in einen Campground der Hölle.

Eureka Fünfzig Meilen östlich von Delta und 20 Meilen westlich des Interstate 15 liegt der wettergegerbte Ort Eureka (750 Einw.) an den steilen Berghängen im Herzen des einst florierenden Tintic Mining District, wo noch 1930 Tausende von Bergarbeitern jedes Jahr Gold, Silber, Kupfer und Blei im Wert von mehreren Millionen Dollar aus dem Boden holten. Heute überragen die hölzernen Fördertürme längst geschlossener Minen die Häuser und Wohntrailer an den Hängen, während ausgeblichene Schilder für das *Golddiggers Restaurant* und die *Silver Club Bar* werben, die

Butch Cassidy und die »Hole-in-the-Wall«-Gang

Lange bevor Paul Newman ihn an der Seite von Robert Redford in der Rolle von Sundance Kid spielte, war Butch Cassidy bereits eine der größten Outlaw-Legenden des Wilden Westens. Dank seiner Eigenart, die Beute seiner Taten mit den Witwen und Kindern jener Männer zu teilen, die von Bankiers und Rinderbaronen getötet oder ruiniert worden waren, erwarb sich Cassidy den Ruf eines »Robin Hood des Wilden Westens«. Dieses Ansehen und die Tatsache, daß er bei seinen Aktionen nie jemanden getötet hatte, trugen ihm die Bewunderung der Cowboys, Bergarbeiter und kleinen Siedler ein, unter denen er seinen Geschäften nachging. Geboren am Freitag, den 13. April 1866 als Sohn einer Mormonenfamilie in Beaver, Utah, und getauft auf den Namen Robert Leroy Parker, verbrachte der Mann, der später als Butch Cassidy von sich reden machen sollte, seine Jugend als Farmgehilfe in Utah, Colorado und dem südlichen Wyoming. Das erste größere Verbrechen, welches man ihm zuschrieb, war ein Bankraub in Telluride im Jahr 1889, der ihm und seinen drei Komplizen 20 000 Dollar einbrachte. Von 1894 bis 1896 saß er in Wyoming wegen Viehdiebstahls in Haft; anschließend tat er sich mit Harry Longabaugh, genannt »The Sundance Kid«, und dem Rest der Wild-Bunch-Bande zusammen. Gemeinsam beraubten sie mehr als ein Dutzend Banken, Züge und Postkutschen im ganzen Westen und kassierten im Laufe von fünf Jahren schätzungsweise 350 000 Dollar. Eine ihrer waghalsigen Taten war der im April 1897 bei hellichtem Tag ausgeführte Überfall auf eine Kohlebergwerksgesellschaft in Castlegate, Utah. Als sie die Lohngelder aus dem Zug stahlen, griff sich Butch ganz einfach die prallvolle Aktentasche und galoppierte in einer Staubwolke davon – um 9000 Dollar reicher.

beide an der Main Street liegen und einstweilen noch geöffnet sind.

Obwohl hartnäckige Bewohner von Plänen zur Wiedereröffnung eines oder mehrerer Bergwerke sprechen, scheint Wohlstand für Eureka ein ferner Traum zu sein, und wenn der Ort auch keine Ghost Town ist, befindet er sich doch auf dem Weg dahin. An die glorreichen Zeiten wird im kleinen *Tintic Mining Museum* neben dem Rathaus in der Main Street erinnert, und am Westrand des Ortes befindet sich eine historische Hinweistafel neben dem schweren hölzernen Förderturm der Bullion-Beck Mine, einem der ertragreichsten Bergwerke der Gegend.

Santaquin und Springville Hinter Eureka biegt die Route Richtung Osten ab und führt durch einige felsübersäte und mit Gebüsch bewachsene Hügel südlich des Utah Lake auf den Interstate 15 zu. Der Utah Lake enthält im Unterschied zum nördlich gelegenen Great Salt Lake Frischwasser und war einst weit größer, ehe er zur Bewässerung der Apfel-, Pfirsich- und Kirschplantagen am US-6 bei Santaquin genutzt wurde. Die drei Tankstellen dieses Ortes sind die letzten verläßlichen Spritquellen für Fahrer auf dem Weg ins 70 Meilen südwestlich gelegene Delta.

Der Großraum Salt Lake City erstreckt sich auf fast 100 Meilen nördlich des Interstate 15 vom Provo bis Ogden. Für nähere Informationen und Hilfe bei der Suche nach Unterkünften steht das Salt Lake City Visitor Center (801/521-2868) zur Verfügung.

Von Santaquin aus folgt die Route dem Interstate 15 nördlich bis Springville, wo es einen der saubersten und komfortabelsten Truck Stopps der USA gibt, nämlich das *Mountain Springs Motel* (801/489-3641) mit gutem Essen, billigem Benzin, Zimmern für 35 Dollar die Nacht und einer Gratisdusche, wenn man volltankt.

Soldier Summit Auf dem Weg Richtung Osten aus dem Großraum Salt Lake City heraus führt die Fahrt entlang des US-6 – dem alten US-50 – über den 2278 m hohen Soldier Summit. Die zweispurige Landstraße passiert leuchtend rote Sandsteincanyons an der schroffen Ostseite der hoch aufragenden Wasatch Front und schlängelt sich dann zwischen Pinien und Pappeln zum Scheitelpunkt hinauf. Die Paßhöhe selbst, wo ein kombinierter Tankstellen-Supermarkt liegt (Motto: »Kühler gefüllt, Blase geleert«), ist die Wasserscheide zwischen dem Colorado-River-Gebiet und dem Great Basin.

Castlegate und Helper Auf dem Weg vom Soldier Summit ins Tal folgt der US-6/191 dem gewundenen Lauf des Price River

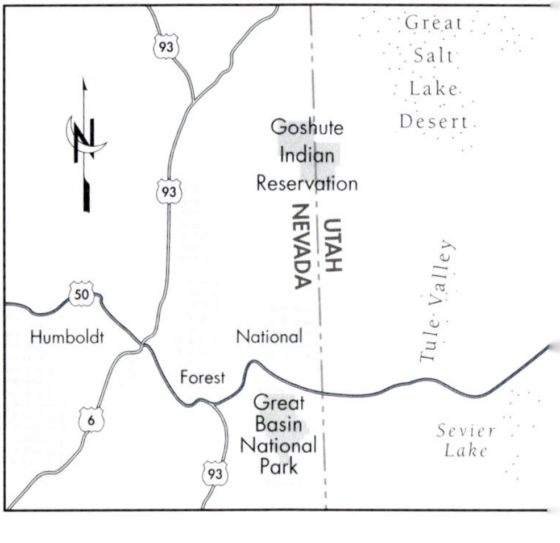

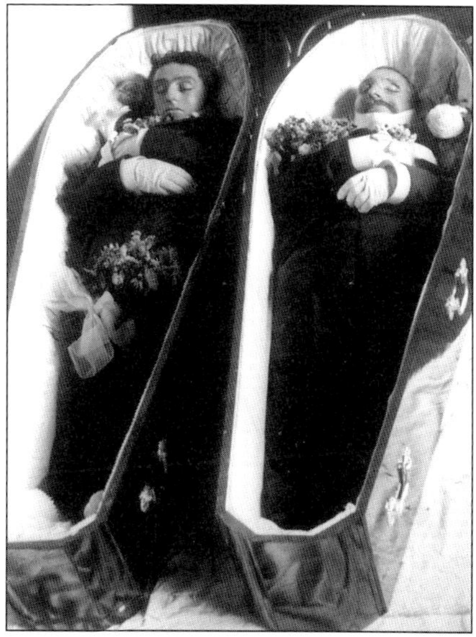

Opfer des schweren Grubenunglücks von Scofield im Jahr 1900

durch Castlegate, einen steilwandigen Sandsteincanyon voller aktiver Kohlebergwerke, die teilweise vom Highway aus zu sehen sind. Während heute die schmutzige Arbeit unter Tage von riesigen Maschinen verrichtet wird, war die Gegend um Castlegate der Schauplatz der zwei schwersten Minenunglücke in der Geschichte Utahs: 200 Menschen starben am 1. Mai 1900 bei einer Explosion im nahegelegenen Scofield, und als 1924 erneut ein Bergwerk in die Luft flog, kamen weitere 124 Männer und Jungen ums Leben.

Das kleine Helper (2148 Einw.), stromabwärts von Castlegate und sechs Meilen nördlich von Price gelegen, ist ein klassisches Eisenbahnstädtchen, das sich ein Jahrhundert lang praktisch nicht verändert hat. Der sechs Blocks lange Innenstadtbereich, der sich zu den Gleisen öffnet, enthält so viele Häuser der Jahrhundertwende mit Ziegel- und Sandsteinfassaden, daß er zum National Historic District erklärt wurde, auch wenn die meisten Gebäude leerstehen, seit die Eisenbahn in den Fünfzigern auf Dieselloks umstellte. Davor war Helper eine

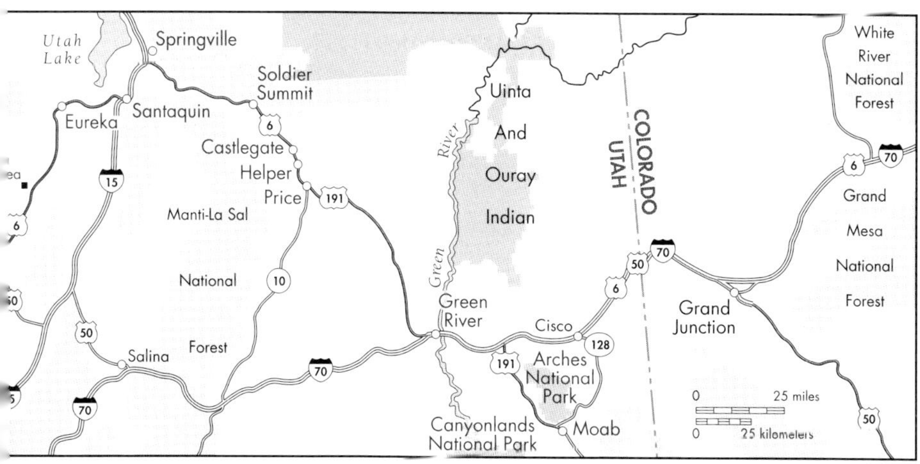

quirlige Boomtown, und der Ort bekam seinen Namen im Jahr 1892, als die Denver and Rio Grande Railroad hier eine Station und einen Lokschuppen baute, um die »Helper« unterzubringen – Zusatzlokomotiven, die die Züge über den 25 Meilen westlich gelegenen Soldier Summit schieben halfen.

Obwohl die lange Reihe zugenagelter Hotels, Bars und Billardhallen in der Main Street nicht gerade zu einem längeren Aufenthalt ermutigt, enthält das exzellente *Western Mining and Railroad Museum* (296 South Main Street, im Sommer Mo–Sa 9–17; Eintritt gegen Spende) genügend Material über Eisenbahnen, Kohleminen und die vielfältigen Kulturen der Immigranten in dieser Gegend, um sich eine Stunde oder länger damit zu beschäftigen.

Eine kleine Ausstellung erzählt die Heldentaten von Butch Cassidy und seiner Robber's-Roost-Gang, die in den 1890er Jahren im gesamten Umkreis über Banken herfielen und Vieh stahlen und sich dann in den nahegelegenen Hügeln versteckten. Hinter dem Museum erläutert ein Freilichtareal die riesigen Gerätschaften, die in den Kohlebergwerken eingesetzt werden, wo – im Gegensatz zur Eisenbahn – noch immer eine große Zahl von Menschen Beschäftigung findet.

Price Die größte Stadt im östlichen Utah, Price (8712 Einw.), liegt etwa auf halber Strecke zwischen den Interstates 15 und 70, rund 65 Meilen nordwestlich von Green River. Es gibt in dieser Gegend so viel Kohle, daß die Straßenböschungen schwarze Streifen aufweisen, doch die Stadt selbst ist fruchtbar und grün dank der künstlichen Bewässerung durch den Price River, der südlich des Ortes in den Green River und den Colorado River fließt.

Kohleförderung und in einem geringeren Maße auch Landwirtschaft sind die Basis der Wirtschaft von Price, und man würde nicht viel versäumen, wenn man auf der Ortsumgehung bliebe. Dies vorausgesetzt, ist das kleine *Prehistoric Museum* (155 East Main Street, im Sommer tgl. 9–18; Eintritt gegen Spende) wegen seiner sehr ausführlichen Sammlungen zu den Indianerkulturen der Region und seiner Dinosaurierskelette – darunter ein Stegosaurus und ein Mammut – einen näheren Blick wert. Viele der eindrucksvollen Skelette sind aus Fossilien zusammengesetzt, die im *Cleveland-Lloyd Dinosaur Quarry,* 30 Meilen südlich der Stadt, gefunden wurden.

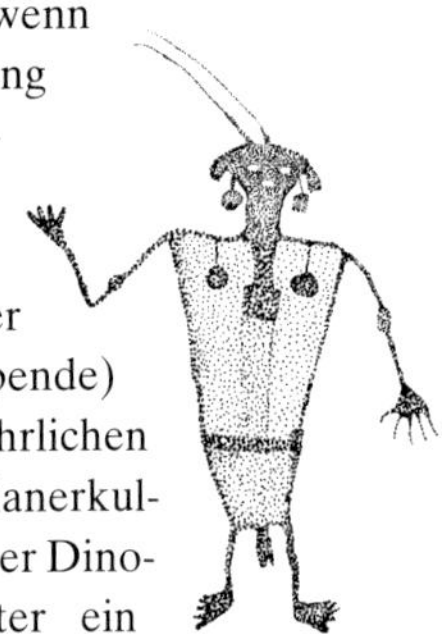

Price bietet sämtliche Einrichtungen des Highway-Service, die Reisende sich wünschen können: zahlreiche Tankstellen, Restaurants und sechs Motels, darunter ein *Days Inn.*

Südwestlich von Price läuft der US-6/191 auf den Green River und den Interstate 70 zu und führt entlang der betriebsamen Hauptstrecke der Denver and Rio Grande Railroad durch ein Gebiet mit ausgetrockneten Plateaus, auf denen alle paar Meilen eine wunderbar farbige und skurril geformte Sandsteinmesa liegt. Auf den ersten Blick öde und leer, ist die Gegend vor allem an zwei Dingen reich: Kohleminen und – weit ungewöhnlicher – Dinosaurierknochen (warum wird sonst wohl von fossilen Brennstoffen gesprochen?).

Green River Green River (744 Einw.) liegt nördlich des Interstate 70 am gleichnamigen Fluß und ist eine geeignete Basis für die Erkundung des südöstlichen Utah, bietet selbst aber nicht viel.

Im Ort gibt es zahlreiche, täglich 24 Stunden geöffnete Tankstellen, ein paar gute Restaurants (etwa das *Tamarisk* oberhalb des Green River, 870 East Main Street) und eine Handvoll Motels, darunter ein recht nettes *Best Western*, ein *Motel 6* und das kleine *Mancos Rose Motel* (20 West Main Street, 801/564-9600) mit den günstigsten Zimmern.

Auch wenn man weder tanken, essen oder schlafen muß, bietet Green River doch einen überzeugenden Grund für eine Fahrtunterbrechung: das geräumige, moderne *John Wesley Powell River History Museum* (im Sommer tgl. 820, sonst 917; 1 $).

1869 befuhren Powell und seine Mannschaft als erste den Colorado River durch den Grand Canyon in voller Länge, und obwohl die legendären Abenteurer ihr sagenhaftes Unternehmen in Green River, Wyoming, und nicht hier in Utah begannen, ist das hiesige Museum am alten US-50 auf dem Ostufer des Green River der Ort mit der besten Sammlung zu diesem Ereignis.

Die Exponate konzentrieren sich auf Powell im besonderen und auf den Transport zu Wasser im allgemeinen, doch dokumentieren sie auch die Abenteuer anderer früher Entdeckungsreisender (darunter die Expedition von Juan de Oñate im Jahr 1605 und die Reise von Domínguez und Escalante von 1776), Pelzjäger, Bergarbeiter und Mormonen, die allesamt zur Erkundung und Kartographierung des amerikanischen Westens beitrugen.

Canyonlands National Park Der größte und am wenigsten besuchte Nationalpark des Südwestens, Canyonlands National Park, ist sowohl atemberaubend schön als auch absolut unwirtlich, eine wüstenähnliche Wildnis aus hohen Plateaus und tiefen Canyons, die die mächtigen Flüsse Green River und Colorado River geschaffen haben. Der Park ist in drei verschiedene Bereiche aufgeteilt, die jeweils mindestens zehn Meilen voneinander entfernt liegen, weshalb man einen Abstecher hierher besser vorher planen sollte. Der beliebteste Distrikt, *Island-in-the-Sky* (Insel in der Luft), ragt hoch über den Zusammenfluß der beiden Ströme auf und bietet die weitreichendsten Panoramen – 100 Meilen in alle Richtungen aus einer Höhe von über 2000 Metern. Der *Needles*-Distrikt südlich der Flüsse besteht aus 130 Quadratkilometern Landschaft voller Felsspitzen, Bögen und Schluchten und ist der beste Ort für lange Wanderungen. Ein Trail führt vom Ende der Straße, wo es einen primitiven Campingplatz gibt, hinunter zum Ausgang des Cataract Canyon am Colorado River. Das dritte Gebiet des Parks, *The Maze*, liegt westlich der Flüsse und ist so gut wie unzugänglich.

> Green River ist auch eine gute Basis für Erkundungen in der abgelegenen Wildnis des San Rafael Swell, einer riesigen Auffaltung der Erdkruste westlich des Ortes zu beiden Seiten des Interstate 70.

Nahe der Parkeingänge bei Island-in-the-Sky und The Needles gibt es jeweils ein Visitor Center, und das Canyonlands-Hauptquartier in Moab (125 West 200 South Street, 801/259-7164) verfügt über reichlich Informationsmaterial. Gleich neben Canyonlands liegen zwei State Parks, *Dead Horse Point* im Norden und *Newspaper Rock* im Süden, die beide ebenfalls einen Besuch wert sind.

Arches National Park Der Arches National Park bekam seinen Namen nach den Hunderten natürlich entstandener Sandsteinbögen, die über das gesamte Areal verteilt sind, und ist der Nationalpark im südöstlichen Utah mit den meisten Sehenswürdigkeiten. Die Spannweiten der Felsbögen betragen zwischen einem und fast 100 Metern und sind das Ergebnis Millionen Jahre währender Erosion. Dieselben Kräfte haben die Tausenden von farbenprächtigen Felsspitzen, Zinnen und Schluchten im gesamten Südosten des Staates geformt. Pinien und Wacholder bilden grüne Farbkleckse vor rotem und braunem Hintergrund, doch zumeist sieht man rote Steine und blauen Himmel – und von beidem sehr, sehr viel.

> Ein Wort der Warnung: auch wenn man nicht vor hat, sein Auto zu verlassen, kann es nicht schaden, bei Fahrten durch die Wüste pro Person mindestens fünf Liter Wasser mitzuführen.

Die Höhepunkte des Parks können leicht von der 20 Meilen langen asphaltierten Straße aus erreicht werden, die durch das Zentrum des Gebietes führt. Ein Visitor Center (801/259-8161, tgl. 9-17), am Eingang östlich des US-191 und fünf Meilen nördlich von Moab, hält Karten und Broschüren bereit und zeigt Displays zur Geologie und Naturgeschichte des Parks. Hinter dem Center windet sich die Straße an der sandsteinernen Silhouette der *Park Avenue* vorbei den Hügel hinauf und erreicht dann die Abzweigung nach Osten zu *The Windows*, deren dichte Ansammlung von Bögen und Zinnen unbedingt besichtigt werden sollte, auch wenn man nur wenig Zeit hat. Vier Meilen hinter The Windows führt eine Piste zur *Wolfe Ranch*, wo ein Trail zum *Delicate Arch* beginnt, der sehenswertesten Formation des Parks. Hin und zurück ist die Wanderung drei Meilen lang. Drei Meilen weiter entlang der Hauptstraße bildet *Fiery Furnace* eine außerirdisch anmutende Sammlung enger Canyons, die ungeachtet des Namens ziemlich kühl und schattig sind. Während des Sommers veranstalten Park Ranger hier Führungen. Am Ende der Straße gibt es einen Campground, der nicht zu reservieren ist (10 $), und einen zwei Meilen langen Wanderweg zum *Devil's Garden*, wo man den berühmten *Landscape Arch* bewundern kann, den größten Felsbogen des Parks. Aufgrund lächerlicher fehlender 30 cm ist er nur der zweitgrößte der Welt – er mißt 88,7 m in der Länge und ist 32 m hoch.

> Am Temple Mountain westlich der Canyonlands gewonnenes Uran wurde zum Bau der ersten Atombomben verwendet.

> Das jährlich in der Woche vor Halloween Ende November abgehaltene Fat Tire Festival bringt Mountain Biker aus der ganzen Welt nach Moab. Details sind unter 801/259-5333 zu erfahren.

Moab Bei einer Fahrt durch das südliche Utah gibt es zwei Alternativen: Entweder man rast über den Interstate 70 und erreicht bald ein ferneres Ziel, oder man fährt langsam und findet die unvergeßliche Szenerie, die der Staat hier zu bieten hat. Einer der

John Wesley Powell und die Canyons des Colorado River

Von den vielen Berichten über die Erkundung der Frontier des amerikanischen Westens haben sich nur wenige über die Zeit hin besser behauptet als die aus der Feder von John Wesley Powell, der die erste Expedition entlang des Colorado River durch die Canyons von Utah und Arizona anführte. Bis zu dieser Reise war das gesamte Colorado-Plateau – ein etwa 200 Meilen breites und 500 Meilen langes Gebiet – ein großer weißer Fleck auf der Landkarte und trug den simplen Hinweis »unerforscht«.

Powells Lebensgeschichte liest sich wie eine erbauliche Erzählung aus der Feder des pädagogischen Schriftstellers Horatio Alger. 1834 in Upstate New York geboren, wuchs »Wes« Powell im Mittleren Westen auf und besuchte verschiedene Colleges der Frontier, wo er sich die Grundlagen der Geographie, Geologie und anderer Naturwissenschaften selbst beibrachte. Als Freiwilliger nahm er am Bürgerkrieg teil und stieg bis zum Rang eines Majors auf, obwohl er in der Schlacht von Shilo den rechten Unterarm verlor. Nach dem Krieg übernahm er eine Stelle als Professor für Geologie in Illinois und führte sommerliche Forschungsreisen auf der Suche nach Fossilien in die Rocky Mountains.

Dank seiner aus Kriegszeiten stammenden Freundschaft mit dem damaligen Präsidenten Grant erhielt Powell 1869 eine kleine Summe aus Bundesmitteln für eine ambitionierte Erkundung des Colorado River und seiner noch unerforschten Canyons. Er stellte eine Gruppe von zehn Männern zusammen, die am 24. Mai 1869 von den eben komplettierten Gleisen der Union Pacific Railroad in Green River, Wyoming, aus in vier Booten aufbrachen. Drei Monate, 900 Meilen, eine Meuterei und viele Beinahe-Unfälle später kamen Powell und seine Gruppe am Ende des Grand Canyon wieder zum Vorschein – die ersten Menschen, die die Schlucht auf dem Wasserweg durchquert hatten. Bis zum heutigen Tag ist Powells enthusiastische und peinlich genaue Schilderung dieser herrlichen roten Canyons die am besten lesbare und am stärksten die Phantasie anregende Beschreibung der Region – eine empfehlenswerte Lektüre für jeden interessierten Reisenden.

besten Ausgangspunkte für die nähere Erkundung der Region ist Moab (3971 Einw.), eine alte Uranbergbaustadt 30 Meilen südlich des Freeways, die von zwei Nationalparks – Arches und Canyonlands – sowie Hunderttausenden Hektar wüstenartiger Wildnis umgeben ist. Dank des *Outside*-Magazins und der jüngsten Manie für Outdoor-Aktivitäten hat Moab in den vergangenen fünf Jahren einen starken Touristenboom erlebt – Edward Abbey, der mürrische Poet des Südwestens, dessen erstes

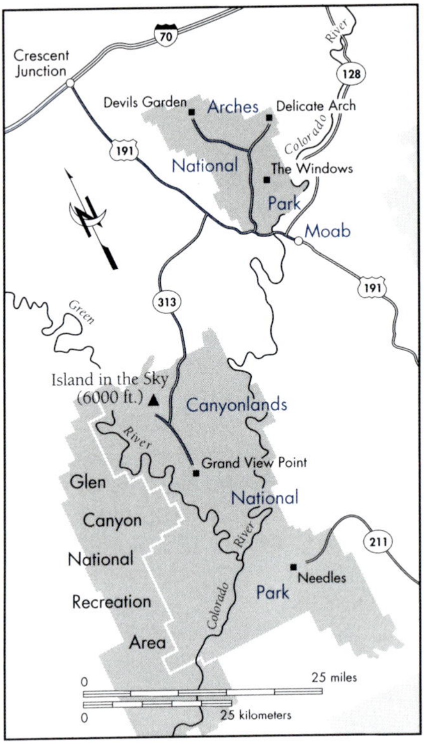

Buch *Desert Solitaire* von seiner im nahen Arches National Park verbrachten Zeit handelt, würde sich vermutlich im Grabe umdrehen, könnte er die Scharen in Lycra gekleideter Mountain Biker zwischen den T-Shirt-Läden und Kneipenbrauereien an Moabs Hauptstraße sehen. Doch trotz der Zunahme von Fastfood-Restaurants und Motelzimmer ist Moab noch immer ein staubiges kleines zurückgebliebenes Örtchen – wenn auch eines, das leichten Zugang zu der nahegelegenen Wildnis gewährt.

Wer nicht für das Camping draußen in der Natur gerüstet ist (nähere Details siehe in den Abschnitten zu den Nationalparks Arches und Canyonlands), findet in Moab die üblichen Kettenmotels, darunter ein *Days Inn*, ein *Travelodge*, ein *Ramada* und ein *Super 8*, sowie unabhängige kleine Häuser wie das *Apache* (166 South 400 East Street, 801/259-5727 oder 800/228-6882), wo John Wayne schlief, als er 1950 hier *Rio Bravo* drehte. Reisende mit knapperem Budget werden das *Lazy Lizard Hostel* (1213 South Highway 191, 801/259-6057) zu schätzen wissen, in dem ein Bett pro Nacht sieben Dollar kostet, aber wo es keine Klimaanlage gibt. Nicht-Gästen wird für eine Dusche zwei Dollar berechnet.

Auf der Terrasse von *Honest Ozzie's* (60 North 100 West Street, im Sommer tgl. 7-22) wird vegetarisches Essen serviert, und Gourmet-Dinner gibt es im teuren *Center Cafe* (92 East Center Street). *Cattleman's Restaurant,* eine Meile südlich der Stadt (1991 South Main Street/US-191), ist ein rund um die Uhr geöffneter Coffee Shop.

Weitere Informationen über die Gegend sind vom *Grand County Travel Council* (800/635-6622) oder im sehr hilfsbereiten *Moab Information Center* (801/259-8825, tgl. 8–21), Ecke Main und Center Street in der Mitte des Ortes, erhältlich. Dort kann man auch ein kostenloses Exemplar der *Moab Happenings* bekommen, in dem Unterkünfte, Restaurants, Veranstaltungen und Erholungsmöglichkeiten aufgelistet sind, vom Mountain-Biking bis zu Rafting-Expeditionen.

Für Reisende Richtung Westen gibt es am Interstate 70 bei Thompsons Springs 39 Meilen westlich der Utah-Colorado-Stateline ein sehr hilfsbereites Utah Welcome Center (im Sommer tgl. 8–20, im Winter 9–17).

Durch Colorado

Die Fahrt auf dem US-50 durch das südliche Colorado berührt fast jeden Landschaftstyp, den Nordamerika zu bieten hat. Vom geologischen Wunderland des Colorado-River-Plateaus, das sich westlich bis hinein nach Utah erstreckt, klettert die Route über die fast 4000 m hohen Rocky Mountains, die im Zentrum des Staates eine beachtliche Mauer bilden. Auf der Weiterreise nach Osten wandeln sich die alpinen Wiesen, tief eingeschnittenen Flußtäler und schneebedeckten Gipfel der südlichen Rockies in flache, landwirtschaftlich genutzte Prärien, die sich östlich bis zur Mitte des Landes ausdehnen. Während es hier in beträchtlichem Maße Ranches und Farmen gibt, ist doch die Erholung in der Natur – Angeln, Skilaufen und Mountain-Biking – die Grundlage der Wirtschaft, und die Region ist vor allem in der bergigen Mitte gut mit touristischen Einrichtungen ausgestattet.

Grand Junction 30 Meilen östlich der Grenze zwischen Utah und Colorado trennt sich der US-50 bei Grand Junction (29 034 Einw.) am Colorado River vom schnellen Interstate 70. Nach all der umliegenden Wüste erscheint die Stadt mit ihrer geschäftigen Downtown, kopfsteingepflasterten Straßen, merkwürdigen künstlerischen Skulpturen und riesigen kostenlosen Parkplatzflächen viel größer, als man es eigentlich erwarten würde. Die Angebote von Grand Junction richten sich an den vorbeirollenden Verkehr, und die Parallelstraße zum Interstate 70 bietet alle nur erdenklichen Motels und Restaurants. In der Innenstadt gibt es eine wirklich nette alte Unterkunft, das *Hotel Montrose* (337 Colorado Avenue, 970/242-9636), dessen saubere und komfortable Zimmer pro Nacht 20, mit eigenem Bad 25 Dollar kosten. Man braucht nur auf das rote Neonschild zu achten. Ausführlichere Adressenlisten sind beim Visitor Center am Interstate-Exit 31 (970/244-1480) erhältlich.

Wie der Rest des westlichen Colorado und des östlichen Utah ist die Gegend um Grand Junction an zwei Dingen reich: der landschaftlichen Schönheit der Flüsse und roten Felscanyons sowie an versteinerten Dinosaurierknochen, von denen eine gute Sammlung im *Museum of Western Colorado* (248 South Forth Street, Di–Sa 10–17; 2 $) und in den dazugehörigen künstlichen »Fossil Beds« zwei Blocks entfernt (362 Main Street) zu besichtigen ist.

Colorado National Monument Die wundervoll gefärbten Kliffs des Colorado National Monument erheben sich fast 600 m hoch über den Colorado River südwestlich von Grand Junction und sind einfach nicht zu übersehen. Tiefe Canyons, in denen Pinien und Pappeln wachsen, liegen am Fuße steil aufragender Felswände, von deren oberer Kante aus der Blick Meile um Meile auf das Colorado-Plateau hinausschweift. Der 23 Meilen lange *Rim Rock Drive* schlängelt sich an den Schluchten entlang und führt zu zahlreichen Trails, von denen aus man die verschiedenen Gesteinsschichten und merkwürdig geformten Sandsteingebilde näher in Augenschein nehmen kann.

Um das Monument von Grand Junctions Innenstadt aus zu erreichen, folgt man der Grand Avenue westlich zum Broadway

(Highway 340) und über den Fluß. Der Haupteingang zum Monument liegt vier Meilen südöstlich der Stadt, und es gibt einen weiteren beim Interstate-Exit 19 am Nordende des Parks. Beide sind sehr gut ausgeschildert, und man muß pro Wagen fünf Dollar bezahlen. Radfahrer, die so verrückt sind, sich an den steilen Steigungen zu versuchen, werden meist umsonst durchgewunken.

Es gibt ein großes Visitor Center (970/858-3617, tgl. 9–17) nahe des Haupteingangs und einen einfachen Campingplatz (10 $) vier Meilen vom nördlichen Zugang entfernt in der Nähe des Book Cliff.

Delta Hinter Grand Junction wird der US-50 vorübergehend zur Schnellstraße, verläuft dann aber wieder als zweispuriger Highway am Gunnison River entlang bis nach Delta (3789 Einw.). Das Halbdutzend hausgroßer Wandbilder von Hirschen und regionalen landwirtschaftlichen Produkten untermauert Deltas Anspruch, die »City of Murals« zu sein, doch die größte Attraktion für Reisende ist das rekonstruierte *Fort Uncompaghre* (Mi–So 10–16; 3 $) am Zusammenfluß von Gunnison und Uncompaghre River nordwestlich der Stadt. Das mit kommunalen Mitteln finanzierte Fort ist eines der besten und authentischsten »Living History«-Museen des Landes und stellt den Lebensstil der Trapper und Händler nach, die Anfang der 1820er Jahre als erste Weiße westlich der Rockies siedelten. Ed Maddox, der im Fort lebende Führer, weiß bestens Bescheid und zeigt das kleine, von Palisaden umgebene Gelände, erläutert den historischen Kontext des Fellhandels und demonstriert die Techniken, deren Kenntnis in der Frontier unverzichtbar war: Metallbearbeitung, das Gerben von Leder und das Werfen eines Tomahawks, von Jagen, Schießen und Fischen ganz zu schweigen. Er ermutigt die Besucher auch, sich selbst einmal darin zu versuchen.

Das während der New Deal-Ära durchgeführte Projekt zur Dokumentarfotografie, an dem Walker Evans und Dorothea Lange teilhatten und aus dem die meisten der Aufmacherfotos dieses Buches stammen, wurde von Roy Stryker koordiniert, der auf einer Ranch bei Montrose aufwuchs.

Delta hat seinen Anteil an Kettenmotels, darunter ein *Best Western*, sowie Fastfood-Restaurants. Und es gibt hier ein klassisches Stück Roadside-Americana: die solide aus Stein gemauerten Cabins des *Westways Court Motel* am US-50 im Zentrum des Ortes.

Südöstlich von Delta nimmt der US-50 seinen Lauf entlang des Uncompaghre River, passiert viele Farmen und ein sehr großes Sägewerk der Louisiana-Pacific in Olathe auf halber Strecke nach Montrose.

Montrose Mit den San Juan Mountains im Süden und dem Black Canyon gleich die Straße hinauf stellt Montrose, ein Farmerstädtchen mit gut 9000 Einwohnern im Herzen des fruchtbaren Umcompaghre Valley (»un-com-PA-gray« gesprochen), eine gute Basis für die Erkundung der Gegend dar. Auch wenn die Stadt selbst weniger Charme hat als viele andere Orte im Umkreis (sie ist ungefähr doppelt so groß, aber nur halb so interessant wie beispielsweise Delta), gibt es hier doch viele Motels und Restaurants, vor allem am US-50, östlich der Innenstadt.

Acht Meilen östlich von Montrose zweigt

der Highway 347 nach Norden zum Black Canyon of the Gunnison National Monument ab.

Black Canyon of the Gunnison National Monument Eines der härtesten und ältesten Gesteinsvorkommen der Erde bildet die steilen Wände des 600 m tiefen Black Canyon of the Gunnison, der tiefsten und eindrucksvollsten Schlucht im Staat. Der Gunnison River, der durch den Canyon fließt, hat ein stärkeres Gefälle als jeder andere Fluß in den USA und fällt auf weniger als 50 Meilen Strecke um über 650 m ab. Der Boden des Canyons ist so zerklüftet, daß es dort unten keine Trails gibt. Wer kein erfahrener Kletterer ist, muß meist vor einem Blick vom Schluchtenrand in den Abgrund einmal tief durchatmen. Der nördliche Canyonrand ist über den Highway 92, eine Aussichtsplattform auf einem schmalen Felsvorsprung am Südrand ab US-50 via Highway 347 zu erreichen. Hier liegt auch ein Visitor Center, das mehr über die einzigartige Geologie des Canyons erläutern kann, als man jemals wissen wollte: beispielsweise daß der Black Canyon im Gegensatz zum Grand Canyon mit seinen zahlreichen Gesteinsschichten in einen einzigen soliden Felsblock eingeschnitten ist.

Die ersten Entdeckungsreisenden, die 1776 durch diesen Teil der Rockies kamen, waren die spanischen Missionare Dominguez und Escalante.

Gunnison und Crested Butte Stromaufwärts von der Abzweigung zum Black Canyon führt der US-50 parallel zum Gunnison River nach Osten. Einst war der Fluß für seine exzellenten Möglichkeiten zum Forellenfischen und Kajakfahren berühmt, doch leider sind die früher so lebendigen Wasser durch eine Reihe von Dämmen gezähmt worden und bilden nun ein 15 Meilen langes Reservoir von zweifelhafter Schönheit, das auch durch die Einrichtung der Curecanti National Recreation Area nicht wesentlich gewonnen hat. Auf halber Länge des Sees kreuzt die Straße das Wasser über den Blue Mesa Dam. Von hier führt der Highway 92 nach Norden und um das Black Canyon of the Gunnison National Monument herum, während der US-50 weiter nach Osten auf Gunnison zuführt. Die Stadt mit 4636 Einwohnern hat den einzigen Flugplatz weit und breit und ist dank des Western State College lebendiger als andere Orte in Colorado. Die Studenten des College haben auch das riesige »W« am Berghang oberhalb der Stadt geschaffen. Um ein Feeling für Gunnison zu bekommen, ist ein Stopp im quirligen *Steaming Bean* Coffee House in der Innenstadt, an der Kreuzung des US-50 mit dem Highway 135, zu empfehlen.

Wer an der Landschaft rings um Gunnison Gefallen findet und mehr davon sehen möchte, sollte auf dem Highway 135 nördlich ins 25 Meilen entfernte Crested Butte (898 Einw.) fahren, das in einem für Skiläufer und Mountain Biker idealen Gelände liegt. Wie die berühmten Ferienorte Telluride und Aspen begann auch für dieses hundertjährige ehemalige Goldgräbercamp dank des Tourismus ein zweites Leben, obwohl Crested Butte vergleichsweise weniger schick und vor allem billiger ist. Laut *Denver Post* und anderen Stimmen gibt es hier einige der besten Restaurants im Staat. Nähere Details sind im Chamber of Com-

merce (970/349-6438 oder 800/545-4505) am Südrand des Ortes erhältlich.
Auf dem weiteren Weg nach Osten hinauf zum Monarch Pass durchzieht der US-50 eine wunderschöne alpine Landschaft mit Bergwiesen und Viehranches.

Monarch Pass Östlich von Gunnison ändert sich die Landschaft allmählich, wenn der Highway – und einige masochistische Radfahrer – steil zum 3447 m hohen Monarch Pass hinaufklettern. Der Paß bildet den höchsten Punkt im Verlauf des US-50 und liegt auf der kontinentalen Wasserscheide. Der jährlich 9 m hoch fallende Schnee auf der Ostseite schmilzt zum Atlantik ab, während der westlich fallende Niederschlag zumindest in der Theorie irgendwann seinen Weg zum Pazifik findet. Im Winter tummeln sich hier oben die Skiläufer, und im Sommer kann man entweder mit einer Seilbahn (tgl. 8–18; 5 $) oder zu Fuß auf einen nahegelegenen Berggipfel gelangen und den 360-Grad-Blick auf die Rockies und die Sangre de Cristo Mountains genießen.

Salida Salida (4737 Einw., 2145 m Höhe) liegt am Ufer des Arkansas River am Osthang des Monarch-Passes, und ist eine alte Eisenbahnstadt, die sich langsam zum Touristenzentrum wandelt. Wer nicht weiter auf die Wal-Marts und McDonald's-Filialen am US-50 achtet, sondern der First Street entlang dem Fluß folgt, erreicht die historische Innenstadt, wo ein Halbdutzend Backsteinhäuser eine Reihe vom Hippie-Stil angehauchter Cafés – die *Laughing Ladies* und das *First Street Cafe* sind beide ein guter Tip – und Outdoor-Ausrüster beherbergen, darunter das *Headwaters* (228 North F Street, 719/539-4506) direkt am Fluß, wo man Mountain Bikes und Kajaks mieten oder kaufen kann und die besten Informationen über die vielen Sport- und Erholungsmöglichkeiten der Region bekommt. Das komfortable *Manhattan Hotel* (719/539-3138), ein Bed&Breakfast, ist ebenfalls in dem historischen Gebäude untergebracht. Ein neues *Days Inn* und eine Reihe weiterer Unterkünfte säumen den US-50.
Östlich von Salida sieht man die nächsten 45 Meilen weit immer wieder Wildwasserfahrer in den Stromschnellen des Arkansas River. Auf der Strecke nach Royal Gorge wechseln sich steilwandige Sandsteinschluchten, breite Wiesen und gebüschbewachsene Ebenen miteinander ab.

Royal Gorge Man könnte leicht über den zügellosen Kommerz von Royal Gorge (tgl. 7–18, 10 $) spotten, doch wer sich nicht an dem stupiden touristischen Tingeltangel stört, der sich hier an die eindrucksvollen menschlichen Leistungen und atemberau-

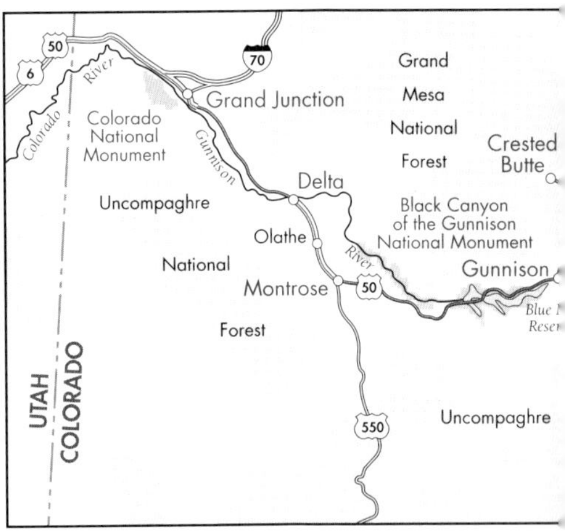

Die Phantom Canyon Road zweigt 25 Meilen westlich von Pueblo und sieben Meilen östlich von Canon City vom US-50 ab und ist eine der schönsten Routen des Westens. Die zwar unbefestigte, aber leicht zu befahrene Straße führt nordwärts zum ehemaligen Bergarbeitercamp Cripple Creek, das heute ein aufstrebender Ort mit Casino ist. Der 60-Meilen-Abstecher führt über die gleichermaßen sehenswerte Shelf Road wieder zum US-50 zurück; die Fahrt dauert mindestens drei Stunden.

benden Naturwunder gehängt hat, dem sei ein Besuch wärmstens empfohlen. Die Schlucht selbst ist unvergeßlich; ihre steilen roten Granitwände fallen mehr als 300 m senkrecht zum Arkansas River ab, und der Gesamteindruck wird durch eine Reihe technischer Wunderwerke noch verstärkt, darunter eine Seilbahn, eine sehr steile Zahnradbahn und eine unvorstellbar fein gebaute Hängebrücke, die die Erkundung der Gegend auf unterschiedlichste Weise möglich machen. Man kann vom Schluchtenrand hinabschauen, in einer Gondel über die Tiefe hinwegschweben und auf der gegenüberliegenden Seite dem kurzen Trail folgen, der schöne Blicke auf Pike's Peak bietet. Zurück spaziert man über die Planken der Brücke – die die höchste Hängebrücke der Welt ist, sich aber eher wie eine wackelige Küstenpier anfühlt – und fährt dann mit der Seilbahn zum Grund der Schlucht hinunter und bestaunt die tosenden Wasser. Dröhnend fährt die berühmte Denver and Rio Grande Railroad durch den Canyon, und stellenweise sind die Gleise mit gewagten Stützkonstruktionen weit über das Wasser hinausgebaut.

Abgesehen vom gewaltigen Eintrittspreis ist das eigentliche Problem in Royal Gorge, daß man auf dem Weg dorthin einen Spießrutenlauf durch einige der penetrantesten Touristenfallen absolvieren muß, von denen das selbsternannte »Real Historic Buckskin Joe – Gunfights and Hangings

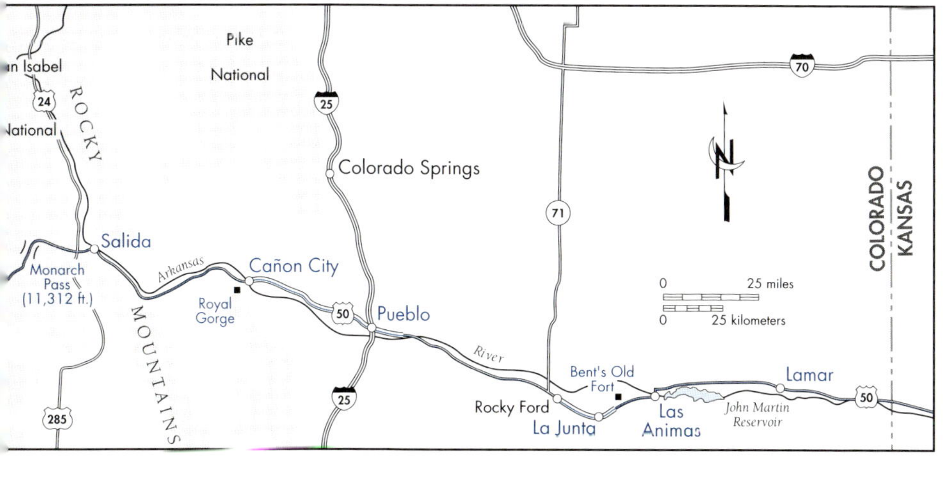

Daily« am schlimmsten ist. Ähnlich aufgemachte Buden säumen die zwei Meilen lange Straße zur Schlucht, die acht Meilen westlich von Canon City vom US-50 nach Süden abzweigt. Theoretisch läßt sich mit der Fahrt über die Brücke ein Stück des Weges abkürzen, doch im Winter ist die Strecke hinter der Brücke oft wegen Schnee geschlossen – was vor Bezahlung der Eintritts- beziehungsweise Durchfahrtgebühr erfragt werden sollte...

Canon City Canon City (12687 Einw.), eine der letzten erhaltenen Wildweststädte der USA südlich von Alaska, ist in die östliche Flanke der Rocky Mountains hineingebaut. Die Stadt liegt mehr als eine Meile hoch und ist von einem Ring mehr als 4000 m hoher Gipfel umgeben. In Canon Citys kurzer Main Street einen Block nördlich des US-50, finden sich ganz selbstverständlich noch Sattelläden, Waffengeschäfte, Buchhandlungen und Saloons – hiervon allerdings acht in vier Blocks! Die örtliche Wirtschaft profitiert aber weniger vom Tourismus als von insgesamt 14 Gefängnissen, darunter auch Colorados neuestes Hochsicherheitsgefängnis und die älteste Haftanstalt, das *Territorial Prison* (tgl. 9–17; 3 $) am Westende der Main Street, in dem 32 Zellen als irgendwie gruseliges, aber auch ansprechendes Museum erhalten wurden.

Dem WPA Guide to Colorado zufolge wollte der Lyriker Joaquin Miller, der in Canon Citys frühen Tagen als Bürgermeister, Richter und Prediger fungierte, den Namen des Ortes in Orodelphia ändern, um auf die vielen Goldminen der Region hinzuweisen. Die hiesigen Bergarbeiter protestierten aber und versicherten: »Dieser Ort ist ein Canyon, und er wird weiterhin Canon City heißen.«

Canon Citys Hauptattraktion ist die umliegende Landschaft, vor allem das Panorama am *Skyline Drive*, der vom Westen der Stadt aus zugänglich ist. Die drei Meilen lange Einbahnstraße über die Kuppe eines 240 m hohen Hügels ist wie eine Achterbahn mit dem Auto. Auch für einen Ausflug nach Royal Gorge im Westen ist der Ort eine gute Basis, denn Canon City verfügt über eine Reihe günstiger Motels wie das *Pioneer* (201 Main Street, 719/269-1745) neben dem alten Gefängnis, ein *Days Inn* und ein *Best Western*. Frühstücken kann man im versteckt liegenden *Waffle Wagon* (315 Royal Gorge Boulevard/US-50), Burger und Milchshakes gibt es im *Burger Baron* weiter östlich.

Pueblo Die stark industrialisierte Stadt Pueblo (98640 Einw.) am Fuß der Berge, 38 Meilen östlich von Canon City und 150 Meilen westlich der Grenze zu Kansas, breitet sich auf beiden Seiten des Arkansas River aus. Die drittgrößte Stadt Colorados wurde 1842 vom legendären schwarzen Fallensteller *Jim Beckwourth* gegründet, wuchs jedoch erst in den 1870er Jahren nach dem Bau der Eisenbahn und der Entdeckung nahegelegener ausgedehnter Kohlevorkommen. Stahlwerke – darunter einige der größten westlich des Mississippi – liegen am Rande des hübschen, baumreichen Stadtzentrums, doch da die Berge so nahe sind, gibt es kaum einen Grund, in Pueblo anzuhalten.

Der US-50 umgeht den Nordrand der Stadt und kreuzt den Interstate 15 mit der üblichen Phalanx von Motels, darunter ein

Motel 6, ein *Holiday Inn* und ein *Super 8*, sowie Fastfood-Restaurants.

Auf 50 Meilen Strecke von Pueblo nach Osten erhebt sich westlich der Strecke das eindrucksvolle Panorama der schneebedeckten Rockies, und der zweispurige Highway ist von Verkaufsständen für Früchte, Blumen und Gemüse gesäumt. Bei *Rocky Ford* wird der US-50 zur vierspurigen Autobahn; der Ort ist ein kleines, stilles Farmerstädtchen, und lebendig wird es jedes Jahr im August anläßlich der Feiern zu Ehren seines landesweit bekannten Hauptproduktes – der Melone.

La Junta Bei einer Reise nach Osten ist La Junta (7637 Einw.), ein geschäftiger Eisenbahnort am Arkansas River, der Punkt, wo man die Spur des alten Santa Fe Trail aufnehmen kann. Der Name La Junta – was übersetzt »die Kreuzung« heißt – ist treffend, weil die Stadt schon lange an einem zentralen Knotenpunkt erst des Santa Fe Trail und jetzt der Hauptlinie der Santa Fe Railroad mit dem nach Denver führenden Strang sowie des US-50 mit dem US-350 liegt. Neben Tankstellen und einer Palette guter Restaurants (mexikanische Küche ist hier die besondere Stärke) wartet La Junta vor allem mit dem exzellenten *Koshare Indian Museum* (Di–So 9–17; 2 $) auf dem Campus des Otero Junior College südlich der Stadt auf.

Es ist für Reisende in Richtung Westen bedauerlich, daß La Junta an jenem Punkt liegt, wo der »Mountain Branch« des Santa Fe Trail schließlich nach Süden abzweigt und dem Verlauf des heutigen US-350 durch das Comanche National Grassland und weiter über den Raton Pass nach New Mexico und Santa Fe folgt. Der Rest der Route wird in diesem Buch nicht beschrieben; mit Informationen über Santa Fe selbst hilft das dortige Visitor Center weiter (505/984-6760 oder 800/777-2489).

Bent's Old Fort Ein schneller Abstecher von La Junta aus führt über den Highway 194 am Nordufer des Arkansas River entlang zu einer der eindrucksvollsten historischen Stätten in Colorado, nämlich Bent's Old Fort (im Sommer tgl. 8–18, im Winter 9–16; 2 $). Es liegt acht Meilen östlich von La Junta und 15 Meilen westlich von Las Animas. Von 1833, als es von den Pelzhändlern William und Charles Bent gebaut wurde, bis 1848, als der Krieg mit Mexiko und wachsende Unruhen unter den örtlichen Stämmen der Arapaho, Apachen und Cheyenne das Ende für ihre Geschäfte bedeutete, war Bent's Old Fort der wichtigste Außenposten der weißen Zivilisation im Südwesten und ein Rastplatz für Reisende, Fallensteller und Forscher, darunter John C. Fremont, Francis Parkman und fast jede andere Berühmtheit des Wilden Westens.

William Bent betrieb von 1833 bis 1848 Bent's Fort am Arkansas River. Neben der Führung des Ladens fungierte er den Indianerstämmen der Region gegenüber auch als inoffizieller Botschafter.

Obwohl es über 100 Jahre lang verlassen und dem Verfall preisgegeben war, wurde das authentische Fort aus Lehmziegeln vom National Park Service wieder aufgebaut und bildet heute eine greifbare Erinnerung an

Santa Fe Trail

Mehr als ein halbes Jahrhundert lang, von den 1820ern bis zur Fertigstellung der Eisenbahnstrecke in den 1880er Jahren, stellte der Santa Fe Trail die Hauptverbindung zwischen den Vereinigten Staaten und dem spanischen beziehungsweise mexikanischen Südwesten dar. Ausgehend von den Häfen am Missouri im Gebiet des heutigen Kansas City folgte der Trail dem Lauf des Arkansas River und teilte sich westlich von Dodge City in zwei Routen: den »Mountain Branch«, dem der US-50 folgt, und die schnellere, aber gefährlichere Cimarron-Abkürzung über die Wüstenebene des Jornado del Muerto. Vor dem Aufstieg in die Sangre de Cristo Mountains trafen die beiden Routen wieder aufeinander und führten in die damalige und heutige Hauptstadt des Südwestens, nach Santa Fe.
Im Gegensatz zu vielen anderen Routen der Frontier des Westens wurde der Santa Fe Trail von Händlern und nicht von ziehenden Siedlern eingerichtet, und er wurde in beiden Richtungen bereist. Kaufleute aus den USA brachten Wagenladungen von Gütern nach Süden, die sie gegen mexikanisches Silber tauschten.
Der Trail wurde erstmals im Jahr 1821 vom Händler William Becknell bereist, als die bis dato von Spanien geschlossen gehaltene Grenze von der unabhängigen Republik Mexico geöffnet wurde. 1826 vermaß die US-Armee den 750 Meilen langen Trail, und der Verkehr nahm langsam zu, bis als Folge des mexikanisch-amerikanischen Krieges alles Land im Südwesten bis hin nach Santa Fe einschließlich der Stadt selbst unter US-Kontrolle kam. Zum Schutz der Händler vor Überfällen durch marodierende Comanchen und andere Indianerstämme wurden militärische Forts entlang der Strecke angelegt. Zur Zeit des Bürgerkrieges hatte der Verkehr mit über 5000 Wagen, die Handelswaren im Wert von mehr als 50 Millionen Dollar transportierten, seinen Höhepunkt erreicht. Die Erweiterung des Eisenbahnnetzes durch die Great Plains in den 1870er Jahren reduzierte die Bedeutung des Trails, und als 1880 die Santa Fe Railroad die Stadt erreichte, fiel die einst so wichtige Überlandverbindung der Geschichte anheim.
Obwohl der US-50 von Las Animas bis Kansas City fast exakt der Route des Santa Fe Trail folgt, sind außer Bent's Old Fort, dem Fort Larned und einer Reihe kaum noch sichtbarer Wagenspuren nur sehr wenige Spuren des Trails zu finden. Zahlreiche historische Hinweistafeln informieren über geschichtliche Stätten, und man kann noch immer eine gute Vorstellung davon bekommen, wie der Trail einst ausgesehen haben muß – vorausgesetzt, man nimmt sich Zeit, parkt das Auto und läuft ein paar hundert Meter in jenen Fußstapfen, die ein Jahrhundert zuvor hier hinterlassen wurden.
Nachstehend sind ein paar der eindrucksvollsten Stätten entlang des Santa Fe Trail aufgeführt, die man von West nach Ost besuchen kann.

Santa Fe: Die älteste Stadt in Nordamerika bewahrt eine lebendige Atmosphäre seiner spanischen, mexikanischen und amerikanischen Vergangenheit.

Bent's Old Fort: Ein rekonstruierter Handelsposten aus Lehmziegeln am Ufer des Arkansas River in den Ausläufern der Rocky Mountains. Siehe Seite 267.

Fort Larned: Eine gut erhaltene Festungsanlage der US-Armee, seit 1850 intakt, die eine Reihe schön sichtbarer historischer Wagenspuren beschützt. Siehe Seite 273.

Council Grove: Der letzte amerikanische Ort am Trail Richtung Westen, der sich seit damals kaum verändert hat. Siehe Seite 275 ff.

Westport: Dieser heute von Kansas City umgebene Ort war ab den 1840er Jahren der Anfangspunkt des Trails.

Independence: Der ursprüngliche Ausgangsort des Santa Fe Trail und des Orgeon Trail mit einem ausgezeichneten Museum, das viele Details der Wanderungsbewegung Richtung Westen zeigt. Siehe Seite 279 f.

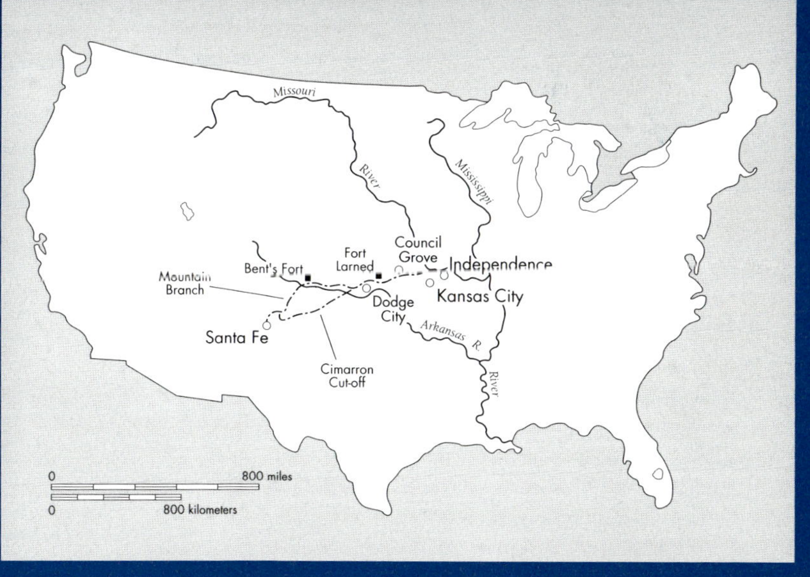

die frühen Jahre der Frontier-Ära. Dicke, fünf Meter hohe Lehmwände mit runden Türmen an den Ecken schützen einen knapp 92 Quadratmeter großen Innenhof. Ranger in historischer Kleidung arbeiten als Radmacher, Büttner und Tischler oder bearbeiten die vielen Büffelhäute und Biberpelze, die in Lagerräumen aufgestapelt sind.

Las Animas Das Farmerstädtchen Las Animas (2481 Einw.) trägt seinen Namen nach dem Zufluß des Arkansas River, der ursprünglich als Río de las Ánimas Perdidas en Purgatorio – Fluß der verlorenen Seelen – bekannt war. Las Animas ist auch der Ort, wo am 15. November 1806 Leutnant Zebulon Pike zum ersten Mal den 120 Meilen nordwestlich gelegenen Gipfel der Rocky Mountains erblickte, der heute seinen Namen trägt – Pike's Peak.
Hinter Las Animas führt der US-50 weiter durch die Ausläufer der Rocky Mountains zur Ebene hinab. Zuerst hieß diese Gegend Big Timbers, da hier am Arkansas River große Pappeln wuchsen, obwohl die meisten der Bäume bald nach Ankunft der weißen Siedler abgeholzt wurden. In den 1840er und 1850er Jahren tauschten örtliche Stämme der Cheyenne, Arapaho, Kiowa und Apachen Bisonhäute in William Bents Handelsposten, und der Erkunder des Wilden Westens, *Kit Carson,* starb hier am 23. Mai 1868 in seinem Haus, das damals zum Armee-Fort Lyon, südlich des heutigen US-50, gehörte. Carsons sterbliche Reste wurden später nach Taos in New Mexico gebracht und seine Ländereien überflutet, als der Arkansas River aufgestaut wurde und das große John Martin Reservoir bildete.

Lamar Der US-50 folgt dem Arkansas River stromabwärts und führt am sogenannten »Mountain Branch« des Santa Fe Trail entlang, einer zwar längeren, aber sichereren Alternative zur Hauptroute entlang des Cimarron Cut-off. Es gibt hier außer großen Flächen bewässerten Farmlandes wenig zu sehen, obwohl der Hauptort der Region, Lamar (8343 Einw.), einen kurzen Stopp wert ist. Sehr gutes mexikanisch-amerikanisches Essen bekommt man den ganzen Tag hindurch im *Main Street Cafe* im Zentrum des Ortes. Einen Block davon entfernt, bietet das vom Staat betriebene *Welcome Center* (719/336-3483) im alten Bahnhof der Santa-Fe-Linie östlich der Main Street (US-50) umfangreiche Informationen über die Region und das restliche Colorado.

Durch Kansas

Auf der fast 500 Meilen langen Tour durch Kansas durchzieht der US-50 mit seinen verschiedenen Routenvarianten das landwirtschaftliche Herzstück Amerikas und berührt Dutzende kleiner Farmerorte, die in der generell ebenen Landschaft verstreut sind. Die Einwohner dieser Gegenden bevorzugen das Wort »eben« gegenüber »flach«, und sei es auch nur aus dem Grund, weil es weniger langweilig klingt. Kansas ist die Kernregion des »Wheat Belt«, des Weizengürtels, wo das meiste Getreide des Landes angebaut wird – die Hälfte des in Amerika gebackenen Brotes besteht aus Weizen aus Kansas. Daneben wird auch viel Viehwirt-

Die Scheidelinie zwischen Central und Mountain Time liegt 15 Meilen westlich von Garden City. Die Uhr muß je nach Fahrtrichtung um eine Stunde verstellt werden.

schaft betrieben, und Städte wie Dodge City und viele andere, weniger bekannte Orte sind seit ihrer Gründung von Kühen und Cowboys abhängig.
Die ganze Strecke durch Kansas folgt der US-50 fast exakt den Fußspuren der Trapper und Händler, die mutig den Santa Fe Trail entlang der westlichen Frontier bewältigten. An den erhaltenen alten Außenposten wie Fort Larned und Council Grove bieten sich auf der Suche nach historischen Spuren dieses Korridors durch den Wilden Westen Fahrtunterbrechungen an.

Garden City und Holcomb Außer zahllosen Mastbetrieben für Schlachtvieh und ein paar auf Weizen, Mais und Zuckerrüben spezialisierte Farmen, die mit Wasser aus dem Arkansas River bewässert werden, gibt es auf den 120 Meilen leerer Ebene östlich der Colorado-Kansas-Stateline nicht viel zu sehen. Garden City, die größte Stadt der Region, liegt auf halber Strecke und hat als Attraktion ein 1600 Hektar großes Schutzgebiet für *Büffel* südwestlich des Ortes am US-83. Es gibt ferner Tankstellen, Motels und einige Fastfood-Restaurants sowie als bestes von allem einen riesigen öffentlichen *Swimmingpool*, der 102 mal 66 m mißt und über 9,5 Millionen Liter Wasser enthält. Der Pool liegt im Finnup Park an der South Forth Street nahe des Arkansas River, und die Benutzung ist gratis.

Am westlichen Rand von Garden City führt der US-50 durch den Ort Holcomb mit seinen Fleischkonservenfabriken, der als Schauplatz der Morde berüchtigt wurde, die Truman Capote in seinem Buch *Kaltblütig* dokumentierte. 1959 töteten Perry Smith und Richard Hickock während eines Raubüberfalls gnadenlos und ohne provoziert worden zu sein die gesamte Familie Cutter. Beide wurden später gefaßt, abgeurteilt und hingerichtet.

Bei Garden City kreuzt der US-50 den US-83, die »Road to Nowhere«, die dem 100. Meridian von Kanada bis Mexiko folgt und in Road Trip USA Band 2 beschrieben wird.

Dodge City Dodge City (21129 Einw.), einst einer der berüchtigtsten Orte des Wilden Westens, kann durchaus enttäuschend sein, wenn man auf der Suche nach einer turbulenten Frontier-Town herkommt. In seiner Blütezeit, die etwa 1872 mit Ankunft der Eisenbahn begann und 1884 endete, als die Viehtriebe effektiv verboten wurden, war Dodge City unbestritten die Hauptstadt des büffeljagenden, viehtreibenden Wilden Westens, und allein in jenem Jahrzehnt wurden 100 Millionen

Garden City wurde 1879 von C. J. »Buffalo« Jones gegründet, einer von vielen großen Figuren, die die Frontier bevölkerten. Eine seiner Errungenschaften war der Fang und der Schutz einer kleinen Büffelherde, deren Nachkommen heute im Buffalo Preserve südlich der Stadt leben.

In der Nähe von Cimarron, 32 Meilen östlich von Garden City und 16 Meilen westlich von Dodge City, überquerte der Hauptstrang des Santa Fe Trail den Arkansas River und zog sich dann südwestlich durch die wasserlose Ebene der Jornada del Muerto; dieser Teil der Strecke war als Cimarron Cut-off bekannt. Während der Frühzeit des Trails tötete eine Gruppe von Comantche-Kriegern 1831 in dieser einsamen Gegend den legendären »Mountain Man« Jedediah Strong Smith.

Büffelhäute und sieben Millionen Stück Vieh von hier aus verfrachtet. Zur selben Zeit war die Stadt als »Hölle der Plains« bekannt und für ihre Schießereien und die generelle Gesetzlosigkeit berüchtigt – ungeachtet von Sheriffs wie *Bat Masterson* und *Wyatt Earp*, die Ordnung herstellten und die bösen Buben auf den Boot-Hill-Friedhof oberhalb der Stadt schickten.

Fast nichts jedoch ist in Dodge City aus dieser Phase erhalten geblieben. Der Boot Hill beispielsweise wurde von der Stadt gekauft und ist heute ein kleiner Bürokomplex. Fast alles, was man sieht, stammt frühestens aus den zwanziger Jahren. Dodge City ist noch immer ein betriebsames Zentrum für Land- und Viehwirtschaft; ausgedehnte Viehhöfe und Schlachthäuser umgeben die kleine Innenstadt, doch für Reisende gibt es hier nicht viel zu sehen, außer vielleicht eine der fragwürdigsten Touristenfallen des Mittleren Westens, das völlig künstliche, aber lustige *Boot Hill Museum* (im Sommer 8-20, im übrigen Jahr kürzere Öffnungszeiten; 6 $) und die nachempfundene Front Street, wo Schauspieler den ganzen Tag hindurch Schießereien und »Medizinshows« vorführen. In einer abendlichen Burlesque-Show treten »Miss Kitty und ihre Can-Can-Girls« auf. Es dürfte kaum verwundern, daß man Boot Hill schwerlich übersehen kann; es ist gut ausgeschildert und liegt am Westende der Stadt, gleich nördlich der Eisenbahngleise am Wyatt Earp Boulevard (US-50/56), der Hauptdurchgangsstraße von Dodge City.

Dodge City liegt auf dem 100. Meridian, der lange als Trennlinie zwischen dem Osten und dem Westen galt. Der Längengrad kennzeichnet auch ungefähr die Hälfte der Route von Küste zu Küste.

Auf der anderen Straßenseite befindet sich die *Kansas Teachers' Hall of Fame* (So 11–15; gratis) mit Gedenktafeln und einem Wachsmuseum, das an die Rolle dieses Staates in der Geschichte der Erziehung erinnert (ja, es ist die erste und einzige Ruhmeshalle dieser Art in den USA). Am Wyatt Earp Boulevard liegen auch die meisten Restaurants von Dodge City sowie große und beliebte *Econo-Lodge-* und *Super-8*-Motels.

Westlich von Dodge City verläuft der Highway genau auf dem historischen Santa Fe Trail. Eine Reihe der am besten erhaltenen *Wagenspuren* findet sich neun Meilen westlich der Stadt gleich jenseits des Howell-Getreidesilos. Die Spuren sind durch ein großes Schild gekennzeichnet, liegen in einem unebenen Feld 100 m nördlich des Parkplatzes und bilden eine ausgedehnte Vertiefung im Boden, die ungefähr 800 m breit und zwei Meilen lang ist.

Östlich von Dodge City folgt die Route dem US-50 parallel zur Hauptlinie der Santa Fe Railroad durch die flachsten und leersten 50 Meilen von Maisfeldern in Kansas und wechselt in Kinsey auf den US-56 (den alten US-50), um weiter dem Santa Fe Trail auf der Spur zu bleiben.

Fort Larned Fort Larned (316/285-6911, tgl. 9-17; 1 $), sechs Meilen westlich des US-56 am Highway 156, ist eines der besterhaltenen Überbleibsel des Santa Fe Trail und wurde 1859 angelegt. Die folgenden 20 Jahre hindurch schützten die hier stationierten Truppen die Reisenden auf dem Trail vor Angriffen durch Arapaho- und Cheyenne-Stämme aus der Umgebung.

Das Fort spielte auch in vielen Indianerkriegen der 1860er Jahre eine vitale Rolle, wurde aber 1878, als man den Trail nicht mehr benutzte, aufgegeben, das Gelände verkauft und bis 1960 als Farm genutzt. Erstaunlicherweise hat die Anlage alles hervorragend überstanden. Behutsame Restaurierung durch den National Park Service hat Fort Larned zu einem exzellenten Ort gemacht, wo man – wenn auch aus militärischer Perspektive – hervorragend nachempfinden kann, wie es in der Frontier wirklich ausgesehen hat.

Rings um einen Exerzierplatz angelegte Sandsteingebäude ersetzten nach dem Bürgerkrieg die ursprünglichen Lehmziegelhäuser und das Innere der Räume wurde mit Reproduktionen der originalen Einrichtungen ausgestattet, darunter eine Schmiede, Kasernen und ein großes Lagerhaus. Auf einem nahegelegenen Farmgelände hat seit den Tagen des Trails ein Satz Wagenspuren überdauert, auch wenn man eine Menge Vorstellungskraft braucht, um wirklich etwas zu erkennen.

Das *Santa Fe Trail Museum and Cultural Center* (316/285-2054, tgl. 9–17; 3 $), zwischen Fort Larned und dem US-56, ist eine private, nichtkommerzielle Einrichtung, die einen Überblick zur Geschichte des historischen Verkehrsweges gibt. Dioramen zeigen Planwagen und Trading Posts der Frontier in voller Größe, und hinter dem Haus befinden sich eine aus Grassoden gebaute Hütte sowie ein aus einem einzigen Raum bestehendes Schulgebäude.

Der Ort *Larned* am US-56 besteht aus der typischen Mischung von Kettenrestaurants à la McDonald's und den üblichen Motels. Als einzige Attraktion gibt es hier das ungewöhnliche *Central States Scout Museum* (815 Broadway, Sa/So 9–17; 1 $), in dem die Geschichte der Pfadfinder von Kansas dokumentiert wird.

Pawnee Rock Pawnee Rock, acht Meilen nordöstlich von Larned und eine halbe Meile nördlich des US-56 bzw. des Arkansas River, war einst einer der wichtigsten Orientierungspunkte am Santa Fe Trail. Leider ist so viel von dem ursprünglich 20 m hohen Felsen aus Dakota-Sandstein abgebrochen worden, um Häuser und die Gleisbettung der Santa Fe Railroad Line zu bauen, daß kaum mehr als ein kleiner Hügelstumpf übriggeblieben ist. Doch vom leicht begehbaren Trail zur Spitze der stark mitgenommenen Erhebung hat man einen großartigen Blick auf die umliegende Landschaft.

Great Bend Great Bend (15427 Einw.) breitet sich auf dem nördlichen Ufer des Arkansas River aus und war einst als Fort am Santa Fe Trail gegründet worden. Nach dem Bau der Eisenbahnlinie im Jahr 1872 wuchs der Ort, und genau wie in Dodge City zogen die guten Verkehrs- und Frachtmöglichkeiten die Viehtreiber des Chisholm Trail an, die Great Bend in eine wüste Wildweststadt verwandelten. Heute hat die Stadt ein ruhiges ländliches Gepräge und gründet ihre Existenz auf die umliegenden Weizenfarmen sowie das seit den dreißiger Jahren geförderte Öl.

Es gibt in Great Bend nicht viel zu sehen oder zu unternehmen, auch wenn die Randgebiete der Stadt vielversprechend wirken. Südlich der Eisenbahngleise und des Flusses liegt am US-281 das ansprechende *Barton County Historical Museum* (316/793-5125, Di–So 13–16; 1 $), und in der weiteren Umgebung befinden sich zwei der größten Tierschutzgebiete des Staates, *Cheyenne Bottoms* im Nordosten und *Quivira* im Südosten, die beide hervorragende Möglichkeiten zur Vogelbeobachtung bieten.

Von Great Bend führen der Highway 96 und der US-183 35 Meilen nordwestlich nach Lacrosse, wo das Kansas Barbed Wire Museum (202 West First Street, 913/222-2607) die Geschichte des Stacheldrahtes dokumentiert.

Great Bend offeriert eine relativ gute Palette von Restaurants, und die bekannten Fastfood-Dependancen werden von einer Handvoll mexikanischer Restaurants wie *La Mexicana*, *Panchos* oder *Kiowa Kitchen* ergänzt, die alle an der 10th Street/ US-56 liegen. *Perkins* (2920 10th Street) serviert exzellente Steaks, Frühstück und Lunch. Neben einem *Holiday Inn*, einem *Best Western* und einem *Super 8* ist auch das *Traveler's Budget Inn* (4200 West 10th Street, 316/793-5448) mit Doppelzimmern für unter 30 Dollar eine empfehlenswerte Übernachtungsoption in Great Bend.

Lyons Das kleine Städtchen Lyons (3688 Einw.) liegt 30 Meilen östlich von Great Bend und lebt von der Landwirtschaft, dem Öl und der Salzgewinnung. Auf den ersten Blick sieht der Ort nach nicht viel aus, hat aber eine ungewöhnlich eindrucksvolle Geschichte. Acht Meilen nordöstlich ist eine 50 m lange Schlange in den Prärieboden gegraben, und es gibt dort auch ein paar historische Wagenspuren, doch die beeindruckendsten Überbleibsel stammen von Coronados Expedition in diese Gegend, die er 1541 auf der Suche nach der sagenhaften goldenen Stadt von Quivira unternahm. Ausstellungen hierüber sowie zur indianischen und amerikanischen Kultur zeigt das neu gebaute *Rice County Historical Museum* (105 West Lyon Street, Mo–Sa 9–17, So 13–17; 1,50 $), zwei Blocks südlich des sehenswerten County Courthouse am US-56.

Zwei Meilen westlich von Lyons kennzeichnet ein großes Kreuz am US-56 die Stätte, wo Father Padilla, der Coronado 1541 auf seiner Expedition begleitete und ein Jahr später zur Bekehrung heidnischer Indianer zurückkam, von diesen umgebracht wurde. Auf diese Weise wurde er der erste »christliche Märtyrer« im Gebiet der heutigen USA.

McPherson Aus der Distanz über die flachen Plains hinweg betrachtet, lassen die hoch aufragenden Getreidesilos McPherson

Das amerikanische Basketballteam, das 1936 bei den Olympischen Spielen in Berlin die Goldmedaille gewann, wurde aus der Werksmannschaft einer Ölraffinerie in McPherson zusammengestellt.

(12422 Einw.) eindrucksvoller erscheinen, als es die Stadt in Wirklichkeit ist. 35 Meilen östlich von Lyons gelegen, profitiert sie vom Verkehr auf dem US-56 und dem Interstate 135 von Salinas nach Wichita, die sich hier kreuzen. Man kann in McPherson tanken oder einen Happen essen, und alle bekannten Fastfood-Ketten und Benzinfirmen sind hier vertreten.

Das kleine, gut ausgeschilderte *McPherson Museum* (1130 Euclid Street, 316/241-5977, Di–So 13–17) liegt in einem Wohngebiet und zeigt im typischen Kansas-Stil der Jahrhundertwende eingerichtete Räume. Und man kann hier auch den ersten von Menschenhand gemachten Diamanten der Welt bestaunen, produziert von Willard Hershey, einem Chemielehrer aus dieser Stadt. Weit unterhaltender sind, sofern man zufällig eine davon mitbekommt, die vielen unregelmäßig stattfindenden öffentlichen Auktionen. Schnell sprechende Auktionatoren nehmen Gebote auf unterschiedlichste Partien an, von echten Antiquitäten bis zu Kisten voller Krimskrams und abgelegter Kleidung.

Herrington und Hillsboro: Das Mennoniten-Gebiet Hillsboro (2704 Einw.), 13 Meilen westlich des US-77, ist einer der Mittelpunkte der regionalen Mennoniten-Gemeinde und fungiert als Marktzentrum für die äußerst produktiven Farmen der Umgebung. Das Tabor College am Ostrand des Ortes ist das sichtbarste Zeichen der Anwesenheit von Mennoniten; obwohl es ein koedukatives, nicht religiös gebundenes College ist, sind die Hälfte der Studenten Mennoniten aus der Gegend.

Das saubere Örtchen *Goessel* (506 Einw.), 15 Meilen südwestlich von Hillsboro, ist ebenfalls eine mennonitische Gründung und beherbergt das aufschlußreiche *Mennonite Heritage Center* (200 North Poplar Street, 316/367-8200, Di–Sa 10–17, So 13–17; 3 $), wo zahlreiche Gebäude – darunter zwei Schulen, eine Scheune und eine Bank – zusammengebracht wurden. Der ebene schwarze Boden um Goessel produziert den ertragreichsten Weizen der Welt, vor allem jene kräftigen Hybrid-Sorten, die dem Winter des Mittleren Westens widerstehen können. Das originale, »Turkey Red« genannte Saatgut wurde in den frühen 1870er Jahren von russischen Mennoniten nach Kansas gebracht, die hierher auswanderten, nachdem ihre 100 Jahre währende Befreiung vom Wehrdienst aufgehoben worden war.

Die Farmländereien in Zentralkansas rings um Goessel sind die Heimat der größten Mennonitengemeinde der USA.

Der US-56 führt von Hillsboro aus erst nach Osten, dann auf der Trasse des US-77 Richtung Norden und erreicht weitere 37 »flache« Meilen später den Ort Herrington, auf dessen zentralem Platz ein Monument für Father Padilla steht, einem Mitglied der Coronado-Expedition, die auf der Suche nach der Goldstadt von Quivira durch das südliche Kansas kam.

Council Grove Council Grove (2228 Einw.), 75 Meilen südwestlich des urbanen Konglomerates von Kansas City und 25 Meilen

Der Autor des Buches Blue Highways, William Least Heat Moon, schrieb über den US-50: »Für Menschen ohne Eile ist dieser wenig bekannte Highway die beste nationale Straße durch die Mitte der Vereinigten Staaten.«

westlich des Interstate 335/Kansas Turnpike, sieht noch fast so aus wie vor einem Jahrhundert, als der Ort von den 1830ern bis in die 1860er Jahre die wichtigste aller Wegestationen am Santa Fe Trail war. Die üppigen Ahorn- und Eichenbestände der Gegend bildeten die letzte Hartholzquelle auf der langen Route nach Westen über die baumlosen Plains. Händler und Reisende konnten hier letzte Reparaturen an ihren Wagen vornehmen und Reserveachsen und andere nötige Gegenstände besorgen. Zudem endete hier das »sichere Territorium«: hinter Council Grove mußten die Reisenden mit häufigen Angriffen feindseliger Indianer rechnen.

Heute präsentiert die Stadt stolz ihre historischen Stätten und ist auch für moderne Reisende in vielerlei Hinsicht der Stopp entlang des Santa Fe Trail, den man am allerwenigsten auslassen sollte. Östlich der Brücke über den schmalen Neosho River sind an der Main Street zwei der wichtigsten Trail-Ikonen gekennzeichnet: die *Council Oak*, unter der sich 1825 die Kansa- und Osage-Indianer einverstanden erklärten, Amerikaner durch ihr Territorium ziehen zu lassen, und die *Post Office Oak*, die als natürliches Mitteilungszentrum für frühe Reisende diente. Der *Last Chance Store*, vier Blocks westlich Ecke Main und Chautauqua Street, hat seit seiner Errichtung im Jahr 1857 als Bank und Postamt gedient.

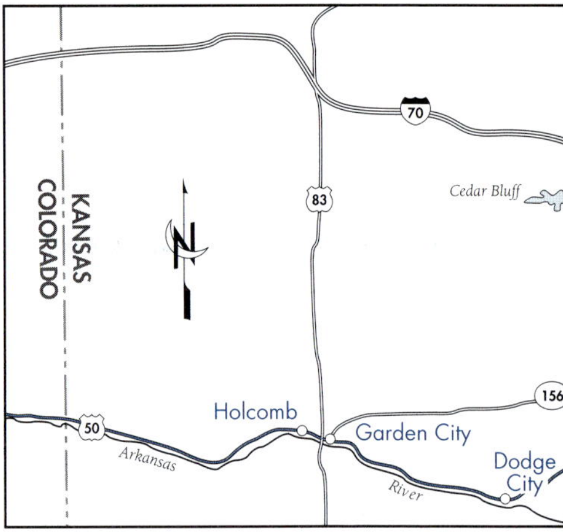

Die Banken, Cafés und Läden an der Main Street, entlang der sich der Santa Fe Trail durch die Stadt zog, unternehmen kaum Versuche, die Aufmerksamkeit von Touristen auf sich zu lenken, und der Ort geht seinen Tagesgeschäften nach, ohne dabei seine ungewöhnliche Vergangenheit zu vergessen. Das *Hays House* (112 West Main Street, 316/767-5911) im Zentrum behauptet mit einigem Recht, das älteste Restaurant westlich des Mississippi zu sein. Es steht hier seit 1847, wurde als Wohnhaus im Frontier-Stil

Kinsley, Kansas, nennt sich selbst Midway, USA. Der Ort liegt gleichweit von San Francisco und New York City entfernt.

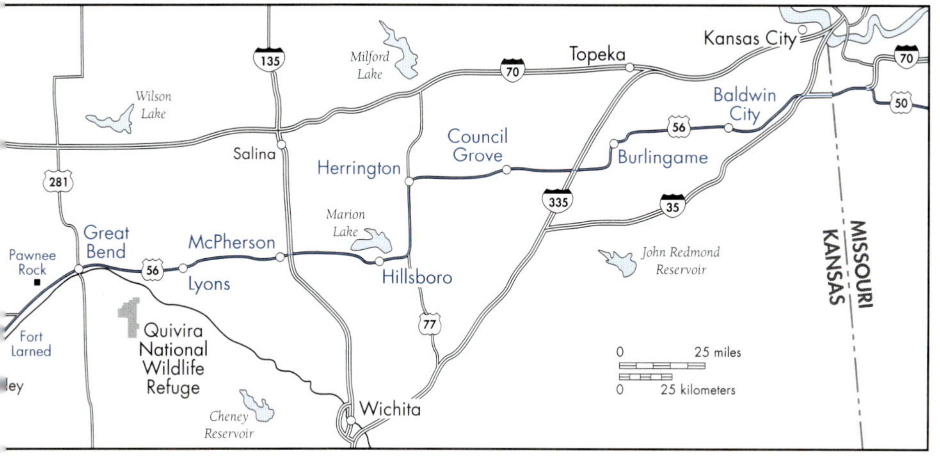

gebaut und diente später als Saloon, Versorgungsstation, Gerichtsgebäude und Hotel. In den letzten Jahren modernisiert, bildet es noch immer den Mittelpunkt des sozialen und politischen Lebens im Ort und ist ganztägig geöffnet – und es gibt exzellent gebratene Hühnchen.

Die Soda Fountain in der *Aldrich Apothecary* auf der anderen Seite der Main Street serviert gute Milchshakes. Die beste Unterkunft ist das komfortable *Cottage House Hotel* (25 North Neosho Street, 316/767-6828 oder 800/727-7903). Weitere Informationen bekommt man im Council Grove Visitor Center (313 West Main Street, 316/767-5882 oder 800/732-9211).

Burlingame und Baldwin City Zwischen Council Grove und Kansas City passiert der US-56 die lieblichen Weidegebiete der nördlichen Flint Hills und führt in 90-Grad-Zickzackwinkeln durch ehemalige Kohlebergbauorte wie Worden, Overbrook und Scranton. Burlingame (2735 Einw.), die größte dieser Siedlungen, ist wegen ihrer sehr breiten ziegelgepflasterten Main Street (US-56) bemerkenswert, auf der man nur 20 Meilen pro Stunde fahren darf und die von diversen 100jährigen Gebäuden gesäumt ist, auf welche Reklamen für Pianos, Schnaps, Autoteile und ähnliches aufgemalt sind.

Am Nordostrand der Flint Hills, 13 Meilen westlich des Interstate 35 von Kansas City, führt der US-56 an Baldwin City (2961 Einw.) mit seinen ziegelgepflasterten, baumbestandenen Straßen vorbei. Das Städtchen war einst ein wichtiger Rast- und Reparaturstopp am Santa Fe Trail, vier Tagesreisen westlich von Independence.

Die Kaw Mission State Historic Site in Council Grove liegt fünf Blocks nördlich der Main Street in der Mission Street und wurde 1851 von methodistischen Missionaren als Schule für die Indianerkinder der Umgebung erbaut. Zu den Schülern gehörte auch Charles Curtis, der von 1929 bis 1933 Vizepräsident der USA war.

Von den Blue Highways zur PrairyErth

Nachdem er 13 000 Meilen auf Nebenstrecken durch die Ecken und Winkel von 38 Staaten gereist war, um sein erstes Buch zu schreiben, begann William Least Heat Moon – Autor des Road-Trip-Klassikers Blue Highways – mit der Arbeit an einer gänzlich anderen Studie. Ohne den westlich von Emporia beziehungsweise nordöstlich von Wichita gelegenen, 1926 Quadratkilometer großen Landkreis Chase County, Kansas, zu verlassen, erstellte Moon eine von ihm so genannte »vertiefte Karte« der Gegend, die in den üppigen Hügeln der Flint Hills liegt, der letzten noch erhaltenen größeren Region mit hohem Präriegras, die vom US-50 und der Santa Fe Railroad durchschnitten wird.

Das Ergebnis war das 1991 veröffentlichte Buch PrairyErth, eine über 600seitige Darstellung der Geschichte und des gegenwärtigen Lebens in dieser ansonsten unbeachteten Ecke des Landes, von der Moon sagt, sie liege »fünf Stunden per Interstate von Zuhause und acht Stunden, wenn ich mich an Straßen halte, an denen es in den Cafés gutes Essen gibt.« Indem er Volkskunde und zeitgenössische Anekdoten mit beeindruckenden Zitaten aus unterschiedlichsten Romanen, Indianerlegenden, Reisebüchern, Essays und alten Zeitungsausschnitten kombiniert, spiegelt dieses einzigartige Projekt – das als nicht-fiktionales Äquivalent zum Großen Amerikanischen Roman bezeichnet wurde – den Rhythmus des einfachen Lebens in der Mitte des großen amerikanischen Nirgendwo wider.

Um dem Santa Fe Trail zu folgen, führt der US-50 am gesamten Chase County vorbei, doch Leser von William Least Heat Moons Büchern werden die kurze Pilgerfahrt machen wollen und nehmen dazu den Interstate 35/Kansas Turnpike von Kansas City nach Südwesten oder den Highway 177 ab Council Grove nach Süden.

1858 wurde hier in einem dreistöckigen Sandsteingebäude das erste College der Frontier gegründet, das noch als »The Castle« erhalten ist und neben einem kombinierten General Store und Postamt an der Ostseite der methodistisch geführten *Baker University* liegt. Die Bibliothek (Mo–Fr 8–17), drei Blocks westlich, zeigt die *Quayle Collection* seltener religiöser Texte, darunter Tontafeln aus der Zeit des Alten Testaments und eine Reihe handgebundener Bibeln, anhand derer man die Geschichte der Drucktechnik verfolgen kann.

Auf der restlichen Strecke bis Kansas City verläuft der US-56 parallel zum Interstate 35 durch üppiges Weide- und Farmland. Hin und wieder finden sich Schilder mit der Aufschrift »Old US-50«. Entlang dieser Route steht zwei Meilen westlich von Garner eine historische Hinweistafel an jener Stelle, wo sich der nach Westen führende Santa Fe Trail und der Oregon Trail einst trennten. Viele Jahre hindurch wies ein grobschlächtiges hölzernes Schild hier den Reisenden die Richtung: links nach Santa Fe, rechts nach Oregon.

Durch Missouri

Von Kansas und seinen bemerkenswerten Nachbarstädten Independence und Liberty aus begibt sich der US-50 auf einen trägen Treck durch die wogenden Farmländereien Missouris, führt durch die historische Eisenbahnstadt Sedalia und erreicht dann ungefähr auf halber Strecke die Staatshauptstadt Jefferson City. Auf dem weiteren Weg nach Osten klettert der Highway durch die wiederaufgeforsteten Laubwälder der Ozark-Hochebene. Da der US-50 in diesem Abschnitt eine langsame und kaum sehenswerte Route darstellt, wird das Ausweichen auf eine gleichfalls langsame, aber interessantere Alternativstrecke empfohlen, den Highway 100, der durch eine Reihe historischer Orte an den Ufern des Missouri River führt, ehe er über die Trasse des Interstate 44 St. Louis erreicht.

Mehr als für jeden anderen Teil dieser Transkontinentalreise muß ehrlich gesagt werden, daß nicht viel versäumt, wer in Eile ist und die 250 Meilen von Kansas City nach St. Louis auf dem schnellen Interstate 70 zurücklegt.

Kansas City wird in den City Survival Guides auf Seite 442 f. beschrieben.

Independence Independence mit seinen 112301 Einwohnern ist ein ruhiger Vorort am Nordostrand des Großraumes Kansas City und sieht nicht nach einer besonderen Stätte aus – doch der Eindruck täuscht, denn die Stadt ist einer der geschichtsträchtigsten Orte des Landes. Independence entstand während der frühen Jahre der Expansion nach Westen und diente als Ausgangspunkt für den Santa Fe beziehungsweise später für den Oregon und den California Trail.

Ein Jahrhundert darauf wurde Independence erneut bekannt, da der US-Präsident Harry Truman hier die Zeit von seiner Kindheit bis zu seinem Tode im Jahr 1972 verbrachte.

Das von der Stadt unterhaltene *National Frontier Trails Center* (318 West Pacific Street, Mo-Sa 9-16.30, So 12.30-16.30; 3 $), vier Blocks südlich des Town Square, ist eines der besten Museen zur Geschichte der amerikanischen Pioniere. Die Ausstellungen beginnen mit einem kurzen Bericht über die Expedition von Lewis und Clark und schildern dann die Glanzzeiten des Santa Fe Trail, der in den 1820er und 1830er Jahren Independence zum führenden Ort der Frontier machte. Der später eingerichtete Oregon Trail, über den 300000 Menschen von Independence zur Westküste aufbrachen, wird in einer ansprechenden Dokumentation mit Tagebucheinträgen und von Pionieren gefertigten Zeichnungen dargestellt.

Während nur sehr wenig aus der Zeit der Pioniere erhalten ist, hat sich Independence seit Harry Trumans Jugendtagen um die Jahrhundertwende kaum verändert. Die Soda Fountain, wo er seinen ersten Job versah, und das Gerichtsgebäude, wo er als Vorsitzender Richter fungierte, stehen noch wie eh und je am Town Square. Sein Haus nordwestlich des Platzes (219 North Delaware

Street, tgl. 9–16; 2 $) ist für Touren geöffnet, und die große *Harry S. Truman Library* (tgl. 9–17; 2 $) vier Blocks nördlich enthält die Papiere des Präsidenten, eine Replik des Büros im Weißen Haus sowie die Gräber von Truman und seiner Frau Bess. *Clinton's Soda Fountain* (100 West Maple Street) – »wo Harry seinen ersten Job ausübte« – serviert noch immer Milchshakes und Sandwiches. Chicken-Menüs und Bratäpfel gibt es zehn Meilen südlich von Independence in *Stephenson's Apple Farm Restaurant* (1601 East US-40, auf Höhe von Lee's Summit Road). Die Unterkünfte in Independence umfassen zwei komfortable Bed&Breakfasts. Das preisgünstige *Serendipity B&B* (116 South Pleasant Street, 816/833-4719) vermietet Zimmer ab 40 Dollar die Nacht, und das *Woodstock Inn* verfügt über große, für Familien geeignete Suiten; beide servieren ihren Gästen umfangreiches Frühstück. Weitere Informationen gibt es beim Independence Visitor Center (816/325-7111).

Liberty Eine andere kleine Stadt mit ideellem Namen im Großraum Kansas City, Liberty (20459 Einw.), ist aus gänzlich anderem Grund einen Besuch wert. Hier verübten nämlich am 13. Februar 1866 *Jesse James* und sein Bruder Frank den ersten Banküberfall am hellichten Tag und entschwanden mit mehr als 60000 Dollar Beute. Das Bankgebäude selbst (103 North Water Street, in der Nordwestecke des wie unter einer Glaskuppel erhaltenen Town Square) ist ziemlich unverändert geblieben; der gepanzerte Keller, der Safe und die Banknoten gehören heute zu einem kleinen *Museum* (Mo–Sa 9–16; So 12–16; 2 $).

Einen Block nördlich des Platzes liegt eine andere historische Stätte, das *Liberty Jail* (216 North Main Street, tgl. 9–21; gratis), wo im Winter 1838/39 der Mormonenprophet Joseph Smith und seine Anhänger inhaftiert waren. Für Mormonen ist es ein bedeutender Ort, und das Gefängnis wurde originalgetreu renoviert.

Der Outlaw Jesse James wuchs nahe von Liberty auf.

In Liberty gibt es auch ein besonders gutes Restaurant, das *Fork and Spoon Cafe* (812 West Kansas Street), westlich vom Town Square.

Sedalia Östlich von Kansas City liegt endlos weite, offene Landschaft links und rechts des vierspurigen US-50; meist sind die Nutzflächen mit Weizen oder Mais bepflanzt.

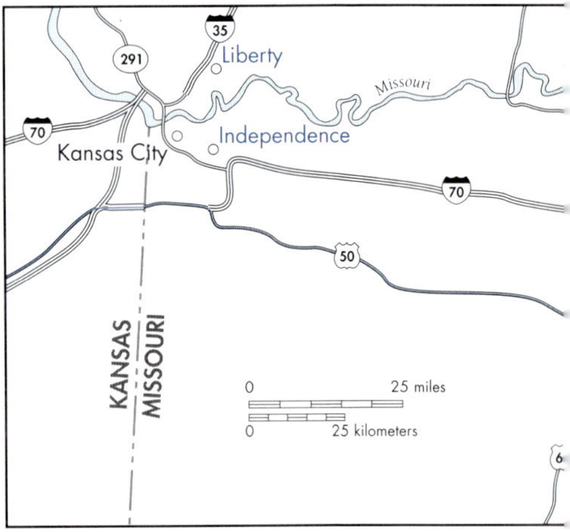

1867 zog die militante Prohibitionistin Carry Nation mit ihrem alkoholkranken ersten Ehemann Dr. William Gloyd in das Dorf Holden, neun Meilen südlich des US-50 am Highway 131. Er starb hier im darauffolgenden Jahr.

Und wie fast immer im Westen liegen frühe Ortsgründungen an den Eisenbahnlinien, die in den 1850er Jahren gebaut wurden. Bis zur Zeit des Bürgerkrieges war die Region jedoch keineswegs richtig besiedelt. Wenn die ersten Züge kamen, boomten die Orte, aber die meisten erlebten einen Niedergang, als die Gleise immer weiter nach Westen Richtung Kansas City und darüber hinaus ausgedehnt wurden. Sedalia (19808 Einw.), 75 Meilen östlich von Kansas City, ist einer der wenigen überlebenden Orte, der sich dank seiner Lage an der Hauptlinie von St. Louis nach Kansas City sogar zu einer kleinen Stadt entwickelte. Um 1900 erlebte Sedalia einen wirtschaftlichen Höhepunkt, als sowohl die Missouri Pacific als auch die Missouri Texas Railroad hier ihre Wartungszentren betrieben. Die leeren Ladenfronten der Innenstadt, die von gebrauchten Farmgerätschaften umgeben sind, mögen etwas irritierend wirken, denn der Ort bietet drei lohnende Eßgelegenheiten. *Eddie's* am Highway 50, gleich westlich der Ohio Street (der Hauptstraße, an der auch das Gerichtsgebäude liegt), ist seit 1937 eine feste Einrichtung, wo Steak Burger mit täglich frisch zubereitetem Fleisch serviert werden. Den besten selbstgebackenen Kuchen in Sedalia gibt es im *tea room* (tgl. ca. 11–1.30 nachts oder bis das Essen alle ist) in der Maple Leaf Antique Mall. Wer früh hingeht, hat die beste Kuchenauswahl. *Le Maire's Cajun Seafood* am South 65 Highway (südlich der 32nd Street) bietet tollen Katzenwels, gekochte

In Sedalia gibt es jedes Jahr im Juni das Scott Joplin Ragtime Festival, im August die Missouri State Fair, die Tausende Besucher anlocken. Details sind vom Sedalia Visitor Center (816/826-2222) zu erfahren.

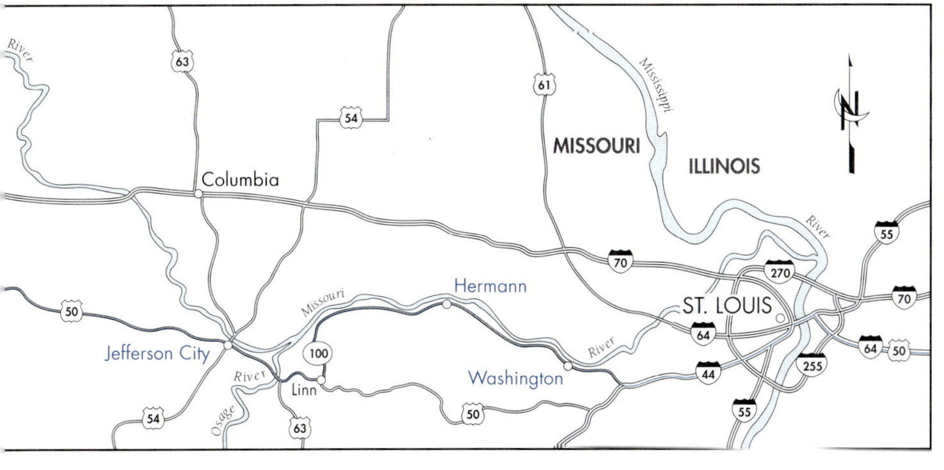

Shrimps, Krebsbeine, Froschschenkel, Flußkrebse und andere Tiere aus Sümpfen, Wasserläufen oder dem Meer.
Sedalias wilde Spitzenjahre werden vielleicht am besten in den Songs von *Scott Joplin* lebendig, der hier lebte.

Jefferson City Ungefähr im Zentrum des Staates – 130 Meilen westlich von St. Louis und 140 Meilen östlich von Kansas City – liegt Jefferson City (35481 Einw.) am Südufer des Missouri River, eine merkwürdig kleine und schläfrige Stadt. Das überschaubare neoklassische *State Capitol* (tgl. 8–17; gratis), nach dem Vorbild des US-Kapitols gebaut und 1918 fertiggestellt, ist ein zentraler Blickfang und erhebt sich im Herzen der Stadt direkt am Fluß. Die Rotunde und das Erdgeschoß sind mit informativen Ausstellungen zur politischen und Naturgeschichte des Staates gefüllt, und stündlich ist das gesamte Gebäude im Rahmen von Führungen zugänglich, darunter auch das von Thomas Hart Benton geschaffene Wandbild in der House Lounge im zweiten Stock.

Eine der Berühmtheiten der Frontier, Daniel Boone, ließ sich 1799 am Nordufer des Missouri River nahe der heutigen Stadt Defiance nieder und lebte dort die nächsten 20 Jahre, bis er 1820 starb.

Jenseits des Kapitols sind in einer parkähnlichen Anlage am Fluß und an den Eisenbahngleisen drei Backsteingebäude aus der Mitte des letzten Jahrhunderts erhalten; eines davon dient noch immer als Amtrak-Bahnhof. Auf einem östlich gelegenen Hügel erhebt sich der Sitz des Gouverneurs, doch ansonsten gibt es herzlich wenig zu sehen oder zu tun.

Falls man dennoch nach Jefferson City kommt, sind gute Salate, Suppen und Pasta-Gerichte im *Madison's* (216 Madison Street) erhältlich. Das *Big Dipper* in der High Street offeriert Eiskrem und Sandwiches; beide Lokale liegen nur einen Block vom Kapitol entfernt.

Highway 100: Hermann und Washington
Der Highway 100, der 20 Meilen östlich von Jefferson City vom US-50 abzweigt, bietet eine interessantere, aber nur unwesentlich längere Alternative zum ereignislosen US-50 Richtung Osten bis St. Louis. Folgt man dem Missouri River flußabwärts, kommt man irgendwann nach Hermann (2754 Einw.), einem 1837 von deutschen Einwanderern gegründeten Ort. Hermann ist von kleinen Weinbergen umgeben und liegt direkt am Fluß, weshalb der Ort manche Besucher an ein Dorf im Rheintal erinnert. Das deutsche Erbe wird im *Historic Hermann Museum* (tgl. 10–17; 1 $) lebendig gehalten, das in der alten »Deutschen Schule« Ecke Fourth und Schiller Street in der Innenstadt eingerichtet ist.

Östlich von Washington verläuft der Highway 100 mit dem Interstate 44 genau auf der Trasse der historischen Route 66. Diese legendäre Strekke wird ab Seite 308 beschrieben.

Weitere 30 Meilen stromabwärts oder gute 50 Meilen flußaufwärts vom Gateway Arch in St. Louis liegt die zeitlose Stadt Washington (10704 Einw.) mit schmalen Straßen oberhalb des breiten Missouri River. Viele der mit Balkons versehenen

Scott Joplin: Der König des Ragtime

Musik zählt zu den flexibelsten Künsten und spricht die Menschen überall und zu jeder Zeit an, doch werden viele Formen stark mit einer bestimmten Gegend oder Ära identifiziert. New Orleans steht für Jazz, das Delta hat den Blues, bei Detroit wird man immer an den Motown Sound denken, und wenn Ehre bekommt, wem Ehre gebührt, müßte Sedalia in Missouri dieser Liste als Geburtsort einer weiteren klassischen afro-amerikanischen Musikrichtung hinzugefügt werden – des Ragtime. Die ersten Ragtime-Melodien – so genannt wegen ihres »ragged«, also rauhen, unregelmäßigen Rhythmus – wurden in den frühen 1890ern gespielt, blühten jedoch später dank der musikalischen Phantasie von Scott Joplin, des allgemein anerkannten König des Ragtime, erst richtig auf.

Scott Joplin kam 1868 in Texarkana, Texas, als Sohn eines ehemaligen Sklaven und einer frei geborenen Mutter zur Welt und war eines von sechs Kindern in dieser musikalischen Familie. Nachdem er während seiner Jugend im Mittleren Westen herumgezogen war, ließ Joplin sich in den späten 1890ern in Sedalia nieder, damals eine rauhe Eisenbahnstadt, wo er am kleinen schwarzen College Musiktheorie studierte. Um seinen Lebensunterhalt zu finanzieren, spielt er in vielen der Clubs an Sedalias Main Street Piano; die Stadt hatte damals sowohl die Reputation für multirassische Harmonie als auch den Ruf, mit ihren Bars und Bordellen eine Spielwiese der durchreisenden Männer zu sein. Noch 1940 schrieb das Magazin Life, es gäbe hier einen der »verrufensten Red-Light-Distrikte« des Mittleren Westens.

Nach einem dieser Nachtclubs wurde der Maple Leaf Rag benannt, die Komposition, mit der Joplin seine Bekanntheit erlangte und die ihm mit einem Honoraranteil von einem Penny per verkauftem Notenblatt Einkünfte von 500 Dollar pro Jahr bescherte – genug, um davon zu leben, aber weit davon entfernt, ihn reich zu machen. Später lebte Joplin in St. Louis, wo sein Haus, in dem er The Entertainer schrieb (den späteren Titelsong des Films The Sting), heute als kleines Museum erhalten ist. Irgendwann fand Joplin sich in New York wieder, wo er vergeblich Unterstützung für seine zunehmend komplexer werdenden Orchester- und Opernkompositionen suchte. Am 1. April 1917 starb Scott Joplin, arm und so gut wie vergessen.

Backsteinhäuser, in denen schicke Restaurants und Bed&Breakfasts untergebracht sind, stammen aus der Mitte des letzten Jahrhunderts, als eine große Zahl von deutschen Auswanderern sich in dieser Gegend niederließ. Das Visitor Center (323 West Main Street, 314/239-2715) hält eine umfangreiche Liste der Restaurants und Unterkünfte bereit.

Das kleine *Washington Historical Society Museum* (314 West Main Street, Sa/So 10–17; gratis) zeigt Exponate über die frühen Siedler und den gegenwärtigen Hauptwirtschaftszweig der Stadt (nach dem Tourismus): die Herstellung von Pfeifen aus Maiskolben.

St. Louis wird in den City Survial Guides auf Seite 462 f. beschrieben.

Durch Illinois

Der US-50 zieht sich schnurgerade durch 150 Meilen pfannkuchenflachen Farmlandes im südlichen Illinois hin – Hektar um Hektar Weizen, Mais und Sojabohnen, so weit das Auge reicht. Einen Großteil der Strecke folgt der Highway der »Trace Road«, einer leicht erhöhten Trasse, die ursprünglich von denselben prähistorischen Menschen durch das sumpfige Marschland angelegt wurde, die auch die eindrucksvollen Mounds von Cahokia erbauten, die heute in den östlichen Vororten von St. Louis liegen. Auf halbem Weg durch Illinois passiert der US-50 die quirlige historische Stadt Salem (den Geburtsort zweier amerikanischer Ikonen: William Jennings Bryan und Miracle Whip) und führt dann über den Wabash River nach Indiana hinein.

Lebanon Nach den gefährlichen und bedrückenden Industrievierteln von East St. Louis folgt der US-50 dem Interstate 64 von St. Louis aus nach Osten über die flache Prärie, und der fruchtbare alluviale Boden hat der Gegend den Spitznamen »Klein Ägypten« eingebracht. Der Highway verläuft parallel zur Illinois Central Railroad durch ein Dutzend kleiner Orte, von denen Lebanon (3688 Einw.), 20 Meilen östlich des Mississippi River, der auffallendste ist. Das attraktive Städtchen hat eine Anzahl stattli-

Cahokia Mound ist die ausgedehnte prähistorische Ruine der größten vorkolumbianischen Stadt im Gebiet der heutigen USA, die längst von den nordöstlichen Vororten von St. Louis umgeben ist.

cher Geschäftshäuser aus der viktorianischen Ära an der Main Street und der St. Louis Street (US-50), in denen heute Antiquitätenläden untergebracht sind. Lebanon wuchs um den idyllischen Campus des McKendree College herum, das 1825 gegründet wurde und eines der ältesten Colleges in Illinois ist. Der beste Grund für einen Stopp ist jedoch das kleine *Mermaid House Hotel* (114 East St. Louis Street) am US-50. Charles Dickens, der 1842 die Gegend besuchte, um die fruchtbare, aber matschige Prärie östlich des Ortes anzuschauen, verbrachte hier eine Nacht und beschrieb das Hotel in seinen *American Notes* als »mit jedem dörflichen Ale House gemütlicher Art in England« vergleichbar. Nachdem es den größten Teil der letzten 150 Jahre ein Privathaus gewesen ist, wird das Gebäude nun restauriert, ist aber im Rahmen von Führungen zugänglich (Sa/So 10–16; Eintritt gegen Spende).

Salem Auf halber Strecke durch Illinois und eben östlich des vielbefahrenen Interstate 57 führt der US-50 geradewegs durch das Zentrum von Salem (7470 Einw.), einer historisch faszinierenden, aber optisch langweiligen Stadt, die vor allem als Geburtsort von William Jennings Bryan bekannt wurde, der hier auch aufwuchs. Der Politiker und Redner der Jahrhundertwende, der später 15 Jahre lang die Demokratische Partei führte, vertrat im sogenannten »Monkey Trial« von 1925 die Anklage und führte den erfolgreichen Angriff auf den Lehrer John Scopes aus Tennessee (der zufälligerweise auch in Salem geboren wurde und aufwuchs), weil jener ein örtliches Verbot gegen das Unterrichten der Evolution verhängt hatte. Bryan wurde 1860 in einem kleinen Holzhaus (408 South Broadway) vier Blocks südlich der Main Street (US-50) geboren. Es ist als kleines *Museum* (tgl. außer Do 13-17; gratis) erhalten. Am Broadway, eine halbe Meile nördlich der Main Street vor der Roller-Rama-Rollschuhbahn, steht ein kleines Standbild von Bryan, das der Mount-Rushmore-Künstler Gutzon Borglum geschaffen hat.

Östlich von Carlyle und 22 Meilen westlich von Salem überspannt eine 1860 erbaute fragile Hängebrücke noch immer nördlich des modernen US-50 den Kaskaskia River.

Außer William Jennings Bryan hat Salem Amerika zwei sehr wichtige Dinge geschenkt. Die G.I. Bill of Rights, auch als G.I. Bill bekannt, die Militärveteranen das Recht auf finanziell unterstützte Bildung und andere Dienstleistungen zusicherte, wurde zuerst vom örtlichen Zweig der American Legion formuliert, ehe sie 1944 gesetzlich verankert wurde. *Miracle Whip* wurde in *Max Crosset's Cafe* in der Main Street erfunden, lange bevor ihr Urheber das Rezept 1931 für 300 Dollar an die Firma Kraft Foods verkaufte.

Salem bietet eine gute Gelegenheit für eine Essenspause, *Austin's Restaurant* am US-50 gleich westlich des Ortes, sowie zwei gute und preisgünstige Motels,

Max Crossett's Cafe, die Geburtsstätte von Miracle Whip, ist heute ein Parkplatz im Zentrum von Salem.

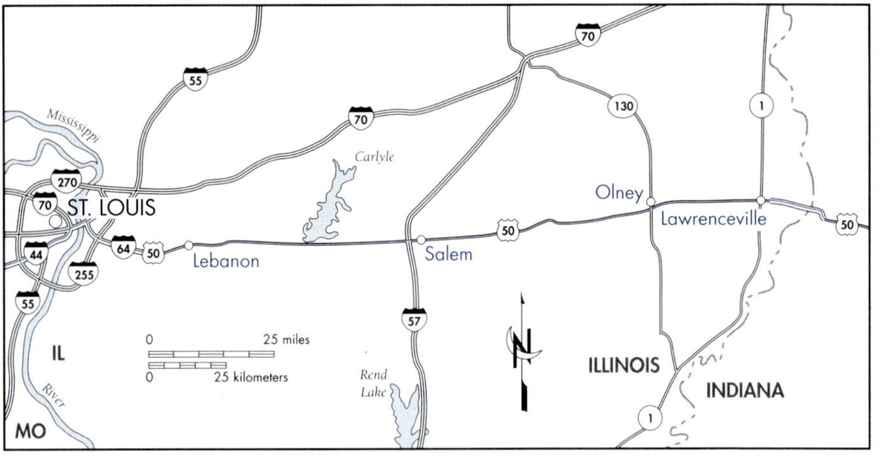

das *Lakewood* (618/548-2785) und das *Continental* (618/548-3090), die direkt nebeneinander am US-50 östlich des Ortes liegen.

Olney und Lawrenceville Im flachen Farmland des südöstlichen Illinois finden sich zwar gelegentliche Ölquellen und Scheunen, auf deren Wänden aufgemalte Reklame den Reisenden zum Kauen von Mail-Pouch-Tabak ermuntert, doch menschliche Siedlungen gibt es nur wenige. Die erste ist das attraktive Städtchen Olney (8664 Einw.). Außer einer ansehnlichen Zahl großer alter Herrenhäuser, die zurückgesetzt an breiten Grasflächen in stillen, baumbestandenen Straßen liegen, besitzt Olney die einzigartige Attraktion der *Albino-Eichhörnchen*, die um die Jahrhundertwende im Ort freigesetzt wurden. 1940 schrieb der *WPA-Guide to Illinois*, daß »Tausende der kleinen Tiere nun in den Parks und auf dem Courthouse Square herumtollen und über Rasenflächen, durch die Bäume und über die Dächer huschen«. Heute sieht man sie am ehesten im kleinen Tierschutzareal südlich des Courthouse Square, dem auch eine Baumschule angeschlossen ist.

Vielleicht der beste Grund für einen Abstecher nach Olney ist aber *Hovey's* (410 East Main Street) am alten US-50, wo man die unglaublich guten und billigen Burger und Milchshakes probieren kann – man achte auf das Schild »Mike's Ice Cream«.

Östlich von Olney wird der US-50 auf 23 Meilen zu einer zweispurigen Landstraße, ehe er an Lawrenceville (4897 Einw.) vorbeiführt, das in zwei sehr unterschiedlichen Beziehungen Anspruch auf Ruhm erhebt. Benannt wurde der Ort nach einem Captain der US-Navy, James Lawrence, der vor allem für seine Worte auf dem Sterbebett »Gebt das Schiff nicht auf« bekannt ist, die er während des Krieges von 1812 sprach.

Östlich von Lawrenceville folgt man der alten Straße nach Süden zum modernen Freeway und überquert den Wabash River bei Vincennes ins jenseits gelegene Indiana.

Durch Indiana

Vom Wabash River am westlichen Ende zum Ohio River im Osten präsentieren die dazwischenliegenden 170 Meilen des südlichen Indiana eine äußerst vielseitige Landschaft. Die hügeligen Abschnitte im Osten sind überraschend schroff, die zentralen und westlichen Gebiete vergleichsweise flach und werden weitgehend landwirtschaftlich genutzt. Außer zahlreichen wohlerhaltenen historischen Orten am Ohio River wie Madison und Aurora gibt es eine Reihe unattraktiver, industrialisierter Gegenden, vor allem rings um Bedford und die berühmten Kalksteinbrüche im zentralen Teil des Staates.

Vincennes Vincennes (19859 Einw.) wurde 1732 von den Franzosen besiedelt, war im Revolutionskrieg hart umkämpft und blieb ein gesetzloser Ort der Frontier, bis er 1803 zur Hauptstadt des Territoriums erklärt wurde. Eine Handvoll alter Häuser im historischen Innenstadtbereich Ecke First und Harrison Street, darunter eine Bank, eine Kirche und das Büro einer Zeitung, sind als *Indiana Territory State Historic Site* (Mi-Sa 9-17, So 13-17; gratis) restauriert worden. Der *George Rogers Clark National Historical Park* ist ein klassisches, mit Säulen versehenes Gebäude zu Ehren des Bürgerkriegs-Generals Clark (ein Bruder von William Clark, der durch die Lewis-und-Clark-Expedition berühmt wurde). In Washington, D.C. würde es nicht deplaciert wirken.

Die Gegend um Vincennes ist sehr flaches Farmland, bekannt für seine großen Amish-Gemeinden (und zahlreiche »Amish Kountry Korner«-Läden und Cafés am Wegesrand), vor allem rings um *Logoote*, 30 Meilen östlich von Vincennes.

French Lick und Mitchell Zwischen Vincennes und Bedford zieht sich der US-50 schnell und ohne besondere Ereignisse durch die hügeligen Baumgruppen des Hoosier National Forest, doch ein lohnender Umweg führt nach Süden zu den Heimatorten zweier prominenter Söhne Indianas. Der erste dieser Orte am Highway 56, südlich des US-50, ist French Lick (2087 Einw.), wo der Star der Boston Celtics, Larry Bird – »The Hick from French Lick« – seine Kunst lernte. Der Ort selbst ist kaum mehr als ein zwei Blocks langer Geschäftsdistrikt, wo man im *French Lick Five and Dime* (111 Maple Street) Souvenirs kaufen kann. Mitte des letzten Jahrhunderts war die Umgegend ein beliebtes Kurgebiet, und Tausende von Menschen aus dem Mittleren Westen kamen hierher, um in schicken Hotels zu wohnen und die mineralreichen Wasser zu trinken, die noch immer aus artesischen Brunnen sprudeln.

Der Wabash River zwischen Indiana und Illinois kennzeichnet die Grenze zwischen der Central- und der Eastern-Zeitzone. Auf dem Weg nach Westen muß die Uhr eine Stunde zurück-, bei Fahrtrichtung Ost eine Stunde vorgestellt werden.

Der andere Heimatort einer bekannten Person ist Mitchell, etwa sechs Meilen südlich von Bedford gelegen, wo der Astronaut Virgil »Gus« Grissom aufwuchs, Kapitän von Mercury- und Gemini-Flügen ins All, der im Apollo-1-Desaster ums Leben kam. Es gibt ein eindrucksvolles Monument – die 10 m hohe Kalksteinstatue einer Titanrakete – für ihn am Eingang des Spring Mill State Parks, ein paar Meilen östlich von Mitchell: Das Denkmal dokumentiert in einer Ausstellung Grissoms Karriere als Testpilot und im Weltraumprogramm. Im Park gibt es auch ein rekonstruiertes Dorf aus der Pionierzeit mit einer funktionstüchtigen wasserbetriebenen Schrotmühle und Vorführungen von Handwerkstechniken jener Ära. Der andere denkwürdige Anblick der Stadt ist verschwunden: hektargroße Flächen voller gelber Schulbusse in unterschiedlichen Stadien der Fertigstellung, die früher das große Gelände rings um die Carpenter-Schulbusfabrik füllten, die 1995 geschlossen wurde.

Bedford Das geschäftige Bedford (13817 Einw.) ist stark von der ansässigen Industrie geprägt und bildet die größte Stadt in Indiana am US-50; den Spitznamen »Stone City« trägt der Ort, weil hier einige der größten und bekanntesten Kalksteinbrüche des Landes liegen. Sie sind noch in Betrieb und produzieren jene dauerhaften Steine, mit denen viele große Gebäude verkleidet wurden, darunter auch das Empire State Building. Man kann die Kalksteinlagen im natürlichen Zustand oft an Einschnitten der Straße entlang des US-50 sehen; interessanter aber sind die aus diesem Material gefertigten Monumente und Grabsteine auf den Friedhöfen der Stadt entlang des Highways.

Bedfords Hauptattraktion sind die *Bluesprings Caverns* (Mai bis Oktober tgl. 9–17; 7 $), ein Höhlensystem in härteren Gesteinslagen am US-50, fünf Meilen westlich der Innenstadt, wo man in die Höhle hineinfahren und eine einstündige Bootstour auf dem größten unterirdischen Fluß der USA machen kann.

Brownstown, Seymour und North Vernon

Etwa 27 Meilen östlich von Bedford und zehn Meilen westlich des Interstate 65 liegt Brownstown (2872 Einw.), eine ungewöhnlich hübsche Kleinstadt mit einem großen zentralen Platz, der von einhundertjährigen Ahornbäumen beschattet ist. Ein altmodischer General Store und eine Reihe bodenständiger Restaurants machen einen kurzen Stopp vor allem während des jährlich Ende August veranstalteten Wassermelonen-Festivals lohnend.

Östlich von Brownstown führt der Highway auf zehn Meilen durch eine schöne Landschaft nach Seymour (15576 Einw.), das mit seinen vielen Motels (darunter ein Holiday Inn und eine Econo Lodge), Fastfood-Restaurants und ständig geöffneten Tankstellen an der Kreuzung mit dem Interstate 65 liegt.

> Das Arbeiterstädtchen Seymour ist der Geburtsort des Rockstars John »Don't Call Me Coughar« Mellencamp, dessen Songs die Jukeboxen der örtlichen Bars und Cafés füllen.

Zwölf Meilen östlich von Seymour biegt die Route in *North Vernon* auf den Highway 7 ab, der über Meilen durch hügeliges Farmland nach Madison am Ohio River führt. Die Strecke verläuft sehr dicht neben der Route von »Morgan's Raid«, auf der General John Morgan und 2000 konföderierte Soldaten während des Bürgerkrieges nach Indiana einfielen.

Madison und die Städte am Ohio River

Ein langer, doch sehr lohnender Umweg vom US-50 ist der Highway 56, der in einem großen Bogen südlich entlang des Ohio River mehrere historische Orte verbindet.

Dieser Flußabschnitt ist reich an Geschichte, und die 60-Meilen-Tour führt an bescheidenen Tabakfarmen und zeitlosen kleinen Städtchen vorbei; die idyllische Szenerie wird nur gelegentlich durch Kraftwerke gestört, die meist auf der zu Kentucky gehörenden Flußseite liegen.

Obwohl die Fahrt an sich schon sehr schön ist, lohnt sie um so mehr, weil sie nach *Madison* (12006 Einw.) führt, eine der am besten erhaltenen historischen Städte am Ohio River. Madison ist heute ein beliebtes Ausflugsziel, was sich besonders während des *Chautauqua Arts Festival* im späten September oder der ungestümeren *Madison Regatta* am 4. Juli bemerkbar macht, wenn pfeilschnelle Rennboote über den Fluß rasen. Doch ist es der Stadt gelungen, wirtschaftlich zu überleben, ohne ihren Kleinstadtcharme zu opfern. Bei einem Rundgang entlang der einige Blocks langen und von Kettenrestaurants freien Main Street – einer der ersten des Landes, die vom National Trust for Historic Preservation geschützt wurde – kann man einen Milchshake in der Soda Fountain im hinteren Teil von *Rogers Drug Store* genießen, dem städtischen Klatsch lauschen, während man sich in einem in Chrom und rotem Leder eingerichteten Friseurgeschäft die Haare schneiden läßt, oder die vielen historischen Häuser näher anschauen. Das beste davon ist das im Greek-Revival-Stil erbaute Herrenhaus von James Lanier, einem der Finanziers des Bürgerkrieges, das heute in ein staatliches *Museum* umgewandelt ist (511 West First Street, Di–Sa 9–17, So 13–17; gratis) und am Fluß liegt. Ebenfalls einen Blick wert ist das perfekt erhaltene *Doctor's Office* (120 West Third Street), das von 1882 bis 1903 als einziges Krankenhaus zwischen Cincinnati und Louisville fungierte und dann geschlossen, aber vollständig erhalten wurde. Im Rahmen von Führungen kann man es heute besichtigen (Mo–Sa 10–16.30, So 13–16.30; 2 $). Außer einer Fülle von Americana bietet Madison entlang der Main Street mehrere gute Restaurants, darunter *Our Place* und

Der Highway 56 entlang des Ohio River ist als »George Rogers Clark Trail« gekennzeichnet zu Ehren des 25jährigen Soldaten und Kundschafters, der während des Unabhängigkeitskrieges im damals so genannten Nordwest-Territorium britische Truppen zurückschlug. Sein jüngerer Bruder William war der Clark aus dem Entdeckerteam Lewis und Clark.

Lacey's. Unterkünfte reichen vom 1847 im Föderalstil erbauten *Schusser House B&B* (514 Jefferson Street, 812/273-2068 oder 800/392-1931) bis zu den motelähnlichen Zimmern im *Clifty Inn* (812/265-4135) im waldreichen Clifty Falls State Park, eine Meile westlich der Stadt. Umfangreiche Informationen über Madison sind im Visitor Center (301 East Main Street, 812/265-2956 oder 800/559-2956) gegenüber dem auffälligen Jefferson County Courthouse erhältlich.

Eine Reihe anderer Orte flußaufwärts in Richtung Cincinnati sind einen Stopp wert. 20 Meilen östlich von Madison liegt Vevay, und das Geburtshaus von Edward Eggleston, Verfasser des *Hoosier Schoolmaster*, ist am westlichen Ende einer Reihe von Geschäften in der Main Street gekennzeichnet. Neun Meilen südlich des US-50 gibt es im Dorf *Rising Sun* mehrere Gebäude aus der Frontier-Ära sowie im örtlichen Museum eine der besseren Sammlungen des Landes zu diesem Zeitabschnitt (212 South Walnut Street, nur So 13-16) zu besichtigen.

Aurora und Lawrenceburg Der Abstecher über den Highway 56 entlang des Ohio River endet am US-50 in Aurora (9192 Einw.), einer kleinen Stadt am Fluß, die einen letzten kurzen Stopp lohnt. Das dortige Highlight ist das ansehnliche *Hillforest Mansion* (Di–So 13–17; 4 $), ein üppiges Überbleibsel der Steamboat-Ära, dessen mit Säulen gestaltete Fassade durch einen runden Aussichtsturm gekrönt ist, von dem die Bewohner den Schiffsverkehr auf dem Fluß beobachten konnten. Das 1852 gebaute Haus ist in gutem Zustand erhalten und vermittelt einen anschaulichen Eindruck davon, wie komfortabel und stilvoll das Leben für wohlhabende Bürger sogar in der sogenannten Frontier sein konnte.

Östlich von Aurora führt der US-50 kurz vor der Grenze nach Ohio an einer Reihe schmuddeliger Motels, Diners, Billig-Schnapsgeschäfte und Feuerwerksläden vorüber, zwischen denen riesige Billboards den Tri-State-Handel zwischen Indiana, Ohio und Kentucky preisen. In Lawrenceburg (4375 Einw.) am Interstate 275, drei Meilen westlich der Indiana-Ohio-Kentucky-Grenze, scheint sich alles um den Handel mit billigem Schnaps zu drehen, vielleicht weil der wichtigste Arbeitgeber hier die große Destille der Firma *Seagram's* am Nordende der Main Street ist – eine der ältesten und größten in den USA.

Der Blick vom US-50 auf Lawrenceburg ist uninteressant, und Eisenbahngleise und ein hoher Deich trennen die Stadt heute von der Waterfront. Das historische Zentrum südlich des Highways an der Walnut Street enthält jedoch eine Reihe ansehnlicher alter Gebäude aus der Steamboat-Ära des frühen 19. Jahrhunderts, als Lawrenceville ein beliebter Anlegeplatz am Ohio River

Aurora, Indiana, ist der Heimatort der Aurora Casket Company, dem führenden Sarghersteller in den USA.

war. Unter den zahlreichen Kirchtürmen, die einander auszustechen versuchen, ist auch jener der presbyterianischen Kirche, wo 1837 der Prediger Henry Ward Beecher seine erste Stelle als Pastor innehatte. Beecher war der Vater von Harriet Beecher Stowe, die durch ihren Roman »*Onkel Toms Hütte*« berühmt wurde.

Durch Ohio

Von Indiana aus schlängelt sich der US-50 am Ohio River entlang und verläuft hinter Cincinnati Richtung Osten durch das aus Hügeln und Tälern bestehende südliche Ohio, ehe er schließlich den Fluß kreuzt und nach West Virginia führt. Die 220 Meilen lange Strecke, auf der der US-50 den Staat durchquert, ist ein ziemlich konstanter Mix aus hochgelegenen Waldgebieten und tiefliegendem Farmland. Das einzige Industriegebiet rings um Chillicothe liegt in der Mitte, die erfrischende kleine Collegestadt Athens weiter östlich.

North Bend Östlich der Indiana-Stateline windet sich der US-50 an einem teils industrialisierten, teils ländlichen Uferabschnitt des Ohio River entlang, an dem es bis Cincinnati nicht viel zu sehen gibt. Der einzige Ort, an dem wirklich eine Fahrtunterbrechung lohnt, ist North Bend (541 Einw.), fünf Meilen östlich der Staatsgrenze. Ein großer Obelisk aus Sandstein, der mitten in einem 5,6 Hektar großen Park den Fluß und den Highway überragt, kennzeichnet die letzte Ruhestatt von William Henry Harrison (1773-1841), dem neunten Präsidenten der Vereinigten Staaten, der hier viele Jahre hindurch lebte, als North Bend noch ein aufstrebender Hafen der Frontier war. Der in Virginia geborene Harrison wurde durch seine Kämpfe gegen die Shawnee-Stämme im Gebiet des Ohio Valley berühmt und saß lange Zeit im Kongreß, ehe er zum Präsidenten gewählt wurde; nachdem er das Amt nur einen Monat lang versehen hatte, starb er an einer Lungenentzündung. Sein Enkel Benjamin Harrison, der 1889 Präsident wurde, kam 1833 im nahegelegenen Haus der Familie zur Welt.

Die kleine *Anderson Ferry* (2.50 $ pro Auto, 25 Cents für Fußgänger) am US-50, fünf Meilen westlich der Innenstadt von Cincinnati, hat seit 1817 die Menschen hin und her über den Fluß gebracht, obwohl der Ohio River heute nicht mehr das betriebsame Gewässer der damaligen Zeit ist. Doch noch 1940 hieß es im *WPA-Guide to Ohio*, daß »Flotten von Kähnen, die von Bugsierschiffen geschoben werden, über das bewegungslose Wasser kriechen; und hin und wieder erscheinen Paketboote der Green Line, ganz in Weiß und mit dreifachen Decks ausgestattet«.

Cincinnati wird in den City Survival Guides auf Seite 436 f. beschrieben.

Mariemont Von Cincinnati aus folgt der US-50 Nebenstraßen durch Gewerbe- und Wohnviertel entlang des Ohio River, ehe er für das kurze Stück nach Osten bis Mariemont (3118 Einw.) zur Autobahn wird. Mariemont wurde in den zwanziger Jahren als eine der ersten am Reißbrett entworfenen Gemeinden Amerikas erbaut. Das im

In den vergangenen 30 Jahren haben sich große Teile Ohios von Farmland in Vororte verwandelt, ein Prozeß, der die in diesem Staat geborene Sängerin der Pretenders, Chrissie Hynde, zur Abfassung des Songs »My City is Gone« veranlaßte – der zufälligerweise zum Erkennungssong von Rush Limbaughs Radioshow wurde: »Ich ging zurück nach Ohio / doch meine schöne Landschaft War zugepflastert worden / von einer Regierung ohne Stolz. Die Farmen von Ohio / waren durch Shopping Malls ersetzt. Und Musik füllte die Luft / von Seneca bis Cuyahoga Falls.«

nachgeahmten Tudor-Stil gehaltene Ortszentrum erstreckt sich rings um das sehr komfortable *Best Western Mariemont Inn* (6880 Wooster Pike, 513/271-2100), direkt am US-50. Auf der anderen Straßenseite findet sich eine Filiale der exzellenten regionalen Eiskremkette *Graeter's*, und das einzige erhaltene Viertel mit den originalen Häusern aus den Zwanzigern liegt nur einen Block südöstlich.

Östlich von Mariemont kreuzt der Highway den Little Miami River auf Höhe des sehenswerten Städtchens *Milford*, ehe er 40 Meilen weit durch eine flache und spärlich besiedelte Farmregion nach Hillsboro führt.

Hillsboro Hillsboro (6235 Einw.) liegt 60 Meilen östlich von Cincinnati und 40 Meilen westlich von Chillicothe und ist die größte und betriebsamste Stadt an diesem Streckenabschnitt. Außer Tankstellen und guten Cafés wie *Maggie's Snack Shop* hat der Ort eine einzigartige, mit Alkohol in Zusammenhang stehende Geschichte. Während des Weihnachtsfestes von 1873 blieben die 13 Saloons auf Betreiben einer der frühesten Mäßigkeitsbewegungen des Landes geschlossen, und der Countrysänger *Johnny* »Take This Job and Shove it« *Paycheck* saß in jüngerer Zeit hier im Gefängnis, weil er im North High Saloon auf einen Mann geschossen hatte.

Mounds sind große Erdhügel, die teils als Grabanlagen dienten, teils aber auch als symbolische Darstellung von Tieren vermutlich mythische Zwecke erfüllten.

Östlich von Hillsboro, Richtung Chillicothe, führt der US-50 an weißgetünchten Farmhäusern und breiten Maisfeldern vorüber, die von niedrigen Hügeln umgeben sind. In dieser Gegend gibt es zwei Überbleibsel der »Mount-Builder«-Kultur, die es hier einst gab. Gleich westlich des verschlafenen Dorfes Brainbridge führt eine Abzweigung auf den Highway 41 zum eindrucksvollen *Serpent Mound*, der sich fast 500 m weit an einem Wasserlauf entlangzieht. Der *Seip Mound*, 16 Meilen westlich

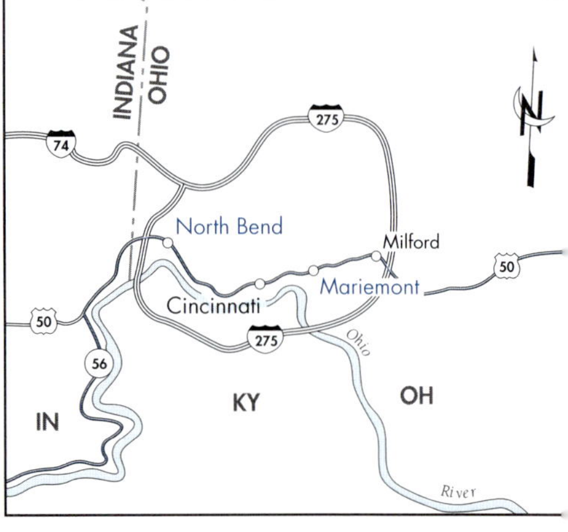

von Chillicothe, ist eine weitere von vielen archäologischen Stätten in dieser Gegend.

Chillicothe und Mound City Chillicothe (21 923 Einw., »chill-a-COTH-ee« gesprochen) liegt in der Mitte des Staates und ist nach der idyllischen Landschaft ringsum eine Überraschung: Es ist eines der ältesten industriellen Zentren des Landes; seit 1812 hat sich die Wirtschaft hier um die riesige Mead-Paper-Fabrik am Südrand der Stadt gedreht, deren rot-weiß-gestreifter Schornstein rund um die Uhr eine stechende weiße Wolke in den Himmel hustet.

Von 1800 bis 1802 war Chillicothe die Hauptstadt des Northwest Territory und später die erste Hauptstadt von Ohio.

Abgesehen von der Schwerindustrie ist es Chillicothe bewundernswert gelungen, seine Geschichte zu bewahren, was besonders deutlich im kürzlich herausgeputzten »First-Capital«-Distrikt entlang der Main Street (US-50) in der Innenstadt ersichtlich ist. Dutzende aufwendig gestalteter viktorianischer Gewerbegebäude und im Greek-Revival-Stil gehaltene Wohnhäuser, die zumeist aus der Mitte des letzten Jahrhunderts stammen, umgeben das überladene Ross County Courthouse, das für jede Verwaltungsabteilung einen separaten Eingang aufweist.

In Brainbridge auf halbem Weg zwischen Chillicothe und Hillsboro gab es die erste zahnheilkundliche Schule der USA, die heute ein Dental Museum ist (208 West Main Street/US-50).

Während der Innenstadtbereich einen kurzen Spaziergang lohnt, gibt es nur wenige besondere Sehenswürdigkeiten, und die wichtigste Attraktion der Gegend liegt drei Meilen nördlich der Stadt am Highway 104. Offiziell als Hopewell Culture National Historical Park bezeichnet und gewöhnlich nur *Mound City* genannt, erstreckt sich dieser Komplex prähistorischer Begräbnisstätten auf dem Westufer des Scioto River gleich jenseits der großen Gefängnisanlage. Zwei Dutzend

vereinzelte, mit Glas überdachte Hügel – von denen der größte 5 m hoch ist – sind durch einen eine Meile langen Trail erschlossen, der am *Visitor Center* (tgl. 8–17; 2 $) beginnt, wo Filme und Exponate die Hintergründe der 2000 Jahre alten Kultur beschreiben.

Chillicothe ist ein geeigneter Ort für eine Fahrtunterbrechung. *Johnny's Famous Fried Chicken* am US-50 neben dem McDonald's, eine Meile westlich der Innenstadt, serviert sehr gutes Essen, schließt aber schon um 20 Uhr. Das *Chillicothe Inn* (24 North Bridge Street, 614/774-2512) liegt einen halben Block nördlich des US-50 und hat Zimmer für 30 Dollar pro Nacht. Außerdem gibt es ein Holiday Inn und ein Travel Lodge.

In ganz Ohio ist Chillicothe als Schauplatz von *Tecumseh* bekannt, eine Open-air-Aufführung, die das Leben des gleichnamigen Shawnee-Kriegers erzählt. Im Sommer finden die Shows jeden Abend um 20 Uhr statt (614/775-0700; 13 $). Lustiger und billiger sind die Baseballspiele der zur Frontier League gehörenden *Chillicothe Paints* (billigste Sitzplätze 2 $; 614/773-8326), die von Juni bis August in der Nähe von Mound City ausgetragen werden.

Athens Östlich von Chillicothe führt der US-50 durch das Vinton County, eine der ärmsten und am wenigsten entwickelten Regionen des Staates. Versteckt zwischen bewaldeten Hügeln, säumen die Ruinen von Kohlebergwerken und überwucherte, eingezäunte Maisfelder die nächsten 50 Meilen. Hier hat sich nur wenig verändert (jedenfalls zum besseren...), seit der *WPA-Guide* 1939 die Szenerie beschrieb: »Abrupt schwingt sich die Straße in eine felsige Schlucht, die mit den klapprigen Häusern der Leute aus den Bergen übersät ist, ... die von gelegentlicher Bergwerksarbeit, dem Schwarzbrennen von Alkohol, Fallenstellerei oder finanzieller Unterstützung durch den Staat leben.«

Im südöstlichen Ohio gibt es eine der größten Konzentrationen von Scheunen, die mit dem Werbespruch »Chew Mail Pouch Tobacco« bemalt sind.

Nach dieser ländlichen Armut erreicht der US-50 schließlich Athens (21265 Einw.), eine der attraktivsten Kleinstädte in Ohio. Wie ihre klassische Namensschwester auf einer Serie von Hügeln gelegen, ist Athens ein idyllischer Ort, der sich um den baumbestandenen Campus der Ohio University herum entwickelt hat, die 1809 eröffnet wurde. Die ziegelgepflasterten Straßen des acht Blocks langen Uptown-Distrikts um die College und Court Street am Nordrand des neoklassizistischen College Green, einem 1816 angelegten National Historical Landmark, sind von Buchläden, Copy Shops und Klamottengeschäften gesäumt, die hauptsächlich auf die 18000 wohlerzogenen Twenty-Somethings des College ausgerichtet sind.

Der US-50 folgt dem Hocking River und führt um den Stadtkern herum; die Stimson Avenue oder die State Street führen vom Highway aus ins Zentrum, vorbei an den Cafés und Läden, die die Blocks rings um den Campus füllen. Zu den Übernachtungsmöglichkeiten zählen ein *Days Inn* und andere Motels entlang der Columbus Road (US-33) im Norden; weiterführende Informationen sind vom Visitor Center (614/592-1819 oder 800/878-9767) im Stadtpark am US-50, östlich des Zentrums erhältlich.

Östlich von Athens zieht sich der US-50, rund 40 Meilen weit durch struppige, wiederaufgeforstete Wälder und verlassene Bergwerksorte mit so verführerischen Namen wie Guysville oder Coolville hin, ehe er am Ohio River bei Parkersburg die Grenze zu West Virginia erreicht.

Durch West Virginia

Die längsten und langsamsten 220 Meilen im transkontinentalen Gesamtverlauf des US-50, nämlich der Abschnitt durch West Virginia, führen kurvenreich und steil über die schroffen Allegheny Mountains. Ausgehend vom Ohio River im Westen und bis zur Mitte des Staates gut ausgebaut, ist der Highway erst eine relativ schnelle Autobahn, ehe er den Aufstieg in das zerklüftete Hügelgebiet beginnt – eine der ökonomisch desolatesten Ecken des Landes, wo man sich in die Fotos von Walker Evans aus der Depressionszeit zurückversetzt fühlt.

Obwohl es hier viele schöne Laubwälder und turbulente Flüsse gibt, hinterläßt West Virginia den Eindruck, als bestünde der Staat nur aus verlassenen alten Eisenbahnorten und verarmten ehemaligen Kohlebergbaugebieten, wo verrostete Gerätschaften und zusammengebrochene Autos die Vorgärten und Hinterhöfe der Hütten, Schuppen und Trailerparks entlang des Highways füllen.

Parkersburg Die größte und am stärksten industrialisierte Stadt im nördlichen West Virginia, Parkersburg (33 862 Einw.), liegt in strategischer Position am Zusammenfluß des Ohio und des Little Kanawha River. Die städtische Wirtschaft ist von einem ungewöhnlichen Arbeitgeberpaar abhängig: dem Federal Bureau of Public Department, das die US-Staatsanleihen einlöst, und einer riesigen DuPont-Teflon-Fabrik. Wenn der erste Eindruck auch ziemlich öde ist – Pornoläden und Stripschuppen säumen die Zufahrt zur Stadt –, verdient Parkersburg doch einen näheren Blick.

Das *Blennerhasset Museum* (Second und Juliana Street, Di–So 9.30–17; 1 $) ist in einem backsteinernen Lagerhaus der Jahrhundertwende untergebracht und dokumentiert die regionale Geschichte mit einem Schwerpunkt auf den Eskapaden des irischen Aristokraten Harman Blennerhasset, der 1806 mit Aaron Burr ein Komplott zur Errichtung eines unabhängigen Lehngutes in Texas und dem Südwesten plante. Wer Interesse daran hat, kann mit einem Schaufelraddampfer zur Insel im Ohio River fahren, auf der Blennerhasset ein palastähnliches Haus erbaute, in dem die Verschwörung ausgeheckt wurde. Das Haus ist zu einem State Park gemacht worden, und die Schiffe dorthin (4 $) fahren stündlich ab Point Park, der zwei Blocks westlich des Museums unter der Eisenbahnbrücke am anderen Ende der 7,6 m hohen Flutmauer am Zusammenfluß der beiden Flüsse liegt.

Fort New Salem Zwischen Parkersburg und Clarksburg zieht sich der US-50 als vierspurige Schnellstraße durch eine ehemals Öl

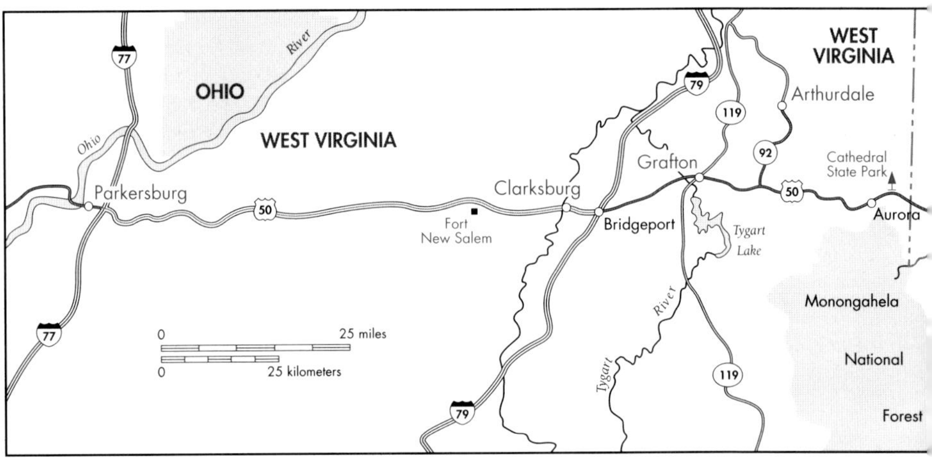

und Gas produzierende Region, in der kleine, fast vergessene Orte verstreut liegen. Die kleinen Farmen werden von Nachfahren schottisch-irischer Einwanderer betrieben, die sich im späten 18. Jahrhundert hier ansiedelten. Fort New Salem (Mi–Fr 10–17, Sa/So 13–17; 2 $), 14 Meilen westlich von Clarksburg, lohnt einen Abstecher. Die Anlage befindet sich gleich südlich des US-50 auf dem Gelände der halb japanischen Salem-Teikyo-Universität und ist die eindrucksvolle Rekonstruktion eines ursprünglich 1795 ganz in der Nähe errichteten Frontier-Außenpostens, dessen Blockhäuser von Palisaden geschützt sind.

Clarksburg Clarksburg (18059 Einw.), der Geburtsort des konföderierten Bürgerkriegshelden Thomas »Stonewall« Jackson, ist eine saubere Eisenbahnstadt an einem Nebenarm des Monongahela River. Der Innenstadtbereich wirkt wie ein Querschnitt durch Geschäftsgebäude der Jahrhundertwende, wo man tolle Fotos von alten Reklamen und Backsteinmauern machen, aber nichts Besonderes anschauen kann. Der große italienische Bevölkerungsanteil erklärt die Menge guter Restaurants wie *Minard's Spaghetti Inn* (813 East Pike Street) am alten US-50 am Joyce Street-Exit des Interstate.

Auf der Ostseite von Clarksburg erklimmt der US-50 einen steilen Hügel, ehe er in Bridgeport am Interstate 79 plötzlich urban und häßlich wird, da er hier zwei Meilen weit durch ein Dickicht aus Wal-Marts, Kmarts, Fastfood-Restaurants und Kettenmotels führt, darunter ein Holiday Inn, ein Comfort Inn und ein Days Inn.

Grafton Grafton (5524 Einw.), der erste größere Ort westlich von Winchester, Virginia, entstand 1852 und entwickelte sich zu einem turbulenten Eisenbahnstädtchen, gehört heute aber zu den wirtschaftlich und sozial am stärksten in Mitleidenschaft gezogenen Orten in diesem wirtschaftlich und sozial instabilen Staat. Heruntergekomme-

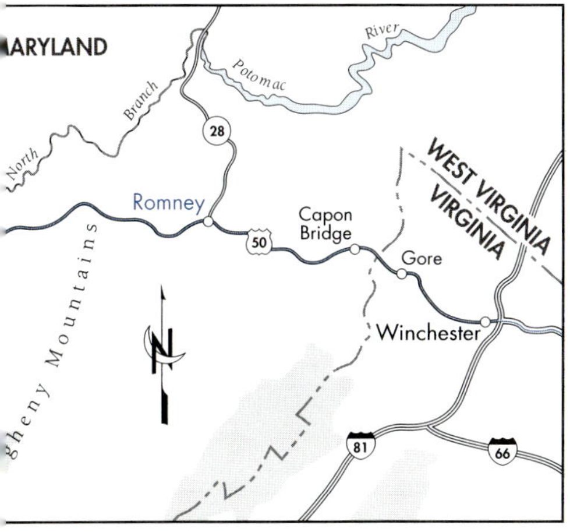

ne Häuser und aufgegebene Kirchen säumen die ziegelgepflasterten Straßen, die steil zum Tygart River und zu den Gleisanlagen hinabführen, wo ein monumentaler Bahnhof und eine Reihe großartiger, aber zugenagelter Hotels von Graftons besseren Zeiten künden

Außer wegen seiner eindrucksvollen Lage erhebt Grafton auch als Geburtsort des Muttertages Anspruch auf Ruhm, der erstmals 1908 in der hiesigen Methodistenkirche in der Main Street gegenüber dem alten Bahnhof zelebriert wurde. Heute befindet sich hier der *International Mother's Day Shrine* (Mo–Fr 9.30–15.30; Eintritt gegen Spende).

Östlich von Grafton wird die Landschaft bergiger, und statt der kleinen Städte, die den Westteil der Route säumten, liegen nun einsame Dörfer links und rechts der Strecke.

Arthurdale Die Siedlerkolonie von Arthurdale, nordöstlich von Grafton und eine halbe Stunde nördlich des US-50 am Highway 92, war das erste und vielleicht wichtigste der vielen gegen die Verarmung gerichteten ländlichen Siedlungsprojekte, die während des New Deal der Depressionszeit durchgeführt wurden. Obwohl nicht die größte Anlage ihrer Art, wurde Arthurdale aufgrund des persönlichen Engagements der damaligen First Lady Eleanor Roosevelt bekannt, die nicht nur bei der Planung des Projektes half, sondern auch oft Besuche im Ort machte und bei Schulabschlußfeiern die Diplome aushändigte.

1934 begann der Bau von 165 Häusern sowie Schulen, Fabriken, einer Farm-Kooperative, eines Gesundheitszentrums und eines kleinen Hotels. Arthurdale war eine idealtypische Gemeinde, deren Bau die schwierigen Lebensbedingungen arbeitsloser Bergarbeiter aus Morgantown erleichtern sollte. Die meisten der Häuser sind noch intakt und von den ursprünglichen Siedlern oder ihren Nachfahren bewohnt. Das alte Gemeindezentrum wurde restauriert und beherbergt nun ein kleines *Museum* (tgl. auf Absprache geöffnet, 304/864-3959), das die ganze Geschichte dieses ungewöhnlichen Projekts dokumentiert.

Südlich von Grafton führt der US-119 durch Phillipi, wo die größte überdachte Brücke des Staates über den Tygart River führt. Die 1852 erbaute rot und weiß gestrichene Brücke mit einer Länge von 86 m erlitt 1989 schwere Brandschäden, wurde aber vollständig restauriert.

Cathedral State Park Vier Meilen westlich der Grenze zu Maryland führt der US-50 direkt durch den Cathedral State Park, wo eine 52 Hektar große Fläche mit stattlichen

Das Dorf Aurora am Westrand des Cathedral State Park hat für seine Bemühungen zur Zurückdrängung des Pennies eine gewisse Bekanntheit erlangt. Im örtlichen Dairy Queen etwa werden alle Preise so auf- oder abgerundet, daß sich der Centbetrag durch fünf teilen läßt.

Hemlocktannen einen der wenigen erhaltenen Urbestände an Wald in diesem holzhungrigen Staat bildet. Jenseits des Parks durchschneidet der US-50 einen sieben Meilen breiten Zipfel von Maryland, ehe er über den nördlichen Arm des Potomac River wieder nach West Virgina zurückkehrt.

Hinter der Brücke klettert der Highway steil in die dicht bewaldeten Alleghenies hinauf, überquert mehr als 1000 m hohe Bergrücken und zieht dabei so enge Kurven, daß die Geschwindigkeit manchmal nur 15 Meilen pro Stunde beträgt. Man kommt nur sehr langsam voran, und die Fahrt bietet keinerlei Vergnügen, wenn man zu Übelkeit neigt.

Romney und das Eastern Gateway Der seltsam geformte Arm des östlichen West Virginia, der sich zwischen Maryland und Virginia am Oberlauf des Potomac River hinzieht, wird als »östliches Tor« bezeichnet und bietet schnelle Zugänge zur bergigen Wildnis des Monongahela National Forest, der südlich des US-50 liegt, und zu den tosenden Wildwassern der Cheat River und des Gauley River. Ursprünglich von Shawnee-Indianern bewohnt, wurde die Region während der Kolonialzeit als Teil der 2,5 Millionen Hektar großen Virginia-Besitzung des Lord Fairfax besiedelt. Die Gleise der B&O Railroad wurden in den 1850er Jahren durch diese Gegend gelegt, die daher während des Bürgerkrieges strategisch wichtig war – besonders die Region um Romney (1966 Einw.), die größte Stadt des »Eastern Gateway«, die während der vierjährigen Kämpfe mehr als 50mal erobert und wieder verloren wurde.

Der US-50 führt östlich auf Winchester zu und passiert mehrere Bergdörfer wie Capon Bridge in West Virginia und Gore in Virginia, die aus kaum mehr als einer Tankstelle, einer Kneipe und einem Postamt plus ein oder zwei Antiquitätengeschäften bestehen, die von Möbeln der Kolonialzeit bis zu alten Highwayschildern alles verkaufen. Man fühlt sich unweigerlich Lichtjahre von der modernen Welt entfernt, obwohl es bis Washington, D.C., nur 90 Straßenmeilen sind.

Durch West Virginia folgt der US-50 der Route des Northwest Turnpike aus der Kolonialzeit, an deren Vermessung 1748 der 16jährige George Washington beteiligt war.

Das US-50 Quilt House auf halbem Weg durch Maryland und eine Meile westlich von Redhouse zeigt Hunderte dieser handgemachten Decken.

Durch Virginia

Der US-50 kommt von den Alleghenies und Appalachen West Virginias herunter, erreicht Virginia am Nordende des Shenandoah Valley und führt durch das Zentrum der ruhigen und attraktiven Kleinstadt Winchester. Auf dem Weg nach Osten erklettert die Strecke die Ausläufer der Blue Ridge Mountains und überquert den Shenandoah River, erfreut John-Denver-Fans und trägt die Reisenden durch das Herz des ultrareichen »Hunt Country« des nördlichen Virginia, eine ländliche und unverschandelte Region mit kleinen Orten, Pferdefarmen und Weinbergen, wo mehr Millionäre leben als wohl in irgendeiner anderen Gegend Amerikas.

Bei Annäherung an die äußeren Vororte der Bundeshauptstadt verliert der US-50 jedoch schnell seinen Glanz, und obwohl man dem Highway meilenweit durch einen suburbanen Dschungel auf beiden Seiten des Interstate-495-Autobahnringes folgen kann, ist doch die Fahrt auf dem irreführend numerierten Interstate 66 – der nichts mit der historischen Route 66 zu tun hat – bis in die Stadt vorzuziehen. Auf jeden Fall gibt es auf den 22 Meilen zwischen dem Dulles Airport und Washington selbst wenig Gründe für einen Stopp, auch wenn das letzte Stück des US-50, vorbei an der eindrucksvollen Statue des Iwo-Jima-Denkmals – zur Erinnerung an die schwere Schlacht im 2. Weltkrieg –, direkt zum Lincoln Memorial führt.

Winchester Die größte Stadt des nördlichen Viginia, Winchester (21 947 Einw.), ist ein überraschend ruhiger und sehr angenehmer Ort, der am besten für seine umliegenden großen Apfelplantagen bekannt ist. Der Interstate 81 mit dem gewöhnlichen Drumherum aus Shopping Malls und Fastfood-Restaurants zieht sich am Ostrand von Winchester quer über den US-50, aber das Stadtzentrum ist für Spaziergänge ausgesprochen geeignet, vor allem das in eine

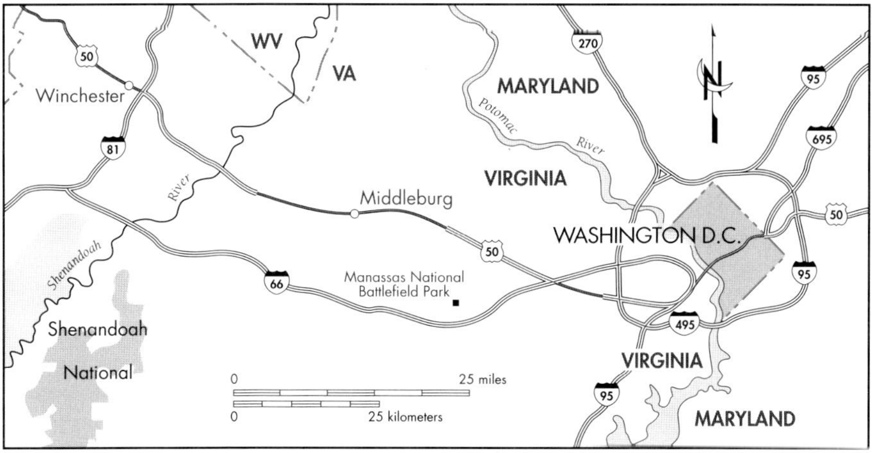

Patsy Cline,
* 8. 9. 1932
† 5. 3. 1963

Der US-50 überquert die Appalachen an der 335 m hohen Ashby Gap 15 Meilen östlich von Winchester. Der schön gelegene und wunderbar erhaltene Ort Harpers Ferry in West Virginia 26 Meilen nördlich des US-50 am US-340 ist das Zentrum des Appalachian Trail, der im Band 2 von Road Trip USA beschrieben wird.

Fußgängerzone umgewandelte Old-Town-Gebiet an der Loudon Street zwischen Cork und Piccadilly Street (US-50).

Außer wegen der Äpfel ist Winchester vermutlich auch als Heimatort von *Patsy Cline* bekannt, der unnachahmlichen Countrysängerin, die am 5. März 1963 im Alter von 30 Jahren bei einem Flugzeugabsturz starb. Patsy, zu deren größten Hits »Crazy«, »Sweet Dreams« und »Walking after Midnight« zählen, wohnte vom dritten bis zum 16. Lebensjahr in einem kleinen Haus (608 South Kent Street) nahe der Innenstadt und verließ die High School, um mit dem Ausschenken von Milchshakes in *Gaunt's Drug Store,* südlich der Innenstadt Ecke Loudon Street und Valley Avenue, Geld zu verdienen. Sie ist im *Shenandoah Memorial Park,* eine Meile südöstlich der Stadt, begraben.

Andere mit Patsy Cline in Zusammenhang stehende Orte sind in einer kleinen Broschüre mit dem Titel *»Celebrating Patsy«* beschrieben, die kostenlos im *Kurtz Cultural Center* (2 North Cameron Street, 540/722-6367, Mo–Sa 10–17, So 12–17; gratis) erhältlich ist. Das Zentrum zeigt umfangreiche Dokumente zur Kultur und Geschichte der Stadt und der Zeit des Bürgerkrieges. Eine Aufstellung der Unterkünfte und Restaurants ist beim Winchester Visitor Center (540/662-4135 oder 800/662-1360) zu bekommen.

Middleburg Middleburg (549 Einw.) ist ein kleiner, aber makelloser Ort und liegt im Herzen des »Jagdlandes« im nördlichen Virginia, wo Senatoren, Botschafter und Aristokraten sich auf vielen Millionen Dollar teuren Landsitzen treffen. Der vier Blocks lange Geschäftsbezirk wimmelt von Antiquitätenläden, Kunstgalerien und Immobilienagenturen – und es gibt einen einsamen Safeway-Supermarkt gleich westlich der einzigen Verkehrsampel.

Ein Platz in den Vororten von Washington, der einen Stopp wert ist, ist das Tastee 29 Diner (10536 Lee Highway/US-50) in Fairfax, ein klassisches Diner aus Chrom und blauer Emaille, das täglich 24 Stunden geöffnet hat.

Viele der mit Backstein oder Granit verkleideten Häuser in Middleburg stammen aus der Kolonialzeit, so auch das *Red Fox Inn* (2 East Washington Street, 540/687-6301 oder 800/223-1728) am US-50 im Zentrum des Ortes. Ursprünglich 1728 als Kneipe und Unterkunft für Kutschenreisende erbaut, ist es heute ein komfortables Bed&Breakfast und Restaurant der gehobenen Klasse. Es gibt noch eine Reihe weiterer Eßlokale, darunter das erschwingliche *Magpie Cafe* und *Huckleberry's* Eiskrem- und Sandwich-Shop; beide liegen am westlichen Ende der Washington Street.

Östlich von Middleburg führt der Highway ein Dutzend Meilen weit durch wogende Felder, ehe er die äußeren Vororte von Washington, D.C., erreicht.

Manassas National Battlefield Park Der Manassas National Battlefield Park, die Stätte der ersten großen Landschlacht des Amerikanischen Bürgerkrieges, ist ungeachtet des urbanisierenden Drucks der umliegenden Orte unversehrt erhalten geblieben – und abgesehen von den abgebrochenen Bemühungen der Walt Disney Company, in der Nähe einen Vergnügungspark zur amerikanischen Geschichte anzulegen. Die Perspektive von Wohnkomplexen mit Blick auf das Schlachtfeld dräut noch in der Zukunft, aber zumindest für den Moment ist Manassas – das im Norden auch als Bull Run bekannt war – noch die eindrucksvollste aller historischen Stätten des Bürgerkrieges. Abgesehen von geringfügigen Einflüssen des modernen Lebens sind seine 13 Quadratkilometer sanft gewellter Hügel und Waldgebiete unverändert erhalten.

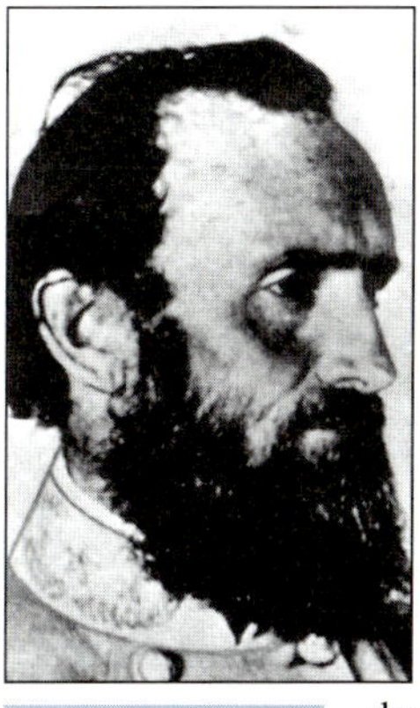

Thomas »Stonewall« Jackson erwarb sich seinen Spitznamen in der ersten Schlacht bei Manassas, wo seine Standfestigkeit im feindlichen Feuer wesentlich zum Sieg der Konföderierten über die Unionstruppen beitrug.

Manassas, das die Verkehrswege zwischen Washington, D.C., und dem Shenandoah Valley kontrollierte, war der Schauplatz von zwei großen Schlachten. Die erste wurde am 21. Juli 1861 ausgetragen und blieb strategisch ohne wesentliche Folgen, obwohl die Tatsache, daß die »Rebellenarmee« der Konföderierten die zu selbstsichere Unionsarmee in einen panikartigen Rückzug trieb, der viele Beobachter überraschte, welche von Washington angereist waren, um die Schlacht zu sehen. Ihr unrühmlicher Ausgang überschattete die kommenden vier Kriegsjahre.

Die zweite Schlacht vom 28. bis 30. August 1862 folgte auf die Ernennung von Robert E. Lee zum Kommandeur der konföderierten Streitkräfte. Der Konflikt stand am Anfang des blutigsten Kampfjahres, das im darauffolgenden Juli in der Schlacht von Gettysburg seinen Höhepunkt erlebte.

Hunderte von Monumenten und Denkmälern sind zusammen mit an den Schlachtlinien aufgestellen Geschützreihen auf den grasbewachsenen Hügeln verteilt und veranschaulichen die vielen entscheidenden Momente der Schlachten. Ein locker komponierter, 1,4 Meilen langer Rundgang nimmt am kleinen Visitor Center seinen Ausgang, wo audiovisuelle Displays und Sammlungen militärischer Artefakte eine Vorstellung von den Zielen dieses Krieges gibt.

Um Manassas zu erreichen, folgt man dem Interstate 66 von Washington, D.C., oder dem Lee Highway (US-29) ab Fairfax Richtung Westen. Vom US-50 aus führen der US-15 oder der kleinere Highway 659 nach Süden zum Battlefield Park.

—> Washington D. C. wird in den City Survival Guides auf Seite 466 f. beschrieben.

Durch Maryland

Der US-50 verläßt Washington, D.C., als vielspurige Schnellstraße und erreicht eines der beliebtesten Ziele im Staat, den kolonialen Hafenort Annapolis an der Chesapeake Bay. Von dort aus führt der letzte, 100 Meilen lange Abschnitt des 3200-Meilen-Trips auf dem US-50 quer durch Amerika auf die Atlantikküste und den überaus beliebten Badeort Ocean City zu und ist eine verrückte Rennstrecke durch Marylands Eastern-Shore-Region. Eigentlich ist dies eine der fesselndsten Gegenden der nordöstlichen USA, aber der vierspurige US-50 regt nicht zum Sightseeing an. Wer also eine wirkliche Vorstellung von den Pinienwäldern, Maisfeldern und Fischereiflotten der Eastern Shore gewinnen möchte, muß sich an die vielen Nebenstraßen halten und die zahlreichen historischen Städte und Siedlungen aufsuchen. Auf manche davon wird als Ziel lohnender Abstecher hingewiesen, und sie zählen zu den ältesten und besterhaltenen Orten der Nation.

Annapolis Die Staatshauptstadt von Maryland, Annapolis (33187 Einw.), ist eine der attraktivsten und am besten erhaltenen historischen Städte der USA und ein Ort, den man nicht versäumen möchte. 1649 erstmals besiedelt und 1708 als Stadt etabliert, erhebt Annapolis mit gutem Recht Anspruch darauf, die älteste Stadt des Landes zu sein. Ihre historische Bedeutung hatte sie als erste Hauptstadt der Nation, obwohl sie aufgrund ihres maritimen Erbes sowohl als Zentrum des Yachtsportes und als Sitz der U.S. Naval Academy an der Waterfront der Chesapeake Bay besser bekannt ist.

WRNR 103.1 in Annapolis ist eine anarchische moderne Rockstation, die alles von The Animals bis Frank Zappa spielt.

Das historische Zentrum von Annapolis liegt südlich des US-50 am Highway 70, der geradewegs zum *State House* (tgl. 9–17; gratis) führt, wo 1783/84 der Kongreß zusammenkam und den Vertrag von Paris ratifizierte, der den Unabhängigkeitskrieg beendete. Vom State House aus führt die Main Street den Hügel hinab zur Waterfront am City Dock, wo ein Visitor Center Karten für Rundgänge und Broschüren über die große Zahl der historischen Gebäude bereithält, darunter das schöne, zwei Blocks nördlich gelegene *Hammond Harwood House* (19 Maryland Avenue, Mo–Sa 10–16; 4 $) aus der Kolonialzeit.

Annapolis bietet eine Reihe guter Eßmöglichkeiten, etwa das ehrwürdige *Chick & Ruth's Delly* (165 Main Street) und die an der Waterfront gelegene *Middleton Tavern* (2 Market Space), wo es sorgfältig zubereiteten Fisch mit Chips gibt. Abgesehen vom historischen *Maryland Inn* (16 Church Circle, 410/263-2641) sind die meisten Unterkünfte profillose Motels am US-50 westlich der Stadt. Das Visitor Center (410/280-0445) hält eine komplette Liste bereit.

Chesapeake Bay Bridge Bevor die vier Meilen lange Brücke über die Chesapeake Bay in den frühen Fünfzigern fertiggestellt wurde, war Marylands Eastern Shore geographisch und in der Vorstellung ihrer Bewohner eine Insel, die von der Bucht vor den sich ausdehnenden Städten Washington und Baltimore geschützt und durch den

Tilghman Island westlich von St. Michaels am Ende des Highways 33 ist der Heimathafen für die letzte Flotte von Skipjacks auf der Chesapeake Bay, den einzigartigen Segelbooten, mit denen die Austern in der Bucht geerntet werden.

Chesapeake and Delaware Canal vom Festland abgeschnitten wurde. Heute überqueren Tausende von Reisenden jeden Sommer die Brücke, und viele von ihnen rasen auf dem US-50 direkt zu den Küstenorten wie Rehoboth Beach und Ocean City. Auf der Brücke muß nur in östlicher Fahrtrichtung zweieinhalb Dollar Maut bezahlt werden.

Am Westende der Brücke erreicht der US-50 den *Sandy Point State Park*, wo man schwimmen, wandern oder ein Boot zu Wasser lassen kann. Am Ostende treffen sich der US-50 und der US-301 und führen als vierspurige Schnellstraße bis nach *Queenstown*, einem betriebsamen Hafen des frühen 19. Jahrhunderts, der heute aber kaum mehr als ein eleganterer Vorort im Großraum Baltimore/Washington ist.

Easton Auf halber Strecke durch Maryland und 20 Meilen südöstlich der Chesapeake Bay Bridge passiert der US-50 das wohlerhaltene Herz von Easton (9372 Einw.), wo das stattliche Talbot County Courthouse einen kompakten Geschäftsdistrikt überragt, der auch leicht für eine ländliche britische High Street gehalten werden könnte. Abgesehen von den vielen Gebäuden aus dem 18. Jahrhundert – darunter ein Stadthaus im Föderalstil (25 South Washington Street), das zum *Museum* der Geschichtsgesellschaft des Talbot County umgewandelt wurde (Di–Sa 10–16, So 13–16; 2 $) –, ist das *Third Haven Meeting House* aus weißem Holz in der South Washington Street am Stadtrand der interessanteste Ort für eine Besichtigung; es wurde 1684 erbaut und wird noch heute von einer Quäkergemeinde benutzt.

Eastons klassische Unterkunft ist das stattliche *Tidewater Inn* (101 East Dover Street, 410/822-1300 oder 800/237-8775) im Stadtzentrum, das seinen Gästen kostenlose Kutschenfahrten durch die Stadt und die Möglichkeit zu einem Frühstück um 4.30 Uhr bietet – speziell für Entenjäger, die um diese Zeit aufstehen müssen. Außerdem gibt es das komfortable *Bishop's House* Bed&Breakfast (2145 Goldsborough Street, 301/820-7290) sowie die übliche Palette von Motels und Fastfood-Restaurants entlang der Parallelstraße zum US-50.

Die Ostküste ist exzellentes Fahrradgelände mit generell ebenen, ruhigen Straßen, die durch Farmländereien, Wälder und die Fischereiorte der Küste führen. Der Staat Maryland veröffentlicht hierüber eine hilfreiche und kostenlose Broschüre; die Telefonnummer zur Bestellung findet sich in den Road Trip-Ressourcen.

St. Michaels und Oxford Der Stolz und die Freude der Eastern Shore ist das Dorf St. Michaels, zur Kolonialzeit ein Schiffsbauzentrum, das zu einem Yachthafen umfunktioniert ist und das exzellente *Chesapeake Bay Maritime Museum* (tgl. 10–16; im Sommer länger geöffnet; 6 $) beherbergt. Direkt an der Waterfront im Zentrum des Ortes gelegen, zeigt das Museum ausführliche Displays von Skipjacks und anderen historischen Segelschiffen, bei deren Restaurierung man in der Museumswerkstatt

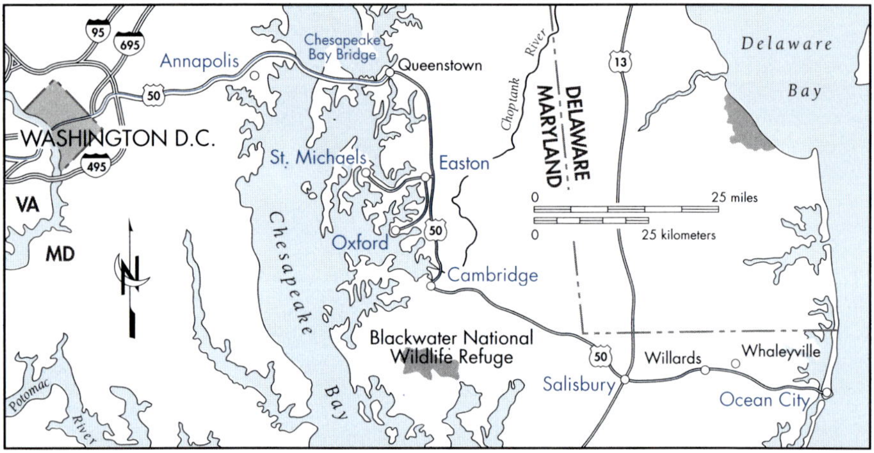

zuschauen kann. Außerdem gibt es diverse Ausrüstungsgegenstände für Fischfang und Jagd sowie ein funktionstüchtiges Leuchtfeuer, die insgesamt das traditionelle maritime Leben an der Eastern Shore veranschaulichen.

Obwohl St. Michaels voller liebevoll gepflegter alter Häuser und Gewerbegebäude sowie in Betrieb befindlicher Werften, Hökerläden und Segelmacher ist, muß doch gesagt werden, daß der Ort definitiv eine große Touristenfalle mit den üblichen Souvenirgeschäften, überteuerten Restaurants und auf altmodisch getrimmten Bed&-Breakfasts ist.

Nachdem man das Museum angeschaut hat und im Ort herumspaziert ist, kann man ein Gefühl für das unverdorbene Chesapeake bekommen, wenn man südöstlich von St. Michaels den Schildern zur *Tred-Avon Ferry* (tgl. 7 Uhr bis Sonnenuntergang; pro Tour 4,50 $ je Auto, 75 Cent je Fußgänger) folgt, die etwa alle halbe Stunde den Tred Avon River nach Oxford (700 Einw.) überquert, einem schläfrigen kleinen Dorf, das sich seit 1760 kaum verändert hat, als es einer von zwei autorisierten Einreisehäfen ins Maryland der Kolonialzeit war. Man kann entlang der Waterfront oder südlich durch die Main Street zum Zentrum des wohl besterhaltenen kolonialzeitlichen Ortes in ganz Amerika spazieren. Es gibt weder ein Museum noch eine Ausstellung, die Oxford als besondere Stätte preisen würden, obwohl kein Geringerer als James Michener, der viele Jahre lang in St. Michaels lebte, so weit ging und behauptete, daß die im etwa 1711 erbauten *Robert Morris Inn* (gegenüber dem Fähranleger, 410/226-5111) servierten Crab Cakes zu den besten gehörten, die er jemals probiert habe. Für 20 Dollar pro Teller sind sie ein wenig teuer, doch ist das Inn ein phantasieanregender Ort, dessen Zimmer zwischen 70 und 220 Dollar pro Nacht kosten.

Von Oxford kann man mit der Fähre nach St. Michaels zurückfahren oder über den Highway 333 direkt zum US-50 gelangen.

Cambridge Das betriebsame Cambridge (11514 Einw.) wurde 1684 am Südufer des breiten Choptank River gegründet und ist im Gegensatz zu Oxford ein Marktort für die umliegenden Farmen. Obwohl es dank der inzwischen geschlossenen Verpackungsfabriken etwas industriell wirkt, hat Cambridge ein paar attraktive Winkel, auch wenn seine besondere Sehenswürdigkeit die verfallende alte *Cape-Charles-Fähre* ist, die einst nach Süden bis Norfolk segelte, inzwischen aber nordwestlich der Brücke des US-50 über den Choptank River vor Anker liegt.

In Cambridge gibt es ferner die verrückteste Palette von Festivals der Eastern Shore, angefangen vom nationalen Wettbewerb im Häuten von Bisamratten, der im Winter stattfindet, bis zu Treffen antiker Rennboote und Flugzeuge, die im Sommer veranstaltet werden. Details sind beim Visitor Center (410/228-3575) zu erfragen.

Salisbury Obwohl heute weitgehend modern und kommerzialisiert, hat Salisbury (20059 Einw.) einen Teil seines älteren Stadtbildes in einer innerörtlichen Fußgänger- und Einkaufszone sowie im Newton Historic District bewahren können, einer Sammlung eleganter Häuser aus der viktorianischen Ära entlang der Elizabeth Street. Die beste Gelegenheit für eine Besichtigung bietet das *Ward Museum of Wildfowl Art* (tgl. 10–17; 4 $), das eine umfassende Sammlung geschnitzter Lockenten und anderer jagdbezogener Kunstwerke und Objekte zeigt.

Obwohl Salisbury kein besonders attraktiver Ort für einen Aufenthalt ist, gibt es hier doch eines der besseren Diners der Eastern Shore, *Phippin's North 13* am US-13, eine Meile nördlich des US-50, das ab sechs Uhr morgens Standardfrühstück und abends eine Palette lokaler Fisch- und Seafood-Gerichte anbietet (tgl. bis 21 Uhr).

Der US-50 durchquert die Feucht- und Schutzgebiete des Küstenbereiches und führt in schneller Fahrt von Salisbury nach Osten, vorbei an kleinen Orten wie Willards und Whaleyville, die man am besten sehen kann, wenn man den Highway 346 nimmt. Beide Routen verlaufen parallel zueinander und vereinigen sich 30 Meilen östlich des altmodischen Badeortes Ocean City.

Ocean City Ocean City (5146 Einw.) ist so ungefähr der letzte Ort an der gesamten Ostküste, der den jahrmarktähnlichen Charakter der klassischen amerikanischen Badeorte bewahrt hat. Es gibt hier die bei weitem beste Palette altmodischer Vergnügungsmöglichkeiten. Der ausladende hölzerne Boardwalk erstreckt sich von der Hauptpier zwei Meilen weit entlang des breiten, sauberen weißen Sandstrandes und ist mit genügend Wasserrutschen, Karussells, Minigolfanlagen, Spukhäusern und Autoscootern bestückt, um die Hunderttausenden von Menschen zu unterhalten, die an Sommerwochenenden herkommen. Es gibt auch fast vergessene Spiele wie Skee-Ball und Pokerino sowie Geschicklichkeitsübungen, bei denen man für

Im Einklang mit seinen herrlichen Stränden hat Ocean City den exzellenten Sender WZBH 93.5 FM »The Beach«, der den besten Rock'n'Roll der Welt (von den Rolling Stones über die Sex Pistols bis Pearl Jam) spielt und Informationen über die lebendige Nachtclubszene der Stadt gibt.

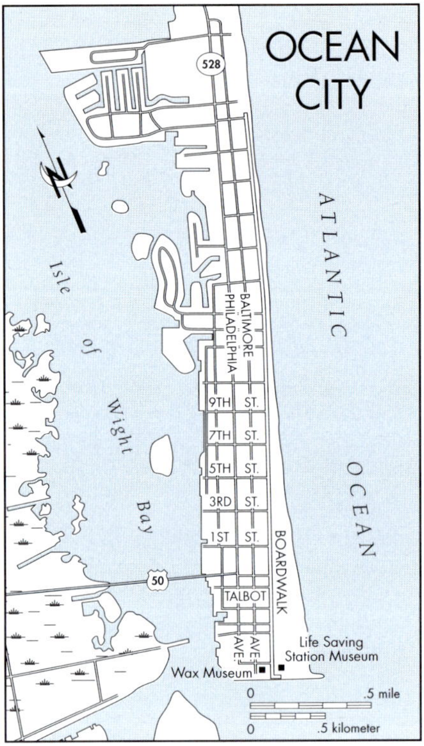

einen Dollar Einsatz Stofftiere und andere Preise gewinnen kann, wenn man Körbe umwirft oder Wasser in den Mund eines Clowns spritzt. Eine kuriose Ansammlung von Wahrsagern, T-Shirt-Ständen sowie Burgerbuden und Bierbars vervollständigt das Bild einer lebendigen Promenade.

An Sommerwochenenden wird Ocean City, das die schmale, der Küste vorgelagerte Insel füllt, die sich vom US-50 aus zehn Meilen nach Süden zieht, zu Marylands zweitgrößter Stadt. Die Bevölkerung wächst dann von den 5000 Einwohnern auf mehr als 400000 Menschen an. Es macht allein schon Spaß, sich in diesen Trubel hineinziehen zu lassen, doch gibt es eine Reihe besonderer Dinge, die anzuschauen oder auszuprobieren sich lohnt. Für den Preis einer Fahrt mit dem Autoscooter kann man die skurrilen Sammlungen im *Life Saving Station Museum* (im Sommer tgl. 11–22, November bis März nur Sa/So 12–16; 2 $) am Südende des Boardwalks bewundern, Displays zu Schiffsunglücken und verschiedene Badeanzüge anschauen und Schüsseln voller Sand von 100 unterschiedlichen Stränden miteinander vergleichen. Am Museum startet auch die *Trams* (2 $), die zwei Meilen weit den Boardwalk bis zu den modernen 20stöckigen Apartmenthäusern und Badehotels entlangfährt, die im Norden den Rest der Insel säumen.

Während ein Großteil von Ocean City einen relativ einfach gestrickten Charme hat, ist das Essensangebot besser, als man erwarten würde. Zahlreiche Lokale bieten Shrimpsgerichte und krügeweise Bier für unter zehn Dollar an. Frisches Chicken oder Crab Cake sind auf dem Boardwalk an Ständen wie dem der *Dayton Bros.* gegenüber der Life Saving Station erhältlich. Mehrfach werden auch *Thrashers Fries* angeboten, und man kann seinen kulinarischen Streifzug gut mit einer Eistüte oder einem Milchshake von *Dumser's Ice Cream* nahe dem Wachsfigurenmuseum am Südende des Boardwalks krönen. Außerdem gibt es viele sehr gute Restaurants, darunter Dutzende Seafood-Lokale entlang der Sinepuxent Bay auf der Westseite der Insel wie etwa *The Angler* am Ende der Talbot Street.

Es gibt auch haufenweise Unterkünfte, aber leider kaum billige. Von den großen älteren Hotels wird nur das *Commander* (14th

Street, 410/289-6166 oder 800/543-6986) noch betrieben. Moderne Motels wie das *Comfort Inn* (am Boardwalk, Höhe Fifth Street, 410/289-5155 oder 800/282-5155) fordern 120 Dollar für ein Doppelzimmer, das außerhalb der Saison nur 40 Dollar kostet, und in den gehobeneren Häusern wie dem *Sheraton Fontainebleau* (an der Oceanfront, Höhe 101st Street, 410/524-3535 oder 800/638-2100) zahlt man leicht über 200 Dollar pro Nacht.

Eine umfassendere Liste der Motels, Hotels und Restaurants ist beim Ocean City Visitor Center im Convention Center (4001 Coastal Highway, 410/289-2800 oder 800/62-OCEAN) zu bekommen.

US-66: The Mother Road

BAR-B-Q 15
HAMBURGER
HOT DOG
L & L EAT SH
DRINK
Coca-Col

Route 66: The Mother Road

Der Zauber der Route 66 nimmt noch immer Menschen aus der ganzen Welt gefangen. Diese legendäre alte Straße zwischen Chicago und Los Angeles – auf ihrem ganzen Weg »mehr als zweitausend Meilen« lang, wie es in dem populären Song heißt – führt auf einer Strecke diagonal durch das Herz der USA, die viele der archetypischen Straßenszenen des Landes zeigt. Wer eine großartige Palette von Neon-Reklamen, rostigen Truckstops mitten im Nirgendwo oder kitschigen Americana sucht, sollte es wie im Song halten und sich »seine Kicks auf der Route 66« holen.

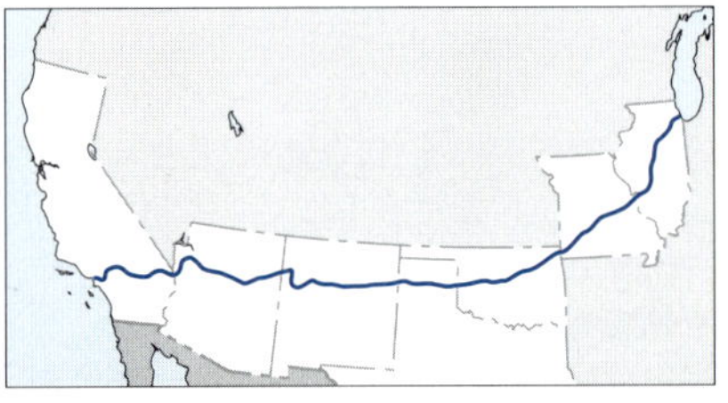

Doch der vielleicht überzeugendste Grund für eine Fahrt entlang der Route 66 ist die Tatsache, daß die Straße gleichsam eine amerikanische Chronik des zwanzigsten Jahrhunderts verkörpert. Ehe sie den Namen Route 66 bekam, und lange bevor sie im Jahr 1926 durchgehend asphaltiert wurde, folgte bereits der Old Trails Highway dieser Strecke, eine der ersten transkontinentalen Verkehrsverbindungen des Landes. Während dreier Jahrzehnte vor und nach dem Zweiten Weltkrieg galt die Route 66 als »Main Street of America«, da sie sich durch Kleinstädte im mittleren und Südwesten zog und von Hunderten Cafés, Motels, Tankstellen und Touristenattraktionen gesäumt war. Während der Depressionszeit wanderten Zehntausende Farmerfamilien aus der Dust Bowl von Oklahoma über die Route 66 Richtung Westen nach Kalifornien ab und folgten der »Mother Road«, wie John Steinbeck die Straße in seinem Buch *»Die Früchte des Zorns«* genannt hatte. Nach dem Krieg gaben unzählige weitere Menschen ihrer Mobilität Ausdruck und zogen vom industrialisierten Osten auf der Suche nach besseren Jobs in die Vorortidyllen des südlichen Kalifornien – und wieder folgten sie der Route 66, die zum Sinnbild der demographischen Umschichtung vom Rust Belt in den Sun Belt wurde.

In den späten Fünfzigern begann schrittweise der Trend, im Rahmen des Interstate-Highway-Programms die Route 66 Stück für Stück durch Autobahnen zu ersetzen. Mit der Fertigstellung des letzten Streckenabschnitts endete 1984 die Rolle der Route 66 auch offiziell, und der geschichtsträchtige Highway wurde in »Historic Route 66« umbenannt.

Obwohl sie längst nicht mehr die Hauptstrecke quer durch das Land ist, hat die Route 66 ihren Zauber erhalten können – teils dank desselben effektiven Werbetrubels, des Krämergeistes und des unerschütterlichen Optimismus, die sie im halben Jahrhundert ihrer Glanzzeit so lebendig machten. Eine Attraktion an der Route 66,

Route 66 Highlights

Meramec Caverns	Seite 319 f.
Oklahoma Route 66 Museum	Seite 332
Cadillac Ranch	Seite 339
Tinkertown	Seite 342 f.
Acoma: The Sky City	Seite 345
Der Grand Canyon	Seite 355 f.
International Bioregional Old Route 66 Visitor Center and Preservation Foundation	Seite 357
Die London Bridge	Seite 361
Das Bagdad Cafe	Seite 363

die Meramec Caverns, schenkte der Welt den typisch amerikanischen Aufkleber für die Autostoßstange, und hier blühte die amerikanische Art der Autotour als eigenständiger Urlaubstyp auf. Billboards und riesige Statuen entlang der Straße locken noch immer die Aufmerksamkeit auf eine bunt zusammengewürfelte Mischung von Sehenswürdigkeiten links und rechts der Strecke und verleiten dazu, neben einem gigantischen blauen Wal zu baden, lebendige Klapperschlangen, Pumas und andere Kreaturen in den Menagerien anzuschauen oder der Aufforderung »Tucumcari Tonight – 2000 Rooms« zu folgen.

Die gleiche Geschäftstüchtigkeit und schamlos überzogene Selbstdarstellung hat den Orten an der alten Route geholfen, am Leben zu bleiben. Diner und Motels spielen ihre Verbindungen zum legendären Highway hoch, so gering sie auch immer gewesen sein mochten, und dank der zahllosen Reiseführer, Reportagen und Berichte, die den Charme der alten Strecke preisen, sind viele wohl tatsächlich authentische Route-66-Wahrzeichen mit Hilfe nostalgischer Urlauber im Geschäft geblieben, die ein Stück historischer Reiseerfahrung nacherleben wollen.

Nach dieser Feststellung muß aber auch gesagt werden, daß auf weiten Abschnitten der Route 66 ein scharfer Kontrast zwischen altmodischer Straßenszenerie und uniformer Freeway-Kultur besteht. Viele alte klapperige Motels und Cafés leben vor allem von der Hoffnung auf bessere Geschäfte, stehen leer oder existieren nur noch als Erinnerung – nur weil keine Autobahnausfahrt in der Nähe ist. Tatsächlich ist von allen in diesem Buch beschriebenen Strecken die Route 66 schon am stärksten zum Freeway geworden, und auf weiten Teilen muß man die alte zweispurige Landstraße verlassen und das breite Betonband benutzen, das sich heute oft direkt auf der ursprünglichen Trasse hinzieht.

Die Route 66 bietet einen wundervollen Querschnitt durch typisch amerikanische Szenerie, angefangen bei den rauhen Straßen von Chicago und St. Louis über den Grand Canyon und die Indianersiedlungen der Wüste des Südwestens bis zum Sonnenschein und zu den Stränden von Los Angeles. Ob man nun ein Interesse an Geschichte hat, eine nostalgische Sehnsucht nach der guten alten Zeit verspürt, welche die Strecke inzwischen symbolisiert, oder ganz einfach nur die Vielfalt der Menschen und Landschaften entlang ihres Verlaufes aus erster Hand kennenlernen möchte: die Route 66 bietet eine unvergeßliche Reise durch das Amerika von gestern und heute.

DURCH ILLINOIS

Die Route 66 verläuft von St. Louis nach Chicago diagonal durch Illinois, und was von der Strecke noch erhalten ist, entpuppt sich als ländlich geprägter Trip durch endlose Maisfelder. Trotz der urbanen Ballungsräume an beiden Enden führt die Route 66 bzw. die moderne Ersatzstrecke des Interstate 55 auf diesem 300-Meilen-Abschnitt durch flache Prärien. So weit das Auge reicht, gibt es hier weder Industrieschornsteine noch Hochhäuser.

Die stark industrialisierten und von wirtschaftlichem Niedergang betroffenen Vororte von East St. Louis sind für Reisende auf der Suche nach der alten Mother Road kein sonderlich lohnender Anblick, doch eine Reihe ansprechenderer Attraktionen – eine prähistorische Stadt, ein Wasserturm in Form einer Ketchup-Flasche – sind durchaus einen näheren Blick wert. Die einzige richtige Stadt an der Strecke, die Staatshauptstadt Springfield, hat ihre Abschnitte der Route 66 erhalten, wie es auch in den meisten kleineren Orten unterwegs der Fall ist. Alle stellen ihre Verbindung zur Route 66 stolz heraus, und fast jeder weist noch eine tatsächliche Sehenswürdigkeit aus der Spitzenzeit des alten Highways auf.

Durch Chicagoland Dem ersten Abschnitt der Route 66 durch Chicago und sein Umland genau zu folgen, ist wirklich die Mühe nicht wert – es sei denn, man zählt zu den hartnäckigsten Fans, die unbedingt beide Enden der Strecke gesehen haben wollen. Sogar Jack Rittenhouse hat es in seinem Reisehandbuch von 1946 nicht für nötig erachtet, die Route näher zu beschreiben, ehe sie das 35 Meilen westlich der Innenstadt gelegene Plainfield erreicht. Als symbolischen Anfangs- oder Endpunkt kann man Chicagos großartiges altes *Art Institute* im Grant Park am Seeufer nehmen, da hier an einer Ampel südlich der Galerie das letzte US-66-Schild hing. Wer seine Tour entlang der legendären Route in Chicago beginnt, wird die noch erhaltenen Reste der Mother Road sehen wollen; wer jedoch von Los Angeles aus bereits über den ganzen Kontinent gefahren ist, möchte vermutlich nur noch die Stadt möglichst schnell erreichen und wird daher den Interstate 55 bevorzugen.

Vom Lake Michigan führte die alte Strecke in westlicher Richtung durch die Adams Street, ehe sie entlang der Ogden Avenue nach Südwesten abknickte – eine lange diagonale Ausnahme im ansonsten rechtwinkligen Straßennetz Chicagos. Bei *Cicero*, das

Im alten Route-66-Städtchen Wilmington am äußeren Rand des Vorortringes von Chicagoland steht vor dem Launching Pad Cafe am Highway 53 die beliebte Rocketman-Statue.

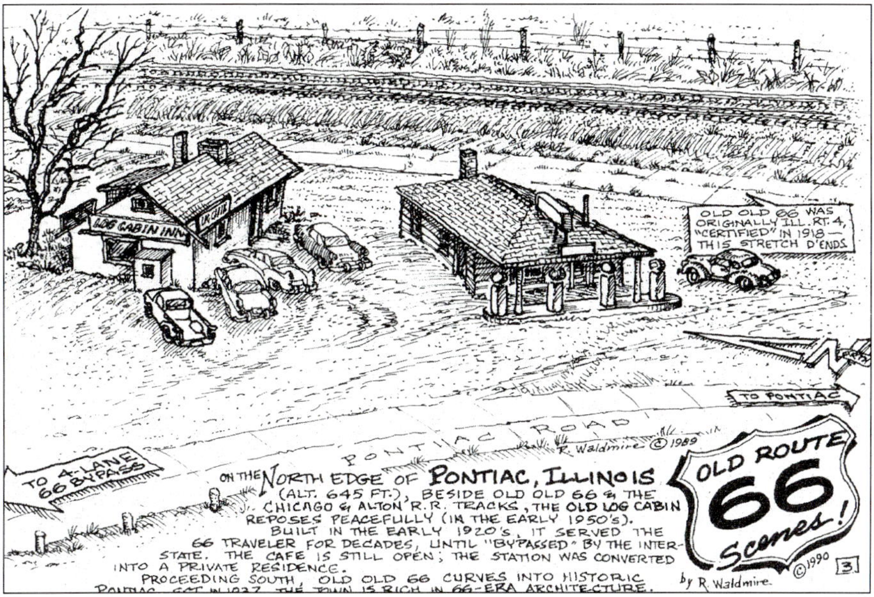

sich damit rühmt, während der Prohibitionszeit Al Capone und anderen Mafiosi ein Zuhause geboten zu haben, lohnt der Blick auf eine Kuriosität – *The Spindle*, einen Turm aus alten Autos, die auf einen 15 m hohen stählernen Nagel aufgespießt sind. Das Kunstwerk steht in Berwyn auf dem Parkplatz eines Einkaufszentrums Ecke Cernak und Harlem Avenues zwei Meilen nördlich der alten Route 66.

Von Cicero aus folgt die Strecke dem Interstate 55, der direkt auf der alten Trasse gebaut wurde, durch das suburbane *Plainfield*, wo die Route 66 den Lincoln Highway kreuzte. Die alte Straße führt dann am Des Plaines River und dem Chicago Ship and Sanitary Canal entlang nach *Joliet*, wo die originale Route 66 wieder zum Vorschein kommt und Chicago Street heißt. Als Highway 53 verläuft sie dann auf der Ostseite des Interstate 55 durch Wilmington, Dwight und Odell, kleine Orte, die nur wenige geschichtliche Zeugnisse oder ästhetische Reize bieten.

Die Sehenswürdigkeiten und die Atmosphäre von Chicago werden im City Survival Guide auf Seite 434 f. beschrieben.

Pontiac Die ehemalige Kohlebergbaustadt Pontiac (11 428 Einw.) etwa 90 Meilen südöstlich des Lake Michigan erstreckt sich rings um das stattliche Livingston County Courthouse, das 1875 erbaut wurde. Auf der Rasenfläche steht die übliche Batterie von Denkmälern, darunter auch eines für den

namensgebenden Häuptling der Ottawa-Indianer, dessen Antlitz einst zum Firmenzeichen von General Motors wurde. Dem *WPA-Guide to Illinois* zufolge erlebte ein anderes der Denkmäler, das Soldier and Sailors Monument, die kürzeste jemals durch einen Präsidenten erfolgte Einweihung; 1902 wurde es »mit ein paar hastigen Worten von Präsident Theodore Roosevelt vor einem Publikum aus weniger als einem Dutzend Menschen, die sich während eines Wolkenbruches kurz versammelt hatten«, seiner Bestimmung übergeben.
In Pontiac gibt es ein langlebiges Route-66-Wahrzeichen, das *Old Log Cabin Inn* in der Pontiac Road am Nordrand der Stadt. Als die Straße auf die Rückseite der Gebäude verlegt wurde, hob man das Inn einfach an und drehte es um; die alte Trasse aus dem Jahr 1918 ist hinter dem Café an den Bahnschienen noch vorhanden.

Bloomington-Normal Bloomington ist der Heimatort von Adlai Stevenson und dem Colonel Henry Blake aus der TV-Serie M.A.S.H. und liegt an einem Knotenpunkt, wo sich fünf Interstate Freeways treffen. Rings herum erstrecken sich meilenweit nur Maisfelder. Bloomington ist allenfalls dafür berühmt, daß es seine Hauptstraße, die Franklin Avenue, mit dem benachbarten Normal teilt, und es ist der einzige Ort in der Welt, wo der klassische Tresensnack *Beer Nuts* hergestellt wird. Wer die Fabrik besichtigen und die Produkte kosten möchte, muß einen Abstecher zur Adresse 103 North Robinson Street machen (309/827-8580). Wem der Appetit nach herzhafteren und sättigenderen Speisen steht, sollte das *Steak and Shake* (1219 Main Street) besuchen, die erste Filiale einer im Mittleren Westen beheimateten Kette mit gutem Fastfood.

McLean Reisende Richtung Westen werden McLean auch mit seinem »Vornamen« Shirley kennenlernen (jedenfalls heißt der vorhergehende Ort so), doch Sprachspielereien beiseite: der von Farmland umgebene Abschnitt der Route 66 zwischen Bloomington und Springfield ist reich an Highway-Geschichte.
Bei Shirley trennt sich der alte Highway vom Interstate 55, und nach vier Meilen erreicht man den Ort Funk Grove, wo die freundliche Familie Funk seit 1891 die Ahornbäume anzapft und köstlichen Sirup hergestellt. Im Frühjahr kann man zusehen, wie die Zapfhähne in die Stämme geschlagen werden; jeder Baum kann täglich 15 Liter Saft absondern, doch man benötigt 50 Liter davon, um nach langem Kochen einen einzigen Liter Sirup zu erhalten. Es gibt Gratisproben, und eine breite Palette süßer Produkte ist käuflich zu erwerben.
Vier Meilen südlich von Funks Grove und 47 Meilen nördlich von Springfield liegt McLean. Hier verläßt die Route 66 den Schatten des I-55 und trifft auf das *Dixie Truckers Home*, den ältesten und besten Truckstop in Illinois und Standort der Route 66 Hall of Fame. Bevor man gute Burger und Pommes Frites speist, kann man in den Räumen allerlei Plaketten und Artefakte anschauen, die die Geschichten der vielen Menschen erzählen, welche die Route zu einer so besonderen Straße gemacht haben.

Lincoln Das 14 Meilen südwestlich von McLean gelegene Lincoln (15418 Einw.) ist die einzige Stadt, die zu seinen Lebzeiten nach Abe benannt wurde, und sie bekam diesen Namen schon, bevor er eine berühmte Figur war. Als junger Rechtsanwalt stellte der spätere Präsident die Dokumente zur Stadtgründung aus, warnte aber die Investoren, daß er von »nichts wisse, das den Namen Lincoln trug und aus dem etwas Bedeutendes geworden wäre«. Bei der Einweihungszeremonie »taufte« Lincoln den Ort angeblich, indem er einen Mundvoll Kürbiskerne in die Gegend spuckte – das erklärt die Wassermelone aus Gips und die historische Hinweistafel, die im Stadtzentrum neben dem Bahnhof Ecke Broadway und Chicago Street an das große Ereignis erinnern.

Das nahegelegene *Mill Restaurant* (738 Washington Street) serviert seit 1931 seine berühmten Kalbskoteletts und guten Kaffee zum Mitnehmen.

An einem Abschnitt der Route 66 beim heutigen Exit 123 des Interstate 55 am Südrand von Lincoln stand von 1937 bis 1991 das herausragende *Pig Hip Restaurant.* Zusammen mit dem Motel nebenan ist es nun ein lebendiger Geist der guten Zeit, die einst an dieser Straße herrschte.

Springfield Als Staatshauptstadt von Illinois verkörpert Springfield (105 277 Einw.) den ländlichen Kleinstadtcharakter, der auch große Teile des Staates prägt, und scheint weiter als die tatsächlichen drei Stunden Fahrzeit von Chicago entfernt zu liegen. Die Besessenheit von allem, was in diesem »Land of Lincoln« genannten Staat mit den ehemaligen Präsidenten zu tun hat, wird in Springfield auf die Spitze getrieben, denn der »ehrliche Abe« lebte und arbeitete hier von 1837 bis 1861. Nach seiner Wahl zum Präsidenten verließ er Springfield, nach seiner Ermordung gegen Ende des Bürgerkriegs wurde er in dieser Stadt begraben.

Das einzige Haus, das Lincoln jemals besessen hat, ist heute als *National Historic Site* (Eighth und Jackson Streets, tgl. 8.30–17 im Winter, 8–20 im Sommer; gratis) der Fokus des Gedenkens an ihn. Andere nahegelegene Stätten umfassen das Anwaltsbüro, in dem er arbeitete (209 South Sixth Street), den Bahnhof (Tenth und Monroe Streets), von dem aus er nach Washington, D.C. fuhr,

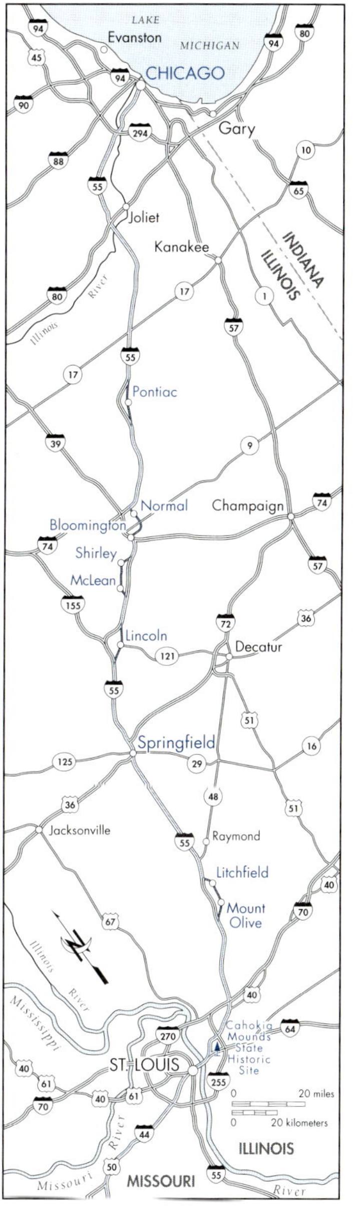

und sogar den familieneigenen Kirchenstuhl in der First Presbyterian Church (321 South Seventh Street). Lincolns Grab, ein eindrucksvolles Monument, in dem auch die sterblichen Überreste seiner Frau und der vier Kinder beigesetzt sind, liegt zwei Meilen nördlich auf dem Oak Ridge Cemetery. Obwohl die Hommage an Lincoln ernsthaft gemeint ist und nicht übertrieben wird, kann sie doch überwältigend wirken. Sogar die treuesten Verehrer des großen Staatsmannes werden sich vielleicht die Gelegenheit entgehen lassen, sein Sparbuch anzuschauen, das in einer Filiale der Bank One (Sixth und Washington Streets) ausgestellt ist. Eine Fluchtmöglichkeit aus der Lincoln-Welt ist das schöne *Dana-Thomas House* (301 East Lawrence Avenue, 217/782-6776, Mi–So 9–16; 3 $) eine halbe Meile südlich des State Capitol. Es wurde 1902 von Frank Lloyd Wright entworfen, ist die am besten erhaltene und am komplettesten eingerichtete seiner Schöpfungen und kann im Rahmen von immerhin einstündigen Touren besichtigt werden.

Ein anderer lohnender Stopp ist das *Oliver Parks Telephone Museum* (529 South Seventh Street, Mo–Fr 8–17; gratis) in der Nähe von Lincolns Haus, wo eine faszinierende Sammlung aus über 100 antiken Telefonen besichtigt werden kann, die ein langjähriger Angestellter der Bell-Telefongesellschaft zusammengetragen hat.

In Springfield gibt es auch eine beliebte Route-66-Kneipe, das *Cozy Dog Drive-In* (2935 Sixth Street) an der alten Strecke südlich der Innenstadt. Der Geburtsort des hier »Cozy« genannten Corn Dog, der einer Ruhmeshalle gleicht, wurde 1949 von Ed Waldmire gegründet und wird seit seinem Tod von dessen Sohn Buzz betrieben, dem selbsterklärten »cleveren und gutaussehenden Bruder« des Route-66-Künstlers Bob Waldmire, der das Route-66-Center in Hackberry, Arizona, unterhält (siehe S. 357 f.). Das kleine *Route-66-Museum* ist einen Blick wert, man kann Postkarten und Aufkleber kaufen oder ganz einfach nur den einen oder anderen Corn Dog verspeisen – vier Dogs und eine große Ladung Pommes Frites kosten günstige 4.39 $.

Das A. Lincoln Motel (2929 South Sixth Street, 217/525-6670) neben dem Cozy Dog zeigt die Neon-Version des von der Penny-Münze so vertrauten Gesichts. Da auch fast alle übrigen landesweit bekannten Motelketten hier ihre Häuser haben, sollte es keine Schwierigkeiten bereiten, ein geeignetes Zimmer

> Corn Dogs sind Würstchen, die vor der Zubereitung in Maismehl gewendet werden – »Würstchen im Schlafrock« à la USA.

zu finden. Weitere Informationen sind vom *Springfield Visitor Center* (109 North Seventh Street, 217/789-2360 oder 800/545-7300) zu bekommen.

Zwischen Springfield und Litchfield sind Teile der alten Straße erhalten, doch die Streckenführung ist so unvollständig und verwirrend, daß das Zurücklegen der 25 Meilen Entfernung auf dem Interstate 55 weit weniger Mühe macht.

Litchfield und Mount Olive Litchfield ist ein altes Bergbauzentrum und Standort eines der besten unter den vielen guten Restaurants an der Route 66, nämlich des *Ariston Cafe* mitten im Herzen des Städtchens. Das Essen ist hier eine oder zwei Klassen besser als sonst an einem Highway üblich, und die weißen Tischdecken und das gepflegte Innere haben dem Lokal einen Platz in der Route 66 Hall of Fame gesichert. Es ist täglich von 11 bis 23 Uhr geöffnet. Auch das übrige Litchfield mit seinen vielen Cafés, Motor Courts und alten Billboards hat die Aura des alten Highways.

An einem Abschnitt der alten Route 66 auf Höhe der I-55-Ausfahrt 63 nahe Raymond steht eine Marmorstatue der Jungfrau Maria, die als »Our Lady of the Highway« bekannt geworden ist.

Südlich von Litchfield führt die Route 66 sieben Meilen weit nach Mount Olive (2126 Einw.), das zu Beginn dieses Jahrhunderts ein geschäftiges Kohleförderzentrum war. In der heutigen verschlafenen Kleinstadt findet man die Spuren der Bergbauzeit nur noch auf dem Friedhof entlang der Route 66 am Nordrand der Städtchens. Nahe des Eingangs erhebt sich eine Granitsäule auf einem aufwendig gestalteten Podest – es ist ein *Denkmal für »Mother« Jones*, eine gefeierte Gewerkschaftsaktivistin, die 1930 im Alter von 100 Jahren starb. Ihre Grabstätte liegt in der Nähe und ist durch einen simplen Stein gekennzeichnet.

Hinter Mount Olive hört der interessante Abschnitt der Route 66 auf, so daß man vom Exit 44 bis zum Großraum St. Louis ebensogut den Interstate 55 nehmen kann.

Ein Grund, kurz vor St. Louis die alte Route 66 zu verlassen, ist die schrille Brooks Catsup Bottle im Örtchen Collinsville am US-159 zwischen dem I-55/70 und East St. Louis.

Cahokia Mounds State Historic Site Die Old Route 66 führte auf der Trasse des heutigen Interstate 270 an der Nordseite der Stadt entlang, doch eine der größten Attraktionen des südliche Illinois liegt direkt östlich des Gateway Arch an der Ausfahrt 6 des I-55/70. Die eindrucksvollen Hügel der Cahokia Mounds State Historic Site (tgl. 8–21) sind die Überreste der umfangreichsten prähistorischen Indianerstadt nördlich Mexikos. Mehr als 60 Erder-

Die alte Route 66 überquerte den Mississippi River auf der Chain of Rocks Bridge, die mitsamt ihrem ungewöhnlichen 45-Grad-Knick in der Mitte noch heute erhalten ist.

hebungen unterschiedlicher Größe wurden hier von einer ansässigen Mississippi-Kultur erbaut, während in Europa finsterstes Mittelalter herrschte. Der ausgedehnteste Hügel bedeckt 5.6 Hektar Fläche – mehr als die Cheops-Pyramide in Ägypten.

Doch sollte man nicht das Werk eines Pharao oder seiner Untertanen erwarten: auf dem leicht bewaldeten Uferstreifen findet man nichts als symmetrische, grasbewachsene Hügel. Der Blick von der Kuppe des 42 m hohen *Monks' Mound* auf St. Louis jenseits des Flusses verleiht dem Platz eine Aura des Erhabenen, und ein mit vielerlei Hintergrundwissen vortrefflich gerüstetes *Interpretative Center* (tgl. 9–17; 3 $ empfohlene Spende), dessen Displays, Rangergespräche und tonbandgestützte Tour das historische Verständnis wesentlich vertiefen helfen, ist ein sinnvoller erster Stopp vor der Besichtigung.

DURCH MISSOURI

Es kann nervtötend sein, der Route 66 durch St. Louis zu folgen, doch kann man manche der zentralen Sehenswürdigkeiten – Ted Dewes Frozen Custard Shop und die Stätte des Coral Court Motel – auch erreichen, indem man vom I-44 südlich zum Highway 366 fährt, der der Watson Road und Chippewa Avenue durch die Stadt folgt.

Die Ozark Highlands des südlichen Missouri sind die einzigen signifikanten Höhenzüge, die die Route 66 auf den gut 300 Meilen zwischen Illinois und Kansas in diesem Staat überquert. Wenn sie auch nicht atemberaubend oder gar alpin sind, weisen die Erhebungen doch eine landschaftliche Dynamik auf, welche den ausgedehnten Flächen von Illinois und den Great Plains fremd ist. Obschon der Interstate 44 auf der gesamten Strecke den alten Highway ersetzt hat, sind entlang der wenigen erhaltenen Stücke der Route 66 noch manche Anzeichen vergangener Jahre erhalten. Und jede Autobahnausfahrt führt in einem kurzen Moment zur Mother Road. In Missouri gibt es auch eine der großartigsten aller Route-66-Attraktionen – die Meramec Caverns, ein Höhlensystem in Kalksteinfelsen, in dem man eine wunderbare Untergrundtour machen kann.

St. Louis, wo sich die alte Route 66, der transkontinentale Highway US-50 und die entlang des Mississippi verlaufende Great River Road kreuzen, wird im City Survival Guide auf S. 462 beschrieben.

Times Beach Es gibt hier weder ein Schild oder sonst einen Hinweis auf den Ort, aber die Geschichte von Times Beach (0 Einw.) verdient Erwähnung. Als versteckter Ferienort am Meramac River gegründet, wuchs Times Beach dank der Route 66 zu einem Wohnvorort für Arbeiter heran, in dem es außer dem Highway durchs Zentrum des Ortes keine asphaltierten Straßen gab. Bis 1982 blieb Times Beach ein ruhiges Örtchen, doch dann stellte die Bundesregierung fest, daß das jahrelang zur Eindämmung des Staubes auf den Straßen versprühte Öl mit hochgiftigen Dioxinen kontaminiert war. Zusammen mit einer Flut, die den Ort für eine Woche überspülte, machten diese Giftstoffe Times Beach unbewohnbar. 1984 kaufte die Bundesregierung die gesamte Gemeinde für 33 Millionen Dollar und ließ sie dem Erdboden gleichmachen.

Eines von St. Louis' letzten Überbleibseln der sagenhaften Route 66 ist die Art-Deco-Uhr aus dem inzwischen abgerissenen Route-66-Drive-In, die sich heute in einer Einkaufspassage im 6600-Block der Delmar Avenue befindet.

Vom Highway aus kann man sehen, was von Times Beach übrig ist – hohe Zäune umgeben ein Areal, das so wirkt, als wäre es von einer Bombe getroffen worden. Über die Brücke der alten Route 66 kann man noch näher an den Ort herankommen, wird dann aber von rund um die Uhr diensthabenden Wachleuten zurück auf den Freeway gewiesen werden. Die Arbeiten zur Beseitigung des letzten Dioxins sind noch nicht abgeschlossen, doch wenn das einmal der Fall ist, wird niemand mehr wissen, was hier einst passiert ist.

Meramec Caverns

Der beste Stopp an der alten Route 66 in Missouri und eine der unterhaltsamsten und ansprechendsten Attraktionen an der Mother Road überhaupt sind die Meramec Caverns(314/468-2283, tgl. 10-16, im Sommer längere Öffnungszeiten; 9.50 $), eine Gruppe von Kalksteinhöhlen, die schon im gesamten Mittleren Westen weit im voraus durch Werbung an Scheunen und Hauswänden angekündigt wird. Die Höhlen entstanden, als zur Zeit des amerikanischen Bürgerkriegs Salpeter zur Schießpulverherstellung abgebaut wurde; später waren sie bei den Farmern der Umgebung für die Durchführung von Tanzfesten beliebt. Die größte der Höhlen wird noch heute für Ostergottesdienste, gelegentliche Kunsthandwerksausstellungen und Treffen der Handelskammer genutzt. 1935 öffnete Lester Dill die Meramec Caverns für den Tourismus und veranstaltete regelmäßige Rundgänge durch die eindrucksvollen Räume.

Die beste unter den vielen noch existenten Route-66-Einrichtungen entlang des Interstate 44 ist das Red Cedar Inn südlich des Freeways am Ufer des Meramec River eine Meile östlich von Pacific. Seit 1934 in Betrieb, serviert das Red Cedar täglich außer dienstags Abendessen.

Jesse James verwendete die Höhlen als Versteck und nutzte mindestens einmal den unterirdischen Fluß, um gleichsam durch die geheime Hintertür zu entfliehen. Die natürlichen Felsformationen zählen zu den vielgestaltigsten und zerbrechlichsten, die überhaupt in vergleichbaren Höhlen öffentlich zugänglich sind, und die von Menschen hinzugefügten Ergänzungen sind so einfach gehalten, daß auch sie einen gewissen Charme haben: die Lightshow endet mit dem großen Finale von Kate Smiths »God Bless America«, während Old Glory auf den Kalkstein projiziert wird.

Vom Gray Summit am I-44-Exit 251 aus führt der Highway 100 nordwestlich zu den historischen Orten Washington und Herman, die im Kapitel über den US-50 auf Seite 282 beschrieben werden.

> Abgesehen von allen anderen Gründen für ihren Ruhm gelten die Meramac Caverns auch als Geburtsort des Autoaufklebers.

Die Meramec Caverns liegen nahe des Ortes Stanton 55 Meilen westlich von St. Louis und drei Meilen südlich des I-44-Exit 230. Es gibt ein kleines Café und ein Motel auf dem Gelände, das sich am Meramec River entlangzieht. An der Interstate-Ausfahrt liegt auch ein schrilles kleines *Jesse James Museum* (tgl. 9–17; 3 $), das entgegen aller Beweise darauf besteht, daß der hundert Jahre alte Mann, der 1948 in Stanton auftauchte, tatsächlich Jesse James gewesen ist.

Rolla und Lebanon Zwischen St. Louis und Springfield wurde der Interstate 44 direkt auf der Trasse der alten Route 66 gebaut, und Dutzende Ruinen von Motels, Motor Courts, Tankstellen und anderen auf den Fernverkehr ausgerichteten Geschäfte säumen die Überreste des alten Highways, der bei Ausfahrten und Ortschaften noch als parallel verlaufende Servicestraße erhalten ist. Es gibt zahlreiche Antiquitätenläden und Cafés, die die Reise interessant machen, doch wer nicht alle Zeit der Welt zur Verfügung hat, wird sich an den Freeway halten, der eine sehenswerte Fahrt durch die Hochlandwälder des Ozark-Plateaus bietet.

Die beiden größten Orte am Weg, Rolla und Lebanon, entstanden beim Bau der Eisenbahn in den späten 1850er Jahren, und beide sind heute wichtige Stopps für die Fans der alten Straße. In Rolla ist Route 66 Motors am alten Highway nördlich des I-44 zwischen den Ausfahrten 189 und 195 ein

> Der Straßenrand des Interstate 44 östlich von Rolla ist von klapprigen hölzernen Verkaufsständen gesäumt, wo zum Ende des Sommers Trauben aus den örtlichen Weinbergen angeboten werden. Die Stände liegen zwar an der parallel verlaufenden Landstraße, doch die Leute stoppen oft einfach auf dem Freeway und laufen hinüber.

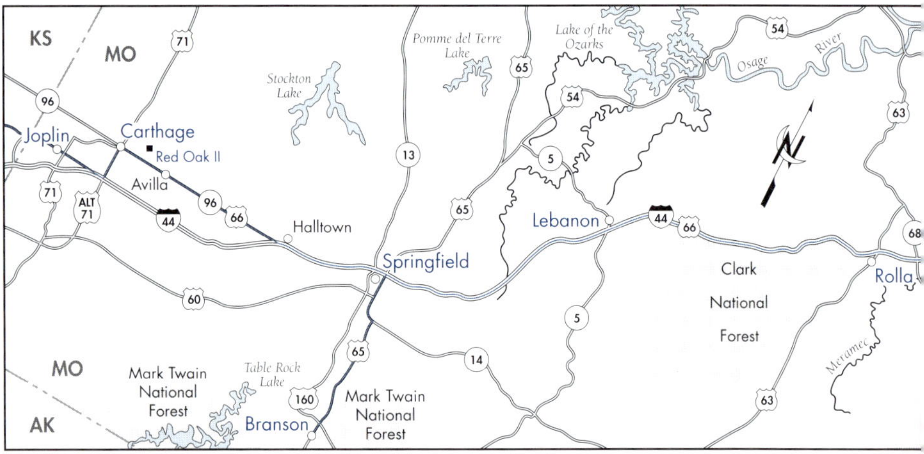

Ein großartiges Stück des alten Highways, der heute die Nummer 96 trägt, führt 50 Meilen weit nördlich des I-44 zwischen Springfield und Carthage durch kleine Orte wie Halltown und Avila, wo Antiquitätengeschäfte die Strecke säumen.

Händler für klassische Automobile, der zugleich auch als Quelle für Memorabilien der Route 66 und generell autobezogene Antiquitäten fungiert. Das Geschäft ist in einer alten Tankstelle untergebracht und bietet alle Bücher, Porzellanschilder und Poster, die man schon immer kaufen wollte. Lebanon hat einen der besten Trödelläden entlang der gesamten Strecke (und es gibt unzählige davon): die *Hall-Moore Stuff Company*, eine große alte Scheune aus Stein, vollgestopft mit, nun, Trödel eben. Das Geschäft liegt an der alten Route 66 nördlich des I-44 zwischen den Ausfahrten 130 und 135.

Abstecher nach Branson Branson, das ist nicht nur ein hundertjähriger Urlaubsort in den Ozarks, sondern auch eine Miniaturausgabe von Las Vegas mitten in Amerika – mit all der Schäbigkeit, aber ohne den Stil des berühmten Vorbildes. In den achtziger Jahren nahm der Ort durch clevere Promotion und listige Neuverpackung von Country & Western-Musik und gottgefälliger Unterhaltung seinen Aufstieg.

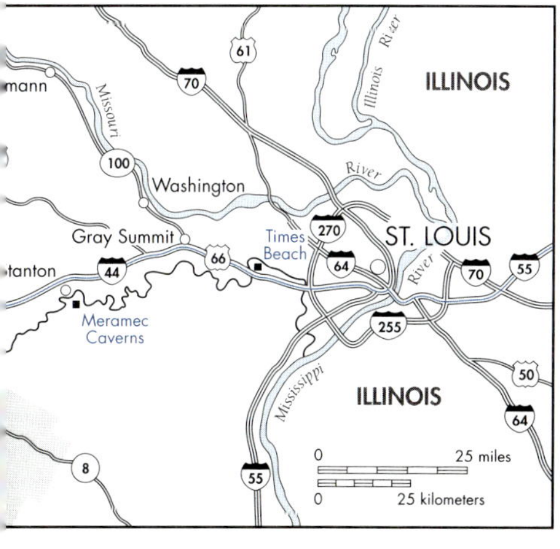

Es gibt über 30 große Veranstaltungszentren in Branson, und wenn man die Liste der hier den ganzen Sommer über auftretenden Stars anschaut – die Osmond Brothers, Tony Orlando, Andy Williams und Jim »I Don't Like Spiders and Snakes« Stafford –, kommt man auf den Gedanken, daß jeder, der irgendwann einmal einen Hit gelandet hat oder in einer TV-Show aufgetreten ist, hier ein eigenes Theater haben kann. Die meisten bieten zwei Auftritte pro Tag und optionale Frühstück-Shows um 10 Uhr für die Horden von Tagesbesuchern, die den ganzen Sommer hindurch busweise herangekarrt werden.

So brutal diese Beschreibung auch klingt – wer den Ort tatsächlich einmal besucht, wird feststellen, daß sie noch längst nicht bissig genug ist. Branson verköpert schlicht alles, was in der Massenvermarktung von »Kultur« ärgerlich und enttäuschend ist – eine Disney-Version amerikanischer Musik ohne den geringsten Humor oder auch nur einen Moment ehrlichen Gefühls.

Doch man sollte besser selbst hinfahren und sich ein eigenes Urteil bilden. Branson liegt 33 Meilen südlich von Springfield am US-65, und die Hügellandschaft der Ozarks rings um den Ort ist eine schöne Gegend für Ausflüge. Nähere Informationen sind vom *Branson Visitor Center* (417/334-4136) zu bekommen.

Springfield Springfield (140000 Einw.) ist die größte Stadt im südlichen Missouri, aber da ihr die bauliche Weitläufigkeit fehlt, wirkt sie nicht annähernd so groß. 1926 wurden hier die Pläne für den Bau der Route 66 gemacht, und die Stadt hat noch einen großen Teil der einst durch die St. Louis Street verlaufenden Mother Road bewahrt; westlich der Innenstadt heißt die Route »Chestnut Expressway«. Da man im Innenstadtbereich nicht schneller als 20 Meilen pro Stunde fahren darf und es viele kostenlose Parkmöglichkeiten gibt, haben Route-66-Pilger ausreichend Gelegenheit, das wundervoll verzierte *Shrine Theater* (601 East First Street, 405/258-0200) zu bewundern, in dem noch immer gelegentliche Shows stattfinden.

Springfield ist auch als jener Ort berühmt, an dem »Wild« Bill Hickok seinen Mitspieler Dave Tutt tötete, angeblich weil jener die Uhr trug, welche er Hickok zuvor beim Kartenspiel abgenommen hatte. Eine Tafel in der Mitte des Central Square erzählt eine der vielen Varianten dieser Geschichte.

Ein Ort, den man gesehen haben muß, um seine Existenz für möglich zu halten, ist der »Größte Sportartikelladen der Welt«, *BASS Pro Shops Outdoor World* (1935 South Campbell Street). Außer hektargroßen Verkaufsflächen hat das Geschäft ein 200000 Liter fassendes Aquarium, einen 12 m hohen Wasserfall und einen eigenen McDonald's aufzuweisen.

In Springfield gibt es auch mehrere der frühesten und stilistisch interessantesten Filialen der Steak-and-Burger-Imbißkette sowie alle Fastfood-Restaurants und Motels, die man sich wünschen kann; sie liegen an den Ausfahrten des I-44.

Detailliertere Informationen sind vom *Visitor Center* (3315 East Battlefield Road, 417/881-5300 oder 800/678-8767) erhältlich.

Red Oak II Am Nordostrand von Carthage am Highway 96 liegt drei Meilen vom Ortszentrum entfernt eine vollständige Pioniersiedlung, Red Oak II (417/358-9018, tgl. 10–18, im Jan./Feb. geschlossen; gratis), die von ihrem ursprünglichen Standort 25 Meilen entfernt hierher gebracht wurde. Alte Burma-Shave-Werbeschilder kündigen sie an, und die Gebäude sind zur eindrucksvollen Replik einer Crossroads Town der späten Zwanziger zusammengestellt worden, zu der eine Phillips-66-Tankstelle, ein voll funktionierender General Store, eine unpassenderweise mit Spielautomaten total vollgestopfte Schmiede und ein kleines Café gehören. Ein kleines Museum erzählt die Lebensgeschichte von Belle Starr, einer Frau aus Carthage, die erst zur Spionin der Konföderierten und später zu einer Revolverheldin des Wilden Westens wurde.

Da Red Oak II abseits der Hauptstraße liegt, ist es nicht ganz einfach zu finden; auf dem Highway 96 (Old Route 66) muß man auf einen großen Propangastank achten und von dort aus eine Meile nach Norden fahren.

Ein großartiges Stück des alten Highways, der heute die Nummer 96 trägt, führt 50 Meilen weit nördlich des I-44 zwischen Springfield und Carthage durch kleine Orte wie Halltown und Avila, wo Antiquitätengeschäfte und aufgegebene Cafés die Strecke säumen.

Wer für hyperbolische Sentimentalität empfänglich ist, sollte keinesfalls die Precious Moments Chapel (im Sommer tgl. 9–17, sonst 10–17; 1 $) versäumen, wo die Figuren mit den großen Augen aus der Postkartenserie zu bewundern sind. Die Kapelle am südwestlichen Ende von Carthage westlich des US-71 ist gut ausgeschildert.

Carthage Carthage mit seinen 10747 Einwohnern liegt sechs Meilen nördlich des Interstate 44 direkt an der alten Route 66 und ist eine perfekte kleine Stadt, die das Vorbild für den idyllischen, aber fiktiven Ort Hill Valley aus den Zurück in die Zukunft-Filmen abgegeben haben könnte. Das Stadtbild wird vom unglaublich aufwendig verzierten Äußeren des *Jasper County Courthouse* dominiert, in dessen Lobby es ein Wandbild zur regionalen Geschichte und einen offenen Fahrstuhl gibt. Der Rest des Ortes ist – jedenfalls in der nötigen Entfernung vom Freeway – frei von Kettenrestaurants oder -motels, und in den Wohnvierteln gibt es gut-erhaltene viktorianische Häuser. In der Main Street findet sich zumindest ein gutes Café, *Our Place*, und ein elegantes Bed-&Breakfast – das *Leggett House* (1106 Grand Avenue, 417/358-0683) – ist nur einen kurzen Fußweg entfernt.

Außerdem gibt es in Carthage zwei alte Route-66-Wahrzeichen. Westlich der Innenstadt fällt das leuchtende rot-grüne Neonschild des Boots Motel ins Auge, das immer noch in Betrieb ist (107 South Garrison Street, 417/358-9453), und eine Meile westlich der alten Route 66, eben südlich des US-71, kann man im wiedereröffneten *66 Drive-In* die neuesten Kassenknüller aus Hollywood anschauen.

Joplin Wer entlang der alten Route 66 Richtung Kansas reist, wird auch nach Joplin kommen, eine Grenzstadt mit 40061 Einwohnern, die das industrielle Zentrum der Drei-Staaten-Region Missouri-Kansas-Oklahoma bildet. Früher war es ein Bergbaustädtchen, in dem Blei und Zink gefördert wurden. Auch heute ist Joplin kein besonderes schöner Ort, und sein qualitativ hochwertiger Kalkstein genießt einen besseren Ruf als sein kulturelles Angebot.

Carthage war die Heimat des Naturschützers Martin Perkins, der die Mutual of Oklahoma's »Wild Kingdom«-Fernsehshow moderierte. Sein lebensgroßes Standbild steht im Central Park drei Blocks südwestlich des Courthouse Square. Außerdem verlebte hier die Wild-West-Gesetzesbrecherin Belle Starr ihre Jugend.

Obwohl viele Geschäfte an den Stadtrand umgezogen sind, gibt es in Downtown Joplin doch eine unerwartete Attraktion, nämlich ein anschauliches Mural des Künstlers Thomas Hart Benton, welches das Leben in Joplin um die Jahrhundertwende darstellt.

Das Wandbild – Bentons letztes fertiggestelltes Werk – befindet sich in der Lobby des äußerlich eher langweiligen Municipal Building (303 East Third Street) östlich der Main Street.

DURCH KANSAS

Der kürzeste und am wenigsten sehenswerte Abschnitt der Route 66 in ihrem Verlauf durch acht Staaten ist das nur 14 Meilen lange Stück in der südöstlichen Ecke von Kansas. Man wagt es hier kaum, mit den Augen zu zwinkern, denn schon gilt, was Dorothy im »Zauberer von Oz« sagt: »Wir sind nicht mehr in Kansas.«

Die erste menschliche Siedlung im Staat ist Galena, ein rauh wirkender Ort, wo es nur einen Lebensmittelladen und eine Cocktail Bar gibt. Die Main Street erweckt den Eindruck herzloser Vernachlässigung, doch wer mutig ist, sollte das *Galena Mining and Historical Museum* gleich abseits der Hauptstraße suchen, das durch ein großes Route-66-Schild gekennzeichnet ist. Untergebracht in einem restaurierten alten Bahnhof, gibt das Museum anhand verblichener Zeitungsausschnitte eine Vorstellung vom Leben in der Stadt während ihrer Spitzenzeit als Bergbauort in der Depressions-Ära; verschiedene rostige Werkzeuge und Maschinen legen Zeugnis von der Arbeit ab, die hier einst verrichtet wurde.

Während des Bürgerkriegs ereignete sich in Baxter Springs eines der schlimmsten Massaker der US-Geschichte, als 87 gefangene Unionssoldaten von konföderierten Einheiten mit Kopfschüssen getötet wurden. Ein Denkmal für die Soldaten steht auf dem Baxter Springs National Cemetery, dem zweitältesten Militärfriedhof des Landes.

DURCH OKLAHOMA

Abgesehen von gelegentlichen Erfolgen seiner Footballteams erhält Oklahoma nicht häufig das Lob, etwas vom Besten des Landes zu haben, doch so weit es die Route 66 betrifft, ist der Staat definitiv die Nummer eins. Hier gibt es mehr Meilen des alten Highways als in irgendeinem anderen Staat, und da sie in weit besserem Zustand erhalten sind als anderswo, ist Oklahoma zweifellos ein Mekka für Freunde klassischer Highways.

Jenseits der überschwenglichen Promotion, die die Route 66 überall erhält, wo immer sie entlanggeführt hat, weisen Schilder in ganz Oklahoma darauf hin, daß dieses Gebiet noch vor kaum einem Jahrhundert Indianerterritorium gewesen ist, letztes Rückzugsgebiet für Kiowa, Apache, Komantsche und andere Stämme, ehe die US-Regierung ihnen im Rahmen der »Land Rushes« während der späten 1890er Jahre auch dieses letzte Refugium noch fortnahm. Ein paar Jahre später wurde Öl entdeckt, und der Staat erlebte einen von mehreren Zyklen aus Aufstieg und Niedergang. Der Exodus aus der Dust Bowl in den Dreißigern war der schwerste Rückschlag, als Tausende von Familien aus Oklahoma auf der Route 66 Richtung Westen abwanderten. Viele der Städte entlang des Weges empfinden einen bittersüßen Stolz auf ihre Verbindung zu diesem im Roman »Die Früchte des Zorns« dargestellten Ereignis.

Quapaw, Miami und Commerce In der nordöstlichsten Ecke von Oklahoma führt

Südlich von Miami wurde einer der ältesten Abschnitte der Route 66 nur einspurig angelegt, weil der Staat 1926 nicht genug Geld für die volle Breite hatte. Es verwundert kaum, daß dieser Teil der Strecke als »Sidewalk Highway« bekannt wurde.

ein schöner Abschnitt der Route 66 im Zickzack von der Kansas Stateline über den Ort Miami bis zum Exit 313 des Interstate 44. Auf seinem Weg durch ein ehemaliges Bergbaugebiet ist dieses Stück der Strecke zwar faszinierend, doch aufgrund der offenkundigen Armut in dieser vergessenen Region auch deprimierend, und die eben durchquerte Ecke von Kansas war auch schon kein Highlight des Trips.

Quapaw, der erste Ort in Oklahoma drei Meilen hinter der Grenze, ist eine langsam verschwindende Bergbausiedlung, wo sich aber aufgrund der vielen auf die Hauswände gemalten Murals der Innenstadt ein Stopp lohnt.

Der »Größte McDonald's der freien Welt«, wie man ihn zu nennen pflegt, überspannt den Interstate 44 bei Vinita. Hier wird zwar nicht allzu viel Umsatz gemacht, doch hinsichtlich des umbauten Raumes ist es das größte Restaurant dieser Kette nach der Filiale in Peking.

Vom nächsten Ort, Commerce (2426 Einw.), ebenfalls einem alten Bergbauzentrum, ist eigentlich nur zu berichten, daß hier der verstorbene große Baseballspieler der New York Yankees aufwuchs, Mickey Mantle, zu dessen Ehren der Route-66-Abschnitt durch die Innenstadt umbenannt wurde.

Miami schließlich ist der Standort des wundervollen, 1929 im Spanish-Revival-Stil erbauten *Coleman Theater*, das den damaligen Reichtum der umliegenden Blei- und Zinkminen widerspiegelt. Die Bergwerke wurden vor langen Jahren geschlossen und haben nur unansehnliche Abraumhalden entlang der Straße hinterlassen.

Vinita Die alte Route 66 kreuzt den Interstate 44 bei Vinita, wo das indianische Erbe der Region im Eastern Trails Museum (215 West Illinois Street, Mo-Sa 13–16; gratis) neben der öffentlichen Bibliothek gewürdigt wird. Die Ausstellungen konzentrieren sich auf den »Trail of Tears« der Cherokee, als der Stamm in den 1830er Jahren auf einem erzwungenen Gewaltmarsch aus North Carolina in diese Gegend kam, doch dokumentieren sie auch die allgemeinere Geschichte des umliegenden Gebietes. Seit 1935, seinem Sterbejahr, findet jeden August in Vinita das *Will Rogers Memorial Rodeo* statt. Nachdem Rogers im nahegelegenen Claremore aufgewachsen war, hatte er in Vinita die weiterführende Schule besucht.

In Chelsea nordöstlich von Foyil auf halbem Weg zwischen Vinita und der nächsten Auffahrt zum I-44 steht ein kleines Fertighaus (10021 South Olive Street), das 1913 aus dem Sears Roebuck-Katalog per Post bestellt und mit dem Zug von Chicago hergebracht wurde.

Foyil Zwischen Vinita und Claremore ist die Route 66 als regulär genutzte Verbindungsstrecke erhalten geblieben und teils eine zweispurige Landstraße, teils eine vierspurige Autobahn. Der interessanteste Ort entlang dieses Abschnittes ist Foyil, wo eines der letzten Teilstücke des einst aus rosa

Aus Foyil stammte Andy Payne, ein Cherokee, der 1928 das »Bunion Derby« gewann, einen transkontinentalen Wettlauf, der zwischen Los Angeles und Chicago der Route 66 folgte und noch bis New York weiterführte – seine Laufleistung entsprach eineinhalb Marathonläufen an jedem der 86 Tage, die er für die Bewältigung der Strecke brauchte.

Beton bestehenden Highways gepflegt wird. Die eigentliche Attraktion jedoch liegt vier Meilen östlich des Ortes am Highway 28, wo ein Folklore-Künstler in den vierziger und fünfziger Jahren ein Freiluftareal mit riesigen *Totempfählen* und anderen von indianischer Kultur inspirierten Objekten aus Beton gestaltete; der höchste der Pfähle mißt 30 m. Nachdem sie lange Zeit Wind und Wetter ausgesetzt waren, wurden die Pfähle 1993/94 restauriert und bilden heute einen faszinierenden Ort für ein Picknick oder einfach nur ein Ziel, um den kreativen Geist eines einzelnen Mannes zu bewundern.

Claremore Claremore (13300 Einwohner) liegt 20 Meilen nordöstlich von Tulsa, ist größer als die durchschnittlichen Orte an der Route 66 und wird stets mit seinem berühmtesten Sohn in Verbindung gebracht werden, nämlich mit Will Rogers. Er wurde am 4. November 1879 ganz in der Nähe in einer Blockhütte »auf halbem Weg zwischen Claremore und Oologah geboren, noch bevor es dort eine Stadt oder auch nur einen Ort gab«. Dank seines volksnahen Humors stieg er von einem bei Vaudeville-Shows das Nebenprogramm bestreitenden Lasso-Künstler zu einer der populärsten Figuren Amerikas auf.

Ehe Rogers sich in Claremont zur Ruhe setzen konnte, kam er 1935 bei einem Flugzeugabsturz ums Leben; sein eine Meile westlich der Innenstadt auf einem Hügel oberhalb des Ortes gelegenes Grundstück wurde später in ein *Will Rogers Memorial* (tgl. 8–17; Eintritt gegen Spende) umgewandelt. Ein Standbild des Stars begrüßt die Besucher am Eingang, und außer seiner Grabstätte gibt es hier ein kleines Archiv und Museum, das seine Lebensgeschichte erzählt.

Tulsa Tulsa entspricht kaum der Vorstellung, die viele Leute von einem Reiseziel haben – ungeachtet der schönen Art-Deco-Gebäude, die während der Boomjahre der Ölindustrie von Oklahoma entstanden, und trotz des *Thomas-Gilcrease-Instituts*, eines der führenden Kunstmuseen des Landes. Die Route 66 führte einst entlang des Southwest Boulevard in die Stadt und durchquerte sie via 11th Street, doch heute zerschneiden schnelle Freeways den Ballungsraum, und von der Stadtlandschaft am alten Highway ist nur sehr wenig übriggeblieben. Wie Michael Wallis in seiner Route-66-Bibel »The Mother Road« schreibt, hat Tulsa »der alten Straße und den Geschäften, die vom Highway-Verkehr lebten, den

Meilenweit um Tulsa herum kann man eine der großen alten Country & Western-Stationen des Landes hören, KVOO 1170 AM, »The Voice of Oklahoma«.

Rücken gekehrt ... und sie den Rennbahnen der Interstates geopfert.«

Wer dies als Ausgangsbedingung akzeptiert und nur wenig Zeit hat, sollte sie im Thomas Gilcrease Institute (Mo–Fr 9–17, So 13–17; Eintritt gegen Spende) an Nordwestrand von Tulsa verbringen. Die Sammlungen wurden von dem Vermögen erworben, das Gilcrease mit dem auf seinem Land entdeckten Öl machte, und sie umfassen einige der bedeutendsten Werke der Kunst bzw. Bildhauerei des westlichen Amerika, darunter Stücke von Thomas Moran, George Catlin und anderen, sowie Artefakte der Indianer und historische Karten, die die Frontier in den geschichtlichen Kontext stellen. Auf dem Gelände befindet sich auch Gilcreases altes Haus, in dem heute die Tulsa Historical Society untergebracht ist und wo alte Fotografien und Objekte zur Entwicklung der Stadt ausgestellt werden.

In Tulsa ist auch die Oral Roberts University angesiedelt, die an einem futuristischen 15stöckigen Turm und einem 25 m hohen Paar betender Hände an der Lewis Avenue südlich der Innenstadt erkennbar ist.

Eine der Hauptattraktionen an der Route 66 in Tulsa war der riesige *Blaue Wal* im Vorort Catoosa, nordöstlich der Stadt an einem Abschnitt der alten Strecke gelegen, der beim Exit 240 vom I-44 abzweigt. In den Spitzenzeiten des Highways hielten durchreisende Familien hier an und badeten im Pool, sausten eine der langen Rutschen hinab und machten Picknicks auf dem Rasen, aber der Park ist schon längst geschlossen und wurde dem Verfall überlassen. Doch wie so viele der Route-66-Attraktionen profitiert der Blaue Wal nun von Fundraising-Aktivitäten und sieht seiner Restaurierung entgegen.

In Tulsa war Cyrus Avery beheimatet, jener Tankstellenbesitzer, dessen mühevolle organisatorische Kleinarbeit schließlich dazu führte, daß die Route 66 in den zwanziger Jahren ihre offizielle Anerkennung erhielt.

Wer etwas essen oder trinken möchte, sei an Tulsas lebendigstes Viertel verwiesen, den Brookside District südlich der Innenstadt rings um die 34th Street und Peoria Avenue, wo es eine Handvoll schicker Cafés, Nightclubs und Restaurants gibt. Eine Kostprobe des alten Highways bekommt man im *Metro Diner* (3001 East 11th Street), das zwar kein richtiges Diner ist, aber doch gutes Essen im Diner-Stil serviert.

Die üblichen Hotels und Motels säumen die Freeways, und es gibt ein relativ günstiges *Howard Johnson's* (17 West Seventh Street, 918/585-5898) in der Innenstadt mit Doppelzimmern für weniger als 40 $ pro Nacht. Ausführlichere Informationen sind vom *Tulsa Visitor Center* (616 South Boston Street, 918/585-1201) erhältlich.

Old Route 66: Stroud, Chandler und Arcadia Zwischen Tulsa und Oklahoma City nimmt der Interstate 44-Turnpike zwar 99 Prozent des Verkehrs auf, doch der alte Highway ist noch immer vorhanden und verläuft auf der gesamten Strecke parallel zum Freeway, wenn er auch aufgrund der wenigen Ausfahrten schwer zu erreichen ist; sie liegen hier zwischen 15 und 30 Meilen voneinander entfernt. Viele Orte sind im Schatten des Turnpikes verschwunden, doch die wenigen, die eine Autobahnzufahrt abbekommen haben, konnten überleben und profitieren heute vom nostalgischen Geschäft mit der Route 66.

Von Tulsa aus führt die alte Route 66 im Zickzack 25 Meilen weit bis zur Autobahnauffahrt 196, passiert dann das saubere kleine Örtchen Depew und erreicht schließlich Stroud (2666 Einw.). Am Westrand des Ortes ist das *Rock Cafe*, ein Route-66-Relikt aus dem Jahr 1939, eine Pause wert. Es wurde aus Pflastersteinen des ursprünglichen Highways errichtet und serviert noch immer überdurchschnittlich gutes Road Food. Fans des alten Highways folgen dann der kurvenreichen Trasse südlich des Interstates 40 Meilen weit bis Chandler.

Chandler mit seinen 2596 Einwohnern ist eine der idyllischsten Ortschaften an der Route 66 in Oklahoma. Einer von mehreren Gründen, einen Abstecher hierher zu machen, ist die restaurierte alte *Phillips-66-Tankstelle* im Zentrum. Das klassische *Lincoln Motel* (740 East First Street, 405/258-0200) an der alten Route 66 am Ostrand des Ortes ist noch immer so sauber und ordentlich wie im Jahr 1939 bei seiner Eröffnung – zwei Dutzend Cabins sind jeweils mit einer amerikanischen Flagge und zwei gelben Gartenstühlen ausgestattet, von denen aus man die Welt vorbeiflitzen sieht. Außerdem gibt es im Ort eine Reihe guter Cafés.

Drei Meilen westlich von Chandler steht eine Metallscheune mit einem fotogenen Schild »Meramec Caverns – Stanton, MO«. Die Strecke führt dann am I-44 entlang nach Arcadia, doch es gibt bis Oklahoma City keine legale Möglichkeit mehr, auf die Autobahn zu gelangen.

Letzter Stop vor dem Interstate 15, über den Oklahoma City alternativ erreicht werden kann, ist Arcadia (320 Einw.), wo es eine kürzlich restaurierte runde Scheune aus dem Jahr 1898 zu besichtigen gibt. Im Erdgeschoß des Gebäudes befindet sich ein Geschenkeladen mit den unterschiedlichsten Route-66-Souvenirs. Bis Oklahoma City führt die Fahrt dann auf einem der besterhaltensten Abschnitte der Route 66 weiter.

Oklahoma City Der brutale Bombenanschlag auf das Bundesgebäude erschütterte 1995 den Frieden und die Ruhe von Oklahoma City, größte Stadt im Staat und zugleich Regierungssitz. Abgesehen von dem leeren Grundstück, wo einst das Gebäude stand, gibt es keine äußerlichen Zeichen und auch noch keinen Gedenkstein für die 168 Männer, Frauen und Kinder, die durch die Explosion getötet wurden, aber die Auswirkungen jenes Tages werden noch auf Jahre spürbar sein.

Es fällt schwer, so kurz nach einer solchen Tragödie zum Thema der nostalgischen Route-66-Reise überzugehen, doch war Oklahoma City einer der wichtigsten Stopps entlang der Mother Road: in dem berühmten Song ist es der einzige Ort, der gerühmt wird (»Oklahoma City is mighty pretty«), wofür aber zweifellos der Reim und nicht der besondere Charme der Stadt ausschlaggebend ist. Oklahoma City wurde während des Land-Rushs von 1889 zur größten Boomtown, als der Staat für die weißen

Bethany an den westlichen Ausläufern von Oklahoma City (kurz OKC genannt) ist der Standort des Route 66 Trading Post (6229 39th Expressway), wo man eine große Palette an Erinnerungsstücken und fast jedes jemals publizierte Buch über den alten Highway kaufen kann.

Siedler geöffnet wurde, nachdem er ursprünglich »auf ewig« ein Indianerterritorium bleiben sollte. Zwischen Mittag und Sonnenuntergang des 22. April 1889 strömten über 10000 Menschen her, um Land in Besitz zu nehmen – viele von ihnen hatten illegalerweise vorher in der Gegend campiert, was ihnen den Spitznamen »Sooner« einbrachte. Noch heute nennt sich eines der Footballteams der Universität so. Ein zweiter Boom fand während der Depressionsjahre statt, als man hier auf Öl stieß, und auf dem Gelände des State Capitol in der Innenstadt gibt es noch in Betrieb befindliche Quellen.

Der Route 66 durch Oklahoma City zu folgen, kann sehr verwirrend sein, doch auf dem Weg nach Westen sollte man trotzdem ein Auge für die Route 66 Bowl auf der 30th Street, ein flaschenförmiges Gebäude auf dem Classen Boulevard und ein altmodisches McDonald's Ecke 23rd Street und Pennsylvania Avenue haben, wo noch ein »Speedie«-Schild hängt und klassischer Carhop Service direkt am Auto erhältlich ist.

Gegenüber vom State Capitol befindet sich an einem übriggebliebenen Abschnitt der Route 66 das *Oklahoma State Museum of History* (2100 Lincoln Boulevard, Mo–Sa 8–17; gratis), dessen Ausstellungen die Geschichte des Staates dokumentieren und wo Spezialsammlungen den Indianern, den Pionieren und der Ölindustrie gewidmet sind. Es gibt außerdem eine ansehnliche Abteilung zur Mother Road.

Oklahoma City verfügt auch über eine Reihe von Attraktionen, die nichts mit dem klassischen Highway zu tun haben. Die beste unter ihnen ist die *National Cowboy Hall of Fame* (1700 Northeast 63rd Street, tgl. 9–17; 6 $) eine halbe Meile westlich des I-44 am I-35. Geräumige Galerien und eine umfangreiche Ausstellung von Charles M. Russell-Bildern bis zu John Waynes Kachina-Puppen machen die Ruhmeshalle zu einer der führenden Sammlungen von Kunst des Westens – nach dem Gilcrease in Tulsa, dem Buffalo Bill Center in Cody, Wyoming (siehe Seite 122), und dem Amon Carter Museum in Fort Worth.

Nördlich von OKC führt die Route 66 durch den Ort Edmond, wo der Flieger Wiley Post begraben ist (er war der Pilot, der beim selben Absturz umkam, der auch Will Rogers tötete). Der Ort kam später zu fragwürdigem Ruhm, weil hier 1986 ein frustierter Postangestellter 14 seiner Arbeitskollegen umbrachte.

Der *Enterprise Square* (2501 East Memorial Road, Di–Sa 9–16, So 13–16; 5 $) zehn Meilen nördlich des Cowboy-Museums auf dem Campus der Oklahoma Christian University am entfernten Ende des unübersehbar weit ausgedehnten Oklahoma City ist ein merkwürdiger Ort, eine High-Tech-Geschichte im Geist des christlich-moralisierenden Erzählers Horatio Alger, an dem Busladungen voller Kinder darüber belehrt werden sollen, wie Amerika durch harte Arbeit und freies Unternehmertum entstand. Die Stadt beherbergt auch die *National Softball Hall of Fame* (2801 Northeast 50th Street, Mo–Fr 9–16.30, 1 $, Teams in Trikots gratis), in der es ein skurriles Museum und einen Souvenirladen gibt; hier finden auch die nationalen Meisterschaften statt.

Oklahoma City hat mehr Grillbuden und

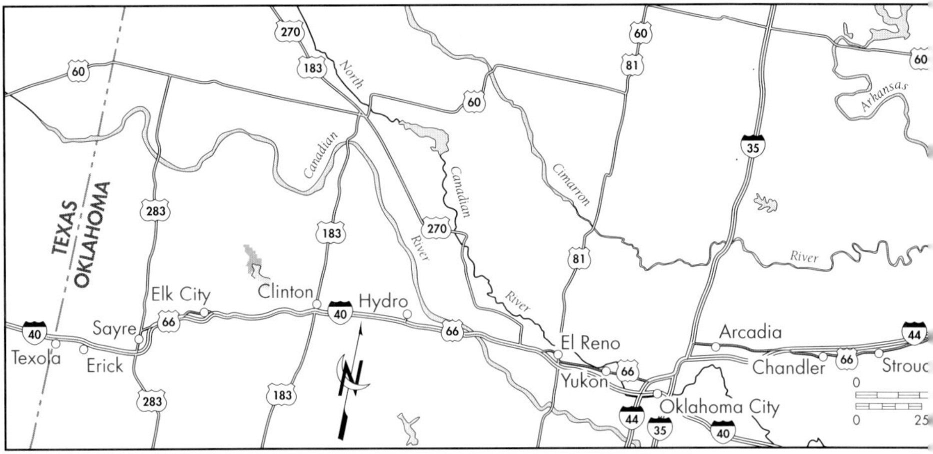

Steakhouses, als irgendwo sonst im Land existieren, und die generelle Qualität der Restaurants ist sehr gut. Eine Institution an der alten Route 66, der Kentucky Club – ein Speakeasy und Roadhouse, in dem einst Pretty Boy Floyd verkehrte –, existiert noch in verändertem Outfit als *Oklahoma County Line* (1226 Northeast 63rd Street), ein BBQ-Restaurant gehobenen Stils am Nordostrand der Stadt nahe der Cowboy Hall of Fame. Auch andere Lokale sind einen Besuch wert, so der freundliche und cholesterin-bewußte *Classen Grill* (5124 Classen Boulevard) beim I-44 und das populäre *Ann's Chicken Fry House* am 39th Street Expressway (alte Route 66) westlich der Innenstadt – erkennbar an den Polizeiwagen auf dem Parkplatz. Wer sich etwas vom Treiben auf den Highways zurückziehen möchte, sollte das *Sleepy Hollow* (1101 Northeast 50th Street) nahe der Softball Hall of Fame aufsuchen, wo es Steaks oder gebratene Hühnchen im Familienstil mit frischem Gemüse und tollen Desserts gibt.

Die üblichen Kettenmotels entlang der Interstates umfassen ein *Super 8* (1117 Northeast 17th Street, 405/232-0404) gegenüber des Kapitols und ein günstig gelegenes *Comfort Inn* (4445 North Lincoln Boulevard, 405/528-6511 oder 800/221-2222), ein modernes Gebäude an der alten Route 66 nördlich der Innenstadt.

Weitere Informationen über einen Besuch in Oklahoma City sind vom *Visitor Center* (123 Park Avenue, 405/297-8912 oder 800/225-5652) zu bekommen.

Yukon und El Reno Von Oklahoma City bis El Reno führt die Route 66 an der Nordseite der Autobahn entlang; sie nimmt ihren Ausgang in den Randgebieten von OKC und erreicht als ersten richtigen Ort Yukon, die Geburtsstätte des Countrystars Garth Brooks. Das riesige Leuchtzeichen »Yukon's Best Flour« am großen Getreidespeicher erhellt die Nacht und lockt die Falter vom Highway fort. Sehenswert sind hier auch das *Chisholm Trail Mural*, die große

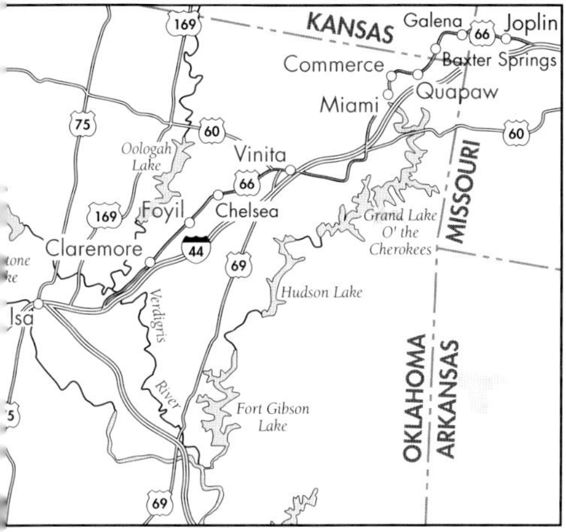

Rollschuhbahn sowie *Johnnie's Cafe*, alle an der kurzen Main Street gelegen, die Teil der alten Route 66 ist. Bis El Reno ist der historische Highway dann mit einer nicht ungefährlichen mittleren Überholspur versehen. Abgesehen von seinem aktuellen Ruhm, Standort des Bundesgefängnisses zu sein, in dem der mutmaßliche Attentäter von Oklahoma City, Timothy McVeigh, auf seinen Prozeß gewartet hat, blickt El Reno (15414 Einw.) auf eine lange Geschichte zurück. 1874 als Fort Reno gegründet, mit dessen Hilfe die US-Armee die Cheyenne im Zaum halten wollte, diente der Ort später während des Zweiten Weltkriegs als Kriegsgefangenenlager.

Und jüngst kam er noch einmal zu Bekanntheit, weil in einem hiesigen Motel Szenen des Films »Rain Man« gedreht wurden. Im Film lag das Motel zwar angeblich in Amarillo, doch der echte Drehort namens Big Eight befindet sich an der alten Route 66 am Ostrand der Stadt und ist auch an einem von den Filmarbeiten übriggebliebenen Schild »Amarillo's Finest« erkennbar.

Hungrige Highwayreisende sollten nicht an *Robert's Grill* (101 West Wade Street) vorüberfahren, der täglich von sechs bis 21 Uhr, sonntags von elf bis 18 Uhr geöffnet hat und seit 1926 für seine Fried Onion Burger berühmt ist. Jedes Jahr am Memorial Day wird hier der »Größte Hamburger der Welt« zusammengekocht, ein Koloß von 230 kg Gewicht.

Hydro: Lucille's Nirgends wird der Kontrast zwischen dem Charme des alten Highways und der Anonymität der Interstates deutlicher als im kleinen Hydro auf halbem Weg zwischen Oklahoma City und Clinton

am Westufer des Canadian River. Ein wunderbarer Abschnitt der Route 66 führt vom Exit 89 des I-40 an der altertümlichen Tankstelle und dem Souvenirstand vorbei, die von Lucille Hamons seit 1941 betrieben werden. Obwohl beides nur 50 Meter von der Überholspur des Freeways entfernt liegt, ist ein Abstecher zu Lucille's, um eine Soda oder Postkarte zu kaufen und ein schnelles Wort mit der energischen Inhaberin zu wechseln, fast schon ein Ritual für die Freunde der alten Straße geworden. Hier hat man die seltene Gelegenheit, jemanden zu treffen, der die gesamte Geschichte der Straße miterlebt hat. Aufgrund von Umweltschutzbestimmungen kann Lucille leider keine Tankfüllung voll Benzin mehr verkaufen, doch ansonsten ist ihr kleiner Außenposten seit den goldenen Tagen des Highways unverändert geblieben.

Westlich von Lucille's führt ein sechs Meilen langes Teilstück der alten Strecke durch die hügelige Landschaft und vermittelt eine bessere Vorstellung davon als die 1966 angelegte neue Straße, auf deren Trasse das Ambiente mit Einschnitten durch Hügel, aufgefüllten Tälern und Brücken zerstört worden ist. Östlich von Lucille's knickt die alte Straße nach Norden ab und führt durch das verschlafene Zentrum von Hydro.

Clinton Das Städtchen Clinton (9268 Einw.) trägt seinen Namen nicht nach dem derzeitigen amerikanischen Präsidenten, sondern nach dem Richter Clinton Irwin, und begann seine Existenz als Trading Post für die in der Umgebung lebenden Cheyenne Arapahoe-Indianer. Heute steht der Ort aufgrund des offiziellen *Oklahoma Route 66 Museum* (2229 Gary Boulevard, 405/323-7866) am Westende der Stadt im Blickpunkt des Interesses. Im Unterschied zu den meisten »Museen« entlang der Strecke wird dieses Haus dem Namen gerecht und ist kein verkappter Souvenirladen. Gegründet von verschiedensten staatlichen und örtlichen Stellen, wurde das Museum nach einer millionenschweren Umbau- und Erweiterungsphase 1995 wieder eröffnet, und es ist definitiv das beste Museum über die alte Straße an der alten Straße. Sammler aus dem ganzen Land stifteten Schilder, Artefakte und Erinnerungsstücke, die zu einer konzentrierten Präsentation der Geschichte und Kultur der Mother Road zusammengestellt wurden – kein Liebhaber des historischen Highways sollte sie versäumen.

Daneben verfügt Clinton über den netten *McLain Rogers-Park* mit Swimmingpool und Wasserrutsche in der Mitte des Ortes an der Tenth Street (alte Route 66) neben der Route-66-Minigolfanlage.

Das *Tradewinds* gegenüber dem Route-66-Museum ist ein verläßliches und preiswertes Restaurant, doch als bestes Eßlokal der Stadt gilt *Pop Hick's Restaurant* (223 Gary Boulevard) am Ostrand von Clinton, ein traditioneller Stopp für die Menschen auf der Straße, der 24 Stunden am Tag großartiges Essen zu niedrigen Preisen serviert. Westlich der Stadt am Exit 62 des I-40 liegt *Jiggs Smoke House*, eine kleine Imbißbude, die BBQ-Sandwiches verkauft und vor allem auf Beef Jerky spezialisiert ist.

Elvis Presley übernachtete einst im *Tradewinds Best Western* (2128 Gary Boulevard, 405/323-2610) neben dem gleichnamigen Restaurant, wo Doppelzimmer ab 35 $ die Nacht zu haben sind. Wenn es voll ist, stehen

Bücher über die Route 66

Angesichts des großen Bekanntheitsgrades der alten Straße ist kaum verwunderlich, daß es mehr als ein Dutzend Bücher über die Mother Road gibt. Einige sind Reiseführer, andere Darstellungen zur Geschichte der Menschen und manche nostalgische Berichte über Fahrten entlang der Überreste von Amerikas berühmtestem Highway. Fotoessays dokumentieren das rapide Verschwinden der Gebäude und Schilder, und ein Kochbuch verzeichnet die Rezepte der Gerichte, die in den Cafés entlang der Strecke serviert wurden. Die nachstehende Auswahl listet ein paar der Titel auf, die zumeist in Geschäften an der Route erhältlich sind.

The Grapes of Wrath von John Steinbeck (Viking 1937; dt. Die Früchte des Zorns, 1940). Die erste Erzählung mit Bezug auf die Route 66 zeichnet die traumatische Reise der Familie Joad aus der Dust Bowl Oklahomas ins vermeintliche gelobte Land Kalifornien nach. In seinem Realismus brutal, war der gegen Ende der Depressionszeit erschienene Roman sofort ein Bestseller und die Quelle für die Bezeichnung »Mother Road«.

A Guide Book to Highway 66 von Jack D. Rittenhouse (University of New Mexico, 1989). Reprint des 1946 vom kürzlich verstorbenen Autor selbstverlegten Führers.

Route 66: A Guidebook to the Mother Road von Bob Moore und Patrick Grauwels. Der detaillierteste Reiseführer über die alte Strecke, randvoll mit Fahranweisungen, Informationen, Fotografien und Illustrationen.

Route 66: The Mother Road von Michael Wallis (St. Martin's Press, 1987). Reich illustrierter, gründlich recherchierter und gekonnt geschriebener Führer über die alte Straße. Dieses Buch ist besser im Lehnstuhl zu lesen, als unterwegs zu benutzen, doch es läßt den Geist der Route 66 lebendig werden.

Route 66 Traveler's Guide von Tom Snyder (St. Martin's Press, 1990). Staat für Staat wird die Strecke beschrieben, wobei der Autor den Schwerpunkt auf die Geschichten hinter den Sehenswürdigkeiten legt. Illustriert mit einer Straßenkarte der Dreißiger, in die auch die modernen Freeways eingezeichnet wurden.

Searching for 66 von Tom Teague (Samizdat House, 1991). Persönlicher geschrieben als andere Titel zum Thema, skizziert dieses Buch aus Vignetten die Erlebnisse des Autors mit den vielen Menschen entlang der Strecke. Mit schönen Federzeichnungen des Künstlers Bob Waldmire.

mindestens zehn weitere Motels zur Verfügung.
Weitere Informationen über Clintons Verbindung zur Route 66 sind vom hilfsbereiten Visitor Center (400 Gary Boulevard, 405/323-2222 oder 800/759-1397) zu bekommen.

Elk City Die letzte größere Ortschaft östlich der Grenze zu Texas, Elk City (10450 Einw.), war ein beliebter Stopp an der Route 66, wovon die vielen alten Motels am Streckenverlauf durch die Stadt Zeugnis ablegen. Leider wurden die ehemaligen Familienbetriebe an der Third Street (Business I-40) und dem ziegelgepflasterten Broadway geschlossen und von Dependencen der nationalen Motelketten ersetzt, die man hier ohne Ausnahme finden kann.
Lange bevor Elk City seine Route-66-Spitzenzeit erlebte, war es ein wilder Frontierort am Viehtrail von Texas nach Dodge City, Kansas. Die Cowboy- und Pioniergeschichte der Gegend wird im *Old Town Museum* (Di–Sa 10–17, So 14–17; 3 $) erzählt, einer nachgebauten Wildweststadt mit Arztpraxis, Schulgebäude und Rodeo-Museum.
Während der vierziger Jahre wurde hier auch Öl entdeckt, und der Ort erlebte einen erneuten kurzen Boom; diese Phase der Stadtgeschichte wird im kleinen *Anadarko Basin Museum* (197 East Third Street) dokumentiert, das in der Lobby des alten *Casa Grande Hotels* untergebracht ist. Eindrucksvoll ist der mächtig aufragende Rig 114, ein 60 m hoher Bohrturm, der 1990 im Park neben dem Museum aufgebaut wurde.

Sayre Wer eine Zeitreise in die Ära von Steinbecks Buch »Die Früchte des Zorns« machen möchte, muß 13 Meilen hinter Elk City den Freeway nach Norden Richtung Sayre verlassen. Das nicht zu übersehende *Beckham County Courthouse*, das sich über dem Ostende der Main Street erhebt, wurde auch in der Filmfassung des Buches gezeigt, als Henry Fonda und der Rest der Familie Joad die Route 66 Richtung Kalifornien entlangrumpeln. Auf der Main Street kann man an der Soda Fountain des *Owl Drug Store* Ecke Fourth Street einen Milchshake trinken oder einen Blick in das ständig vergrößerte *Shortgrass Country Museum* (106 East Poplar Street, variierende Öffnungszeiten; gratis) im alten Bahnhof der Rock Island Line werfen. Wechselnde Ausstellungen dokumentieren hier die Regionalgeschichte von den Zeiten der Cheyenne bis zur Ankunft der Siedler während des großen Land-Rushs von 1892. Östlich des Museums steht ein riesiger Getreidesilo, dem der Rost eine wundervolle orangene Leuchtfarbe verliehen hat.

Erick und Texola In dem großartigen kleine Ort Erick (1083 Einw.) wurde die alte Route 66 nach dem beliebten Sohn der Stadt Roger Miller Boulevard genannt. Erick hat eine besondere Attraktion, das *100th Meridian Museum* (Fr/Sa 9–16 außer bei problematischem Wetter; Eintritt gegen Spende) an der Route 66 auf Höhe der einzigen Ampel des Ortes. Die Displays dokumentieren das Leben in einer Gegend, die lange für das Ende der bewohnbaren Welt angesehen wurde – alles Land westlich des 100. Längengrades galt offiziell als »Große amerikanische Wüste«. Außerdem wird

Erick war der Heimatort des Sängers und Songschreibers Roger Miller, dem originalen »King of the Road«.

In seinem 1946 erstmals veröffentlichten Route-66-Guidebook, das heute als Reprint überall erhältlich ist, beschreibt Jack Rittenhouse Erick als den »ersten Ort auf dem Weg nach Westen, der mit seinen breiten, sonnendurchglühten Straßen, gelegentlichen Reitern und überdachten Bürgersteigen etwas vom wahren Western-Look hat«.

erläutert, daß bis zur Neuordnung der Grenze unmittelbar hinter Erick der Staat Texas begann.

Das Museum und drei andere Gebäude an der Kreuzung haben abgeschrägte Ecken und bilden eher eine ungewöhnlich x-förmige Kreuzung als einen rechtwinkligen Platz. Nördlich der Route 66, neben der Texaco-Tankstelle nahe des Exits 7 des Interstate 40, sollte man für einen Stopp in *Cal's Diner* etwas Zeit und Platz in seinem Bauch mitbringen. In diesem wundervollen alten Lokal mit knarrenden Holzdielen wird außer frischgebackenem Brot und schnell zubereiteten bodenständigen Gerichten vor allem eine generöse Dosis von Gastfreundschaft des Inhabers und ehemaligen Marinekochs Cal Rogers sowie seiner Familie geboten. Das Diner ist jeden Tag von 6 bis 21, im Winter bis 22 Uhr geöffnet. Und wie das Schild zurecht sagt: »You'll Be Glad You Did« – man wird es nicht bereuen, hier eingekehrt zu sein.

Von Erick führt ein schön erhaltenes Stück der späten Route 66 als vierspuriger Highway westlich zu der *Ghost Town Texola* eine Meile südlich des I-40-Freeways. Dieser letzte Ort vor der Grenze zu Texas ist heute eingetrocknet und fast ganz fortgeblasen, seit der Interstate 40 an ihm vorbeiführt, doch es gibt noch ein paar Überreste, die auf nostalgische Fotografen warten. Die einzigen noch feststellbaren Lebenszeichen sind die Rufe und Flüche aus der kombinierten Billardhalle und Bierbar, die in einem großen Metallschuppen auf der Südseite des Highways untergebracht ist, und wo man die passioniertesten Dominospieler diesseits von Yuma, Arizona, beobachten kann.

DURCH TEXAS

Dieser Teil der Route 66 durch den Panhandle von Texas – der »Pfannenstil« genannt wird, weil er nach Norden vom übrigen Staatsgebiet absticht – ist eine fast 200 Meilen lange Strecke über eine tischflache Ebene. Dem westlichen, bis nach New Mexico hineinreichenden Areal mangelt es gänzlich an Bäumen oder anderen hervorstechenden Merkmalen, und es ist auch als Llano Estacado oder »abgesteckte Ebene« bekannt, vermutlich weil frühe Pioniere zur Orientierung lange Holzpfähle in den Boden rammten. Der Texas Panhandle war der südliche Ausläufer der an Büffeln reichen Weidegründe der Great Plains, in denen noch vor 100 Jahren Gruppen von Kiowa- und Komantschen-Indianern herumzogen. Heute haben sich dem Ranching auch Öl-, Gas- und Heliumproduktion sowie das Transportwesen und der Route-66-Tourismus als Wirtschaftszweige hinzugesellt.

Noch stärker als in Oklahoma oder New Mexico ist der alte Highway auf fast der gesamten Strecke durch Texas vom Interstate 40 ersetzt worden, auch wenn in den geisterhaft wirkenden Orten wie Shamrock, McLean, Vega oder der einzigen Stadt, Amarillo, die Route 66 noch als Hauptgeschäftsstraße überlebt hat, an der links und rechts die Überreste ehemaliger Läden zu entdecken sind. Ein paar von ihnen haben noch heute für eine Tasse Kaffee und eine Kostprobe der lebendigen Vergangenheit geöffnet.

Shamrock Shamrock (2286 Einw.) war einst ein florierendes Raffineriezentrum, das direkt über einem der größten Erdgasvorkommen des Staates gebaut wurde. Heute ist der Ort eine staubige, rostige alte Industriesiedlung südlich des Interstate 40 an der Kreuzung des US-83 mit der historischen Route 66, die als »Business Loop« des I-40 durch den Ort führt. Obwohl Shamrock nicht ausgesprochen anziehend ist, bietet sich die ruhige Atmosphäre im Ort selbst für eine Fahrtunterbrechung an.

Im Einklang mit seinem Namen – Kleeblatt – ist Shamrock an jedem St. Patrick's Day, dem Feiertag der Iren, Gastgeber einer großen Parade; es gibt jedoch kein grünes Bier, denn der Ort liegt in einem trockenen County. Im alten, zweistöckigen und aus braunem Backstein erbauten *Drummer's Hotel* befindet sich heute das *Pioneer West Museum* (Mo–Fr 9–12 u. 13–17; gratis) mit zwei Ausstellungsebenen voller Merkwür-

Östlich von McLean ist auf einem verfallenen Schild an der alten Strecke nördlich des Freeways beim Exit 148 eine merkwürdige Aufforderung zu entziffern: Rattlesnakes Exit Here.

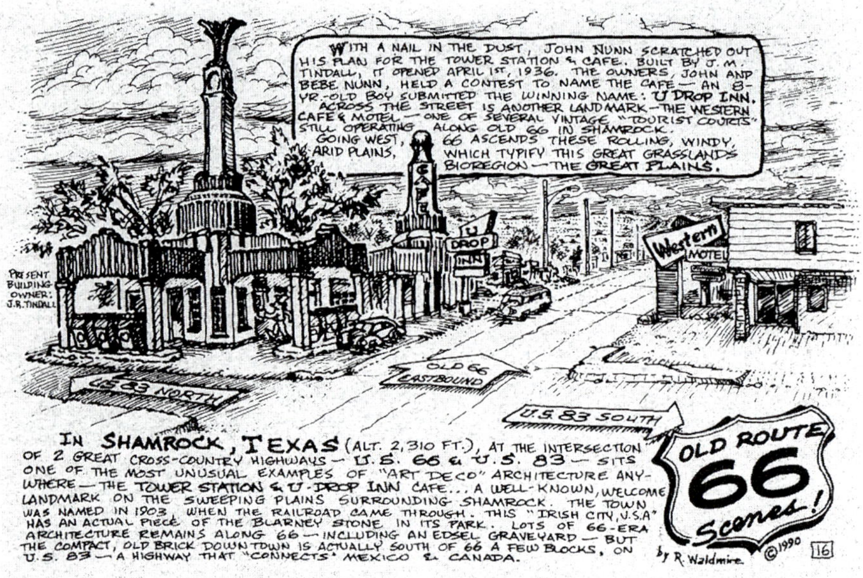

digkeiten, die seltsame Einblicke in die 200jährige Geschichte des Panhandle geben. Neben einer mit Stacheldraht bedeckten Wand, der Replik einer Zahnarztpraxis von der Frontier, Hunderten alter Fotos und vielen schönen Musikinstrumenten ist eine Abteilung dem Astronauten Alan Bean gewidmet.

In dem Ort Groom 40 Meilen östlich von Amarillo auf der Nordseite des I-40 beim Exit 113 gibt es eine der aufsehenerregenden Attraktionen der alten Route 66 zu bestaunen: einen Wasserturm, der so schief ist wie der Turm von Pisa.

Shamrock leidet nicht unbedingt an einem Überangebot von Restaurants, doch es verfügt über eine Reihe von Cafés und Speiselokalen (das berühmte *Route-66-Café U Drop Inn* im klassischen Art-Deco-Stil sieht zwar toll aus, ist aber geschlossen), die südlich des I-40 im Kreuzungsbereich mit dem US-83 und der Route 66 liegen. An den Highways findet man auch viele Tankstellen und einige der billigsten Schlafgelegenheiten im weiten Umkreis – manche Motels bieten Betten ab 14 $ pro Nacht an.

Bei Shamrock wird die Route 66 vom US-83 gekreuzt, der von Kanada durch das Herz des Mittleren Westens nach Mexiko führt und als »Road to Nowhere« in Road Trip USA Band 2 beschrieben ist.

McLean McLean wurde um die Jahrhundertwende von dem britischen Rancher Alfred Rowe gegründet, der 1912 sein Leben auf der Titanic verlor. Heute ist es der ansprechendste Ort an der Route 66 in ganz Texas. Da seit den frühen Achtzigern der Interstate an McLean vorbeiführt, ist die alte Main Street merkwürdig still, und nur ein paar Geschäfte – ein Friseur, ein Stiefelgeschäft und ein paar Motels, darunter eines mit einer schönen Texas-förmigen Neonreklame – harren ungeachtet des Rückgangs ihrer Umsätze noch aus.

Da McLean heute Sitz der texanischen »Historic Route 66 Association« ist, werden Versuche unternommen, den Ort in bestem Zustand zu erhalten, was die liebevoll restaurierte *Phillips-66-Tankstelle* und die anderen hier und da hervorgehobenen historischen Bezüge erklärt.

Amarillo Auf halbem Weg durch den Texas-Panhandle und mitten in der Llano Estacado liegt Amarillo (157 615 Einw. – man spricht das doppelte l mit), eine geschäftige große Stadt, die sich gern zu ihren Cowboy-Wurzeln bekennt. Sie ist das Zentrum der regionalen Ranching-Industrie, die pro Jahr zwei Millionen Stück Vieh hervorbringt. Amarillo ist zudem einer der wenigen Orte auf der Erde, wo Helium hergestellt wird; schätzungsweise 90 % der Weltproduktion kommen von hier.

Die alte Route 66 führte entlang der Sixth Street durch die Stadt, vorbei an den backsteingepflasterten Straßen des Old San Jacinto-Distrikts bei der Western Avenue, wo man zwischen antik aussehen-

Westlich des kleinen Ortes Panhandle elf Meilen nordöstlich von Amarillo am US-60 schützt ein Drahtzaun auf der Südseite der Straße den »Ersten Baum in Texas«, der hier 1888 auf der leeren Ebene vom Siedler Thomas Cree gepflanzt wurde. Die heute hier wachsenden Bäume stammen von dem originalen »Bois d'Arc«-Baum ab, den 1969 Pestizide töteten.

den Gewehr- und Sattelgeschäften und zahlreichen auf Wildwest getrimmten Kleidungsläden herumspazieren kann. Östlich der Innenstadt führt der East Amarillo Boulevard an einer Reihe authentischer Honky-Tonk-Spelunken nahe der acht Hektar großen Western Stockyards Ecke Grand Avenue und Third Street vorbei. Lebendiges Vieh wird hier an Wochentagen fast jeden Vormittag versteigert; dienstags ist am meisten los. Besucher sind willkommen, und es kostet keinen Eintritt. Details kann man unter 806/373-7464 erfahren.

Außer für das einzige Ökolokal, das *OHMS Cafe* (619 South Tyler Street) in der Innenstadt, ist Amarillo für seine vielen guten Steakhouses bekannt, darunter das im alten Bahnhof bei den Stockyards untergebrachte *Iron Horse Cafe* (401 South Grant Street). Am bekanntesten dürfte die *Big Texan Steak Ranch* sein, die an der Route 66 begann und sich nun am Ostrand von Amarillo beim Exit 74 des I-40 befindet, kenntlich an der falschen Wildwest-Fassade und einem riesigen Cowboy oben auf einer Plakatwand. Dies ist das auf zahlreichen Billboards im ganzen Staat gepriesene Lokal, wo kostenlose 2000-Gramm-Steaks angeboten werden – vorausgesetzt, man verzehrt sie inklusive einiger Beilagen binnen einer Stunde. Wer es nicht schafft, zahlt etwa 35 Dollar dafür.

Das *Big Texan-Motel* verfügt über einen Swimmingpool in Form der Staatskonturen und bietet Zimmer für 50 Dollar pro Nacht; Dutzende preisgünstiger Kettenmotels (zwei Travelodges, zwei Comfort Inns) finden sich entlang des I-40 und des I-27, weshalb Zimmer nicht schwer zu finden sein dürften. Ausführlichere Informationen hält das *Visitor Center* (806/373-7800 oder 800/692-1330) bereit.

Palo Duro Canyon State Park Der wunderschöne *Palo Duro Canyon*, eine der hübschesten Ecken in Texas, liegt nur 25 Meilen südöstlich von Amarillo östlich des Ortes Canyon und ist über den Interstate 27

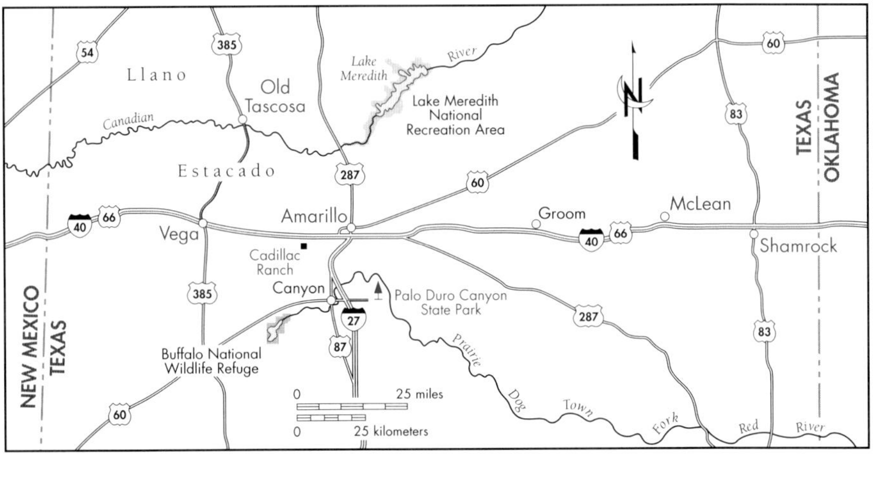

Cadillac Ranch

Nein, man sieht das nicht bloß – hier stecken wirklich fast ein Dutzend Cadillacs kopfüber in der Prärie von Texas. Zweihundert Meter südlich des I-40 am Hope Road Exit fünf Meilen westlich von Amarillo, wo der alte US-66 wieder auf den Freeway stößt, sind die rostigen Hüllen von zehn klassischen Caddies mit der Nase tief im Erdreich vergraben, und ihre hoch aufragenden Heckflossen illustrieren die Modellveränderungen von 1949 bis 1964.

Als populärer Schrein für die amerikanische Liebe zur offenen Straße wurde die Cadillac Ranch im Mai 1974 von dem Künstler- und Architekten-Kollektiv Ant Farm aus San Francisco entworfen; Auftraggeber war der exzentrische Helium-Millionär Stanley Marsh III aus Amarillo, auf dessen »Toad Hall«-Ranch sie sich befindet. Die Autos wurden – teils in fahrbereitem Zustand – auf Schrottplätzen und bei Gebrauchtwagenhändlern der Umgebung für durchschnittlich 200 Dollar pro Stück gekauft. Vor dem Eingraben schweißte man die Räder und Radkappen fest – ein guter Gedanke, da die Wagen meist in einem übel mitgenommenen Zustand sind. Von Zeit zu Zeit richten Werbefirmen oder Rockbands sie her, um sie als Hintergrundszenerie für Foto-Shootings zu verwenden.

Es gibt einen ausgetretenen Pfad von der Frontage Road zum Kunstwerk für jene, die einen näheren Blick riskieren wollen, und Besucher sind zu jeder Tages- oder Nachtzeit willkommen.

erreichbar. Palo Duro wurde vom Prairie-Dog-Arm des Red River in die texanische Ebene geschnitten und erstreckt sich über 100 Meilen; die Wände der Schlucht sind bis zu 365 m hoch. Der spanische Entdecker Coronado und seine Begleiter waren die ersten Europäer, die diese Gegend sahen, und zahlreiche Stämme der Plains-Indianer wie Apache, Kiowa und Komantsche suchten hier später Zuflucht.

Vom Ende des Highways 217 windet sich eine gut befestigte Straße am Visitor Center vorbei, von dem ein kurzer Trail zu einem *Aussichtspunkt* über den Canyon führt. Hinter dem Center fällt die Straße steil zum Boden der Schlucht ab und folgt dem Fluß auf einem 15 Meilen langen Rundkurs durch das Herz des Canyons. Er ist im Frühling und Herbst am schönsten, aber das ganze Jahr hindurch rege besucht. Weitere Informationen sind über das *Visitor Center* (806/488-2227, tgl. 8–17) erhältlich, das auch Camping-Reservierungen vornimmt.

Canyon: Tex the Giant Cowboy Auf dem Weg zum oder vom Palo Duro Canyon sollte man unbedingt beim *Cowboy Cafe* am US-60 westlich von Canyon anhalten, das durch eine hoch aufragenden Statue von Tex, dem riesigen Cowboy, gekennzeichnet ist. Ein weiterer guter Grund für einen Besuch in Canyon ist das exzellente *Panhandle-Plains Historical Museum* (Mo–Sa 9–17, So 13–17; Eintritt gegen Spende), eines der besten Museen im Staat mit ausführlichen Präsentationen zum kulturellen und wirtschaftlichen Leben der Panhandle-Region und ihrer Beziehungen zu Mexiko, der Republik von Texas und den Vereinigten Staaten. Das Museum hat eine Spezialabteilung über den Pionier-Rancher Charles Goodnight, der einst eine halbe Million Acres Land besaß und sich früh um die Rettung der Bisons vor dem Aussterben verdient machte. Seine Hütte ist in der Pioneer Town hinter dem Museum erhalten.

Vega und Old Tascona Zwischen Amarillo und der Grenze zu New Mexico ist die Landschaft mit dem Abschnitt östlich der Stadt identisch: endlose flache Ebenen, von gelegentlichen Ölpumpen und Aeromotor-Windrädern gesprenkelt. Vega auf halbem Weg zwischen Amarillo und der Stateline ist eine ausgedehnte Cowboy-Town, von wo aus der US-385 nach Norden zu den Überresten von Old Tascona abzweigt. Während der 1870er Jahre war dieser Ort einer der wildesten an der Texas Frontier. 22 Meilen nördlich des Interstate 40, eben östlich des US-385, liegen am Nordufer des Canadian River ein paar erhaltene Gebäude, ein *Stacheldraht-Museum* und der alte Boot Hill Cemetery. Der gesamte Ort ist Teil von *Cal Farley's Boys Ranch* (806/372-2341, tgl. 8–17; gratis), eine in Betrieb befindliche 4000-Hektar-Viehranch, auf der auch etwa 400 schwierige Teenager leben.

DURCH NEW MEXICO

Die Fahrt auf der Route 66 durch New Mexico vermittelt einen wunderbaren Eindruck vom »Land der Bezauberung«, wie sich der Staat auf den Autokennzeichen nennt. Es gibt hier weniger erhaltene Stücke des alten Highways als anderswo, doch viele Städte und Ghost Towns am Interstate 40, der auf der Trasse der historischen Straße gebaut wurde, sind noch vorhanden. In Albuquerque führt die Route 66 durch das Zentrum dieser Sun Belt-Stadt, während es woanders ein wenig Zeit und Mühe kostet, den alten Highway und die fast vergessenen Orte zu finden – obwohl sich der Aufwand lohnt.

Im Osten ist die Landschaft noch flach und trocken, doch sobald die Route 66 die Great Plains verläßt und das westliche New Mexico erreicht, gibt es sehr viel zu sehen. Sandsteinmesas prägen die Landschaft, im Hintergrund erheben sich pinienbewachsene Gipfel, und die parallel zur Santa Fe Railroad verlaufende Strecke führt durch das Herz dieser Region, wo zahlreiche Abstecher – unter anderem zum Inscription Rock im Chaco Canyon – unvergeßliche Eindrücke liefern.

Tucumcari Tucumcari (6831 Einw.) war Gegenstand einer der erfolgreichsten Werbekampagnen in der langen Geschichte übertriebenen Getues um die Route 66. In der Erwartung ist der Ort daher viel größer als in Wirklichkeit. Tucumcari – auch bekannt als »Stadt, die zwei Blocks breit ist und zwei Meilen lang« (obwohl der Tucumcari Boulevard entlang der alten Route 66 sich sieben Meilen weit zwischen den Interstate-Exits hinzieht) – hat ein bißchen von allem,

Die Stateline zwischen Texas und New Mexico ist die Grenze zwischen den Zeitzonen: wer in die westliche Mountain Time Zone fährt, muß seine Uhr um eine Stunde zurückstellen.

Clines Corner auf halber Strecke zwischen Santa Rosa und Albuquerque am Exit 218 ist ein Truckstop und Café aus dem Jahr 1934, und es ist, wie die Schilder besagen, »Worth Waiting For« - und wenn schon nicht für das wenig aufregende Essen, so doch wegen des großen Souvenirladens.

darunter eine breite Palette an Neon-Reklamen, doch bereitet es leichte Schwierigkeiten, die Attraktion dieses Ortes zu erklären, von dem einst hunderte Highway-Billboards verkündeten: »Tucumcari Tonight – 2000 Motel Rooms«.

Der größte Teil der 20 Zentimeter jährlichen Niederschlags, die der Panhandle abbekommt, fällt während der sommerlichen Gewitter, die zwischen Mai und August über die Plains fegen.

Getue oder nicht – Tucumcari ist der ideale Ort für eine Fahrtunterbrechung, und selbst wenn man es noch bis zur nächsten Stadt westlich oder östlich schaffen könnte: niemand wird bereuen, für eine Nacht im *Blue Swallow Motel* (815 East Tucumcari Boulevard, 505/461-9849) abgestiegen zu sein. Keine geringere Autorität als das Smithsonian-Magazin nannte das Blue Swallow »das letzte, beste und freundlichste der altmodischen Motels«, und dank der schier unerschöpflichen Gastfreundschaft der Besitzerin Lillian Redman widerspricht dem wohl kaum einer ihrer Gäste. Gegenüber des Blue Swallow liegt der alte *Tee Pee Trading Post* an der Route 66, wo man seine Sammlung von Route-66-Souvenirs erweitern kann. Hungrige Reisende sollten die mexikanische Küche des *La Cita* unter dem türkis- und pinkfarbenen Sombrero Ecke First Street und Old 66 probieren.

Santa Rosa Der Interstate 40 hat Santa Rosa (2263 Einw.) zweigeteilt und durchschneidet auch die alte Route 66, doch 65 Jahre lang haben Reisende auf dem klassischen Highway

Außerhalb von Fort Sumner am Pecos River, 50 Meilen südwestlich von Santa Rosa am US-84, liegt das Grab des legendären Billy the Kid. Es gehört zu einem privaten Museum (tgl. 9–17; 2 $) direkt neben dem gleichnamigen Fort, wo von 1864 bis 1869 7000 Navajo-Indianer interniert waren.

Östlich von Santa Rosa kann man auf der Südseite des I-40 bis nach Cuevo einem der älteren Abschnitte der Route 66 folgen; da die Strecke nur zum Teil asphaltiert ist, geht das am besten mit einem Geländewagen oder einem Mountain Bike. Hier kann man eine gute Vorstellung vom Reisen in den frühen Tagen der Route 66 bekommen, als nur die Hälfte der gut 2400 Meilen asphaltiert war. Ein anderes Stück des alten Highways dient heute als Rollbahn für den kleinen Flugplatz von Santa Rosa.

und dem modernen Freeway hier für eine Mahlzeit im *Club Cafe* angehalten, dem »Original Route 66 Restaurant Since 1935«. Dank der Schilder, die die Strecke meilenweit in beide Richtungen säumen und auf denen das lächelnde Gesicht des »Fat Man« zu sehen ist, wurde das Club Café für sein stets frisches Essen landesweit bekannt. Trotz seiner vom Freeway leicht erreichbaren Lage schloß das Lokal 1992, stand aber schon mehrfach kurz vor einer Wiedereröffnung. Mit etwas Glück kann man also vielleicht bald hier wieder einkehren. Wer dafür aber zu früh des Weges kommt, sollte *Joseph's* aufsuchen, das an der alten Route 66 eine halbe Meile südwestlich der I-40-Ausfahrt 275 liegt und gutes Essen zu günstigen Preisen offeriert.

Santa Rosas andere Attraktion ist einzigartig: das *Blue Hole*, eine 20 m breite und 24 m tiefe artesische Quelle, gefüllt mit so klarem Wasser, daß Taucher aus den gesamten westlichen Staaten zum Üben ihrer Unterwassertechniken herkommen. Das Wasser der Blue Hole ist mit ca. 16 Grad zum Baden zu kalt, aber in der Hitze des Sommers kann man hier hervorragend seine Beine ins kühle

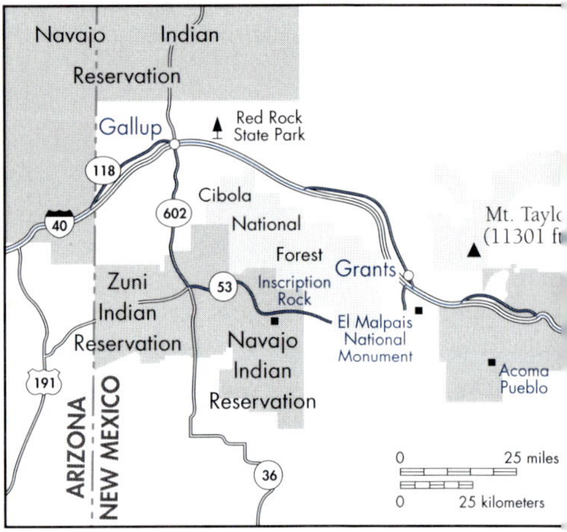

Naß baumeln lassen. Das »Blaue Loch« liegt gut ausgeschildert am Ende der Blue Hole Road eine halbe Meile südlich der Route 66.

Tinkertown und der Sandia Crest Über einen Mangel an skurrilen Americana entlang der Reststrecken der Route 66 kann man wahrlich nicht klagen – eine der ansprechendsten Attraktionen dieser Art ist jedoch Tinkertown (505/281-5233, April-Okt. tgl. 9–18; 3 $), das einen kurzen 10-Minuten-Abstecher nördlich der alten Trasse liegt. Tinkertown ist wie ein durchgedrehter Salon voller Automaten-Apparate, eine Ansammlung von über Tausend filigran geschnitzter kleinster animierter Holzfiguren, die auf separaten Bühnen diverse Szenen ausführen – ein Zirkus mit Nebenshow, ein Wild-West-Ort mit Tänze-

Albuquerques »Coyote Radio« KIOT 102.5 FM spielt eine lebhafte Palette alternativer Popmusik von Hank Williams über John Lee Hooker zu den Talking Heads und den Grateful Dead.

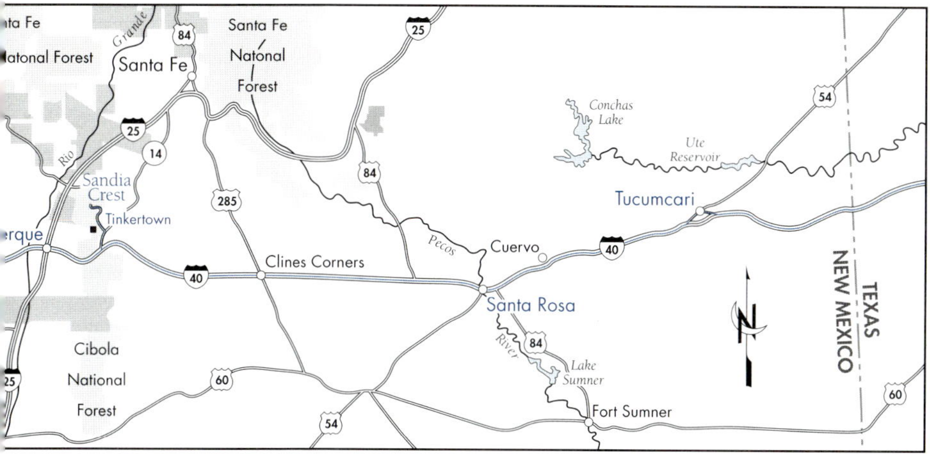

rinnen und einem krächzenden Geier –, untergebracht in einem klapperigen Haus, das in den letzten 45 Jahren von Ross und Carla Ward und ihrer Familie teils aus Glasflaschen und Fahrradteilen kreiert wurde. Unmöglich, alle Merkwürdigkeiten und Unglaublichkeiten zu beschreiben, die hier gezeigt werden (eine Glasvitrine etwa enthält über 100 Plastikfiguren, die man auf Hochzeitstorten findet), vor allem weil das ganze Ding ständig verbessert und daran »herumgetinkert« wird. Der Geist dieses Ortes ist im Motto von Tinkertown trefflich zusammengefaßt: »Wir haben all dies gemacht, während Sie ferngesehen haben.« Der Dalai Lama mochte es, und den künftigen Besuchern wird es ebenso gefallen.

Um nach Tinkertown zu gelangen, muß man sechs Meilen östlich von Albuquerque beim Exit 175 den Interstate 40 verlassen und den Schildern nach Sandia Crest folgen. Tinkertown liegt am Highway 536, eineinhalb Meilen westlich der Kreuzung mit dem Highway 14, abseits der Straße in einem Wacholderwäldchen versteckt. Sandia Crest selbst liegt weitere 12 Meilen bergauf am Ende des Highway 536, einem National Scenic Byway. Der 3250 m hohe Bergzug bietet ein phänomenales Panorama des umliegenden Cibola National Forest, der von 80 Meilen Trails durchzogen ist. In Tijeras vier Meilen nörd-

Route-66-Fans, die wirklich sämtliche Teilstrecken des alten Highways befahren wollen, sowie Freunde der Kunst, Architektur und Küche des amerikanischen Südwestens sollten einen Umweg über die Staatshauptstadt Santa Fe machen. Die ursprüngliche Strecke der Route 66 verlief – von West nach Ost – von Albuquerque durch den Korridor des heutigen I-25 Richtung Norden, führte dann von Santa Fe entlang des heutigen US-84 im Bogen zurück nach Süden und erreichte den I-40 bei Santa Rosa. Weitere Informationen über die Stadt sind vom Santa Fe Visitor Center (505/984-6760 oder 800/777-2489) erhältlich.

lich des Interstate 40 am Highway 14 bietet das *Sandia Mountain Hostel* (12234 North Highway 14, 505/281-4117) Betten in Schlafsälen und ein fahrradfreundliches Ambiente.

Albuquerque Das ausgedehnte Stadtgebiet von Albuquerque (463300 Einw.) liegt ungefähr in der Mitte des Staates auf beiden Ufern des Rio Grande östlich der Ausläufer des 3000 m hohen Sandia Crest. Die bei weitem größte Stadt in New Mexico ist eine junge, energetische und spritzig multikulturelle Metropole, die neben vielen anderen Sehenswürdigkeiten entlang der Central Avenue im Stadtinneren noch ein großartiges Stück der Route 66 bewahrt hat – acht Meilen Diner, Motels und Leuchtreklamen.

Wer im Sommer in dieser Gegend ist, sollte einem Homegame der Albuquerque Dukes im Stadion Ecke University und Stadium Street zuschauen, das am I-25 südlich der Route 66 liegt. Spielinformationen und Ticketpreise unter 505/243-1791.

Abgesehen von diesem Route-66-Erbe ist die Old Town eines der interessantesten Stadtviertel, das historische Herz von Albuquerque. Es liegt einen Block nördlich der Central Avenue am Westende des Verlaufs der Route durch die Stadt und vermittelt mit der um 1706 erbauten Kirche *San Felipe de Neri* sowie Läden und Restaurants rings um einen baumbestandenen Park einen schnellen Eindruck von New Mexicos spanischer Vergangenheit. An einem Informationskiosk im Park sind Stadtrundgangspläne und andere Informationen erhältlich. Eine weitere Attraktion in der Old Town, die die Route-66-Tradition der Reptilienfarmen und privaten Zoos lebendig erhält, ist das *Rattlesnake Museum* (202 San Felipe Street, tgl. 10–18; 2 $), wo man 50 verschiedene Klapperschlangen von Babygröße bis zu voll ausgewachsenen Diamondbacks sehen kann.

Albuquerque war der Heimatort des großen Reiseschriftstellers und Kriegskorrespondenten Ernie Pyle. In seinem alten Haus (900 Girard Avenue) eine halbe Meile südlich der Central Avenue wurde später die erste öffentliche Bibliothek der Stadt eingerichtet, in der auch seine gesammelten Werke und ein paar persönliche Gegenstände ausgestellt sind.

Einen gänzlich andern Einblick in New Mexicos vielfältige Kultur ermöglicht das *Indian Pueblo Cultural Center* (2401 12th Street, 505/843-7270 oder 800/766-4405, tgl. 917.30; 3 $) einen Block nördlich des I-40 beim Exit 158. Es wird von den 19 verschiedenen Pueblo-Kommunen des Staates betrieben, und sein Highlight ist ein großartiges Museum, das die Geschichte der regionalen Indianerkulturen von der Anasazi-Zeit bis zur Pueblo-Revolte des Jahres 1680 dokumentiert; die Gegenwart wird durch Video-Präsentationen und die Figur eines typischen Touristen dargestellt – komplett mit Kamera und Shorts. In einem kleinen Café kann man indianische Gerichte wie Fry Bread und Navajo-Tacos kosten. An den meisten Wochenenden werden im Innenhof zeremonielle Tänze aufgeführt; der Besuch ist kostenlos.

Die besten Eßmöglichkeiten liegen in der Old Town nur wenige Gehminuten voneinander entfernt. Sehr gute mexikanische Spezialitäten findet man im *La Hacienda* (302 San Felipe Street), dessen Veranda sich auf den Park öffnet; *Garcia's* (1736 West Central Avenue) unter einer auffälligen Neonreklame bietet eine Mischung aus mexikanischer und amerikanischer Diner-Küche. Das exzellente *Route 66 Diner* (1405 East Central Avenue, Mo–Sa 8–24, So bis 22) – untergebracht in einer alten Phillips-66-Tankstelle nahe des Universitäts-Campus – brannte zwar 1995 aus, wurde aber 1996 wiedereröffnet und serviert Burger, Malts und Shakes in Spitzenqualität sowie regionale Raffinessen wie Blue Corn Pancakes. Ein anderes klassisches Route-66-Lokal, *Mac's La Sierra* (6217 West Central Avenue), wartet in seinem dunklen, gemütlichen Speiseraum mit »Steak in the Rough« und anderen Beef-Spezialitäten auf.

Wie fast überall in New Mexico findet man in Albuquerque Unmengen günstiger Unterkünfte; die Dependencen der Kettenmotels liegen im Bereich der Interstate-Ausfahrten. Wer auch nachts die Route-66-Experience sucht, sollte im netten *El Vado* (2500 West Central Avenue, 505/243-4594) absteigen, einem gut instandgehaltenen Motel der Dreißiger zwischen der Old Town und dem Rio Grande. Das beste alte Hotel ist jedoch das *La Posada* (125 Second Street, 505/242-9090 oder 800/777-5732) einen Block abseits der Route 66, eine der ersten Pensionen, die der in New Mexico geborene Hotelmagnat Conrad Hilton erbauen ließ. Die Preise für Doppelzimmer fangen bei 85 $ an. Weitere Informationen sind vom *Albuquerque Visitor Center* (121 Tijeras Road, 505/842-9918) erhältlich.

Acoma Pueblo: Sky City und Enchanted Mesa 50 Meilen westlich von Albuquerque und zwölf Meilen östlich von Grants liegt eine der beeindruckendsten Sehenswürdigkeiten des Südwestens auf einer 108 m hohen Sandsteinmesa: Acoma Pueblo, die »Sky City«. Acoma ist seit dem Jahr 1150 bewohnt und damit eine der ältesten Siedlungen in Nordamerika. Die Blicke hinaus über die Ebenen sind unvergeßlich, vor allem das Panorama der Enchanted Mesa am nordöstlichen Horizont.

Heute leben nur wenige Menschen auf der Mesa, doch viele der Pueblo-Häuser werden von Kunsthandwerkern genutzt, die unten im Tal wohnen, aber hier oben auf dem Plateau ihre Keramik und andere Produkte an die Touristen verkaufen. Um die Himmelsstadt zu besichtigen, muß man am *Visitor Center* anhalten und sich einer der Führungen anschließen (505/252-1139 oder 800/747-0181, tgl. 8–16, im Sommer bis 19; 6 $). Sie beginnen mit einer Busfahrt hinauf auf die Mesa und enden mit einem Besuch in der *San Esteban del Rey Mission*, der größten spanischen Kolonialkirche im Staat. Das Dach der 1629 errichteten Kirche besteht aus Balken, die von frisch getauften Indianern von der Spitze des Mount Taylor über 30 Meilen weit auf dem Rücken herbeigeschleppt wurden.

Acoma Pueblo liegt 30 Meilen südlich des I-40 und ist ab Exit 96 für Reisende Richtung Osten, ab Exit 108 für Reisende nach Westen erreichbar. Zwischen diesen Ausfahrten ist ein weiterer Streckenabschnitt der Route 66 erhalten geblieben, der

In der Gegend um Acoma erzählt der Schauspieler Ricardo Montalban auf 530 AM die Geschichte der Eroberung der Pueblos durch die Spanier und die Geschichte vom Bau der San Esteban-Kirche hoch oben auf der Mesa.

in den Laguna- und Acoma-Indianerreservaten an zerbröckelnden Motels und Tankstellen vorbeiführt.

Grants Abgesehen von den üblichen Motels und rostigen Reklameschildern, die man an der Route 66 schon erwartet, hat die ehemalige Bergbau-Boomtown Grants eine ungewöhnliche Attraktion aufzuweisen: das *New Mexico Museum of Mining* (Mo–Sa 9–18, So 12–18; 2 $) mitten im Ort an der alten Route 66 Ecke Iron Avenue. Die meisten Exponate zeichnen die kurze Geschichte des örtlichen Uranbergbaus nach, der 1950 begann, als der Navajo-Rancher Paddy Martinez einen komischen gelben Stein entdeckte, der sich als hochwertiges Uranerz entpuppte. Die hiesigen Minen produzierten einst die Hälfte des in den USA abgebauten Uranerzes; die Förderung ist aber inzwischen zum Erliegen gekommen. Von der Hauptausstellungsebene kann man per Fahrstuhl zum Highlight des Museums hinabfahren: eine vollständig rekonstruierte Uranmine inklusive einer Kantine mit den dazugehörigen Warnschildern.

Auf halber Strecke zwischen Grants und Gallup überquert der Interstate 40 die 2209 m hohe kontinentale Wasserscheide, wo die »Top O' the World«-Dancehall Reisende von der Route 66 herunterlockte. Von hier aus ist es zwischen Grants und dem Exit 47 möglich, der östlich des Freeways verlaufenden alten Straße 30 Meilen weit zu folgen.

Gegenüber des Mining Museum ist der Betrieb im *Uranium Cafe* (hoffentlich) noch nicht zum Erliegen gekommen; hier wird ganztägig Frühstück und Lunch, freitags und samstags auch Diner serviert. Das atomare Neonschild ist eines der Wahrzeichen entlang der Route 66.

Abstecher: Inscription Rock und El Malpais
Das westliche New Mexico gehört zu den schönsten Gegenden der Welt. Eine der sehenswertesten Rundtouren durch das Gebiet ist der Highway 53 bzw. der Highway 602, die südlich des Interstate 40 zwischen Grants und Gallup im Bogen durch die Zuni- und Navajo-Reservate führen. Die Strecke streift die südlichen Ausläufer der 3000 m hohen Zuni Mountains und folgt den antiken Indianertrails, die auch Coronado bei seiner unglücklichen Expedition des Jahres 1540 benutzte, durch wacholderbewachsene Hügel, über offene Grasprärien und vorbei an der faszinierenden Graffiti-Ansammlung des *El Morro National Monument*. Die 60 m hohen Sandsteinkliffs sind besser als Inscription Rock bekannt, da Reisende hier ihre Namen hinterließen, unter ihnen auch Juan de Oñate, der sich 1605 nach seiner Entdeckung des Golfes von Kalifornien sehr schwungvoll verewigte.

Oben auf dem Plateau liegen die teilweise ausgegrabenen Überreste eines kleinen Anasazi-Pueblos, die ungefähr aus dem Jahr 1200 stammen. Ein zwei Meilen

Die ausgedehnten archäologischen Funde im Chaco Culture National Historical Park sind mindestens ebenso sehenswert wie die Kliff-Häuser von Mesa Verde und lohnen einen Abstecher allemal. Obwohl man eine Stunde weit vom I-40 aus über unbefestigte Straßen fahren muß, stellt der Park doch eines der Wunder der Wüsten des Südwestens dar. Details sind unter 505/786-7014 zu erfahren.

langer Wanderweg zu den Inschriften und den Ruinen nimmt am Visitor Center (505/783-4226, tgl. 8–17, im Sommer bis 19; 4 $ pro Auto) seinen Ausgang, wo eine Ausstellung über die Geschichte des Ortes informiert. Da der Trail eine Stunde vor Sonnenuntergang geschlossen wird, lohnt es sich, rechtzeitig herzukommen und die schöne Landschaft zu genießen. Zwischen den Wacholderbüschen gibt es auch einen einfachen Campingplatz (ohne fließendes Wasser).
Auf dem Weg zum Inscription Rock berührt der Highway 53 den Rand der *El Malpais-Lavafläche* – Tausende Hektar voller pechschwarzer, betonharter und äußerst scharfkantiger Felsen – und überquert dann die kontinentale Wasserscheide, wo ein Rastplatz eingerichtet ist.

Gallup Trotz unübersehbarer Zeichen der Armut und der Depression ist Gallup (19154 Einw.) eine faszinierende Stadt. Gegründet 1881, als die Santa Fe Railroad hier erstmalig durchrumpelte, nennt sich der Ort »Das Tor zum Indianerland«, da es die größte Siedlung in der Nähe der Reservate von Navajo und anderen Stämmen ist. Gallup verfügt auch über einige der größten Trading Posts des Südwestens, wo man tolle Schnäppchen machen kann, sowie einen der besten Neon-Strips an der alten Route 66. Außerdem findet hier jährlich das »Inter Tribal Ceremonial« statt, das vielleicht größte Indianertreffen des Landes, welches jedes Jahr im August im *Red Rock State Park* acht Meilen östlich der Stadt veranstaltet wird; der Höhepunkt ist dann jeweils die Sonntagsparade, zu der sich 30000 Menschen entlang der Route 66 einfinden.
Wer den Charme des alten Highways spüren möchte, für den ist in Gallup das *El Rancho* (100 East Route 66, 505/863-9311) die erste Adresse, ein nettes altes Hotel, das man liebevoll in den Originalzustand der dreißiger Jahre zurückversetzte. Es wurde von einem Bruder des Regisseurs D.W. Griffiths erbaut und wirkt dank seiner zwei Stockwerke hohen Lobby mit großem Kamin wie die Lodge eines Nationalparks. Alle Zimmer im alten Trakt tragen die Namen von Schauspielern, die im Laufe der Zeit hier einmal übernachtet haben – das W. C. Fields-Zimmer, das John-Wayne-Zimmer, das Marx-Brothers-Zimmer (in dem sechs Personen schlafen können), ja sogar das Ronald-Reagan-Zimmer – , und signierte Fotos dieser und anderer Stars schmücken die Flure. Je nach Raum und Jahreszeit kostet eine Übernachtung für zwei Personen zwischen 40 und 65 Dollar. Das El Rancho verfügt auch über ein gutes Restaurant, in dem täglich von sechs bis 22 Uhr regionale Küche serviert wird. Ein kleiner Geschenkeladen bietet Souvenirs und indianisches Kunsthandwerk an; sein Inhaber, Armand Ortega, zählt zu Gallups renommiertesten Händlern.
Weitere Adressen und Informationen sind vom *Gallup Visitors Bureau* (701 Montoya Boulevard, 505/863-3841 oder 800/242-4282) nördlich des I-40 beim Exit 22 erhältlich, wo man aber mit ziemlicher Sicherheit versuchen wird, Zimmersuchende von den vielen Motels an der Route 66 fortzulocken – sie bieten, wie das *Log Cabin Inn* mitten in der Stadt, Zimmer ab 15 $ pro Nacht oder 85 $ die Woche an. Viele davon schauen unheimlich aus, doch man findet in Gallup auch die üblichen Kettenmotels mit zusammen fast 2000 Zimmern.

DURCH ARIZONA

Selbst wer kein hartnäckiger Fan der Route 66 ist – eine Reise entlang des alten Highways durch Arizona wird die Begeisterung für die klassische Straße wecken. Der schnelle Interstate 40 bietet leichten Zugang zu einigen der am besten erhaltenen Abschnitte dieser Transkontinentalstraße.

Die Route 66 beginnt in Arizona in fast menschenleerer Wüste, führt an verfallenden Orten vorüber und durchquert den Petrified Forest National Park. Bis Flagstaff ist die alte Trasse unter dem Interstate begraben, der zum bewaldeten (und oft verschneiten) Kaibab Plateau hinaufsteigt und – in der Mitte des Staates – einen Blick auf den mächtigen Grand Canyon gewährt.

Entlang der zwei ältesten noch befahrbaren Abschnitte der Route 66 führt die Strecke durch bemerkenswerte historische Highwayorte, erreicht dann die trockene Mojave-Wüste und verläßt schließlich am Colorado River diesen Staat. Überbleibsel früherer Attraktionen am Straßenrand finden sich allenthalben, und manche von ihnen – Trading Posts, Menagerien voller wilder Tiere und Motelanlagen aus imitierten Tipis – sind teilweise noch hervorragend erhalten.

Painted Desert und Petrified Forest National Park Gleich jenseits der Grenze begrüßt Arizona seine nach Westen reisenden Gäste mit einer überwältigenden Zurschaustellung aufdringlicher Trading Posts – riesige Beton-Tipis stehen am Fuße leuchtendroter Felsmesas; die Namen der Souvenirläden reichen von »F Troop« bis zu »Dance With Wolves«, und die Geschäfte bieten den Reisenden eher fragwürdige Andenken an.

Die 60-Meilen-Strecke am östlichen Rand Arizonas ist kaum mehr als eine Rennbahn, da jegliche Überreste des alten Highways unter dem vierspurigen Freeway verloren gegangen sind. Ein Ort, der einen Stopp lohnt, ist der *Petrified Forest National Park*. Das polierte versteinerte Holz, das im *Visitor Center* ausgestellt wird, schaut wundervoll aus, aber das jahrmillionenalte Material draußen im rohen Urzustand zu sehen, ist bei weitem nicht so faszinierend. Doch ist die Geschichte der chemisch-geologischen Umwandlung interessant: vor etwa 225 Millionen Jahren wurde ein Wald durch Vulkanasche verschüttet, und langsam eindringende Silikate verwandelten die Holzfasern in steinharte Mineralien. Außerhalb des Visitor Centers sind fast 38000 Hektar mit dem Zeugs bedeckt.

Die Hubbell Trading Post National Historic Site 38 Meilen nördlich des I-40-Exit 333 und eine Meile westlich des Ortes Ganado ist ein Laden der Frontier-Zeit, der im Zustand der 1870er erhalten ist, als der Händler John Hubbell die schönen Teppiche zu kaufen begann, die von Navajo-Webern der Umgebung hergestellt wurden.

Während der Park außer dem versteinerten Holz noch eine breite Palette an prähistorischen Fossilien und Felszeichnungen früher Indianer enthält, ist das Painted Desert Inn ein interessanterer Anblick, das während der zwanziger und dreißiger Jahre ein Wahrzeichen der Route 66 war und nach Übernahme durch den National Park Service in den Sechzigern zu einem Museum mit Buchhandlung umgewandelt wurde. Hier gibt es keinen touristischen Service, doch beim *Visitor Center* befinden sich eine Tankstelle und ein Restaurant, und die Ausblicke auf die Wüste sind – vor allem bei Sonnenauf- bzw. -untergang – etwas, worauf zu warten sich lohnt.

Holbrook Holbrook (4686 Einw.) hält noch immer eine konzentrierte Dosis des alten Route-66-Charakters bereit und ist auf jeden Fall einen schnellen Abstecher vom Interstate 40 wert. Stärker als andere Orte am alten Highway im östlichen Arizona wirkt Holbrook noch wie eine reale menschliche Siedlung, da es hier lebendige Cafés und ein paar ansprechende Attraktionen gibt. Auf jeden Fall sollte man in *Joe and Aggie's Cafe* in der Ortsmitte anhalten und die Dinosauriersammlung vor dem *Rainbow Rock Shop* einen Block entfernt am Navajo Boulevard bei den Eisenbahngleisen anschauen. Doch am besten von allem ist eine Übernachtung im unglaublichen *Wigwam Village* (811 West Hopi Drive, 520/524-3048) am Westrand des Ortes, wo man in einem Indianerzelt aus Beton schlafen kann. Eines von ursprünglich zwölf solcher Motels, öffnete dieses 1950 seine Pforten und wurde 1988 vollständig modernisiert. Die eigenartigen »Zimmer« kosten 35 $ pro Nacht, weshalb man hier wenigstens einmal in seinem Leben übernachten sollte.

Winslow und Holbrook sind die der Navajo Indian Reservation nächstgelegenen Orte; von hier aus sendet die Radiostation KTNN 660 AM eine faszinierende Mischung aus Navajo-Gesängen und Jimi-Hendrix-Stücken. Es ist der einzige Sender, der alle Football-Spiele der Dallas Cowboys überträgt – in der Sprache der Navajo.

Ein anderer lohnender Stopp ist das *Navajo County Museum* (Mo–Fr 8–17, im Sommer auch Sa; gratis) im alten Navajo County Courthouse vier Blocks südlich des I-40 Ecke Navajo Boulevard und Arizona Street. Zu den breit gefächerten Kollektionen gehört auch das alte *Kreisgefängnis,* das von 1899 bis 1976 in Benutzung war. Das Museum liegt direkt neben dem *Holbrook Chamber of Commerce* (520/524-6558), wo es Pläne für Spaziergänge durch den Ort und Rundfahrten durch die nähere Umgebung sowie weiterführende Informationen über Holbrook gibt.

Winslow Winslow, Arizona, schaffte es einst nicht bis in Bobby Troups originalen Route-66-Song, doch der Ort hat es eine Generation später im Eagles-Stück »Take it Easy« mehr als wettgemacht, das mit der Zeile »Standin' on a Corner in Winslow, Arizona« beginnt – einer Zeile, die mehr als alles andere für Durchreisende ein Grund war, vom Freeway abzubiegen und die sagenhafte Stätte zu suchen. Doch man wird in Winslow nicht viel finden. Kettenmotels und Fastfood-Restaurants liegen an beiden Enden des Ortes nahe der Interstate-Ausfahrten, und dazwischen sind eine Reihe von Cafés und billigen Motels die einzigen Lebenszeichen entlang der alten Route 66, die

Am Westende von Joseph City direkt beim Exit 274 des I-40 kann man am Jackrabbit Trading Post anhalten, dessen Schilder man wahrscheinlich schon seit vielen Meilen gesehen hat, und ein Foto von dem riesigen Jackrabbit machen, der hier seit 1949 steht.

Richtung Osten durch die Second Street, Richtung Westen durch die Third Street führte.

Zwischen dem I-40 und der Route 66 liegt das witzige *Old Trails Museum* (212 Kinsley Street, 520/289-5861; variierende Öffnungszeiten), das verschiedene »Standin' on the Corner«-T-Shirts verkauft und ein paar Erinnerungen an die Spitzentage Winslows zeigt. Ein Stück die Straße hinab an der Kreuzung Second und Kingsley Street behauptet ein kleines Schild, dies sei die von den Eagles besungene Ecke. 1994 stiftete Don Henley, der Songschreiber der Gruppe, 2500 Dollar, um den Ort in ein angemessenes Denkmal zu verwandeln.

Meteor Crater Drei Meilen östlich von Two Guns liegt das nach dem Grand Canyon zweitgrößte Loch in Arizonas Boden sechs Meilen südlich der I-40-Ausfahrt 233. Der 164 m tiefe Krater mißt fast eine Meile im Durchmesser; er ist eine in Privatbesitz befindliche Touristenattraktion und bietet sowohl eine »Astronauts Hall of Fame« als auch die Chance, einen Blick in die riesige Vertiefung zu werfen, auch wenn man nicht hineinklettern darf.

Meteor Crater ist täglich von acht bis 17 Uhr und im Sommer sogar noch länger geöffnet; der Eintritt beträgt 7 Dollar.

Don't Forget: Winona Bis Flagstaff kann es ein frustrierendes Unternehmen sein, der Route 66 zu folgen, da große Teile der Straße gesperrt sind oder aufgerissen wurden. Im Unterschied zu den langen erhaltenen Abschnitten im Westteil dieses Staates existiert der klassische Highway hier nur noch in Form kurzer Segmente innerhalb der Orte, und die meiste Zeit ist man gezwungen, den Freeway zu benutzen und von Exit zu Exit zu springen. Unter den Orten, die man vielleicht doch anschauen sollte, ist jener, der auch im Highway-Song erwähnt wird: »Flagstaff, Arizona, don't forget Winona«, im Lied aber nur den Reim hergibt und heute kaum mehr als ein Name auf dem Schild des I-40-Exit 211 ist.

Ehe die Strecke vor Winona aus der heißen roten Wüste in kühlere Pinienwälder hin-

aufführt, kann man noch die Überbleibsel zweier früherer Touristenfallen an der alten Route 66 erkunden.

Gleich südlich des Exit 230 finden sich die Mauerreste von einem Halbdutzend ausgeblichener Gebäude, die einst den *Two Guns Trading Post* bildeten. Als Roadside-Attraktion ersten Ranges hatte das Two Guns einst einen Zoo voller Roadrunner, Gila Monster und Coyoten, und an einem der Gebäude kann man auf einem Schild noch immer »Mountain Lions« lesen – alles zur Unterhaltung der Durchreisenden. Verschiedenen Gerüchten zufolge stand Two Guns in den vergangenen Jahren kurz vor einer Wiedereröffnung, doch meistens ist die Straße gesperrt, und eine Tafel verkündet »No Trespassing by Order of Two Guns Sheriff Department«. Und das mag keine schlechte Idee sein, da die alten Gemäuer einsturzgefährdet sind. Trotzdem stellen sie einen interessanten Anblick dar und sind bei richtigem Licht sehr fotogen.

Kurz hinter dem Exit 230 kreuzt der Freeway den Diablo Canyon, wo die alte Route 66 noch immer das ausgetrocknete Flußbett überquert. Die zweite Sehenswürdigkeit entlang der Strecke ist das elf Meilen weiter westlich gelegene *Twin Arrows*, wo die namensgebenden roten Pfeile zu einem kleinen, aber lebendigen Café weisen, das beim Exit 219 direkt am Interstate liegt.

Walnut Canyon National Monument Die am leichtesten zugängliche von Hunderten verschiedener prähistorischer Siedlungen im Südwesten der USA, das *Walnut Canyon National Monument* (520/526-3367, tgl. 8–16, im Sommer 7–17; 4 $) ist zugleich einer der hübschesten Orte, die man sich vorstellen kann: Pinien und Wacholder wachsen an den Wänden der Schlucht, und Walnußbäume wurzeln in ihrem Boden.

Am Rand des Canyons erläutert ein kleines *Visitor Center* den historischen Hintergrund, doch der wirklich interessante Teil

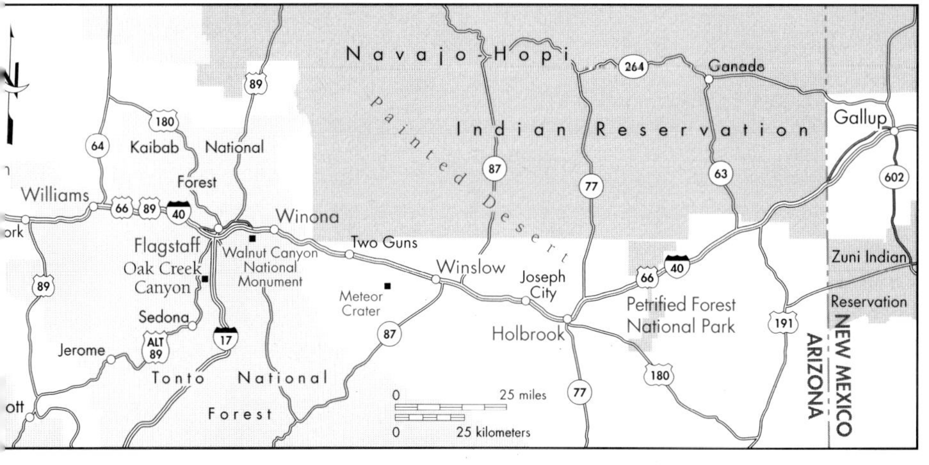

liegt jenseits, an einem kurzen, aber sehr steilen Pfad, der sich durch vorgeschichtliche Wohnbereiche windet, die 120 m oberhalb der Talsohle in Überhänge und Felsschichten hineingebaut wurden.
Der Eingang zum Monument, in dem 300 verschiedene identifizierte archäologische Stätten liegen, befindet sich sieben Meilen östlich von Flagstaff und ist ab Exit 204 des Interstate 40 zu erreichen.

Flagstaff Flagstaff (45857 Einw.) hoch oben auf dem Coconino Plateau ist eine alte Eisenbahn- und Holzwirtschaftssiedlung, die dank der Studenten der Northern Arizona University und der Skifanatiker und Mountain-Bike-Fans, die von der umliegenden Hochgebirgslandschaft angezogen werden, zu neuem Leben erwachte und heute eine angenehme, energiegeladene Stadt darstellt. Aufgrund der Naturschönheit des bewaldeten Umlandes hat der Niedergang der alten Route 66 Flagstaff nicht sehr in Mitleidenschaft gezogen. Doch ist die Stadt auf ihre Vergangenheit stolz, was vor allem im *Museum Club* (3404 East Route 66, 520/526-9434) deutlich wird, einem alten Roadhouse, das als Country & Western-Club und improvisiertes Nostalgie-Museum wiederbelebt wurde. Es gibt ferner Dutzende antiker Neonreklamen entlang des alten Highways durch die Stadt – besonders sehenswert sind das *Western Hills Motel* und das *Grand Canyon Cafe* in der Innenstadt sowie das *Flamingo Motel* fünf Blocks westlich davon.

Flagstaff wäre um ein Haar ein frühes Filmzentrum geworden, als der junge Cecil B. DeMille hier auf der Suche nach einer Szenerie für den ersten langen Spielfilm der Welt anhielt, einen Western mit dem Titel »The Squaw Man«. Da es an jenem Tag in Flagstaff schneite, fuhr er weiter nach Los Angeles.

Flagstaff hat daneben ein paar Attraktionen aufzuweisen, die nicht mit der Route 66 in Verbindung stehen. Die wichtigste davon ist das *Lowell Observatory* auf einem Hügel am Westende der Stadt, das über die Santa Fe Avenue (alte Route 66) erreichbar ist: 1894 von Percival Lowell eingerichtet, ist diese Forschungsstätte vor allem dafür bekannt, daß 1930 von hier aus der Planet Pluto entdeckt wurde. Im *Visitor Center* (im Sommer tgl. 9–17, sonst kürzere Öffnungszeiten; 3 $) wird die Wissenschaft hinter den zu beobachtenden Vorgängen – etwa Spektroskopie, Rotverschiebung und expandierendes Universum – erläutert, und das alte Teleskop mit einem 24-Zentimeter-Spiegel ist im Sommer fast jeden Abend von 20 bis 22 Uhr zu benutzen. Detailliertere Informationen sind vom Observatorium direkt unter 520/774-2096 zu erhalten. Die andere Attraktion, das *Museum of Northern Arizona* (tgl. 9–17; 4 $), liegt am Rand einer pinienbewachsenen Schlucht drei Meilen nordwestlich der Innenstadt am US-180, der Hauptstrecke zum Grand Canyon. Detailreiche Ausstellungen machen mit den vielfältigen Indianerkulturen des nördlichen Arizona von den prähistorischen Anasazi bis zu den zeit-

Flagstaffs San Francisco Street heißt nicht nach der Stadt in Kalifornien, sondern nach nahegelegenen vulkanischen Bergspitzen, die von frühen spanischen Missionaren so benannt wurden und noch heute von den Hopi als Heiligtum verehrt werden.

Songs der Route 66

Get your Kicks on Route 66

If you ever plan to motor west,
Travel my way, that's the highway that's the best,
Get your kicks on Route 66.

It winds from Chicago to L.A.,
More than 2.000 miles all the way
Get your kicks on Route 66.

Now you go through St. Looey, Joplin, Missouri
And Oklahoma City is mighty pretty.
You'll see Amarillo, Gallup, New Mexico,
Flagstaff, Arizona, don't forget Winona,
Kingman, Barstow, San Bernardino.

Won't you get hip to this timely tip:
When you make that California trip
Get your kicks on Route 66
Get your kicks on Route 66.

Bobby Troup

»Get your kicks on Route 66«, einer der populärsten Songs, die jemals komponiert wurden, ist eine treibende Kraft hinter der internationalen Bekanntheit des alten Highways. Niedergeschrieben wurde das Lied vom Jazzmusiker Bobby Troup, während er 1946 nach Westen fuhr, um in Los Angeles Ruhm und Erfolg zu suchen. Troup spricht stets seiner Frau Cynthia, die ihn begleitete, das Verdienst für das Halbdutzend Wörter zu, die den Refrain bilden. Der Rest des Textes besteht schlicht aus Ortsnamen, die sich reimen, doch trotz der spürbaren Einfachkeit gefiel das Stück Nat King Cole, der es zu einem Hit machte und die ungewöhnliche Aussprache »Ruut« anstatt des eigentlich üblichen »Raut« etablierte, woran sich spätere Interpreten von Bob Willis bis zu den Rolling Stones hielten.

Es gibt eine jazzige Version des Stückes von Bobby Troup plus eine Reihe lebhafter Songs mit Route-66-Bezug sowie ein pessimistisches »What's Left of 66« des reisenden Troubadours Jason Ecklund, die 1995 auf einer Kassette bzw. CD The Songs of the Route 66 – Music from the All American Highway zusammengestellt wurden. Sie ist erhältlich in den meisten Souvenirläden entlang der Strecke oder von Lazy SOB Records, P.O. Box 49884, Austin, TX 78765.

genössischen Hopi, Navajo und Zuni bekannt.

Downtown Flagstaff hat mehr als genug Espresso-Bars aufzuweisen, wohl ein Dutzend innerhalb eines zwei Block messenden Radius rings um den Bahnhof, um seine zahlreichen mehrfach gepiercten Twenty-Something-Einwohner zu befriedigen. Es gibt auch ethnische Restaurants mit Schwerpunkt auf griechischer, thailändischer, deutscher oder indischer Küche, weshalb man leicht ein passendes Lokal finden dürfte. In Sachen Frühstück und Lunch ist das gemütliche Café *Kathie's* (7 North San Francisco Street) kaum zu schlagen.

In seinem 1945 erschienenen Führer zur Route 66 schrieb Jack Rittenhouse: »Das ganze Jahr hindurch kann man auf den Straßen von Flagstaff Cowboys und Indianer in ihrer pittoresken Kleidung sehen.«

Auch Unterkünfte gibt es reichlich, und man kann das Motel mit dem ansprechendsten Schild auswählen oder sich in eine frühere Ära versetzen und im edlen alten *Hotel Monte Vista* (100 North San Francisco Street, 520/779-6971 oder 800/545-3068) nächtigen. Für Gary Cooper war es einst gut genug und wurde in den Glanz der wilden Zwanziger zurückversetzt.

Weitere Adressen und zusätzliche Informationen sind über das *Visitor Center* (101 West Route 66, 520/774-9541 oder 800/842-7293) unmittelbar in der Innenstadt zu bekommen.

Williams Williams (2532 Einw.), der letzte Ort an der Route 66, wo der alte Highway durch den Freeway ersetzt wurde, hat bis zum bitteren Ende ausgehalten und Gerichtsverfahren nach Gerichtsverfahren durchgestanden, ehe er am 13. Oktober 1984 aufgab. Trotz der langjährigen Opposition fügte Williams sich würdevoll dem Schicksal und hielt eine Totenfeier für die alte Straße ab, deren Höhepunkt eine Performance auf der neuen Autobahnbrücke mit niemand geringerem als Mr. Route 66 persönlich war, Bobby »Get Your Kicks« Troup.

Heute ist Williams primär eine Ausgangsbasis für Abstecher zum Grand Canyon, aber auch sein Route-66-Erbe wird intensiv touristisch genutzt. In der Innenstadt gibt es altmodische Straßenlaternen, und jeder zweite Laden bietet »authentische« Route-66-Souvenirs an. Trotzdem hat der Ort seinen Charme – vor allem außerhalb der Saison, wenn der Strom von Grand-Canyon-Reisenden abflaut.

Abgesehen von den Verbindungen zur Route 66 ist die *historische Grand Canyon Railway* der Stolz und die Freude von Williams. Sie tutet und dampft von März bis Dezember jeden Morgen zum Canyon hinauf; pro Fahrt benötigt sie zwei Stunden, und man hat die Gelegenheit zu einem dreistündigen Aufenthalt. Die komplette Tour kostet 50 Dollar. Informationen zu den Abfahrtszeiten sind im historischen Bahnhof, einem 1990 restaurierten ehemaligen Harvey House-Hotel, oder unter 800/842-8724 erhältlich.

Wie jedes gute Reiseziel an einem alten Highway hat Williams mindestens ein angemessenes Frühstückslokal aufzuweisen, *Old Smokey's Pancake House* (624 West Bill Williams Avenue) am Westende des Ortes. Nicht weit entfernt liegt ein weiteres klassisches Route-66-Restaurant, *Rod's Steak House* (301 East Bill Williams Avenue), das

seit 1946 Durchreisende verköstigt.

Als Unterkunft eignet sich jedes Motel des Ortes gleichermaßen, sei es das *Westerner Motel* (530 West Bill Williams Avenue, 520/635-4312 oder 800/385-9313) oder das in britischer Regie betriebene *Norris Motel* (520/635-2202) am Westende von Williams, wo saubere Zimmer ab 30 Dollar, im Sommer ab 55 Dollar pro Nacht erhältlich sind.

Das *Chamber of Commerce* (200 West Railroad Avenue, 520/635-4061) hilft gern mit zusätzlichen Informationen weiter.

Abstecher: Grand Canyon National Park

Vom Ostende von Williams aus führt der Highway 64 60 Meilen weit stur geradeaus nach Norden zu einem der großen Naturwunder dieser Erde, dem Grand Canyon des Colorado River. Die über 200 Meilen lange, eine Meile tiefe und zwischen fünf und 15 Meilen breite Schlucht entzieht sich jeder Beschreibung, und wer irgendwo in der Nähe ist, ist es sich schuldig, den Canyon anzuschauen. An dieser Stelle können nur Hinweise auf die Attraktionen und möglichen Aktivitäten gegeben werden, doch am besten ist, man wandert in die Schlucht hinein, um eine Ahnung von ihrer tatsächlichen Größe zu bekommen.

Die meisten Informationen, die man für einen lohnenden Besuch haben muß, sind in der Broschüre enthalten, die bei Entrichtung der 10 Dollar Eintrittsgebühr pro Wagen ausgegeben wird; sie ist ansonsten auch im sehr guten *Visitor Center* (520/638-7888, tgl. 8-17) zu bekommen. Hier sind auch weitere Auskünfte zu den vielen Wanderwegen, der Geologie des Canyons, den Eselsritten zum Grund der Schlucht und über die wundervolle *Phantom Ranch* erhältlich, einen rustikalen Komplex von Hütten und

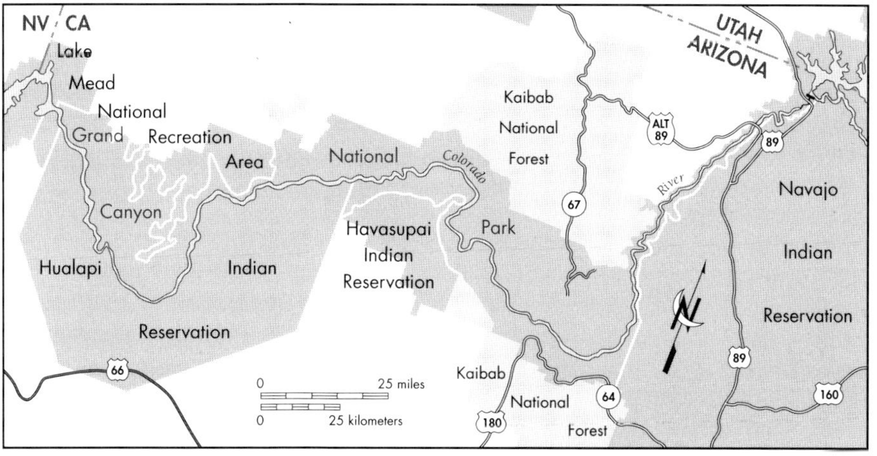

Schlafsälen auf halbem Weg zum Boden des Canyons.

Reservierungen für Nachtquartiere – das ganze Jahr hindurch eine gute Idee, und in der Hauptsaison unverzichtbar – können über die AMFAC Corporation (302/297-2757) vorgenommen werden. Die charaktervollste Unterkunft mit dem besten Preis-Leistungs-Verhältnis ist die *Bright Angel Lodge* mit Blick über den Canyon; es gibt außerdem viele andere Motels und das protzige *El Tovar Hotel*, wo die Übernachtungspreise bei 200 Dollar anfangen. Falls hier alles ausgebucht ist, sind weitere Unterkünfte am Südrand des Parks in Tusayan zu finden, darunter ein *Best Western* und ein *Quality Inn*.

Seligman Das verschlafene kleine Seligman (510 Einw., »SLIG-man« ausgesprochen) ist der perfekte Ort für eine Pause, ehe man sich wieder in den Autostrom des Interstate stürzt oder einen Umweg über die alte Route 66 nach Norden macht. Hier ist noch viel vom historischen Charakter lebendig – überdachte Gehsteige und ein paar Geländer zum Anbinden der Pferde; der wichtigste Grund für einen Stopp aber sind die Brüder Angel und Juan Delgadillo, Anführer der lokalen Bemühungen zum Erhalt der Route 66. Angel ist der Friseur des Ortes, und sein Laden ist eine Pilgerziel für Freunde alter Highways. Juan, der Kasper von den beiden, betreibt das skurrile *Snow Cap Drive-In* einen Block östlich. Die Burger, Pommes Frites und Shakes sind sehr gut, aber Juans Humor ist mehr als merkwürdig: es gibt Türen, die sich nicht öffnen lassen, ein Schild mit der Aufschrift »Sorry, We're Open«, und auf der Speisekarte finden sich »Hamburger ohne Ham«. Bei Regen, Schnee oder Sonnenschein steht hinter dem Restaurant ein alter Chevy ohne Dach, der mit künstlichen Blumen und einem Plastik-Weihnachtsbaum dekoriert ist. Fragen Sie Juan einmal selbst, was das soll.

Zwischen Ash Fork und Seligman verläuft ein schönes Stück der Route 66 eben nördlich des I-40.

Außer den Delgadillo-Brüdern gibt es in Seligman ein sehr gutes Café, das *Copper Cart* im Zentrum des Ortes, einen alten Bahnhof, der einst zugleich als *Harvey House-Hotel* und Restaurant diente, sowie ein Halbdutzend Motels, darunter das *Historic Route 66* (500 West Route 66, 520/422-3204), und den *Black Cat Saloon*, wo der Schauspieler Nicholas Cage hin und wieder ein Gläschen trank.

Zwischen Flagstaff und Ash Fork führt der US-89 bzw. US-89A auf einem langen, aber sehr sehenswerten Umweg zum wundervollen Oak Creek Canyon und via Sedona, Jerome und Prescott zurück zum I-40.

Old Route 66: Das Hualapai-Reservat, Valentine und Hackberry Der vielleicht eindrucksvollste Abschnitt der Route 66 verläuft nordöstlich von Kingman durch die hochgelegene Wüste des Hualapai Valley entlang der Gleise der Santa Fe Railroad und berührt fast aufgegebene Orte, die von der »modernen« Interstate-Welt abgeschnitten wurden. Auf der ersten Hälfte dieser 90-Meilen-Strecke gibt es kaum etwas Besonderes zu sehen, und auch der kleine Ort Peach Springs – das Zentrum der 700-köpfigen Hualapai Indian Reservation

Zwischen Peach Springs und den Caverns zweigt der Highway 18 zur 65 Meilen nordöstlich gelegenen Hualapai Indian Reservation ab, auf deren Gebiet sich eine der schönsten und wildesten Ecken des Grand Canyon befindet. Nähere Informationen: Hualapai Lodge (520/448-2111)

(»WALL-ah-pie« ausgesprochen) – ist kaum einen Stopp wert, da es hier keinen Service und fast nur vorgefertigte, durch das Bureau-of-Indian Affairs finanzierte Häuser gibt. Eine schöne alte Tankstelle ist außer Betrieb und befindet sich schon seit Jahren am Rand des Verfalls.

Eine Meile westlich der Reservatsgrenze liegt der kleine Ort Truxton, wo das *Frontier Cafe* am Südrand der Straße ein verläßlich gutes Eßlokal in dieser dünnbesiedelten Gegend ist – werktags von sieben bis 19 und wochenends von neun bis 17 Uhr gibt es hier erstklassigen Kuchen und nette Gespräche. In *Grandma's Bar* auf der anderen Straßenseite kann man ebenfalls einen Blick in den Alltag dieser Region tun. Zehn Meilen westlich bei Valentine durchquert der Highway noch einmal ein kleines Stück des Hualapai-Reservates und führt dann in das alte Eisenbahnstädtchen Hackberry.

Hauptattraktion des Ortes ist das sich ständig weiterentwickelnde *International Bioregional Old Route 66 Visitor Center and Preservation Foundation* – eine unglaubliche Einrichtung des bekannten Route-66-Künstlers Bob Waldmire, die mehrere Zwecke erfüllt: ein neun Hektar großes Gelände zeigt alles Mögliche von einem Kaktusgarten bis zu einem Solarofen, während im Hauptgebäude – das 1934 als

Hackberry General Store erbaut wurde – ein Museum, ein Geschenkeladen und eine Bibliothek mit Büchern über die Route 66 und sämtlichen Werken von Thomas Paine, Thomas Jefferson und anderen Freidenkern untergebracht sind. Für die Zukunft ist geplant, eine Herberge und ein B&B aufzubauen, doch auch jetzt kann man auf ein warmes Willkommen und eine heiße Tasse Kaffee rechnen, wenn Bob anwesend ist. Weitere Informationen sind unter P.O. Box 46, Hackberry, AZ 86411 (520/769-2605) zu bekommen.

Nachdem sie die Peacock Mountains umgangen hat, führt die inzwischen als Highway 66 bezeichnete alte Route auf dem letzten 20-Meilen-Stück schnurgeradeaus nach Kingman.

Grand Canyon Caverns Ein Dutzend Meilen östlich von Peach Springs und 26 Meilen vom I-40 entfernt markiert ein großes grünes Schild den Eingang zu den Grand Canyon Caverns (520/422-3223, tgl. 10–17, im Sommer 8–18; 7.50 $), die irgendwie den Umstand überlebt haben, daß der Freeway sie links liegen gelassen hat. Die Höhlen wurden in den späten Zwanzigern entdeckt und für Besucher zugänglich gemacht, bildeten lange Jahre eine der Hauptattraktionen in Arizona und wirken noch immer wie aus einer älteren Zeit hierher versetzt.

Eine Besichtigung fängt im Souvenirshop an, wo man ein Ticket kauft und dann mit einem Lift in die 100 m tiefen Untergrundkammern hinabfährt. Die Tour, die auch durch die 672 m² große Chapel of the Ages führt, dauert 45 Minuten. Es gibt auch ein Motel (Doppelzimmer im Winter 22 $, im Sommer 45 $) sowie ein Restaurant.

Hualapai Mountain Park Um der Sommerhitze zu entfliehen, fahren die Bewohner von Kingman auf einer gut ausgeschilderten Straße 14 Meilen nach Süden zum Hualapai Mountain Park, wo Kiefern und Fichten die Hänge des 2565 m hohen Hualapai Peak bedecken. Wanderwege durchziehen die Wildnis, es gibt einen Campingplatz (5 $) und ein paar rustikale Cabins (25 $), die während des New Deal der dreißiger Jahre gebaut wurden. Die Ranger Station (602/757-3859) nahe des Parkeingangs hält detaillierte Informationen bereit und nimmt Reservierungen entgegen.

Kingman Seit ihrer Gründung als Eisenbahnzentrum im Jahr 1880 ist Kingman (12 750 Einw.) die einzige Stadt im weiteren Umkreis geblieben und war wirtschaftlich stets auf Durchreisende angewiesen. Sie stellte lange Zeit einen Hauptstopp an der Route 66 dar und ist der einzige Ort zwischen Flagstaff und Needles, wo 24-Stunden-Service geboten wird. Obwohl immer mehr Menschen wegen der weiten Landschaft, der sauberen Luft und den niedrigen Lebenshaltungskosten hierher ziehen, ist Kingman weniger ein Reiseziel als eine praktische Wegestation.

Alles, was jemals in und um Kingman passiert ist, wird bis zu einem gewissen Grad im *Mojave Museum* (400 West Beale Street, Mo–Fr 10–17, Sa/So 13–17; 1 $) direkt am US-93 einen Block südlich des I-40 dokumentiert. Außer den üblichen Displays zur Regionalgeschichte gibt es eine umfangreiche Abteilung, die der Kultur und dem Kunsthandwerk der örtlichen Hualapai gewidmet ist und Proben der in der Umgebung gefundenen Türkise zeigt. Ferner wird

Die Route 66 durch Kingman wurde zur Erinnerung an den großen Sohn der Stadt, Andy Devine, umbenannt, der – 1905 in Flagstaff geboren – hier im Ort aufwuchs, wo seine Eltern das Beale Hotel betrieben. Devine war mit seiner rauhen Stimme einer der bekanntesten Charakterdarsteller in Hollywoods klassischer Ära; meist mimte er den treuen Kameraden und spielte vor allem in den späteren Roy Rogers-Filmen mit. Devines bekannteste Rolle war die des Wagenlenkers in John Fords klassischem Western »Stagecoach« von 1939. Er blieb bis zu seinem Tod im Jahr 1977 als Kino- und Fernsehdarsteller aktiv.

das Leben des aus Kingman stammenden Andy Devine beschrieben, und man kann ein Foto von Clark Gable und Carole Lombard bewundern, die aus Hollywood flohen, um sich in Kingmans methodistischer Kirche trauen zu lassen.

Eine ganze Reihe von alten Route-66-Cafés und -Motels sind entlang der alten Strecke, die heute im Ortsgebiet Andy Devine Avenue heißt, noch in Betrieb. Zu den vielen Speiselokalen gehören auch das sehr gute *Mr. D's Route 66 Diner* mitten im Ort, das dank seiner Batterie von Neon-Reklamen nicht zu übersehen ist, und das *House of Chan* (960 West Beale Street) am US-93 einen Block nördlich des Freeways, in dem es ein breites Angebot amerikanischer und kantonesischer Gerichte gibt. Außer den üblichen Kettenmotels – zwei nette *Best Westerns*, zwei *Days Inns*, ein *Holiday Inn* und eine *TraveLodge* – zählt zur Palette der Unterkünfte das angenehme *Hill Top Motel* (1901 East Andy Devine Avenue, 520/753-2198), das kürzlich bekannt wurde, weil hier Timothy McVeigh eine Woche lang wohnte, ehe er das Gebäude der Bundesregierung in Oklahoma City in die Luft sprengte.

Weiterführende Informationen und eine sehr gute Route-66-Broschüre sind vom Kingman Visitor Center (333 West Andy Devine Avenue, 520/753-6106) zu bekommen.

»Radio Crazy« KRCY 105.9 FM spielt die Hits der sechziger Jahre.

In Kingman kreuzen sich die Route 66 und der US-93, der nördlich nach Las Vegas und südlich Richtung Phoenix und weiter zur mexikanischen Grenze führt und in Road Trip USA Band 2 näher beschrieben wird.

Old Route 66: Oatman Einer der anstrengendsten und einsamsten, aber auch wirklich lohnenden Abschnitte des alten Highways führt von Kingman über Oatman bis zur Staatsgrenze nach Kalifornien. Die Strecke durchquert erst eine Wüstenregion, die dem Wort »rauh« neue Bedeutung gibt, und führt dann am Colorado River entlang, doch auf den 50 Meilen entdeckt man rechts und links der Straße kaum ein Lebenszeichen. Wer den Freeway verlassen will, sollte sicher sein, daß das Auto auch für Wüstenfahrten geeignet ist.

Wer nach Westen fährt, braucht nur den Schildern »Historic Route 66« ab Kingman/Interstate-Exit 44 zu folgen; Rei-

In Yucca, Arizona, gleich südlich des I-40-Exits 26 und 18 Meilen westlich von Kingman unterhält die Ford Motor Company eine Automobil-Teststrecke, wo sie ihre Wagen unzählige Stunden lang in größter Sommerhitze auf einem ovalen Kurs herumfahren läßt.

sende Richtung Osten biegen hinter der kalifornischen Staatsgrenze beim Park Moabi Exit auf den Highway 95 ab und nehmen dann den Highway 66 nach Norden. Von wo auch immer man kommt, die steilen Hügel rings um Oatman (822 m hoch) können nicht umgangen werden. Der Ort ist eine merkwürdige Mischung aus Ghost Town und Touristenfalle und zählt zu den besten Stopps entlang des klassischen Highways.

Der Flußübergang über den Colorado River auf Höhe der Grenze zwischen Arizona und Kalifornien war der Ort, an dem illegale, aber sehr effektive Straßenblockaden errichtet wurden, an denen bürgerwehrähnliche Banden während des Exodus aus der Dust Bowl die heranziehenden Okies zurückwiesen, wenn sie nicht genügend Geld mit sich führten.

Schon seit 1952 führt der Freeway an dieser einstigen Goldgräbersiedlung vorbei, deren gute Tage auch damals bereits längst vorüber waren. Oatman sieht aus wie die Kulisse eines Wildwest-Films, doch alles ist echt – überdachte Boardwalks, bärtige Männer (und ein paar Esel), die durch die Straßen wandern, viel Rost und zusammensackende alte Gebäude. Zwischen 1904 und ihrem Versiegen in den Mittdreißigern haben die hiesigen Minen über zwei Millionen Unzen Gold hervorgebracht; zu seinen Spitzenzeiten hatte Oatman mehr als 10 000 Einwohner, 20 Saloons und ein Halbdutzend Hotels an der drei Blocks langen Main Street. In einem davon, dem alten *Oatman Hotel* (520/768-4408), verbrachten Clark Gable und Carole Lombard 1939 die erste Nacht nach ihrer Trauung in Kingman. Hier kann man die sehr empfehlenswerten Navajo-Tacos probieren, in der Bar ein Bier trinken, durch eine Plexiglastür die »Honeymoon Suite« bewundern oder für 35 Dollar in einem der anderen Zimmer übernachten – der Preis ist seit einem halben Jahrhundert gleich geblieben.

Bei der Überquerung des Colorado River sieht man stromabwärts vom Interstate 40 die silberfarbige Brücke, auf der bis 1966 die Route 66 den Fluß überwand. Heute trägt sie eine Erdgaspipeline, und unterhalb stechen die Felsspitzen aus rotem Stein, nach denen Needles benannt ist, in scharfem Kontrast aus der Wüstenebene hervor.

Saloons und Mineralienhandlungen säumen den Rest der Main Street, wo an Wochenenden oder Feiertagen Wildwest-Enthusiasten die Schießereien aus Filmen nachstellen. Oatman wird in beträchtlichem Maße von Touristen besucht, doch nach Einbruch der Dunkelheit und außerhalb der Saison kehrt der Ort zu seiner rauhen Lebensweise zurück, und der konservative Zug der meisten Bewohner spricht dafür, das sich sein schrulliger Charme so bald nicht ändern wird.

Weitere Informationen sind vom kleinen, aber hilfsbereiten *Chamber of Commerce* (520/768-8070) erhältlich.

Östlich des Ortes klettert die Straße über die Black Mountains und führt dann an den kürzlich reaktivierten Goldminen von Goldroad vorbei ins Tal. In steilen Serpentinen überwindet sie auf acht Meilen einen Höhenunterschied von immerhin 640 m, ehe nach weiteren zwanzig Meilen flacher Ebene Kingman erreicht ist, das nach dieser mehr als einstündigen Berg-und-Talfahrt geradezu wie eine übersprudelnde Metropole wirkt.

London Bridge

Mag sein, daß sie nicht als der Höhepunkt der Ingenieurskunst galt, als sie noch die Themse überspannte, doch in der Mitte der Wüste von Arizona ist die London Bridge schon ein wunderbarer Anblick. Diese Version der historischen Brücke wurde drüben in Britanniens Hauptstadt in den 1830er Jahren erbaut und ersetzte ein unbrauchbar gewordenes Vorgängermodell. Als sie selbst den Anforderungen des Großstadtverkehrs nicht mehr gewachsen war, trat eine moderne Spannbetonbrücke an ihre Stelle, und ihre Steine wurden zum Verkauf angeboten.

Die 10 246 Steinblöcke wurden vom Grundstücksmakler Robert McCulloch für 2.4 Millionen Dollar gekauft, für weitere drei Millionen Dollar hierher verfrachtet und wieder zusammengesetzt. Nachdem man einen Kanal angelegt hatte, um das Wasser des Colorado River unter der Brücke durchzuleiten, flog der Bürgermeister von London im Oktober 1971 ein, um an den Einweihungszeremonien teilzunehmen. Heute ist die Brücke das Herzstück eines Stadtteils für Ruheständler und Erholungssuchende, in dem 25 000 Mesnchen leben. Um den merkwürdig ansprechenden Anblick zu genießen, muß man kein Eintrittsgeld zahlen, doch die kunstvoll behauenen Steine stehen in vorwurfsvollem Gegensatz zu den mit falschem Stuck im Tudor-Stil aufgemotzten Souvenirbuden am Fuß der Brücke.

Lake Havasu und die London Bridge Der letzte Stopp östlich des Colorado River ist Lake Havasu City, neun Meilen vor der Grenze und 23 Meilen südlich des Interstate 40 gelegen. Der Ort ist ein durch und durch moderner Ferienort, der rund um ein durch und durch merkwürdiges Zentralobjekt herumgebaut wurde: die London Bridge, die zwischen 1967 und 1971 Stein um Stein hierher gebracht wurde. Schrecklich aufdringliche Souvenirläden und billig nachgeahmte Londoner Pubs liegen am Fuß der Brücke, die einen künstlich angelegten Kanal überspannt, doch das Bauwerk selbst ist ein imposanter Anblick.

Sofern man hier nicht seinen Altersruhesitz wählen oder sich einfach nur auf einem Flußboot ein wenig erholen will, gibt es in Lake Havasu City nicht viel zu tun. Man kann ein englisches Muffin essen und eine Tasse Tee trinken, der Brücke seinen Respekt zollen, das eine oder andere Foto machen und sich dann bald wieder auf die Strecke begeben.

DURCH KALIFORNIEN

Von der entbehrungsreichen Mojave-Wüste durch die an Zitrusfrüchten reichen Täler des Inlandes bis zu den schönen Stränden von Santa Monica führt die Route 66 durch jeden Typ südkalifornischer Landschaft. Die alte Straße, die fast auf der ganzen Strecke durch diesen Staat intakt geblieben ist, wird auf den 315 Meilen ihres Verlaufes von Schildern mit der Aufschrift »Historic Route 66« gekennzeichnet. Im Abschnitt der Mojave-Wüste heißt sie zudem auch »National Old Trails Highway«; diesen Titel trug sie, ehe in den späten zwanziger Jahren das Nummernsystem für Highways landesweit eingeführt wurde.

Needles

Kurz nachdem 1883 die Santa Fe Railroad durch diese Gegend kam, wurde Needles (5191 Einw.) gegründet und nach einer Gruppe steil aufragender Felsspitzen in der Nähe der heutigen Interstate 40-Brücke über den Colorado River benannt. Der Ort ist eine der heißesten Stätten im Land, und monatelang kann die Temperatur konstant bei Werten von 45 bis 50 Grad liegen. Obwohl im Sommer unerträglich, ist Needles ein populäres Ziel für die winterlichen Snow Birds, Menschen mit ihren Wohnmobilen, die kälteren Klimazonen entfliehen wollen. Außerdem hat der Ort ein reiches Route-66-Erbe aufzuweisen. Neben dem eindrucksvollen *El Garces Hotel*, das aufwendig zu einem historischen Museum umgebaut wird, befindet sich am durch Needles führenden Streckenabschnitt des alten Highways – dem Broadway auf beiden Seiten des Freeways – das *Route 66 Motel* mit seinem tollen pfeilförmigen Schild sowie das noch einladendere *Old Trails Inn* (304 Broadway, 619/326-3523). Es liegt gegenüber dem »Welcome to Needles«-Planwagen und war während der Spitzentage der Route 66 als Palm Motel bekannt; heute ist es ein nostalgisches Bed&Breakfast und wird von der Wilde-Familie betrieben, die seit über 40 Jahren in Needles lebt. Kost und Logis für zwei Personen kosten 50 Dollar, sind aber leicht das Doppelte wert, wenn man Hank Wildes Geschichten aus der Zeit der wirklichen Route 66 mitrechnet, die kostenlos erzählt werden.

> In Needles verbrachte der Zeichner von Snoopy und Charlie Brown, Charles M. Schulz, seine Kindheit.

Needles ist ein freundlicher und lohnender Ort. Ehe man auf Erkundungstour geht, sollte man im *Chamber of Commerce* (619/326-2050) Ecke Front und G Streets gegenüber dem El Garces einen kostenlosen Stadtplan und andere hilfreiche Informationen abholen.

> Von Needles führt ein schneller, 25 Meilen langer Abstecher entlang des Flusses nach Nevada in die Spielerstadt Laughlin von wo aus man im Bogen zur Route 66 bei Oatman zurückkehren kann. Seit Mitte der achtziger Jahre hat sich Laughlin in ein glitzerndes Städtchen mit über 10 000 billigen Zimmern verwandelt. Eine Übernachtung auf der Colorado Belle (702/298-4000 oder 800/458-9500), einem nachgebauten Schaufelraddampfer, kostet 25 Dollar.

Old Route 66: Goffs, Amboy und Ludlow

Wer ein umfassenderes Gefühl davon bekommen möchte, wie man in den Zeiten vor

Einführung von Klimaanlagen und tragbaren Telefonen durch die Mojave-Wüste reiste, sollte bei Needles den Interstate 40 verlassen und 75 Meilen weit dem gut ausgeschilderten »National Old Trails Highway« folgen, hinter dem sich zugleich die Route 66 verbirgt. Zuerst nimmt man zehn Meilen westlich von Needles den nördlich nach Las Vegas führenden US-95, biegt aber nach ein paar Meilen Richtung Westen zum 15 Meilen entfernten kleinen Wüstenort Goffs ab, wo im General Store kalte Getränke erhältlich sind. Bis Fenner bildet das schmale Asphaltband des alten Highways nun eine tolle Berg-und-Talbahn. Da auf dem Weg nach Essex via Kennebaker eine Brücke zusammengebrochen ist, muß man einen kleinen Umweg über den Freeway machen, kann aber ab Essex wieder 48 Meilen weit durch die Wüste bis Amboy fahren.

Große Teile der Mojave-Wüste wurden seit dem Zweiten Weltkrieg als militärische Ausbildungsgebiete genutzt, als General George Patton hier seine Panzerbataillone für die Schlachten in der nordafrikanischen Wüste trainierte. Während der Kriegsjahre waren hier bis zu 90 000 Soldaten stationiert, und die Überreste ihrer Lager sind noch immer an der Crucero Road nördlich des Ludlow-Exit des I-40 zu sehen.

Amboy (2 Einw.) ist eine museumsähnliche Ansammlung alter Architektur, die einzig und allein aufgrund des Willens ihres Herrn und Meisters Buster Burris überlebt hat, dem Besitzer seit 1938. Nachdem durch den Bau des Interstate der Verkehr versiegte, steht der gesamte Ort – inclusive des klassischen *Roadside-Cafés Roy's*, eines Motels und mehrerer Tanksäulen – zum Verkauf, und nur das Café ist zu unregelmäßigen Zeiten geöffnet. Die Route 66, von der eine Straße nach Süden zum *Joshua Tree National Park* und nach Twentynine Palms abzweigt, führt weiter westlich zur Lavafläche des Amboy Crater, durchquert dann den um die Jahrhundertwende florierenden, aber längst verlassenen Goldbergbauort Bagdad und mündet im nordwestlich gelegenen Ludlow wieder auf den Interstate 40. Hier repräsentieren zwei Tankstellen, ein Coffee Shop und ein Motel die Zivilisation.

Amboy Crater war Gegenstand eines heftig umstrittenen Plans, das gesamte Gebiet in eine riesige Mülldeponie zu verwandeln; der Abfallberg sollte 120 m hoch, eine Meile breit und drei Meilen lang werden und täglich um über 20 000 Tonnen wachsen.

Das Bagdad Cafe in Newberry Springs und Daggett Bei Ludlow trennt sich die Route 66 gleich wieder vom I-40 und verläuft zehn Meilen weit nördlich des Freeways, ehe sie die erstarrten Lavaströme von Pisgah Crater passiert und weitere 25 Meilen westlich auf Höhe eines I-40-Exits Newberry Springs erreicht.

Hier und nicht im weiter östlich gelegenen gleichnamigen Ort wurde Percy Adlons beliebter Film »Bagdad Cafe« gedreht, und zwar im *Sidewinder Cafe*, das täglich von sechs bis 20 Uhr geöffnet ist und das beste Roadfood weit und breit serviert.

Zwölf Meilen westlich passiert der alte Highway die wohl bekannteste neuzeitliche Attraktion dieser Gegend, nämlich die sich weit

Das San Bernardino County ist der größte Landkreis der USA.

in die Landschaft hinein erstreckenden glitzernden Spiegel des Solar One Power Plant, einem experimentellen Kraftwerk zur Energiegewinnung aus Sonnenlicht am Nordrand der Straße.

Nach drei Meilen Fahrt ist Daggett erreicht, eine mitgenommene alte Bergbau- und Eisenbahnsiedlung. Eine Reihe aufgegebener Hotels leisten hier dem einzigen noch geöffneten Lokal Gesellschaft, dem *Daggett Restaurant*, das südlich der Gleise große Schüsseln Chili und eiskaltes Bier serviert. Nach weiteren sechs Meilen erreicht die Route 66 schließlich Barstow.

Barstow Obwohl es hinsichtlich seiner Bevölkerungszahl nur halb so groß ist wie Victorville, wirkt das klotzige Eisenbahnzentrum Barstow (21495 Einw.) viel weitläufiger. Auf halbem Weg zwischen Los Angeles und Las Vegas gelegen, wo der Interstate 15 nach Norden abknickt und der I-40 die Rolle der alten Ost-West-Route 66 übernimmt, war Barstow die erste Wasserstelle westlich der Grenze zu Arizona, und anhand der zahlreichen großen LKW-Depots rings um die Stadt zu schließen, hat es noch heute eine ähnliche Funktion.

Es ist hier ein wenig schmuddelig und unheimlich, so wie es alte Eisenbahnorte eben sein können, und entlang der wenig belebten Main Street, der auch die alte Route 66 folgte, sind viele der alten Cafés und Motels geschlossen und zugenagelt. Die auffälligste Ausnahme ist das alte *El Rancho Motel* (112 East Main Street) – jenes Haus, dessen 30 m hohes Neonschild von zwei massiven Pylonen gestützt wird, die man von fast jedem Punkt der Stadt aus sehen kann –, das heute als selbstgemachtes *Route-66-Museum* mit dazugehörigem Souvenirshop fungiert.

Die Mojave-Wüste ist einer der trockensten Orte auf diesem Planeten; einige Gebiete bekommen weniger als drei Zentimeter Niederschlag im Jahr, und zuweilen fällt zwei Jahre lang kein Tropfen Wasser vom Himmel.

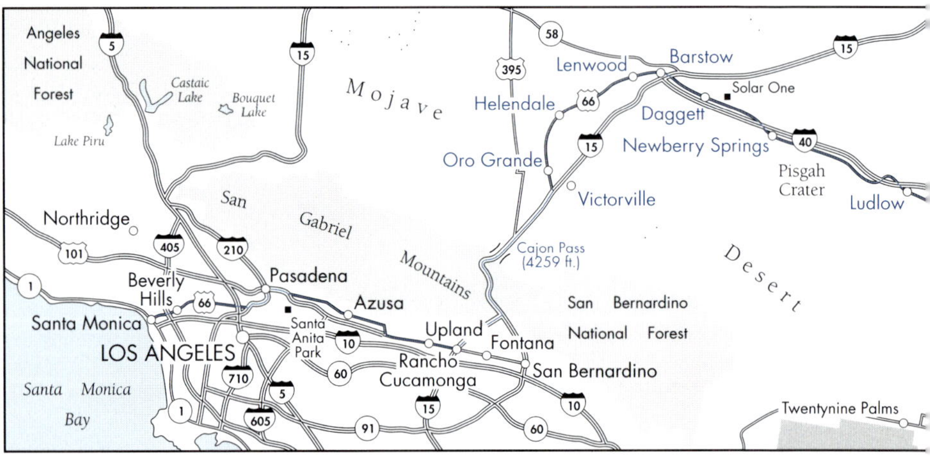

Old Route 66: Lenwood, Helendale und Oro Grande Zwischen Barstow und Victorville ist die Route 66 als »Old Roads«-Weg durch die Mojave-Wüste erhalten geblieben. Dieser Old National Trails Highway genannte 36-Meilen-Abschnitt verläuft parallel zu den Eisenbahngleisen und dem meist ausgetrockneten Mojave River. Außerhalb von Barstow am Westende der Main Street sollte man auf das Schild des *Christian Motorcycle Club* achten, das Reisende in Lenwood willkommen heißt; dann führt die Strecke durch merkwürdige kleine Orte wie Helendale – wo man das fast schon berühmte Striptease-«Museum« *Exotic World* findet – und Oro Grande, das außer einem riesigen Zementwerk zahlreiche gute Kramläden aufzuweisen hat.

Victorville Victorville ist eine schnell wachsende Wüstensiedlung mit über 50 000 Einwohnern. Hier liegt westlich des I-15 bei der Ausfahrt Roy Rogers Drive das *Roy Rogers and Dale Evans Museum* (619/243-4547, tgl.

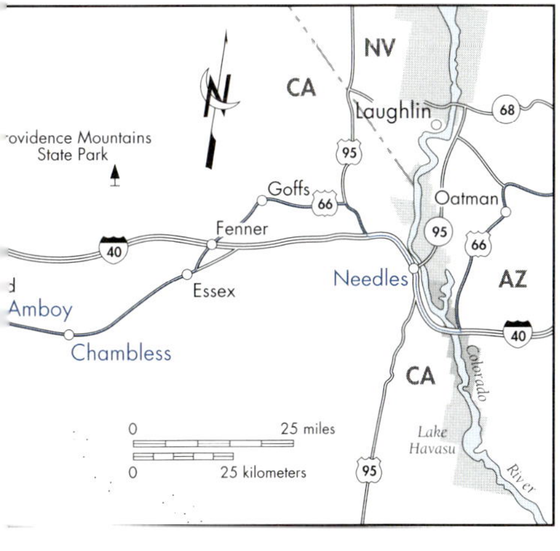

Auf der Westseite von San Bernardino hat sich mit dem Wigwam Motel noch ein Relikt der alten Route 66 erhalten.

9–17; 4 $), ein lebendes Denkmal für Amerikas beliebtesten Cowboy bzw. das beliebteste Cowgirl. Inmitten einer fast kompletten Sammlung alter Filmfotos und Plakate stehen die ausgestopften Überbleibsel von Roys und Dales Lieblingstieren: Roys Pferd Trigger (ein überlebensgroßes Abbild aus Beton wacht vor dem Museum), Dales Pferd Buttermilk, ihr Hund Bullett sowie Hunderte Trophäen-Köpfe weniger geliebter Kreaturen. Roy selbst ist oft im Museum, um die Besucher zu begrüßen, doch der selbstgestrickte Charme, den er und Dale hier erzeugen, könnte vielleicht im Rahmen der umfangreichen Renovierung und Erweiterung verloren gehen, die das Museum zur Zeit erlebt.

Hula Ville, das ehemalige California State Landmark No. 939, hatte harte Zeiten durchzustehen, seit sein 100 Jahre alter Begründer und Betreuer »Fry Pan« Miles Mahan 1995 in den Ruhestand ging. Sein Nachlaß ist jedoch ins California Route 66 Museum nach Victorville gekommen.

In Victorville hat außerdem das kleine California Route 66 Museum (16849 D Street, 619/261-US66, Di–So 10–16; Eintritt gegen Spende) seinen Sitz. Gezeigt wird eine ständig wachsende Sammlung alter Schilder, Fotografien und verschiedenster Erinnerungsstücke.

San Bernardino war der Ort, wo 1950 Maurice und Richard McDonald die Burger-produzierende Restaurant-Kette perfektionierten, die ihren Namen trägt. 1961 verkauften die McDonald-Brüder ihre Firma an Ray Kroc.

Die alte Route 66 führt entlang der Seventh Street durch den Ort und passiert dabei ein paar mit Neonschildern werbende alte Motels wie das *New Corral* (14643 Seventh Street, 619/245-9378) mit seinem witzigen, rhythmisch bockenden Bronco sowie das mächtige *Green Tree Inn-Restaurant* (14173 Green Tree Boulevard).

Weiterführende Informationen sind vom *Victorville Chamber of Commerce* (619/245-6506) zu bekommen.

Cajon Pass Sehr pittoreske Abschnitte des alten Highways führen über den Cajon Pass, auch wenn sie keine Durchgangsstrecken mehr sind; die Hauptverbindung wird heute vom Interstate 15 gebildet. Auf der Paßhöhe sollte man den Freeway verlassen und für einen Burger und Pommes Frites am *Summit Inn* anhalten, einem der wenigen Überbleibsel der alten Straße an diesem Teil der Strecke.

Das San Gabriel Valley Östlich von Los Angeles war das San Gabriel Valley für viele Reisende Richtung Westen der erste Eindruck von Southern California. Nach Durchquerung der Mojave-Wüste und der Berge führte die Route 66 hinab in eine Gegend, die wie das Paradies zu sein schien: Orangenhaine, so weit das Auge reichte, ein paar saubere, durch Straßenbahnlinien miteinander verbundene Orte und von Rosenranken und Bougainvillea überwachsene Häuser.

Bis zur Mitte der Fünfziger verkörperte das San Gabriel Valley das Ideal vom Leben in den Vororten, doch dann wurde die Route 66 durch mehrspurige Freeways und die Orangenhaine von dem Netz endloser uniformer Straßen und Wohnsiedlungen ersetzt.

Wenn man bereit ist, etwas Zeit für die Suche zu verwenden, und seine Augen gegenüber den wuchernden Einkaufszentren verschließt, stellt die Route 66 noch immer ein Fenster zu jener goldenen Zeit dar. Auf seinem Weg von San Bernardino nach Pasadena zieht sich der alte Highway an den Ausläufern der manchmal schneebedeckten San Gabriel Mountains durch eine Reihe einst eigenständiger Gemeinden.

Unterhalb der El Cajon-Paßhöhe führt die Strecke nach San Bernardino, biegt dort Richtung Westen ab und erreicht auf der 15-Meilen-Fahrt nach Rancho Cucamonga zuerst Fontana, den Geburtsort des Hell's Angels' Motorcycle Club, ehe sie – als Foothill Boulevard – dann den I-15 quert.

In Upland hat der alte Highway noch einen grasbewachsenen Mittelstreifen und führt direkt an einem Standbild der *»Madonna of the Trail«* vorüber, die den offiziellen Endpunkt des National Old Trails Highway markierte, den Vorläufer der Route 66. Auf dem weiteren Weg durch die Ausläufer der Berge erreicht die Strecke Asuza mit dem klassischen *Foothill Drive-In* und einem der ältesten McDonald's des Landes, dessen Bögen mit roten Kacheln besetzt sind. Der Foothill Boulevard – auf Schildern als »Historic Route 66« ausgewiesen – passiert dann den auffälligen Rennkurs von Santa Anita, wo die Marx Brothers den Film »A Day at the Races« drehten. Als Colorado Boulevard führt der alte Highway schließlich nach Pasadena hinein.

Durch Los Angeles Für hartnäckige Puristen existiert die Route 66 durch Los Angeles noch immer. Die Fahrt auf dem Pasadena Freeway Richtung Downtown LA ist eine Art Reise in die Zeit: bei seiner Eröffnung im Jahr 1939 war diese Arroyo Seco Parkway genannte Autobahn Kaliforniens erster Freeway mit so neumodischen Dingen wie Stoppschildern an den Zufahrten.

Von historischen Kern der Stadt, der Olvera Street und dem Plaza de Los Angeles State Historic Park, führt die historische Route entlang des Sunset Boulevard auf verschlungenen Wegen durch Los Angeles und führt dann als Santa Monica Boulevard durch West Hollywood und Beverly Hills. Dieser Teil der Strecke zeigt noch immer Schäden, die das Northridge-Erdbeben von 1994 angerichtet hat.

Zwei Blocks östlich des Pazifik kann man am Santa Monica Place seine Beine ausstrecken, einer teils überdachten Shopping Mall und zugleich einer Ikone südkalifornischer urbaner Kultur. Die Old Route 66 hatte ihren westlichen Endpunkt am Rand des pazifischen Ozeans in Santa Monica auf einem palmengesäumten Hügel nördlich der sehenswerten Pier. Wo der Santa Monica Boulevard am Meer endet, kennzeichnet heute eine *Messingplakette* das Ende der Route 66, der »Main Street of America«, die auch »Will Rogers Highway« genannt wird – und dies ist nur einer von vielen Namen, den die Strecke in dem halben Jahrhundert ihrer Existenz bekommen hat.

Für Reisende auf der Route 66 stellte die hoch aufragende Colorado Boulevard Bridge am Westrand von Pasadena die symbolische Einfahrt nach Los Angeles dar. Die kürzlich restaurierte Brükke schwingt sich entlang der Südseite des Ventura Freeways über das Arroyo Seco. In Pasadena gibt es eine Reihe Beispiele der signifikantesten Architektur und Kunst von ganz Südkalifornien; Informationen sind beim Visitors Bureau (818/795-9311) erhältlich.

Los Angeles wird im City Survival Guide auf Seite 444 f. beschrieben.

US-80: Southern Pacific

US-80: Southern Pacific

Die Fahrt auf dem alten US-80 und seinen heutigen Streckennachfolgern durch den südlichsten Teil des Landes offenbart eine größere landschaftliche und kulturelle Vielfalt, als man sie auf irgendeiner anderen Transkontinentalstrecke durch die USA finden würde. Auf dem 3000-Meilen-Trip kann man in derselben Zeitspanne von einer Welt in die andere wechseln, die sonst ein Football-Spiel dauern würde. Auf dem Weg nach Osten erreicht man keine 100 Meilen hinter den Stränden des Pazifik bei San Diego die rauhen, aber schönen Wüsten des Südwestens, deren typische Saguaro-Kakteen überall zu sehen sind. Der zentrale Abschnitt der Strecke durchquert die 1000 Meilen langen Plains von New Mexico und Texas, wo es den Anschein hat, als könne man zwei Tage weit sehen. Hier pumpen kleine Förderanlagen das Öl aus dem Boden, und Vieh weidet unter dem endlosen Himmel. Östlich schließt sich wiederum ein andersgeartetes Land an, vom baumwollreichen Mississippi-Delta über die Ausläufer der Appalachen bis zu den Buchten und Inseln rings um Savannah, die schönste Stadt des Landes.

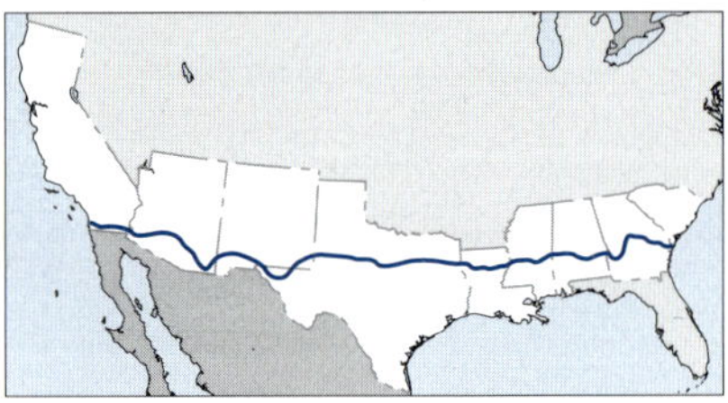

Besonders eindrucksvoll ist die Vielfalt der Menschen und Traditionen entlang der Route, was vor allem anhand der Akzente und sprachlichen Eigenarten deutlich wird. Reisenden fällt der kulturelle Reichtum meist hinsichlich des Essens auf. Viele regionale amerikanische Küchen – Tex-Mex, Cajun, Creole, BBQ, um nur ein paar zu nennen – wurden ursprünglich entlang dieser Strecke entwickelt, und Lokale am Straßenrand servieren noch immer örtliche Spezialitäten, die dem Wort »authentisch« neue Bedeutung geben. In den Lehmziegelhäusern mit ihren rostigen Blechdächern entlang der offenen Grenzen zwischen Texas und dem neuen bzw. alten Mexiko wird zu Fajitas mit gegrilltem Steak Chili-gewürzte Salsa gereicht; Entrees aus Katzenwels-Filets oder leuchtendrot gekochte Shrimps zieren die meisten Menüs in Louisiana, und wohin man sich auch wendet, servieren die Buden am Straßenrand das beste Bar-B-Q des Universums. Empfehlenswerte Eßgelegenheiten am Verlauf des US-80 sind hervorgehoben, doch eigentlich braucht man nur seiner Nase zu folgen oder darauf zu achten, wo mehrere Pick-ups geparkt sind, und man findet ein kulinarisches Paradies.

Ähnlich wie mit dem ausgezeichneten Essen verhält es sich auch mit der unglaublichen Vielfalt an Musik, die man zu hören bekommt, ob in den texanischen Honky-Tonks oder den Jukebox-Kneipen und gospelerfüllten Kirchen von Mississippi oder Louisiana. Von San Diego bis weit über El

US-80 Highlights

Paso hinaus lassen die Radiostationen entlang der mexikanischen Grenze eine anarchische Mixtur multilingualer Musik erschallen, teils Country & Western, teils traditionell mexikanisch, mit Akkordeons, Gitarren und einem Gesang, der übergangslos von der einen in die andere Sprache wechselt, hin und her und oft innerhalb derselben Songzeile. Entlang des US-80 kann man die Heimatorte von Buddy Holly, Little Richard und Otis Redding besuchen und den letzten Ruhestätten von Hank Williams, Jimmie Rodgers und Duane Allman seinen Tribut zollen. Nach Dunkelwerden hört man der kommenden Generation zu, die in den Kneipen und Clubs am Straßenrand ihre Musik spielt.

Eine Fülle unterschiedlichster Literatur ist aus diesen Regionen hervorgewachsen, und man kann Dutzende typischer literarischer Schauplätze aufsuchen, lebendig und in Farbe: Carson McCullers »Ballad of the Sad Cafe« und andere Legenden, die das Leben der Zwanziger in Columbus, Georgia, einfangen; Cormac McCarthys breit angelegte Geschichten von der Frontier in Texas; das Diner aus *Fried Green Tomatoes*, das Original von *Gottes kleinem Acker* und die *Tobacco Road*.

Doch es gibt auch nüchterne Historie, vom Wildweststädtchen Tombstone und Bonnie & Clydes Sterbeplatz über jene Kreuzung in Dallas, wo John F. Kennedy ermordet wurde, bis zu den Straßen von Selma, wo die Bürgerrechtsbewegung den Weg auf die Titelseiten der Zeitungen fand. Und das beste ist, daß viele der faszinierendsten Stätten entlang des Weges erfrischend frei von aufdringlichen Marketingmätzchen sind, wie man sie von etablierteren Touristenzielen kennt. Der relativ niedrige Organisationsgrad des Tourismus und die Tatsache, daß nur einige wenige Städte darauf warten, die Dollars der Durchreisenden zu verschlingen, machen diesen Trip erstaunlich billig – doch selbst zu doppelten Kosten wären die Erfahrungen und Eindrücke die Reise allemal wert.

Durch Kalifornien

Für die Fahrt von den Pazifikbuchten und goldenen Stränden bei San Diego nach Osten stehen zwei Routen zur Wahl: der schnelle Freeway des Interstate 8 durch pinienbewachsene Berge oder eine kurvenreiche Strecke entlang der mexikanischen Grenze. Nachstehend wird die langsamere, etwas weiter südlich verlaufende Route beschrieben, die den Überresten des alten US-80 durch verschlafene Grenzstädtchen folgt. Ab San Diego führt der Highway entlang des El Cajon Boulevard, an dem sich einige großartige Roadside-Americana der Zeit von 1930 bis 1950 finden, die aber leider alle in schlechtem und stellenweise gefährdetem Zustand sind. Ein paar einzigartige Attraktionen haben aber überlebt – der seltsame alte *Desert View Tower* und das merkwürdige *»Official Center of the World«* im winzigen Felicity. Beschrieben wird auch ein kurzer Abstecher über die Grenze nach Tecate. Doch welchen Weg man auch nimmt, auf jeden Fall sind die 75 monotonen Meilen durch die öde, trockene und unwirtliche Mojave-Wüste zurückzulegen.

Die schnellste und hübscheste Route von der Küste nach Tecate liegt südlich der Grenze und ist eine moderne Schnellstraße, die durch die schroffen Berge östlich von Tijuana führt.

Die vielfältigen Attraktionen von San Diego werden im City Survival Guide auf Seite 454 f. beschrieben.

Tecate Der US-80 folgt dem alten El Cajon Boulevard über die Stadtgrenzen von San Diego hinaus nach Südosten. Die Straße ist ein Dutzend Meilen weit von unansehnlichen, aber authentischen Motels, Cafés und Tankstellen gesäumt, ehe sie den Ort La Mesa in den Ausläufern der Berge erreicht. Hier treffen der alte US-80 und der Interstate 8 zusammen und führen als zweispuriger Highway 94 weiter. Auf dem verschlungenen Weg um die 1200 m hohen Gipfel des Cleveland National Forest herum berührt der Highway die klassische Landschaft des südlichen Kalifornien: gewellte, mit Dornengestrüpp bedeckte Hügel erheben sich über den Weideflächen der Ranches und Hainen aus stattlichen Eichen.

Nach Durchquerung von *Jamul* und *Dulzura*, zweier stiller Farmstädtchen, die wegen der Sogwirkung des nahen San Diego auszusterben scheinen, erreicht man etwa 40 Meilen östlich der Innenstadt einen ausgeschilderten Abzweig Richtung Süden zur mexikanischen Grenzstadt Tecate (45 000 Einw.). Sie ist vor allem für das hier gebraute Bier bekannt, das mit einem Spritzer frischer Limone getrunken wird.

Tecate gehört in die Spitzengruppe sehenswerter Grenzorte, und sei es auch nur, weil die Stadt sauberer und ruhiger ist als Tijuana. Man kann hier die üblichen Restaurants und Souvenirläden besuchen, sollte aber nicht die *Tecate Brewery* versäumen. Sie ist das größte Gebäude der Stadt und liegt in der Avenida Hidalgo ein Halbdutzend Blocks hinter der Grenze. Bei kostenlosen *Führungen* (Sa 10–16) kann man das Bier probieren.

Östlich von Tecate führt der Highway 94 41 Meilen weit an der der US-Grenze entlang, ehe er wieder auf den Interstate 8 trifft.

Reisen nach Mexiko

Überall in Südkalifornien, Arizona, New Mexico und Texas locken verschlafene kleine Orte südlich der Grenze zu einem Abstecher ins mexikanische Nachbarland. Ein solche Stippvisite scheint simpel, und tatsächlich ist der Grenzübergang meist einfach und frei von Formalitäten, doch vor dem Verlassen der USA müssen ein paar wichtige Grundsätze beachtet werden. Staatsangehörige der Bundesrepublik Deutschland, Österreichs und der Schweiz brauchen zum Überschreiten der Grenze einen mindestens noch sechs Monate gültigen Reisepaß. Hierin liegt meist kein Problem, denn für die Einreise in die USA besteht ohnehin dieselbe Anforderung – viel wichtiger ist, daß man sich bei einer etwaigen Grenzkontrolle nicht die kleine grüne Karte abnehmen läßt, die bei der Ersteinreise in die USA in den Paß geheftet oder eingelegt wurde. Ohne diese Karte wird die Rückkehr problematisch für Reisende, die mit dem Visa-Waiver-Programm in die USA gekommen sind. Wer auf Grundlage eines der unterschiedlichen Visa in den USA ist, muß darauf achten, daß es sich um ein Multiple-Entry-Visum handelt – in Zweifelsfällen muß die Information über die Rückkehrmöglichkeiten natürlich vor Überschreiten der Grenze eingeholt werden.

Das Verlassen der USA ist einfach, da der Ausreiseverkehr nur selten kontrolliert wird. Die mexikanischen Behörden verlangen erst bei Aufenthalten von mehr als 72 Stunden eine Tarjeta de Turistica, eine Touristenkarte, die an der Grenze erhältlich ist. Bei der Rückreise in die USA muß mit lückenlosen Kontrollen der US-Behörden gerechnet werden.

Trotz der NAFTA-Zollabkommen dürfen nur Waren bis zu einem Wert von 400 Dollar abgabefrei mit in die USA gebracht werden. Die Menge der erlaubten Alkoholika ist auf einen Liter begrenzt, und außerdem dürfen keine Produkte über die Grenze gebracht werden, deren in den USA geläufige Warenzeichen in mexikanischer Version aufgedruckt sind – also nicht einmal Cola-Dosen mit spanischer Aufschrift.

Wer sich nicht weit ins Nachbarland hineinbewegen will, sollte das Auto tunlichst auf der US-Seite der Grenze stehen lassen. Fahrten nach Mexiko erfordern zwingend eine zusätzliche Versicherung (beim Autoverleiher rechtzeitig nachfragen!). Passiert jenseits der Grenze auch nur der kleinste Unfall mit einem nicht zusätzlich versicherten Wagen, wird das Fahrzeug konfisziert und der Fahrer bis zur Klärung der Zuständigkeiten inhaftiert – sicherlich keine wünschenswerte Urlaubserfahrung. Beim Tanken an den Pemex-Stationen ist zu beachten, daß bleifreies mexikanisches Benzin mit 92 Oktan (»Magna Sin«) lediglich amerikanischem Sprit mit 87 Oktan entspricht.

Campo Das kleine Campo (1102 Einw.) liegt in einem breiten Tal zwischen Tecate und dem Interstate 8 und hat eine Hauptattraktion: das *San Diego Railroad Museum* (Sa, So und Feiertags 9–17; gratis), gut ausgeschildert am Westende des Ortes in der Forest Gate Road. Außer einer umfangreichen Sammlung alter Lokomotiven und Kutschen bietet das Museum 16 Meilen lange Rundfahrten mit restaurierten Zügen

Campo liegt am südlichen Ende des Pacific Crest Trail, der sich 2638 Meilen weit von Kanada bis Mexiko hinzieht.

(12 u. 14.30; 10 $) durch die umliegende Landschaft.

Jacumba Jacumba südlich des Interstate 8 an einem Abschnitt des alten US-80 ist ein ehemaliger Kurort, wo Clark Gable, Marlene Dietrich und unzählige andere ihre Körper in den frei fließenden natürlichen Hot Springs einweichten. 1852 als Station an der Postkutschenroute durch die Wüste angelegt, erlebte Jacumba um 1920 seine Spitzenzeit, und obwohl außer dem Wasser kaum etwas übrig geblieben ist, stellt der Ort einen ungewöhnlichen Zwischenstopp dar. Die mineralreichen Quellen sprudeln im *Jacumba Hot Springs Spa* (44500 Old US-80, 619/766-4333) in offene Pools und private Blubberbecken; auf dem Gelände gibt es auch Motelzimmer ab 40 $ und ein gutes Restaurant mit Bar.

Ocotillo: Der Desert View Tower Ocotillo liegt nördlich des Interstate 8 am alten US-80 (der auf Landkarten auch S2 heißt) und ist der südliche Ausgangspunkt für Fahrten in den wundervollen 240 000 Hektar großen Anza-Borrego State Park, den ausgedehntesten und wildesten Wüstenpark des Landes. Der Ort selbst umfaßt kaum mehr als eine Tankstelle mit Kramladen, eine Bar und eine Station der freiwilligen Feuerwehr, doch der fünf Meilen westlich am US-80 gelegene Desert View Tower (619/766-4612, tgl. 9–17; 3 $) ist unbedingt einen näheren Blick wert. Das vierstöckige Bauwerk aus Stein wurde 1922 von Burt Vaughn errichtet, um an die Strapazen der Pioniere auf dem Weg durch die Wüste zu erinnern. Im Inneren des Turmes zeigt ein kleines, aber interessantes Museum eine eher zufällige Sammlung von Americana der Wüste, darunter Navajo-Decken und Indianerartefakte, und im kleinen Geschenkeladen sind ähnliche Gegenstände käuflich zu erwerben. Eine Aussichtsplattform an der Spitze des Turmes bietet je nach Sichtverhältnissen Rundblicke auf bis zu 100 Meilen Wüstenlandschaft, die nur vom Freeway unterbrochen ist.

Informationen über den Anza-Borrego State Park sind von der Ranger Station in Borrego Springs (619/767-4684) erhältlich.

Von 1858 bis 1861 folgte die ursprüngliche Butterfield Stage Line, die Post und Passagiere von St. Louis nach San Francisco brachte, ungefähr dem Verlauf des Interstate 8 durch das südliche Kalifornien. Die Route ist bereits 1775 vom spanischen Entdecker Juan de Anza auf seinem Weg zur Gründung von San Francisco begangen worden.

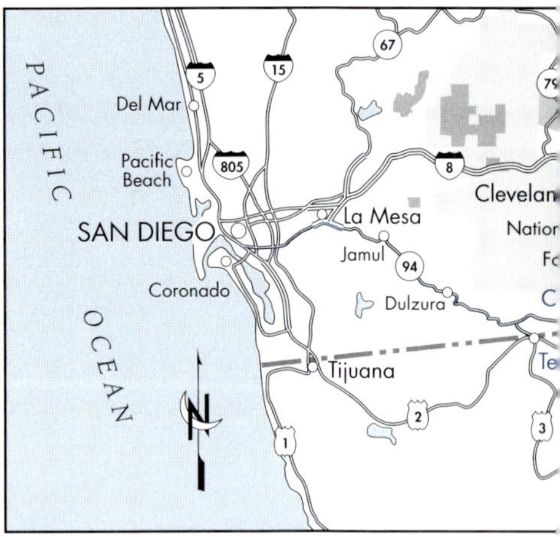

Am Fuße des Turmes liegt ein Areal großer Felsblöcke und kleiner Höhlen, aus denen während der Depressionszeit der arbeitslose Ingenieur W. T. Ratcliffe Phantasiegestalten und Tiere herausgemeißelt hat – ein weiteres, lebendiges Monument für die Pioniere. Der Turm liegt sechs Meilen östlich von Jacumba und ist über die Ausfahrt In-Koh-Pah Park Road vom Interstate 8 aus erreichbar. Große Schilder weisen darauf hin.

Östlich des Turms ist der US-80 als S80 bezeichnet und führt bis El Centro parallel zur Autobahn durch gespenstische alte Industrieorte wie Plaster City und Seeley.

El Centro El Centro (31 384 Einw.) liegt auf halbem Weg durch Kalifornien 15 m unter Meeresspiegelniveau im Herzen des fruchtbaren Coachella Valley. Der Ort wurde 1905 gegründet und hat sich dank der Bewässerung durch den Colorado River in eine aufstrebende kleine Stadt verwandelt. Melonen, Grapefruit und Datteln sind die wichtigsten Agrarerzeugnisse der Region, und mit dem überall wachsenden Alfalfa werden die zahlreichen Milchkühe gefüttert. Es gibt hier kaum etwas, das nichts mit der Landwirtschaft zu tun hätte.

El Centro ist das Winterquartier der Luftakrobaten des U.S. Navy Blue Angels, die man manchmal beim Üben ihrer Loopings und Rollen am Himmel über der Stadt beobachten kann. Außerdem ist die Stadt der Geburtsort von Cher.

Obwohl El Centro kein eigentliches Reiseziel ist, bietet es sich doch als beste Möglichkeit zur Unterbrechung der Fahrt zwischen San Diego und der Grenze zu Arizona an, so daß man hier zumindest auftanken sollte. Zu den Eßlokalen gehören auch *Millie's Kitchen*, ein beliebtes Truck-Stop-Café in der Fourth Street südlich des Freeways, sowie die üblichen Fastfood-Restaurants. Außerdem haben hier sämtliche landesweit operierenden Motelketten ihre Häuser, die zusammen mit unabhängigen örtlichen Motels am Business

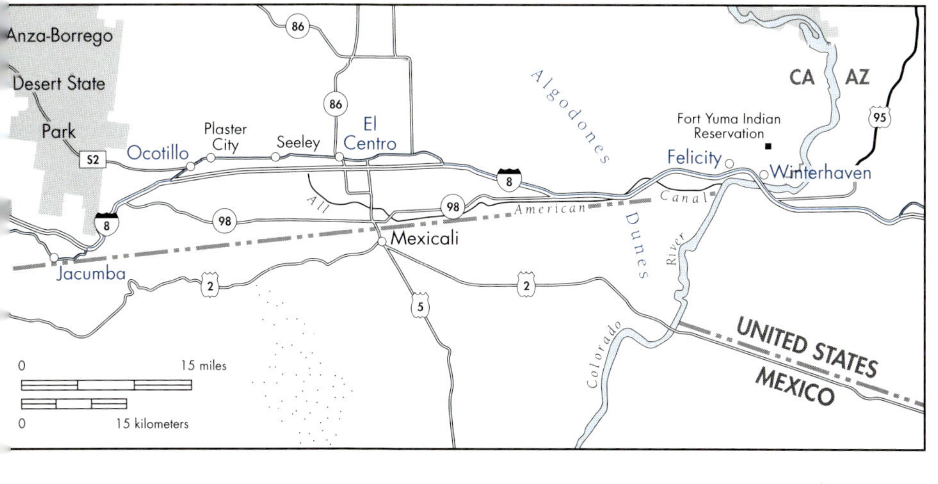

Von El Centro ist es ein schneller Abstecher zehn Meilen nach Süden über die Grenze nach Mexicali, Hauptstadt der Baja California und eine betriebsame Großstadt, die mehr auf Handel als auf Tourismus ausgerichtet ist.

Loop des Interstate 8 liegen. Zimmer sind ab 18 $ aufwärts zu bekommen.

Die Algodones Dunes Mitten in der südlichen Mojave-Wüste 42 Meilen östlich von El Centro gibt ein Parkplatz südlich des Interstate am Exit Grays Well Road Zugang zu den verlockenden Sandgebieten der Algodones Dunes, die sich 50 Meilen weit auf beiden Seiten des Freeways ausdehnen. Der Streifen aus schlanken, bis zu 60 m hohen Dünen ist stellenweise zehn Meilen breit, und oft wird ihr Sand von stürmischen Winden auf die Fahrbahn getrieben. Man kann gut zu Fuß in diesem Areal herumstromern, doch Achtung: die Besitzer von Geländemotorrädern und Dune Buggies brausen ständig hordenweise darin herum.

Dem *WPA-Guide to California* und alten Postkarten zufolge sollen die Überreste einer alten, 1914 durch den Sand gebauten Straße aus hölzernen Planken südlich des Interstate erhalten sein, die aber nur für Ortskundige zu finden sind. Der All-American Canal, der das Coachella Valley bewässert, erstreckt sich nördlich entlang des Freeways.

Felicity: »The Center of the World Pyramid« Eine der seltsameren Sehenswürdigkeiten in den Wüsten des Südwestens – und hier mutet vieles seltsam an! – liegt gleich nördlich des Interstates in dem winzigen, aber in seinem Namen Glückseligkeit andeutenden »Ort« Felicity mit vier Einwohnern. Der hier lebende Schriftsteller Jacques-Andres Istel – Verfasser eines Kinderbuches über einen klugen, feuerspeienden Drachen namens Coe, der im Zentrum der Welt wohnt, schwer entflammbare Bücher liest und die nahegelegenen Chocolate Mountains auffrißt – hat die Regierungen von Frankreich, China und des Imperial County davon überzeugen können, daß Felicity legal und offiziell eben dieses Zentrum der Welt ist.

Eine 7,6 m hohe Pyramide aus rosafarbenem Terrazzo erhebt sich über dem genauen Punkt, und man kann sie regelmäßig im Rahmen von Führungen besichtigen (619/572-5000, Ende November– Mitte April tgl. 10–17; 1 $). Für das Eintrittsgeld gibt es auch ein Zertifikat, daß man am »offiziellen Zentrum der Welt« gewesen ist. Außerdem kann man auf ein Stück der originalen Wendeltreppe vom Eiffelturm klettern und im Geschenkeladen zwischen vielfältigen Souvenirs seine Wahl treffen.

Bei Fahrten in der Wüste sollte man den Tank des Wagens immer so voll wie möglich haben und stets mindestens fünf Liter Trinkwasser pro Person mitführen. Im Falle von Problemen ist es sinnvoller, beim Wagen zu bleiben, denn der ist von etwaigen Hilfsmannschaften leichter zu entdecken als ein Mensch in der Landschaft.

Winterhaven Der letzte Ort in Kalifornien vor dem

Der Colorado River markiert die Grenze zwischen Kalifornien und Arizona und zugleich zwischen der Pacific und der Mountain Time-Zone.

Colorado River, Winterhaven, ist der bescheidene Mittelpunkt der Quechan-Gemeinde auf dem 17800 Hektar großen Gebiet der Fort Yuma Indian Reservation. Ein paar Überbleibsel der prä- und postkolonialen Zeit sind im kleinen *Fort Yuma Indian Museum* (Mo–Fr 7–12 u. 13–16; 1 $) neben der St. Thomas-Missionskirche mit ihren weißen Mauern ausgestellt. Beide Gebäude liegen oberhalb des Colorado River auf der Spitze des Indian Hill am Ende der First Street.

Durch Arizona

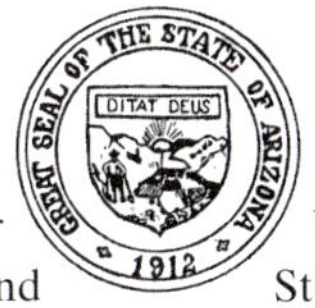

Zwischen dem Colorado River, der Arizona von Kalifornien trennt, und dem Großraum Phoenix/Tucson in der Mitte des Staates gibt es nicht viel, was Reisende vom Freeway herunterlocken könnte. Doch das fast völlige Fehlen interessanter Orte im südwestlichen Arizona wird durch die Reichhaltigkeit sehenswerter Dinge in der südöstlichen Ecke des Staates mehr als wettgemacht. Hier finden sich so legendäre Stätten wie Tombstone – Heimat des OK Corral – und andere guterhaltene und faszinierende Überbleibsel des Wilden Westens sowie ein Teil von Arizonas schönsten Landschaften.

Yuma Yuma (54900 Einw.) zählt zu den heißesten und trockensten Städten des Landes und entstand 1779 an einem der wenigen guten Übergänge über den Colorado River. Dutzende zerfallender alter Lehmbauten im Stadtgebiet zeugen von seiner langen Geschichte, und ein paar ausgewählte Stätten sind als Historic Parks unter Schutz gestellt. Das Yuma Quartermaster Depot (tgl. 10-17, 2 $) am Fluß am Nordende der Fourth Street wurde restauriert und in den Zustand zurückversetzt, wie es vor Ankunft der Eisenbahn im Jahr 1876 aussah, als Nachschub für die US-Truppen des Südwestens hier per Dampfboot vom Golf von Kalifornien ankamen.

Um die Zeit, als die Eisenbahn die Stadt erreichte, ein volles Jahrhundert nach seiner Gründung durch spanische Missionare, war Yuma der Standort von Arizonas bedeutendstem Gefängnis. Von Häftlingen bei Temperaturen von 50 Grad aus Steinen und Lehm gebaut, war es in den 33 Jahren vor seiner Schließung im Jahr 1909 aufgrund der Sommerhitze und der Brutalität der Gefängnisleitung als »Höllenloch von Arizona« bekannt, obwohl Park Ranger heute die Tatsache betonen, daß die Insassen Zugang zu einer Bibliothek und anderen für jene Zeit ungewöhnlichen Einrichtungen hatten. Die Anlage, in der sich ein paar der Zellen, das Haupttor und ein kleines Museum befinden, steht als *Yuma Territorial Prison* (tgl. 8–17; 3 $) unter Denkmalschutz und liegt gut ausgeschildert nördlich des Interstate 8 an der Ausfahrt Fourth Avenue.

Wie Dutzende anderer spanischsprachiger Stationen nördlich und südlich der mexikanischen Grenze sendet Yumas KBLU 560 AM Oldies und Regionalnachrichten.

Vom Gefängnis führt eine schwankende stählerne Fußgängerbrücke über den Colorado River nach Kalifornien zur St. Thomas-Missionskirche auf dem Gelände der

Quechan Indian Fort Yuma Reservation. Der gesamte Flußuferabschnitt, der größtenteils unter der Autobahnbrücke liegt, wird als Yuma Crossing Park restauriert.

Außer den gewohnten Kettenrestaurants gibt es in Yuma eine Reihe annehmbarer Speiselokale, angefangen von den großen Frühstücksportionen und nachmittäglichen Bar-B-Qs in *Brownie's Cafe* (1147 Fourth Avenue/Old US-80, tgl. 6-21) bis zu den Pooltischen, Burgern und Sandwiches im altertümlichen *Lutes Casino* (211 Main Street) im desolaten Innenstadtbereich. Laut Arizona Republic der »beste Ort für einen Stopp in Yuma«, ist das Casino eine scheunenartige Halle voll alter Fotos, politischer Plakate, Straßenschildern und allen Arten von Gerümpel, die auf jeden Fall auch wegen der passionierten Dominospieler einen Blick wert ist.

Neben der Kettenmotels (zwei *Motel 6* und ein *Travelodge*) sowie zahlreichen individuellen Häusern findet sich in der Palette der Unterkünfte das angenehme *Yuma Cabana* (2151 Fourth Avenue, 520/783-8311 oder 800/874-0811).

Von Yuma nach Gila Bend auf dem I-80

Östlich von Yuma verläuft der Interstate 8 zwischen dem 5,6 Millionen Hektar großen Barry M. Goldwater Bombenabwurfareal der US Air-Force und einem Testgelände der US-Armee 110 Meilen weit durch leere Wüste und folgt der Route spanischer Eroberer und Siedler entlang des flachen, aber alles andere als anheimelnden Camino del Diablo am Bett des meist trockenen Gila River.

Östlich des 233 m hohen Telegraph Pass 20 Meilen außerhalb von Yuma taucht nördlich entlang des Freeways der alte US-80 wieder auf und führt durch ehemalige Vorposten in der Wüste. In Fällen plötzlichen Hungers hat die winzige Farmgemeinde Tacna ein tolles Restaurant, das *Basque Etchea*, das ab Exit 42 nördlich der Eisenbahnlinie erreichbar ist. Hier werden täglich außer Montag von 11 bis 22 Uhr vorzügliche Lammkoteletts und andere Gerichte serviert. Dateland 25 Meilen weiter östlich am Interstate 8 hat ein Café und einen Souvenirladen, in dem Datteln in allen nur denkbaren Formen verkauft werden, aber ansonsten gibt es zwischen Yuma und Gila Bend keinen wirklichen Grund für einen Stopp.

Gila Bend Die einzige Siedlung zwischen Yuma und Phoenix, die der Vorstellung von einer Stadt nahekommt, ist Gila Bend (1747 Einw.), regelmäßig der »heißeste Punkt des Landes« – und auf diesen Titel ist man so stolz, daß mehr als einmal die Werte nach oben verändert wurden. Gila Bend ist aus einer Hauptwegestation der Butterfield Stage Line hervorgegangen und bietet nicht viel Abwechslung für die Sinne, hat aber alle Tankstellen und Toiletten, Restaurants und Motels, die man in der Mitte der Wüste von Arizona erwarten kann. Ein besonders lustiges Lokal ist der rund um die Uhr geöffnete *Space Age Coffee Shop* (401 East Pima Avenue) in der Innenstadt beim Interstate-Exit 115. Er

22 Meilen westlich von Gila Bend führt beim Interstate-Exit 102 eine Straße elf Meilen weit nach Norden zum Painted Rock State Historic Park, wo eine Ansammlung von Petroglyphen, die von den Hohokam People um 1400 in den Stein geritzt wurden, die Felsen bedecken.

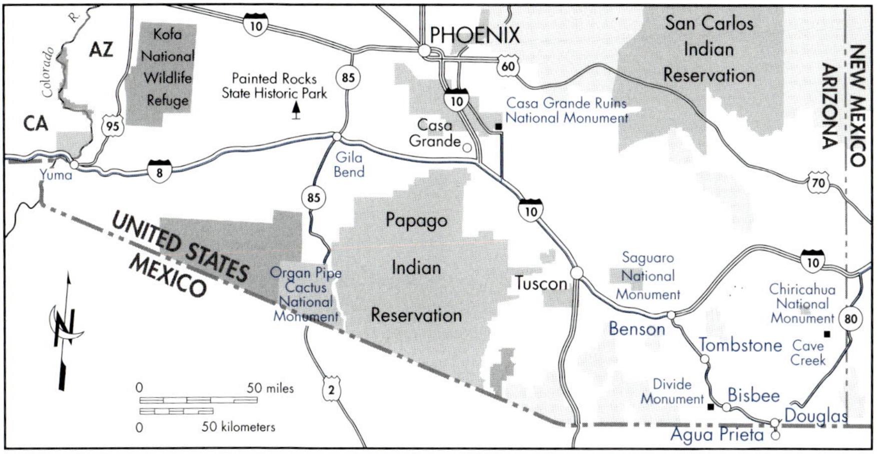

gehört zur *Best Western Space Age Lodge* (520/683-2273 oder 800/528-1234), und kein Fan der Jetsons-Fernsehserie sollte eine Stippvisite auslassen.

Phoenix wird im City Survival Guide auf Seite 450 f. beschrieben.

Casa Grande Ruins National Monument

Wie schon am 110-Meilen Abschnitt zwischen Yuma und Gila Bend außer endloser Weite kaum etwas zu sehen war, gibt es auch auf den 120 Meilen östlich bis Phoenix oder Tucson keine nennenswerten Attraktionen. Von der Kreuzung des Interstate 8 mit dem I-10 bei der Baumwollfarmerstadt Casa Grande (19 082 Einw.) führt ein lohnender Abstecher nach Osten zum gut ausgeschilderten *Casa Grande Ruins National Monument*, dessen prähistorische Ruinen zu den größten und geheimnisvollsten des Staates zählen. Ein kleines *Visitor Center* (tgl. 7–18; 1 $) erläutert den Hintergrund der Hohokam People, die vermutlich sechs Jahrhunderte zuvor das vierstöckige Big House und das umliegende Dorf errichteten. Doch niemand weiß, wofür das Casa Grande genutzt wurde und warum man es aufgab.

Von Gila Bend führt der Highway 85 nach Süden zum schönen und völlig abgelegenen Organ Pipe Cactus National Monument, ehe er auf den Highway 86 stößt und einen Bogen östlich nach Tucson schlägt.

Nördlich und südlich der Gegend um Casa Grande verläuft der Interstate 10 parallel zum Highway 93, der an ein paar Skurrilitäten der Wüste vorbeiführt, darunter der erdgestützten Raumstation *Biosphere II*.

Biosphere II Am Nordausläufer des Mount Lemmon in der Wüste von Arizona liegt Biosphere II, eines der ambitioniertesten, umstrittensten und schlicht bizarrsten Vorhaben, die in den letzten Jahren ausgeheckt wurden. Entwickelt von einer New-Age-Gruppe namens »Synergia Ranch« und finanziert von dem texanischen Milliardär

Ed Bass, sollte Biosphere II ursprünglich das komplette Ökosystem des Menschen simulieren, um darin die Möglichkeiten eines unabhängigen Lebens auf anderen Planeten auszuprobieren. Ein Team aus vier »Biospherians« verbrachte zwei nicht völlig autarke Jahre abgekapselt innerhalb des Komplexes; als es 1993 wieder herauskam, übernahm eine andere Mannschaft ihren Platz.

Der Umweltaktivist und Schriftsteller Edward Abbey, der 1989 starb, verbrachte seine letzten Lebensjahre in der Wüste von Arizona nahe Oracle Junction.

Unter Korruptions- und Betrugsvorwürfen wurden die Entwickler von Biosphere II 1994 ohne viel Aufhebens von Mr. Bass gefeuert, und seither dient das Projekt ausschließlich der Forschung – obwohl Biosphere II noch immer ein abgekapseltes System ist, werden keine Menschen mehr darin eingeschlossen. Wissenschaftler erforschen nun die Auswirkungen von Treibhausgasen und anderen Veränderungen im Ökosystem. Die Aufmerksamkeit der Medien und der Zustrom von Touristen sind seither merklich zurückgegangen, doch man kann die hübsche Anlage noch immer besichtigen und darin auf eigene Faust eine Tour machen (tgl. 9–16; 11.95 $).

Biosphere II – das in den siebziger Jahren ursprünglich als firmeneigener Erholungssitz des Motorola-Konzerns gebaut wurde – liegt in einem schönen Wüstencanyon und bietet außer gutem Essen in einem kleinen Café auch komfortable und günstige Unterkünfte – Zimmer kosten je nach Jahreszeit zwischen 50 und 80 Dollar, und es gibt Tenniscourts bzw. einen Swimmingpool. Erreichbar ist die Anlage ab Tucson/Interstate 10 über den Highway 79 Richtung Norden 25 Meilen bis Oracle Junction und von dort via Highway 77 sechs Meilen weit nach Osten. Bei den Schildern zu Biosphere II führt eine zwei Meilen lange Zufahrt direkt zum Parkplatz mit Ticketbude und Souvenirladen. Weitere Informationen sind unter 520/825-6200 oder 800/828-2462 erhältlich.

Tucson wird im City Survival Guide auf Seite 464 f. beschrieben.

Saguaro National Monument – Rincon Mountains Ein Dutzend Meilen östlich von Tucson bedeckt an den Hängen der Tanque Verde und der Rincon Mountains die östliche Hälfte des sagenhaften Saguaro National Monument 23 000 Hektar hügeliger Wüstenlandschaft. Es ist nach dem anthropomorphen Saguaro-Kaktus benannt, der eine Höhe bis zu 12 m und ein Alter von 200 Jahren erreichen kann. Den besten Eindruck vom Park bekommt man auf der Fahrt entlang des acht Meilen langen *Cactus Forest Drive*, von dem aus zahlreiche Trails zu den vielgliedrigen Sukkulenten führen. Informationen über die Wandermöglichkeiten sind im *Visitor Center* (520/296-8576, tgl. 8-17) zu bekommen, wo auch die Eintrittsgebühr von vier Dollar pro Wagen entrichtet wird.

Der Saguaro-Kaktus blüht im Mai, und seine cremefarbig-weißen Blüten sind die Staatsblume von Arizona.

An der Straße durch den Rincon-Mountain-Abschnitt des Parks liegt die *Colossal Cave*, eine riesige alte Kalksteinhöhle, die – wenn schon nichts anderes – wenigstens eine kühle Rückzugsbastion vor der drückenden Sommerhitze bietet. Sie ist eine der beständigsten Touristenattraktionen des Staates und wurde zur Wildwest-Zeit von Zugräubern genutzt, die mit 62 000 $ Beute hierher flohen. Man fand zwar die Geldsäcke, nicht aber deren Inhalt.

Benson und die Amerind-Stiftung Benson an den Ufern des San Pedro River beherbergt mit 3824 Menschen eine vergleichsweise große und konstante Bevölkerung. Die Stadt wurde als Knotenpunkt der Santa Fe Railroad mit den Strecken zur Boomtown Tombstone und der mexikanischen Hafenstadt Guaymas gebaut. Noch heute poltern Züge durch den Ort, doch außer ein paar verblichenen Schildern ist hier kaum etwas zu sehen. Das *Horse Shoe Cafe* (121 Fourth Street) jenseits der Gleise ist das Lokal, wo die Einwohner essen gehen. Von Benson führt unsere Route auf dem alten US-80 (heute der Highway 80) nach Süden, während sich der Interstate über die Berge zieht, welche vor über 100 Jahren das Rückzugsterrain für die Apachen unter Geronimo und Cochise waren. Wenn man auf dem Freeway bleibt, sind eine Reihe von Stätten einen näheren Blick wert. Am lohnendsten ist das *Amerind Foundation Museum* (602/586-3666, tgl. 10–16, im Sommer Mo/Di geschlossen; 3 $) 12 Meilen östlich von Benson an der Dragon Road eine Meile südöstlich der Interstate-10-Ausfahrt 318. Das 1937 gegründete, private und nichtkommerzielle Museum ist dem Studium der regionalen Indianerkulturen gewidmet und zeigt in seinen weitläufigen Gebäuden im Missionsstil alles von Pfeilspitzen bis zu zeitgenössischer Pueblo-Töpferei. Es überrascht nicht, daß die schönsten Sammlungen aus Artefakten der Hopi, Navajo und Apachen bestehen und gut erhaltene zeremonielle und alltägliche Objekte umfassen – Kachina-Puppen, Teppiche und rituelle Kostüme.

Eine der merkwürdigsten Roadside-Attraktionen des Landes wird schon meilenweit entlang des Freeways angekündigt und liegt am 1516 m hohen Texas Summit beim Exit 322: The Thing (wechselnde Öffnungszeiten; 75 Cent Eintritt). Eine Tankstelle, ein Souvenirladen und ein Dairy Queen liegen vor dem Schuppen, der vollgestopft ist mit Kuriositäten, angefangen von einem Rolls-Royce, den Adolf Hitler benutzt haben soll, bis hin zum »Thing« selbst, einem mumifizierten Körper, »geheimer Identität«.

Tombstone Während der Verkehr auf dem Interstate 10 über die Berge flitzt, führt die sehenswertere Route – von den Tourismusstellen als »Cochise Trail« bezeichnet – auf der Trasse des alten US-80 nach Süden zum historischen Wild-West-Ort Tombstone, der Stadt, die »zum Sterben zu zäh« ist. Die Strecke zieht sich im Bogen bis zur mexikanischen Grenze hin, ehe sie jenseits der Grenze von New Mexico wieder auf den I-10 stößt.

Obwohl er nur 22 Meilen südlich der Autobahn liegt und regelmäßig mit Busladungen von Touristen überschwemmt wird, hat sich der ruppige Bergbauort Tombstone (1220 Einw.) fast wie vor 120 Jahren erhalten, als um 1880 10 000 Bergarbeiter hier lebten und sich eines der mythischen Ereignisse des Wilden Westens zutrug: die Schießerei vom OK Corral. Historiker und die Einwohner Tombstones sind sich bis heute über die Ereignisse des 26. Oktober 1881 nicht einig. War Wyatt Earp ein scharf schießender Retter, der Tombstone für eine würdigere Gesellschaft sicher machte? Oder war er in Wirklichkeit ein angeberischer Cowboy, den die Geschichte verklärt hat? Das mag selbst entscheiden, wer alle Seiten der Story gehört hat. Der *OK Corral* (tgl. 8–17; 2 $) existiert noch einen Block südlich der Fremont Street zwischen der Third und Fourth Street. Lebensgroße, in Leder gekleidete Gestalten nehmen hier die Position von Virgil und Wyatt Earp ein, wie sie den Clanton-Brüdern gegenüberstehen. Neben dem OK Corral läßt das Historama (tgl. 9–16; 2 $) die Ereignisse in Filmen und durch animierte Figuren wieder lebendig werden.

Jeden Samstag um 14 Uhr werden auf den Straßen von Tombstone historische Schießereien nachgestellt. Im Oktober wird der Ort während der Helldorado Days lebendig, und ein Wochenende lang finden Schießwettbewerbe und Paraden statt. Details sind vom Visitor Center (Fourth und Allen Streets, 602/457-2211) zu erfahren.

Die Opfer und Hunderte anderer endeten auf dem *Boot Hill Cemetery* (tgl. 8–18; gratis) am Highway nördlich der Stadt, wo man zwischen den hölzernen Grabmalen herumspazieren kann, die allerlei gereimte Inschriften tragen.

Wenn man die große Zahl täglicher Besucher und die vielen T-Shirt-Läden bedenkt, die hier ihr Geschäft machen wollen, ist Tombstone noch immer ein ansprechender Ort für einen Besuch. Man kann im *Nellis Cashman's* (Fifth und Toughnut Street) essen, dem ältesten Lokal von Tombstone, oder im *Crystal Palace Saloon* (Fifth und Allen Street) bzw. dem örtlichen Biker-Treff *Legends of the West* (zwei Häuser weiter, 414 Allen Street) etwas Kaltes trinken. Übernachtungsmöglichkeiten gibt es nur wenige, aber sie sind dafür nicht teuer: das zentral gelegene *Tombstone Motel* (502 East Fremont Street, 520/457-3478) mit Zimmern für 40 $ pro Nacht ist empfehlenswert.

Divide Monument Etwa 20 Meilen südöstlich von Tombstone und drei Meilen westlich von Bisbee erinnert der stark mitgenommene steinerne Obelisk des Divide Monuments auf dem 1837 m hohen Mule Pass am alten US-80 an die Sträflinge, die 1913 hier in Zwangsarbeit eine erste Straße bauten. Das Denkmal liegt an einem etwas verlotterten Parkplatz direkt oberhalb des modernen Tunnels, und von dort oben hat man einen herrlichen Rundblick auf die umliegenden Mule Mountains, die zweifellos zu den schönsten Bergen in Arizona zählen.

Bisbee Bisbee (6288 Einw.) ist eine klassische Stadt, die wie viele andere Orte auch den Boom und den Niedergang des Bergbaugeschäftes erlebt hat. Heute ist Bisbee eines der lohnendsten abgelegenen Reiseziele Arizonas, wo landschaftliche Schönheit, greifbare Spuren der Geschichte und eine Reihe guter Restaurants und Lokale kombiniert sind. Bisbee mit seinen Straßen, die sich zwischen hundertjährigen Häusern – viktorianische Cottages, Bretterhütten und stattliche Backsteinkirchen – hindurchwinden, hat eine viel-

La Vuelta de Bisbee, ein sehr anspruchsvolles, professionelles Radrennen, zieht jedes Jahr im April Hunderte von Weltklassefahrern an, die die steilen Straßen der Stadt hinauf und hinunter rasen.

Die Fotos von Camilius S. Fly

Der Wild-West-Fotograf Camilius S. Fly, dessen Werk eine der bedeutendsten Dokumentationen des Lebens an der Frontier in Arizona bildet, hatte in Tombstone sein Hauptstudio, das heute ein Teil des OK Corral ist. Zu den Bildern, die in einer kleinen Galerie ausgestellt sind, gehören einige der frühesten Fotos, die vom Chiricahua-Krieger Geronimo gemacht wurden, sowie Aufnahmen von Wyatt Earp, »Doc« Holliday und vielen anderen. Was Matthew Brady für den Bürgerkrieg war, war Fly für Tombstone in den Spitzentagen der 1880er Jahre.

Im Juli 1917 wurden hier über 1000 Bergarbeiter, die für bessere Löhne und Arbeitsbedingungen streikten, unter Gewaltanwendung deportiert. Man brachte sie auf Eisenbahnwaggons aus der Stadt und setzte sie in der Wüste außerhalb von Columbus, New Mexico, aus.

fältige Einwohnerschaft aus »Wüstenratten«, Bikern, Künstlern und Aposteln des New Age angezogen, die sich in den Cafés und Bars der Stadt wundervoll miteinander vermischen.

Der Kern des Ortes liegt nördlich des alten US-80 an der Main Street und zieht sich westlich des Bisbee Mining and Historical Museum (tgl. 10–16; 3 $) hin, das im alten Hauptquartier der Phelps Dodge-Company Dioramen, alte Fotos und vielfältige Artefakte zeigt. Die Main Street weist zahlreiche Cafés, Antiquitätengeschäfte, Kunstgalerien und Restaurants auf. Die wichtigste Attraktion in Bisbee ist die *Copper Queen Mine*. Mit einem Helm auf dem Kopf und einer Bergarbeiterlampe in der Hand kann man in den Schacht einfahren, der bis zum Zweiten Weltkrieg in Betrieb war. Alle 90 Minuten werden ab dem Hauptgebäude der Queen Mine gleich südlich der Innenstadt am alten US-80 einstündige Führungen veranstaltet.

Eine der unvergeßlichen Ansichten in Arizona ist der gigantische vielfarbige Krater der *Lavender Open Pit* am Highway 80 südlich der Queen Mine. Die offene Grube trägt ihren Namen nicht nach der Farbe (die ist mehr rostig als purpurn), sondern nach dem Bergwerksaufseher Harry Lavender, und war eine wahrhafte Schatzgrube mit Erzvorräten, die das Gros der 3,6 Millionen Tonnen um Bisbee geförderten Kupfers erbrachten, ehe die Produktion 1974 eingestellt wurde.

Das *Copper Queen Hotel* (520/432-2216), das sich im Zentrum von Bisbee über der Howell Street erhebt, ist seit seiner Eröffnung im Jahre 1902 stets die beste Unterkunft gewesen. Die meisten Zimmer sind ohne Verlust ihres altmodischen Charmes modernisiert worden und kosten ab 65 $ die Nacht. Ein anderes netten Hotel ist das Bisbee Inn (450 K Street, 520/432-5131) oberhalb des Brewery Gulch, das Räume im Bed&Breakfast-Stil ohne eigenes Bad ab 45 $ für zwei Personen vermietet.

Das Copper Queen Hotel hat auch ein gutes Restaurant und eine beliebte Bar. Andere Tips sind Frühstück oder Lunch im *Cafe Cornucopia* und Gourmet-Dinner im *Cafe Roka*, die einander in der Main Street gegenüberliegen. Am Brewery Gulch, der östlich der Innenstadt von der Main Street nach Norden verläuft, lagen einst über 50 Saloons und Spielhallen; heute ist es dort beträchtlich ruhiger, aber es gibt noch immer so eigenartige Spelunken wie die *Stock Exchange-Bar* in der alten Börse von Bisbee und das *St. Elmo's* mit abendlicher Live-Musik. Außerdem finden sich im Ort eine Reihe Espresso-Bars wie etwa das *Cafe Renaissance* am Anfang des Brewery Gulch. Weitere Informationen, Karten für Stadtrundgänge oder Details über besondere Ereignisse stellt das Bisbee Visitor Center (7 Main Street, 520/432-5421) zur Verfügung.

Die Grenze: Douglas und Agua Prieta Wie Bisbee entwickelte sich auch der Grenzort Douglas (12822 Einw.) auf Grundlage des Kupferbergbaus, der hier jedoch bis in die jüngste Zeit andauerte.

Der große Schornstein eine Meile westlich der Stadt ist das Erkennungszeichen des großen Phelps-Dodge-Hochofens, der bis 1987 in Betrieb war und Erz aus Mexiko verarbeitete.

Heute dreht sich die Wirtschaft um den Grenzhandel mit den Maquiladora-Fabriken in der weit größeren mexikanischen Nachbarstadt Agua Prieta (80000 Einw.), deren Bewohnerzahl sich in den vergangenen Jahrzehnten vervierfacht hat.

Agua Prieta war der Schauplatz von Scharmützeln zwischen dem Revolutionär Pancho Villa und der mexikanischen Armee.

Es gibt weder in Douglas noch in Agua Prieta viel zu sehen, obwohl Douglas zumindest auf eine Attraktion stolz ist: das auffällige *Gadsden Hotel* (1046 G Avenue, 520/364-4481). Nachdem ein Feuer das ursprünglich 1907 errichtete Haus zerstört hatte, wurde es 1928 wieder aufgebaut. Die geräumige, mit Gold verzierte Lobby – einer der edelsten öffentlichen Räume im Staat – hat ein hübsches Glasfenster im Tiffany-Stil, welches das Zwischengeschoß ziert. Die kleinen, einfachen Zimmer kosten ab 35 Dollar pro Nacht, und es gibt ein gutes mexikanisch-amerikanisches Restaurant sowie eine sehr beliebte Bar namens *Saddle and Spur*, deren Wände mit über 200 Brandeisen von den umliegenden Ranches dekoriert sind.

Ein Denkmal am Highway eine halbe Meile östlich des kleinen Ortes Apache weist auf die nahegelegene Stätte hin, wo sich der Apachen-Krieger Geronimo 1886 der US-Armee ergeben mußte.

Cave Creek und das Chiricahua National Monument Auf den etwa 50 Meilen zwischen Douglas und der Grenze zu New Mexico zieht sich der US-80 diagonal durch die südwestliche Ecke Arizonas, ein schroffes Land aus Bergen, Canyons und vulkanischen Ausstülpungen, die sich über die gestrüppbedeckte Ebene erheben. Es gibt am Highway nicht viel zu sehen, doch im Nordwesten liegen die schönen Pendregosa Mountains, deren bewaldete Gipfel – heute als Teil des Coronado National Forest geschützt – lange als Rückzugsgebiet der Chiricahua-Apachen und der verschiedensten Outlaws dienten.

Ein Großteil des südöstlichen Arizona ist noch immer offenes Weideland, weshalb man besonders auf Tiere auf der Fahrbahn achten sollte.

Während man sie nördlich vom Interstate 10 aus erreichen kann, führt der beste Zugang vom Süden her über das treffend benannte Dorf Portal westlich des alten US-80 ab der Grenze zu New Mexico, wo die *Portal Peak Lodge*, Store and Cafe (520/558-2223) eine einladende Oase bildet, die frisch zubereitetes Essen und durchaus komfortable Zimmer bietet.

Oberhalb von Portal erheben sich die nackten Klippen des *Cave Creek Canyon*, den der Schriftsteller William Least Heat Moon in seinem Buch Blue Highways als »eines der mächtigsten Stücke Topographie, die ich jemals gesehen habe«, beschrieb. Die blassen Sandsteinwände der Schlucht sehen wie sonnengebleichte Zwillinge von Utahs Zion National Park aus. Eine schmale, nur im Sommer befahrbare 20-Meilen-Piste klettert vom Cave Creek über den pinienbewachsenen, 2316 m hohen Scheitel der Berge und endet im Westen am Fuß des beeindruckenden *Chiricahua National Monument*, einem wahrhaften »Wunderland der Felsen«, dessen ausgeprägte Konturen durch äonenlange Erosion aus dem weichen vulkanischen Gestein geformt wurden.

Das *Visitor Center* (520/824-3560, tgl. 8-17) nahe der Einfahrt zum Monument verfügt über Informationen zum Wandern, Campen und Beobachten der Tiere. Man sollte daran denken, daß es in der Nähe des Parks keinen Service gibt – weder Lebensmittel noch Benzin oder Unterkünfte.

Durch New Mexico

Zwischen Arizona und Texas durchquert der Interstate 10 jenen Teil von New Mexico, der »Bootheel« genannt wird, weil er sich fast wie ein Stiefelabsatz bis zum eigentlichen Mexiko erstreckt. Bis zum Gadsden-Kauf von 1853 war alles dies ein Teil des Nachbarlandes, und der hispanische Einfluß dominiert noch heute den angloamerikanischen. Die wenigen Städte dieser Gegend, wie Lordsburg und Deming, entstanden während des Baus der Eisenbahnstrecke und hängen wirtschaftlich noch immer von ihr ab. Sie bieten wenig Attraktionen für Reisende, aber zumindest ein Ort ist doch eine Fahrtunterbrechung wert: das historische Dorf Mesilla, dessen Häuser rings um einen staubigen Platz angeordnet sind und das südlich von Las Cruces liegt, der einzigen größeren Stadt dieser Region.

Lordsburg und Shakespeare Der alte US-80 vereinigt sich gleich hinter der Grenze von New Mexico beim passend benannten Ort Road Forks mit dem Interstate 10. Fünfzehn Meilen weiter östlich macht der Freeway einen Bogen nach Süden und führt um Lordsburg (2951 Einw.) herum. Das Städtchen wurde nach einem Eisenbahningenieur benannt, der es 1880 entwarf, hat aber außer seinen 17 Tankstellen, elf Cafés und zehn Motels am »Motel Drive« – der drei Meilen langen Business Route – wenig zu bieten. Wer eine Pause einlegen möchte, sollte entweder das *Holiday-Café* im Stadtzentrum oder das *El Charro* neben dem Bahnhof ausprobieren.

Überall in New Mexico stellen die Orte am Interstate große Schilder auf, die den touristischen Service in Zahlen messen. Deming zum Beispiel hat 27 Tankstellen, 21 Restaurants und 13 Motels.

Lordsburg gibt dem Besucher das eigenartiges Gefühl, als sei es aufgegeben worden, als hätten die Bewohner ihre Sachen zusammengerafft und die Stadt verlassen – wie etwas aus dem Film »The Andromeda Strain«.

Ein Grund, hier die Fahrt zu unterbrechen, ist aber Shakespeare, New Mexicos am besten erhaltene Ghost Town drei Meilen südlich der Stadt an einer gut gekennzeichneten Piste. Während der 1870er Jahre lebten hier kurzfristig etwa 3000 Bergarbeiter, die den Ort verließen, als die Silbervorkommen erschöpft waren. Zehn Jahre später gab es einen weiteren kurzen Bergbauboom. Um 1930 hatte die Familie Hill die Stätte in eine Ranch verwandelt; ihre Nachfahren leben noch immer hier, kümmern sich um die Gebäude und veranstalten unregelmäßig auch Besichtigungstouren (Sa/So 10 und 14 Uhr; 3 $; Informationen unter 505/542-9034) durch den Grant House Saloon,

Nach dem Abstecher durch Texas überquert man beim Carlsbad Caverns National Park wieder die Stateline von New Mexico.

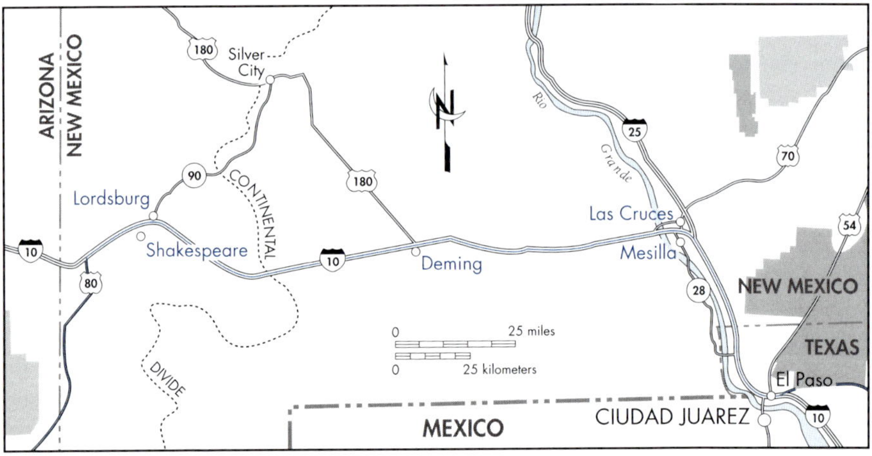

den General Store (wo man Bücher und Postkarten erwerben kann) und das *Stratford Hotel*, wo Billy the Kid als Junge Teller wusch.

Deming 60 Meilen östlich von Lordsburg und auf halbem Weg nach Las Cruces liegt die Rancher- und Farmerstadt Deming (10970 Einw.), die sich selbst »Heimat des reinen Wassers und der schnellen Enten« nennt. Meile um Meile wird dieses Motto entlang des Interstate 10 auf großen Billboards wiederholt, aber es macht mehr Sinn, als man anfangs glauben mag: Demings Wasser kommt aus dem unterirdischen Mimbres River, und jedes Jahr Ende August wird in der Stadt eine Entenjagd abgehalten (es geht um richtige Enten, nicht um die aus Gummi), bei dem die Gewinner Preise von insgesamt 10000 Dollar erringen können.

Silver City, eine eindrucksvolle alte Bergbaustadt hoch in den Bergen 45 Meilen nordöstlich von Lordsburg, war ein weiteres Gebiet, wo der berühmte Outlaw Billy the Kid früh sein Unwesen trieb. Der Ort eignet sich gut für einen Abstecher.

Alles dies ist kaum mehr als ein billiger Trick, um gelangweilte Reisende zum Verlassen des Freeways zu verführen, jedoch ist Deming kein häßlicher Ort. Hier gibt es das exzellente *Deming-Luna-Mimbres Museum* (301 South Silver Street, Mo–Sa 9–16, So 13–16; Eintritt gegen Spende) drei Blocks südlich der Pine Street (alter US-80), der Hauptstraße von Deming. Außer der üblichen Sammlung alter Töpferwaren, glitzernder Steine und von Artefakten der Pionierzeit wird eine ansprechende Kollektion alter Spielzeuge, Puppen, handgemachter Decken und zahnärztlicher Utensilien gezeigt – alles das ist auf jeden Fall einen schnellen Blick, eigentlich aber eine intensivere Visite wert.

Wer Hunger hat, kann die Fastfood-Restaurants meiden und zum *Hot Creek Saloon* in der Innenstadt fahren, einem tollen Ort für Burger, Bier und die eine oder andere Runde Pool-Billard. Für mexikanisches Essen – vor allem exzellente Chiles Rellenos – ist das *Cactus Cafe* (218 West Cedar Street) am Freeway die richtige Adresse.

Die Unterkünfte reichen vom *Butterfield Stage Motel* (200 West Pine Street, 505/544-0011) bis zu einem *Best Western*, einem *Holiday Inn* und einem *Motel 6* (erreichbar via Interstate-10-Ausfahrt 85). Die beste Campinggelegenheit findet sich südöstlich der Stadt im *Rockhound State Park* (505/546-1212; 8 $), wo es nicht nur nette Zeltareale und heiße Duschen gibt, sondern wo man auch pro Person bis zu 10 kg Quarzkristalle, Achate oder Mineraliendrusen sammeln darf – die Ranger fordern regelrecht dazu auf.

Auf halber Strecke zwischen Lordsburg und Deming, wo der Interstate 10 unmerklich die 1.397 m hohe Continental Divide überquert, verkauft Bowlin's Trading Post Feuerwerksartikel, Klapperschlangeneier und vielerlei andere wichtige Dinge, für die auf Dutzenden von Billboards entlang des Highways geworben wird.

Las Cruces und Mesilla Las Cruces (62126 Einw.) liegt am östlichen Ufer des Rio Grande am Fuß der merkwürdig rechtwinkligen Organ Mountains und ist das ökonomische Zentrum für eine aufstrebende agrarisch und touristisch genutzte Region. Die Stadt trägt ihren Namen nach der Konzentration von Kreuzen auf den Gräbern der Pioniere und wurde zuerst von spanischen Missionaren besiedelt, ist heute aber ein durch und durch moderner, amerikanisch wirkender Ort mit allen nur erdenklichen Tankstellen plus 130 Restaurants und 31 Motels (von einem Motel 6 bis zu einem teuren Hilton). Ansonsten gibt es aber eigentlich nichts, was man unbedingt sehen sollte.

Im südwestlichen New Mexico folgt der Interstate 10 grob der Route, auf der in den 1850er Jahren die Postkutschen der Butterfield Stage Line verkehrten, der 2800 Meilen langen Verbindung zwischen St. Louis und San Francisco.

Das Beste an Las Cruces ist seine Nähe zu einem wirklich netten Ort, dem drei Meilen südwestlich gelegenen historischen Dorf Mesilla am Highway 28. Geduckte Lehmziegelhäuser liegen rings um eine schattige zentrale Plaza, und einige davon sind geschichtlich bedeutende Stätten – darunter ein altes Gefängnis, aus dem Billy the Kid 1880 floh. Außerdem gibt es ein paar exzellente Restaurants im mexikanischen Cantina-Stil, so das beliebte *La Posta* und das günstigere, aber gleichgute *El Patio*. Das *Gadsden Museum* (tgl. 9–11 und 13–17; 2 $) an der Barker Road nahe der Plaza dokumentiert die Geschichte des Ortes von den Zeiten der Eroberer bis zur Gegenwart.

Südöstlich von Las Cruces und Mesilla knickt die Route nach Süden ab, führt über die texanische Grenze nach El Paso und folgt 60 Meilen weit dem US-180, ehe sie wieder New Mexico und den Carlsbad Caverns National Park erreicht. Für die Fahrt nach El Paso hat man die Wahl zwischen dem schnellen I-10 oder dem sehenswerteren Highway 28, der parallel zum Freeway verläuft und durch staubige kleine Orte an den Ufern des Rio Grande führt.

Mesilla wurde 1848 ursprünglich jenseits des Rio Grande auf der mexikanischen Seite der Grenze gegründet, nachdem im Friedensvertrag des mexikanisch-amerikanischen Krieges alle Gebiete nördlich des Flusses den USA zufielen. Vier Jahre später wurde Mesilla – zumindest juristisch – wieder amerikanisch, nachdem Gadsden die gesamte »Bootheel«-Region für 10 Millionen Dollar kaufte.

Durch Texas

Auf die Entfernung bezogen ist der Streckenabschnitt durch Texas der längste Teil dieser Transkontinentalroute, doch hinsichtlich der Sehenswürdigkeiten bietet der Staat keinen hohen Ertrag pro Gallone Sprit. Wer das meiste aus der Tour machen möchte, sollte in der westlichen Ecke von Texas bei El Paso den langsameren, doch bedeutend attraktiveren US-180 entlang der schönen Guadalupe Mountains nehmen und in New Mexico nicht die bemerkenswerten Carlsbad Caverns versäumen.

Von Carlsbad ist es – dann wieder in Texas – eine schnurgerade Fahrt über die pfannkuchenflache Llano Estacado, die sich zu beiden Seiten der Stateline erstreckt. Dieser Abschnitt ist einer der ereignislosesten im

Eine Tortilla unter anderem Namen

Carne adovada, Calabacitas, Posole, Sopaipillas... – Gerichte wie diese zeigen unmißverständlich an, daß man sich in der linken unteren Ecke der US-amerikanischen Landkarte befindet. Doch wie weiß man, ob traditionelle New Mexico-Küche, Southwestern Cuisine oder die beliebte Mischform Tex-Mex auf dem Tisch dampft? In Wahrheit sind dies alles Mischformen, die entstanden, als die Spanier vor fünfhundert Jahren europäische Gewürze und Haustiere herbrachten und mit den landestypischen Ingredienzen kombinierten. Und da die spanischen und mexikanischen Siedler dem El Camino Real von Chihuahua nach Santa Fe nordwärts folgten, entwickelten sich die kulinarischen Unterschiede aufgrund der regionalen Verschiedenheit örtlicher Produkte.

Neu sind eigentlich nur die Kategorien: Vor einer Generation aßen die Menschen einfach »mexikanisches Essen«, doch bestimmte Charakteristika unterschieden die Kochstile durchaus voneinander. In New Mexico ist das Mesilla Valley für Chilis das, was Kaliforniens Napa Valley für die Weintrauben ist. Beim Bestellen einer örtlichen Spezialität wird der Ober sich nach »Rot oder grün?« erkundigen, womit rote oder grüne Chilis gemeint sind. Man kann fragen, welche schärfer sind und dementsprechend wählen oder ein bißchen von beiden probieren.

Wie der Name schon sagt, verbindet Tex-Mex Einflüsse von beiden Seiten der Grenze aus einer Weidegegend, in der Vaqueros über Mesquite-Feuern Fleisch braten. Herzhafte Gerichte wie Carne asada (gegrilltes Fleisch) sind von Bohnenmus, Guacamole, Getreidetortillas und Pico de Gallo begleitet – einer Salsa aus Tomaten und Chilis. Auch Fajitas signalisierten einst Tex-Mex-Territorium, doch das war, bevor der Rest des Landes diese schmackhaften Streifen aus Steakfleisch entdeckte.

Wenn die Fusion der Stile mehr umfaßt als Mexiko und den amerikanischen Südwesten, man also auf Bruschetta mit gerösteten Chilis oder Frühlingsrollen mit grünen Chilis stößt, ist man in das nebulöse Reich der Southwestern Cuisine geraten. Die Küchenchefs der Weltklasse aus Santa Fe kennen keine Limits, weder hinsichtlich der Kreativität noch sonstwie.

ganzen Land – abgesehen von ein paar Ölpumpstationen, Viehranches und Baumwollplantagen gibt es meilenweit absolut nichts zu sehen. Nur wenige der sporadisch auftauchenden Städte haben irgendeine geschichtliche oder ästhetische Dimension, so daß man sich im wesentlichen auf eine lange Tagesetappe durch die offene Prärie einstellen sollte. Wer wenig Zeit hat, versäumt kaum etwas, wenn er sich lieber zwischen El Paso und dem Großraum Dallas/Fort Worth für den schnellen Interstate 20 entscheidet.

Im östlichen Texas geht die Landschaft schrittweise in jene des Deep South über, und die dichten Pinienwälder tun ihr Bestes, die historische Abhängigkeit von der Ölindustrie zu verschleiern – die Profite sind ohnehin an den Bürotürmen von Dallas weit deutlicher ersichtlich als an der von Armut gebeutelten Quelle. Auch hier kommt man auf dem Interstate zügiger voran, und bei allen für einen Abstecher in Frage kommenden Orten gibt es auch einen passenden Freeway-Exit, etwa beim kleinen Kilgore, wo man den »fruchtbarsten Acre der Welt« und das fesselnde East Texas Oil Museum besichtigen kann.

El Paso El Paso (515 342 Einw.) ist Teil der größten internationalen Gemeinde in Nordamerika und wurde ursprünglich als Ort aufgrund seiner idealen Lage an einem sicheren Übergang über den Rio Grande gegründet. Später entwickelte es sich zu einer wichtigen Wegestation an der transkontinentalen Butterfield-Postkutschenroute und der Southern Pacific Railroad. Wie der Name suggeriert, ist El Paso für die meisten Menschen ein Ort der Durchreise, doch gibt es für den Besucher viele sehenswerte Dinge anzuschauen.

El Paso erhebt doppelten Anspruch auf Ruhm: von hier stammen die Tony-Lamar-Stiefel, die mit beträchtlichen Preisnachlässen in vier Läden im Stadtgebiet verkauft werden, und auf dem Campus der University of Texas El Paso am I-10 westlich der Stadt liegen die einzigen Gebäude Nordamerikas, die tibetanischen Klöstern nachgebildet wurden.

Einer der interessantesten Aspekte der Stadt ist die Grenze, die über Jahre entlang des Rio Grande verlief (der in Mexiko übrigens Río Bravo heißt), dessen häufige Wechsel des Flußbettes den Regierungen der beiden Nachbarländer jedoch immer wieder Probleme breiteten. 1963 schließlich wurde der Fluß durch ein Betonbett geleitet, damit die Wechsel ein Ende hatten. An der Grenze liegt heute das *Chamizal National Memorial* an der San Narcial Street auf Höhe des Paisano Drive, wo ein kleines Museum (tgl. 8–17; gratis) die Geschichte der Grenze erzählt und von einem netten Park umgeben ist. Die Bridge of the Americas führt hinüber nach Ciudad Juarez (1.5 Mio. Einw.) auf die mexikanische Seite.

El Pasos schwer zu findender Concordia-Friedhof (er liegt gleich nordwestlich der Kreuzung des I-10 mit dem US-54) ist der letzte Ruheort von John Wesley Harding, dem »schnellsten Gewehr im Westen«, bis er 1895 getötet wurde.

Eine andere einzigartige Sehenswürdigkeit, die sich in El Pasos bis an den Horizont reichender Stadtfläche versteckt, sind die spanischen Missionen aus der Kolonialzeit. Sie zählen zu den ältesten auf dem heutigen Territorium der USA, bestehen aus den Kirchen *Ysleta*, *Socorro* und *San Elizario* und liegen am gut ausgeschilderten »Mission Trail« zwischen dem Rio Grande und dem I-10 etwa 15 Meilen vom

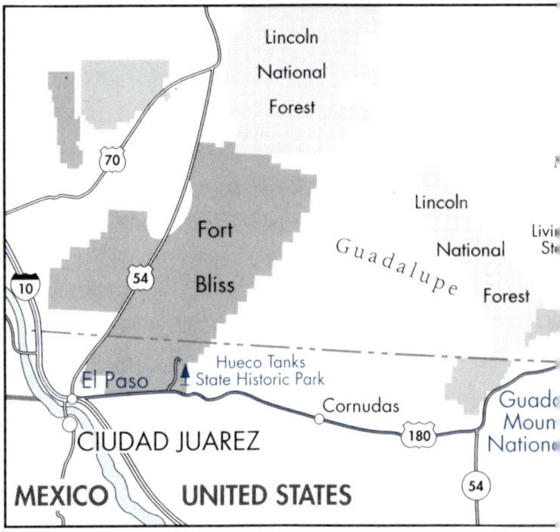

Ein Tip für empfindliche Gaumen: wen die scharfen Chilis zu sehr im Mund brennen, der sollte nicht zum Dos Equis-Bier greifen. Wie Wasser auf brennendem Benzin breiten Bier, Sodas und sogar Eiswasser das Feuer nur weiter aus. Ein Schluck Milch oder das Kauen einer Tortilla schaffen dagegen Abhilfe.

Stadtzentrum entfernt. Außer diesen Missionskirchen, die alle drei noch in Benutzung sind, gibt es in El Paso eine Reihe kleiner spezialisierter Museen, die so unterschiedlichen Themen wie der U.S. Border Patrol, Napoleon Bonaparte und der Medizin an der Frontier gewidmet sind. Vier weitere – das *U.S. Army Air Defense Artillery Museum*, das *Third Cavalry Museum*, das *Museum of the Non-Commissioned Officer* und das *Fort Bliss Museum* – befinden sich auf dem Gelände des Fort Bliss und dokumentieren El Pasos signifikante Militärgeschichte; sie sind täglich von 9 bis 16.30 Uhr geöffnet, und ihr Besuch ist kostenlos.

Eßlokale in und um El Paso tendieren – wen würde das überraschen – zu Tex-Mex-Küche. Dies beweisen die Speisekarten in *JJ's Drive-In* (5326 Doniphan Street beim Interstate-Exit 11), im klassischen alten *Forti's Mexican Elder* (321 Chelsea Street östlich der Innenstadt bei der Interstate-Ausfahrt Paisano Avenue) und im *Grigg's* (9007 Montana Avenue/US-180 östlich der Stadt beim Fort Bliss), das seit 1939 klassische New-Mexico-Gerichte serviert.

El Pasos gediegenste Unterkunft ist das vornehme alte *Camino Real Paso Del Norte Hotel* (101 South El Paso Street, 915/534-3000), eines der nobelsten Hotels überhaupt mit schöner Bar abseits der Lobby und niedrigeren Preisen, als man vermutet (pro Nacht ab 85 $). Auch die üblichen Kettenmotels der mittleren Preislage sind hier vertreten, und es gibt eine günstige, vom amerikanischen Herbergsverband AYH anerkannte Jugendherberge im historischen *Gardner Hotel* (311 East Franklin Street, 915/532-3661).

Weitere Informationen – auch über das

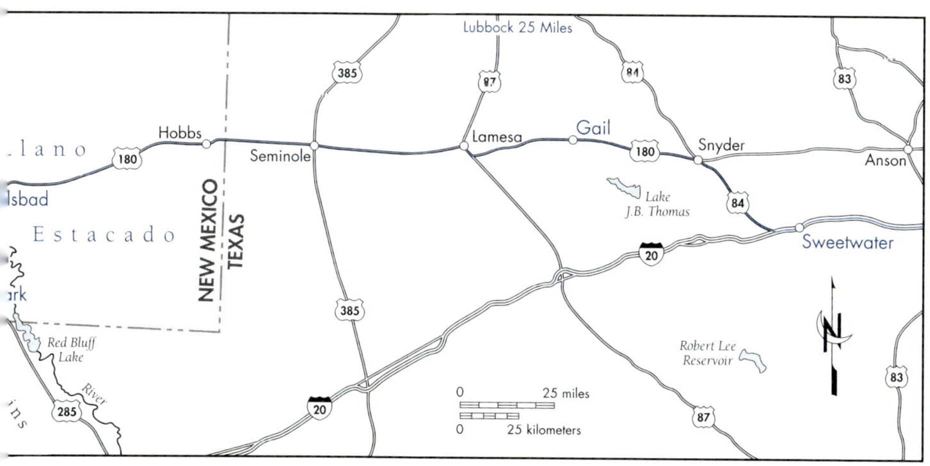

benachbarte *Ciudad Juarez* – sowie Stadtpläne und Karten sind im Visitors Bureau (1 Civic Center Plaza in der Innenstadt, 915/534-0653 oder 800/351-6024) erhältlich.

Hueco Tanks State Historic Park Auf dem 100-Meilen-Teilstück der ausgedörrten Wüste in Westtexas zwischen El Paso und den Guadalupe Mountains sollte man nicht viel erwarten – außer dem winzigen *Hueco Tanks State Historic Park* (tgl. 8 Uhr–Sonnenuntergang; 2 $) am Außenrand von Fort Bliss etwa 30 Meilen östlich von El Paso und acht Meilen nördlich via Highway 2775.

Die ersten 35 Meilen östlich von El Paso führt der US-180 am Südrand des gigantischen Fort Bliss entlang, das sich 50 Meilen nach Norden ausdehnt und wo 20 000 US-Soldaten stationiert sind.

Der 345 Hektar große Park wurde zum Schutz von schätzungsweise 5000 Steinzeichnungen angelegt, die auf Basaltfelsen gemalt sind; außerdem liegen die Überreste einer Postkutschenstation und ein altes Ranchgebäude in diesem Gebiet. Die namengebenden »Tanks« sind natürlich entstandene Felsbassins, in denen sich Regenwasser sammelt und die den Ort schon ziemlich lange zu einem selbstverständichen Zwischenstopp für Vorüberreisende machten – von prähistorischen Ureinwohnern bis zu den Postkutschenpassa- gieren der Butterfield-Linie. Gut 35 Meilen östlich des Abzweigs zum Hueco Tank Park bietet der kleine Highwayort *Cornudas* ein nettes Café – »Heimat des weltberühmten Cornudas-Burger« – und eine Reihe von Wildwest-Gebäuden mit falschen Fassaden.

Guadalupe Mountains National Park Der Guadalupe Mountains National Park – der einzige Nationalpark in Texas – umfaßt die schroffen Gipfel, die sich 110 Meilen östlich von El Paso entlang der Grenze zu New Mexico erheben. Die Guadalupes entstanden als Teil derselben riesigen Capital Reef-Kalksteinlagerung, die auch die großen Höhlen von Carlsbad bildet. Im Kontrast zur umliegenden Wüste erheben sich die nackten Felsflanken 600 m über die Ebene und bieten die Möglichkeit, nah beieinander und in Reichweite vom Highway viele unterschiedliche und gegensätzliche Ökosysteme zu studieren.

Guadalupe Peak, mit 2666 m der höchste Punkt in Texas, kann vom Hauptbesucherzentrum am US-180 aus über einen sehr steilen, drei Meilen langen Trail bestiegen werden.

Wer nicht auf ernsthaftes Bergsteigen eingestellt ist (und das ist der einzige Weg, um die Großartigkeit des Parks zu erleben oder die reichhaltigen Wildtiervorkommen inklusive der Berglöwen zu beobachten), bekommt am ehesten bei einer Wanderung durch den *McKittrick Canyon* in der Nordostecke des Parks ein Gefühl für die Guadalupes. Vom *Visitor Center* (915/828-3251, tgl. 8–16.30; gratis) am Ende der Straße führt ein gut gekennzeichneter, gut instandgehaltener und generell flacher Trail 3,5 Meilen weit am Strom entlang. Das Grün der Vegetation wechselt graduell von den Kakteen der Chihuahua-Wüste zu den Eichen,

Die Gegend um die Guadalupe Mountains sind ein Winkel der Central-Time-Zone; alles im Norden und Westen – darunter El Paso und Carlsbad – liegt in der Mountain Time-Zone.

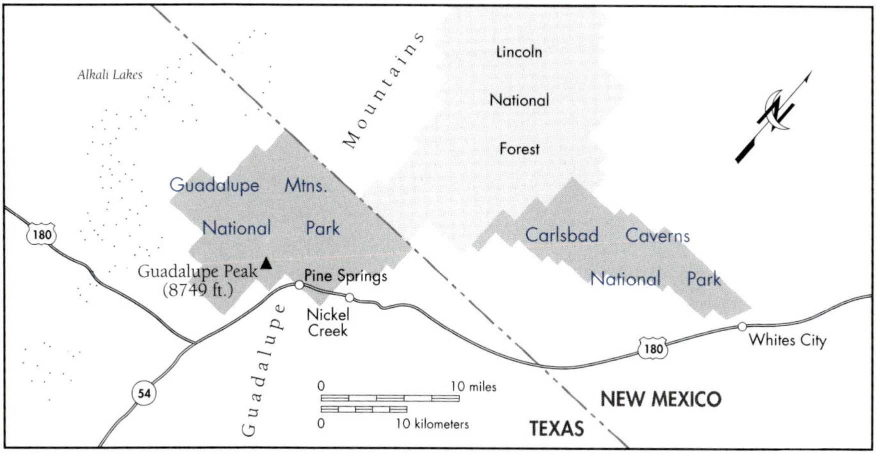

Walnuß- und Ahornbäumen des inneren Canyons. Beste Zeit für einen Besuch ist das Frühjahr, wenn die Wildblumen der Wüste blühen, oder der Herbst, wenn sich die Blätter der Laubbäume verfärben.

Carlsbad Caverns National Park Über unvorstellbar lange Zeit hat einsickerndes und tropfendes Wasser die Carlsbad Caverns aus dem soliden Kalkstein des Capital Reef herausgewaschen und schuf ein über 30 Meilen langes System unterirdischer Höhlen, die bis zu 300 m breit sind. Ein zwei Meilen langer Trail (tgl. 8–15.30; 5 $) führt vom Visitor Center steil hinab; man kann aber auch mit einem Fahrstuhl den 230 m tief gelegenen »Big Room« erreichen und nach einer Wanderung zwischen unzähligen Stalaktiten, Stalagmiten und anderen Steinformationen in einer Cafeteria im klassischen Fünfziger-Jahre-Stil Cheeseburger essen. Zurück zur Oberfläche muß man den Fahrstuhl benutzen.

Der Trail hinunter in die Höhlen wird früh geschlossen, damit die Besucher nicht das immer beliebtere Spektakel des »Bat Flight« stören, wenn Hunderttausende mexikanischer Freetail-Fledermäuse bei Sonnenuntergang aus den Höhlen geflattert kommen.

Jeden Abend um 19 Uhr – außer im Winter, wenn die Fledermäuse nach Mexiko gezogen sind – halten Ranger kurze Vorträge über die Tiere, klären darüber auf, wie wundervoll und harmlose sie sind, und warten darauf, daß sie in die Nacht hineinfliegen.

Die nächstgelegenen Unterkünfte und Eßlokale finden sich in *Whites City* am Highway 180 beim Abzweig zum Park. Der Ort ist nach James White benannt, der als erster die Höhen zu einer Touristenattraktion machte, und stellt im wesentlichen

Nördlich der Carlsbad Caverns sendet die staatliche Radiostation auf 530 AM ununterbrochen Ricardo Montalbans Bericht vom berühmten Goodnight-Loving Cattle Trail, der am nahen Pecos River entlangführte.

Lubbock: das Musik-Mekka des Panhandle

Die größte Stadt im nordwestlichen Texas, Lubbock (186.206 Einw.), ist ein hektisches und unattraktives agrarisches Zentrum, das der Welt Buddy Holly geschenkt hat, dessen Songs (»Peggy Sue«, »That'll Be The Day«, »Rave On«) dem Rock'n'Roll den Weg bereiteten. Für Musikfans ist der Abstecher in die Innenstadt zur Statue von Buddy an der Ecke Eighth Street und Avenue Q ein lohnendes Erlebnis. Sie ist von Plaketten zu Ehren anderer erfolgreicher Boys und Girls aus Lubbock umgeben, darunter Roy Orbison, Waylon Jennings, Tanya Tucker und Joe Ely. Buddy starb 1959 im Alter von 22 Jahren bei einem Flugzeugabsturz und ist am Eingang des Lubbock Cemetery am Ostende der 31st Street begraben.
Eine andere Hauptattraktion von Lubbock ist Prairie Dog Town im Mackenzie State Park am Nordostrand der Innenstadt, etwas versteckt nahe der Avenue A.
Weitere Informationen hält das Tourist Office (Avenue K und 14th Street, 806/763-4666 oder 800/692-4035) bereit.

einen riesigen Komplex aus Motels, Restaurants und Souvenirläden dar.
Zimmer in den beiden *Best Westerns* (505/785-2291 oder 800/288-3767) kosten um die 60 $ pro Nacht.

Carlsbad Die Stadt Carlsbad (25 000 Einw.) 20 Meilen nordöstlich der Caverns lebt von den jährlich 750 000 Touristen, die die Höhlen besuchen. Die Motels beweisen es: Entlang der Canal Street (US-180), der Hauptstraße durch die Stadt, findet man die nationalen Ketten wie *Best Western*, *Holiday Inn*, *Motel 6* und *Travelodge* sowie spritzigere örtliche Konkurrenten wie das *Stagecoach Inn* (1819 South Canal Street, 505/887-1148). Es gibt auch ein sehr gutes mexikanisches Restaurant, das *Casa de Cortez* (506 South Canal Street), ein schlichtes braunes Backsteingebäude, in dem die Ortsbewohner wegen der gehäuften Portionen von Frijoles Refritos und Chiles Rellenos zusammenkommen. Es gibt keinen Schnaps, Kreditkarten werden nicht akzeptiert, aber dafür bekommt man großartige frische Sopaipillas.
Abgesehen von den Höhlen ist der *Living Desert State Park* (8 Uhr–Sonnenuntergang; 3 $) die zweite Attraktion in der Gegend um Carlsbad. Er liegt vier Meilen nordwestlich am US-285 und zeigt die Pflanzen und Tiere der trockenen Chihuahua-Wüstenregion.

US-180: Die Llano Estacado Bei Carlsbad überquert der US-180 den Pecos River und zieht sich dann durch die öde Llano Estacado, die »abgesteckte Ebene«, welche einen Großteil des östlichen New Mexico und des Texas Panhandle ausmacht. Der Name bezieht sich auf hölzerne Pfähle, die von den frühen Kundschaftern zur besseren Orientierung in den Boden der konturlosen Wüstenebene getrieben wurden. Die Llano Estacado ist auf beiden Seiten der Grenze gleich – flach, trocken und fast unbesiedelt. Für Reisende Richtung Osten ist es die Gegend, in der das Öl zum ersten Mal eine sichtbare Bedeutung bekommt – von hier

bis nach Alabama stehen Pumpstationen rechts und links des US-180.
Und die Region ist Cowboy Country, dank der ausgedehnten Weiden, die mit aus großer Tiefe heraufgepumptem Grundwasser bewässert werden. Für Reisende überwiegt jedoch der Eindruck eines weiten Landes: Meile um Meile endlos flacher Baumwollfelder, die hin und wieder von leuchtend grünen Alfalfa-Pflanzungen oder unerwartet großen Siedlungen unterbrochen werden. Eine davon ist Hobbs (29 115 Einw.) an der Grenze von New Mexico, deren Straßen von verschiedenen Geschäften für Bohrausrüstungen und riesigen Haufen alter Rohre gesäumt sind. Die Orte in Texas – Seminole (6342 Einw.), Lamesa (10 809 Einw., »La-MEE-sa« gesprochen) mit einem intakten alten *Dairy Queen Drive-In* direkt am US-180, und Snyder (12 195 Einw.) mit der lebensgroßen Statue eines Albino-Büffels auf dem Courthouse Square – liefern nur wenig gute Gründe für eine Fahrtunterbrechung, und um ehrlich zu sein: es gibt an der 325 Meilen langen Strecke von der Staatsgrenze bis zu den Ausläufern von Fort Worth nicht viel zu sehen.

Als Teil des WIPP-Programms – den Waste Isolation Pilot Plant – werden die unterirdischen Salzminen bei Carlsbad in eine umstrittene Lagerstätte für den Atommüll des Landes umgewandelt.

Gail Auf halber Strecke zwischen Lamesa und Snyder liegt das kleine Dorf Gail (189 Einw.), den der Texas State Travel Guide als »Cow Town ohne Bank, Theater, Eisenbahn, Hotel, Doktor oder Rechtsanwalt« beschreibt. Beim Land Rush von 1902 fanden hier gewalttätige Fehden statt, wovon im *Borden County Museum* (Do–So 12–16; 1 $) erzählt wird. Der Ort und der Landkreis tragen den Namen des Kundschafters der Pionierzeit und Zeitungsherausgebers Gail Borden, der aber als Erfinder der Kondensmilch und Gründer der Firma Borden Foods weit bekannter ist.

Sweetwater

Wer sich für die Fahrt auf dem schnellen Interstate 20 entschieden hat, kommt auf halbem Weg durch Texas an Sweetwater vorbei, wo jedes Jahr im März während des *Rattlesnake Roundup* die Ortsbewohner in der Umgebung Hunderte Klapperschlangen sammeln und Preise für das größte und das kürzeste Exemplar sowie die meisten gefangenen Tiere einheimsen.
Im Ort werden auch alle Arten von Souvenirs verkauft, die irgendwie mit Klapperschlangen zu tun haben, und zu jeder Jahreszeit ist Sweetwater – das in den 1850er Jahren gegründet wurde und heute von der Gipsherstellung für Wandverkleidungsplatten lebt – einen Stopp wert, denn hier findet sich eines der besten Restaurants in West-Texas, *Allen's Family-Style Meals* (1301 East Broadway, 915/235-2060) am alten US-80.

Bei Anson kreuzt der US-180 den US-83, der als »Road to Nowhere« in Road Trip USA Band 2 beschrieben wird.

Albany Albany ist einer der interessanteren Orte in diesem Teil von Texas und entstand 1854 als Postkutschenstation an der Route der Butterfield Overland Mail. Mit seinen 2000 Einwohnern ist er noch immer klein, wirkt aber sehr lebendig und hat überraschenderweise ein kleines, aber sehr ansprechendes *Art Museum* (211 South Second Street, Di–Sa 9–17, So 14–17; gratis) im alten Stadtgefängnis. Für ein Museum in der Mitte des Ranchlandes erstaunlich, umfassen die Sammlungen des Hauses Werke von Modigliani, Picasso und anderen Künstlern sowie chinesische Keramiken der Tang- und Ming-Dynastien.

Das nahegelegene *Gerichtsgebäude* ist das älteste im Staat und wird seit 1883 genutzt. Der *Fort Griffin State Historical Park* (tgl. 8–22; 3 $ pro Auto) 15 Meilen nördlich von Albany schützt die Überreste der Hauptbasis, von der aus die US-Kavallerie während der 1860er Jahre ihre Ausfälle gegen marodierende Komantschen-Krieger ritt.

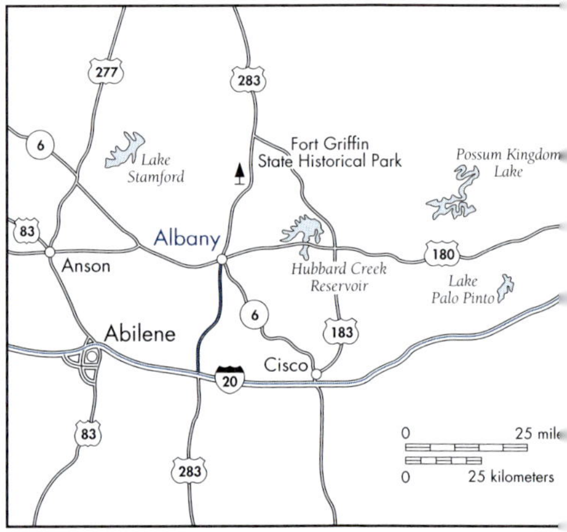

Dallas/Fort Worth werden im City Survival Guide auf Seite 440 f. beschrieben.

Terrell Östlich von Dallas ist der US-80 außer in der Rush Hour eine vierspurige Schnellstraße durch die Vororte. Ein Dutzend Meilen östlich der Innenstadt füllen zahlreiche Antiquitätenläden vorgefertigte Hallen entlang des Highways, ehe er sich mit dem Interstate 20 verbindet.

Die alte Straße verläuft parallel zur Autobahn durch Terrell (12490 Einw.). Hier wurde das U.S. Departement of Agriculture Cooperative Extension Service-Programm gestartet, das in den dreißiger Jahren moderne Wissenschaft und Technik auf die traditionellen Familienfarmen brachte. Auf Terrells kleinem Flughafen befindet sich das *Silent Wings Museum* (Di–Sa 10–17, So 12–17; gratis), das außer einem der wenigen vollständig restaurierten CG-4A-Lastensegler zahlreiche Objekte aus der Geschichte und den Einsätzen dieser Flugzeuge während des Zweiten Weltkrieges zeigt.

Grand Saline Östlich von Terrell schlängelt sich der US-80 über gewellte Hügel, zwischen denen kleine Farmen auf dem sandigen Boden Früchte und Beeren produzieren. Auf halbem Weg zwischen Dallas und Longview breitet sich Grand Saline aus, benannt nach den riesigen Minen, in denen seit Anfang des letzten Jahrhunderts Salz als Gewürz und Konservierungsmittel abgebaut wird, als die Cherokee-Indianer diese Lagerstätte entdeckten. Zuerst verarbeitete man das Salz von den Flächen rings um die Stadt, grub aber später Schächte zu den Steinsalzvorkommen mehrere hundert Meter unter der

Die Salzlager unter Grand Saline werden auf eine Stärke von 5000 m und eine Breite von 3000 m geschätzt – genug, um den Weltsalzbedarf der nächsten 20000 Jahre zu decken.

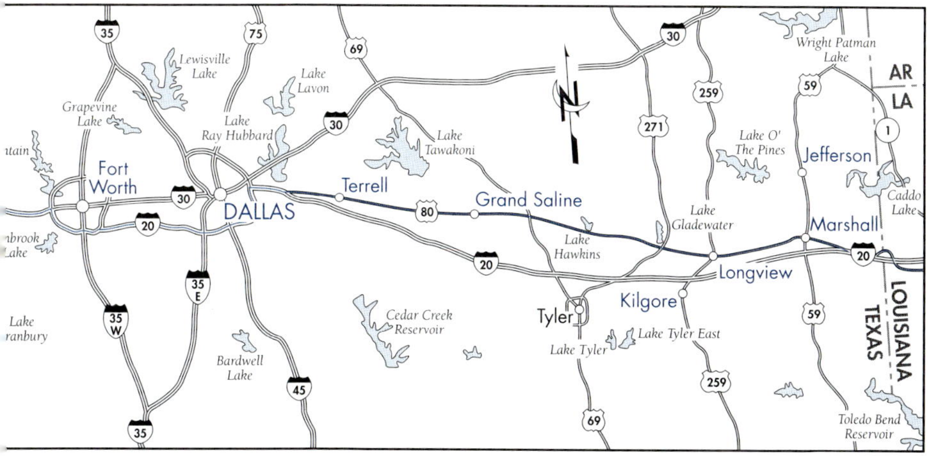

Erdoberfläche. Die Minen gehören heute der Firma Morton Salt, die heißes Wasser in die Tiefe pumpt und aus der so gewonnenen Lauge das Wasser verdunsten läßt. Das auskristallisierte Salz wird im Haushalt und in der Industrie verwendet.

Longview und Kilgore: Öl! Die pinienbewachsenen roten Hügel rings um das geschäftige Industriezentrum von Longview (70311 Einw.) sind mit knarrenden alten Pumpstationen bedeckt, die noch immer das Öl heraufbringen, das diese Region in Ost-Texas seit den dreißiger Jahren wirtschaftlich schmiert. Longview selbst hat eine nette, aber meist menschenleere alte Innenstadt mit ziegelgepflasterten Straßen, aber die eigentliche Attraktion ist das bekanntermaßen gute kreolische Essen in *Johnny Cace's Seafood and Steak House* (1501 East Marshall Road) am US-80 östlich der Innenstadt.

Das Ölgeschäft hat in Ost-Texas zahlreiche Boomzeiten und Phasen des Niedergangs durchgemacht, seit das Schwarze Gold im Dezember 1930 bei einer Ölquelle außerhalb von Kilgore (11066 Einw.) auf der Südseite des Interstate 20 lossprudelte. Dieses kleinere und ruhigere Ölstädtchen zehn Meilen südwestlich von Longview lohnt einen Besuch wegen seiner als Ölfördertürme kaschierten Straßenlampen und einer Serie 30 m hoher Bohrtürme entlang der Eisenbahngleise, die an den »reichsten Acre der Welt« erinnern, ein kleines, nur 2,5 Hektar großes Stück Land in der Innenstadt, das in den sechziger Jahren mehr als 2,5 Millionen Barrel Öl hervorgebracht hat. Die Stätte war so produktiv, daß eine der

Im Ort Tyler südlich des Interstate 20 werden Tausende und Abertausende Rosen gezüchtet, darunter die berühmten gelben »Nationalrosen von Texas«. Tyler ist auch wegen des guten Essens im Bodacious Bar-B-Q einen Stopp wert; es liegt kaum zu übersehen nördlich des I-20 an der Ausfahrt zum Highway 14 und ist täglich von 10 bis 21 Uhr geöffnet.

Das Städtchen Cisco 45 Meilen östlich von Abilene am I-20 ist der Ort, wo Conrad Hilton 1919 sein ersten Hotel kaufte und betrieb, das Mobley. Der Ort Eastland östlich von Cisco weist zwei Merkwürdigkeiten von Weltrang auf: im mittleren Eingang zum County Courthouse wird der einbalsamierte Körper der Kröte »Old Rip« gezeigt, die 29 Jahre im Grundstein des alten Gerichtsgebäudes gefangen war und beim Abbruch des Hauses lebend entdeckt wurde. Ein paar Blocks weiter befindet sich im Postamt (411 West Main Street) ein riesiges Wandbild zum Thema Briefmarken, das über sieben Jahre hin von der Postmeisterin Marene Johnson aus 11217 Marken geschaffen wurde (eine Postkarte von dem Wandbild ist käuflich zu erwerben).

Bohrungen durch den Terrazzoboden einer Bank geführt wurde und sich mehr als 1000 Fördertürme über der Downtown erhoben.

Die Geschichte der regionalen Ölindustrie wird im *East Texas Oil Museum* (Ross Street ab US-259, Di-Sa 9–16, So 14–17; 3.50 $) auf dem Campus des Kilgore College bis in unterhaltsame Details hinein erzählt. Gezeigt werden Bohr- und Fördergerätschaften und alte Tankstellen, und eine simulierte Fahrstuhlfahrt eine Meile in die Tiefe zeigt die Geologie der ölführenden Schichten.

Ebenfalls auf dem Campus liegt ein kleines Museum zu Ehren der *Kilgore Rangerettes*, einem auf dem College ausgebildeten Präzisionsbohr- und Tanzteam, das bei studentischen und professionellen Football-Spielen auftritt.

Kilgore ist gewiß kein typisches oder attraktives Touristenziel und hat nur sehr wenige Motels und Restaurants. Es gibt aber immerhin ein gutes Eßlokal: *Lupe's* am US-259 nördlich der Innenstadt, wo traditionelle Tex-Mex-Küche serviert wird.

Marshall und Jefferson

Marshall (23682 Einw.) nördlich des Interstate 20 und etwa 25 Meilen vor der Grenze zu Louisiana ist eine der älteren Ölstädte in Texas, die einst zu den wohlhabensten im Staat gehörte. Heute ist es hier ziemlich ruhig, doch in seinen frühen Jahren war Marshall das wirtschaftliche Zentrum der Baumwollindustrie von Ost-Texas, und während des Bürgerkriegs fungierten zwei Wohnsitze im Ort als konföderierte Hauptstadt – von Missouri. Zusammen mit der allgemeinen Geschichte der Region ist diese Besonderheit im *Harrison County Historical Society Museum* (Di–Sa 9–17, So 13.30–17; 2 $) dokumentiert, das in einem reichverzierten Gerichtsgebäude aus gelben Ziegeln am Town Square untergebracht ist.

Da man schon in der Nähe ist, sollte man auch noch einen Blick auf das wundervoll restaurierte, etwa 1896 erbaute *Ginocchio Hotel* in der Washington Street gegenüber vom Bahnhof werfen.

Wer einen deutlicheren Eindruck von der vielfältigen Kultur und Geschichte in Ost-Texas gewinnen möchte, sollte auf dem US-50 15 Meilen weit nach Norden bis Jefferson (2199 Einw.) fahren, einem nahezu perfekt erhaltenen Bayou-Städtchen, das noch fast wie in den 1870ern aussieht, als es mit einer Bevölkerung von 30000 Menschen der betriebsamste Binnenhafen westlich des Mississippi war. Das auffallendste unter den hunderten historischen Gebäuden ist das 1858 errichtete *Excelsior House* (211 West Austin Street, 903/665-2513), in dem täglich kostenlose Führungen angeboten werden und wo die Übernachtung 50 $ kostet. In der Nähe kann man Jay Goulds privaten Eisenbahnwaggon namens *Atalanta* besichtigen oder die vielen guten Antiquitätengeschäfte, Cafés und Restaurants besuchen, darunter das kreolische *Black Swan* (210 Austin Street). Weitere Informationen gibt es vom Jefferson Tourist Office (315 West Austin Street, 903/665-2672).

Durch Louisiana

Das nördliche Louisiana, das aus 200 Meilen bewaldeter Hügel zwischen Texas und Mississippi besteht, unterscheidet sich wesentlich vom Cajun-Gebiet der südlichen Staatshälfte. Das von Baptisten dominierte Kerngebiet des »Bible Belt« ist eine sehr vielfältige Gegend, die – teils industriell geprägt, teils abgelegenes Hinterland – in ihrer Mischung aus Menschen und hergestellten Produkten die Übergangslage zwischen dem agrarischen tiefen Süden und den petrochemischen Fabriken von Texas verdeutlicht.
Die wichtigste Siedlung ist die Ölstadt Shreveport, die mit glitzernden Casinos am Fluß in letzter Zeit zum Ziel der Spieler wurde. Sonst aber wird man überwiegend kleine Orte finden, von Gibsland – wo Bonnie und Clyde ihr Schicksal ereilte – bis zur College Town Ruston mit dem Sitz der Louisiana Tech University und der Grambling-Universität.

Shreveport Shreveport (198525 Einw.) ist eine turbulente Industriestadt am Westufer des Red River. Die einst auf Baumwollproduktion ausgerichtete Stadt florierte in den Jahren vor dem amerikanischen Bürgerkrieg und überstand ihn zwar äußerliche, nicht aber ohne wirtschaftliche Schäden. Zusammen mit der ebenfalls stark industrialisierten häßlichen Schwesterstadt Bossier City (»BO-sier« gesprochen) ist Shreveport heute das Zentrum der Ölindustrie von Louisiana – die nur im Vergleich zur texanischen klein ist, aber ungeachtet des Einbruches bei den Vorratsmengen und Marktpreisen noch immer eine große Rolle spielt. Außerdem haben sich die beiden Städte in den letzten Jahren zum heißesten Ziel in Louisianas entstehender Casino-Szene entwickelt. Die vier großen Casinos an der Riverfront – darunter das *Horse Shoe*, ein vier Stockwerke hohes imitiertes Flußschiff in einer seichten Ausbuchtung des Red River am Ufer bei Bossier City – ziehen Menschen aus der »Ark-La-Tex«-Dreiländerregion an.
Shreveports Innenstadt ist die übliche Mischung aus Backsteingebäuden der Jahrhundertwende und vernagelten Schaufenstern, über die sich ein zehnstöckiger gläserner Büroturm erhebt. Nahe dem Flußufer gibt es eine Handvoll interessanter historischer Häuser. Stadtrundgangsbroschüren sind im *Visitor Center* (629 Spring Street, 318/222-9391 oder 800/551-8682) einen Block westlich des Flusses erhältlich.

Oil City nördlich von Shreveport am Highway 1 besitzt eines der besseren Geschichtsmuseen der Region, das im alten Eisenbahndepot untergebracht ist und eine wundervolle Sammlung alter Postkarten zeigt.

Shreveport trägt seinen Namen zu Ehren von Captain Henry Shreve, der in den 1830ern den Red River von einem 160 Meilen langen Baumstammstau befreite, der die Schifffahrt blockiert hatte. Danach »kaufte« er das Land von den Caddo-Indianern.

Der schönste Teil der Stadt ist der baumreiche Highland-Distrikt, der sich südlich ans Ende der Market Street anschließt und unterhalb des I-20 zwischen dem Fluß und dem neuen Interstate 49 liegt. Hier findet man die großen alten Wohnhäuser der etablierten Gesellschaft, von denen viele so aussehen, als gehörten sie in den Film »Vom Winde verweht«, obwohl die meisten erst im frühen 20. Jahrhundert erbaut wurden. Im Highland-Distrikt liegen auch zwei der besseren Restaurants von

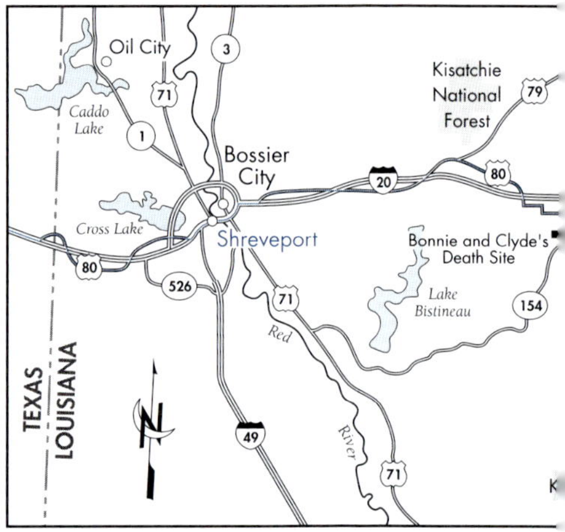

Shreveport: der *Centenary Grill* (1309 Centenary Boulevard) und *Don's Seafood House* (3100 Highland Avenue), die beide preiswerte und würzige Cajun-Spezialitäten servieren. Die üblichen Hotels und Motels finden sich entlang des Interstate 20.

In Shreveport und Bossier City wurde lange Zeit das Louisiana Hayride produziert, ein Country & Western-Radioprogramm, in dem sowohl Hank Williams als auch Elvis Presley ihre Karrieren begannen. Die gleiche Art Musik ist noch immer auf KWKH 94.5 FM zu hören, dem sichersten Tip für nächtliche Bluegrass-Musik im nordwestlichen Louisiana.

Gibsland: Bonnie und Clyde Östlich von Shreveport windet sich der alte US-80 durch Dutzende schläfriger Kleinstädte und folgt den Konturen der Hügellandschaft, während er unter dem Interstate 20 hin- und herwechselt. Nachdem die Route ein paar Pfandleihgeschäfte und Girlie-Bars am Rande der Barksdale Air Force

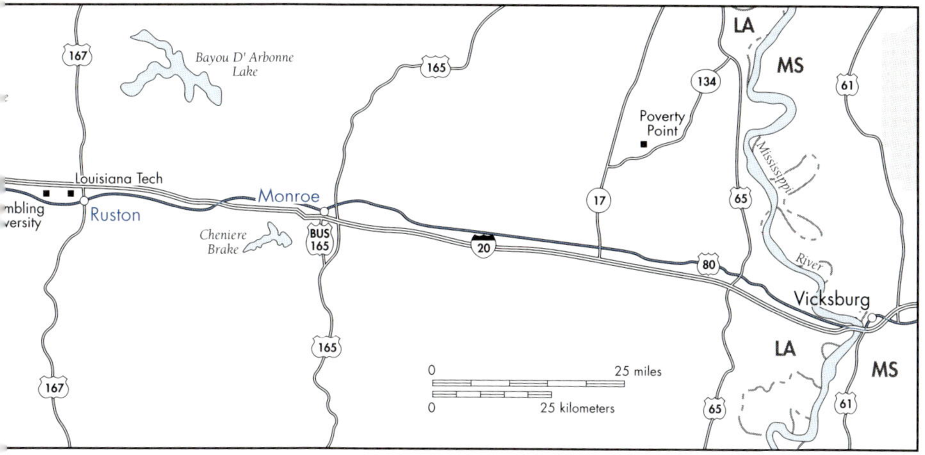

Base passiert hat, führt sie parallel zu den Eisenbahngleisen an den Überresten einer historischen Balkenfahrbahn vorbei, die in den 1870er Jahren erbaut wurde und bei jedem Wetter eine Passage durch die morastigen Sumpfstrecken und Bayous ermöglichte.

Abgesehen von den üblichen Straßenbegleitgeschäften gibt es kaum einen Grund zum Anhalten, bevor das kleine Gibsland (1224 Einw.) südlich des Interstate 20 45 Meilen östlich von Shreveport erreicht ist. Dieser angenehm unauffällige Ort erhebt aus einem ungewöhnlichen Grund Anspruch auf Bekanntheit: 1934 wurden hier die berüchtigsten Gangster der Depressionszeit Clyde Barrow und Bonnie Parker – bekannt als Bonnie und Clyde – in einen Hinterhalt gelockt und erschossen. Ein kleines städtisches Museum erzählt diese Geschichte und verkauft gruselige Postkarten mit Abbildungen ihrer von Kugeln durchsiebten Leichen. Jedes Jahr im Mai verkleiden sich die Einwohner des Ortes und veranstalten Schießereien mit Gewehren und wilde Autoverfolgungsjagden – mehr aus Spaß am Räuber-und-Gendarm-Spiel als aus irgendeiner Orientierung an der historischen Exaktheit. Ein stark mitgenommener Gedenkstein steht acht Meilen südlich von Gibsland am Highway 154 an jener Stelle, wo das gesetzlose Duo – im »richtigen Leben« üble, kaltblütige Mörder und nicht das romantische Liebespaar, wie es Warren Beatty und Faye Dunaway in der Hollywood-Verfilmung der Geschichte spielen – von State Troopern erschossen wurde.

Eine der bedeutendsten Konzentrationen archäologischer Funde in Louisiana ist der Poverty Point 18 Meilen nördlich des I-20 am Highway 17, wo in einem 160 Hektar großen State Park 3000 Jahre alte Begräbnishügel unter Schutz gestellt sind.

Ruston Etwa auf halbem Weg durch den Staat erreicht man Ruston (20027 Einw.), selbsternannte »Pfirsich-Hauptstadt«, die aber besser wegen ihrer beiden bedeutenden Colleges bekannt ist: *Louisiana Tech* liegt mitten in der Stadt, bietet aber nicht das erwartbare studentische Flair, und die kleinere *Grambling University*, eine der wichtigsten überwiegend schwarzen Schulen im Land, liegt drei Meilen westlich des Ortes gleich südlich des Interstate 20.

Es gibt hier nicht viel zu sehen, doch finden sich eine Reihe privater Lokale und Kettenrestaurants entlang der California Street (US-80) am Südrand von Ruston.

Monroe Ungeachtet der Tatsache, daß es mit 54 909 Einwohnern eine der größten Städte im nördlichen Louisiana ist, macht Monroe einen merkwürdig verlassenen Eindruck, auch wenn der Innenstadtbereich eine Reihe klassischer Gewerbegebäude aus der Zeit zwischen den Weltkriegen aufweist und Lagerhäuser der viktorianischen Ära sowie Hunderte einfacher Hütten die Eisenbahngleise und den US-80 säumen.

Abgesehen von seiner fotogenen Architektur und den verblichenen Werbeschildern entlang der Straße bietet Monroe keinen richtigen Anlaß für einen Stopp, obwohl die wundervolle Vegetation den *Louisiana Purchase Gardens and Zoo* (tgl. 10–17; 3.50 $) südlich des Interstate 20 am US-165 zu einem großartigen Ort macht, wo man unter moosbehangenen Eichen und Zypressen die Beine ausstrecken oder eine Fahrt mit dem Dampfzug oder einem Boot machen kann.

Östlich von Monroe führt eine einstündige Fahrt durch die Bayous zur faszinierenden Stadt Vicksburg jenseits des Mississippi.

Durch Mississippi

Der US-80 wurde auf großen Streckenabschnitten in Mississippi vom Interstate 20 ersetzt. Die Route führt durch die Mitte des Staates und berührt die drei größten Städte Meridian, Jackson und Vicksburg, deren geringe Ausdehnung zeigt, wie ländlich und zersiedelt Mississippi noch immer ist. Nur die Hauptstadt Jackson ist mit 200 000 Einwohnern und Hochhäusern so etwas wie ein urbanes Zentrum. Zumeist sieht man entlang der Straße jedoch kleine Farmen und Schlachtfelder des amerikanischen Bürgerkrieges, deren umfangreichste und bedeutendste oberhalb des Mississippi River bei Vicksburg liegen.

> Überall im Staat Mississippi sieht man entlang der Highways Schilder mit dem einfallslosen Slogan »Hier wird ausschließlich Mississippi gesprochen«.

Vicksburg Die »Red Carpet City of the South« rollte während des Bürgerkriegs für die Soldaten der Union keinen solchen roten Teppich aus. Statt dessen widersetzte sich Vicksburg (20 908 Einw.) so hartnäckig den Versuchen der Union, Kontrolle über den Mississippi River zu gewinnen, daß es zum Mittelpunkt einer der längsten Belagerungen der US-Geschichte wurde. Der Versuch, die Konföderation entlang des großen Flusses zu spalten, erreichte 1863 inmitten der strategischen Hügel im heutigen 700 Hektar großen *National Military Park* (4 $ pro Auto) seinen Höhepunkt. Ohne Informationen ist das alte Schlachtfeld nur eine ausgedehnte Sammlung verzierter Monumente für die Soldaten, die im Kampf starben, doch wird der Besuch gefühlvoller und ansprechender, nachdem man die Berichte von individuellem Heldenmut und merkwürdiger Höflichkeit gehört hat, die sich während des 47tägigen Blutvergießens zutrugen. Audiotouren mit Erzählungen und Geräuscheffekten können im Visitor Center (tgl. 8-17 außer an Weihnachten) für 4.50 $ ausgeliehen werden, oder man kann einen Führer engagieren (10 $ pro Stunde, zwei Stunden Minimum, drei Stunden empfohlen), der mit im Auto über das Gelände fährt und alles von Schlachtstrategien bis zu General Grants legendärem Trinkproblem erläutert. Außer den üblichen touristischen Broschüren hält das Vicksburg Convention and Visitor Bureau (601/636-9421 oder 800/221-3536) eine Liste dieser sehr hilfreichen Führer bereit, unter denen Betty England zu den Besten zählt.

Vicksburg erhebt Anspruch darauf, der Geburtsort sowohl des Jazz (von dem eine Autorität wie Duke Ellington sagte, er sei nach dem örtlichen Musiker Charles »Chaz« Washington benannt) als auch des Mint Julep zu sein (der hier vermutlich erfunden wurde und von den Flußschiffen stromaufwärts nach Tennessee und Kentucky gebracht wurde).

Ein paar der eleganten Häuser aus dem Antebellum – der Vorkriegszeit – haben die Kämpfe unbeschadet überstanden, und während der anschließenden Wiederaufbauphase kamen mehrere Herrenhäuser auf den Hügeln oberhalb des Flusses hinzu. Die meisten dieser Anwesen sind für

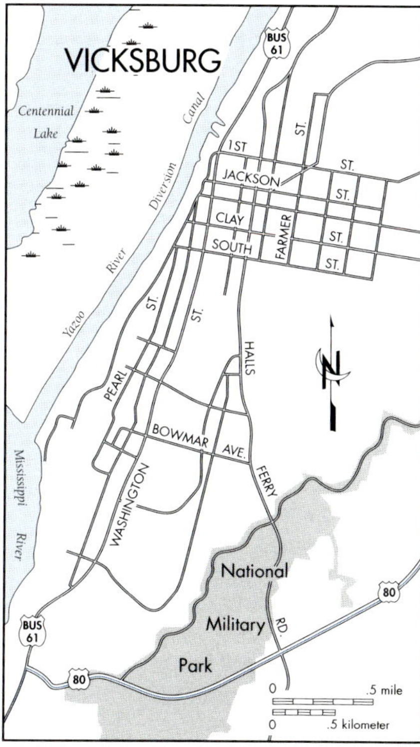

die Öffentlichkeit zugänglich (durchschnittlich 5 $ Eintritt), und Ende März bzw. Mitte Oktober werden sie im Rahmen von zwei Wochen langen »Pilgrimages« im Rahmen etwas verbilligter Touren durch mehrere Häuser erläutert. Eine Stadtbesichtigung beginnt am besten in Vicksburgs sogenanntem *»Garden District«* in der Oak Street (südlich von Harrahs Casino), wo die alte Plantage zwischen dem Big House und den umliegenden Hütten ohne besondere Absicht erhalten geblieben ist. Andere sehenswerte Häuser finden sich an den gepflasterten Straßen des Wohnbezirkes zwischen First Street East und Clay Street. Die architektonisch unterschiedlichen Herrenhäuser und ihre reichhaltigen Einrichtungen aus erlesenen Antiquitäten werden Freunde der schönen Künste mehr ansprechen als die Geschichtsfans, die an den Touren das Ausgelassene meist erhellender finden werden als das Gezeigte. Geschichten von Beraubung und Plünderung durch Unionisten, von Kanonenkugeln in den Salonwänden und andere Relikte der Kriegszeit werden fast wie eine Religion verehrt, doch über die Sklaverei wird nie ein Wort verloren.

Die Straßenschilder in Vicksburg sind kleine weiße Croquet-Pfosten, die an den Straßenecken ins Gras gesteckt und mittels einer Schablone vertikal beschriftet wurden. Sie müssen wohl ein Vermögen gekostet haben, da sie nicht durch etwas Nützlicheres ersetzt werden. Anstatt sich über die Unleserlichkeit zu wundern, sollte man sich lieber im Visitors Bureau einen Stadtplan holen.

Um nicht von Louis-Quinze-Intarsien und Möbelfüßen im Chippendale-Stil überwältigt zu werden, sollte man zu *Margaret's Grocery* in der Great River Road am Nordrand der Stadt fahren. Auf den ersten Blick an ein fantastisches Lego-Land erinnernd, heißt ein Arrangement aus handgemalten Schildern über rotweißen Konstruktionen die Kunden des Gemischtwarenladens im Trailer-Stil mit biblisch inspirierten Ermahnungen willkommen. Dieser ungewöhnliche Ort ist jedenfalls eine kleine Pause wert, doch nimm dich in acht, Besucher: Die Besitzerin wird dir ein Ohr abschwatzen, wenn du nicht Vorsicht walten läßt.

Wer sich jemals eine Welt ohne Coca-Cola

vorgestellt hat, muß im *Biedenharn Museum* of Cola-Cola Memorabilia mitten in der Innenstadt in der Washington Street vorbeischauen und sehen, wo die Genialität eines einzelnen Mannes alle derartigen Hoffnungen auf eine solche Welt zunichte machte. Hier erhielt Joseph Biedenharn 1894 die Genehmigung, den bis dato strikt regional vertriebenen Drink aus seiner Soda Fountain in Flaschen zu füllen, um besser neue Märkte zu erreichen; der Rest, so sagt man, ist Geschichte. Man kann mit dem Zeug einen Toast auf die weltweite Verbreitung ausbringen, pur oder über Eiskrem gegossen, oder 1,87 Dollar bezahlen, um ganze

Während die Aufgabe Vicksburgs Präsident Lincoln die Feststellung erlaubte, daß »der Vater der Flüsse nun ungehindert zum Meer fließt«, blieben die Bewohner der Stadt 80 Jahre hindurch eingeschränkt: da sich die Stadt am 4. Juli ergab, wurde der Unabhängigkeitstag hier bis zum Ende des Zweiten Weltkriegs nicht gefeiert.

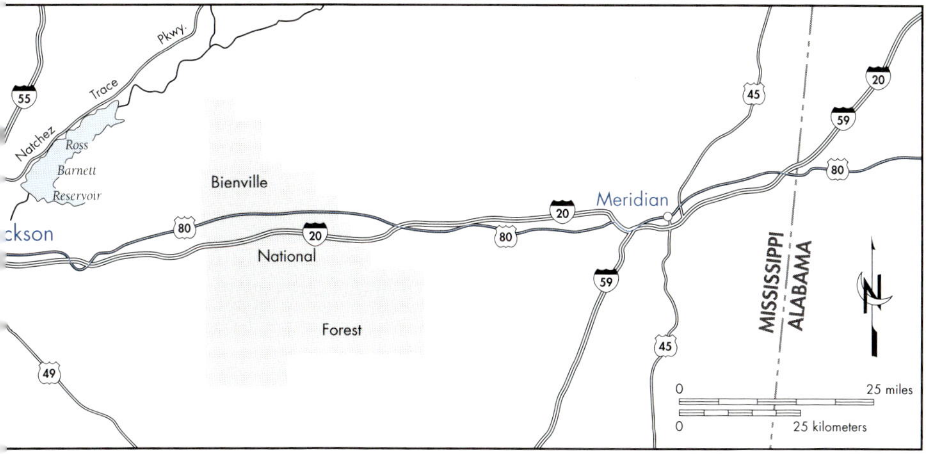

Galerien voller Werbetabletts und ähnliche Dinge zu betrachten.

Richtige Speisen und Getränke sind im New Orleans Cafe gegenüber des Biedenharn-Museums erhältlich, im wesentlichen eine hellerleuchtete und geräumige Bar, in der es bescheidene Cajun-Gerichte und Importbier gibt. Einen traditionellen südlichen Schmaus serviert das *Walnut Hills* östlich der Innenstadt Ecke Adams und Clay Street (Kreuzung 4; die Nummern finden sich auf Schildern an den Verkehrsampeln). Hier kann man an einem großen runden Tisch endlos von den klassischen regionalen Köstlichkeiten essen – von gebratenem Schweinefleisch bis zu Okra-Schoten. Das Angebot »All you can eat« für acht Dollar ist angesichts der frischen Zutaten fast geschenkt.

Ein gleichermaßen sättigendes Mahl zu noch günstigerem Preis ist an Wochentagen mittags in der freundlichen *Kitchen in the Garden* erhältlich. Das Lokal ist zwar nur eine enge Spelunke am Ende der Fifth Street North auf Höhe der Main Street East, doch das Credo lautet hier »Down-to-earth soul food«, und das ist keine Lüge: Man probiere die gebratenen Hähnchen oder den Fisch, um sich wirklich zu verwöhnen und zu genießen, wie schmackhaft das Fett des Schweinebratens das Gemüse macht. Viele der Gemüsebeilagen kommen aus der Dose, doch bei diesen Preisen kann man keine teuren Zutaten erwarten.

Die Schweinelenden und Rippensteaks in *Reavey's Bar-B-Q* Ecke First Street North und Clay Street (Kreuzung 6) gehören zu den besten der Stadt, und wer nicht ohne Tamales leben kann, findet in *Solly's Hot Tamales* (Washington Street südlich der Biblio-

Der Divisionary Canal war Vicksburgs Reaktion auf eine Kapriole der Natur, als die Stadt sich 1876 einer Schlammfläche voller zappelnder Fische gegenübersah, nachdem der Mississippi seinen Lauf geändert hatte – über Nacht. Dank der Ingenieure, die 1902 den Yazoo River umleiteten, hat Vicksburg seine Waterfront zurückbekommen.

thek nahe der Kreuzung 26) die Erfüllung aller Wünsche.

Die Motels in Vicksburg sind entlang des Interstate 20 zwischen dem Mississippi und dem Military Park angesiedelt und umfassen eine breite Auswahl der nationalen Ketten und ihrer örtlichen Nachahmer. Das billigste ist das *Hillcrest Inn* (40 US-80, 601/638-1491) beim Exit 5 des Interstate; Zimmer kosten hier zwischen 24 und 30 Dollar. Für 85 bis 120 Dollar kann man für eine Nacht Rhett und Scarlett spielen und in einem der kameliengeschmückten Herrenhäuser, die tagsüber im Rahmen der Touren besichtigt werden können und auch als Bed&Breakfasts fungieren, in einem Bett mit Baldachin schlummern. Alle erinnern irgendwie an die Dixie-Zeit, doch für wahre Geschichtsfreunde kommt nur der *Grant Room at Cedar Grove* (2300 Washington Street, 601/636-1000 oder 800/862-1300) in Betracht, in dem noch immer das Bett steht, das der General nach der Eroberung von Vicksburg durch die Unionstruppen benutzte.

Vicksburg hat mehr Ingenieure pro Kopf der Bevölkerung als irgendeine andere Gemeinde in den USA: nämlich 3500, Angestellte der Mississippi River Commission, dem Corps of Engineers und der U.S. Army Waterways Experiment Station.

Falls man während der »Pilgrimage« den Ort besuchen möchte, wird ein geeignetes Zimmer nur schwer zu finden sein: Für diese Wochen sind die meisten B&Bs bis zu zwei Jahre im voraus reserviert. Verläßliche und präzise Informationen über Unterkünfte und Attraktionen sind im freundlichen *Vicksburg Convention and Visitors Bureau* (800/221-3536) oder vom Tourist Information Center gegenüber des Eingangs zum National Military Park beim Interstate-Exit 4B erhältlich.

Clinton und der Natchez Trace Die ehemalige Choctaw Indian Agency von Clinton nördlich des Interstate 20 und zehn Meilen westlich von Jackson wurde 1828 zu Ehren des New Yorker Gouverneurs DeWitt Clinton umbenannt, der den Bau des Erie Canal beaufsichtigte. Heute ist der Ort ein kleines Baumwolle produzierendes und umschlagendes Zentrum, das in seinen frühen Jahren am berüchtigten Natchez Trace lag. Seiner Route folgt heute der schöne *Natchez Trace Parkway*, der von Clinton südwestlich nach Port Gibson führt.

Der Natchez Trace entstand aus einem präkolumbianischen Verkehrsweg der Indianer und führte von der Golfküste bis in die Upper Mississippi und Ohio River Valleys. Zwischen 1780 und 1820 zählte er zu den am meisten bereisten Routen der damaligen USA.

Obwohl Clinton den Bürgerkrieg ziemlich unbeschadet überstand, erlebte der Ort später einige der schlimmsten Unruhen der Wiederaufbau-Zeit; allein während einer einzigen Ausschreitung wurden 1875 etwa 50 unbewaffnete Schwarze getötet.

Jackson Jackson (196637 Einw.) erstreckt sich auf dem westlichen Ufer des Pearl River und wurde 1822 zur Staatshauptstadt erklärt. Benannt nach Andrew Jackson, dem Helden der Schlacht von New Orleans im Krieg von 1812 und späteren Präsidenten der USA, wurde der Ort während des amerikanischen Bürgerkriegs zerstört, ist heute

»Gärten der Offenbarung« im »Tiefen Süden«

Zu den vielen Vergnügen einer Reise durch die südlichen Staaten gehört die Wahrscheinlichkeit, mitten im Nirgendwo auf ein überwältigendes Monument zu stoßen. Ländliche Nebenstraßen, die Meile um Meile still durch Wälder oder an Baumwollfeldern entlang geführt haben, treffen plötzlich auf riesige Kreuze oder einen Pylon mit handgemalten Schildern. Im Mittleren Westen sieht man oft Dinosaurier aus Polyester oder andere riesige Wesen, konstruiert von wohlmeinenden Bürgern, die auf diese Weise Besucher von den Highways zu den örtlichen Geschäften locken wollen. Im Süden jedoch finden sich meist sehr persönliche Kreationen von exzentrischen und fast ausschließlich männlichen Außenseitern, die jedoch für nichts werben, sondern Worte aus der Schrift wiedergeben und vor der drohenden Apokalypse oder dem unvermeidlichen Herannahen des Jüngsten Gerichts warnen.

Unter diesen geweihten Stätten des »Deep South« sollte man keinesfalls diejenigen vor Margaret's Grocery am Nordrand von Vicksburg, Mississippi, versäumen, wo eine Zusammenstellung aus großen handgemalten Schildern den Passanten biblische Warnungen mitgibt. Nicht weit entfernt, in Prattville am US-80 nordwestlich von Montgomery, Alabama, hat W. C. Rice einen eindrucksvollen Garten voller weißer Kreuze angelegt, die an eine militärische Zeremonie erinnern. Rice selbst lebt auf dem Gelände und trägt immer ein großes Holzkreuz um den Hals, und man sagt, er sei zu Besuchern freundlich.

Der bekannteste dieser »Gärten der Offenbarung«, wie John Beardsley sie in seinem brillanten gleichnamigen Buch genannt hat, ist Howard Finsters Paradise Garden nahe Summerville in den Ausläufern der Appalachen im nordwestlichen Georgia. Finster wurde vor einiger Zeit bekannt, als seine primitivistischen Bilder auf Plattencovern von R. E. M. und den Talking Heads erschienen, und er hat eine Reihe an Gaudí erinnernder Schreine aus Zement geschaffen, in die er Muscheln, zerbrochene Kacheln und alte Autoteile eingearbeitet hat. Bilder von Henry Ford, Hubert Humphrey und Hank Williams hängen neben Dutzenden von Schildern mit Bibelzitaten, doch der Geist dieser Anlage wird am besten in Finsters eigenen Worten deutlich: »Ich habe diesen Park aus Bruchstücken gebaut, um zu versuchen, die zerbrochene Welt von Menschen zu reparieren, die auf ihrem letzten Weg wandern.«

Der Paradise Garden liegt nur eine Stunde von Atlanta entfernt und ist inzwischen eine beliebte Attraktion jener Gegend (tgl. 9–17; gratis, Spenden werden gern angenommen). Um dorthin zu gelangen, fährt man auf dem US-27 von Summerville drei Meilen nach Norden bis Pennville und biegt bei Jim's Auto Supply rechts ab.

Religiöse Stätten dieser Art gibt es nicht nur südlich des 35. Breitengrades; auch die nördlichen Staaten haben ähnliches aufzuweisen, darunter zwei der beeindruckendsten Anlagen: den Garden of Eden in Lucas, Kansas, und das Holy Land außerhalb von Waterbury, Connecticut (siehe S. 207).

> Der kleine Ort Vaughn 30 Meilen nördlich von Jackson am Interstate 55 war die Stätte jenes Unfalls, der den legendären Zugführer Luther »Casey« Jones tötete. Ein kleines Museum eine Meile östlich des I-55 am Exit 133 zeigt eine Ausstellung über Casey und die Geschichte der Eisenbahn im Süden.

aber eine prosperierende Stadt sowie das politische und wirtschaftliche Herz von Mississippi und zugleich die größte Stadt des Staates – auch wenn man das bei einem oberflächlichen Blick nicht unbedingt merkt.

Das sehr attraktive *Old State Capitol*, 1838 im Greek-Revival-Stil erbaut und bis 1903 in Gebrauch, erhebt sich im Zentrum der Stadt Ecke State und Capitol Streets und steht für Rundgänge auf eigene Faust offen (Mo–Fr 8–17, Sa 9.30–16.30, So 12–16.30), bei denen man auch die gut präsentierten historischen Ausstellungen im Inneren anschauen kann. Die wenigen anderen in Jackson noch erhaltenen Antebellum-Häuser – insgesamt weniger als ein Dutzend – wurden von Unionssoldaten benutzt und sind so der Zerstörung entgangen. Hierzu zählen auch das mit Kunstwerken angefüllte *Governor's Mansion* (300 East Capitol Street, Mo–Fr 9.30–11; gratis), ein kurzes Stück zu Fuß östlich des alten Kapitols, und *The Oaks* (823 North Jefferson Street, Di–Sa 10–15; 3 $), wo General Sherman lebte. Das Haus ist in seinen strahlenden Vorkriegszustand zurückversetzt worden und mit zeitgenössischen Antiquitäten eingerichtet, darunter – überraschend für den Süden – das Sofa aus Abraham Lincolns Anwaltsbüro.

Die Hauptattraktion ist aber das *Mississippi Agriculture and Forestry Museum* (601/354-6113, Mo–Sa 9–17, So 13–17; 3 $), ein 16 Hektar großer Komplex am Lakeside Drive nordöstlich der Innenstadt am Exit 98B des Interstate 55. Ungeachtet des einfallslosen Namens handelt es sich um eine sehr anregende und unterhaltsame Einrichtung mit einer künstlich aus authentischen Gebäuden des ganzen Staatsgebietes – darunter ein General Store, eine Tankstelle und ein Sägewerk – zusammengestellten »Crossroads Town«. In der Nähe gibt es eine funktionstüchtige restaurierte Farm, und Ausstellungen dokumentieren die Geschichte des Staates mit einem Schwerpunkt auf Transportwesen und Landwirtschaft. Der gesamte Komplex ist einen Blick wohl wert – und sei es nur, damit man sagen kann, man habe die *National Agricultural Aviation Hall of Fame* besucht, das historische und zeitgenössische Gerätschaften zum Besprühen der Felder aus der Luft zeigt sowie eine Fülle von Utensilien, mit denen man in den Tagen vor Erfindung der Pestizide dem baumwollfressenden Boll Weevil zu Leibe rückte.

> Nachdem er Jackson im Bürgerkrieg niederbrennen ließ, soll General Ulysses S. Grant den Ausdruck »Krieg ist Hölle« geprägt haben.

Der Museumskomplex liegt neben dem sehr beliebten *Jackson Generals Minor League-Baseballstadion* (601/981-4664, Tickets 3-5 $). Auf dem Areal des Stadions ist während der Spielsaison das *Dizzy Dean Museum* (Di–Sa 11–18, So 13–17; 1 $) zu besichtigen, in dem das Leben und die Zeit das charaktervollen Baseballspielers und Ansagers Jay Hanna »Dizzy« Dean präsentiert werden – ein Muß nicht nur für Sportfans.

Ein großer Teil von Jacksons guten Speiselokalen ist in Shopping Malls versteckt, so der *Northport Mall* (1200 East County Line Road) beim Exit 103 des Interstate 55. Dort kann man zwischen *Morrison's Cafeteria* (der echte Geschmack des Südens aus der größten Kette von Cafeterias im Land) und anderen vertrauten Fastfood-Restaurants wählen. In der Innenstadt ist der schicke und teure *Iron Horse Grill* (320 West Pearl Street) ein sicherer Tip; Hier gibt es mittags und abends »New American«-Küche, serviert in einem Gebäude, das ins National Register of Historic Places eingetragen ist.

Wer ein besonderes und für Mississippi einmaliges kulinarisches Erlebnis sucht, sollte über den Highway 49 ins 20 Meilen südlich gelegene Örtchen *Mendenhall* (2463 Einw.) fahren, wo das *Mendenhall Hotel Revolving Tables* (601/847-3113) direkt an der Main Street riesige Portionen absolut großartiger Gerichte auftischt – Bisquits und Maisbrot, gebratene Hühnchen, saftige Steaks, gegrilltes Rindfleisch und mindestens ein halbes Dutzend Gemüsesorten, und alles das spült man mit großen Krügen voll gesüßtem Eistee hinunter. Diese All-you-can-eat-Dinner werden im Speisesaal des alten und komfortablen Eisenbahn-Hotels serviert – täglich nur zwischen 11 und 14 Uhr, doch es lohnt sich, seinen Tag entsprechend zu planen.

Zwischen Jackson und Meridian verläuft der US-80 parallel zum Interstate 20 durch die Pinienwälder des Bienville National Forest, der in den dreißiger Jahren angepflanzt wurde, nachdem die Holzgesellschaften die ursprünglichen Pinienbestände abgeholzt hatten. Der Ort Forest gehört zu einer Reihe von Orten mit albernen Namen entlang dieser Strecke; außerdem zählen hierzu noch Hickory und Chunky, 13 Meilen westlich von Meridian.

Unterkünfte in Jackson sind zumeist entweder sterile Highway-Motels oder sterile Kettenhotels. Zu den netteren zählt das *Best Western Inn* (1520 Ellis Avenue, 601/355-7483 oder 800/528-1234) beim Exit 42B des Interstate 20. Eine vollständige Liste und andere Informationen sind vom Jackson Visitors Bureau (921 North President Street, 601/960-1891 oder 800/354-7695) erhältlich.

Meridian Die letzte Stadt vor der Grenze zu Alabama ist das moderne Meridian (41 036 Einw.), ein mittelgroßes Industriezentrum, das in den Wirren nach dem Bürgerkrieg aus Trümmern einen neuen Anfang nehmen mußte. Heute ist die Stadt vielleicht am besten als Kreuzungspunkt des Interstate 20 mit dem nach Süden Richtung New Orleans führenden I-59 bekannt, und tatsächlich verdankt Meridian seine Existenz der strategischen Lage: Nachdem die Choctaw-Indianer 1831 aus der Gegend vertrieben worden waren, wurde der Ort zu einem Eisenbahnknotenpunkt und fungierte als Rückhalt der Konföderierten, bis General Sherman ihn im Februar 1864 zerstörte und danach sagte: »Meridian existiert nicht mehr.« Dessen ungeachtet erholte sich die Stadt mit großem Elan und war von den 1890er bis in die 1930er Jahre die größte und wohlhabendste

Die Ereignisse, die im Film »Mississippi Burning« dargestellt werden (den Mord an Bürgerrechtlern durch Mitglieder des Ku Klux Klan im Juni 1964), geschahen in dem kleinen Ort Philadelphia 30 Meilen nordwestlich von Meridian.

Meridian ist auch der Firmensitz von Peavey Electronics, dem Hersteller von Verstärkern und Instrumenten, die für Eddie Van Halen und andere arbeiten und 500 Millionen Dollar Umsatz pro Jahr machen.

Stadt in diesem sehr armen Staat, was man noch an den vielen edlen edwardianischen und Art-Deco-Gebäuden im Innenstadtbereich sehen kann.

Das *Dentzel Carousel* (tgl. 13–17; 25 Cent) in Highland Park in der 41st Street Höhe State Boulevard ist ein lustiges und historisches Karussell aus den 1890er Jahren, das im Originalzustand erhalten ist. Eine weitere ungewöhnliche, aber interessante »Attraktion« in Meridian ist das Grab des »Königs und der Königin der Zigeuner«, Emil und Kelly Mitchell, deren etwa 1914 angelegte Grabstätte auf dem Rosehill Cemetery (westlich der Innenstadt in der 40th Abenue zwischen Seventh und Eighth Street) ein Pilgerziel für Zigeuner aus ganz Amerika bildet. Die an schmiedeeisernen Gartenmöbeln und traditionellen Grabsteinen erkennbare Ruhestatt ist oft hoch mit Früchten und anderen Gaben bedeckt.

Meridian hat ein klassisches Speiselokal: *Weidman's Restaurant* (208 22nd Avenue in der Innenstadt, 601/693-1751), wo eine gro-

Sleep, Baby, Sleep

Der Zusammenprall von Mississippis ländlicher Vergangenheit mit den frühen Stufen der industriellen Entwicklung verkörperte sich im Leben und Werk von Meridians berühmtestem Sohn, Jimmie Rodgers, dessen originale Mischung aus schwarzem Delta-Blues und weißen Folksongs der Appalachen ihm den Titel »Father of Country Music« einbrachte. Was Elvis Presley für die Fifties war, war Rodgers für die vorherige Generation. Am 8. September 1897 in Meridian geboren, arbeitete Rodgers kurze Zeit für die Eisenbahn, verlor seine Arbeit, nachdem er an Tuberkulose erkrankte, aber wurde dann über Nacht erfolgreich. Nachdem ihn ein Talentscout von RCA 1927 entdeckte, verkaufte Rodgers von seiner ersten Platte »Sleep, Baby, Sleep« mehr als eine Million Stück. Die nächsten fünf Jahre hindurch war er auf dem Schallplattenmarkt weltweit der erfolgreichste Künstler. Sein Leben und seine Legende werden im kleinen Jimmie Rodgers Museum (601/485-1808, Mo–Sa 10–16, So 13–17; 2 $) in der 41st Avenue Ecke 19th Street in Highland Park dargestellt, das gut ausgeschildert zwei Meilen nordwestlich der Innenstadt liegt. Es umfaßt alle Arten merkwürdiger, irgendwie mit Rodgers zusammenhängender Gegenstände sowie seine Stiefel und die für ihn angefertigte Martin-Gitarre. Jimmie Rodgers starb im Mai 1933 an Tuberkulose und ist zusammen mit seiner Frau auf dem Oak Grove Cemetery zwei Meilen südlich von Meridian begraben.

ße Auswahl an Gerichten des Südens – und toller Kuchen – offeriert wird. Der holzverkleidete und mit Messinggeländern ausgestattete Eßraum ist mit Elchköpfen, präparierten Fischen und Fotos aller Berühmtheiten dekoriert, die hier jemals gegessen haben. Das seit 125 Jahren in Familienbesitz befindliche Lokal ist täglich von 6 bis 21 Uhr geöffnet.

Unterkünfte in Meridian liegen an der Kreuzung der beiden Freeways. Detailliertere Auflistungen und andere Informationen gibt es im *Visitor Center* (721 Front Street, 601/693-1306 oder 800/748-9970).

Durch Alabama

Im mittleren Teil von Alabama führt die Route durch den ländlichen »Black Belt« – der Name rührt von der sehr fruchtbaren, oft sumpfigen Tieflanderde her, reflektiert aber auch auf die überwiegend afro-amerikanische Bevölkerung. Zentralalabama ist das Hauptanbaugebiet von Baumwolle und unterstützte sehr intensiv die Sklaverei und die Sezession – Montgomery, die Hauptstadt, war auch die erste Hauptstadt der Konföderation – und wurde später in den Fünfzigern und Sechzigern zum Brennpunkt der Bürgerrechtsbewegung.

Die meisten Sehenswürdigkeiten in Alabama stehen mit Ereignissen aus diesen beiden historischen Bewegungen, dem Bürgerkrieg und der Bürgerrechtsbewegung, in Zusammenhang. Die überschaubaren Dimensionen – sogar die größte Stadt, Montgomery, wirkt wie eine verschlafene Kleinstadt – bedingen aber eine angenehme Fahrt durch den Staat, wozu auch die Tatsache beiträgt, daß der US-80 auf einem Großteil der 230 Meilen entweder eine altmodische Landstraße oder ein besser ausgebauter Highway, jedoch kein steriler Interstate ist, und er führt zu einigen der interessantesten Plätze im Süden.

Demopolis Demopolis (7512 Einw.) liegt nördlich des US-80 auf einer Kuppe oberhalb des Tombigbee River. Die interessante Geschichte der Stadt erklärt auch ihren ungewöhnlichen Namen, »Stadt der Menschen« auf griechisch. 1817 kam eine Gruppe französischer Aristokraten, die aufgrund ihrer Treue zu Napoleon exiliert waren, in diese Gegend, nachdem ihnen der US-Kongreß Land für die Gründung einer Kolonie versprochen hatte, in der sie Oliven und Trauben anbauen wollten. Es überrascht nicht, daß die Siedler, zumeist Soldaten und Höflinge – die der WPA-Guide to Alabama als »kultivierte Menschen … aus den glänzenden Salons der französischen Aristokratie, … von denen niemand jemals den Fuß auf ein gepflügtes Feld gesetzt hatte«, beschreibt – aufs elendigste versagten. Sie überlebten nur dank der Choctaw-Indianer, die ihnen Lebensmittel gaben und ihnen zeigten, wie man zukunftsfähige Produkte anbaut.

Ende der 1820er Jahre hatte der letzte Franzose aufgegeben, und das Land wurde schrittweise von amerikanischen Baumwollpflanzern übernommen, die Sklaven hielten

Wer im westlichen Zentralalabama triefenden Soul oder Sonntagsgospels hören will, muß den Sender WNPT 102.9 FM einstellen.

und deren Herrenhäuser noch in der Stadt und der Umgebung zu sehen sind. Das größte und beste dieser Häuser ist das *Gaineswood* (805 Whitfield Street East, Mo–Sa 9–17, So 12–17; 3 $) nördlich des US-80 nahe Cedar Street neben der High School. *Gaineswood*, das schönste Antebellum-Haus in Alabama und dem Smithsonian Guide to Historic America zufolge eines der drei besten im ganzen Land, wurde 1821 als Blockhaus gebaut und wuchs sich im Laufe der nächsten 40 Jahre zu einem klassischen Greek-Revival-Herrenhaus aus; es wurde von Sklaven umgebaut, die nach Mustern aus einem Buch arbeiteten. Ungewöhnlich ist die Tatsache, daß es noch immer mit den Originalmöbeln und allen ursprünglichen Einrichtungsgegenständen, Armaturen usw. ausgestattet ist.

Obwohl Faunsdale (175 Einw.) auf der Südseite des US-80 etwa 15 Meilen östlich von Demopolis kaum mehr als ein Fliegenschiß auf der Landkarte ist, lohnt sich hier doch ein Stopp, um das wundervolle hausgemachte Essen und die Live-Musik im Faunsdale Bar and Grill (nur Mi–So 17-21) im kleinen Zentrum des Ortes zu genießen.

Das andere guterhaltene Haus eines ehemaligen Plantagenbesitzers in Demopolis ist *Bluff Hall* (405 Commissioners Avenue, Di–Sa 10–17; So 14–17; 3 $) oberhalb des Flusses am Westrand der Stadt. Es ist kleiner als Gaineswood, hat dafür aber eine schönere Lage und enthält eine breitere Palette an Möbeln aus dem gesamten 19. Jahrhundert; besonders die Küche ist voller Utensilien aus der viktorianischen Ära.

Demopolis' Innenstadt – in der es keine Fastfood-Restaurants gibt – umfaßt vier Blocks entlang der Washington Street östlich von Bluff Hall und dem Fluß. Ihr Zentrum ist einer der ältesten öffentlichen Plätze im Süden, der mit einem Springbrunnen und vielen komfortablen Bänken ausgestattet ist.

Am ersten Wochenende im Dezember wird der Tombigbee River bei Demopolis im Rahmen des Christmas on the River lebendig, wenn mit beleuchteten Flößen eine Parade gebildet wird.

Außer dem familienorientierten Restaurant Riverview Landing nördlich der Stadt am US-43 liegen die üblichen Fastfood-Lokale (Hardee's, McDonald's und ein 24 Stunden geöffneter Mr. Waffle) am US-80, und hier findet sich auch ein Days Inn (205/289-2500 oder 800/325-2525), die einzige Übernachtungsoption der Stadt.

Selma Ein volles Jahrhundert, ehe es eine zentrale Rolle in der Bürgerrechtsbewegung der Sechziger spielen sollte, war Selma (23755 Einw.) gleich nach Richmond das wichtigste Waffenarsenal der konföderierten Truppen. Die hiesigen Gießereien und Rüstungsfabriken produzierten Waffen, Munition und gepanzerte Kriegsschiffe, darunter die legendäre CSS Tennessee, und lieferten fast die Hälfte des von den Konföderierten hergestellten Kriegsmaterials. Wie in Richmond wurden auch

Alabamas ursprüngliche Staatshauptstadt Cahawba wurde 1820 am Alabama River gegründet, aber in den 1860er Jahren vollständig aufgegeben Die wenigen erhaltenen Gebäude und sonstige Überbleibsel bilden heute einen State Historic Park (tgl. 8–17; gratis) 13 Meilen südwestlich von Selma via Highway 22 und Highway 9.

hier die Betriebe zum Ende des Krieges im April 1865 von Unionstruppen zerstört, doch einige Gebäude an der Water Avenue in der Innenstadt entgingen diesem Schicksal und bilden heute eines der wenigen im Süden erhaltenen Gewerbegebiete aus der Zeit vor dem Krieg. Hunderte von Häusern aus der Ära des Bürgerkriegs säumen Selmas Straßen; sie sind durch blaue Schilder gekennzeichnet und stellen eine der größten Ansammlungen historischer Häuser des ganzen Landes dar.

In Reaktion auf die Märsche des Civil Rights Movement im Jahr 1965 sagte Präsident Lyndon Johnson: »Zu bestimmten Zeiten treffen sich die Geschichte und das Schicksal an einem einzigen Ort und bilden einen Wendepunkt in der unendlichen Suche des Menschen nach Freiheit. So geschah es in Lexington und Concord. So geschah es vor einem Jahrhundert am Appomattox. Und so geschah es letzte Woche in Selma, Alabama.«

Die fünf Blocks mit guterhaltenen Gewerbegebäuden in der Water Avenue liegen am Nordufer des breiten Alabama River. Unter ihnen ist auch das ehemalige *St. James Hotel* (1200 Water Avenue), das älteste noch erhaltene Hotel im Süden, das 1837 erbaut wurde und heute den Meadows-Reifenladen beherbergt. Am Westende der Straße trägt die buckelige Edmund Pettis Bridge noch immer den alten US-80 über den Fluß, und das kleine, aber bedeutende *National Voting Rights Museum* am Fuß der Brücke (1012 Water Avenue, Di–Sa 13–17; Eintritt gegen Spende) erzählt anhand von Fotos und Handzetteln die Geschichte der Bürgerrechtsbewegung der fünfziger und sechziger Jahre.

Fünf Blocks östlich, am anderen Ende des historischen Distrikts, liegt an der Stelle von Selmas größter Waffenfabrik des Bürgerkrieges heute das *Old Depot Museum* (Mo–Sa 10–16, So 14–17; 4 $). Es dokumentiert die Regionalgeschichte von der Zeit vor dem Bürgerkrieg bis zum Civil Rights Movement und zeigt eine große Sammlung konföderierten Geldes, von dem viel in Selma gedruckt wurde.

Dutzende Stätten in Selma und Montgomery und viele weitere entlang des US-80 stehen als Teil des Civil Rights Movement National Historic Trail unter Schutz. Der US-80 ist in Erinnerung an den spanischen Kundschafter DeSoto, der 1540 durch diese Gegend kam, auch als »DeSoto Trail« gekennzeichnet.

Das Depot verdeutlicht auch die Verbindung von Selmas Bürgerkriegsgeschichte mit den jüngeren Kämpfen um die Bürgerrechte: nördlich entlang der Martin Luther King Street (früher Sylvan Street) weisen Markierungen auf die unveränderten Schauplätze wichtiger Ereignisse in der Bürgerrechtsbewegung bis zum Marsch auf Montgomery hin, den Dr. King im März 1965 anführte. 20 verschiedene Displays erklären die Bedeutung der Stadt und heben den Stellenwert solcher Stätten wie der *Brown Chapel AME Church* hervor, von wo Protestler Richtung Montgomery losmarschierten, ehe sie an der Edmund Pettis Bridge gewaltsam zurückgewiesen wurden, oder der einfachen Sozialbehausungen der George Washington Carver Homes, wo die meisten der damaligen Aktivisten lebten.

Während Selma mehr lebendige Geschichte pro Quadratmeter bietet als irgendein anderer Ort im Süden, gibt es dort leider kaum gute Restaurants – mit zwei Ausnahmen: *Ed's Pancake House* (1617 Broad Street/US-80) und *Major Grumbles* (1 Grumbles Alley an der Water Avenue), wo in einem umgewandelten Baumwollagerhaus oberhalb des Flusses gebratene Hühnchen und Steaks serviert werden. Die Nacht läßt sich gut – für 75 $ pro Zimmer – im *Grace Hall* (506 Lauderdale Street, 205/875-5744) verbringen, einem um 1857 erbauten Cottage im Italianate-Stil mit grünen Fensterläden, das in ein Bed&Breakfast umgewandelt wurde. Die Motels am US-80 umfassen ein *Best Western* (1915 West Highland Avenue, 205/872-1900) und ein *Holiday Inn*.

Weitere Informationen und Details über das *Alabama Tale Tellin' Festival*, das jeden Oktober in Selma stattfindet, sind vom Visitors Bureau (513 Lauderdale Street, 205/875-7241) erhältlich.

Montgomery Einst die Hauptstadt der Konföderierten Staaten von Amerika und jetzt Staatshauptstadt von Alabama ist Montgomery (187106 Einw.) eines der anziehenderen Ziele im Deep South.

Montgomerys »Y 102« – die Radiostation WHHY 102 FM – spielt nonstop MTV-Hits.

Es wird schwerlich verwundern, daß die meisten Sehenswürdigkeiten mit dem amerikanischen Bürgerkrieg zu tun haben, der hier offiziell begann, als Jefferson Davis den Befehl zum Feuern auf Fort Sumter gab. Montgomery überstand den Krieg mehr oder weniger unversehrt und ist heute eine sehr nette Stadt mit hübschen Häusern in baumbestandenen Straßen und – dank der Anwesenheit von Politikern und der 6000 Studenten des Alabama State College – einer überdurchschnittlichen Palette von Restaurants.

Montgomerys Wahrzeichen ist das um 1851 erbaute *State Capitol* (Mo–Sa 9–16, So 12–16; gratis), das 1861 vier Monate lang als Kapitol der Konföderierten diente und noch heute in Benutzung ist. Ein Bronzestern am westlichen Eingang kennzeichnet die Stelle, wo Jefferson am 18. Februar 1861 den Amtseid leistete, und eine von historischen Wandbildern umgebene Wendeltreppe führt hinauf in die dreistöckige Rotunde. Im White House of the Confederacy lebte Jeff Davis mit seiner Familie, bis sie nach Richmond umzogen; das Gebäude wurde 1921 auf die andere Straßenseite gegenüber des Kapitols verlegt. Nebenan im *State Archives and History Museum* (Mo–Sa 9–17; gratis) sind noch weitere Memorabilien der Konföderation zu sehen; die Ausstellungen zeichnen die Geschichte Alabamas von den Creek-Indianern und der Pionierzeit bis zur Gegenwart nach.

Einen Block westlich des Kapitols erhebt

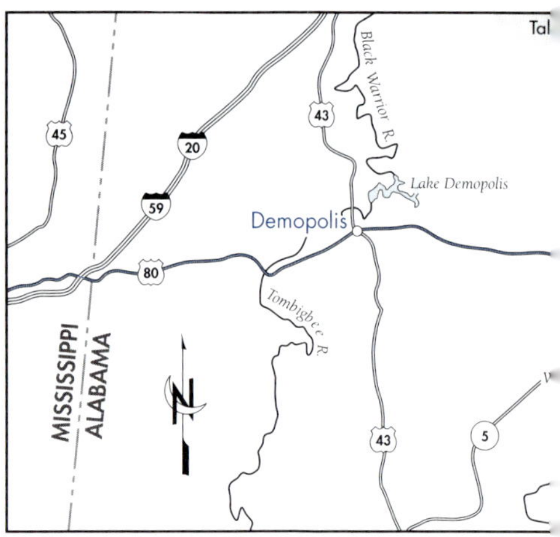

sich die *Dexter Avenue Baptist Church*, ein einfaches Backsteingebäude, in dem Martin Luther King von 1954 bis 1960 als Pastor tätig war. Die Kirche ist einer der zentralen Schauplätze der Bürgerrechtsbewegung; hier demonstrierten Unterstützer zusammen mit Rosa Parks 1955/56 während des Busboykotts von Montgomery, der ein Ende der offiziellen Rassentrennung brachte. Im Keller der Kirche stellt ein großes Wandbild Dr. Kings leitende Rolle in den Kämpfen um die Bürgerrechte dar.

Gleich bei der Dexter Avenue Baptist Church um die Ecke liegt Montgomerys eindrucksvollste Sehenswürdigkeit, das *Civil Rights Memorial* zwei Blocks westlich vom State Capitol am Eingang zum *Southern Poverty Law Center* (400 Washington Avenue). Das Denkmal – entworfen von der Architektin des Vietnam Memorials, Maya Lin – besteht aus einem runden schwarzen Granittisch, auf dem die Namen der 40 während des Kampfes um die Bürgerrechte Getöteten eingraviert sind. Kurze Beschreibungen, wie und wann sie starben, gehen wie die Zeiger einer Uhr von einer zentralen Wasserquelle aus, und das Wasser fließt sanft über die Kante des Steintisches. Dahinter stürzt ein Wasserfall über eine Marmorwand, in die Martin Luthers Kings liebste Bibelpassage eingraviert ist, in der es heißt, daß wir nicht zufrieden sein werden, »bis Gerechtigkeit wie Wasser herabfließt und Rechtschaffenheit wie ein mächtiger Strom«. Das neue Rosa Parks/Bus Boycott Historical Memorial – das 40 Jahre nach den Ereignissen 1995 im Beisein von Ms. Parks eingeweiht wurde – befindet sich außerhalb des Eureka Theater.

Montgomery hat aber auch Sehenswürdigkeiten, die nicht mit den beiden historischen Ereignissen bzw. Bewegungen in Verbindung stehen. Das erste davon ist das *Hank Williams Memorial* (1304 Upper Wetumptka Road), das seine letzte Ruhestatt auf dem Oakwood Cemetery am Nordostrand der Innenstadt kennzeichnet. Hank Williams war ein in Alabama geborener Sänger und

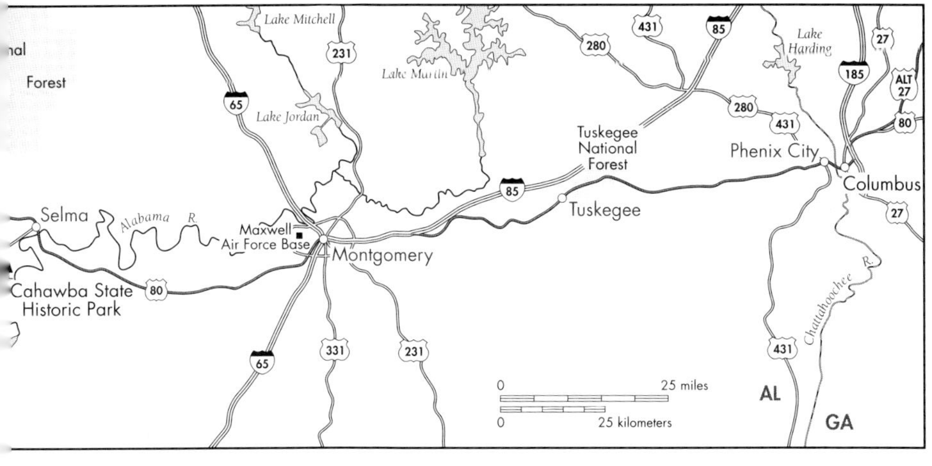

Verfasser solch dauerhafter Klassiker wie »Your Cheating Heart«, »Jambalaya«, »Hey, Good Lookin'«, »I'm So Lonesome I Could Cry« und »Lost Highway«. Williams gab sein letztes Konzert in Montgomery am 28. Dezember 1952, drei Tage vor seinem Tod; Er starb auf dem Rücksitz seines Cadillacs, als er auf dem Weg von Knoxville, Tennessee, zu einem Neujahrskonzert in Canton, Ohio, war. Sein Song »I'll Never Get Out of This World Alive« stieg damals gerade in den Charts auf. Sein Grab liegt auf der Ostseite des zentralen Kreises, und auf einem Schild bittet sein Sohn, Hank junior, es nicht zu beschädigen. Eine lebensgroße Statue von Hank senior steht in der Innenstadt in der Perry Street gegenüber des Rathauses.

Die Maxwell Air Force Base in Montgomery wurde 1910 von den Wright-Brüdern angelegt und ist heute Sitz der Air University and War College, einer Militärakademie der Air Force.

Eine andere bemerkenswerte Einwohnerin war Zelda Fitzgerald, die in Montgomery geboren wurde, hier aufwuchs und später mit ihrem Mann F. Scott in der Stadt wohnte, als er im Winter 1931/32 »Zärtlich ist die Nacht« schrieb. Das südlich der Innenstadt gelegene Haus (919 Felder Avenue) ist in Apartments aufgeteilt worden, und in einem davon (Apartment B) befindet sich heute ein kleines *Museum* (205/264-4222, Mi–Fr 10–14, Sa/So 13–15), welches das Leben der beiden in Videos und Erinnerungsstücken dokumentiert. Es ist das einzige Museum überhaupt, das einem der beiden gewidmet ist.

Montgomery, das eine der größten Fleischindustrien des Südens aufweist, besitzt mindestens ein gutes Steak House, das *Conestoga* (3903 Atlanta Highway/US-80) nordöstlich der Innenstadt. Frühstück und Lunch sind im ländlich gehaltenen *Farmers Market Cafe* (315 North McDonough Street) in der Innenstadt empfehlenswert.

Die Unterkünfte der Stadt umfassen die üblichen Dependencen der landesweiten Motelketten, das nette *Riverfront Inn* (200 Coosa Street, 205/834-4300) im historischen Riverfront-Distrikt westlich der Innenstadt sowie das komfortable, um die Jahrhundertwende erbaute *Lattis Inn B&B* (1414 South Hull Street, 205/832-9931) in einem Wohnviertel eine halbe Meile südlich des Interstate 85.

Weitergehende Informationen hält das *Montgomery Visitor Center* (401 Madison Avenue, 205/262-0013) nördlich des Kapitols neben den restaurierten Gebäuden der Old Alabama Town bereit.

Tuskegee Auf halber Strecke zwischen Montgomery und der Grenze zu Georgia liegt Tuskegee (12 257 Einw.), ein mittelgroßer Ort, der sich um das Tuskegee Institute herum entwickelt hat. 1881 von dem fleißigen ehemaligen Sklaven Booker T. Washington gegründet, um schwarzen Amerikanern beim wirtschaftlichen Aufstieg zu helfen, ist das Institut heute eine National Historic Site, und viele der frühen, von Studenten errichteten Gebäude stehen noch auf dem 600 Hektar großen Campus. Die interessantesten Stätten befinden sich jedoch dicht beim an der Old Montgomery Road gelegenen Eingang. Hier liegt das *Carver Museum* (tgl. 9–17; gratis), das die Laufbahn des Lehrers George Washington Carver aus Tuskegee nachzeichnet und einige

der unterschiedlichsten Produkte ausstellt, die Carver während seiner lebenslangen Amtsdauer in Tuskegee entwickelte.
Gegenüber des Carver Museums auf der anderen Seite des Rasens liegt die beeindruckend moderne *Tuskegee Chapel*, die 1969 von dem angesehenen Architekten Paul Rudolph entworfen wurde, doch leider wegen des begrenzten Budgets nur sehr selten geöffnet ist. Die Gräber von Booker T. Washington und George Washington Carver liegen neben der Kapelle.
Östlich von Tuskegee führt der Interstate 85 in schneller Fahrt nordwärts Richtung Atlanta, während der US-80 nach Osten zur anheimelnden alten Industriestadt Columbus jenseits der Grenze zu Georgia weiterführt.

Phenix City Phenix City am Chattahoochee River ist – außer vielleicht wegen seiner merkwürdigen Schreibung – nur interessant, weil hier der *Fort Mitchell National Cemetery* liegt, das »Arlington des Südens« mit Soldatengräbern vom Bürgerkrieg bis zur Operation Desert Storm. Vor der Einrichtung des Friedhofs wurden 1836 hier Tausende in dieser Gegend lebende Creek-Indianer zusammengetrieben, ehe man sie auf dem berüchtigten »Trail der Tränen« nach Westen ins Indianer-Territorium von Oklahoma schickte.

Durch Georgia

Der US-80 verläuft durch die Mitte von Georgia und folgt der »Fall Line«, einer geologischen Scheidelinie, entlang derer die Flüsse in einer Reihe von Stromschnellen vom höhergelegenen Piedmont Plateau auf die tiefere Küstenebene herabfließen. Da diese Fallinie die Grenze für die Schiffahrt von der See her bedeutete, entstand hier natürlich eine Reihe von Siedlungen: Columbus wurde am Ufer des herabstürzenden Chattahoochee River gegründet, und Macon in der Mitte des Staates liegt am Ocmulgee River.
Diese beiden Ansiedlungen – die zweit- bzw. drittgrößten Städte in diesem noch sehr ländlichen Staat – sind die einzigen ausgedehnteren Ortschaften, die die Route passiert, und beide sind auf ganz eigene Weise faszinierende Ziele. Doch abgesehen von diesen Ausnahmen führt der US-80 auf den über 300 Meilen in Georgia durch hügelige Landschaft mit Dutzenden kleiner Orte, windet sich als altertümlich aussehende zweispurige Landstraße durch dichte Mischwälder, entlang stattlicher Farmhäuser mit weißem Säulenvorbau auf ausgedehnten Rasenflächen, vorbei an heruntergekommenen Hütten mit Blechdach und Vorgärten voller rostiger Kühlschränke und aufgebockter Autowracks.
Im Westen kann man Abstecher zu den überraschend schlichten Häusern zweier amerikanischer Präsidenten machen, demjenigen von Franklin Delano Roosevelt in Warm Springs und dem von Jimmy Carter in Plains. Östlich von Macon Richtung Savannah und Atlantikküste wurde der US-80 durch den schnelleren Interstate 16 ersetzt, der an zahlreichen kleinen Orten in einer agrarischen Region vorbeiführt, die während des Bürgerkriegs im Rahmen von

General Shermans »Marsch zur See« verwüstet wurde. Glücklicherweise nahm Sherman die Kolonialhauptstadt Savannah davon aus, ein üppiges grünes Juwel, das allgemein als die schönste Stadt in Nordamerika angesehen wird.

Savannah wird im City Survival Guide auf Seite 458 f. beschrieben.

Columbus Bei der Überquerung des Chattahoochee River zwischen Alabama und Georgia kann man im Norden die rauschenden Wasserfälle sehen, um die herum Columbus (179 278 Einw.) sich entwickelte. Columbus wurde an der Stelle eines Dorfes der Creek-Indianer gegründet und ist heute Georgias zweitgrößte Stadt. Im hiesigen Fort Benning hat die brutale Army Ranger-Trainingsschule ihren Sitz, und 1996 wurden hier im Rahmen der olympischen Spiele die Softball-Wettbewerbe ausgetragen. Während des Bürgerkriegs wurden die Eisengießereien und von Wasserkraft getriebenen Fabriken der Stadt zur Munitionsherstellung genutzt, doch blieb Columbus unangetastet, bis der Unionsgeneral James H. Wilson 1865 über den Chattahoochee stürmte – ohne zu wissen, daß der Vertrag von Appomattox den Krieg bereits beendet hatte, zerstörten »Wilson's Raiders« weite Teile der Stadt. Die großen Spinnereien aus Backstein am östlichen Ufer des Flusses stammen aus der Ära zwischen den späten 1860er Jahren und 1900, als Columbus zu einem Industriegiganten aufstieg, wie es die aus dieser Stadt stammende Erzählerin Carson McCullers beschrieben hat.

Vor allem in der westlichen Hälfte des Staates führt der US-80 durch die hügelige Piedmont-Landschaft und an ausgedehnten Plantagen im Herzen des »Georgia Peach«-Landes vorüber. Im Sommer kann man den »You-Pick-'Em«-Schildern folgen und sich seine Pfirsiche frisch vom Feld holen oder an einem der Straßenstände halten, die diese Früchte zusammen mit anderen Früchten und Gemüsen feilbieten.

Der Chattahoochee River zwischen Alabama und Georgia markiert offiziell die Grenze zwischen Central und Eastern Standard Time, auch wenn Phenix City, Alabama, sich an die Georgia-Zeit hält.

Die meisten Sehenswürdigkeiten der Stadt sind im überschaubaren Riverside-Distrikt konzentriert und bequem erreichbar. Ein Spaziergang entlang der neuen Riverside-Promenade gewährt schöne Ausblicke aufs Wasser, und ein Bummel durch die kopfsteingepflasterten Gassen und Straßen wie Front Street und Broadway führt zu würdevollen alten Häusern und Parks mit kleinen Springbrunnen. Im Gebäude der *Columbus Historical Society* (700 Broadway, Mo–Fr 9–17) – einem Herrenhaus im Italianate-Stil – gibt es Pläne und Tickets für Führungen (2 $) durch verschiedene Häuser in der Nachbarschaft, darunter die frühere Residenz von J. S. Pemberton, dem Erfinder von Coca-Cola. Das elegante kleine *Springer Opera House* (103 Tenth Street) ist das Highlight des angrenzenden Geschäftsviertels, in dem sich schön restaurierte Gebäude und witzige kleine Läden mischen, die mit Perücken oder Voodoo-Amuletten handeln.

Das *Columbus Museum* (1251 Wynnton Road, Di–Sa 10–17, So 13–17; gratis) auf einem Hügel östlich der Innenstadt eine halbe Meile vom Fluß entfernt ist das wichtigste Kulturzentrum der Region und zeigt ansprechende Displays zur Geschichte des Flußtals von der Zeit der Creek-Indianer bis heute. Besonders der mehrmals täglich gezeigte, 20minütige Film »Chattahoochee Legacy« ist sehr sehenswert. In den geräumigen Galerien wird eine breite Sammlung unterschiedlichster Kunstgegenstände präsentiert. Alles in allem ist es eines der fesselndsten kleinen Museen im Staat und mindestens einen einstündigen Aufenthalt wert.

Knoxville, 25 Meilen westlich von Macon und gleich nördlich des US-80, liegt rings um einen typisch südlichen Courthouse Square, auf dem ein Monument für Johanna Troutman steht, ein Mädchen aus dem Ort, das die Lone Star-Flagge des Staates Texas entworfen hat. Sie gab die Fahne mit einem blauen Stern auf weißem Grund – die aber ansonsten der heutigen entsprach – einem Bataillon Freiwilliger aus Macon mit, die für die Republik Texas in den Kampf zogen.

Das *Confederate Naval Museum* (Di–Fr 10–17, Sa/So 13–17; gratis) liegt südlich der Innenstadt am Anfang der Fourth Street neben dem Stadium, das für die Softball-Wettbewerbe der Frauen bei den olympischen Spielen von 1996 gebaut wurde. Es zeigt die angekohlten Überreste zweier gepanzerter Schiffe und andere maritime Exponate. Südöstlich des Museums schlängelt sich die Victory Road zum Fort Benning; hier gibt es die meisten günstigen Unterkünfte inmitten einer Nachbarschaft aus Strip-Clubs und Pfandleihern, die mit den jungen Soldaten aus dem Fort ihr Geschäft machen.

Das angenehmste Nachtquartier ist das *Hilton Hotel* (800 Front Avenue, 706/324-1800 oder 800/445-8667), das eindrucksvoll in einer Eisengießerei des Jahres 1853 untergebracht ist. Die benachbarte Fabrik wurde in ein Veranstaltungszentrum umgewandelt, und jedes Jahr im April findet hier das wichtigste Festival von Columbus statt, das RiverFest.

An beiden Enden der historischen Innenstadt liegen Restaurants. *Country's on Broad* (1329 Broadway) serviert klassische ländliche Küche und Barbecues in einem aufgemotzten Busdepot von 1940. Das historische *Goetchius House* (405 Broadway, »GET-chezz« gesprochen) oberhalb des Flusses präsentiert montags bis samstags noblere Dinner – und wem das Chateaubriand zu gehaltvoll ist, der kann in der Kneipe im Erdgeschoß einen Mint Julep kippen. Wer Lust auf etwas Neues hat, kann am *Lunch Counter* der Dinglewood Pharmacy (1939 Wynnton Road, hinter dem Museum) eine ungewöhnliche örtliche Spezialität probieren, den Scrambled Dog, einen mit Chilis, Zwiebeln und kleinen Austern überhäuften Hot Dog.

Weitere Informationen über Columbus sind im *Visitor Center* (801 Front Avenue, 706/322-1613 oder 800/999-1613) erhältlich.

Warm Springs: Franklin D. Roosevelts kleines »Weißes Haus« Etwa 15 Meilen nördlich von Columbus locken die bewaldeten Flanken des Pine Mountain die Menschen aus dem Flachland auf der Suche nach kühleren Temperaturen an. 1924 führten die therapeutischen heißen Quellen dieser Gegend auch den späteren Präsidenten Franklin Delano Roosevelt hierher, der 1920 die Wahl zum Vizepräsidenten verloren hatte und 1928 jene zum Gouverneur des Staates Washington gewinnen sollte. In der Zeit dazwischen erkrankte er an Polio und war nicht mehr in der Lage, eigenständig zu laufen. FDR liebte die Gegend so sehr, daß er sich ein kleines Holzhäuschen baute, das *»Little White House«* (tgl. 9.30–16; 4 $). Außerdem gründete er in der Nähe ein Behandlungszentrum für sich und andere Poliokranke, das von einer Wohltätigkeitsorganisation finanziert wurde, aus der der heutige »March of Dimes« entstand. Im Laufe der nächsten zwei Jahrzehnte kam er regelmäßig her und entwickelte von hier aus als Präsident große Teile des »New Deal« und der Strategien des Zweiten Weltkriegs. Er starb am Nachmittag des 12. April 1945.

Als New Deal wird die Wirtschafts- und Sozialpolitik unter Präsident Roosevelt bezeichnet, in der mit vereinten Kräften die umfassende ökonomische Krise bekämpft wurde. Zur Koordination der Bemühungen wurde die WPA – die Work Projects Administration – gegründet, die beschäftigungslosen Handwerkern, Arbeitern und Künstlern staatliche Aufträge vermittelte. Auch die in diesem Buch oft zitierten WPA-Guides entstanden im Rahmen dieser Initiative; oft wurden namhafte Schriftsteller damit beauftragt, ein solches Buch über ihren Heimatstaat zu erarbeiten.

Das Haus und das Grundstück sind noch weitgehend wie zum Zeitpunkt seines Todes erhalten. Ein kleines *Museum* zeigt verschiedene Gegenstände, darunter eine ganze Wand voller Handarbeiten, die im Rahmen der unterschiedlichen WPA-Programme entstanden.

Man kann auch die schweren Beinschienen sehen, die FDR bei öffentlichen Auftritten trug, und das dunkelblaue Ford V8-Cabriolet mit handgesteuerten Pedalen, in dem er in der Gegend von Warm Springs herumfuhr.

FDR in seiner typischen Pose

Im nahegelegenen *FDR State Park* kann man auf einem von Roosevelt gestifteten Areal die wunderbaren Ausblicke genießen, im Pool schwimmen, auf einem Teil des 26 Meilen langen Pine Mountain Trail wandern oder die Nacht in einer der vielen Cabins verbringen (Reservierungen unter 706/663-4858). Im kleinen Ort *Warm Springs* (400 Einw.) eine halbe Meile nördlich des Little White House-Parks serviert *Mac's Bar-B-Q* einen Block östlich des US-41 über Hickoryholz geröstete Rippen und Hühnchen, und das historische *Hotel Warm Springs* (17 Broad

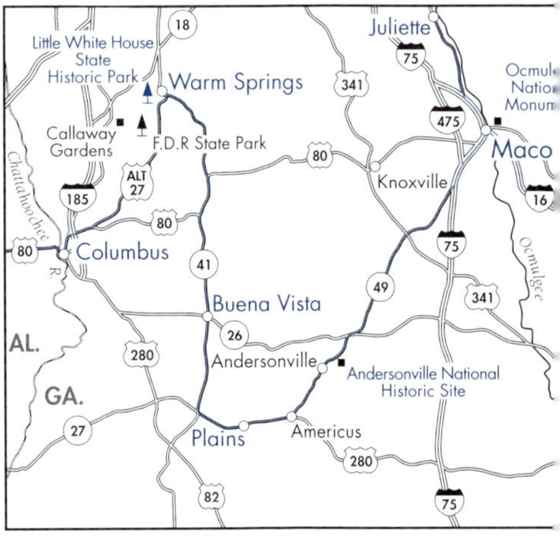

1975 verkündete der damalige Gouveneur von Georgia, Jimmy Carter, seine Kandidatur für das Amt des Präsidenten in FDRs Cottage in Warm Springs.

Street, 706/655-2114) bietet Unterkünfte im Bed& Breakfast-Stil. Außerdem gibt es viele Geschäfte mit Handarbeiten, Geschenken und Antiquitäten, die zum Stöbern einladen. *Callaway Gardens* westlich von Warm Springs am US-27 verfügt über 5600 Hektar üppig gestalteter Parks (tgl. 7–19; Erwachsene 7.50 $, Kinder 1 $), wo es eine Sektion mit kunstvoll beschnittenen Bäumen, einen Badesee und wundervoll angelegte, farbenprächtige Blumenbeete sowie das *Day Butterfly Center* gibt, ein großes Atrium mit vielen Arten exotischer Schmetterlinge. Auch Unterkünfte stehen zur Verfügung (706/663-2281 oder 800/282-8181).

Plains: Jimmy Carter Ein anderer Stopp am Georgias »Presidential Trail« ist das kleine Plains (116 Einw.) 45 Meilen südöstlich von Columbia am US-285, der Heimatort des ehemaligen Präsidenten Jimmy Carter und fast ein lebendiges Denkmal für Small-Town America. In diesem selbst für das südliche Georgia kleinen und abgelegenen Ort wuchs der 39. Präsident der USA auf; von hier aus führte er seine Wahlkampagne durch und kümmert sich heute um Angelegenheiten der internationalen Diplomatie – sofern er nicht an der Sonntagsschule in der Maranatha Baptist Church unterrichtet. Obwohl der Besitz der Carter-Familie nicht zugänglich ist, können Besucher seine High School sehen, an Brother Billy's alter Tankstelle anhalten (der einzigen im Ort) und Erdnüsse im General Store kaufen.

Ein großer Teil von Plains ist zur *»Jimmy Carter National Historic Site«* erklärt worden, und Rundgangsbroschüren sind im Visitor Center im alten Bahnhof (912/824-3413, tgl. 9–17) erhältlich, der 1976 und 1980 als Hauptquartier für Carters Wahlkampagnen diente.

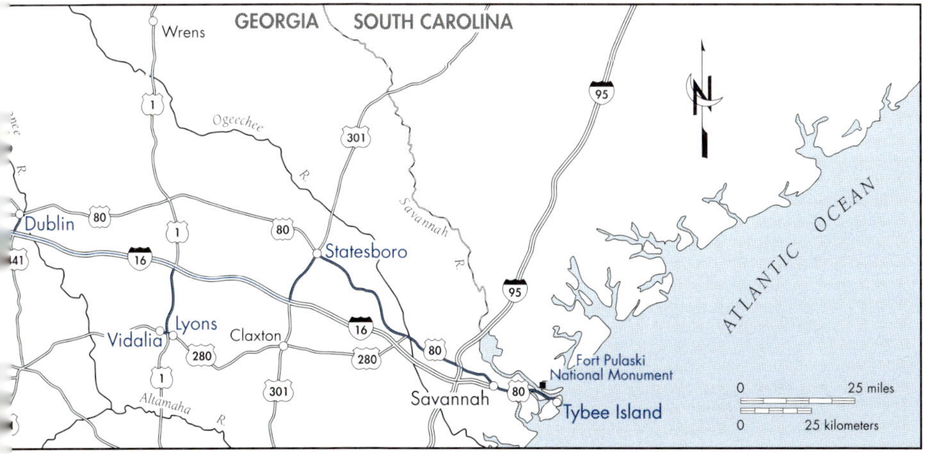

Zehn Meilen nordöstlich von Plains ist in der Marktstadt Americus (16512 Einw.) der aus den Baumwollplantagen dieser Gegend stammende Wohlstand im erhabenen Windsor Hotel (125 West Lamar Street, 912/924-1555 oder 800/678-8946) verkörpert. Das wirklich elegante Hotel aus der viktorianischen Ära mit seiner drei Stockwerke hohen Lobby ist eines der stilvollsten Bauwerke im Staat. Es ist auf jeden Fall einen Blick wert und bildet eine wundervolle Ausgangsbasis für Erkundungen im zentralen Georgia.

Das Gefängnis von Andersonville Zehn Meilen nördlich von Americus liegt die *Andersonville National Historic Site* (tgl. 8–17; gratis) an der Stätte des größten und berüchtigsten Militärgefängnisses der Konföderation. Während der letzten 18 Monate des Bürgerkrieges waren hier 30000 Soldaten unter unvorstellbaren Bedingungen inhaftiert, und 13000 von ihnen starben infolge von Krankheiten, schlechter sanitärer Verhältnisse und Erschöpfung.

Als dieser Skandal nach dem Krieg bekannt wurde, war das öffentliche Entsetzen so groß, daß der Lagerkommandant Captain Henry Wirz wegen Mordes angeklagt und in Washington, D.C. gehängt wurde, obwohl Historiker darin übereinstimmen, daß er nur wenig zur Linderung der Leiden hätte tun können.

Nur wenige Teile des Gefängnisses sind rekonstruiert worden, aber die quälenden Geschichten der Soldaten erzählen ein kleines Museum (in dem auch die Berichte amerikanischer Kriegsgefangener aus unterschiedlichen Kriegen einschließlich Vietnams lebendig werden) und – sehr bewegend – die Tausenden von Grabsteinen auf dem *Andersonville National Cemetery* eine halbe Meile nördlich des ehemaligen Lagers.

Macon Die Stadt Macon (106612 Einw.) liegt nahe des geografischen Zentrums von Georgia; sie wurde 1825 am Ocmulgee River (»oak-MUL-gee« gesprochen) gegründet und blühte durch den Baumwollhandel auf. In der Innenstadt gibt es außer der modernen *Georgia Music Hall of Fame* (siehe Kasten) Dutzende guterhaltener und historisch bedeutsamer öffentlicher Gebäude, darunter das 110 Jahre alte Opera House (639 Mulberry Street) und das um die Jahrhundertwende entstandene Douglass Theater am Broadway westlich der Mulberry Street, wo aus Macon stammende Musiklegenden wie Lena Horne, Otis Redding und Little Richard ihre Karrieren begannen. Der beste Ort, um ein Gefühl von Macons lebendigem Erbe zu bekommen, ist das kleine, aber sehenswerte *Harriett Tubman African-American Museum* (340 Walnut Street, 912/743-8544, Mo–Fr 10–17, Sa/So 14–18; 3 $), das ein Wandbild der berühmten Söhne und Töchter der Stadt und Ausstellungen mit Kunstwerken bzw. kunsthandwerklichen Gegenständen afrikanischer Prägung zeigt.

Der »Ramblin' Man« der Allman Brothers wurde »auf dem Rücksitz eines Greyhound-Busses geboren, der den Highway 41 entlangrollte«, doch der meiste Verkehr nimmt heutzutage den modernen Interstate 75.

Ein anderer Teil von Macons geschichtlichem Erbe, die guterhaltenen Häuser aus der Zeit vor dem Bürgerkrieg, liegen auf einem kleinen Hügel

Macon Music

Viele Leute hielten die Schaffung von Macons neuer Georgia Music Hall of Fame nur für ein weiteres Symptom des Staates, verzweifelt Touristenattraktionen zu schaffen, um so von den olympischen Spielen in Atlanta des Jahres 1996 zu profitieren. Obwohl der olympische Enthusiasmus eindeutig dabei geholfen hat, 6,5 Millionen Dollar öffentlicher Mittel als Startkapital zu ergattern, ist dabei doch eines der ansprechendsten und unterhaltendsten Musikmuseen des gesamten Landes herausgekommen: 1100 m2 Fläche voller Gitarren, Verstärker, Schallplatten, Poster, Kostüme, Jukeboxes, Sonnenbrillen und Blue Suede Shoes plus gerade soviel Information vom Kuratorium, um sich daraus die ganze verrückte Geschichte der Musik in Georgia zusammenzubasteln. Das beste an dem Unternehmen ist die Tatsache, daß man sich vom Diktat der Musikindustrie – Umsatz gleich Qualität – befreit hat: Nicht alle hier gewürdigten Künstler waren weltbekannt oder kommerzielle Superstars.
Macon hat vielleicht in Musikkreisen nicht den legendären Status von Memphis oder Detroit, aber sein Anspruch auf Bekanntheit geht über die Tatsache hinaus, im Zentrum des Staates zu liegen. Die Musikszene der Stadt erlebte in den fünfziger und sechziger Jahren ihren Höhepunkt, als so unterschiedliche Künstler wie Little Richard, Otis Redding und die Allman Brothers hier ihre Laufbahnen begannen; sie alle haben einen festen Platz in der Ruhmeshalle. Ausstellungsvitrinen sind mit Instrumenten und Erinnerungsstücken vollgestopft, die nicht selten von den Musikern selbst gestiftet wurden und so dem Museum eine Aura des Persönlichen geben, die man anderswo oft vermißt.
Das Museum erzählt nicht nur die Geschichte des Lebens und der Erfolge von Musikern aus Georgia von Thomas Dorsey bis TLC, sondern zeigt auch hervorragend die sozialen, ethnischen und wirtschaftlichen Bedingungen auf, unter denen die verschiedenen Musikformen entstanden. Außerdem zollt es den vielen Menschen hinter den Kulissen den lange überfälligen Tribut und wirft ein Schlaglicht auf Songwriter, Produzenten und Toningenieure, von den vielen Promotern, Hökern und Herumhängern ganz zu schweigen. Indem sie die Leistungen unzähliger Musiker von Ma Rainey bis zu den B-52s dokumentiert, macht die Hall of Fame deutlich, daß Georgia eine zentrale Stellung in der Musikgeschichte Amerikas zukommt.
Die Georgia Music Hall of Fame liegt im Zentrum von Downtown Macon gegenüber dem Visitors Bureau Ecke Fifth und Mulberry Streets. Es ist montags bis samstags vom 9 bis 17, sonntags von 13 bis 17 Uhr geöffnet und kostet 7.50 $ Eintritt. Weitere Informationen sind unter 912/750-8555 oder 888/427-6257 erhältlich.

nördlich der Innenstadt. Abgesehen von einem kleinen Kratzer haben sie den Krieg unversehrt überstanden: Während die meisten von Shermans Soldaten Macon nördlich umgingen, verwickelte eine Gruppe Unionssoldaten einen Trupp junger Konföderierter an der Stadtgrenze in ein Scharmützel und feuerte eine Kanonenkugel ab, die im Foyer einer stattlichen Residenz landete, und diese heißt seither treffend *Cannonball House* (856 Mulberry Street). Ein kleines *Museum* hinter dem Gebäude (Di–Fr 10–16, Sa/So 14–16; 3 $) präsentiert die übliche Masse von Erinnerungsstücken aus der Bürgerkriegszeit, während man im Vorderhaus den eingedellten Fußboden und die Kanonenkugel in Augenschein nehmen kann. Einen Block entfernt zählt das beeindruckende *Hay House* (934 Georgia Avenue, Mo–Sa 10.30–16.30, So 14–16; 6 $) zu den schönsten Antebellum-Bauwerken des Staates. Diese beiden und andere restaurierte Häuser werden auf einer verschlungenen Tour durch die Stadt erläutert, auf der der Führer wie Sidney Lanier posiert, ein bekannter Lyriker des 19. Jahrhunderts aus Macon (Sidney's Old South Tours, 912/743-3401, Erwachsene 9 $, Kinder 4.50 $).

Zu Anfang des Frühjahrs beginnen Macons 200 000 Kirschbäume zu blühen, und kurz darauf ziehen die Macon Braves auf das Spielfeld eines der ältesten Minor-League-Baseballstadien des Landes. Ticketinfo unter 912/745-8943.

Außer der Musik und der Architektur hat Macon auch eine Reihe guter Restaurants aufzuweisen. Zu den besten zählt *Len Berg's* in der Innenstadt (Old Post Office Alley zwischen Broadway und Walnut Street). Seit 1908 ist das Lokal eine Institution in Macon und serviert gehäufte Portionen gebratener Hühnchen und andere Delikatessen des Südens sowie süße Vidalia-Zwiebelringe und frischgebackene Kuchen zum Nachtisch (Lunch only, Mo–Sa 11–14.30). Auch einen Besuch wert ist das *H&H Restaurant* (897 Forsyth Street) in Downtown Macon, wo große Portionen bodenständiger Kost von »Mama« Louise Hudson zubereitet werden, die auch schon für die Allman Brothers auf deren Tourneen kochte.

Hinsichtlich empfehlenswerter Unterkünfte weist Macon nur ein schmales Spektrum auf. Entweder man sucht sich ein Motel am Riverside Drive nahe des Interstate 75 oder wählt das sehr komfortable *1842 Inn* (353 College Street, 912/741-1842), ein Antebellum-Haus mit weißen Säulen, das in ein Bed&Breakfast umgewandelt wurde und Zimmer mit historischem Ambiente für etwa 100 $ die Nacht vermietet.

Zusätzliche Informationen über Macon sind im *Visitors Bureau* (200 Cherry Street, 912/743-3401 oder 800/768-3401) in der großen alten Terminal Station erhältlich.

Ocmulgee National Monument An einer Stätte zwei Meilen östlich von Macon auf der anderen Seite des Ocmulgee River und vom Exit 4 des Interstate 16 aus via Emory Highway (US-80) gut erreichbar, lag einst ein Zentrum der präkolumbianischen Indianerkultur, das heute als Ocmulgee National Monument geschützt ist. Als die ersten Kolonisten auf der Bildfläche erschienen, war der Ort schon seit 800 Jahren bewohnt, und die ältesten erhaltenen Reste datieren aus dem Jahr 900.

In dem kleinen, aus der WPA-Periode stammenden *Visitor Center* (912/752-8257, tgl. 9–17; gratis) werden ein kurzer Film und Stücke kunstvoller Keramik gezeigt, die auf dem Areal gefunden wurden. Von hier aus führt ein kurzer Pfad zu einem restaurierten Erdhaus (mit schlecht kaschierten Schächten der Klimaanlage!), wo man durch einen schmalen Tunnel zum Zentrum eines runden, Kiva-ähnlichen Innenraumes gelangt. Der Trail führt dann an den freigelegten Überresten eines Trading Posts der Creek-Indianer vorbei und kreuzt die Schienen der Eisenbahn, ehe er auf der knapp 14 m hohen Kuppe des »Great Temple Mound« endet, von wo aus man Macons Innenstadt jenseits des lärmenden Interstate 16 sehen kann – zweitausend Jahre »Kultur«, durch einen kurzen Spaziergang verbunden.

Juliette: Gebratene grüne Tomaten und das Whistle Stop Cafe Am Oberlauf des Ocmulgee und im Herzen der Piedmont-Wälder des mittleren Georgia liegt versteckt das Städtchen Juliette, das aufgrund des *Whistle Stop Cafes* in letzter Zeit etwas mehr aus seinem langen Schlummer erwacht. Das Café, der Ort und der Fluß waren die Kulisse des 1991 auf Grundlage von Fannie Flaggs Roman »Gebratene grüne Tomaten« gedrehten Films.

Das irreführend benannte Surf 'n' Turf ist ein herausragender Stopp für Ortsbewohner und müde Reisende und serviert Killer-Barbecue eine Viertelmeile südlich des Interstate 16 beim Highway.

Von Montag bis Samstag zwischen 8 und 14 Uhr bzw. sonntags von 12 bis 17 Uhr kann man hier das berühmte Barbecue mit einem Teller gebratener grüner Tomaten bekommen. Juliette liegt nördlich von Macon am US-23, zehn Meilen östlich von Forsyth, und ist vom dortigen Interstate 75 aus via Juliette Road zu erreichen.

Abseits des Interstate 16: Dublin, Vidalia und Lyons Das 1812 von irischen Einwanderern gegründete Dublin (16312 Einw.) feiert sein Erbe bis heute mit einem St. Patrick's Day Festival, das zwei Wochen dauert. Der historische Distrikt liegt an der Bellevue Avenue, wo man die prächtigen alten Häuser der Stadt sehen und einen Blick in das örtliche *Geschichtsmuseum* (Di–Fr 13–16.30; gratis) Ecke Bellevue Avenue und Academy Street werfen kann. *Chappell's Mill* am US-441 zwölf Meilen nördlich der Stadt verarbeitet noch heute Mais in einem traditionellen Mahlverfahren. Wer die Mühle in Betrieb sehen und einen Beutel des steingemahlenen Mehls kaufen möchte, sollte vorher anrufen. *Ma Hawkins Cafe* (124 West Jackson Street) im Ortsinneren nahe des Gerichtsgebäudes serviert Maisgrütze mit Greens und andere Spezialitäten des Südens.

Dem Reiseautor und Verfasser des Georgia Handbook Kap Stann zufolge behauptet ein örtlicher Prediger, der über eine loyale Gefolgschaft verfügt, daß Vidalia in den letzten Jahren von mehreren UFOs besucht worden sei.

Vidalia (11078 Einw.) östlich von Dublin und etwa 15 Meilen südlich des I-16 ist weltweit bei Freunden guten Essens als Heimat der Vidalia-Zwiebel bekannt, die so süß ist, das man sie roh wie einen Apfel essen kann. Für die Bewohner der Gegend bringt dieses ausschließliche Anbauprodukt einen Jahresumsatz von 30 Millionen Dollar. Ende April und Anfang Mai kann man dem Geruch zum Vidalia Onion Festival folgen und Köstlichkeiten probieren. Das *Vidalia Welcome Center* (2805 Lyons Highway) kann im Frühjahr Besichtigungstouren zu örtlichen Zwiebelfarmen und weiterverarbeitenden Betrieben vermitteln; im Herbst sind Baumwoll- und Tabakplantagen im Programm.

Fünf Meilen östlich von Vidalia liegt das *Robert Toombs Inn* (101 South State Street, 912/526-4489) in der Ortsmitte von Lyons (4.502 Einw.) am US-280. Es bietet gute Mahlzeiten in seinem schicken Restaurant, einen Drink an der voll ausgestatteten Bar (was man im südlichen Georgia nur selten findet) und eine Übernachtung in seinen zeitgenössisch eingerichteten Bed&Breakfast-Zimmern.

Statesboro Das unmittelbar am US-80 und 12 Meilen nördlich des Interstate 16 gelegene Statesboro (15854 Einw.) war einer der Haltepunkte von General Sherman. 1864 setzten seine Truppen das Gerichtsgebäude in Brand, und das heutige ebenfalls historische *Court House* stammt aus dem späten 19. Jahrhundert. Die Georgia Southern University mit ihren 10000 Studenten dominiert die Stadt und zeigt in einem kleinen Museum auf dem Campus das 8 m lange Skelett eines Monasauriers.

Zwischen Macon und Savannah spielt Swainsboros KISS 98.1 FM Songs von CCR, R.E.M. und die neuesten Nachrichten der NASCAR - der National Association of Stock Car Auto Racing.

Für hungrige Besucher werden im *Beaver House Restaurant* (121 South Main Street) großzügige Büfetts mit Gerichten des Südens aufgebaut. Zu einem angemessenen Preis kann man sich hier an Fleisch, Gemüse, Maisbrot und Bisquits gütlich tun.

Fort Pulaski Die Fahrt von Savannah nach Osten zum Atlantik führt durch pittoreske Fischerdörfer inmitten friedlicher Marschen, wo sich eine Unmenge von Rinnsalen und Creeks durch das hohe grüne Reet schlängelt, und Fischerboote schaukeln über das Wasser, wenn sie zum Fang von Shrimps und Austern auslaufen.

Die nördlich des US-80 am US-1 gelegene Stadt Wrens (2.414 Einw.) war in seiner Jugend die Heimat von Erskine Caldwell, dem Autor klassischer Romane wie »Tobacco Road« und »Gottes kleiner Acker«, die beide in diesem Teil des ländlichen Georgia spielen.

Mitten in dieser idyllischen Szenerie liegt das *Fort Pulaski National Monument* (912/786-5787, tgl. .30–Sonnenuntergang; 1 $) 15 Meilen östlich von Savannah am US-80, eine guterhaltene Festungsanlage aus Steinen und Ziegeln, die 1848 vollendet wurde und die Mündung des Savannah River schützte. In dieser hervorgehobenen Insellage befand sich einst das Fort Greene aus der Kolonialzeit, das 1804 von einem Hurrikan zerstört und von dem architektonisch eindrucksvollen, fünfeckigen Bollwerk ersetzt wurde, das – umgeben von einem Graben und großen Grünflächen – in seinem angeschlagenen und beschädigten Zustand bis heute überdauert hat.

Während des Bürgerkriegs hielten die 2 m dicken Mauern des Forts Pulaski dem Bombardement aus den neuen Kanonen der Unionsstreitkräfte nur 30 Stunden lang stand, was die Aufgabe des Forts im April 1862 nach sich zog.

Nahe des Forts gleich westlich der Bull River Bridge am US-80 ist das beliebte Williams Sea Food Restaurant ein geeignetes Lokal, um die örtliche Küche zu probieren. Etwas schwieriger zu finden, aber die Suche wohl wert, ist das Crab Shack in der East Hammock Road (912/786-

Der Ort Claxton zehn Meilen südlich des I-16 an der Kreuzung des US-280 mit dem US-301 bezeichnet sich selbst als »Fruchtkuchen-Hauptstadt der Welt«. In der herbstlichen Fruchtkuchen-Saison bietet die Claxton Bakery im Zentrum des Ortes kostenlose Proben jener Spezialität an, von denen sie 3000 Tonnen im Jahr hervorbringt.

9857), von deren »Low Country Boil« und dem »Key Lime Pie« sogar die Gastro-Kritiker der New York Times schwärmten.

Tybee Island Endlich geschafft! Endlich am Atlantik angekommen! Der Ort Tybee Island (2842 Einw.) auf einer der vielen Inseln im Mündungsdelta des Savannah River ist ein aufgemotztes altes Feriendomizil für Familien mit vier Blocks voller Corndog-Ständen und Minigolfanlagen entlang der Butler Avenue und markiert das östliche Ende des 3000 Meilen langen US-80 keine 18 Meilen östlich des Zentrums von Savannah.

Die jährlich im Juni stattfindende Beach Bum's Parade genießt regionalen Ruhm, doch Tybee Islands wichtigere Attraktion sind die endlosen und fast nie überlaufenen weißen Sandstrände.

Ein anderer Publikumsmagnet ist der schräge, irgendwie dem Diner-Stil nachgeahmte *Breakfast Club* (1500 Butler Avenue) direkt im Zentrum des Geschehens, der täglich von 6 Uhr früh bis ein Uhr nachts geöffnet ist.

Am Nordende von Tybee Island, von wo aus einst die Streitkräfte der Union während des Bürgerkriegs das Fort Pulaski so wirkungsvoll beschossen, steht ein hundert Jahre alter Leuchtturm neben Bunkern aus dem Zweiten Weltkrieg, die zum Glück nie benötigt wurden. Heute ist darin das *Tybee Museum* (912/786-5801, im Sommer tgl. 10–18, sonst kürzere Öffnungszeiten; 2 $), das seine Sammlungen zur Geschichte der Insel präsentiert, zu denen auch die ehemalige Hütte des Leuchtturmwärters gehört.

F. W. WOOLWORTH Co.
TROPOLITAN DRUG

City Survival Guides

Atlanta

Atlanta ist die Metropole des Südens, und die junge, tatkräftige Bevölkerung des Großraumes strebt zügig auf die Drei-Millionen-Marke zu. Heute ist die Stadt eine der dynamischsten Siedlungen des Landes. Als Staatshauptstadt von Georgia und Sitz zweier Flaggschiffe der amerikanischen Kultur, Coca-Cola und CNN, hat Atlanta sich zum finanziellen und kulturellen Herzen des »New South« gemausert. Generell sind die Menschen hier großzügig und offen, und wenn sie darin nicht so unglaublich sicher wären, könnte man sie für wandelnde Parodien der südlichen Gastfreundschaft halten.

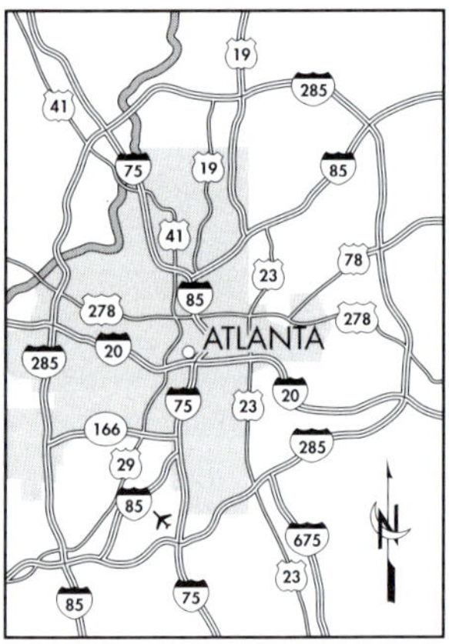

Ankunft und Nahverkehr

Atlantas *Hartsfield International Airport* ist einer der fünf verkehrsreichsten Flughäfen des Landes und liegt ein Dutzend Meilen südlich der Innenstadt an der Kreuzung des Interstate 85 mit dem I-285. Alle bekannten Autoverleiher haben hier Filialen, und die Kleinbusse des Atlanta Airport Shuttle (404/766-5312; 9 $ pro Tour) ergänzen den Service der MARTA-Vorortszüge (Abfahrt alle 15 Minuten, 1.25 $). *Taxis* kosten etwa 15 Dollar.

Der I-75/I-85-Freeway führt durch das Zentrum der Stadt, und der Interstate 20 streift den Südrand. Der Downtown-Bereich ist überschaubar, doch falls es für einen langen Spaziergang zu heiß ist, kann man das Bahn- und Bussystem von *MARTA* benutzen, der Metro Atlanta Rapid Transit Authority (404/848-4711). Da fast jede zweite Straße das Wort »Peachtree« im Namen zu führen scheint, sollte man zweimal hinschauen, um nicht die Orientierung zu verlieren.

Sehenswertes

Underground Atlanta: Die Stadt begann einst als Eisenbahnknotenpunkt (und ihr ursprünglicher Name war schlicht »Terminus«, Endstation), und das frühe Straßenbild ist in diesem Reich von Ladenfassaden unter dem Zentrum des modernen Atlanta zwischen Peachtree und Canal Street erhalten geblieben.

Martin Luther King, Jr. National Historic Site (Visitor Center: 522 Auburn Avenue, 404/331-3920, tgl. 9–17; gratis): Eine Meile östlich der Innenstadt im Herzen des »Sweet Auburn«-Distrikts umfaßt dieses Areal viele wichtige Orte aus dem Leben Dr. Kings, darunter auch sein Grab mit den eingravierten Worten »Free at Last, Free at Last« auf dem Grundstück des *Center for Non-Violent Social Change*, 449 Auburn Avenue.

Atlanta History Museum (130 West Paces Ferry Road, 404/814-4000, Mo–Sa 10–17.30, So 12–17.30; 7 $). Mitten zwischen den würdevollen Herrenhäuern des Buckhead-Viertels drei Meilen nördlich der Innenstadt umfaßt dieser große Komplex 7400 m² Ausstellungsfläche und illustriert Atlantas Geschichte. Zwei zur Anlage gehörende alte Häuser können besichtigt werden.

Unterkünfte

Days Inn – Downtown, 300 Spring Street (404/523-1144 oder 800/325-2525). Saubere, komfortable Zimmer zu den besten Preisen der Innenstadt. Doppelzimmer ab 60 $.

Woodruff Inn, 223 Ponce de Leon Avenue Northeast (404/875-9449). Das gut erhaltene, etwa 1915 erbaute Stadthaus ist ein Bed&Breakfast und bietet Zimmer für 65 $ pro Nacht. Es liegt gegenüber von Mary Mac's Tea Room und ist zugleich auch das *Atlanta International AYH Hostel* (404/875-2882), eine Jugendherberge, wo ein Übernachtungsplatz im Schlafsaal 14 Dollar kostet – ideale Kombination für hungrige Reisende mit beschränktem Budget.

Westin Peachtree Plaza, 210 Peachtree Street (404/659-1400 oder 800/228-3000). Das höchste Hotel der Welt erhebt sich 73 Stockwerke über die Innenstadt und ist mit allen denkbaren Einrichtungen ausgestattet.

Lokale

Beautiful Restaurant, 397 Auburn Avenue (404/233-0080). Wirklich gutes Soul Food, vor allem in Verbindung mit einem Besuch der benachbarten Ebenezer Baptist Church.

Mary Mac's Tea Room, 224 Ponce de Leon Avenue Northeast (404/876-1800). Im ganzen Süden für die großen Portionen bodenständiger Gerichte bekannt, darunter Jambalaya, Catfish und Fried Chicken.

The Varsity, 61 North Avenue (404/881-1706). Dieses nahe der Georgia Tech-Universität in der Innenstadt am I-75 gelegene Lokal nimmt für sich in Anspruch, das größte Drive-In der Welt zu sein; hier gibt es sehr gute Chili Dogs, fritierte Zwiebelringe und mehr Cola als irgendwo sonst.

Information

In der Tourist Information des *Atlanta Convention and Visitors Bureau* (233 Peachtree Street, 404/521-6600) gibt es die übliche Flut von Prospekten und Faltblättern. Tageszeitungen sind die morgens erscheinende *Constitution* und das abendlich herauskommende *Journal*.

Die Telefonvorwahl für Atlanta ist 404.

Boston

Dreieinhalb Jahrhunderte lang hat Boston Schlagzeilen produziert und dabei eine übergroße Fülle historischer Stätten gewonnen, die alle innerhalb des erstaunlich kompakten Stadtgebietes liegen. Die »The Hub« genannte Metropole ist nicht nur die Heimat so hochprofilierter Berühmtheiten wie Paul Revere, Mother Goose oder des Kennedy-Clans, sondern auch der Harvard University, des Massachusetts Institute of Technology (MIT), der Wellesley University und gut 60 weiterer meist privater Institutionen akademischer Bildung. Doch der puritanische Geist schwebt noch immer über allem, und während die Clubszene lebendig ist, die Coffee Shops unzählbar sind und es mehr Copy Shops als Videotheken gibt, braucht man gar nicht erst zu versuchen, an Sonntagen Wein zu kaufen oder nach 22 Uhr noch irgendwo ein Abendessen zu bekommen.

Ankunft und Nahverkehr

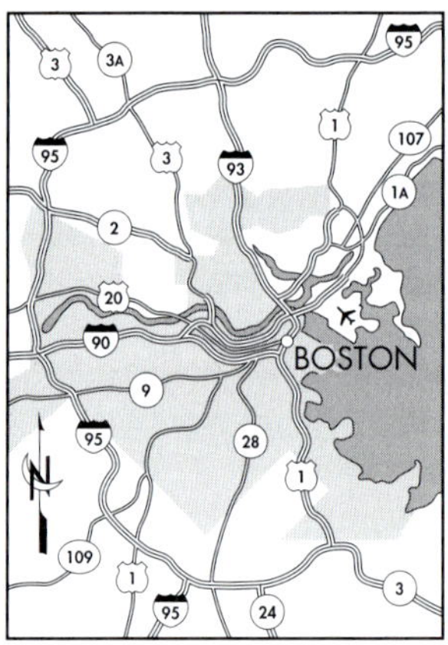

Boston liegt im Zentrum mehrerer strahlenförmig aufeinander zulaufender Highways und Autobahnen, darunter der Interstate 90, der I-93 und der I-95. Bequem für Flugreisende ist die Lage des Logan International Airport jenseits des Boston Harbor nur sieben Minuten von der Innenstadt entfernt; für 8 Dollar kann man mit dem Water Shuttle von der Rowes Wharf hinüberfahren (wochentags alle 15, Sa/So alle 30 Minuten). Außerdem ist der Flughafen durch fahrplanmäßig oder individuell eingesetzte Kleinbusse, die Blue Line der Subway und mit Taxis zu erreichen. Auch für die Amtrak-Züge und verschiedene Buslinien ist Boston ein wichtiger Stopp.

Alle Hotels, Restaurants und Attraktionen, die man vielleicht besuchen möchte, liegen in kurzer Entfernung von »The T« (kurz für Massachusetts Bay Transportation Authority), einem Verkehrsverbund aus U-Bahnen, Bussen, Straßenbahnen, Fähren und Vorortszügen. Ein-, Zwei- oder Sieben-Tages-Pässe (5–18 $) berechtigen zur unbeschränkten Benutzung; sie sind in jedem Bahnhof, der Alewife-U-Bahnstation in Cambridge, der U-Bahnstation am Flughafen oder im Visitor Center am Boston Common erhältlich.

Sehenswertes

John Hancock Observatory, 200 Clarendon 1Street am Copley Square (617/247-1977; Mo–Sa 9–22, So 10–22; 3.75 $). Orange Line bis Back Bay Station oder Green Line bis Copley. Es ist das höchste Gebäude in Neuengland und ganz einfach der beste Ort, um einen Überblick über Boston zu bekommen.

The Old North Church, 193 Salem Street (617/523-6676, tgl. 9–17, Gottesdienst So 9, 11 u. 16; gratis). Green oder Orange Line bis Haymarket. Die am Kirchturm befestigten Laternen waren das Signal für Paul Reveres mitternächtlichen historischen Ritt. Sein Haus, das älteste in Boston, liegt nur einen Block entfernt (19 North Square).

Boston Harbor Islands State Park (617/727-5290). Von Ende Mai bis Anfang Oktober legen die Schiffe der Bay State Cruise Lines (617/723-7800; 7 $) neben dem *New England Aquarium* ab und fahren zur Georges Island, der besten Ausgangsbasis, um mit kostenlosen Wassertaxis fünf weitere Inseln zu erreichen, auf denen man wandern, am Strand spazierengehen, alte Forts erkunden und sogar campen kann (617/727-7676, Juni-Sept., nur mit Permit).

Unterkünfte

Boston HI/AYH Hostel, 12 Hemenway Street (617/536-9455 oder 800/444-6111) nahe der Station Hynes/ICA an der Green Line. Einzelzimmer (40 $, 46 $ für zwei Personen) sollten einen Monat im voraus reserviert werden. Betten im Schlafsaal kosten 18 $ für AYH/HI-Mitglieder, 21 für Nichtmitglieder (Mai-Okt. nur für Mitglieder zugänglich). Parken kostet 10 S pro Tag.

John Jeffries House, 14 Embankment Road (617/367-1866) nahe der Charles-Station an der Red Line. Diese viktorianische Pension am Fuß des historischen Beacon Hill gegenüber der Charles River Esplanade ist komfortabel und bequem. Doppelzimmer beginnen bei 85 $, parken kostet 12 $.

Lokale

Biba, 272 Boylston Street (617/426-7878) neben der Arlington-Station an der Green Line. Der Küchenchef hat lange Zeit hindurch den experimentellen Bereich der Gastronomieszene in Boston bestimmt, und es ist sicherlich eines der besten Restaurants der Stadt. Man sollte sich angemessen kleiden.

The Daily Catch, 323 Hanover Street (617/523-8567) nahe der Haymarket-Station der Orange Line. Diese North-End-Kneipe ist so klein, daß der Koch der Hälfte seiner Gäste die Hand schütteln kann, ohne den Herd zu verlassen. Calamaris sind die Spezialität des Hauses, doch das Gros der Speisen besteht aus Seafood auf Linguine (»rot oder weiß«), das in Schüsseln statt auf Tellern serviert wird. Nur Barzahlung, keine Reservierungen, weshalb man nach 18 Uhr mit Wartezeiten rechnen muß.

The Other Side Cosmic Cafe, 407 Newbury Street (617/536-9477) in einer Yuppie-freien Zone der Back Bay gegenüber der Station Hynes/ICA der Green Line. Beliebtes Lokal für Leute, die vor ihrem Espresso und einer Zigarette leiche Obst-und Gemüse-Imbisse und vegetarische Lasagne genießen wollen.

Information

Im *Boston Common Visitor Center* in der Tremont Street nahe der Park Street-T-Station kann man alle gewünschten Infoprospekte einsammeln. Das *Greater Boston Convention and Visitors Bureau* (617/536-4100 oder 800/888-5515) und das Massachusetts Office of Travel and Tourism (800/477-MASS) halten Listen der Attraktionen und Unterkünfte bereit. Die Donnerstagsausgabe des *Boston Globe* hat einen umfangreichen Veranstaltungskalender.

Die Telefonvorwahl für Boston ist 617.

Chicago

New York mag vielleicht größere und bessere Museen, Geschäfte und Restaurants haben und Los Angeles mehr Menschen, doch Chicago ist noch immer die All-American City und einer der aufregendsten und angenehmsten Orte der Welt. Die Stadt ist das Wirtschaftszentrum der mittleren USA zwischen dem dichtbesiedelten Osten und den offenen Arealen des Westens, und die Welt verdankt dieser Stadt viele Dinge, die heute selbstverständlich sind: Wolkenkratzer, den Blues und die Atombombe.
Abgesehen von The Loop – dem Wolkenkratzer-gespickten Geschäftsviertel am Seeufer, in dem sich die weltweit höchsten und eindrucksvollsten modernen Bauwerke finden – ist Chicago überraschend flach und von Wohngebieten geprägt. Angesichts seiner Lage im Binnenland ist ebenso erstaunlich, daß Chicago den höchsten Prozentsatz von Einwanderern unter allen amerikanischen Städten aufweist. Woher sie auch kommen, sind sie doch stolz darauf, sich als Einwohner von Chicago zu bezeichnen, und ungeachtet der verwahrlosenden städtischen Infrastruktur und den unaufhörlich verlierenden Baseball-Teams kann ihr gutmütiger Enthusiasmus für die Stadt ansteckend sein.

Ankunft und Nahverkehr

In Chicago ist der verkehrsreichste und empörendste Flughafen der USA beheimatet, O'Hare (ORD) 17 Meilen nordwestlich des Loop, der gut mit U-Bahnzügen der CTA, Shuttle-Bussen und Taxis erreicht werden kann. Außerdem gibt es dort alle bekannten Autoverleiher. Chicago ist daneben auch der Hauptknotenpunkt des nationalen Amtrak-Bahnunternehmens, und Züge aus dem ganzen Land laufen in der Union Station ein.

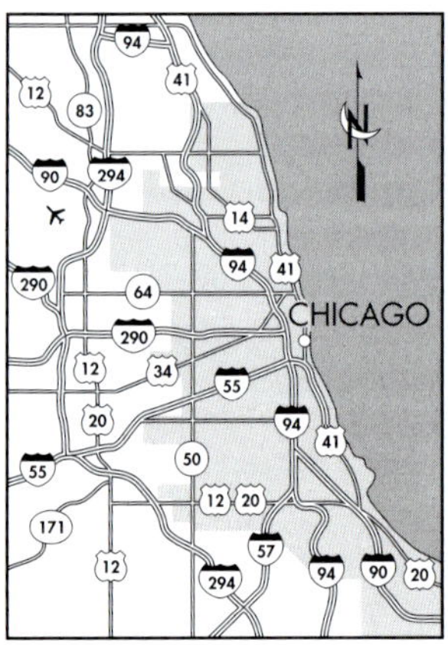

Der Interstate 55 von St. Louis folgt der alten Route 66; weitere wichtige Highways sind der I-80 in Ost-West-Richtung sowie der I-90, der den alten US-20 ersetzt, sowie ein Halbdutzend in Nord-Süd-Richtung verlaufender Autobahnen. Der Verkehr kann fürchterlich sein, und man tut gut daran, sein Auto abzustellen und die Hochbahnzüge (»El« für »Elevated Trains«) bzw. die Busse der Chicago Transit Authority (312/836-7000) zu benutzen, die rund um die Uhr die Stadt versorgen.

Sehenswertes

Chicago River by Boat, North Pier, 455 East

Illinois Street (312/922-3432, Mai-Okt. tgl.; 15 $). Diese informativen Rundfahrten werden von der Chicago Architecture Foundation veranstaltet und ermöglichen vom Boot auf dem Chicago River aus einen ungewöhnlichen Blick auf die eindrucksvollen Türme der Stadt.

The Magnificant Mile, North Michigan Avenue. Nördlich des Loop jenseits des Chicago Rivers liegen viele der Top-Shops, Restaurants und Hotels an dieser eine Meile langen Shopping-Straße. Die »Mag Mile« beginnt am reich verzierten Tribune Tower und endet im Norden mit zwei Blocks voller schicker Läden unterhalb des 95stöckigen John Hancock Center.

Frank Lloyd Wright Home and Studio, 951 Chicago Avenue, Oak Park (708/848-1976, tgl. 11 u. 16; 8 $). Auf einer Führung durch das selbst entworfene Haus, in dem der große Architekt Frank Lloyd Wright von 1890 bis 1910 wohnte und arbeitete, kann man einen faszinierenden Einblick in sein Leben und Schaffen gewinnen. In diesem um die Jahrhundertwende entstandenen Vorort zehn Meilen westlich des Loops am Ende der Lake-Dan Ryan-Hochbahnlinie der Chicago Transit Authority wuchs auch Ernest Hemingway auf.

Wrigley Field, 1060 West Addison Street (312/404-2827). Wenn die Cubs auf dem Wrigley Field spielen, ist es mehr als nur ein Baseballspiel. Ihnen zuzuschauen ist eine Initiation in den beliebtesten Zeitvertreib Amerikas.

Unterkünfte

Arlington House International Hostel, 616 West Arlington Place (773/929-5380). Die Schlafsaalbetten in der Nähe des Wrigley Fields sind Chicagos einzige wirkliche Low-Budget-Unterkunft.

Best Western River North, 125 West Ohio Street (312/467-0800). Großartige Lage im trendigen North River-Galerieviertel, dabei nur wenige Fußminuten vom Loop und der Mag Mile entfernt. Doppelzimmer kosten ab 120 $.

Lokale

The Berghoff, 17 West Adams Street (312/427-3170). Saloon und Steakhouse der Jahrhundertwende wie aus dem Bilderbuch; man serviert exzellente Gerichte in einem dunkel getäfelten Speiseraum. Nur Barzahlung, manchmal voll.

Billy Goat Tavern, 430 North Michigan Avenue (312/222-1525). Beer-und-Burger-Bar, die durch John Belushis »Cheeseboiga, cheeseboiga... no Coke, Pepsi« in Saturday Night Live berühmt wurde.

Information

Die beste Informationsquelle ist das *Chicago Office of Tourism* (78 East Washington Street, 312/744-2400), wo es Stadtpläne und die üblichen, mit Anzeigen vollgestopften Werbebroschüren gibt. Die beiden Tageszeitungen sind die Sun-Times und die Tribune. Chicago hat seit kurzem zwei Telefonvorwahlbereiche, 312 und 773.

Cincinnati

Cincinnati breitet sich am Nordufer des Ohio River aus und war einst die größte und geschäftigste Stadt an der westlichen Frontier. Doch als sich die Eisenbahnlinien auf Chicago konzentrierten, verlor Cincinnati seine Stellung als Tor zu den westlichen Vereinigten Staaten. Viele Prominente haben die Stadt gepriesen, darunter Winston Churchill, der sie als »schönste Stadt im Inneren Amerikas« bezeichnete. Mark Twain hingegen meinte, er wolle gern in Cincinnati sein, wenn die Welt den jüngsten Tag erlebe – denn dort sei man immer 20 Jahre hinter der Zeit zurück.
Cincinnati mit einer Bevölkerung von gut 400 000 Menschen ist eben vor Toledo die drittgrößte Stadt in Ohio. Selbst wenn man nur wenig Zeit hat, sollte niemand die Stadt passieren, ohne das dortige gute Essen zu probieren – Berge von Chili, Haufen zartester Ribs und Riesenkugeln von Graeter's Ice Cream warten.

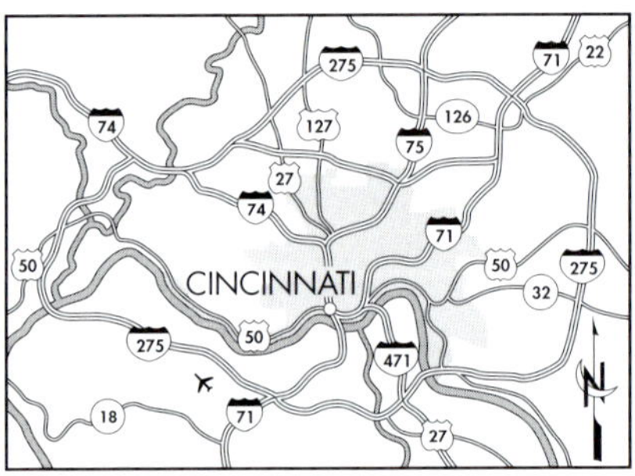

Ankunft und Nahverkehr

Cincinnati liegt am Nordufer des Ohio dicht an den Grenzen zu Kentucky und zu Indiana. Der US-50 ist die wichtigste Ost-West-Route; der Interstate 74 führt nordwestlich nach Indianapolis, der I-75 südlich nach Louisville, und der I-75 verbindet Detroit mit Atlanta und führt in Nord-Süd-Richtung durch die Stadt. Es gibt so gut wie keinen Zugservice, doch fliegen fast alle großen Airlines den Greater Cincinnati International Airport an, der südwestlich der Innenstadt in Kentucky liegt. In der Stadt bewegt man sich am besten mit dem Auto vorwärts.

Sehenswertes

Museum Center, Union Terminal, Ezzard Charles Drive beim I-75-Exit 1 (513/287-7000 oder 800/733-2077, Mo–Sa 9–17, So 11–18). Am Nordwestrand der Innenstadt liegt dieser Art-Deco-Bahnhof von 1930, der in einen der besten Museumskomplexe das Landes umgewandelt wurde. Sehenswert die *Cincinnati Historical Society* (5$), das *Museum of Natural History* (5$) und das *Omnimax-Theater. Mount Adams*: Dieser auf einem 100 m hohen Hügel gelegene Stadtteil war einst mittels einer Bahn erreichbar; er hat sich aus einem verwahrlosten Viertel in einen schicken Distrikt voller Kunsthandwerksläden und Cafés wie das *Cafe Vienna* (1141 St. Gregory Street) verwandelt. Im nahegelegenen Eden Park befindet sich das respektable *Cincinnati Art Museum* (Di–Sa 10–17; 5 $).*Covington, Kentucky*: Der größte Teil von Cincinnatis einst quirliger Waterfront, »The Basin« genannt, wurde im Namen der Stadterneuerung abgerissen. Die einzigen Überbleibsel des alten Cincinnati liegen heute gegenüber auf dem anderen Flußufer in Covington, Kentucky – dicht genug, um sie zu Fuß über die Roebling Bridge zu erreichen, die 1865 als Muster für die Brooklyn Bridge gebaut wurde.

Covington Landing, ein am Fuß der Roebling Bridge verankertes großes Schiff, ist einer der interessantesten Nightlife-Orte der Stadt und bietet mehr als ein Dutzend Lokale, um zu essen, zu trinken und sich einfach wohlzufühlen.

Unterkünfte

Die landesweit operierenden Kettenmotels halten an den Interstates 71 und 75 hunderte Zimmer bereit; empfehlenswert sind ein *Travelodge* und ein *Days Inn* am Central Parkway (US-127) drei Meilen nordwestlich der Innenstadt. Für Familien sind die *Embassy Suites* (606/261-8400) geeignet, die oberhalb des Ohio River am Ende der Roebling Bridge liegen.

Lokale

Camp Washington Chili, Ecke Hopple und Colerain Streets drei Meilen nördlich der Innenstadt am Exit 3 des Interstate 75. Das Lokal ist für sein Chili berühmt, das hier als Spaghetti-Sauce dient und entweder »3-Way« (Spaghetti, Chili und geriebener Käse), »4-Way« (zusätzlich mit Zwiebeln) oder »5-Way« (zusätzlich mit Bohnen) serviert wird. Es ist täglich außer Sonntag 24 Stunden geöffnet.

Montgomery Inn at the Boathouse, 925 Eastern Avenue (513/721-7427). In diesem modernen Gebäude am Fluß werden Bob Hope oder dem verstorbenen Billy Carter zufolge die besten Barbecued Ribs der USA serviert. Zusammen mit dem originalen Montgomery Inn (9440 Montgomery Road, 513/791-3482) werden hier jährlich 200 Tonnen Ribs durchgeschleust – mehr als in irgendeinem anderen Grillrestaurant der USA.

Information

Das *Greater Cincinnati Visitors Bureau* (300 West Sixth Street, 513/621-2142 oder 800/344-3445) unterhält eine Filiale auf der Hauptebene des Museum Center (siehe oben). Täglich erscheinen morgens der *Enquirer* und abends die *Post*.

Die Telefonvorwahlnummer für Cincinnati ist 513.

Cleveland

Armes Cleveland! Gerade als sich in der Stadt dank des Erfolgs der Rock and Roll Hall of Fame und der Teilnahme der Cleveland Indians an den World Series so etwas wie ein Bürgerstolz zu erholen schien, ging alles wieder verloren, als das vielgeliebte Pro-Football-Team der Browns der Stadt den Rücken kehrte und ein neues Betätigungsfeld wählte – in Baltimore, als ob der Verletzung noch eine Beleidigung hinzugefügt werden sollte.

Jahrzehntelang war Cleveland einer der größten unter den Industriegiganten an den Great Lakes, und John D. Rockefellers Standard Oil stand an der Spitze der ansässigen Unternehmen. Während sich die Stadt während der vergangenen 50 Jahre bemühte, den Verfall des Rust Belt abzustreifen, scheint sie heute vor einem Wiedereintritt ins richtige Leben zu stehen; die Energie hierfür bezieht sie aus der Existenz des Jacob's Field, dem stets ausverkauften, 1994 eröffneten Baseball-Stadion, und der Ende 1995 eröffneten Rock and Roll Hall of Fame, die einen Eckpunkt der anhaltenden Bemühungen zur Wiederbelebung der unansehnlichen, als »The Flats« bekannten Waterfront bildet.

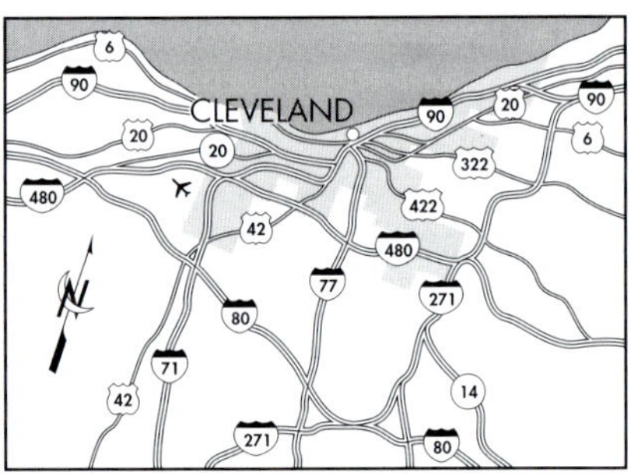

Ankunft und Nahverkehr

Der Flughafen Hopkins International liegt 12 Meilen südwestlich der Innenstadt und wird durch den Interstate 71 und die RTA-U-Bahn mit Downtown Cleveland verbunden. Die U-Bahn (216/621-9500) bedient auch das Cleveland Museum of Art (Red Line/University) und die südlichen Vororte, doch kommt man mit dem Auto am einfachsten herum. In der Innenstadt bedarf es der Geduld, an der Cuyahoga Waterfront seinen Weg zu finden, da es hier viele Sackgassen gibt und einige der alten Brücken gesperrt sind. Am besten, man erkundet die Gegend zu Fuß oder nimmt den »Downtown Loop«-Shuttlebus (50 Cent).

Sehenswertes

Rock and Roll Hall of Fame, North Coast Harbor (216/781-7625 oder 800/493-7655, tgl. 10–17.30; 12.50 \$). Dieses beeindruckend moderne Gebäude beherbergt eine Fülle von Multi-Media-Displays und hat 4500 m^2 Ausstellungsfläche sowie einen 50 m hohen Turm.

Cleveland Museum of Art, 11150 East Boulevard (216/421-7340; Di–Fr 10–18, Sa 9–17, So 13–18; 4 \$). Das Museum liegt auf dem baumbestandenen Campus der Case Western Reserve University fünf Meilen östlich der Innenstadt und besitzt eine der größten und besten Kunstsammlungen des Landes, vor allem im Bereich der Kunst des ameri-

kanischen Westens. In der Umgebung findet man auch den Rockefeller Park, den Lakeview Cemetery und Murray Hill.
Jacob's Field, Carnegie Avenue Ecke Ontario Avenue (216/241-8888 oder 216/420-4240, Tickets 6-15 $). Hier wurde Cleveland zum Sieger – nicht nur in Sachen Indians-Baseballteam, sondern auch hinsichtlich des Selbstbewußtseins der Bürger. Bei jedem Spiel drängen sich 42 000 Fans im Stadion, weshalb man früh reservieren sollte.
The Flats: Clevelands alter Schwerindustriedistrikt am Ufer des Lake Erie und des Cuyahoga River ist als »The Flats« bekannt. Auch wenn viele der Gebäude abgerissen wurden, bietet diese riesige Ansammlung von Fabriken und Werkshallen, die sich unter einem Netzwerk von Brücken duckt, den Liebhabern postindustrieller Architektur ein Fest fürs Auge.

Unterkünfte

Cross-Country Inn, 25200 Sperry Drive (216/871-3993). Zehn Meilen westlich der Innenstadt am Exit 156 des I-90 im Ort Westlake gelegen, bietet diese Pension saubere und günstige Räume. Doppelzimmer fangen bei 45 $ an.
Stouffer Renaissance Cleveland Hotel, 24 Public Square (216/696-5600). Dieses ehemals Tower City Plaza genannte schöne alte Hotel ist in die netteste Unterkunft der Stadt umgewandelt worden. Doppelzimmer liegen zwischen 100 und 200 $.

Lokale

Great Lakes Brewing Company, 2516 Market Avenue, Ohio City (216/771-4404). Diese Kneipenbrauerei liegt westlich des Cuyahoga River in einem alternativ angehauchten Stadtteil und bietet gutes Essen, tolle Biere und ein geselliges Publikum.
Slyman's, 3106 St. Clair Avenue (216/621-3760). Das beste Corned Beef von Cleveland wird in einem Gewerbedistrikt östlich des I-90 eine halbe Meile von der Innenstadt entfernt serviert.

Information

Weitere Details gibt es vom Cleveland Convention and Visitors Bureau, 3100 Terminal Tower, 50 Public Square (216/621-4110 oder 800/321-1004). Der morgens erscheinende *Cleveland Plain Dealer* ist die Hauptzeitung.
Die Telefonvorwahl für Cleveland ist 216.

Dallas / Fort Worth

Wie miteinander verfeindete Zweige einer großen Familie sind Dallas und Fort Worth voneinander untrennbare Erzrivalen. Beide Städte erheben mit einigem Recht Anspruch darauf, die Hauptstadt ihrer jeweiligen Industrie zu sein: Fort Worth nennt sich selbst »Cowtown«, hat aber eine überraschend niveauvolle Reihe von Kulturzentren und pflegt daneben sein Wildwest-Erbe. Der Emporkömmling Dallas, der während der dreißiger Jahre nach den Ölfunden von Ost-Texas aus dem Nichts heranwuchs, spielt als Heimatort der Kaufhauskette Neiman Marcus und der gleichnamigen TV-Saga bis zum Geht-nicht-mehr die Rolle des Neureichen.

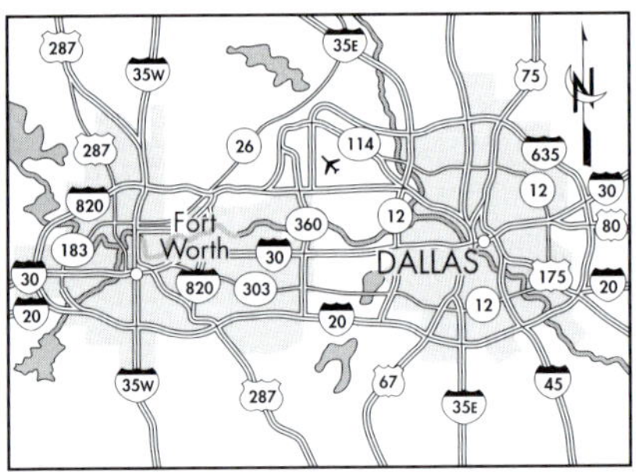

Ankunft und Nahverkehr

Dallas und Fort Worth liegen immerhin 25 Meilen voneinander entfernt in den Plains von Nord-Texas und werden durch ein Trio von schnellen Freeways – I-20, I-30 und Highway 813 – miteinander verbunden (oder eher voneinander getrennt?).

Jede der Städte hat eine eigene Ringautobahn, und zwei in Nord-Süd-Richtung verlaufende Freeways (der I-35W durch Forth Worth, der I-35E durch Dallas) komplettieren das Schnellstraßennetz.

Der Dallas/Fort Worth International Airport (DFW) auf halber Strecke zwischen den beiden Städten ist der Hauptflughafen der Region und einer der größten und verkehrsreichsten der Welt. SuperShuttle-Vans (817/329-2000) bringen die Passagiere aus beiden Städten für 10 $ zum Flugzeug. Auch die üblichen Autovermieter haben am Airport ihre Büros.

Sehenswertes

Kimbell Art Museum, 3333 Camp Bowie Boulevard, Fort Worth (817/332-8451, Di-Sa 10–17, So 12–17; gratis). Dieses kleine Museum ist eines der schönsten und perfektesten Gebäude auf diesem Planeten und liegt dem *Amon Carter Museum* direkt gegenüber.

The Stockyards, Main und Exchange Streets zwei Meilen nördlich der Innenstadt von Forth Worth. Wer eine Vorstellung davon bekommen möchte, wie Texas einmal war, sollte eine Zeitlang in diesen zwei Blocks mit Gebäuden der Jahrhundertwende herumspazieren, die sich westlich der noch in Benutzung befindlichen Viehhöfe von Fort Worth erstrecken. Das Areal ist eines der beliebtesten Gebiete, um zu essen, zu trinken und sich zu amüsieren. Nach Dunkelheit sollte man einmal bei Billy Bob's hineinschauen, der größten Honky-Tonk-Spelunke der Welt (817/624-7177).

Texas School Book Depository, »The Sixth Floor«, 411 Elm Street, Dallas (214/747-6660, tgl. 9–18; 6 $). Dieses umfangreiche Museum bietet die gruselige Gelegenheit, aus demselben Fenster zu schauen, von dem aus Lee Harvey Oswald am 22. November 1963 den Präsidenten John F. Kennedy erschoß (oder nicht). Es beschreibt den historischen Kontext und stellt die unzähligen Verschwörungstheorien dar. Seltsamerweise steht das komplette Museum unter Urheberschutz, weshalb man Unmengen von No Photography-Schildern sieht.

Unterkünfte

Benbrook Lake, sechs Meilen südwestlich von Forth Worth am US-377 (817/292-2400). Rings um diesen großen Stausee liegt ein Halbdutzend Campingplätze. Einzelne Areale kosten 10 $ pro Nacht.

Stockyards Hotel, 109 East Exchange Avenue, Fort Worth (817/625-6427). Bonnie & Clyde (die beide in Dallas begraben sind) haben in diesem Hotel der Jahrhundertwende gewohnt, das restauriert wurde und dessen Zimmer nach unterschiedlichsten Themen eingerichtet sind. Doppelzimmer kosten 75 $.

Adolphus Hotel, 1321 Commerce Street, Dallas (214/742-8200). Historisches Vier-Sterne Hotel in der Innenstadt, das der Bier-Magnat Adolphus Busch 1912 erbauen ließ und das wegen seines plüschigen Interieurs einen Blick wert ist, wenn man sich die 200-Dollar-Zimmer schon nicht leisten kann.

Lokale

Cattlemen's Steak House, 2458 North Main Street, Fort Worth (817/624-3945). Wer Fleisch essen will, ist hier richtig: Es gibt Steaks jeglicher Art und Größe, dazu Grillspezialitäten und manchmal Seafood. Dinner wird jeden Tag, Lunch nur an Werktagen serviert.

Joe T. Garcia's, 2201 North Commerce Street, Fort Worth (817/626-4356). Ob es nun das größte Tex-Mex-Restaurant der Welt ist oder nicht: Es kann einem jedenfalls leicht so vorkommen – und das Essen ist Spitzenklasse.

Prince of Hamburgers, 5200 Lemmon Avenue, Dallas (214/526-9081). Dieses Drive-In ist eine Institution im nordwestlichen Dallas und serviert seit 1927 Burger, Pommes Frites und Milchshakes.

Information

Stadtpläne und ausführlichere Informationen sind vom Dallas Visitors Bureau in der Union Station erhältlich (214/746-6677, tgl. 9–17).

Fort Worth hat drei Visitor Centers, darunter eines in den Stockyards (130 East Exchange Avenue, 817/624-4741). Hotelreservierungen können über Hotel Accomodations of Texas (800/428-4464) vorgenommen werden.

Die *Dallas Morning News* sind die wichtigste Tageszeitung.

Die Telefonvorwahl für Dallas ist 214, für Fort Worth 817.

Kansas City

Obwohl die Stadt sich zu beiden Seiten der Grenze zwischen Missouri und Kansas 20 Meilen in Ost-West- und 30 Meilen in Nord-Süd-Richtung ausdehnt, macht Kansas City (450.000 Einw.) nie den Eindruck einer Großstadt. Es erscheint eher wie eine Ansammlung von kleinen Orten, die einst voneinander getrennt waren, aber nun durch dazwischen errichtete Wohnsiedlungen zusammengewachsen und vom 100 Meilen langen Autobahnring des I-435 umschlossen werden. Das historische Zentrum von Kansas City liegt am Südufer des Missouri River, wo sich 30stöckige Wolkenkratzer über wuchtige Lagerhäuser aus Backstein, große Viehhöfe, Eisenbahngleise und Serien von Getreidesilos erheben, die insgesamt die Rolle der Stadt als Hauptverteiler der Agrarprodukte des Mittleren Westens augenfällig machen. Doch dies soll nicht heißen, daß die Stadt häßlich wäre – nur scheint sie hin und wieder endlos zu sein, und man kann die interessanten Stätten manchmal nur schwer finden.

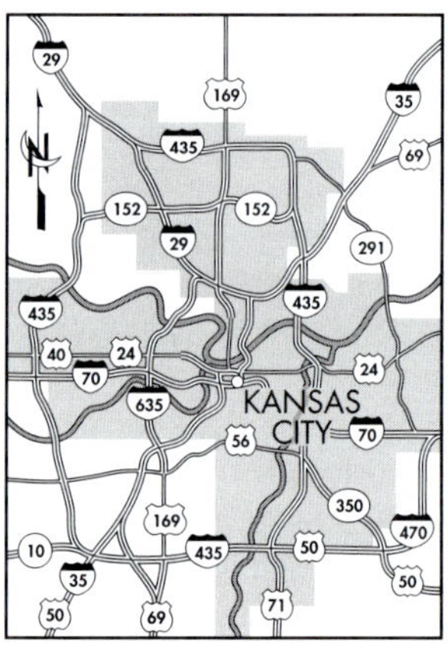

Ankunft und Nahverkehr

Kansas City erstreckt sich nördlich des US-50 und liegt auf Höhe der Kreuzung der Interstates 29, 35 und 70. Der kleine, aber effiziente Kansas City International Airport (KCI) liegt 15 Meilen nordwestlich der Innenstadt.

Wer sich in Kansas City vorwärts bewegen will, muß selbst fahren. Wie in Los Angeles, dem Kansas City stärker ähnelt, als die jeweiligen Einwohner zugestehen würden, beherrschen die Autos das Verkehrssystem. Die Entfernungen sind groß, und ein öffentlicher Nahverkehr existiert praktisch nicht.

Sehenswertes

Negro Baseball Leagues Museum, 1616 East 18th Street (816/221-1920, Mo–Sa 10–16.30, So 12–16.30; 6 $). Das exzellente neue Museum dokumentiert die Geschichte der schwarzen Baseball-Teams, die in den späten Vierzigern vor dem Fall der Rassengrenzen neben den weißen Profiteams existierten. Es liegt eine Meile östlich der Innenstadt im Viertel um die 18th und Vine Street, dem Kerngebiet von Kansas Citys Jazzszene der Nachkriegszeit.

Hallmark Visitors Center, Main und 25th Street im obersten Stock der Crown Center Shopping Mall (816/274-5672, Mo–Fr 9–17, Sa 9.30–16.30; gratis). Die auf halbem Weg zwischen der Innenstadt und Westport gelegene einzigartige Attraktion von Kansas City ist keineswegs zum Erbrechen süßlich, wie man anfangs erwarten würde. Vierzehn Ausstellungsräume zeigen die Geschichte der Firma Hallmark (die hier 1910 ihre Geschäfte begann); die meisten Exponate betreffen die Entwurfs- und Produktionsprozesse der 50 000 verschiedenen Typen von Grußkarten, die die Firma pro Jahr verkauft (und einen Umsatz von 3.8 Milliarden $ damit macht).

Unterkünfte

Die bekannten Motelketten sind entlang des I-435-Autobahnringes angesiedelt. Ein preisgünstiges Red Roof Inn liegt am I-435/US-50 in Overland Park/Ausfahrt 80, ein weiteres bei Independence. In der Innenstadt von Kansas City bieten die einfallslos benannten *Historic Suites of America* (612 Central Avenue, 816/842-6544) geräumige Zimmer in einem umgewandelten Lagerhaus der Jahrhundertwende.

Lokale

Arthur Bryant's, 1727 Brooklyn Avenue (816/231-1123). Fleischesser kommen von weit her, um in diesem einfachen Lokal zu schwelgen. Es liegt nahe des Negro Baseball Leagues Museum.

Stroud's, 1015 East 85th Street (816/333-2132). Stroud's liegt von der Innenstadt entfernt am US-50 am Südrand der Stadt (Exit Holmes Road ab I-435), ist in einem fotogenen alten Roadhouse untergebracht und serviert schlicht perfektes Fried Chicken, das von den Autoren der Zeitschrift *Roadfood*, Jane und Michael Stern, als das beste im ganzen Land gekürt wurde. In der Verbindung mit den großen Portionen Kartoffelmus, würziger Sauce und süßen Zimtkuchen dürfte das auch schwer zu schlagen sein.

Information

Es gibt das *Kansas City Visitor Center* (1100 Main Street, 816/221-5242 oder 800/767-7700) und das staatliche *Missouri Information Center* (816/861-8800, tgl. 9–17) am Exit 9 des Interstate 70 östlich der Innenstadt.

Die Telefonvorwahl für Kansas City, Missouri, ist 816, für Kansas City, Kansas, 913.

Los Angeles

Man kann es hassen oder lieben – aber ignorieren kann man Los Angeles nicht. Dank der Bemühungen der Traumfabrik Hollywood in allen Ausprägungen – Film, Fernsehen, Musikindustrie – und trotz einer Reihe unlängst passierter natürlicher und unnatürlicher Desaster – Erdbeben, Feuer, Überschwemmungen, hochkarätige Mordprozesse – erhebt die Stadt immer wieder ihren Kopf.
Auf dem hier zur Verfügung stehenden Raum können nur grobe Hinweise gegeben werden. Passend zur auto-orientierten Kultur der Stadt werden fünf verschiedene Strecken beschrieben.

Ankunft und Nahverkehr

Die meisten Airlines fliegen LAX an, den Flughafen an der Küste südwestlich der Innenstadt, wo man die üblichen Shuttle-Bus-Angebote und Autovermieter findet.
In der Stadt sollte man den »Rush-Hour«-Verkehr (7–10 und 15–20 Uhr) vermeiden, sich selbst seinen Weg durch das Straßennetz suchen oder die Angebote des L.A. Department of Transportation (213/626-4455) nutzen.

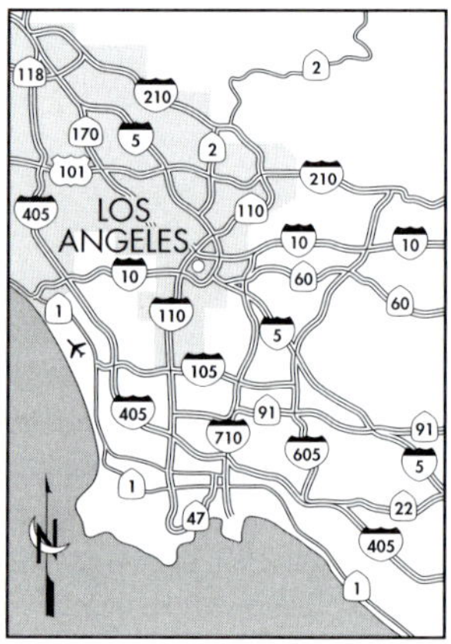

Sehenswerte Strecken

Mulholland Drive: Diese klassische LA-Tour beginnt im Osten in Sichtweite des Hollywood-Schriftzuges, führt an den teuersten Immobilien der Stadt vorbei und endet am Nordrand von Malibu am Pacific Coast Highway (PCH).
Sunset Boulevard: Der 27-Meilen-Trip fängt an der Olvera Street an und schlängelt sich durch Gower Gulch nach Westen. Im Nachtclub-Distrikt von West Hollywood heißt die Straße »Sunset Strip«; in Beverly Hills, Brentwood und Bel-Air ist sie von kolossalen Herrenhäusern gesäumt. Südlich des *J. Paul Getty Museum* (310/458-2003, Di–So 10–17; gratis – Parkplatzreservierung telefonisch vornehmen!) trifft der Sunset Boulevard dann auf den Strand.
Santa Monica Boulevard, Route 66: Der Boulevard zweigt am Ostrand von Hollywood vom Sunset Boulevard ab und führt am Hollywood Memorial Cemetery (213/469-1181, tgl. 9–17; gratis) entlang, wo zahlreiche Berühmtheiten beerdigt sind. Die alte Route 66 verläuft durch das trendige West Hollywood, Beverly Hills und Century City und erreicht den Pazifik schließlich am Ocean Boulevard auf Höhe der Santa Monica Pier.
Wilshire Boulevard: LAs wichtigste kommerzielle Arterie nimmt im Herzen der Innenstadt ihren Ausgang, führt durch den MacArthur Park und zieht sich nach Westen zur »Miracle Mile« hin (das *Petersen Auto-*

motive Museum, 6060 Wilshire Boulevard, 213/930-2277, Di–So 10–18; 7 $, sollte man nicht versäumen!). Nachdem sie den Beginn des Rodeo Drive passiert hat, führt die Route über die »verkehrsreichste Kreuzung der Welt«, wo Wilshire unter dem San Diego Freeway hindurchführt, ehe er an den Hügelkuppen oberhalb der Santa Monica Bay endet.

Pasadena Freeway: Der »erste Freeway der Welt« begann seine Geschichte 1934 als Arroyo Seco Parkway und ist eine autoverstopfte Zeitkapsel. Ungeachtet des archaischen Designs macht es Spaß, diese Autobahn zu befahren – vor allem nachts, wenn die glitzernden Türme der Downtown sich nur Zentimeter von der Windschutzscheibe entfernt zu erheben scheinen.

Unterkünfte

Leo Carillo State Beach Park, Pacific Coast Highway am Mulholland Drive, Malibu (805/986-8591 oder 800/444-7275). Für 15 $ pro Nacht kann man in diesem platanenbestandenen Canyon campen, der nur durch den Pacific Coast Highway von einem hübschen kleinen Strand getrennt ist.

Santa Monica International Hostel, 1436 Second Street, Santa Monica (310/392-0325). Saubere, günstige Unterkunft nur zwei Blocks vom Strand gegenüber von Santa Monicas lebendiger Third-Street-Promenade.

Beverly Hills Hotel, 9641 Sunset Boulevard, Beverly Hills (310/276-2251 oder 800/283-8885). Wer die 350 $ Mindestpreis pro Zimmer und Nacht nicht bezahlen kann, sollte zumindest in der Polo Lounge dieser großen alten Dame unter LAs Hotels genüßlich frühstücken oder einen spätabendlichen Drink nehmen.

Lokale

Barney's Beanery, 8447 West Santa Monica Boulevard (213/654-2287). Schmuddeliges altes Roadhouse in West Hollywood mit berühmtem Chili, viel gutem und preisgünstigem Essen, verschiedenen Bieren und einer Reihe von Pooltischen.

Kate Mantellini, 9109 Wilshire Boulevard (310/278-3699). Das Lokal ist eine gehobenen Standards entsprechende Mitt-Achtziger-Version der traditionellen, mit dunklem Holz getäfelten Supper Clubs; das hervorragende Essen wird bis zwei Uhr früh serviert.

Apple Pan, 10801 West Pico Boulavard (310/475-3585). Ein historisches Wahrzeichen im Stadtbild des westlichen Los Angeles; hier werden die besten Hamburger des Planeten verkauft. Man setze sich an den Tresen und arbeite sich durch einen Haufen großer frischer Pommes Frites, lasse aber noch etwas Platz für ein Stück der wundervollen Fruchttorten.

Information

Im Los Angeles Convention and Visitors Bureau (695 South Figueroa Street, 213/689-8822 oder 800/228-2452) ist die übliche Fülle an Informationsmaterial erhältlich. Hinweise auf die aktuellen Veranstaltungen und Events findet man in der monströsen *Los Angeles Times* oder im kostenlosen *L.A. Weekly*.

Im Großraum Los Angeles gibt es ein halbes Dutzend verschiedener Telefonvorwahlen; allen Nummern in diesem Buch ist die jeweils zutreffende vorangestellt.

Montreal

Montreal ist Kanadas zweitgrößte Stadt und liegt auf einer Insel im St. Lawrence River. Hier lebt die größte französischsprachige Population außerhalb von La France. Als Brennpunkt der Separatismusbewegung toleriert die Stadt den polyglotten Föderalismus Kanadas, doch liegt der Akzent hier definitiv auf den französischen Aspekten des Franko-Kanadischen. Die kulturelle Identität mag unstet sein, doch der Pragmatismus setzt sich durch: die Quebecois vergessen nie die Bedeutung des Tourismus für die Wirtschaft der Stadt. Jeder Reisende – und sein Geld – wird überall willkommen sein. (Alle aufgelisteten Preise sind in kanadischen Dollar angegeben.)

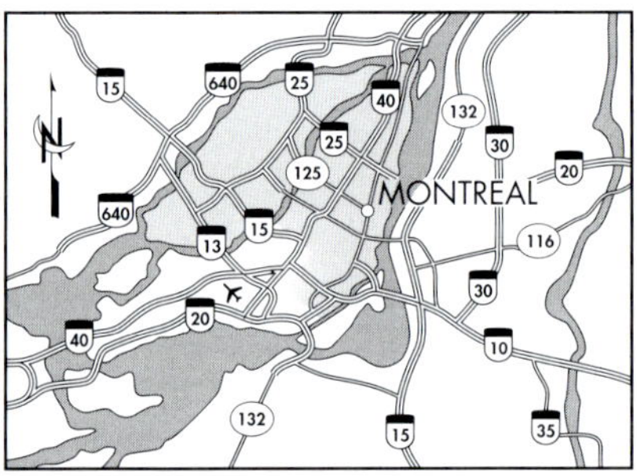

Ankunft und Nahverkehr

Montreal verfügt über zwei internationale Flughäfen. Näher am Stadtzentrum liegt Dorval, 22 km (13 Meilen) westlich der Downtown, über den Inlands- und US-Flüge abgewickelt werden. Internationale Flüge kommen in Mirabel an, 55 km (33 Meilen) nördlich der Stadt am Highway 15.

Von den USA aus führen drei wichtige Highways nach Montreal, der Highway 20 von Westen, Highway 15 von Süden und Highway 10 von Osten. Die Hauptbusstation ist der Terminus Voyageur oberhalb der Berro-UQAM-Metrostation. Die innerstädtischen Züge fahren vom Gare Centrale unter dem Queen Elizabeth Hotel in der Belmont Street zwischen University und Mansfield Street ab.

Die Orange und Green Line der U-Bahn verbinden die Innenstadt mit den meisten touristischen Zielen. Die Fahrpreise variieren je nach Länge der Strecke, und man kann auch Tickets für mehrere Fahrten kaufen. Der städtische Busservice wird allen denkbaren Ansprüchen gerecht, und im Vergleich zu US-amerikanischen Städten sind die Taxitarife verhältnismäßig moderat.

Sehenswertes

Mount Royal Park (514/872-1415, tgl. v. Sonnenaufgang bis Sonnenuntergang). Die Stadt trägt ihren Namen nach diesem 213 m hohen Hügel eben nördlich der Innenstadt, der heute ein baumbestandener Park ist. Von Frederick Law Olmsted geplant und 1876 eröffnet, bietet er Straßen, Treppen und Pfade, die zu einem Aussichtsturm führen, von dem aus man ein weiträumiges Panorama der Stadt und des Flusses genießen kann.

Basilique Notre Dame, Place d'Armes (tgl. 7–18, im Sommer bis 20). Die beiden Türme der 1870 vollendeten neo-gotischen Kirche sind das Hauptwahrzeichen von Montreals moderner Skyline. Das prächtige Interieur, in dem 3800 Menschen Platz haben, ist von seinem Geist her näher an den Theatern der viktorianischen Ära als den gotischen Kathedralen, nach deren Vorbild die Basilika entworfen wurde. Die Orgel ist eine der größten in Nordamerika.

Place Jacques Cartier: Dieser zwei Blocks lange kopfsteingepflasterte Platz unweit der Riverfront ist das Herz des alten Montreal. Die umliegenden Gebäude stammen hauptsächlich aus dem 19. Jahrhundert (das um 1878 erbaute Hotel de Ville auf dem Hügel ist Montreals Rathaus), doch gibt es in der Nähe auch eine Reihe älterer Häuser. Im Sommer wird der Platz zu einem Open-Air-Markt umgewandelt, doch kann man das ganze Jahr hindurch in den umliegenden Restaurants gut essen.

Unterkünfte

Chateau Versailles, 1659 Sherbrooke Street West (514/933-3611). Vier viktorianische Häuser wurden in einen bezaubernden, mit Antiquitäten eingerichteten Hotelkomplex umgewandelt. Doppelzimmer kosten 99 $.

Queen Elizabeth Hotel, 900 Rene Levesque Boulevard West (514/861-3511). Dieses Bauwerk in Form eines Schlachtschiffes im Herzen der Innenstadt bietet komfortable Zimmer zu angemessenen Preisen, ein exzellentes Restaurant (den Beaver Club) und eine Lage oberhalb des unterirdischen Bahnhofes. Doppelzimmer kosten 109 $.

YMCA, 1450 Stanley Street (514/849-8393). Dieses moderne Y liegt zentral in der Innenstadt direkt neben der Peel-Metrostation. Doppelzimmer kosten 37 $.

Lokale

Les Halles, 2105 rue de la Montagne (514/842-2482). Die große alte Dame unter den Restaurants von Montreal wurde kürzlich renoviert. Das Innere ist nun etwas weniger plüschig, die Küche etwas neuzeitlicher.

Milos, 5357 Park Avenue (514/272-3522). Dieses exzellente griechische Seafood-Restaurant importiert absolut frischen Fisch aus aller Welt, der vor den Augen der Gäste gegrillt und mit einem Spritzer frischer Zitrone serviert wird.

Information

Vor Ankunft sollte man das *Greater Montreal Convention and Visitors Bureau* (1555 Peel Street, Suite 600, Montreal, PQ, Canada H3A 1X6, 514/873-2015 oder 800/363-7777) kontaktieren. Wer bereits in der Stadt ist, findet die Haupttourismusbüros – *Centres Infotouristes* – unter der Adresse 1001 Dorchester Street zwischen Peel und Metcalfe Streets und am Place Jacques-Cartier (174 Notre Dame Street East). Die englischsprachige Tageszeitung ist die Montreal Gazette. Zwei gute kostenlose Wochenblätter, vor allem der alternativ eingestellte Mirror, bringen Auflistungen der Veranstaltungen und Events.

Die Telefonvorwahl für Montreal ist 514.

Ottawa

Kanadas Hauptstadt Ottawa (307 000 Einw.) ist eine der friedlichsten und angenehmsten unter den großen Städten dieser Welt. Obwohl die Winter bitterkalt sind, ist der Tourismus inzwischen der zweitwichtigste Wirtschaftszweig, und es gibt genügend exzellente Museen, Parks und andere Sehenswürdigkeiten, um bequem eine Reihe von Tagen hier zu verbringen. Zusammen mit dem frankophonen Ort Hull auf dem anderen Flußufer bietet Ottawa eine breite Palette von Restaurants und kulinarischen Richtungen; man sollte sich Zeit nehmen, sie zu genießen, denn bis Seattle durchquert unsere Route in dieser Hinsicht ein wüstes Land. (Alle aufgeführten Preise sind in kanadischen Dollar angegeben.)

Ankunft und Nahverkehr

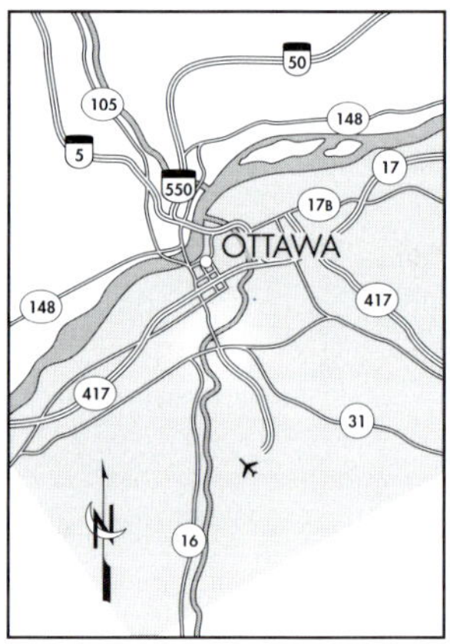

Ottawas Flughafen liegt 20 Minuten südlich der Stadt, doch herrscht hier nur wenig Flugbetrieb. Shuttlebusse ins Zentrum kosten 10 $, Rückfahrttickets 15 $. Die wichtigste Ost-West-Verbindung ist der Highway 17, der Trans-Canada-Highway, der im »Great Northern«-Kapitel dieses Bandes beschrieben ist. Innerhalb der Stadt wird er zum Highway 417 Freeway. Vom Süden her stößt der Highway 31 auf den Highway 410, die Interstate-Autobahn entlang des Nordufers vom Lake Ontario.

In Ottawa herumzukommen ist einfach, da alle Sehenswürdigkeiten rings um den Parliament Hill liegen, auf dem sich die wichtigsten Gebäude befinden. Entferntere Stadtteile sind durch einen guten Busservice zu erreichen, der von OC Transpo (613/741-4390) betrieben wird. An jedem Stopp gibt es ein High-Tech-Informationssystem, und für ein Ticket muß man 1,60 $ in passenden Münzen bereithalten.

Sehenswertes

National Gallery of Canada, 380 Sussex Drive (613/990-1985, Mai–Okt. tgl. 10–18, Okt.–April Mi–So 10–17; gratis). Man sollte in diesem eindrucksvollen Museum mit gläsernen Wänden einige Zeit verbringen; es enthält große Sammlungen europäischer (von Rembrandt bis zu den Post-Impressionisten) und amerikanischer Kunst sowie die weltgrößte Kollektion kanadischer Kunst.

Gleich nebenan sind im *Canadian War Museum* (613/776-8600, tgl. 9.30–17, im Winter Mo geschlossen; 2.50 $) »Hitlers Auto« und ein paar nachgebildete Schützengräben des Ersten Weltkriegs die beliebtesten Objekte.

Byward Market nördlich der Rideau Street zwischen York und George Street. Dieser Markt ist ein Relikt des Jahres 1830 und bietet Dutzende Obst-, Gemüse- und Fleischstände sowie Souvenirläden für Touristen. Im Straßenzug gleich nördlich des Marktes finden sich günstige Bars und Cafés. Restaurants mit fremdländischer Küche locken am Wochenende große Besucherscharen an.

Unterkünfte

Albert House, 478 Albert Street (613/236-4479). Großes Herrenhaus, das in eines der nettesten Bed&Breakfasts von Ottawa umgewandelt wurde. Doppelzimmer fangen bei 65 $ an. Wenn das Haus ausgebucht ist, kann man von der Ottawa Bed and Breakfast Association (613/663-0161) anderweitige Empfehlungen bekommen.

Holiday Inn-Market Square, 350 Dalhousie Street (613/241-1000). Eines von Ottawas besseren Angeboten. Das Haus liegt direkt neben dem quirligen Byward Market. Doppelzimmer kosten ab 95 $ die Nacht.

Ottawa International Hostel, 75 Nicholas Street (613/235-2595). Schon dies sollte ein Grund sein, eine Nacht in Ottawa zu verbringen: die gut geführte Herberge ist in einem alten Gefängnis untergebracht, und die Gäste schlafen in ehemaligen Zellen. In den Einzelhaftzellen befindet sich heute die Wäscherei. Sehr zentral gelegen, zum Parliament Hill sind es zehn Minuten Fußweg. Schlafplätze ab 19 $, 15 $ für HI/AYH-Mitglieder.

Radisson Hotel Ottawa Centre, 100 Kent Street (613/238-1122 oder 800/333-3333). Das Hotel liegt im Herzen der Innenstadt und zählt vor allem Geschäftsleute und Politiker zu seinen Gästen, und es verfügt über Ottawas einziges Drehrestaurant auf dem Dach, »LaRonde«. Doppelzimmer ab 90 $.

Lokale

Blue Cactus Bar and Grill, 2 Byward Market (613/241-7061). Eines von vielen guten Restaurants im historischen Byward Market, das Tex-Mex-Küche in einer fröhlichen Atmosphäre bietet.

Cafe Henry Burger, 69 Rue Laurier (819/777-5646). Dieses stilvolle Lokal ist eines von vielen guten französischen Restaurants auf der anderen Flußseite in Hull. Es liegt gegenüber vom Canadian Museum of Civilization. Ungewöhnlich für ein französisches Restaurant ist die umfangreiche vegetarische Speisekarte.

Information

Touristische Informationen sind von der *Ottawa Covention Authority* (111 Lisgar Street, 613/237-5150) erhältlich, die einen praktischen kostenlosen Stadtführer veröffentlicht. Auch das *Ontario Ministry of Tourism* (800/905-2746) und die *Canadian Automobile Association-Ottawa* (2525 Carling Avenue, 613/820-1890) helfen gern weiter.

Phoenix

Die gut eine Million Menschen, die sich im »Valley of the Sun« in dieser großen Stadt und ihrer Umgebung angesiedelt haben, haben es fast geschafft und jegliche Vorstellung davon ausgelöscht, daß dies Land schon immer eine Wüste war und es noch ist. Golfplätze, Swimmingpools und Wasserfälle finden sich überall, und nur ein paar sorgsam getrimmte Kakteen blieben übrig, um vom natürlichen Zustand der Gegend zu zeugen.
Phoenix ist tatsächlich ein ausgedehnter Mischmasch, der jeden Tag um viele Hektar wächst, doch hat die Stadt auch etwas merkwürdig Charmantes – ein Geist des Alles-ist-möglich, wie er zur Wildwest-Zeit herrschte, manifestiert sich in der anhaltenden Fähigkeit der Stadt, trotz des Mangels an natürlichen Vorzügen zu wachsen und zu florieren.

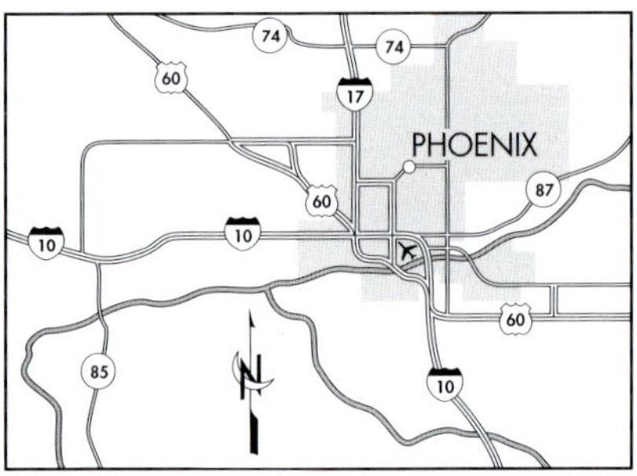

Ankunft und Nahverkehr

Phoenix liegt an der Kreuzung des Interstate 10 mit dem I-17 von Flagstaff und dem Grand Canyon sowie anderen regionalen Autobahnen; die Ringautobahn Highway 202, der Highway 51 und der US-60 »Superstition Freeway« komplettieren das Schnellstraßennetz. Das eigentliche Phoenix ist von einem Halbdutzend unabhängiger Gemeinden umgeben – Scottsdale, Mesa, Tempe –, die sich nur durch anders gestaltete Straßenschilder voneinander unterschieden.

Phoenix' betriebsamer Sky Harbor International Airport liegt nur eine Meile südöstlich der Innenstadt und bietet alle üblichen Shuttle-Bus-Dienste und Autovermieter.

Obwohl es einen eher rudimentären Busservice gibt, kann der Versuch, sich ohne Auto fortzubewegen, gesundheitsschädliche Folgen haben. Mit anderen Worten: fahren Sie lieber.

Sehenswertes

Heard Museum, 22 East Monte Vista Road (602/252-8840, Mo–Sa 9.30–17, Mi bis 21, So 12–17; 5 $, Mi abends gratis).
Dieses eindrucksvolle Museum ist den Indianerkulturen der südwestlichen USA gewidmet. Die permanenten Ausstellungen dokumentieren die Geschichte und die Vielfalt der prähistorischen Völker und neuzeitlichen Stämme. Vor allem die eindrucksvolle Sammlung von Kachina-Puppen sollte man nicht versäumen.

Taliesin West, 108th Street am Ende der Cactus Road (602/860-2700, tgl. 9–16; 10 $). Frank Lloyd Wright lebte, arbeitete und unterrichtete hier in der Wüste von Arizona und gestaltete selbst den Komplex aus Studios, Theatern und Wohnräumen, die als

Architekturschule erhalten blieben. Auf den Führungen erfährt man alles, was man über den Baumeister und seine großartigen Pläne erfahren möchte.

Hall of Flame, 6101 East Van Buren Street (602/275-3473, Mo–Sa 9–17, So 12–16; 4 $). Es ist nur zu angemessen, wenn eine Stadt, die nach dem mythologischen Wiederaufstieg aus der Asche benannt ist, dieses Museum beherbergt, das in klimatisierten Industriehallen im Papago Park eine der weltgrößten Sammlungen von Feuerwehrgerät zeigt.

Mystery Castle, East Mineral Road (602/268-1581, Di–So 11–16; 3 $). Diese »Watts Towers des Westens« sind das populistische Gegenstück zum gehobenen Stil von Frank Lloyd Wrights Taliesin West. Boyce Gulley hat sie aus Müll und Schrott erbaut, und seine Tochter gibt kurze Führungen durch die baufällige Hütte und erzählt die Geschichte ihrer Errichtung. Zu erreichen ist das Mystery Castle über die Seventh Street, die nach sieben Meilen am South Mountain Park als Sackgasse endet; dort weisen Schilder den Weg nach Osten.

Unterkünfte

Biltmore Hotel, 24th und Missouri Street (602/955-6600 oder 800/528-3696). Schöne Anlage, die sich am nördlichen Ende der Stadt auf einem großen Grundstück versteckt. Wer die 200 Dollar pro Nacht nicht aufbringen kann, sollte zumindest eine Stippvisite machen.

San Carlos Travelodge Hotel, 202 North Central Avenue (602/253-4121 oder 800/528-5446). Gut gepflegtes älteres Hotel im Herzen der Innenstadt. Zimmer kosten zwischen 40 und 60 $.

Lost Dutchman State Park am Highway 88 östlich der Stadt (602/982-4485). Einfache Campingareale mit Duschen in den Ausläufern der schönen Superstition Mountains. Jeder Platz kostet 8 $ pro Nacht.

Lokale

El Bravo, 8338 North Seventh Street (602/943-9753). Unscheinbares, aber exzellentes winziges mexikanisches Restaurant, dessen Essen zum besten der ganzen Stadt gehört.

Majerle's, 24 North Second Street (602/253-9004). Beliebte, auf Sport ausgerichtete Kombination aus Bar und Grill gegenüber dem Hausstadion der ruhmreichen Phoenix Suns, die dem erfolgreichen Spieler Dan Majerle gehört.

Information

Das *Visitors Bureau* für den Raum Phoenix hält die üblichen praktischen Informationsmaterialien für Reisende bereit; das Büro liegt in der Innenstadt (400 East Van Buren Street, 602/254-6500). Die wichtigste Zeitung ist die *Arizona Republic*. Im kostenlosen Wochenblatt *New Times* findet sich alternative Berichterstattung über laufende Ereignisse.

Die Telefonvorwahl für Phoenix ist 602.

Portland

Portland ist mit 450 000 Einwohnern die größte Stadt Oregons und liegt 110 Meilen vom Pazifik entfernt im Landesinneren am Columbia River. Dank dieser strategisch günstigen Position wuchs die Pioniergemeinde so rapide, daß sie Stumptown genannt wurde, weil die Holzfäller so viele Baumstümpfe hinterließen. Die Parks entlang der Flußufer und zahlreiche von Grün umgebene Straßen unterstreichen die Tatsache, daß diese Mini-Metropole nicht von Schornsteinen geprägt wird, sondern eine Kommune ist, die Kunst und Natur so hoch ansiedelt wie den Kommerz. Portland hat nicht nur den größten (Forest Park mit 2000 Hektar Fläche) und den kleinsten (Mills End Park mit einem Durchmesser von 135 Zentimetern) städtischen Park des Landes, sondern besitzt mehr Kinos, Restaurants, Kleinbrauereien und Buchläden pro Einwohner als jede andere Stadt der USA.

Ankunft und Nahverkehr

Portland hat den Portland International Airport (PDX), dazu eine kürzlich fertiggestellte Greyhound-Busstation nördlich der Innenstadt (550 Northwest Sixth Avenue) und einen nahegelegenen Amtrak-Bahnhof (800 Northwest Sixth Avenue). In der Nord-Süd-Richtung durchzieht der Interstate 5 die Stadt, und vom Osten her kommt der I-84 durch die Columbia Gorge heran.

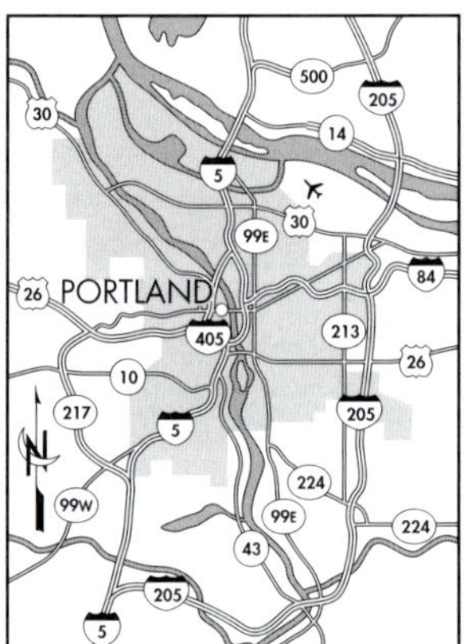

Es ist eine Leichtigkeit, sich in Portland und dem umliegenden, zu drei Counties gehörenden Gebiet fortzubewegen, dank der effizienten und pünktlichen Tri-Met-Busse und einer MAX genannten Schnellbahn, die den Innenstadtbereich um den Pioneer Courthouse Square umfährt. Fahrten innerhalb des »fareless square«, zu dem fast die ganze Downtown gehört, sind kostenlos. Weitere Informationen sind unter 503/238-7433 erhältlich.

Sehenswertes

South Park Blocks: Dieser schattige, 25 Blocks umfassende Bereich südöstlich der Innenstadt liegt zwischen Park und Ninth Avenue. Bäume, Statuen und Straßenmöbel säumen eine Reihe kleiner Parks, an deren Ende zwei der wichtigsten Museen der Stadt liegen: das *Portland Art Museum* (1219 Southwest Park Avenue, 5 $), in dem europäische Gemälde und indianische Artefakte des Nordwestens gezeigt werden, und die *Oregon Historical Society* (1200 Southwest Park Avenue, 4 $).

Powell's Books, 1005 West Burnside Street (503/228-4651). Powell's ist eines der beliebtesten Ziele der Stadt, liegt zwischen der

Tenth Avenue und der Burnside Street gegenüber der *Weinhand Brewery* und ist angeblich der größte Laden für neue und gebrauchte Bücher auf der Welt (und sicherlich einer der besten). Man kann hier hilfreiche Kassetten für Audiotouren durch die Innenstadt mieten, und der Laden unterhält Ecke Sixth und Yamhill Street am Pioneer Courthouse Square eine sehr gute Reiseabteilung.

Unterkünfte

Clinkerbrick House, 2311 Northeast Schuyler Street (503/281-2533). Schön dekoriertes Haus der Jahrhundertwende in den Wohngebieten von East Portland, das Bed& Breakfast für 75 $ pro Nacht bietet.

Portland International Youth Hostel, 3031 Southeast Hawthorne Boulevard (503/236-3380). Dieser große alte Bungalow ist komfortabel, sauber und liegt dicht bei East Portlands »Hip Strip« aus Cafés, Bars und Restaurants. Da eine Übernachtung nur 11 $ kostet, sollte man während der betriebsamen Sommermonate unbedingt vorher reservieren.

Lokale

Esparza's Tex-Mex, 2725 Southeast Ankeny Street (503/234-7909). Hinter einer unscheinbaren Fassade abseits der Burnside Street versteckt, ist dieser Hotspot für seine Maismehlpfannkuchen mit Chicken und Katussauce, geräucherte Tacos mit Schweinefleisch und andere authentische Tex-Mex-Gerichte berühmt.

Jake's Famous Crawfish, 401 Southwest 12th Street (503/226-1419). Schon fast ein Jahrhundert lang ist Jake's die beste Adresse in Portland für frisches Seafood. Das warme, in Holz gehaltene Dekor, eine überwältigende Weinkarte und tolle Desserts machen das Lokal fast konkurrenzlos.

Ringside, 2165 West Burnside Street (503/255-0750). Das Lokal ist für seine großen Steaks, monströsen Zwiebelringe und das Hemingway-artige Ambiente berühmt – Jagdtrophäen und Boxfotos schmücken die Wände, und viele Gäste essen gern an der knallroten Bar.

Information

Die beste Informationsquelle über die Stadt ist die *Portland Visitors Association* (26 Southwest Salmon Street, 503/222-2223 oder 800/962-3700). Kostenlose Stadtpläne und eine breite Palette an Reiseführern gibt es bei *Powell's Travel Books* am Pioneer Courthouse Square. Die Tageszeitung ist *The Oregonian*, die die Inside Line (503/225-5555) unterhält, einen kostenlosen 24stündigen Nachrichten- und Informationsservice. Die kostenlose *Willamette Week* hat den besten Überblick über Events und die aktuelle Politik. Eine örtliche Event-Hotline (503/233-4444) rundet die genannten Informationsquellen ab.

Die Telefonvorwahl für Portland ist 503.

San Diego

San Diego liegt an einem großen Naturhafen des Pazifik in der Südwestecke des Landes nur ein paar Meilen von der mexikanischen Grenze entfernt und verkörpert das südkalifornische Ideal. Die Wirtschaft der Stadt basiert schon lange auf der Marine, und bis in die Sechziger füllten große Thunfisch-Fangflotten den Rest des betriebsamen Hafens, der in letzter Zeit als Ausgangsbasis für die Yachtrennen des Admiral's Cup diente.
Trotz einer Bevölkerung von 2.5 Millionen Menschen im Großraum San Diego wirkt die Stadt nie überdimensioniert oder urban. Für Besucher und Einwohner gleichermaßen sind das meist sonnige Wetter und viele Meilen sauberer, nicht überlaufener Strände die Hauptattraktionen.

Ankunft und Nahverkehr

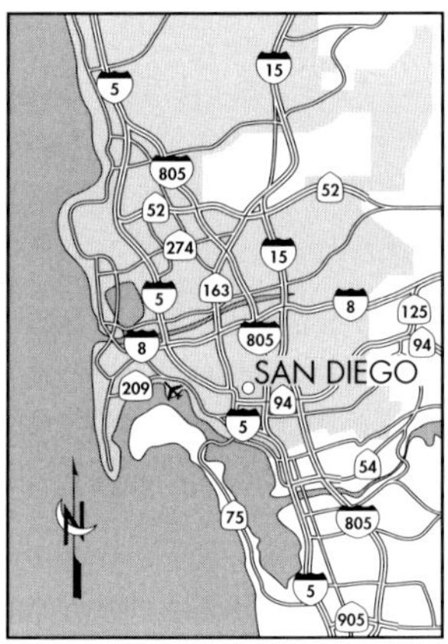

Die Stadt zieht sich im Bogen um den natürlichen Hafen herum, weshalb man sich zuweilen nur etwas schwer orientieren kann. Der wichtigste Flughafen, Lindbergh Field, liegt am Ufer, und die Amtrak-Züge bzw. Greyhound-Busse kommen in der Innenstadt am Broadway an. Der Interstate 5 führt zwischen der Mission Bay und der mexikanischen Grenze direkt durch San Diegos Downtown, während der I-8 von Osten durch das Mission Valley hereinkommt.
Man kann die Innenstadt gut zu Fuß erkunden, und mit einem Fahrrad lassen sich fast alle Sehenswürdigkieten binnen eines Tages erreichen. Auch die San Diego Transit-Busse (619/234-1060, Tagespässe 5 $) bieten gute Transportmöglichkeiten; sie fahren strahlenförmig von der Innenstadt aus in die Randbezirke.

Sehenswertes

Cabrillo National Monument (619/557-5450, tgl. 9–17, im Sommer länger geöffnet; 4 $ pro Wagen) ist ein Denkmal für die Erkundungsreisen des Juan Cabrillo, der 1542 bei Point Loma auf die Bucht stieß. Trails führen zu den Befestigungsanlagen, zu einem Leuchtturm und zu Gezeitentümpeln, und man hat einen unvergeßlichen Ausblick.
La Jolla: Der grob mit »das Juwel« übersetzte Name paßt zu diesem eleganten Stadtteil an der Küste nahe der University of California San Diego. Das kürzlich renovierte Museum of Contemporary Art (700 Prospect Avenue, 619/454-3541) liegt oberhalb des Ozeans. Es gibt vielerlei Gelegenheiten zum Surfen, Spazierengehen am Strand und Schnorcheln, von den zahllosen guten Cafés, Restaurants und Galerien ganz zu schweigen.

Balboa Park: Dieses üppige, 465 Hektar große Parkgelände liegt am Nordwestrand der Innenstadt und wurde als Teil der Internationalen Ausstellung von 1915 angelegt, mit der die Vollendung des Panama-Kanals gefeiert wurde. Die wunderbaren Gebäude im Spanish-Revival-Stil sind in beeindruckendem Zustand erhalten geblieben und beherbergen heute diverse Museen. Ein Museumspaß (18 $), der im Visitor Center (619/239-0512) erhältlich ist, ermöglicht kostenlosen Zugang zu acht frei wählbaren Museen im Park.

Außerdem beherbergt der Balboa Park auch den San Diego Zoo (619/234-3153, tgl. 9–16,; 15 $), einen der größten und populärsten Tierparks der Welt.

Tijuana, Baja California: Ein Abstecher »south of the border« ermöglicht einen Einblick in eine anderer Kultur – die überraschenderweise gar nicht so fremd ist. Der »Tijuana Trolley« (2 $) fährt ab der Innenstadt, oder man parkt auf einem der Areale an der Grenze (8 $ pro Tag) und geht zu Fuß ins Nachbarland.

Unterkünfte

Armed Services YMCA, 500 West Broadway (619/232-1133). Nicht nur für militärisches Personal. Ein Bett im Schlafsaal kostet 14 $ pro Nacht.

Hotel Del Coronado, 1500 Orange Avenue (619/522-8000). Dieses märchenhafte große Resorthotel aus der viktorianischen Ära bietet Vier-Sterne-Qualität und Zimmer ab 150 $ die Nacht.

Old Town Travelodge, 2380 Monroe Street (619/291-9100). Verläßliches, komfortables und sauberes Motel mitten im Old Town-Stadtteil. Es gibt einen Swimmingpool; Doppelzimmer fangen bei 40 $ an.

Lokale

Hamburger Mary's, 308 University Street (619/491-0400). Wie andere Filialen dieser in San Francisco beheimateten Kette hat dieses lebendige Restaurant eine Bar und serviert Burger, Pasta und Grillspezialitäten für eine aufgeschlossene und tolerante Klientel.

Hob Nob Hill, 2271 First Avenue (619/239-8176). Klassischer alter Coffee Shop mit einer Speisekarte (und einem Publikum), die sich seit zwei Generationen kaum verändert haben. Großartig zum Frühstücken – die Pecan-Waffeln sind es wert, die ganze Nacht durchzufahren – sowie für bodenständige Mittags- und Abendmenüs.

The Spot, 1005 Prospect Avenue, La Jolla (619/459-0800). Lange Zeit das beliebteste Lokal der Einwohner, zwei Blocks von La Jolla Cove entfernt; hier werden Burger, Barbecue Ribs bzw. Chicken sowie Pizza in deftigen Portionen serviert.

Information

Die größte Auswahl an Informationsmaterial hält das *San Diego International Visitors Center* (11 Horton Plaza, 619/236-1212) in der Innenstadt zwischen First und F Street bereit. Die wichtigste Tageszeitung ist die *San Diego Union-Tribune.*

Die Telefonvorwahl für San Diego ist 619.

San Francisco

San Francisco ist gewiß die am einfachsten zu genießende Stadt der USA. Ihre hügelige Topographie verwandelt jede zweite Kurve in einen Aussichtspunkt, während die vielen ansprechenden Stadtviertel für zielloses Herumspazieren ideal sind. Die exotischen Geschäfte von Chinatown, die Korridore der Macht im Financial District, die italienischen Cafés von North Beach, die letzten Bastionen der Hippies in Haight-Ashbury und die brillanten Wandbilder der Latinos des Mission District sind alle Aufmerksamkeit wert. Museen dokumentieren fast alles von der Geschichte des Goldrausches bis zu aktuellster moderner Kunst, während eine hervorragende Palette von Restaurants die Möglichkeit bietet, Gourmet-Köstlichkeiten der ganzen Welt zu probieren – und alles das in einer leicht überschaubaren, sehr kompakten kleinen Stadt.

Ankunft und Nahverkehr

Die Hauptrouten in die Stadt sind der US-101, der von San Jose im Süden herauf- bzw. über die Golden Gate Bridge von Norden herunterkommt, und der Interstate 80, der von Osten über die Bay Bridge die Stadt erreicht. Der San Francisco International Airport (SFO) liegt 15 Meilen südlich der Stadt und wickelt die Mehrheit der Inlands- und fast alle Auslandsflüge ab.

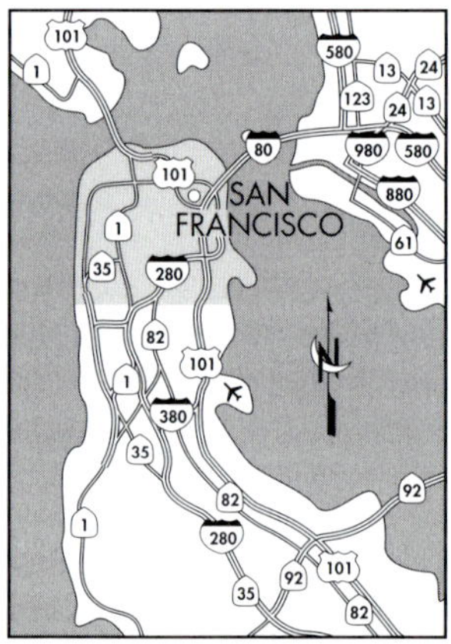

San Francisco ist eine der wenigen amerikanischen Städte (zumindest an der Westküste), wo man wirklich kein Auto braucht. Die Entfernungen sind kurz, und es gibt ein dicht ausgebautes öffentliches Nahverkehrssystem. Das schachbrettartig verlaufende Straßennetz macht die Orientierung einfach. Die öffentlichen Busse der Stadt werden vom S.F. Municipal Railway (»Muni«, 415/673-6864) betrieben, dessen Busse, Straßenbahnen und Cable Cars alle Winkel der Stadt ansteuern.

Sehenswertes

Hyde Street Pier: Der größte Teil von San Franciscos nördlicher Waterfront wird von den obskuren Touristenfallen der Fisherman's Wharf beherrscht, ausgenommen der westliche Zipfel am Ende der Hyde Street, wo ein halbes Dutzend historischer Schiffe als Teil des San Francisco Maritime Historic Park vor Anker liegen. Cable Cars kommen vom Russian Hill herunter, eine schöne Fußgängerpromenade verläuft entlang des Ufers nach Westen zu den militärischen Überresten und lebendigen Kunstzentren des Fort Mason, und der Ghirardelli Square ist nur einen Block entfernt.

Golden Gate Park: Dieser Park ist einer der

schönsten des Landes und erstreckt sich über drei Meilen weit durch den Mittelteil der Stadt von Haight-Ashbury bis zum Pazifikstrand. Er wurde den ursprünglichen Sanddünen abgetrotzt, die das Gebiet bis 1890 bedeckten, und besteht überwiegend aus offenen Grünflächen. Am Ostende finden sich das *M. H. de Young Memorial Museum* (415/750-3600), eines der großen Zentren der Stadt für visuelle Kunst, und das *Asian Art Museum* (415/668-8921), das asiatische Meisterwerke aus China, Japan, Indien, Nepal, Tibet, Korea, Iran und anderen östlichen Kulturen zeigt.

Neben dem Asian Art Museum liegen der liebliche *Japanese Tea Garden* (415/558-4268) und jenseits der Konzertbühne die California Academy of Sciences (415/221-5100), das städtische *Naturgeschichtsmuseum*.

Unterkünfte

Holiday Lodge, 1901 Van Ness Avenue (415/776-4469 oder 800/367-8504). Klassisches Motel der Fifties am Ende der California Street Cable Car Line. Doppelzimmer kosten 85 $.

San Francisco International Youth Hostel, Building 240, Fort Mason (415/771-7277). Schlafsaalbetten in einer Unterkunft mit unschlagbarem Blick auf die Bay. Kostenloses Parken, Übernachtung 14 $ pro Kopf.

San Remo Hotel, 2337 Mason Street (415/776-8688). Freundlicher Familienbetrieb zwischen North Beach und Fisherman's Wharf. Gemeinsame Bäder, Doppelzimmer ab 60 $.

Lokale

Cha Cha Cha, 1801 Haight Street (415/386-5758). In diesem preiswerten Café, das exzellente Tapas und karibische Delikatessen serviert, kann man der aufreizenden Hippie-Szene von Haight-Ashbury entfliehen.

Zuni Cafe, 1658 Market Street (415/552-2522). Großartiges Essen – Salate, Pizza und ein so gutes gegrilltes Hühnchen, daß es sogar zum Thema einer Rundfunksendung gemacht wurde – wird in einer stilvollen Civic-Center-Kneipe serviert. Täglich bis spät geöffnet, und es gibt eine klasse Austernbar.

Information

Das *San Francisco Convention and Visitors Bureau* veröffentlicht einen guten kostenlosen Stadtplan und bietet exzellente Verzeichnisse der Attraktionen, Unterkünfte und Restaurants. Vor der Reise ist es unter der Adresse 201 Third Street, Suite 900, San Francisco, CA 94103 zu erreichen; in der Innenstadt unterhält es ein *Visitor Center* (415/974-6900) an der Hallidie Plaza auf Höhe der Muni-Station und dem Cable Car Turntable Ecke Powell und Market Street.

An Tageszeitungen erscheinen in San Francisco morgens der *Chronicle* und abends der *Examiner*, die beide die Events verzeichnen. Kostenlose Blätter wie der *Bay Guardian* oder *SF Weekly* sind in Cafés, Buchläden oder Zeitungboxen der gesamten Bay Area erhältlich.

Die Telefonvorwahl für San Francisco ist 415.

Savannah

1733 als erste Siedlung in Georgia gegründet, hat Savannah heute seinen ursprünglichen neo-klassischen, kolonialen und von der Bürgerkriegszeit geprägten Charakter auf angenehme, fast unbewußte Art erhalten. Vor und nach dem Bürgerkrieg war Savannah Georgias wichtigster Hafen, doch mit dem Niedergang der kommerziellen Schiffahrt wurde daraus ein Freizeithafen. Savannah hat dem Versuch widerstanden, sich selbst in einen »Old South«-Themenpark zu verwandeln, und man muß lange suchen, um einen Souvenirshop, überteuerte Galerien oder hochnäsige Boutiquen zu finden.

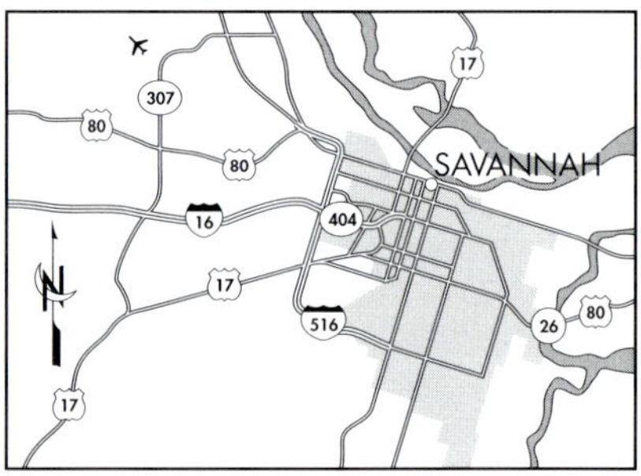

Ankunft und Nahverkehr

Savannahs Flughafen, ein Dutzend Meilen westlich der Stadt, wird von Kurzflügen aus Atlanta bedient, und viele Hotels unterhalten kostenlose Zubringerbusse. Von Macon im Westen aus ist der Interstate 16 die Hauptzufahrtsroute; der I-95 führt auf seiner Strecke entlang der Ostküste in 20 Meilen Entfernung an der Innenstadt vorbei. Östlich von Savannah zieht sich der US-80 zur Küste und erreicht bei Tybee Island das Ende seiner 3000 Meilen langen »Southern Pacific«-Route.

Es ist einfach, in der Stadt herumzukommen, denn Savannah mit seinen kopfsteingepflasterten Straßen, der reichen Architektur und einer Fülle kleiner Plätze innerhalb des eine Quadratmeile großen Zentrums ist Amerikas Fußgängerstadt Nummer 1.

Sehenswertes

Factor's Walk: Auf diesem Ufervorsprung am Savannah River befinden sich die Cotton Exchange und andere historische Gebäude. Die River Street, die von der Spitze der Hügel über ein Netzwerk aus steinernen Treppen und gußeisernen Brücken erreichbar ist, wird von Restaurants und Nachtclubs gesäumt. Am Ostende der Straße befindet sich das Ships of the Sea Museum (tgl. 10–17; 3 $).

Historic Savannah: Savannah besitzt allein in seinem Innenstadtbereich über 1000 registrierte historische Gebäude. Karten und Pläne für Rundgänge sind im Visitor Center erhältlich. Keinesfalls sollte man das *Owen-Thomas-House* (124 Abercorn Street, 912/233-9743, Di–Sa 10–17, So/Mo 14–17; 5 $) oberhalb des Oglethorpe Square mit seinen schönen Möbeln und dem anheimelnden Garten versäumen.

Savannahs 20 Hauptplätze wimmeln von historischen Hinweistafeln und Denkmälern: Der Chippewa Square im Zentrum der Stadt war der Ort, wo Forrest Gumps Buswartebank stand; der Reynolds Square nahe des Flußufers verfügt über ein Standbild von John Wesley, der hier die erste Sonntagsschule der Welt einrichtete, und der *Forsyth Park* am Südrand des Viertels ist nach dem Pariser Place de la Concorde gestaltet.

King-Tisdell Cottage, 514 East Huntingdon Street (912/234-8000, Mo–Fr 12–16, Sa/So 13–16.30; 3 $). Dieses guterhaltene, etwa 1896 erbaute Cottage im viktorianischen Distrikt südlich des Zentrums von Savannah beherbergt ein schönes Museum für afroamerikanische Kultur und Geschichte.

Telfair Academy of Arts, 121 Barnard Street am Telfair Square (912/232-1177, Di–Sa 10–17, So 14–17; 3 $). Eine der besten Galerien des Südens.

Unterkünfte

Savannah International Hostel, 304 East Hall Street (912/236-7744). Spartanische Unterkunft in einem viktorianischen Haus der Jahrhundertwende. Schlafsaalbetten kosten 14 $, Doppelzimmer 30 $ die Nacht.

Bed and Breakfast Inn, 117 West Gordon Street (912/238-0518). Schöne Zimmer in einem um 1853 erbauten Stadthaus am Monterey Square. Doppelzimmer liegen zwischen 60 und 75 $.

Lokale

Chimney Creek Crab Shack, zehn Meilen östlich von Savannah abseits des US-80 an der Estill Hammock Road (912/786-9857). Die hier servierten Portionen von Shrimps, Würstchen und Key Lime Pie bekommen enthusiastische Besprechungen von so anerkannten Gastrokritikern wie denen der New York Times.

Johnny Harris, 1651 East Victory Drive (912/354-7810). Auf dem Weg zur Küste am alten US-80 gelegen, ist dies Savannahs ältestes, seit etwa 1942 betriebenes Restaurant und eines der ungewöhnlichsten Grill-Lokale der Welt.

Mrs. Wilkes Boarding House, 107 West Jones Street (912/232-5997). Hier kann man ein unvergeßliches Frühstück oder Mittagessen im familiären Stil des Südens genießen. Man sollte Savannah nicht verlassen, ohne hier gegessen zu haben.

Information

Nähere Informationen sind im *Savannah Convention and Visitors Bureau* (222 West Oglethorpe Avenue, 912/944-0456 oder 800/444-2427) erhältlich. In der Stadt gibt es das *Savannah Visitors Center* (301 West Broad Street, 912/944-0455, Mo–Fr 8.30–17, Sa/So u. an Feiertagen 9–17) im alten Georgia Central-Bahnhof eben westlich des historischen Zentrums.

Die Telefonvorwahlnummer für Savannah ist 912.

Seattle

Eine anheimelnde Kombination aus landschaftlicher Schönheit, dem Ambiente einer Arbeiterstadt und High-Tech-Prunk hat Seattle zu einer der beliebtesten Städte der USA gemacht. Historisch und demographisch jung, hat Seattle es geschafft, viel von seinem schwerindustriellen Erbe zu bewahren und zugleich eine starke, finanzkräftige Wirtschaft aufzubauen: Zwei der größten Firmen Amerikas, Boeing und Microsoft, haben hier ihren Standort. Das umweltbewußte und gemeinwesen-orientierte Seattle hat auch so verschiedene Phänomene wie Grunge-Musik, Starbuck's McCoffee-Kette und Polizeipatrouillen auf Mountain Bikes hervorgebracht. Vom Wasser des Puget Sound und zahllosen Seen umgeben und mit einem Hintergrund aus den schneebedeckten Cascade und Olympic Mountains ausgestattet, kann es eine überwältigende Stadt sein – zumindest wenn die Sonne scheint.

Ankunft und Nahverkehr

Seattles wichtigster Flughafen, Seattle-Tacoma International (»Sea-Tac«), liegt auf halber Strecke zwischen den beiden Städten eine halbe Fahrstunde südlich von Downtown Seattle am I-5. Dort finden sich auch die üblichen Autovermieter und Shuttle-Service-Betriebe. Amtrak und Greyhound stellen die Verbindung zu den Außengebieten her. Die Hauptroute in Nord-Süd-Richtung ist der Interstate 5, und vom Osten her kommen der I-90 und der US-2 über die Cascade Mountains. Fähren überqueren den Puget Sound zur Olympic Peninsula und zum westlichen Washington. Seattles Autobahnen sind meist sehr voll. Doch man kann seinen Wagen ganz einfach abstellen und sich dem erstklassigen öffentlichen Verkehrssystem anvertrauen; Metro-

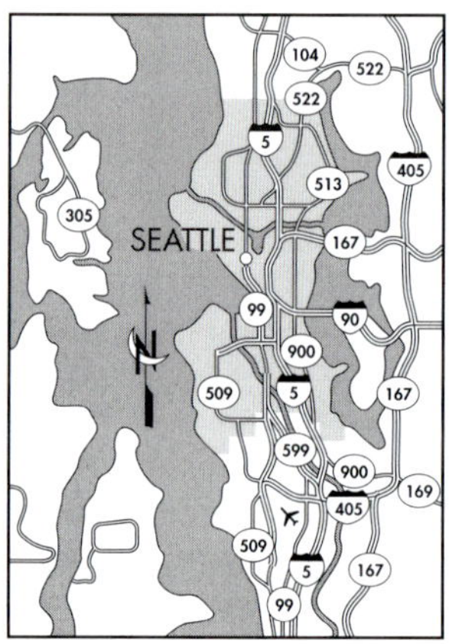

Busse fahren täglich von sechs Uhr früh bis ein Uhr nachts (206/447-4800 oder 800/542-7876), und eine kostenlose Zone deckt einen Großteil der Innenstadt ab.

Sehenswertes

Pike Place Market: Das eigentliche Herz des touristischen Seattle, der Pike Place Market, ist eine Mixtur aus einer Vielzahl von Gemüse-, Fisch- und Kunsthandwerksständen auf einem abschüssigen Areal zwischen Innenstadt und Waterfront. Gelegenheit für eine Ruhepause gibt es zwei Blocks südlich im von Robert Venturi entworfenen *Seattle Art Museum* (100 University Street, 206/654-3100, Di–So 10–17; 6 $) mit einer eindrucksvollen Sammlung regionaler Indianerkunst und historischer Artefakte.

Pioneer Square: In diesem 30 Blocks großen

historischen Distrikt am Südrand der Innenstadt eine halbe Meile vom Pike Place Market entfernt ist der ursprüngliche Kern der Stadt erhalten geblieben. Ein kleines *Museum* (117 South Main Street, tgl. 9–17; gratis) erzählt die Geschichte des Klondike Gold Rush, und die *Elliott Bay Book Company* (206/624-6600) gleich nebenan, in der man unendlich lange stöbern kann, hat im Keller ein gutes Café.

Seattle Center, Broad Street und Fifth Avenue North (206/684-7200). Dieser 30 Hektar große Park am Nordrand von Downtown Seattle wurde zur Weltausstellung von 1962 angelegt und ist so etwas wie ein kleines Disneyland. Man kann mit einer Schwebebahn fahren (Monorail, 80 Cent), mit dem Lift zur Spitze der Space Needle (6.50 $) hinauffahren, sich im Pacific Science Center (6.50 $, incl. der IMAX-Show 8 $) weiterbilden oder mit den Autoscootern des nur im Sommer geöffneten *Fun Forest* herumsausen (85 Cent pro Fahrt). Im Seattle Center liegen auch die Oper, die Symphonie und das Ballett.

Unterkünfte

Alexis Hotel, 1007 First Avenue (206/624-4844). Stilvolles Hotel in praktischer Innenstadtlage zwischen Pike Place und Pioneer Square. Doppelzimmer kosten 150 $.

College Inn, 4000 University Way Northeast (206/633-4441). Dieses bei jugendlichen und sparsamen Reisenden beliebte Bed&Breakfast draußen bei der University of Washington bietet Doppelzimmer für 60 bis 75 Dollar.

Lokale

Chinook's, 1735 West Thurman Street beim *Fishermen's Terminal* (206/283-4665). Dieses nüchterne Restaurant in einem großen, modernen, Lagerhaus-ähnlichen Gebäude im Heimathafen von Seattles Fischereiflotte bietet eine ausgiebige Fischkarte sowie Burger und Pasta.

The Trolleyman Pub, 3400 Phinney Avenue North am Lake Washington Ship Canal (206/548-8000). Diese populäre Kneipe ist mehr als nur ein Anhängsel der exzellenten Red Hook Brewery, nämlich ein eigenständiges, sehr gutes Restaurant mit herzhaften Suppen und Pastagerichten, zu denen ein oder zwei Gläser Bier gut passen.

Information

Hauptinformationsquelle für die Stadt ist das *Seattle-King County Convention* and Visitors Bureau (520 Pike Street, Suite 1300, 206/461-5840). Die Seattle Weekly (75 Cent) liefert Hinweise auf Unterhaltung und Veranstaltungen.

Die Telefonvorwahlnummer für Seattle ist 206.

St. Louis

St. Louis wurde 1764 von französischen Trappern gegründet und war im folgenden Jahrhundert ein prosperierender Außenposten der »Zivilisation« an der Frontier. Die Stadt war Startpunkt der Expedition von Lewis und Clark, und viel später überflog Charles Lindbergh in seiner Spirit of St. Louis als erster Mensch den Atlantik.
In seinem Herzen ist St. Louis eine Stadt aus kleinen Vierteln, etwa dem Blues-orientierten Soulard südlich der Innenstadt oder dem studentischen West End-Distrikt nahe Forest Park. Doch alle verbindet der gemeinsame Genuß des führenden Produktes der Stadt, des Budweiser-Biers.

Ankunft und Nahverkehr

Die Stadt liegt in einem Netz aus wichtigen Autobahnen (I-55, I-70, I-64, I-44), aus Bundeshighways (US-40, US-50, US-61, US-67) und der Great River Road. In der Innenstadt gibt es zahlreiche Parkmöglichkeiten.

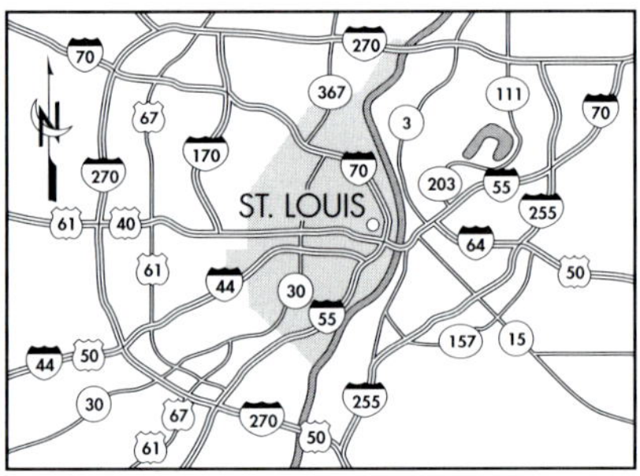

Neun wichtige Luftlinien bedienen den Lambert-St. Louis International Airport 14 Meilen westlich der Innenstadt. Eine Bahn (1 $) verbindet das Hauptterminal mit dem Downtown-Bereich, oder man nimmt einen der Shuttle-Busse (8 $) bzw. ein Taxi (18–20 $). Am Flughafen gibt es auch verschiedenen Autovermieter. Von einem kleinen Bahnhof nahe der Innenstadt aus verbindet Amtrak die Stadt mit Zielen im Osten und Westen.

Taxitarife sind hoch. Innerhalb eines schmalen Korridors vom Flughafen zur Illinois Waterfront bietet die Schnellbahn des MetroLink (314/231-2345) eine exzellente Möglichkeit, die wichtigsten touristischen Attraktionen zu erreichen; an den Nachmittagen während der Woche ist die Fahrt kostenlos, und Ein- bzw. Drei-Tages-Pässe sind an Verkaufsautomaten erhältlich.

Sehenswertes

Gateway Arch am Flußufer am Ende der Market Street (314/982-1410, tgl. 9–18, im Sommer längere Öffnungszeiten). Das von Eero Saarinen entworfene 192 m hohe Edelstahlmonument auf dem Westufer des Mississippi River dominiert die Skyline der Stadt. Unter den »Beinen« des offiziell *Jefferson National Expansion Memorial* genannten Bogens dokumentiert das *Museum of Westward Expansions* die menschliche Welle, die sich von hier aus nach Westen ergoß. Ein kleiner Aufzug (5 $) bringt Besucher zu einer Aussichtskammer an der Spitze des Bogens.

Anheuser-Busch Brewery, 1127 Pestalozzi

Street (314/577-2626, Mo–Sa 9–16; gratis). Die größte Brauerei der Welt und Heimat der berühmten Clydesdales ist jeden Tag außer Sonntag für Touren geöffnet.

Soulard (»soo-LARD« gesprochen), ein Viertel von Reihenhäusern aus Backstein mit einem lebhaften Markt am Nordende und einer Ansammlung guter Bluesclubs um die Geyer Avenue im Zentrum, liegt nördlich der Brauerei.

Scott Joplin House, 2658 Delmar Boulevard westlich der Jefferson Street (314/533-1003, Mo–Sa 10–16, So 12–17; gratis, Führungen 2 $). Man muß kein Ragtime-Fan sein, um dieses isolierte Überbleibsel des alten St. Louis würdigen zu können, in dem Joplin um die Jahrhundertwende drei Jahre lang wohnte, als sich der Komponist auf der Höhe seiner Laufbahn befand. Zur Tour gehört die Vorführung einiger der Stücke für automatisches Piano, die Joplin selbst entwickelt hat.

Unterkünfte

Days Inn at the Arch, 333 Washington Avenue (314/621-7900 oder 800/325-2525). Das günstigste Hotel im Downtown-Bereich: Doppelzimmer liegen zwischen 50 und 90 $.

Huckleberry Finn Youth Hostel, 1904-08 South 12th Street Höhe Tucker Street (314/241-0076). Diese Ecke des Soulard ist zwar nicht attraktiv, aber sicher genug und bietet eine günstige Ausgangslage für Besuche in Restaurants, Nachtclubs und der Innenstadt. Eine Übernachtung kostet 12 $ pro Person; auf Anfrage gibt es auch private Zimmer.

Lokale

Ted Drewe's Frozen Custard, 6726 Chippewa Street (314/481-2652). Eine Institution der Stadt, die direkt an der alten Route 66 in South St. Louis liegt. Probieren Sie Ted's »Beton«, eine Mischung aus Milchprodukten und Eiern, die so dickflüssig ist, daß man sie über Kopf halten kann und keinen Tropfen verliert. Von Anfang Januar bis Mitte Februar geschlossen.

Venice Cafe, 1903 Pestalozzi Street (314/772-5994) auf der anderen seite des I-55 gegenüber der Anheuser-Busch Brewery. Diese anarchische Kneipe, in der sich Einflüsse von Gaudí und den Merry Pranksters zu mischen scheinen, entzieht sich jeder Beschreibung. Auf der Speisekarte spielt Jamaican Jerk Chicken die Hauptrolle, das im ersten Stock – wo Literaten beim Bier rumhängen – oder draußen im Skulpturengarten serviert wird. Nur Bargeld, lange Öffnungszeiten, sonntags geschlossen.

Information

Die *St. Louis Convention and Visitors Commission* (314/421-1023 oder 800/247-9791) unterhält ein gut ausgestattetes Information Center in der Innenstadt am Anfang der Washington Avenue neben dem I-70. Die Tageszeitung der Stadt, der Post-Dispatch, bringt Informationen zum Entertainment und zu Veranstaltungen, während das kostenlose alternative Blatt *The Riverfront Times* die ausführlichsten Listungen der Clubs und Veranstaltungen enthält.

Die Telefonvorwahlnummer für St. Louis ist 314.

Tucson

Obwohl nur halb so groß wie Phoenix, ist Tuscon als Reiseziel mindestens doppelt so nett. Mit mehr greifbarer Geschichte, als sie irgendein anderer Ort im Südwesten außerhalb New Mexicos aufweisen könnte, einer lebendigen Universitätsgemeinde und einigen der schönsten Wüsten der Erde ist Tucson einige Zeit wert, um es kennenzulernen.
Mit durchschnittlichen Tagestemperaturen von fast 40 Grad ist Tucson in den Sommermonaten (Anfang Mai bis Ende September) ein Hitzekessel, weshalb man die Stadt möglichst in der übrigen Zeit besuchen sollte.

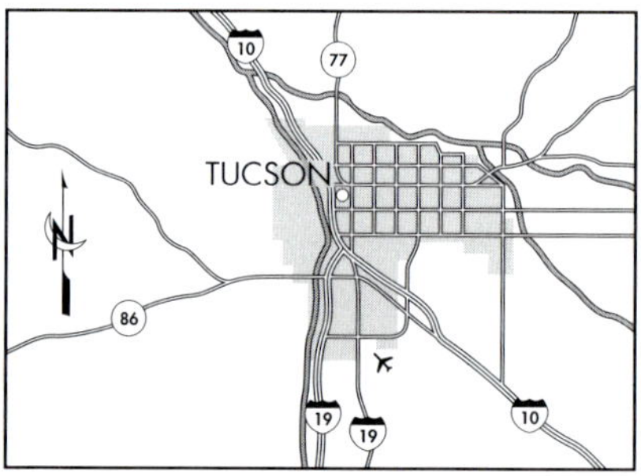

Ankunft und Nahverkehr

Die wichtigste Autobahn, der Interstate 10, verläuft von Nordwesten nach Südosten entlang des meist trockenen Santa Rita Rivers am Westrand der Stadt. Von hier aus dehnt sich Tucson mehr als zehn Meilen weit nach Osten und nördlich bis zu den Santa Catalina Mountains aus. Die wichtigste Ost-West-Route durch die Stadt ist der Speedway Boulevard. Tucsons sehr kleiner Flughafen liegt südlich des I-10 acht Meilen von der Innenstadt entfernt und verfügt über alle Shuttle-Dienste und Autovermieter, die man erwartet. Es ist so gut wie unmöglich, ohne eigenen Wagen in der Stadt herumzukommen, obwohl Gray Line (520/622-8811) und andere Gesellschaften Bustouren zu populären Touristenattraktionen anbieten.

Sehenswertes

Arizona Sonora Desert Museum (520/883-2702, tgl. 8.30–17, längere Öffnungszeiten im Sommer; 7.95 $). In diesem sehr kreativ präsentierten zoologischen Park bekommt man eine Vorstellung von der reichhaltigen Flora und Fauna der Sonora-Wüste.
Er liegt rund 14 Meilen westlich der Stadt im Tucson Mountain Park nahe des Vergnügungszentrums im »Old Tucson«-Filmstudio.
Mission San Xavier del Bac (520/294-2624, tgl. 8–18; Eintritt gegen Spende). Dieses Wahrzeichen unter den erhaltenen eindrucksvollen Missionsstationen der spanischen Kolonialzeit in den USA wurde vor mehr als 200 Jahren erbaut und wird noch immer von den Tohono O'odham-Indianern genutzt.
Sabino Canyon (520/749-3223, tgl. 8.30–Abenddämmerung). Dieser populäre Park in den Ausläufern der Santa Catalina Mountains bietet je nach Jahreszeit Wasserfälle, fast immer einen Creek und gute Trails bis hinauf zum 2791 m hohen Gipfel des Mount Lemmon. Sabino Canyon liegt 17 Meilen

östlich der Stadt und ist ab der Tanque Verde Road gut ausgeschildert.

Davis-Monthan Air Force Base (520/750-4570, nur Mo/Mi ab 9 Uhr; gratis). Man kann die scheinbar meilenweit Reihe um Reihe ordentlich geparkten ausgemusterten Militärflugzeuge anschauen. Sie sind entweder vom Highway aus sichtbar (zu erreichen via Kolb Avenue nördlich des I-10 am Ostrand der Stadt), oder man kann an einer der beliebten Touren teilnehmen.

Colossal Cave (520/647-7275, tgl. 9–17; 6.50 $). Im Sommer ist dies der kühlste Ort in der Stadt: eine große Kalksteinhöhle, in der erfrischende 10 Grad herrschen. Sie liegt 20 Meilen südöstlich von Tucson nahe dem Saguaro National Monument.

Unterkünfte

Catalina State Park, 12 Meilen nördlich von Tucson am US-89 (520/628-5798). Bestes Camping im Raum Tucson auf den Hängen der Santa Catalinas. Areale mit Dusche kosten 8 $, können aber nicht reserviert werden.

Congress Hotel, 311 East Congress Street (520/622-8848 oder 800/722-8848). Lebendige, auf Jugendliche ausgerichtete Kombination aus Hotel, Herberge, Café und Nightclub im Herzen der Innenstadt. Betten im Schlafsaal kosten 15 $, Zimmer 45 $.

Arizona Inn, 2200 East Elm Street (520/325-1541 oder 800/933-1093). Dieses klassische Resorthotel hat sich seit den zwanziger Jahren wenig verändert, als es ein beliebtes winterliches Rückzugsdomizil der Rockefellers und anderer Elitefamilien war. Zimmerpreise liegen zwischen 80 und 180 $.

Lokale

Big A Restaurant, 2033 East Speedway Boulevard (520/326-1818). Studentische Burger-Bar neben der University of Arizona. Der Ort, um Bier zu trinken und im Fernsehen Sportsendungen anzuschauen.

Jack's Original BBQ, 5250 East 22nd Street (520/750-1280). Nüchternes Grill-Lokal ohne Atmosphäre, in dem man seit 1950 großartiges Essen und die besten Bohnen westlich von Texas bekommen kann.

Janos, 150 North Main Street (520/884-9426). Vielleicht das beste Restaurant im Staat, in dem es köstliche (und sehr teure) Nouvelle Cuisine in einem sehenswerten Adobe-Haus gibt.

Information

Informationen gibt es im *Metropolitan Tucson Visitors Bureau* (130 South Scott Street, 520/624-1817 oder 800/638-8350), im morgens erschienenden Daily Star, dem nachmittags erscheinenden Tucson Citizen oder dem kostenlosen Tucson Weekly.

Die Telefonvorwahl für Tucson ist 520.

Washington, D.C.

Washington, D.C., ist eine unvergeßliche Erfahrung. Die Monumente und Monolithen entlang der wichtigsten Straßen der Stadt verkörpern fast zwei Jahrhunderte amerikanischer politischer Geschichte, und die Museen von Weltklasse bieten alles von antiker Kunst bis zu den ersten Flugmaschinen. Und das Beste: fast alles ist kostenlos.
Da davon ausgegangen werden kann, daß alle Besucher ihren Weg zum Weißen Haus, den Präsidentendenkmälern und den Museen entlang der Mall finden werden, konzentrieren wir uns hier auf weniger bekannte Sehenswürdigkeiten, an denen man kaum Schlange stehen muß.

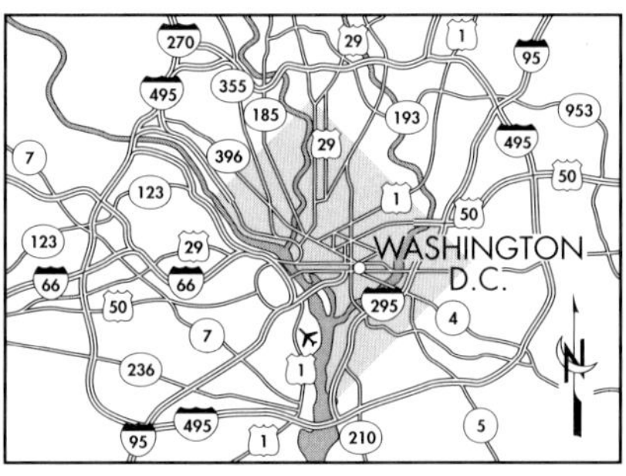

Ankunft und Nahverkehr

Washington National (DCA) ist der wichtigste Flughafen der Stadt, liegt sehr nahe an der Downtown und ist mit dem Metro-U-Bahnsystem leicht erreichbar. Dulles (IAD) draußen in den westlichen Vororten wickelt die meisten internationalen Flüge ab. An beiden Airports gibt es die üblichen Autovermieter und gute öffentliche Transportmöglichkeiten in die Innenstadt. D.C. liegt am verkehrsreichen Nord-Süd-Korridor des I-95 und wird von der I-495-Ringautobahn umschlossen. Der US-50, im Westen vom I-66 ersetzt, ist die wichtigste Ost-West-Arterie.

Die Grundanlage der Stadt ist einfach. Das zackige Trapez ist in vier Areale aufgeteilt – Northeast, Northwest, Southeast und Southwest, und das Capitol liegt im Zentrum. Die Ost-West-Straßen beginnen alphabetisch an der Mall, die in Nord-Süd-Richtung verlaufenden Straßen sind ab dem Capitol numeriert, und die diagonalen Avenues sind nach den Staaten benannt. Parken ist schwierig. Die wenigen Möglichkeiten auf den Straßen rings um die Mall sind die einzigen Alternativen zu teuren Plätzen in der Innenstadt. Man sollte sich der bequemen Metrorail-U-Bahn (202/637-7000) anvertrauen, die zu den meisten Orten fährt, die man anschauen möchte. Die Fahrpreise sind von der Entfernung abhängig; Ganztagespässe kosten 5 $. Die Metro unterhält auch ein Netzwerk aus Bussen, die Georgetown, die Innenstadt und die Vororte bedienen. Taxitarife in Washington sind ziemlich niedrig. Es gibt keine Taxameter, sondern die Fahrpreise basieren auf einem städtischen Zonensystem. Im allgemeinen liegen sie zwischen 2,60 und 10,20 $.

Sehenswertes

Das *National Museum of American History*, Constitution Avenue zwischen 12th und

14th Street (202/357-2700, tgl. 10–17.30; gratis), ist ein großes und reizvoll kurioses Museum, das ein kleines bißchen von allem zeigt. Auch das *National Museum of American Art* und die *National Portrait Gallery* im zwei Blocks langen alten Patent Office Building im Bereich Eighth und G Streets sind einen Besuch wert.

Frederick Douglass National Historic Site, 1331 West Street Southeast (202/426-5961, tgl. 9–16; gratis), ist ein einfaches viktorianisches Haus, in dem der Bürgerrechtsaktivist Frederick Douglass von 1877 bis zu seinem Tod im Jahr 1895 lebte und das einem Vorbild auf dem Cedar Hill nachgebaut wurde.

Das *U.S. Holocaust Memorial Museum*, 100 Raoul Wallenberg Place (202/488-0400, tgl. 10–17; gratis), bietet eine ernüchternde, beunruhigende und unvergeßliche Erfahrung. Drei Stockwerke mit Ausstellungsräumen zeigen Fotografien, Filme und anderes Dokumentationsmaterial zum Holocaust, darunter ein Güterwaggon, in dem Juden zu den Konzentrationslagern transportiert wurden, und ein Haufen Schuhe, die den Opfern weggenommen wurden.

Unterkünfte

Hay Adams Hotel, 1 LaFayette Square Northwest (202/638-6600). Ein nettes altes Hotel direkt gegenüber vom Weißen Haus in einem üppigen Garten, in dessen Lobby auf Geschäftsspesen reisende Lobbyisten herumsitzen. Doppelzimmer kosten 200 $.

Howard Johnson Lodge, 2601 Virginia Avenue Northwest (202/965-2700). Ein preisgünstiges, familienfreundliches Hotel gegenüber dem Watergate-Komplex. Swimmingpool auf dem Dach, kostenlose Parkmöglichkeiten. Doppelzimmer kosten 80 $.

Washington International YAH Hostel, 1009 11th Street Northwest (202/737-2333). Saubere Zimmer nahe des Metro Centers, wenige Gehminuten vom Weißen Haus. Betten im Schlafsaal kosten 15 $ die Nacht.

Lokale

Calvert Cafe, 1967 Calvert Street Northwest (202/232-5431). Hier kann man sich in Ledersitznischen fallen lassen und das beste mediterrane Essen der Stadt genießen.

Senate Dining Room, U.S. Capitol Building (202/224-4870). Auf Tuchfühlung mit den Volksvertretern kann man die berühmte Bohnensuppe kosten. (Mo–Fr 8–21 Uhr für die Öffentlichkeit zugänglich)

Unterhaltung

Wenn der Kongreß tagt, zählt es zu den besten Shows der Stadt, die gewählten Volksvertreter in Aktion zu beobachten. Weitere traditionelle Unterhaltung bietet sich im breiten kulturellen Angebot des *Kennedy Center* (202/467-4600) und dem Filmprogramm im *Biograph* (2819 M Street Northwest, 202/333-2696).

Information

Ein hilfsbereites *Visitor Center* nahe dem Weißen Haus (1445 Pennsylvania Avenue, 202/789-7000) bietet Stadtpläne und Verzeichnisse. Das *Committee to Promote D.C.* (202/724-4091) hält sowie Adressenverzeichnisse günstiger Unterkünfte bereit.

Die Tageszeitungen der Stadt sind die *Washington Post* und die *Washington Times*. Das wöchentlich erscheinende kostenlose CityPaper listet Entertainment und Events auf. .Die Telefonvorwahl für Washington, D.C., ist 202.

Anhang

Tips

Information

Hotels und Motels

Best Western	800/528-1234
Budget Inns	800/428-3438
Comfort Inns	800/228-5150
Courtyard by Marriott	800/321-2211
Days Inn 8	00/325-2525
Econo Lodge	800/553-2666
Friendship Inns	800/453-4511
Hilton Hotels	800/445-8667
Howard Johnson Lodges	800/654-2000
Hyatt Hotels	800/233-1234
ITT Sheraton Hotels	800/325-3535
Marriott Hotels & Resorts	800/228-9290
Motel 6	800/466-8356
Quality Inns	800/228-5151
Ramada Inns	800/228-2828
Red Lions Inns	800/547-8010
Rodeway Inns International	800/228-2000
Super 8 Motels	800/800-8000
TraveLodge Hotels	800/578-7878

Autovermieter

Advantage Rent-A-Car	800/777-5500
Alamao Rent-A-Car	800/462-5266
Avis Rent-A-Car	800/331-1212
Budget Rent-A-Car	800/527-0700
Dollar Rent-A-Car	800/800-4000
Enterprise Rent-A-Car	800/325-8007
Freedom Rent-A-Car	800/331-0777
Hertz Rent-A-Car	800/654-3131
National Interrent	800/227-7368
Payless Car Rental	800/729-5377
Rent-A-Wreck	800/421-7253
Thrifty Car Rental	800/367-2277
Ugly Duckling Rent a Car	800/843-3825
U-Save Auto Rental	800/272-8728
Value Rent a Car	800/468-2583

Wohnmobil-Vermieter

Cruise America-Motorhome Rentals	800/327-7778
Recreational Vehicle Rental Association	800/336-0355

Lektüretips

Routen durch die USA, von Bernhard Schmidt. Fotos von Karl Johaentges (Stürtz Verlag, 1997). Streifzüge durch Amerika nicht nur auf Highways, sondern auch entlang der Eisenbahnrouten und Pionier-Trails. Sachkundig geschrieben, schön fotografiert.

Highway: Amerikas endloser Traum, von Phil Patton und Bernd Polster, Fotos von Jeff Brouws (Dumont, 1996). Hervorragend fotografierter Bildband mit sehr lesenwerten Texten zur Geschichte der amerikanischen Automobilkultur, die teils mit historischen Bildern illustriert sind. Eines der besten deutschen Highway-Bücher.

The Highway as Habitat, von Ulrich Keller (UCSB Art Museum, 1986). Lebendige Fotos von der amerikanischen Roadside aus den Jahren 1943 bis 1955, im Auftrag der Standard Oil Company produziert von Roy Stryker, der während des New Deals die Dokumentationsprogramme der Farm Security Administration leitete.

USA Highways & Byways: Der Führer zu den schönsten Autorouten Amerikas, hrg. von der National Geographic Society (RV Verlag, 1998). Kurzbeschreibung von 200 ungewöhnlichen Highways, Routen und Streckenabschnitten, jeweils mit Karte und Bild.

Roadsides: Stationen am Blue highway, von Holger Hoetzel (Ullstein, 1995). Eindrucksvoller Bildband über Diner, Drive-In-Autokinos und Motels. Gespräche mit den Menschen, die heute noch diese Relikte eines vergangenen Zeitalters betreiben, machen eine fast ausgestorbene Lebensweise nachvollziehbar.

Blue Highways: Eine Reise in Amerika, von William Least Heat Moon. Deutsch von Dieter Hildebrandt (Insel Verlag, 1985). Eines der erfolgreichsten Reisebücher, die je geschrieben wurden. Diese sehr persönliche, aber doch geistig offene Erzählung beschreibt die Reise eines Halbindianers und Lehrers auf der Suche nach »Orten, wo Wandel nicht Niedergang bedeutete und wo die Zeit, die Menschen und Taten zusammengehörten«.

Highway 50: 3000 Meilen Amerika pur, von Jim Lillefors. Deutsch von Bettina Müller (Ullstein, 1994). Ein verschrobener Journalist fährt von Ocean City, Maryland, nach Westen und folgt der längsten und einsamsten Straße über den Kontinent bis nach Kalifornien. Der Autor arbeitet sich quer durchs Land und verbringt mehr Zeit in obskuren Bars als in der herrlichen Landschaft, wobei er sein Buch mit lebendigen Porträts der Kehrseite des ländlichen Amerika vollstopft.

Highway 50: Die längste Straße der USA, von Manfred Köhler. Fotos von Klaus und Erika Beer (Reich Verlag, 1997). Anschaulich erzählter und fotografierter Bericht von der Durchquerung des Kontinents auf einem der letzten erhaltenen Langstreckenhighways. Parallel auch als CD-ROM erschienen (Highway 50: Auf Amerikas Nebenstraßen quer durch den Kontinent, United Soft Media, 1997).

Preisen will ich die großen Männer: Drei Pächterfamilien, von James Agee. Fotos von Walker Evans. Deutsch von Karin Graf (Schirmer & Mosel, 1989). Die begabten Autoren des Buches verbrachten den Sommer des Jahres 1936 bei drei Familien von armen weißen Baumwollpflückern in den Ausläufern der Appalachen im nordwestlichen Alabama; gemeinsam erstellten sie ein lebendiges und teilnahmsvolles Porträt des ländlichen Amerika während der Depressionszeit.

Route 66: Straße der Sehnsucht, von Holger Hoetzel (Ullstein, 1994). Stimmungsvoller Text-Bildband über Hoetzels Reise per Motorrad von Chicago bis zum Pazifik bei Santa Monica, in dem auch die Geschichten der Menschen entlang der Strecke erzählt werden. Parallel dazu auch als CD-ROM erschienen (United Soft Media, 1996).

Straßen der Erinnerung: Reisen durch das vergessene Amerika, von Bill Bryson. Deutsch von Claudia Holzförster (Ullstein, 1993). Der in Iowa geborene und in England lebende Autor kommt auf der Suche nach Material für seine sarkastischen Kommentare zum modernen Leben in sein Heimatland zurück. Teilweise zum Schreien komisch, teils bösartig, und durchgängig mit ziemlich trivialen Wahrheiten über das Leben und das Land der Freiheit vollgestopft.

Unterwegs, von Jack Kerouac. Deutsch von Thomas Lindquist (Rowohlt, 1997). Was die Beatles für die Musik waren, waren die Beats für die Literatur, und diese wilde Road-Story war Kerouacs erster Hit, der eine oder zwei Generationen inspirierte, auf den Spuren von Sal Paradise und Dean Moriarty über Amerikas Highway zu fahren. Inzwischen liegt das Buch in einer neuen Übersetzung vor.

Zen und die Kunst, ein Motorrad zu warten, von Robert M. Pirsig (Fischer Verlag). Der Untertitel nennt den eher intellektuellen Aspekt dieses großen Buches, doch in seinen besten Teilen ist es eine fesselnde rasende Fahrt über Amerikas Nebenstraßen auf der Suche nach dem Sinn des modernen Zeitalters.

Register

H

I

J

K

L

M

T

U

V

W

Y

Z

Roadtrip USA

TO
PROVINCETOWN
ROAD
ROAD
PACIFIC
OUTHERN